陈树文 著

周易与人生智慧（精华版）

清华大学出版社
北 京

内 容 简 介

《周易》是我国一部重要的经典文献，为中国文化提供了丰富的精神资源，包含着珍贵的人生智慧。本书从卦象符号直读入手，通俗解读《周易》，结合历史与现实，对经义的深层内涵与广义外延充分加以挖掘和拓展，以凸显《周易》中深藏于内的为人处世之精髓、智慧生活之法则。

本书寓深于浅，微言大义。适于党政机关的领导者、企业中高层管理者，以及追求卓越的各阶层人士阅读。一书在手，智慧拥有，终生受益！

本书封面贴有清华大学出版社防伪标签，无标签者不得销售。
版权所有，侵权必究。举报：010-62782989，beiqinquan@tup.tsinghua.edu.cn。

图书在版编目（CIP）数据

周易与人生智慧：精华版/陈树文著. —北京：清华大学出版社，2017（2023.4重印）
ISBN 978-7-302-45768-8

Ⅰ. ①周… Ⅱ. ①陈… Ⅲ. ①《周易》-研究 ②人生哲学-通俗读物 Ⅳ. ①B221.5 ②B821-49

中国版本图书馆CIP数据核字（2016）第290282号

责任编辑：杜春杰
封面设计：刘　超
版式设计：魏　远
责任校对：王　云
责任印制：曹婉颖

出版发行：清华大学出版社
　　　网　　址：http://www.tup.com.cn，http://www.wqbook.com
　　　地　　址：北京清华大学学研大厦A座　　　邮　编：100084
　　　社 总 机：010-83470000　　　邮　购：010-62786544
　　　投稿与读者服务：010-62776969，c-service@tup.tsinghua.edu.cn
　　　质量反馈：010-62772015，zhiliang@tup.tsinghua.edu.cn
印 装 者：天津鑫丰华印务有限公司
经　　销：全国新华书店
开　　本：180mm×250mm　　印　张：33.5　　字　数：596千字
版　　次：2017年2月第1版　　印　次：2023年4月第5次印刷
定　　价：79.80元

产品编号：071303-02

本版前言

　　《周易与人生智慧》自 2010 年出版后，被浙江大学、西安交通大学、西北工业大学、吉林大学、大连理工大学、郑州大学等 20 多所大学作为 EMBA 或 EDP 教材，也收到了很多读者的正面反应。《文汇读书周报》等多家报纸刊登了书评，还获得了大连市社会科学进步奖。该书出版至今，虽经多次印刷，但仍然脱销，这些是我始料不及的。《周易与人生智慧》让我认识了许多朋友，也被许多朋友认识。这次清华大学出版社根据广大读友的要求决定出版《周易与人生智慧（精华版）》，我真诚地感谢读者热烈而催人奋进的注视。

　　明朝首辅张居正对《周易》爱不释手，"座中置一帙常玩之"，并称"至圣人涉世妙用，全在此书。"《周易与人生智慧》出版后，我并没有对《周易》的研究划上句号，常常在书房中，清案孤灯，细细玩味《周易》的卦爻辞，玩味《易传》，从中得趣、得妙、得神。我对《周易》的情感太深远，一打开《周易》，我匆匆的心就在此安然着陆，并伴随着经典的韵律、节奏一起跳跃，也有了肝胆开张、血脉澎湃的生命律动⋯⋯

　　《周易与人生智慧（精华版）》，没有改变《周易与人生智慧》原书的体例和特点，是在原有体例和特点的基础上，作了相应的调整和完善。

　　1. 对"导论"作了新的调整。第一部分是《周易》的基本内容，按照《周易》的起源和发展的历史顺序，论述了伏羲的八卦、周文王的六十四卦和孔子的《易传》的生成和发展过程；在此基础上又论述了《周易》的基本范畴：象数理；《周易》的基本宗旨：天地人三才和；《周易》的基本内涵：变易、不易和简易；从而全面地展示了《周易》的基本内容。龚自珍说："欲知大道，必先知史"。从这部分以史带论中，我们可以清晰地明白《周易》的起源、内容、重要的人物及其贡献，知道《周易》是先圣者的遗产，人类智慧史上的丰碑。第二部分是《周易》的表达形式。论述了《周易》的完整结构形式：《易经》和《易传》；变卦的各种情况：错卦、综卦和交互卦；卦象内部相关两爻之间的关系：承、乘、比、应；正中当位和《周易》中的占断辞。《周易》这一套系统的表达形式，不仅完美地表达了《周易》的独特内容，也使《周易》的主旨和义理更精湛、更博大精深。第三部分是《周易》的思维方式。思维是智慧活动的核心元素，法国哲学家、科学家和数学家笛卡儿就说过："意志、悟性、想象力以及感觉上的一切作用，全由思维而来。"思维是通过思维方式来实现的，思维方式是多功能的智慧酵母。《周易》的思维方式：取象思维、整体思维、模糊思维、权变思维、循环思维，是《周易》最核心、最具生命力的主成分，它不仅奠定了中国人的思维方式的基础，而且它具有历史的继承性，内生演化为中华民族特有的气质和风貌。研究《周易》，不研究《周易》的思维方式，就会走入歧途，就会堕入旁门左道。本书在《周易》的思维方式中又增添了大量的研究内容，以帮助人们找准研究《周易》的坐标，触摸《周易》的深邃灵魂，更深广真切地认识人情物理，对周易的认知上升到更高的境界。

2. 对"卦爻辞的解读"作了进一步的完善。《周易》不仅有一套设计巧妙、内涵丰富、成熟完善精密的符号模拟系统，而且还有一部注解卦和爻的卦辞爻辞文字系统。卦辞是总论，阐发卦象意蕴的文字，每卦一则；爻辞是分论，阐发每爻意蕴的文字，每卦六则。卦爻辞的出现，通过注解卦爻象，提升丰富了《周易》"经"部分的哲理内涵，也使易象从单纯而隐晦的符号暗示，发展为用文字表述的、带有一定文学性的象征形象，扩大了易象的范围。但是，周文王的卦爻辞到了春秋时期，已经又过了数百年，对于孔子那个时代的人来说是古文了，所以孔子作《彖传》和《象传》等对卦辞卦象和爻辞爻象作了注解，便于当时的人们对《周易》卦爻辞的理解。然而，今天距孔子作《易传》的时间又过了两千多年，对今人来说，也是古文了，这种时间与文字的距离，妨碍初学《周易》的人对它的贴近。更加之《周易》卦爻辞上论天文，下讲地理，中谈人事，把宇宙人生特定事物的道体、哲理、物理、数理、阴阳、感应、变化、作用等信息都精确地浓缩到阴阳符号和卦爻辞上，研习《周易》的浅尝者们很难撩开这层神秘的面纱，也绝对不会体味到《系辞传》所言的"范围天地之化而不过，曲成万物而不遗"那样的神奇妙谛。因此，在我的原著《周易与人生智慧》中对卦爻辞择其要者而解读的基础上，本书作了逐字逐句的全面解读，并结合简约的符号和具象的结构条文缕析，以揭示出卦爻辞背后所蕴含的易道和早已逝去的时光里留存下的黄金般智慧光芒，帮助读者轻松阅读，深入理解卦爻辞智的幽深和慧的悠长。

3. 对"爻辞在人道层面的智慧"作了大量的补充。在人道智慧的解读中，我尽可能地用精练的、富有哲理的语言来阐释人生处事的真谛、智慧人生的法则。我更煮海为盐，从不同时代、不同民族、不同国家、不同领域的浩瀚文献中批经展籍，收集提炼出古今中外的名人名言、谚语俗语和形象比喻。中外名人名言言简意赅，韵味隽永，寥寥数字却充满了哲理思想；谚语俗语能够用浅白的言语洞穿事中事，道破理中理；形象比喻是用浅显、具体、生动的类似事物来代替抽象、难理解的事物，能使概括的东西形象化，给人深刻的印象。将名言、谚语俗语和形象比喻嵌入智慧的论述中，使其更加精致深邃。如此，"爻辞在人道层面的智慧"虽然篇幅短小，但却是卓见比比，箴言处处，慧语连连，使《周易》中每一爻辞所蕴含的天人合一、道器合一的智慧，如地泉之水，悠然灵秀，直抵人的心灵。会让你在迷茫中看清目标和方向；困惑中茅塞顿开，豁然开朗；通达时戒骄戒躁，不迷失自我；在颓废中警醒自信，绝地反弹。让你平凡的人生如花，姹紫嫣红；如歌，美妙动听；如酒，芳香清醇；如诗，激情飞扬。

这里还有两点特别说明：（1）对"爻辞在人道层面的智慧"的解读，不是长篇大论，也不做论证，前后句之间也不是那种严密的逻辑衔接，而是短小精悍，解到为止；但内容却缤纷多彩，涉及成败、心态、品德、性格、选择与放弃、人际关系、顺境逆境、幸福等人生的方方面面，汇集起来就是一部囊括人类千年智慧的哲理箴言。（2）《周易》六十四卦，就是六十四个时空模式，人生越不过这六十四个时空，《周易》告诉你进入哪一个时空怎么做吉，怎么做凶，怎样趋吉避凶。因此，对"爻辞在人道层面的智慧"的解读中，因为有些爻辞的相对独立性，好像有些内容重复，但那是在不同部分时空中的同一智慧的具体运用，为了保证每一卦的完整性，这种重复是难免的，也是必要的。还有，有些智慧也是针对特定的时空条件而言的，不能脱离时空条件而做评判或曲解。

在写作《周易与人生智慧（精华版）》时，我的初衷是想在"精"字上下

工夫，要对原《周易与人生智慧》一书进行删减。因为我知道，每块木头只要能去掉多余的部分，都可以雕成一尊佛。宋朝的苏轼在《与孙运勾书》中也说过"要言不烦"。但是也不知什么缘故，我写着写着就比原书又增加了数万字，也就是说，我并没有把它雕成佛，就拜托各位读者去去粗取精，雕木成佛了。

研习《周易》是一件十分艰辛的思维活动，但却有无穷妙意令人陶醉。在写作《周易与人生智慧（精华版）》时，总是有一种新的感觉伴随着艰辛的过程，就是写作中我的心底里总会透出一股甜甜的清气。我认识到世间最美好的和最具灵妙的感受，就是体味到自己的心在流甜。

一个人的能力是有限的，一个人的智慧更是有限的，而《周易》的智慧则是无限的，绝非一个人或几个人，一个时代的人或几个时代的人能够把《周易》的智慧彻底挖掘出来。因此，《周易与人生智慧（精华版）》也不过是《周易》智慧的"冰山一角"罢了，我还要带着一颗炽热的心，在时光深处细品《周易》，对周易的智慧作进一步的诠释和弘扬。也更真诚地期待更多的专家和学者在"周易与人生智慧"领域里去做更深入的挖掘。一缕缕春风可以润物化雨，一片片绿叶可以壮美一个季节，一朵朵浪花可以飞溅起整片海洋。我特别愿意看到，在"周易与人生智慧"的研究中，群贤毕至，春风化雨，绿叶繁茂，逐浪飞花！

我多年的故交好友，北京大学中国传统文化艺术研究所佛教文化艺术研究室主任、教授，著名画家和国学家李唐先生，精心地为本书封面创作了孔子的画像，如此增色添彩的厚情，我将永记在心！

作　者

2016年8月于"心田轩"

上版前言

  我受家庭环境的熏陶,在上小学的时候就开始学习《周易》,我所习得的一些成语,比如"刚柔相济""风云际会""进退存亡""虎视眈眈""匪夷所思""触类旁通""物极必反""否极泰来""穷变通久""自强不息""厚德载物""求同存异""革故鼎新""义结金兰""殊途同归""洗心革面""仁者见仁,智者见智"等就是超出当时的小学课本的范围,来自于我对《周易》的学习。但是,由于生活的阅历不够,我对《周易》的感悟很浅,学习起来也只是雾里看花,多有朦胧之感。20 世纪 80 年代,我在吉林大学读书和教书期间,有幸聆听到著名易学专家、国学大师金景芳教授在易学研讨班上的"易学讲座",领略了大师的魅力,醍醐灌顶,眼界大开,由是而对《周易》的精髓有了新的认知,并顿悟出很多智慧,从此酷嗜《周易》。

  《周易》作为"群经之首""大道之源",闪烁着先贤圣祖的聪明才智,是一个博大的人生智慧基因库。《周易》中的卦辞、爻辞以及易传,句句精辟,字字珠玑,其中包含的治国经邦、官场进退、勤奋治学、识人观事、处事方略与防范邪恶等人生智慧,经数千年岁月的洗礼,依然灵光闪动,且历久弥新。世界上从来没有一本书像《周易》这么古老深邃,这么璀璨多彩,这么四域生辉,这么影响深远,这么具有生命力。可以毫不夸张地说,《周易》给中国乃至全世界留下了延绵不衰、永泽后世的智慧财富,当之无愧为经典中的经典、智慧中的智慧。分析心理学创立者荣格也对《周易》赞不绝口,他说:"谈到人类唯一的智慧宝典,首推中国的《周易》,在科学方面,我们所得出的定律常常是短命的，或被后来的事实所推翻，唯独中国的《周易》亘古常新。"

《周易与人生智慧》是以我多年来在北京大学等院校讲学的教案为基础撰写而成的，这次成书，特别注意突出了以下几个方面的特点：

1. 体例新颖。《周易》符号单纯、文字简约，但却具有广阔的解释空间。为了让读者尤其是初学易者更全面、深入地理解这部震古烁今的处世经典，本书开篇专门安排了"导读"的部分，内容涵盖《周易》基础知识的各个方面。本书还按照相互的解释关系进行体例排列，其结构是卦辞、彖辞、大象的文言及卦辞、彖辞、大象的白话翻译；爻辞、小象的文言以及爻辞、小象的白话翻译。此外，还将注析乾、坤两卦的《文言》，分别附在乾、坤有关章节之后，参考起来十分方便。《易传》的其余五章，是综释《易经》全文的，因此，仍置于全文之后。

2. 以典籍为蓝本。从古至今，研究《周易》的书籍很多，而且良莠不齐，这就需要我们在瀚海中捡拾珍贝。为了确保所选《周易》原文的准确性和进行现代话语转换的学理性，我主要以唐朝孔颖达的《周易正义》，宋朝朱熹的《周易本义》和程颢、程颐的《二程集》，明朝来知德的《周易集注》，清朝焦循的《易学三书》和王夫之的《周易内传——船山易学集成》，以及现代人南怀瑾等的《周易今注今译》和金景芳的《周易通解》为参照系，在揣摩古圣今贤研究《周易》典籍的基础上，作了自己的阐发和新解。

3. 对难字注音、注解。研究《周易》，自古称难，对于今人来说，更难。其中一个重要原因是，《周易》卦爻辞的文字据传是周文王所作，也有的学者说是周文王的儿子周公所作，就是在春秋战国时人们也很难理解，所以，孔子作了《易传》来帮助人们解读。周文王、周公也好，孔子也罢，都是已经远离了今人的先哲，《易传》也是古文，其中有很多艰涩生僻文字。本书对《周易》中较为生僻或有特定读音的字全部做了汉语拼音注音和注解，以方便研易者顺畅地读懂、读通。

4. 全文白话翻译。《周易》难懂的另一个重要原因就是六十四卦的卦爻辞都是文言，文言句法和很多卦爻辞的真正含义较为费解。本书通过白话翻译，改古语为今言，以帮助研易者解决阅读上的障碍。在做白话翻译时，尽量采用直译的手法，不做引申和发挥，以避免误导研易者。关于《周易》，历代注家和翻译家虽多，但是存在着很多分歧和争论。《周易》作为经典，本身就具有巨大的解释空间，也不应该用一个固定的尺度加以绳规墨矩。我在白话翻译《周易》时，既尊崇前贤，又不拘一格，也不循一家之谈，因此，不少地方与传统的理解也有不一致之处，也算作是"仁者见仁，智者见智"吧。

5. 解析《周易》的技术系统，揭示《周易》的人生智慧。 本书最新颖之处是，每一卦后边都有"推天道，明人事"的悟语，与前面的内容互为辅弼。《周易》和《论语》以及《道德经》的共同点是对于现代人来说都存在着语言障碍，但是《周易》与《论语》、《道德经》也有不同点，这就是：你解决了语言障碍，《论语》和《道德经》一般都能看懂，但是，你若只解决了语言障碍，是仍然看不懂《周易》的。这是因为《周易》有一套符号组成的技术系统，只有从技术层面掌握了解易的方法，才能够帮助我们读懂《周易》。这就像不懂汽车驾驶技术，就不能开好车的道理一样。推天道，就是将六十四卦的符号作为一个整体结构，从技术层面对每一卦的卦辞、彖辞、象辞和爻辞以及每一爻的爻位爻象进行整体剖析，充分揭示出卦、爻符号所体现的天、地、人三才统一的关系，内卦、外卦组合的关系，阴阳爻位之间的比应关系、乘承关系，以及爻象之间的中和关系，卦与卦之间的错综关系和交互关系，来展示该卦、象或爻的深旨大意，来通晓这部"天书"的天道，这就是解易的根。读者抓住了这个根，才能深窥易学堂奥，掌握易学的精髓，解决望"易"兴叹的问题。明人事，就是借助推天道这种方式，触摸《周易》的神圣，沟通天道与人事之间的联系，结合历史与现实，对卦爻经义的深层内涵与广义外延充分加以挖掘和拓展，以凸现《周易》中每一卦和每一爻的主题思想，解析出深藏于内的为人处世的智慧精华。古人云："学而不化，非学也。"从明人事的角度开掘《周易》这座宝库，就是要把它深邃的"天机"化成人道的智慧，让《周易》智慧的光芒绽放在我们的生活之中。本书中明人事的悟语，不仅是我从《周易》中撷取的处世智慧，还将数千年国学之精华荟萃于斯，并广泛地摘选社会学家、心理学家、文学家、哲学家、企业家以及对社会影响深远的成功人士的格言，带给读者多维度的阅读享受，其中很多语句都值得细细品味，并可成为人生舞台上永远经典的台词。

在得知我要写作本书时，一位多年研易的好朋友对我说："现在研究《周易》的书籍可谓汗牛充栋，一般化的东西太多，你写的《周易与人生智慧》一定要超越它们。"朋友的话，让我感到了一种难以承受之重。当然，为读者奉献最好的研究《周易》的精品书，也是我的美好愿望，而"超越"一词从拆字法上讲，"超"是"走"在"刀""口"上；"戉"是古代的兵器，即大斧，所

以"越"是"走"在"斧刃"上，艰苦卓绝，才能产生超越，这就是我对"超越"一词的理解。尽管我充满了探讨的热情，也笃行坚忍不拔的执着精神，但我的研易功夫离"艰苦卓绝"的程度相差甚远。虽然本书对《周易》作了全方位的解析，将《周易》的人生智慧作了最大限度的彰显，但《周易》的智慧是博大精深的，远远不是我能挖掘彻底的。我的研究充其量只能算是九牛一毛，希望我们黄土地上龙的传人中更有睿智者，踩着我抛出的这块"一般化"的"砖"，孜孜矻矻去攀登《周易》与人生智慧研究的最高点，以莫愧于列祖列宗。

人在喧嚣的世界跋涉，需要智慧为快乐与成功保驾护航。《周易》是现实人生的指南和趋吉避凶的宝典，悟透了《周易》，就掌握了人生的大智慧。它会引领你在纷繁的尘世中保持宁静安详的心，品味人生的真谛，成就人生的大业。为了让短暂的生命获得无尽的快乐与成功，让我们穿越几千年时空，一起来饮华夏文化的源头活水，零距离接触这千古不易的智慧，领悟其哲思妙理吧！

陈树文

2010 年 8 月

目录

导读 ... 1

周易上经 ... 47

    乾第一 ... 48

    坤第二 ... 60

    屯第三 ... 69

    蒙第四 ... 76

    需第五 ... 83

    讼第六 ... 90

    师第七 ... 97

    比第八 ... 104

    小畜第九 ... 111

    履第十 ... 117

    泰第十一 ... 123

    否第十二 ... 130

    同人第十三 ... 136

    大有第十四 ... 142

    谦第十五 ... 148

    豫第十六 ... 155

    随第十七 ... 161

    蛊第十八 ... 168

    临第十九 ... 174

- 观第二十 ... 180
- 噬嗑第二十一 ... 186
- 贲第二十二 ... 192
- 剥第二十三 ... 198
- 复第二十四 ... 204
- 无妄第二十五 ... 211
- 大畜第二十六 ... 217
- 颐第二十七 ... 223
- 大过第二十八 ... 229
- 坎第二十九 ... 235
- 离第三十 ... 241

周易下经 ... **247**

- 咸第三十一 ... 248
- 恒第三十二 ... 254
- 遁第三十三 ... 260
- 大壮第三十四 ... 266
- 晋第三十五 ... 272
- 明夷第三十六 ... 278
- 家人第三十七 ... 285
- 睽第三十八 ... 292
- 蹇第三十九 ... 299
- 解第四十 ... 305
- 损第四十一 ... 312
- 益第四十二 ... 318
- 夬第四十三 ... 324
- 姤第四十四 ... 331
- 萃第四十五 ... 337
- 升第四十六 ... 344
- 困第四十七 ... 350
- 井第四十八 ... 357

革第四十九 364

鼎第五十 371

震第五十一 377

艮第五十二 384

渐第五十三 391

归妹第五十四 398

丰第五十五 405

旅第五十六 411

巽第五十七 417

兑第五十八 423

涣第五十九 429

节第六十 435

中孚第六十一 442

小过第六十二 449

既济第六十三 456

未济第六十四 462

系辞传上 469

系辞传下 483

说卦传 495

序卦传 501

杂卦传 507

附录 511

附录A 蓍草法 512

附录B 古代铜钱法 516

附录C 数字占卜法 519

附录D 六十四卦简表 520

参考文献 521

导读

《周易》凝聚了伏羲、周文王、孔子三位圣人以及历代先贤大圣对宇宙、自然的认识,包含了他们对社会历史变化的理解,是集体智慧的结晶,位居"群经之首",是中国传统文化的源头活水,在中国数千年的文明史中,它以博大精深的思想对我国的自然科学和社会科学产生了巨大的影响。如《四库全书总目·经部一·易类一》中说:"易道广大,无所不包,旁及天文、地理、乐律、兵法、韵学、算术,以逮方外之炉火,皆可援《易》以为说。"《周易》在世界上也享有"宇宙代数学""科学皇冠上的明珠"等美称。《周易》不仅是中国的,更是世界的;不仅是古代的,更是现代和未来的。

《周易》最初是用作卜筮的书。朱熹说:"《易》本为卜筮之而作""《易》本卜筮之书"。其内容包括卦画、卦名、卦辞与爻辞等,又加之《周易》成书于数千年以前,如果不了解关于《周易》所特有的一些基本知识,根本就不可能读懂《周易》。因此,为了帮助读者系统地学习和研究《周易》,有必要对《周易》作个导读。

一、《周易》的基本内容

(一)《周易》成书于"三圣"之手

《汉书·艺文志》认为《周易》的成书"人更三圣,世历三古"。"三圣"分别是:伏羲氏、周文王、孔子。"三古"是与"三圣"分别对应的时代,即伏羲为上古,周文王为中古,孔子为近古。

1. 伏羲的八卦

汉代司马迁在《史记·太史公自序》云:"余闻之先人曰:'伏羲至纯厚,

作易八卦。'"据此可见，伏羲画八卦的说法在汉初就已经存在了。

伏羲又称包羲氏，生在距今六千四百多年以前。中国自盘古开天地，三皇五帝到如今。伏羲就是三皇之首，也称"羲皇"（三皇是伏羲、女娲、神农氏即炎帝；五帝是黄帝、颛顼、帝喾、尧、舜）。伏羲的故乡在甘肃天水，后来迁徙到河南淮阳，死后葬在淮阳，那里现有太昊陵。羲皇是"龙"图腾的创造者。当年他统一了中原九个部落后，从九个部落崇拜的图腾里各取一部分（鹿角、驼头、兔眼、蟒身、蜃腹、鱼鳞、鹰爪、虎掌、牛耳）组成了一条"龙"，作为大家共同崇拜的新图腾。于是，伏羲子孙也被称为"龙的传人"。伏羲的贡献还有正姓氏、制嫁娶、作甲历、定四时、结网罟、兴渔猎、养牺牲、充庖厨等。

据传：伏羲"则河图而作八卦"。伏羲"一画开天"，两仪始立，分出阴阳，由两仪而生四象。四象虽然比两仪更为显著，但只是阴阳两种气化。伏羲在四象的基础上，进一步整合，遂创立了能够状类宇宙间生化万有的八卦——乾卦、兑卦、离卦、震卦、巽（xùn）卦、坎卦、艮（gèn）卦、坤卦，这是一个以几何级数裂变的过程，就是《系辞传》所说的"易有太极，是生两仪，两仪生四象，四象生八卦"，如图0-1所示。

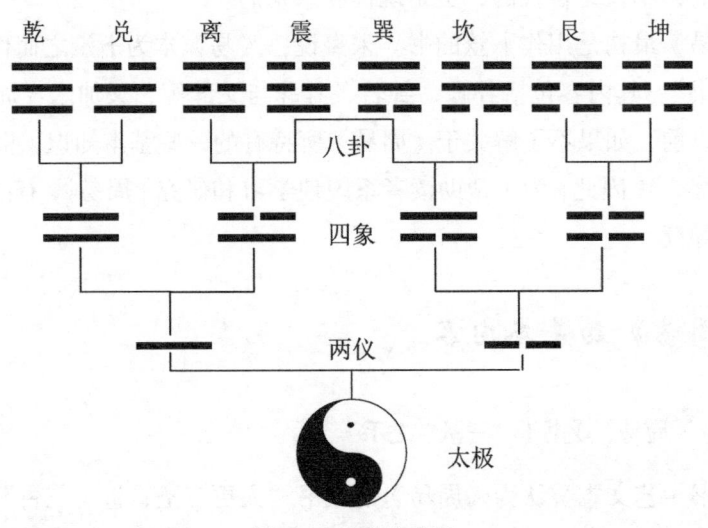

图0-1 八卦生成图

"太极"就是宇宙最初浑然一体的元气，"两仪"有两层含义：其一是指天地，其二是指阴阳，体现在卦上就是奇偶符号，即 ━ （阳爻）与 ━ ━ （阴爻），这就产生了卦的第一爻，故谓之"太极生两仪"。所谓"两仪生四象"，就是在一阴一阳之上复生一阴一阳，即：

其中，▅▅ 是老阳，▅ ▅ 是老阴，▅ ▅ 是少阳，▅▅ 是少阴。少阳象征春，老阳象征夏，少阴象征秋，老阴象征冬。在"四象"基础上，再复生一阴一阳，就生成了八卦，即：

分别象征自然界的天、泽、火、雷、风、水、山、地。著名学者郭沫若说："《易经》是一座神秘的殿堂，因为它自己是由一些神秘的砖块八卦所砌成。"可见，没有八卦就没有《易经》。伏羲按照自然规律对八卦进行了组合排列，创造出了八卦图，也称为"先天八卦图"，把人类出现以前大自然的样子描述出来了，如图0-2所示。

图0-2　先天八卦图

中国古代在方位上的表达形式和我们今天地图的表达方位正好相反：上南下北，左东右西。代表天的乾卦符号"☰"画在图的中上方，象征天在上；代表地的坤卦符号"☷"画在图的中下方，象征地在下；代表太阳的离卦符号"☲"画在图的中左方，象征太阳每天从东方升起；代表月亮的坎卦符号"☵"画在右中方，象征月亮每月初从西方升起；在这四个卦的中间再画上代表风的巽卦符号"☴"、代表雷的震卦符号"☳"、代表山的艮卦符号"☶"和代表江河湖海的兑卦符号"☱"。

先天八卦图揭示出了大自然阴阳二气消长的规律。根据《说卦传》伏羲的先天八卦图是两两相交错的对待关系："天地定位，山泽通气，雷风相搏，水火不相射,八卦相错"。即乾坤为一对,兑艮为一对,震巽为一对,坎离为一对。两卦数字相加之和其数都是9,卦的属性也都是阴阳相对。先民们通过长期的仰观俯察,认为自然界是按照一阴一阳所产生的。在八卦图中,坤卦"☷"由三个阴爻组成,代表阴气最重,对应于一年中黑夜时间最长、白天时间最短的冬至节气;从冬至这一天开始,白天的时间逐渐延长,黑夜的时间逐渐缩短,随着阴消阳长的积累,到夏至这一天,黑夜的时间缩到最短,白天的时间增到最长,所以这一天对应于乾卦"☰",乾卦是由三个阳爻组成的,代表阳气最重。从夏至这一天开始,阴长阳消的运动开始,白天时间逐渐缩短,黑夜的时间逐渐延长,一直到冬至夜最长,昼最短,一年中的阳长阴消、阴长阳消的过程结束,紧接着新的阴阳消长过程又开始了,往复不息。其他六个卦,震卦"☳"对应立春,离卦"☲"对应春分,兑卦"☱"对应立夏,巽卦"☴"对应立秋,坎卦"☵"对应秋分,艮卦"☶"对应立冬。伏羲用这种组合图形的方式,以状类万物之间阴阳二气消长的变化,说明宇宙万物可以互为因应、对立统一的规律。所以,先天八卦图就是挂在我们眼前的宇宙模式图。

　　伏羲通过八卦图也浓缩了人类社会的现象。八卦在一个家庭里,乾卦代表父亲,坤卦代表母亲;震卦代表长男,坎卦代表中男,艮卦代表少男;巽卦代表长女,离卦代表中女,兑卦代表少女。八卦在社会上,乾卦代表君王、老男人、父亲、丈夫等;坤卦代表百姓、老妇人、母亲、妻子等;震卦代表壮年男子,坎卦代表中年男子,艮卦代表少年男子;巽卦代表壮年妇女,离卦代表中年妇女,兑卦代表少女。

　　八卦图所揭示的阴阳二气消长的变化及其规律也适应人类社会的发展变化及其规律。人类社会中一切事物都可以分属于阴阳,阳代表光明、积极、进取、刚强等特性和具有同类特性的事物;阴代表阴暗、消极、退守、柔弱等特性和具有同类特性的事物。阴阳之间不是彼此孤立的、割裂的,而是一个事物的两个方面。如一项社会活动就伴生着阴阳两种属性:设想或施行、开展或取消,成功或失败、创新或守旧、建设或毁坏、贡献或索取,进攻或防守,集中或分散,主动或被动,好转或恶化,生存或消亡等,一切社会事物的发生、存在、发展和最终结果,都能够用阴阳的性质、作用原理、相互关系和相互变化规律来进行演绎。

　　先天八卦图中的阴阳概念是伏羲为代表的华夏先民的最重要智慧,八卦的两个基本符号,一个是"━ ━",另一个是"━━"。在上古时代没有文字,自然就没有"阴爻、阳爻"字样，数千年后的《易传》才把"--"叫阴爻，把"—"叫阳爻。两种符号代表什么？有的说代表结绳记事，郭沫若认为，"—"代表男性生殖器，"--"代表女性生殖器。总之，八卦是以阴阳符号反映客观现象及其内在的本质联系。无论是自然界，还是人类社会，都是在一阴一阳这两个最基本属性、两种对立的物质势力中运动着、以此消彼长，彼消此长，"重阳必阴，重阴必阳"的方式变化着、发展着，这就是自然界、人类社会和人们的思想中普遍存在的"一阴一阳之谓道"的对立统一规律。

先天八卦的排列顺序为：乾一、兑二、离三、震四、巽五、坎六、艮七、坤八。按照这个顺序，其走势正好成为一个S形，这就是太极图中的阴阳两种物质阴盛阳衰，阳盛阴衰，阴中有阳，阳中有阴。北宋初年道士，也是研究周易的大家陈抟发明的"太极图"就是深得先天八卦图的启迪。太极图中白鱼有黑眼睛，黑鱼有白眼睛，你中有我，我中有你。相互对应，彼此相对，又相互转化，阴大阳小，阴小阳大，阴发展到了极端就转向阳，阳发展到了极端就转向阴，一端的消失又是另一端的开始，由此往复循环，如图0-3所示。

图0-3　太极图

2. 周文王演易

周文王姓姬名昌。父季历为侯伯。文王是周灭殷之后武王谥其父为文王。殷祖甲二十八年，姬昌生于岐山之下。姬昌自幼聪慧，备受其父钟爱。季历被文丁捕杀，在位46年，姬昌47岁嗣为侯伯，又称之为西伯侯或西伯昌。在位50年终。

周文王在位时遵祖训，招贤纳士，开创基业，体恤百姓痛苦，广施仁政，在治理所管辖的领地时政通人和，受到当地百姓们的拥戴，引起了商纣王的嫉妒。更让商纣王恐惧的是，社会上流传姬昌是圣人，能推知过去，预测未来。商纣王找了个借口把西伯侯从西岐召来，囚于朝歌附近的汤阴羑里。据《左传》载，周文王囚于羑里七年（《史记纲目》记为三年）。被囚期间，商纣王用最狠毒的手段来测试西伯侯是不是圣人，能不能知过去，测未来。商纣王把西伯侯的长子伯邑考烹为羹，送给他吃。据说，西伯侯知道是自己的长子伯邑考的肉和血，但为了保存自己的生命，以图东山再起，他把极大的悲痛埋藏在心底，表面上装出一无所知的样子，将羹吃下。纣王闻知，嘲弄地说：圣人当不食其子羹。吃自己儿子煮成的羹尚且不知，谁说他是圣人呢？从此，放松了对西伯侯的监视。西伯侯到后院没人看到的地方，遂又将羹吐出，吐出之物后人称之为"吐儿堆"。西伯侯虽身陷囹圄，但充满了忧国忧民的意识，总结伏羲八卦的精华，继续进行深入系统的推演，探索宇宙和社会变化的规律，寻求拯救国家和民众的智慧。孔子讲："文王拘而演易""《易》者，其有忧患乎？"

周文王对《周易》的贡献，可以概括为以下四个方面：

（1）画出了后天八卦图。后天八卦图是相对于先天八卦图而言的，它体现天时地利万物生化，简单地说，就是宇宙的发展变化。伏羲先天八卦图讲的是阴阳对待，周文王的后天八卦图讲的是阴阳流转，展现出宇宙气化生生不息的连贯与运转，它平面化了，按照东西南北、东北、西北、东南、西南八个方位落地了，如图0-4所示。

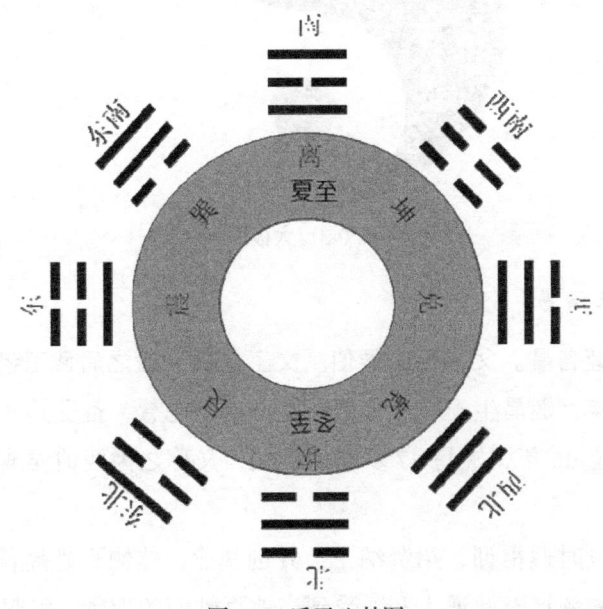

图0-4 后天八卦图

周文王画的后天八卦方位图，有着当时周国国民生存的时空环境的特征，是当时周人生存时空环境的模拟图。这样的说法有些见地。周文王活动的中心是周国国都叫镐，在今天西安西南的丰邑。从地理方位和气候条件来看，北临黄河，寒冷自北方而来，所以把代表水、代表寒冷的五行属水的坎卦"☵"放在北面，又与一年中最冷的农历十一月即子月、一天中最冷最黑暗的子夜相对应；东北方向是山西黄土高原、太行山，所以把代表山、代表稳固、停止、五行属土的艮卦"☶"放在东北方，又与一年中的农历十二月即丑月和农历正月即寅月以及一天中黑夜与黎明交接的丑时和寅时相对应；春雷从东方来，春天草木生，所以把代表雷、代表震动、五行属木的震卦"☳"放在东方，又与一年中农历二月即卯月和一天中早晨的卯时相对应；春夏之交，风从东南刮来，草木繁盛，东南一带风也多，树木也茂盛，所以把代表风、五行属木的巽卦"☴"放在东南方位，并与农历三月、四月即辰月、巳月和一天中的辰时和巳时相对应；南方气候炎热，夏天烈日高照，所以把代表火、代表光明，五行属火的离卦"☲"放在南方，并与农历五月即午月、一天中的午时相对应；西南方是四川盆地，到了夏末秋初的收割季节，所以把代表大地、五行属土的坤卦"☷"放在西南，并与农历六月即未月和七月即申月、一天中的未时和申时相对应；西边是青海湖等沼泽地，秋天是收获的季节，农民喜悦，所以把代表湖泊、代表喜悦、五行属金的兑卦"☱"放在西边，并与农历八月即酉月、一天中的酉时相对应；西北方多金属矿藏，西北风一刮，天气变冷，同时古人认为天高西北、地陷东南，所以把代表天、代表君主五行属金的乾卦"☰"放在西北，并与农历九月即戌月和农历十月即亥月、一天中的戌时和亥时相对应。

周文王的后天八卦图，从哲学的大视野和更深层次上观察自然和人类社会发展变化的规律，更具大智慧。在此，我不做全面的赘述，仅以周文王的后天八卦图中的离卦和坎卦排列位置所体现的大智慧作些解读。离卦（☲）放在南方，代表夏至。夏至从理论上讲是一年当中最热的一天，是纯阳到了极点，但不是用乾卦（☰）来代表而是用离卦来代表，离卦两个阳爻，中间一个阴爻。意思是，纯阳到了极点，同时就孕育出来阴，极阳之地有阴生，夏至的时候也恰恰是一阴复生的时候。坎卦（☵）放在北方，代表冬至，冬至从理论上讲是一年当中最冷的一天，是最阴的时候，但不是用坤卦（☷）来代表而是用坎卦来代表，表明阴到极点时，在阴的内部就滋生了阳的因素，就是至阴之地有阳生。正因为阳极的时候内里开始生阴，阴极的时候内里开始生阳，所以才能产生物极必反的循环不已。以人生解读，离卦为火，为明，任何巅峰都是暂时的，都有逆转的因素存在和滋生，忽视了它，它就很可能是下一个深渊的转折点。因此，对人生巅峰的得意忘形就是灾难深渊的起点。坎卦为险，为陷，一个人在最困难的境地，好的因素也正在内部孕育，只要你不一落千丈，能够在这个阴中的阳上下好工夫，扶持它，光大它，形成气候就会逆转局面。智慧的人生，就是要有超人锐利的目光看到盛衰废兴的始因，洞悉祸福存亡的根源，防事于未萌，避祸于未形。

（2）把八卦变成了六十四卦。伏羲画了八卦，描述了自然界的八个时空模式，并以天人合一的视野，把它用来描述人类社会的八个时空模式。八卦奠定了《易》的结构系统的基础，但是周文王发现八卦的内容并不能很好地解释人们生产和生活中遇到的一切问题，于是将三画卦的八卦中的每两卦进行重叠，变成六画卦，形成上卦（外卦）和下卦（内卦）结合的卦体，如图0-5所示。

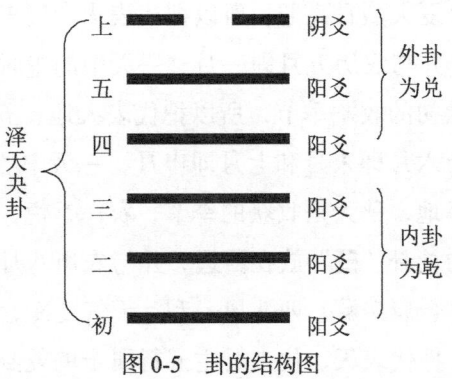

图0-5 卦的结构图

八卦经过这样两卦两卦的排列组合，最后就形成了《周易》中的六十四卦，如图0-6所示。

（3）给新增的56卦起了卦名，又给六十四卦排列了顺序。伏羲的八卦，只有八个卦名，那么周文王演成六十四卦后，除了有八个卦延续原来的称谓，还有五十六个卦如何称谓？周文王就按照这五十六个卦的卦意卦理，为每一卦起了卦名，如"泰卦""否卦""既济卦""未济卦"等。八卦变成六十四卦后，每一卦的顺序如何排列，这也是个智慧问题，西伯侯按照它们之间内在的对待、转承、起合等关系作了很好的排序。

（4）为六十四卦作了卦辞和爻辞。中国文字有五千年的历史了，到了距今三千年左右的周文王时代，用文字表达思想已经成为正常方式。周文王给六十四卦的每一卦作了卦辞，就是从整体上阐释这一卦的卦理，如乾卦的卦辞是：

元亨利贞。又对六十四卦的每一卦的每一爻作了爻辞，具体阐释这一爻在这一卦中的爻理，如乾卦九五爻的爻辞是：飞龙在天，利见大人。上六爻的爻辞是：亢龙有悔。《周易》的卦爻辞是西伯侯在忧患的心境中，对社会人生的理性思考，充满了真知灼见，字字珠玑，是指导人生趋吉避凶的大智慧。从博大精深的《周易》卦爻辞中汲取趋吉避凶的智慧，是一种高品位的选择。

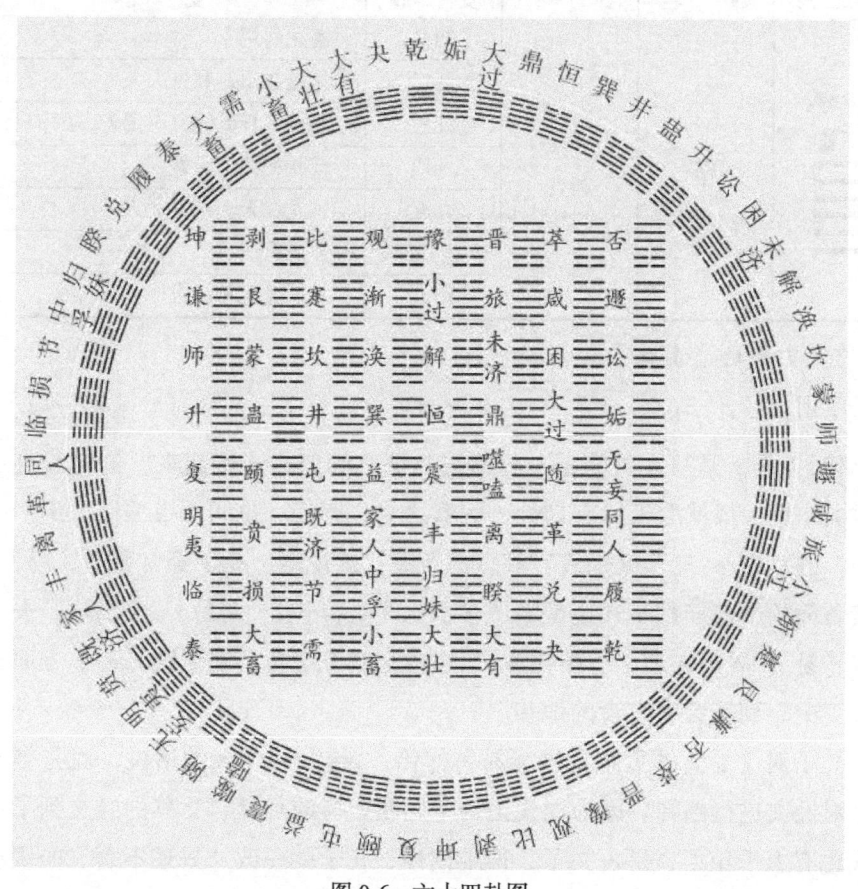

图0-6 六十四卦图

经过周文王的贡献，形成了《周易》的经卦结构，六十四卦中每卦从形式上为六爻，自下而上，以"初""二""三""四""五""上"标明六爻各自的位序。以"— —"表示阴性，称为"六"；以"——"表示阳性，称为"九"。阴爻称"初六""六二""六三""六四""六五""上六"；阳爻称"初九""九二""九三""九四""九五""上九"。每卦有六爻，另加乾卦用九爻和坤卦用六爻，是为三百八十六爻。每卦列有卦形、卦名、卦辞；每爻列有爻题、爻辞。所谓卦形，就是卦的形象，它"类万物之情，通神明之德"；卦名是对卦形的概括；

卦辞是一卦的纲领,它从总体上解释一卦的卦义,有助于人们领悟易理。爻题表明爻的位次和性质;爻辞是对此爻在该卦中的位置以及与其他爻之间的关系来阐明吉凶的断语。例如乾卦,其卦形、卦名、卦辞和爻题、爻辞如表 0-1 所示。

表 0-1

卦 形	卦 名	卦 辞	爻 题	爻 辞
上乾下乾	乾	元亨利贞	初九	潜龙勿用
			九二	见龙在田,利见大人
			九三	君子终日乾乾,夕惕若,厉,无咎
			九四	或跃在渊,无咎
			九五	飞龙在天,利见大人
			上九	亢龙有悔
			用九	见群龙无首,吉

3. 孔子的《易传》

《史记·孔子世家》载:"孔子晚而喜《易》……读《易》韦编三绝。"孔子年代,《易》是写在竹简上,竹简与竹简之间怎么连接起来,当时没有尼龙之类的东西,那就取天然有韧性、耐磨之物牛蹄筋,也叫"韦编","绝"就是"断"的意思,"三"就是极言其多的意思,这说明:孔子经常翻看《易》,连连接竹简的牛蹄筋都不知道翻断了多少次了。《帛书·周易》上记载:"夫子老而好《易》,居则在席,行则在囊。"这些记载说明孔子在研究《易》方面下了很大工夫,到了废寝忘食的地步。

孔子对《易》的贡献是给《易》作传,"传"用今天的话说,就是辅导材料,对经文进行阐释。因为周文王为《周易》写的卦辞、爻辞的经文到了孔子时代也有上千年了,是古文了,很难读懂,孔子就一改"只述不著"的观念和做法,写出了阐释《易》的辅导材料《易传》。《易传》共有十篇,汉人将十篇传文称为"十翼"(《易乾凿度》),意思是这十篇是经的"羽翼","翼"在这里就是特指辅助经的意思。这十篇传文是:《彖(tuàn)传》(上下),只解《易经》卦象、卦名和卦辞,不解爻辞,乃断卦义之文;《象传》(上下),象包含看得见的"形"(面貌)和看不见的"类"(意旨),是对卦象、爻象所蕴含的道理作进一步的阐释之文,《象传》又分为《小象传》及《大象传》,解卦辞的为《大象传》,释爻辞的为《小象传》;《文言》,是专门为解释乾、坤两卦深奥意义之文;《系辞传》(上下),为释卦、爻辞之文,为"十翼"(《易传》)中之重要部分，提出了许多具有宝贵哲理的重要命题，如"一阴一阳之谓道""生生之谓易""易则变，变则通，通则久"等精辟论断都是《周易》的精髓；《说卦传》，为解说卦象及卦文之文，是揭开《周易》天人易理的一把钥匙；《序卦传》，为对六十四卦排列顺序作解释之辞；《杂卦传》，是把六十四卦中意义相关或相反的两卦放在一起作阐释之文。金景芳老师说："《易传》是理解《易经》的一把钥匙，没有《易传》的话，我们今日便不可能看懂《易经》。"正是有了《易传》，我们才能徜徉在《易经》之中。

把《易传》中的《彖传》《象传》放入相应的每一卦中，我们仍以乾卦为例，表0-1的结构就可以丰富为表0-2。

表0-2

卦形	卦名	卦辞	彖辞	大象辞	爻题	爻辞	小象辞
䷀ 上乾下乾	乾	元亨利贞	大哉乾元，万物资始，乃统天。云行雨施，品物流形。大明终始，六位时成，时乘六龙以御天。乾道变化，各正性命，保合大和，乃利贞。首出庶物，万国咸宁	天行健，君子以自强不息	初九	潜龙勿用	"潜龙勿用"，阳在下也
					九二	见龙在田，利见大人	"见龙在田"，德施普也
					九三	君子终日乾乾，夕惕若，厉，无咎	"终日乾乾"，反复道也
					九四	或跃在渊，无咎	"或跃在渊"，进无咎也
					九五	飞龙在天，利见大人	"飞龙在天"，大人造也
					上九	亢龙有悔	"亢龙有悔"，盈不可久也
					用九	见群龙无首，吉	用九，天德不可为首也

（二）周易的基本范畴

范畴是人的思维对客观事物本质概括的反映。各门学科都有自己的基本范畴。如哲学中的矛盾、质和量、本质和现象，化学中的化合、分解等。《周易》也有它的基本范畴：象数理。任何一个事物，只要它一出现，必然有一种现象，有现象就必然有一个定数，这个数就是现象的结果。这个定数为什么会有这个结果，理之所然。《周易》是个象数理模型，有象就有数，有数就有象，理也就在象数里面。象数理是融为一体的。《周易》与《诗经》《道德经》《论语》等有共同点，就是对今人来说，都有语言障碍，而且《周易》的语言障碍更大，因为它还早于《诗经》《道德经》《论语》上千年，但是《周易》与《诗经》《道德经》《论语》等也有一个最大的不同点，就是当你的语言障碍打开了以后，都能看懂《诗经》《道德经》《论语》等，但是仍然看不懂《周易》，为什么？一方面因为《周易》有一套阴阳符号组成的技术系统，不把这套技术系统打开，就看不懂它；另一方面就是因为《周易》是用象、数、理的思维模式来表述其思想的，虽然也有文字，但很简练，而且这些文字是在象、数的思维基础上所说的"理"，如果弄不懂象、数的含义，只看这些文字，就像在看天书。这就是许多人看了周易以后，往往抱怨根本看不懂的缘故。

1. 关于象

《周易》中的所谓"象"，是指爻象、卦象、图象。《周易》为什么要设象立卦呢？《系辞传》说得很清楚，就是"书不尽言，言不尽意"，故圣人"立象以尽意，设卦以尽情伪"。文字和语言不能完全表达事物的原理，通过象来认识事物的本质。万事万物都以同类式相聚、相合。《系辞传》"方以类聚，人以群分"，《文言传》"子曰：'同声相应，同气相求'"。因此，可以取象类推，以象达理。

什么是爻象？《系辞传》"观变于阴阳而立卦"，故爻象者，阴阳两种象征也。即组成八卦以至六十四卦之基本符号，阴（− −）爻，阳（—）爻。爻象即阳爻"—"和阴爻"− −"之象。上古时的人对生殖崇拜，阳爻"—"和阴爻"− −"之象就来自于男女的生殖器。郭沫若说"—"为男根，"− −"为女阴。"—"象征阳，"− −"象征阴。阴爻象征阴，象地，象民，象小人，象母，象女人，象臣，象乱臣，象未来，象偶数，象阴性之物，象柔，象软，象静，象内等。阳爻象征阳，象天，象君，象大人，象父，象男人，象国君，象过去，象奇数，象阳性之物，象刚，象健，象动，象外，象帝王等。《系辞传》曰："爻有等，故曰物。"说明"爻"是通过不同类型的物象，来对事物的体质及其发展变化进行表达。《系辞传》还说："六爻相杂，唯其时物也。"六十四卦每一卦都是由六爻组成，不管六个爻如何错综复杂，它都反映了一定时间条件下的具体事物。爻象能够通过事物的表面情状反映事物的本质；从不同范围、不同层次、不同位置、不同角度、不同状态上的具体事物反映出事物的总体规律和不同时间的规律。爻在卦中的位置也是一种爻象。例如阳爻在一卦的一、三、五位为当位或正位，阴爻在二、四、六位为当位或正位。二位和五位分别为下卦和上卦的中位。阳爻在五位是既中又正，称"九五"之尊；阴爻在二位，为既中又正。同一个爻，在不同的位置具有不同的象，反映出的规律也不同，即使是在不同的卦中，同样一个爻在同一位置上所表述的具体内容也往往是不一样的。

什么是卦象？《周易》中六爻相交成卦所表示的事物形象。《周易》就是用卦象来统领全篇的。我们为什么把它叫卦呢？"卦者，挂也。"就是悬挂一个物象以示人，观察其中的义理。《周易》中的卦，都赋予不同的象。比如说乾卦取象是天，还取象君、父和老马这些阳刚性的东西。坤卦取象是地，当然不只是地，还取象臣、母、老牛这些阴柔性的东西。震取象雷，巽取象风，坎取象水，离取象火，艮取象山，兑取象泽。《系辞传》上讲过这样的话："天垂象，见吉凶，圣人象之。"这里有两个象，头一个象是天垂象，它是事物本来的面貌，事物在运行的过程中一定要用象的形式表现出来。后一个象是人们对这种天垂象的认识和反映形式。

什么是图像？《周易》图有伏羲先天八卦图、周文王后天八卦图、河图、洛书、陈抟太极图、伏羲八卦次序图即小横图、周文王六十四卦次序图即大横图、十二消息卦图等。图像是在人类认识史上发明的一种认识世界和把握世界的重要工具，即使是古代的一些图像，在今天仍然具有不可磨灭的价值，如伏羲的小横图，包含着先天八卦的次序，也包含着对立统一的哲学思想和二进制数学的原理。

《周易》是前逻辑阶段的思维，它不是逻辑推理，是用取象进行思维。在思维的过程中以物象为工具，以认识、领悟、模拟客体为目的来进行形象思维。取象思维是一种非常独特的思维方式，是表示势中之势的思维方式。卦象不是表示事物的分类，而是事物所处之势，这个势，包括事物的态势和发展的状态。例如《象传》上讲：乾卦为"行健"，坤卦为"势坤"，这里的"行"和"势"就是反映事物存在和发展的一种状态。通过卦象之间，卦象和物象之间，物象与物象之间的转化，以模拟、反映和显示事物之间的联系，这就是《周易》取象思维的最基本的特点。《周易》就是一部运用卦爻象来阐释宇宙和洞察人生的经典。

2. 关于数

人类认识世界起源于数，数又伴随着人类认识世界的全过程。没有数，就没有人类的认识，没有数就没有卦。《周易》充满了数的表达，如先天八卦数。乾卦1，兑卦2，离卦3，震卦4，巽卦5，坎卦6，艮卦7，坤卦8。这样的排列就是由二进制数学计算出来的。

相传伏羲对日月星辰、季节气候、草木兴衰等物象有一番深入的观察。不过，这些观察并未为他理出所以然来。一天，黄河中忽然出现了龙马，伏羲发现龙马身上的图案与自己一直观察万物自然的"意象"心得暗合，内心受到一种强烈的震撼，深切地感到自身与所膜拜的自然之间，出现了莫名其妙的和谐一致，于是画出了"八卦"。龙马身上的图案就叫作"河图"，伏羲的经卦来源于天文现象，它的"根"就是"河图"，如图0-7所示。

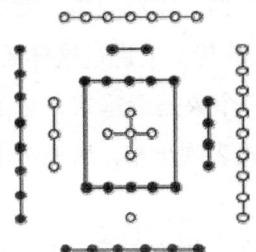 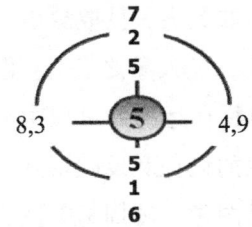

图0-7　河图图

洛书古称龟书，传说有神龟出于洛水，其甲壳上有图——结构是戴九履一，左三右七，二四为肩，六八为足，以五居中，五方白圈皆阳数，四隅黑点为阴数，如图0-8所示。

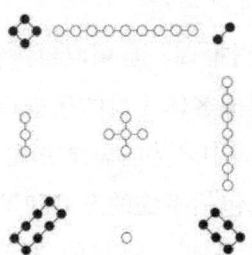

4	9	2
3	5	7
8	1	6

图0-8　洛书图

河图洛书是古人认识解释世界的一种观念，其主要特征是用数来解释万事万物。河图与洛书的共同点是：两者用于表现阴阳的圈、点符号相同（凡阳画白圈，凡阴画黑圈）；两者用于表现阴阳的数字符号相同（凡奇数为阳，凡偶数为阴），都首次表示出了"阳奇阴偶"的易理，和"一阴一阳之谓道"的《周易》中最基本的理念。河图共有10个数：1、2、3、4、5、6、7、8、9、10。其中，1、3、5、7、9为阳，2、4、6、8、10为阴。河图标示的黑白点共有55个，为55数。由1、2、3、4、5、6、7、8、9、10相加所得。这里的奇数白点为阳数为天数，偶数黑点为阴数为地数，天下万物万象生成于这 55 数，也叫天地之数。在 10 个数中前 5 个为生数，后 5 个为成数。古人对"数"为"物"的生成定义是：1 生水，6 成之，2 生火，7 成之，3 生木，8 成之，4 生金，9 成之，5 生土，10 成之。水火木金土五种"物"，各有所生、所成，在一至五的生数中，阳数之和为 1+3+5=9，故在《周易》中以"九"代表阳爻，生数阴数之和为 2+4=6，故以"六"代表阴爻。以上天数有 1+3+5+7+9=25，地数有 2+4+6+8+10=30，天地之和为 55。不计图中央的 5 数，则大衍之数为 50；图中央的成数 10 为小衍之数。阳数相加为 25，阴数相加得 30，阴阳相加共为 55 数。《系辞传》是这样言说河图之数的："天一，地二；天三，地四；天五，地六；天七，地八；天九，地十。天数五，地数五，五位相得而有合。天数二十有五，地数三十，凡天地之数五十有五，此所以变化而行鬼神也。"即万物之数皆由天地之数化生而已。

洛书数。以下为北，上为南，左为东，右为西，天道运行规律首先从北开始，北 1 东 3 渐盛，南方的 9 极盛，又到西方的 7，渐衰然后又回到北方的 1，然后到东南的 4 渐盛，再到东北的 8 这是极盛，再到西北的 6 渐衰，又回到西南的 2，回到开始。中央还是 5，体现的是阴阳相合的关系。洛书是从 1 到 9 的九个数字排列组合成三排，这三排数字其对角线、横线或竖线的数字相加均等于 15，一共可以组合成八组 15。古人称这九个数的排列为"九宫数"。《系辞传》是这样言说洛书之数的："叁伍以变，错综其数，通其变，遂成天地之文，极其数，遂定天下之象。"

可见，河图、洛书的产生本身是源于人们对宇宙的观测，以数字符号代表宇宙中的象，这和《周易》的"立象尽意""以象立意"是一致的。《系辞传》说："河出图，洛出书，圣人则之。"意思是，黄河出"图"，洛水出"书"，"圣人"依此作卦。这是说由精密而完备的数字方式排列而成的河图、洛书乃是伏羲氏据以创设八卦的直接来源，换句话说，伏羲创设八卦的表意符号不仅起源于实践的"象"，也有数上的起源和阴阳义理的起源。

3. 关于理

《周易》中的理，包含的内容很宽泛，有"变易""不易""简易"之理，这将在后边专门研究。这里的理，主要是讲数变、象变的规律，以及由数变、象变的规律从而推导出天下万物（务）万象变化的规律。这些规律主要有以下几个理论：（1）全息论。周易任意一个数象点上的变化，都有引动全局之变，即失去平衡和对称之变。所以,通过研究数象"几"的变化,就能够全面预知事物"貌"的情形,从而进行趋利避害的调控与把握。(2)天人感应论。人通过气场、物理、化学反应等对物象的立体感应,能够探知到天道的运行规律,进而从天人合一的层面,认知到人类活动之理。(3)时空论。事物都是在时间和空间中运行的,数和象在不同时间和空间会呈现出不同的存在状态,对数和象在不同的时间和空间所产生的变化规律的认知和运用,能够知道在什么时空中,怎样做吉,怎样做凶,进而把握住趋吉避凶之理。《周易》的数象所体现的理,是高妙的合一,是以天地为准绳而反映出来的,它能涵盖天地之间的所有道理。所以《系辞传》曰:"《易》与天地准,故能弥纶天地之道。"

(三)《周易》的基本宗旨

天、地、人三才以及天、地、人三道,是《周易》成书的基础和宗旨。《说卦传》云:"立天之道曰阴与阳,立地之道曰柔与刚,立人之道曰仁与义,兼三才而两之,故《易》六画而成卦。"三才者,天地人之位也。"天"是指日月星辰运转不息,四季更替不乱,昼夜寒暑依序变化,即自然界的必然性与规律性。所以,天是指引着万物的进程,是所有事物发展的风向标;"地"是指人类与万物藉以生存的山川大地的环境和养命的各种物产资用的条件,即德厚而容纳、长养万物而运行不息的秉性。地是为"直"、为"方"、为"大"的精神,是人学习和效法的楷模。"人"是指人的意识和行为。人的合理的意识和行为,就是发现并掌握和利用天地自然规律,化育万物,最终达到与天地合一、与自然和谐的"神于天,圣于地"的意识和行为。《周易》就是通过对天、地、人三才以及天、地、人三道的阐述,才建构了自己的体系、结构与内容,从而彰显出了其无与伦比的价值。故《系辞传》云:"《易》之为书也,广大悉备,有天道焉,有人道焉,有地道焉。兼三材而两之,故六。六者,非它也,三材之道也。"意思是,《易》成书的内容之所以博大精深而完备,就在于它深入系统地研究了天、地、人三才之道。六画卦之所以成其为六画卦,就是由于它兼备了天、地、人三才之道而两两相重而成的。所以说,六画卦,并非是别的什么东西,而就是天、地、人三才之道。

《周易》是通过卦爻来研究、分析、说明天、地、人三才之道的发展变化的情况,《周易》八卦的每一个卦都有三画,而其中上画象征天,下画象征地,中画象征人。六十四卦每一卦有六爻,《系辞传》所谓"六爻兼三材而两之",

就是指六爻中的初、二两爻为下象征地，三、四两爻为中象征人，五、上两爻为上象征天，如图 0-9 所示。

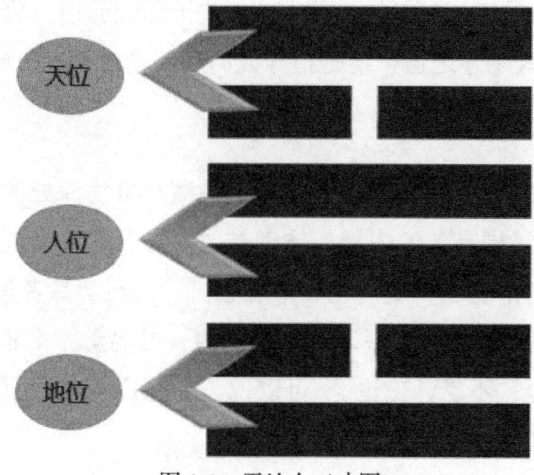

图 0-9　天地人三才图

什么是"爻"呢？《系辞传》曰："爻者，言乎变者也。""道有变动，故曰爻。""圣人有以见天下之动，而观其会通，以行其典礼。系辞焉以断其吉凶，是故谓之爻。""六爻之动，三极之道也。"就是说，天、地、人三才之道是处于生生不息的永恒的变化发展之中的，反映在六画卦里就叫作"爻"。所谓"三极之道"，即"三才之道"；所谓"六爻之动"，即体现了"三才之道"的发展变化及其规律。

《周易》"天—地—人"是一个有机的大系统，谈天说地，说到底是为了说人，说人在天地之间合理的生存和生存的合理性问题，也就是《周易》是从天地之间来研究人的合理存在，即崇效天，卑法地。所以，"天、地、人三才之道"之间的关系，也不是平面的和并列的关系，而是有主次的和从属的区别。天道与地道是人道的基础和依据，人道是效法和实践天道与地道。概括地讲，三才系统是一个以人系统为内核，以天地系统为外围和保护带的圈层结构，述之以长久和谐共存之道理。天地人三才和，是《周易》尚和思想的精髓。

《周易》研究的关键集中在四个字上：吉凶悔吝。而吉凶悔吝的判断在很大程度上依赖于自然规律。《周易》有一个基本观点，就是自然规律与社会规律基本上是一致的。因此，它总是用自然现象来类比社会现象；用自然现象的已然性来论证社会现象的应然性。《周易》首先强调的是知天，即认识、掌握自然界变化的规律。《周易》用一整套特有的卦象系统，把自然界复杂的变化

概括地予以表现，然后让人根据自然界变化的规律去认识自己目前的处境，设计自己应该采取的行动。《周易》要人"通天下之志""与天地和其德，与日月合其明，与四时合其序，与鬼神合其吉凶，先天而天弗违，后天而奉天时。"一言以蔽之，"天地人三才之道"就是指导人们避凶趋吉，走向成功的通天大道。

（四）《周易》的基本内涵

内涵不是表面上的东西，而是内在的，隐藏在事物深处的东西，需要探索、挖掘才可以看到。《周易》的内涵，体现在"三易"上。《乾凿度》云："《易》一名而含三义：所谓易也，变易也，不易也。"又云："易者其德也，变易者其气也，不易者其位也。"郑玄深谙此义，认为："《易》一名而含三义：易简，一也；变易，二也；不易，三也。"可以说，"三易"包括《周易》的一切，当然，也就包括宇宙的一切了。

1. 变易

《周易》上讲："物不可以久居其所。"意思是，世界万物不是静止的，而是处在永恒、普遍的运动变化之中。世界上没有绝对不变的东西。《周易》筮法中的变化是效法天地变化的结果。宇宙间万物时时变化，《系辞传》说："卦爻即为言乎变者也"，所以有"爻也者，效天下之动也"。在《周易》中爻的原意即为阴阳之交变，六爻即象征事物及其之间变化多端的联系。

宇宙间任何事物都包含着阴阳两个既矛盾又统一的方面，阴阳二性不停地切摩，阴极则生阳，阳极则生阴，这种消长盈虚的相互转化之机使天地间万事万物随时随地都处在变化之中，而且这种变化是一而二、二而四、四而八，以至无穷。这就是宇宙万象之本、万化之根源。《周易》谈论天地人之道，是以天道之变易，而定人道之变易；以人道之变易，合天道之变易。所以《系辞传》有："天地变化，圣人效之"之说，又有："子曰：'知变化之道者，其知神之所为乎。'"

六十四卦本身就是从自然现象的变化中演绎出来的，六十四卦显示了六十四种自然静态现象，三百八十四爻演化了三百八十四种动态的变化。自然万物的千变万化是遵循一定规则的，如每卦有六爻，初爻表象事物的初始变化，二爻表象事物的变化初显成效，三爻表象事物发展到一定阶段，四爻表象变革，五爻表象兴盛，上爻表象变化发展到终极，开始走向衰微。《周易》的精髓正是通过六十四卦的结构及其卦爻辞，来帮助人们知晓宇宙在变、世界在变、万事万物都在变的自然之趋势和其中的变道，从而蓄积能变之力量，修养主变之德行，做一个《周易·损》所言"与时偕行"者，变其所当变，变则必求其通。

2. 不易

不易就是不变，在一切的必变之中，有一种绝对不变的本体，在西方的宗教呼之为上帝，佛教称之为佛，老子无以名之称它为道。《周易》中不易的内涵有三层意思：（1）《周易》所阐释的哲理，是宇宙、天地、人生、事物的真理，它是永恒不变的。因为宇宙生化，虽然错综复杂、瞬息万变，但在变易之中，也含藏不变之理，如日月往来，寒暑相推这样的万古之常道是"不易"的。正如董仲舒所说："道之大原出于天，天不变，道亦不变。"（2）自然万物的变化是不以人的意志为转移的。大道本自然。以天地自然现象来讲，如白昼与黑夜、阴晴与圆缺、春华秋实、沧海桑田等的变化都是本乎自然，人只能效法和适应这种自然，而不能随心所欲地改变自然。老子也提示人们："人法地、地法天、天法道、道法自然。"把老子这句话的中间话省略，两端直接对接起来就是"人法自然"，这一点也是不变的。（3）世界上的一切事物都在发展变化的这一永恒法则是永远不变的。变易是现象，不易是法则。变的是形式，不变的是经。变不离经，变通不能变得离经叛道。老子《道德经》也强调："不知常，妄作，凶。"研究《周易》的目的就是要认知变易的现象，探求不易的法则，以确定人合理存在的方针和指导应变的方法。

3. 简易

简易就是对规律本质的简明把握和领悟。《周易》尚简。《周易》就用两条长长短短的横线，代表着一阴一阳，通过排列组合，就把整个世界最复杂的自然规律和社会规律揭示出来了。六十四卦都是以阴爻、阳爻为基本要素组成的，六十四卦就是六十四个以爻的形式绘制的图像系统。《周易》中简易的内涵有两个层面：（1）天地自然的法则，本来就是简朴而平易的，《周易》之为书，就是取其简明象征，以便于世人法之而体悟万物运行之道。正如孔子所讲："乾以'易'知；坤以'简'能。"（2）简的根源就是心诚。所以，简易就是效法天道，保持人性的纯正。中孚卦《象传》云："中孚以利贞，乃应乎天也。"这句话讲的就是，诚信能保持人性的纯真，是合乎天之简朴而平易大道的。一切人世间化简为繁的事物，其本源都可归于心不诚，或者为了规制不诚心的行为而制定的各种规章制度、条例、守则。心不诚就必然要伪饰一些表面的东西以掩盖其本质，这种矫揉造作就把本来简单的问题复杂化了。

大道至简，这是宇宙的普遍法则，也是《周易》的精髓。这一点，从《周易》易数上看得更清楚，《周易》中只讲一位数"一"，其余的数都是来自于"一"的递增。计算的方法也更简单，即加法和减法，万物的变化正是如此，非加即减。八卦和六十四卦仅仅就是用了两个最简单的符号："— —"和"——"，由阴阳而成乾坤，乾坤生六子为八卦，由八卦重之而成六十四卦、三百八十四爻。一卦而备众象，一爻而明众事，六十四卦、三百八十四爻就演绎出了宇宙、社会和人的无穷变化。《周易》散之三百八十四爻，聚之六十四卦，约之仅八卦，再简之仅两卦，再简之仅两爻，故《系辞传》云："一阴一阳之谓道"，道者简易也。简易是符合并顺应自然规律的状态。老子讲："少则得，多则惑"。郑板桥也用诗表达出了这种境界："四十年来画竹枝，日间挥洒夜间思，削尽冗繁留清瘦，画到生时是熟时。"德国的莱布尼茨看到了由传教士翻译成拉丁文的《周易》，为之着迷，领悟了二元对数，即阴为"0"，阳为"1"，演变出了无穷的信息数据，进而奠定了计算机运作的原理。可见，人一旦拥有了化繁为简的智慧，自然会进入一个更加广阔的崭新天地。

《周易》内涵中的"三易"的关系，可以具体理解为：由其生之原而论，是简易；由其生生不已而论，是变易；由其生之有秩序而论，是不易。简易者其德，不易者其体，变易者其用。所以，变易为《周易》中最重要者，也是最繁赜者。对此，我将在导论中"《周易》的思维方式"部分详加论述。

二、《周易》的表达形式

内容决定形式，形式表达内容。好的形式不仅能够完美地表达内容，还能够增大原有内容的含量。《周易》有一套系统而精致的表达形式，它不仅完美地表达了《周易》的独特内容，还使《周易》的内容更精湛、更博大精深，成为真正意义上的处世哲学。理解《周易》的表达形式，对于真正全面地理解和掌握《周易》这部世界顶级的圣典，具有特殊的意义。

（一）《周易》的结构形式

结构是任何事物的最基本表达形式。《周易》从起源到发展再到完善，也逐渐演化成了自己的结构形式。关于《周易》的结构形式，在上一部分的研究中已经涉猎到一些，读者可以对比和观照。《周易》的结构形式与中国的其他古代经典著作的结构形式相比有非常明显的不同特点。

1.《周易》的原始结构是阴阳符号

阴阳乃是中国古代先人观察到自然界中各种对立又相连的现象，如天地、日月、昼夜、寒暑、男女、上下等，以哲学的思维方式归纳出的基本概念，阴阳符号乃是对于这一基本概念的表达形式，用"——"代表阳，用"— —"代表阴。阴阳是各种事物孕育、发展、成熟、衰退直至消亡的核心要素和始发动力。《周易》中蕴涵着人类独特的思维方式，就是认为事物变易的过程就是"一阴一阳"既相反又相成，既相互补充，又相互转化而交互作用的结果，遂选取"——"和"— —"简朴而博大的符号作为自己最原始的结构，通过揭示阴阳同根、阴阳化育、阴阳互体、阴阳对立的关系，进而发展和完善自己的结构形式，以阐发万物运动变化的基本法则，充分彰显阴阳的生命力。

2.《周易》的基础结构是八卦

伏羲用"——"和"— —"这两种符号，按照大自然的阴阳变化平行组合，经过三次变化以后，组成八种不同形式，阴阳就生成了八卦。乃是《乾》（☰）、《坤》（☷）、《巽》（☴）、《震》（☳）、《坎》（☵）、《离》（☲）、《艮》（☶）、《兑》（☱）。为了记住这八卦的符号，古人总结了一套歌谣：乾三连（☰）坤六断（☷）震仰盂（☳）艮覆碗（☶）离中虚（☲）坎中满（☵）兑上缺（☱）巽下断（☴）。八卦中每一卦形代表一定的事物：乾代表天，坤代表地，巽代表风，震代表雷，坎代表水，离代表火，艮代表山，兑代表泽。三画各有所指，即上画为天，下画为地，中画为人，是天地人的三才结构。

3.《周易》的系统结构是六十四卦

八卦奠定了《易》的结构系统的基础，周文王按照阴阳交感生万物的道理，将三画卦的八卦中的每两卦进行重叠，变成六画卦，构成了《周易》六十四卦卦画，使《周易》的结构形式，由简单的阴阳符号发展到由阴阳符号错综而成的八卦，又以八卦为基础最终发展成六十四卦的系统结构。

为了区分八卦之卦和六十四卦之卦，古人称八卦为"经卦"。称六十四卦为"别卦"。因六十四卦最初由三爻八经卦重之演变而成，六十四卦中的每一卦从结构上亦可以分解为上半部分和下半部分，上三爻为"上卦"（也称"外卦"），下三爻为"下卦"（也称"内卦"）。如"剥"卦为上"艮"下"坤"，内"坤"外"艮"；"屯"卦为"坎"上"震"下，内"震"外"坎"。八卦最基本的象是八种自然物：乾为天、坤为地、震为雷、巽为风、艮为山、兑为泽、

坎为水、离为火。为了记住六十四卦卦象，以两个经卦卦象称呼一别卦。如风地观即看成由风地组成的卦画称为观卦。山天大畜即可看成由山天组成的卦画可称大畜卦。

六十四卦每一卦中每一画就是一爻，每一卦的结构由六爻组成，相应地一卦之中有六个位次，自下而上，依次叫作初、二、三、四、五、上。爻位有一定的规律：初为阳位，二为阴位，三为阳位，四为阴位，五为阳位，上为阴位，即初、三、五为奇阳位，二、四、上为偶为阴位。在《周易》中，有阴爻阴位，又有阳爻阳位，二者之间可能出现两种结构，一种是阴爻阴位，阳爻阳位的一一对应；另一种结构即阴爻居阳位，阳爻居阴位。故《周易》中有当位、不当位（或得位、失位）问题。阳居阳位，阴居阴位为当位。阳居阴位，阴居阳位为失位。在六十四卦每一卦中，每一确定的爻都有一定的质性，如爻所处位置代表事物不同阶段。初爻：代表事物开始；二爻：代表事物崭露头角；三爻：代表事物大成；四爻：代表事物进入更高层次；五爻：代表事物成功；上爻：代表事物终极。爻所处位置代表人的身体不同的部分。初爻：代表脚趾（因脚趾在最下）；二爻：代表小腿；三爻：代表腰（三爻居中，腰也居中）；四爻：代表上身；五爻：代表脸；上爻：代表头。爻所处的位置代表社会不同等级。初爻在下，代表民；二爻居中，代表君子、卿大夫；三爻在二爻之上，代表诸侯；四爻近五，为近臣；五爻在上居中，为天子；上爻在最上，为宗庙（或太上皇）。爻所处的位置代表不同性质事类。一般来说，二爻五爻居中，以示行中之道（即不偏不倚，不过无不及，古人称为大德），故多荣誉，多有功绩。也就是说，《周易》二五两爻辞多是吉利的。三爻居内卦之上，过中，故多凶险。四爻近五爻，五爻为天子，故近天子之人，多恐惧，即所谓伴君如伴虎。初爻代表事未成，上爻以示事已过。

六十四卦卦序的排列也是有严密的结构。六十四卦结构上分为上经卦和下经卦。上经卦包括的卦名和序列，古人用次序歌表达为：乾坤屯蒙需讼师，比小畜兮履泰否，同人大有谦豫随，蛊临观兮噬嗑贲，剥复无妄大畜颐，大过坎离三十备。下经卦包括的卦名和序列，古人用次序歌表达为：咸恒遁兮及大壮，晋与明夷家人睽，蹇解损益夬姤萃，升困井革鼎震继，艮渐归妹丰旅巽，兑涣节兮中孚至，小过既济兼未济，是为下经三十四。

六十四卦的排列，有着内在根据，按照古人说法，这种排列反映了宇宙产生、发展、变化的过程，以乾坤为首，象征着世界万物开始于天地阴阳，乾为阳，为天；坤为阴，为地。乾坤之后为屯、蒙，屯、蒙，象征着事物刚刚开始，处于蒙昧时期……上经终于坎、离，坎为月，离为日，有光明之义，象征万物万事活生生地呈现出来。下经以咸恒为始，象征天地生成万物之后，出现人、家庭、社会，咸为交感之义。指男女交感，进行婚配。恒，恒久，指夫妇白头到老。社会形成以后，充满矛盾，一直到最后为既济、未济。既济，指成功、完成。未济表示事物发展无穷无尽，没有终止。由此可以看出，上经卦是讲天道，下经卦是讲人道。

六十四卦卦序的排列也有很强的技术性。唐人孔颖达曾用"二二相偶，非覆即变"来概括六十四卦卦序排列结构的技术特点。所谓"二二相偶"，是指《周易》六十四卦两两为对，共三十二对，如乾坤为一对，屯蒙为一对，按顺序依次为对。所谓"非覆即变"，覆，颠倒；变，相反，是指《周易》三十二对每一对的卦画不是颠倒，就是相反。如屯卦倒置为蒙卦，需卦倒置为讼卦，这是覆。乾卦与坤卦相反，乾六爻全为阳爻，坤六爻全为阴爻，颐卦与大过卦相反，颐上下为阳爻，中间四爻为阴爻，大过上下为阴爻，而中间四爻为阳爻，二者卦画完全相反，这就是变。《周易》六十四卦三十二对，有二十八对为"覆"，有四对为"变"，即除了乾坤、颐大过、坎离、中孚小过变卦外，其他与对皆为覆卦。

4.《周易》的完整结构是《易经》和《易传》

周文王以八卦为基础，内生演化出了六十四卦，并对六十四卦的符号用文字进行了表达，每卦列有卦形、卦名、卦辞；每爻列有爻题、爻辞，这就是《易经》。从总体上看《易经》是我国古代先哲通过对自然现象和社会现象的长期观察，以及对各种社会实践活动及其结果进行高度总结概括出的宇宙万事万物的现象和发展变化的规律。

《易经》分上下两部分，自《乾卦》至《离卦》为《上经》，共30卦；自《咸卦》至《未济卦》为《下经》，共34卦。为什么会如此划分，历史上有三种说法：一是认为上经言天道，下经言人事；二是认为卦序蕴含转化对立的哲学内涵，故分上下；三是认为古时《周易》书写在竹简上，卷帙繁重，为方便携带和阅读，而一分为二。

《易传》则是孔子对《易经》进行解读，用来阐发义理的哲学典籍。包括十篇，即《彖上传》《彖下传》《象上传》《象下传》《系辞上传》《系辞下传》《文言传》《序卦传》《说卦传》《杂卦传》，也称为《十翼》，寓意是为原来的《易经》添上了十个翅膀，所以能飞得更高、更远。

《易传》对《周易》的贡献主要有三个方面：（1）从哲学高度概括和总结了《周易》六十四卦三百八十四爻的卦爻辞所蕴含的阴阳变化的规律。《周易》卦爻辞表面上看，多是记录和叙述某一件事和某一现象。但《易传》则从宇宙的大视野探讨《周易》起源，认为《周易》是古代圣人仰观俯察，对大自然进行模拟、效法的结果，在注释《周易》卦爻辞时联系卦爻画及卦的含义和爻所处的位置进行注释，把具体的卦爻辞上升到抽象的阴阳关系，因而揭示出了《周易》中八卦和六十四卦及其卦爻辞所体现的天地阴阳变化的规律，使《周易》理论变得博大精深。（2）从逻辑性的角度说明和阐释了《周易》六十四卦排列的内在联系。《易传》说明和揭示了六十四卦排列中卦与卦之间、卦象与卦辞之间、爻象与爻辞之间、卦与爻之间的内在联系，使《周易》六十四卦由原来散乱，变成了具有严密逻辑性的相互联系的统一体。（3）从技术层面对《周易》的体例（如卦象、爻象、爻位等）和占筮方法作了详细的解读和介绍。在《易传》产生之前，没有人和书对《周易》体例、筮法进行论述和解读。《易传》对《周易》体例作了深入解读，还详细地介绍了古代原始的占筮方法——大衍法，使人们能够掌握古代《周易》体例和熟知占筮的方法。

《易传》与《易经》的本旨是无法割裂的，《易传》所阐释的哲学思想基本是六十四卦大义的直接引申，即使有些内容是《易传》作者的独创新解，也是在解"经"中获得的，所以朱熹论《系辞传》就认为："或言造化以及《易》，或言《易》以及造化，不出此理。"可见，没有《易经》的哲学底蕴和思想基础，就没有《易传》的阐释和发挥；有了《易传》的揭示和解读，《易经》深邃的哲学智慧的光辉才显明和昭著。《易经》和《易传》的结合，才是《周易》完整的结构。

《周易》的"周"是指什么？历史上其说不一，概括起来主要有三种说法：第一种说法，《周易》的"周"是指周而复始。这是从六十四卦的整体结构说的，本来六十三卦是既济，已经到顶了，可是又来了第六十四卦未济，了了又未了，周而复始地运行。第二种说法，《周易》的"周"是指朝代。唐代孔颖达《周易正义》认为"周"是指岐阳地名，是周朝的代称，《易经》流行于周朝故称《周易》，用朝代命名书名在古代也很普遍，如《唐书》《隋书》等，这也说得通。第三种说法，《周易》的"周"是指周全、完备。这是从《周易》的结构上说的，东汉郑玄《易论》认为"周"是"周普"的意思，即无所不备，《周易》既有《易经》又有《易传》结构互补，周全完备了。我比较倾向第三种说法。

（二）变卦的各种情况

1. 错卦

错卦也称对卦和旁通卦，就是把一个卦的各个爻求反（阳变成阴，阴变成阳），从而得到了该卦的错卦。六十四卦每卦都有对（错）卦（如图0-10所示恒卦与益卦），有正就有反，这是宇宙的大法则。以错卦的道理去看人生，有赞成就有反对，有得意就有失意。

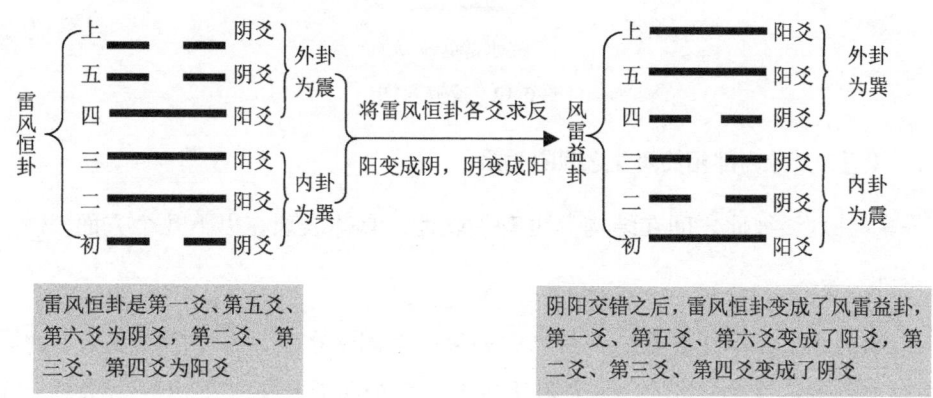

图0-10　错卦图

2. 综卦

综卦又称反卦和覆卦，就是将一卦颠倒过来所得的卦（如图0-11所示，恒卦颠倒180度变成咸卦）。以综卦的道理去看人生，就是要设身处地地为对方思考，将心比心，切忌凡事都只站在自己的立场上来思考和作为。

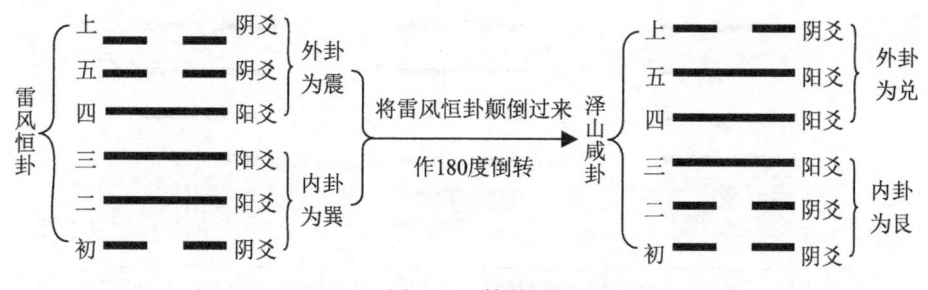

图0-11　综卦图

3. 交互卦

交互卦是指在一个六爻卦中，除了上卦与下卦两个经卦外，又由二爻、三爻与四爻，三爻、四爻与五爻构成两个新的经卦（见图0-12）。交互卦的道理教人全面地看待事物，一个卦看了内卦看外卦，这样虽然两面都注意到了，但还不够完备，每卦的纵深变化，又会产生两个交互卦，再把交互卦看清楚，一个卦看出四个经卦，这样才会把问题看得更全面、更透彻。

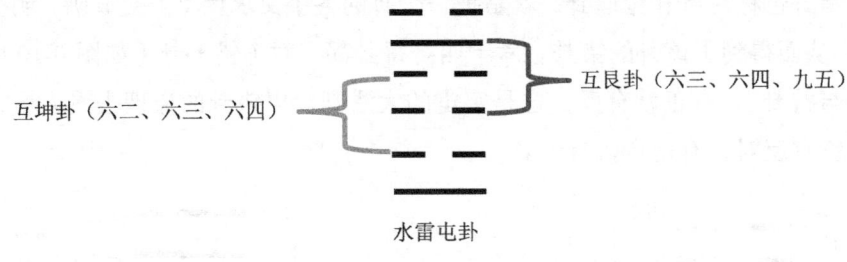

图0-12　交互卦图

（三）卦象内部相关两爻之间的关系

一卦六爻彼此之间在结构上也有关联性，具体表现在以下几个方面。

1. 承

承为承上，烘托之意。一卦当中如果一个阳爻在上，一个阴爻在下，此阴爻对上面的阳爻为"承"。一个阳爻在上，数个阴爻在下，下边的阴爻对上面的阳爻来说也为"承"。有时，阴阳相同的两爻也称为"承"，如图0-13所示。

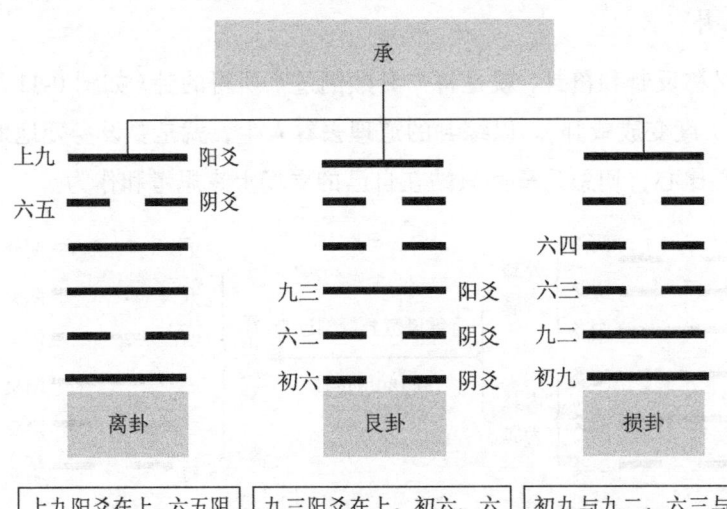

图0-13　承的示意图

2. 乘

乘为乘凌，居高临下之意。一个阴爻在上，一个阳爻在下，此爻对下面的阳爻称为"乘"。几个阴爻在一个阳爻之上，这几个阴爻对这一个阳爻也称为"乘"，如图0-14所示。

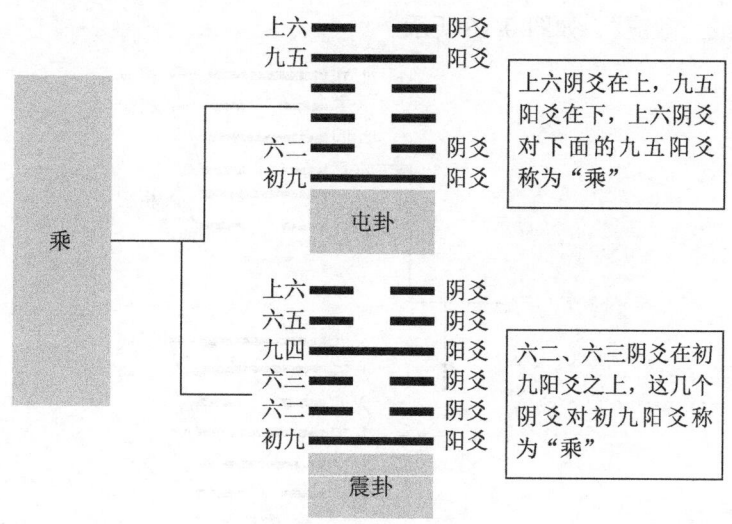

图0-14 乘的示意图

3. 比

相邻的两爻称为"比"，即比临、比肩之意。在卦的六爻中相邻的两爻，一爻为阴爻，一爻为阳爻，则称为"正比"。以阳比阳，或以阴比阴，因同性相斥，则无相求相得之情，是"逆比"，故称"得敌"，如图0-15所示。

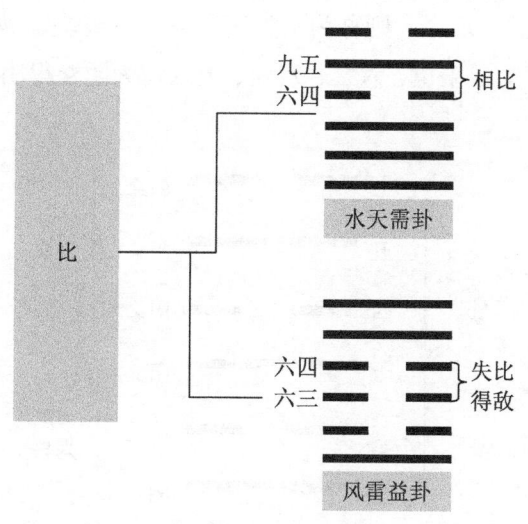

图0-15 比的示意图

4. 应

应为内卦与外卦相互对应的呼应关系。在六爻卦中，初爻与四爻，二爻与五爻，三爻与上爻之间，有一种同志联盟的关系，称为"应"。"应"也强调阴阳"相应"。若以阴应阴或以阳应阳，因同性相斥，也无相求相得之情，是为"无应"或"敌应"，如图0-16所示。

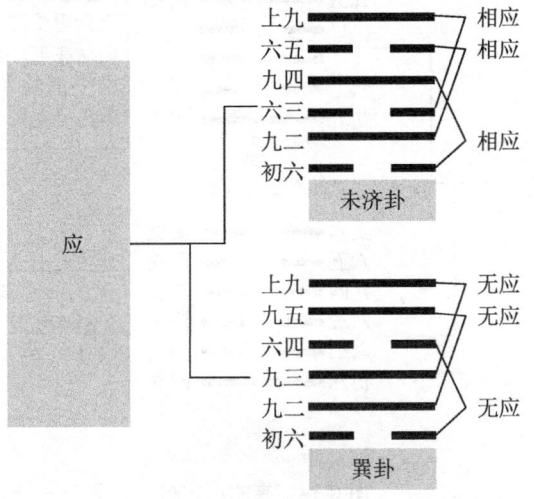

图0-16 应的示意图

（四）正中当位

在《周易》的象数体例系统中，"当位""得中"的观念尤为重要。《周易》卦中，奇数为阳位，偶数为阴位。阴爻居阴位，阳爻居阳位，叫"正"，也叫"当位"或"得位"；反之，则称为"失正"或"不当位"。如既济卦，初九、九三、九五均为阳爻得阳位，六二、六四、上六均为阴爻得阴位，六爻皆当位，如图0-17所示。

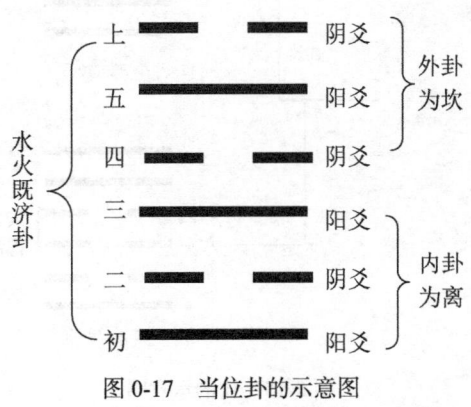

图0-17 当位卦的示意图

相反，未济卦其初六、六三、六五均以阴爻居阳位，而九二、九四、上九又为阳爻居阴位，六爻皆"失位"，如图0-18所示。

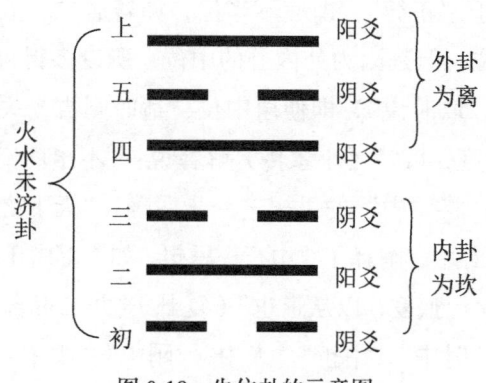

图0-18 失位卦的示意图

"正"象征事物发展遵循正道，符合规律。一般来讲，当位则吉，不当位则凶。《周易》不仅崇尚"正"，更崇尚"居中""中正"。每卦六爻的第二爻处于下卦的中位，第五爻处于上卦的中位，这两个位置优越，称为"居中"，象征事物守持中道，行为不偏。阳爻居中位，则有"刚中之德"；阴爻居中位，则有"柔中之德"。如果刚好阴爻处于第二位（六二），阳爻处于第五位（九五），那就更好了，是既"中"且"正"，称为"中正"，在爻位中是最为美善的象征，如图0-19所示。

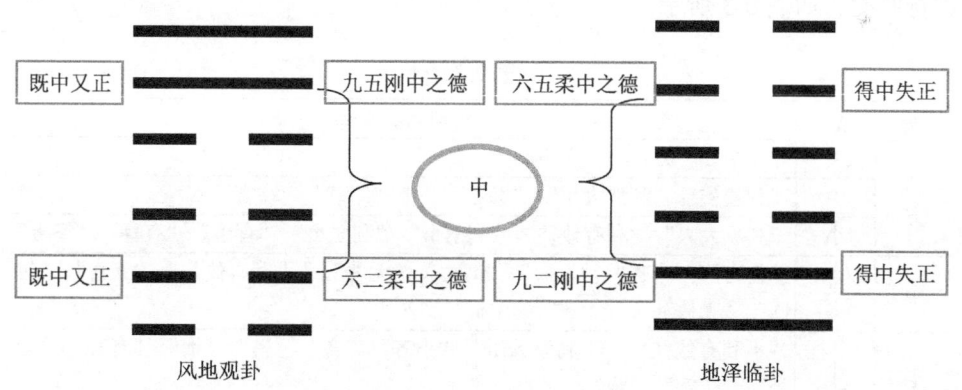

图0-19 得中卦的示意图

在《周易》的卦象中，排在第二位和第五位的二爻、五爻是《周易》所推崇的理想位置，而其他的一爻、三爻、四爻、六爻均属"位不当也"。之所以如此，是因为《周易》尚中，二爻、五爻分别位于下卦和上卦的中间，中正得位，所以它们的卦义绝大部分是吉利的。据有的专家学者研究，《周易》中二、

五两爻吉辞最多，占吉辞总数的 47.06%；凶辞最少，仅占 13.94%。说明"中"带来的结果主要是吉利。虽然《周易》一般讲，当位则吉，不当位则凶，但《周易》中"中德"优于"正德"，即使不当位，如若居二、五之爻位，也为吉。例如，九二虽不当位，但是因为处内卦的中位，所以多得吉。多得吉而不是全得吉，是因为有个"取时说"，即使居中位，适时则吉，失时则凶。如节卦九二爻辞是："不出门庭，凶。"《小象传》解释说："不出门庭，凶。失时吉也。"孔子撰《易传》时，将"中"的思想进一步明确，"天下之理得，而成位乎其中矣"，并且在很多卦中，阐释了"中行"思想，如"得尚于中行"（泰卦），"中行无咎"（夬卦）"中行独复，以从道也"（复卦）"九二贞吉，中以行正也"（未济卦）等。《周易》"时中""中正""大中""刚中""柔中"等尊"中"的概念和意识，是儒家中庸思想产生的根源。

（五）《周易》中的占断辞

《周易》中的卦爻辞，有事理的阐述，有环境的描述，有故事的叙述，中间或最后总要系上一些占断辞，作为一种提示或警示，如"吉、凶、悔、吝"等，来警示人们如何趋吉避凶。孔子讲："五十学易无大过矣。"靠什么无大过呢？就靠卦爻辞里的占断辞的提示。占断辞是《周易》智慧的集中体现，理解卦爻辞中的占断辞，是把握《周易》智慧的重要路径。按照占断辞的性质可以进行归类，如表 0-3 所示。

表 0-3

分	类	常用占断术语
利方	大	"元亨""元吉""无不利"
	中	"利建侯""利涉大川""贞吉""吉""亨""往吉"
	小	"利见大人""利有攸往""利某事""利居贞""有孚""有喜""终吉"
中	平	"初吉""中吉""无悔""悔亡""无咎""小利有攸往""无眚""勿恤""无攸利""无禽""中行""勿忧"
不利方	小	"不利有攸往""不利涉大川""小吝""吝""遴""悔""有言""无誉""往蹇""艰"
	中	"厉""贞厉""贞吝""贞悔""勿用""有悔""有厉""征凶""有它咎""往咎"
	大	"凶""贞凶""眚""有眚""终凶""灾""死如"

现择其不利方面的占断辞，按照不利的程度依序逐一阐述。

1. 悔

在《周易》的占断辞中,"悔"共出现33次,为悔而改之的意思。南宋哲学家朱熹说过:"悔自凶而趋吉"。人有了错,最怕不知悔,不悔的前边就是凶灾;人有了过错,及时悔改,前边就是吉。如家人卦初九爻辞是:"闲有家,悔亡。""闲"就是防止,治理家事,防止不轨,可免于悔恨。虽然"悔"在《周易》中出现了33次,但是"悔"的结果,都是无咎、无大咎、吉、元吉。可见,和悔改联系在一起的都是好的,所以孔子说:"过而不改,是谓过矣。"还说:"过而改之,是不过也。"

2. 吝

在《周易》的占断辞中,"吝"共出现20次,为艰难、遗憾之意。例如,同人卦六二爻辞是:"同人于宗,吝。"意思是六二只与九五这样的亲枝近派相处,就会有艰难、有遗憾。透过这个"吝"字,我们可以得到这样的启示:待人处事不可褊狭,不能任人唯亲,要敞开胸怀,宽以待人,广结人脉。

3. 厉

在《周易》的占断辞中,"厉"共出现27次,为危险的意思。《周易》讲到"厉",总是换一个角度,就是避免"厉"去做事情,这样的结果便会"无咎"。例如,睽卦九四爻辞是:"睽孤,遇元夫,交孚,厉,无咎。"意思是孤身一人在外,遇见一位阳刚大丈夫,彼此以诚相待,这样即使有危险,但最终也"无咎"。可见,即便是处于乖背睽违之时,只要与人同德相亲、至诚相和,像"厉"这样的危险,依然可以避免。

4. 咎

在《周易》的占断辞中,"咎"共出现98次,为灾害之意,比悔重,比凶轻,是介于悔和凶的性质之间的一种灾害。《周易》中尽管出现98次"咎"字,但几乎所有都是"无咎",没有灾害。为什么没有灾害呢?就是因为人们因咎而悔,善补其过,以至于无咎。所以,《系辞传》上讲:"无咎者,善补过也。"例如,大有卦初九爻辞是:"无交害,匪咎,艰则无咎。"意思是不互相侵害,就没有灾害,即使面临艰难的处境,也不会有灾殃。这就提示人们免于灾害之道是:见善则迁,有过则改。

5. 凶

在《周易》的占断辞中，"凶"共出现 56 次，其意为凶险。《系辞传》上讲："吉凶者，失得之象也。"但是，《周易》中的"凶"是个条件关系，有所偏离才会导致凶险。如节卦上六爻辞是："苦节，贞凶。"意思是过分的节制就会导致凶险。这就警示人们做任何事情都要掌握一个"度"，"过"则为"凶"。《周易》就是通过占断辞的提示，帮助人们认知"凶"，寻求防范和规避凶险的途径。

总之，《周易》的占断辞沁透着古人对生活的体验，揭示出了宇宙的基本之理和生命运动的规律。正是透过对《周易》这些占断辞的研究，我们才会感悟出《周易》大有深意的智慧。

三、《周易》的思维方式

思维是人脑反映客观现实的自觉活动，思维活动又总是在一定的思维方式中进行的。思维方式是人类在实践活动的基础上，借助于思维形式，认识和把握客观事物的方式和方法。思维方式从总体上规定和制约着思维活动的方向和程序，从而规定和制约着思维能力的发挥水平，规定和制约着思维把握世界的广度和深度。因此，思维方式的差异体现了一个人的智力和能力的不同，是影响一个人成就大小的重要因素。更重要的是，思维方式对人们的言行起决定性作用，是社会发展的第一推动力，只有用先进的思维方式武装人们的头脑，人便会从机体内迸发出自强不息的巨大能量。一个社会有了正确的思维方式，就有了正确的发展方向，变革旧的思维方式，建立新的思维方式，社会就会健康发展，财富就会如涌泉滚滚而来。《周易》能够成为经典中的经典、哲学中的哲学、谋略中的谋略，从根本上说就得益于它特有的思维方式。《周易》的思维方式，是古而未老，它不仅奠定了中华民族的思维方式基础，也是今天中国人体验世界、解释世界和改造世界的重要思想方式和方法，所以，研究《周易》的人必须深入发掘《周易》的思维方式，使之弘扬光大。

（一）取象思维

中国传统思维方式的最基本特征就是取象思维。所谓取象思维，就是以客观世界的特定实物的物象为工具，以认识、模拟客体的方式，使人由具体的事物领悟到抽象的事理的思维方式。取象思维是《周易》的主要思维方式之一，《系辞传》说："圣人立象以尽意"，明清之际的思想家王夫之也说："汇象以成易，举易而皆象。""象"即现象，《系辞传》谓之"见乃谓之象"。"立象以尽意"即通过确立"象"的办法，来充分表达自己的意念，并推论出深刻的义理。

尽管《周易》最早是以卜筮的形式出现的，但其内容实质却含藏着深邃的哲学思想和天地人之大道。程颐也说过："六十四卦、三百八十四爻，皆所以顺性命之理，尽变化之道也。散之在理，则有万殊；统之在道，则无二致。"《周易》六十四卦中哲学思想和天地人大道的核心，都是通过"象征"形式表现出来的。我们在研读《周易》的过程中，必须把握形象思维这种方式，透过六十四卦的卦形、卦爻辞的外在喻象，领悟其内在的哲学思想和天地人大道。

《周易》的一切思想和内容均寓于"象"之中。《周易》把自然界、社会和人的各种现象及其相互关系，都借六十四卦予以包容和表现。自然界的日、月、星辰、风、雨、雷、电、山、河、草、木、飞鸟、走兽等；社会的农耕、狩猎、商贸、战争、祭祀等；人的男人、女人以及其生、老、病、死、婚、丧、嫁、娶等现象，身体上各部位的组织，喜、怒、哀、乐的情感等，可以说都能在六十四卦中找到。如乾卦取"龙"为象，乾卦的六条爻辞是："初九　潜龙勿用。九二　见龙在田，利见大人。九三　君子终日乾乾，夕惕若，厉，无咎。九四　或跃在渊，无咎。九五　飞龙在天，利见大人。上九　亢龙有悔。这里记述"龙"的具体事物，不是单纯地写龙隐龙现，而是为了阐释与之相关的抽象事理，即通过记述"龙"的不同处境，启发人们去联想、去感悟事物发生、发展和衰亡的过程及其规律。

《周易》还选取了一些历史故事和历史人物为"象"来说理，如归妹卦的六五爻辞："帝乙归妹"；既济卦九三爻辞："高宗伐鬼方"，还有旅卦上九就用了殷先人王亥丧牛于易的故事，如此等等。《周易》通过把古代故事和人物作为爻辞的具体内容，构造出了赖以达意说理的丰富的"象"，启发人想象，以领悟抽象的道理。

卦象更直接地体现了《周易》取象思维的方式。卦象分为两类：一类是三画八卦之象；一类是六画六十四卦之象。八卦来源于对事物的观察，《系辞传》上讲："近取诸身，远取诸物""圣人有以见天下之赜，而拟诸其形容，象其物宜,是故谓之象。"卦象就是通过"- -"、"—"的表意性符号三次不同排列组成了八卦,八卦卦象如表0-4所示。

表0-4

卦名	自然	属性	人	动物	人体	后天(方位)	季节
乾	天	健(刚健)	父	马	首	西北	秋冬间
坤	地	顺(和顺)	母	牛	腹	西南	春秋间
震	雷	动(奋进)	长男	龙	足	东	春
巽	风	入(潜入)	长女	鸡	股	东南	春夏间
坎	水	陷(低陷)	中男	豕	耳	北	冬
离	火	附(附着)	中女	雉	目	南	夏
艮	山	止(静止)	少男	狗	手	东北	冬春间
兑	泽	悦(欣悦)	少女	羊	口	西	秋

从表0-4中可以得知,每一卦可以取多种象,正因为如此,八卦才能包罗自然界和人类社会中的万象。所以《系辞传》说:"八卦成列,象在其中矣。"又说:"八卦以小成,引而伸之,触类而长之,天下之能事毕矣。"

"八卦相荡"而生成六十四卦,即成"六画之象",包含内外两个经卦,六爻画象天、地、人三才,初爻、二爻象地,三爻、四爻象人,五爻、上爻象天。有了"八卦之象"和"六画之象",解释《周易》就有了可资遵循的思维方法。如咸卦卦辞:"咸,亨。利贞。娶女吉。"咸,是交感的意思,就像男子以礼下求女子成婚,所以说"娶女吉"。再如"乾"卦初九爻辞:"潜龙勿用",就可以作出这样的解释:初九在内卦乾体的最下边,而初、二两爻象地,所以说龙潜藏在地下,暂时不宜作为,如此等等。这样的据象释意,就是因象而出的取象思维方式。六十四卦的象有表面的、原初的、延伸的、象征的、哲理的和奥秘的等多层含义,还有象外之象,只有经过特定民族文化熏陶的人,才能体悟到这些"象"中的意蕴,才能品味出其深远的哲学意境。

《周易》的取象思维还体现在其《象传》辞上,《象传》辞的核心就是"立象以尽意",就是以"立象"为门径,把极为抽象的卦的真实意蕴,用一种具体的形象表达出来,让人们更好地把握《周易》的思想内涵。如蒙卦本身很抽象,也很难理解,但是在《大象传》中,则明确地告诉人们:"山下出泉,蒙。"即蒙卦的抽象含义可以通过"山下出泉"这一具体形象表达出来:流水刚从山上下来,不知将流向何方,有蒙昧待启之象,所以"蒙"就表示启蒙教育。再如，晋卦其《象传》云："明出地上，晋。"通过"太阳从大地上升起"这一具体形象，表示出"晋"乃上升之意。

象、数、理既然是同属《周易》的基本范畴，那么三者之间就必然有着极其密切的关系。正是这种"极其密切的关系"才把取象思维方式淋漓尽致地发挥出来。由上述所论可知，象即万物之象，有大象、本象、广象、逸象、补象、参象、五行象、意象、应象、内象、外象等；数为消息盈虚、得失成败之数，如奇数、偶数、阳数、阴数、生数、成数、天数、地数等；理就是事物恰到好处的情由，如真理、道理、伦理、常理、义理、事理等。三者之间是对立统一的关系，象由数出，《系辞传》说："极其数，以定天下之象。"同时，象繁数滋，推象知数，推数穷理。象与数是人的感官可以感知的东西，而隐含的义理是理性思考才能领悟的道理。由象、数而解析义理，就是由事物的外在形式来认识其内容，由事物的存在状态来认识事物的属性，由事物的表面现象来认识事物的本质。这也正是取象思维的主要特征。

可以肯定地说，中国人的聪明才智，包括中华民族史上文学和哲学的斐然成就，包括以四大发明为主的众多科技的发明与发展，都是受惠于以《周易》为源头的取象思维方式的。中国的文字就是取象思维创造的，东汉文字学家许慎在其《说文解字》中对象形文字作了这样的精解："象形文字，先象后形"。老子认为"象"里"有物、有精、有信"，在其《道德经》中也对"象"作了深刻的阐解，如第 21 章的"惚兮恍兮，其中有象"；第 35 章的"执大象，天下往"；第 41 章的"大象无形"。中国传统文化中的国画与书法艺术之所以能在"形与非形""象与非象"中得到形神兼备的超越，正是在于古代艺术大师们在观察人与自然的"形"时获得了"象"的感悟。今人按照取象思维的方式研究《周易》，从《周易》中提炼、升华取象思维的精华和水平，并与其他思维方式融会贯通，也一定会有益于人类今天及未来文明的进展。

（二）整体思维

整体思维，就是运用整体概念，从事物相互联系和相互影响的角度去认识和把握事物的思维方式。《周易》的整体思维方式有两个显著的特征：一是系统性，《周易》的整体思维是一种象、数、理多维编码的系统思维；二是全息性，《周易》的整体思维是知其一，就能由此而知全体。从以下几个方面，可以窥见《周易》整体思维方式的一斑。

在《周易》的整体思维框架中，宇宙是一个整体，是一个大系统，是一个包括天、地、人"三才"乃至万物的大系统，据此提出了"天人合一"的整体思维方式，把人和自然界看作是一个互相联系的有机整体，把人和自然放在统一的整体结构之中来理解人事的吉凶，来寻求人存在的合理性。《周易》把人看成是自然界的一部分，是产生于自然的，正如《序卦传》中所说："有天地，然后有万物；有万物，然后有男女。"天生人，人就理应顺应于自然，顺应于天地，所以《文言传》中说："夫大人者，与天地合其德。"《系辞传》也讲要"崇效天，卑法地"，这说明人类只有效法自然、遵循自然规律，才可能达到"天人合一"的境界。同时，《周易》又强调人在自然面前也不是消极被动的，应该发挥主观能动性，了解和掌握自然规律。《系辞传》说："仰以观于天文，俯以察于地理，是故知幽明之故。"探明自然规律的奥秘，是为了运用规律，利用自然，发奋进取，如乾卦《象传》所云："天行健，君子以自强不息。"从天地到人，又从人到天地，强化了"天人合一"整体思维模式的功效。

《周易》中无论是三爻卦还是六爻卦，都是一个整体，每一爻发生变化，整体都要变化。如乾卦第一爻变化就成巽卦，第二爻变化就是离卦，第三爻变化就是兑卦，如图 0-20 所示。

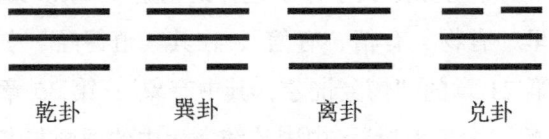

乾卦　　巽卦　　离卦　　兑卦

图 0-20　乾卦的三爻变所生成的卦

六十四卦也是如此，乾卦各爻依次变化后就生成了以下各卦，如图 0-21 所示。

姤卦　　同人卦　　履卦　　小畜卦　　大有卦　　夬卦

图 0-21　乾卦的六爻变所生成的卦

在《周易》这个大系统中，有两个爻象——阴爻和阳爻，两个爻象排列而成八卦，八卦代表构成天地万物的八种元素，从而形成宇宙初始的有序的整体，这是《周易》包含的一个重要的整体自然观，也是《周易》整体思维最本原的体现。正如《庄子·天下篇》所说："易以道阴阳。"《周易》正是通过阴阳的符号系统"—""--"及其变化来体现事物发展变化的最普遍、最根本的对立统一规律的。

伏羲的先天八卦图，旨在显示宇宙之本体及其功能，先天八卦图推演出了宇宙万有的体用合一的整体性功能。美国的数学家斯蒂恩说："如果一个特定的问题，可以被转化为一个图形，那么，思想就整体地把握了问题，并且能创造性地思索问题的解法。"伏羲把对自然和社会的认识作为问题，以先天八卦为其"转化了的图形"，从"思想上整体地把握了问题"，这种创造性的"解法"，就体现了整体思维方式的特点。

八卦再两两重叠而成六十四卦，具有先天的整体性。在数学上，八个不同的符号两两组合的数目就是六十四，不可能多，也不会少。六十四卦构成了一个包罗天、地、人、事、物等的完整的宇宙世界，《易传》讲："范围天地而不过，曲成万物而不遗。"

整体思维贯穿于六十四卦的始终。六十四卦两两成对，六十四卦就是 32 对，从正反两个方面，表达一个完整的内容。例如，"泰""否"两卦卦形是（☷☰）（☰☷），两卦爻画上下颠倒，意思也相反，但两者结合起来看，却是完整而具体地阐述了对立的事物相反相成、相互转化的关系，即泰极否来、否极泰来，显示出了整体性的思维方式。老子引易入道，《道德经》中两两对反的概念竟有八十五对以上：同异、无有、难易、长短、高下、音声、前后、美刃、虚实、弱强、盈冲、动静、天地、开阖、荣辱、古今、清浊、曲全、弯直、洼盈、敝新、多少、静躁、轻重、结解、救弃、雌雄、荣辱、行随、嘘吹、强羸、载隳、壮老、祥恶、左右、吉凶、歙张、废兴、取与、厚薄、实华、盈竭、生灭、贵贱、明昧、近远、存亡、阴阳、坚柔、得亡、成缺、巧拙、辩讷、生死、寒热、母子、牝牡、亲疏、利害、正奇、祸福、善妖、大小、终始、德怨、治乱、智愚、先后、上下、俭广、进退、主客、彼此、损益、正反、天人、成败、舍得等。这些富有哲理的语言和生活常识都是《周易》先天八卦图和六十四卦两两成对这种"物性相对"规律的体现。

六十四卦的单卦，也各成一个整体，每一卦体现一个中心，从初爻到上爻是一个渐进的系统过程，具有整体思维的特点。例如，艮卦："初六　艮其趾，无咎。利永贞。六二　艮其腓，不拯其随，其心不快。九三　艮其限，列其夤，

厉，熏心。六四　艮其身，无咎。六五　艮其辅，言有序，悔亡。上九　敦艮，吉。"此卦各条爻辞以身体部位为取象，由"趾"到"腓"（腿肚）、"限"（腰部）、"身"（胸腹部）、"辅"（脸部），最后到"敦"（头部）。再如，渐卦："初六　鸿渐于干。小子厉，有言，无咎。六二　鸿渐于磐，饮食衎衎，吉。九三　鸿渐于陆。夫征不复，妇孕不育，凶。利御寇。六四　鸿渐于木，或得其桷，无咎。九五　鸿渐于陵，妇三岁不孕，终莫之胜，吉。上九　鸿渐于陆，其羽可用为仪，吉。"各条爻辞之间以鸿鸟飞行为共同的取象，经由河岸、磐石、山丘、上木、山岭到大山，由低到高，由近及远，从整体上阐发了事物循序渐进、发展变化的完整过程。而且一卦又可以从不同的角度发现不同的整体性。如乾卦，既可以从生活境遇的方面，发现君子不同遭遇的生活过程的整体性；又可以从伦理道德的方面，发现君子修养身心过程的整体性；还可以从星象演变的方面，发现季节变化的整体性。

由上述可见，在《周易》的整体系统中，其部分、子系统，甚至最小的单位都包含或潜在地包含整体。《周易》的这种整体思维方式，对儒家、道家乃至整个中国传统哲学的思维方式，都产生了决定性的深远影响。传统哲学中的"仁""道""气""知""行""理"诸范畴，都有整体性思维的根基，中国人之所以善于采用整体的、全息的、系统的方法来思考和解决问题，概出于此。

（三）模糊思维

所谓模糊思维，是指思维主体在思维的过程中，以反映思维对象的模糊性为特征，通过使用模糊概念、模糊判断和模糊推理等非精确性的认识方法所进行的思维。模糊思维的内涵没有明确的界定，给人以很大的解释空间或联想余地，模糊思维里有分析，却不以分析为主，它讲究"悟"。从以下几个方面，可以看出《周易》的模糊思维方式。

1.《周易》取象含义缺乏清晰性

《周易》取象庞杂，又一卦多象，交叉重复，很不清晰。如乾卦，就代表天、君、父、男、刚健、动等；震卦代表雷，雷在天上一打也代表"动"；巽卦代表风，风吹过来草也在"动"。乾卦取象公马，坤卦取象母马，这又出现雌雄的问题。乾卦还取象良马，巽卦还取象瘦马，这又出现优劣的问题……取象越多，它的模糊性就越大，这就给解释卦爻辞带来很大的随意性，即使是同一卦，不同的人的解释也不同，甚至可能完全相反。

2.《周易》的概念非常模糊

在《周易》中，不存在清晰明确的"概念"，八卦是《周易》的最基本的"概念"，然而它们的"内涵"和"外延"都是没有明确的界定。概念的内涵是事物的特有属性的反映，定义是明确概念的内涵的方法，审查八卦的"概念"都没有准确的定义，都是模模糊糊。概念的外延是具有概念特有属性的那些事物。八卦的指代物，并不是理性思维的结果，而完全是感觉的结果。因而八卦的指代物也不是严格的"那些事物"的那个类，有很多是似是而非的。

3.《周易》的占断辞具有不确定性

《周易》中的占断辞，如"吉、凶、悔、吝、咎、利、不利"等，与卦爻辞之间缺乏详细的论证，而是靠人的主观想象来臆断，这样就具有了很大的不确定性。如泰卦卦辞："小往大来，吉，亨。""小"和"大"并没有明确的具体指代内容；为什么"吉"，也没有进行论证。还有，《周易》一卦六爻位又分为天、地、人。初、二为"地位"，三、四为"人位"，五、上为"天位"。二与五居中位，故"二多誉"而"五多功"；三与四为人位，与天位、地位相比，处人位要艰难许多，故"三多凶"而"四多惧"。为什么"多誉""多功""多凶""多惧"，没有定性的研究；"多"到什么程度，也没有进行定量研究，具有很大的不确定性。

4.《周易》的卦爻辞带有模糊性

《周易》的卦爻辞文字简短，缺少必要的叙述，又加之年代久远，在解释上往往见仁见智，模糊性很大。如乾卦卦辞中"元亨利贞"四个字，就有"春夏秋冬"、"万事亨通，有利于占问"和"元始，亨通，和谐有利，正固持久"的不同解释。又如，坤卦六二爻辞："履霜，坚冰至。"人踩在霜上，想到坚冰就要到来了。由此可见，其反映的并不是确定的逻辑推理关系，而是一种经验性的认知，你可以作这样的解释，也可以作那样的解释。再如，大过卦九二爻辞是："枯杨生稊，老夫得其女妻，无不利。"九五爻辞是："枯杨生华，老妇得其士夫，无咎无誉。""枯杨生稊""枯杨生华"这种自然界反枯为荣的现象似乎和社会生活中的"老夫得其女妻"之间有某种联系，和"利""无咎""无誉"之间也有某种联系，但是这种联系不是建立在严密逻辑论证的基础上，而是靠想象推论的，因而带有很大的模糊性。

模糊思维以定性分析见长，可以用定性分析的语言，简明、规范、扼要地表达客观事物的规律。模糊思维不是"非此即彼"的求证，而是善于多角度考虑问题，善于在事物之间建立联系，特别注重对事物的整体特征进行概括，估测事件的进程，做出近似的、灵活的结论。爱因斯坦对中国古代人做出了和西方科学一样的成果感到惊讶，他说："西方科学的发展是以两个伟大的成就为基础的，那就是希腊哲学家发明形式逻辑体系（在欧几里得几何学中），以及通过系统的实验发现有可能找出因果关系（在文艺复兴时期）。在我看来，中国贤哲没有走上这两步，那是用不着惊奇的。令人惊奇的倒是这些发现（在中国）全部做出来了。"这"全部做出来了"，就是模糊思维魔力作用的结果。世界本身是模糊的，人脑的思维机制本身也是模糊的，思维的极致不是精确而是模糊，不精确处蕴含着极大的活力和创造性。电脑之所以没有创造性，就在于电脑只能按照人编好的程序进行确定性的理性思维。《周易》所创立的古老的模糊思维，尽管需要经过理性思维的洗礼，但在今天，这种模糊思维方式不仅有独到的应用价值，而且人类思维的现代发展，不是走向精确，恰恰是向模糊挺进。

（四）权变思维

所谓权变思维，就是指思维主体根据面临的不同情况和境遇，审时度势、权衡得失、随机应变的思维方式。《周易》的核心思想就是"变易"，《周易》以"易"名书，就含有了变化之义。司马迁说："《易》著天地阴阳四时五行，故长于变。"孔子说："夫易者，变化之总名，改换之殊称。"《周易》中的变通观是古圣先贤们对宇宙、自然、社会、人生深刻体悟后得到的认知，并对中国的历史发展具有深远的影响。自古以来，政治家用《周易》权变思维方式治国理民，兵家用其克敌制胜，外交家用其游说斡旋，医家用其辩证施治，商家用其经商兴企等。权变思维已经成为人类一种最重要的思维方式，中华民族也成为最富有"权变"智慧的民族。

《周易》认为：世界处于不断变化之中，无物不在变，无时不在变。《周易》丰卦《彖传》云："日中则昃，月盈则食。天地盈虚，与时消息，而况于人乎？"事物内部存在着阴阳两种对立的势力，二者的相感、相摩、相济就是事物变化的原因。阴阳两种力量又可以用刚柔来表现，所以《说卦传》说：《易》作者是"观变于阴阳而立卦"。就是设阴阳两个爻画"- -""——"为变化之母，画八卦以代表万事万物的变化，推六十四卦和三百八十四爻以囊括纷繁复杂的关系及其变化过程。

《周易》的权变思维方式源自于宇宙的阴阳变化，六十四卦就是由"– –""—"两块基石构成的排列组合图式而涵盖变化万千的思维模式。对此，《系辞传》说得很通透："圣人立象以尽意，设卦以尽情伪，系辞焉以尽其言，变而通之以尽利，鼓之舞之以尽神。"《周易》中变通的思维方式贯穿于六十四卦始终，六十四卦每一卦都含有变通的思想，乾坤两卦是宇宙、社会变化的总概括，其余六十二卦则是具体的展开：屯卦象征"物之始生"，既济卦象征事物发展圆满、成功，未济卦象征结束和新的变化的开始，如此等等。一切事物都处在永不停息的运动变化之中，《系辞传》对此进行了高度的概括："《易》之为书也不可远，为道也屡迁，变动不居，周流六虚，上下无常，刚柔相易，不可为典要，唯变所适。"

《周易》不仅认为事物都是变化的，而且特别强调事物的变化具有日日更新、永无止境的特点。《系辞传》说："富有之谓大业，日新之为盛德，生生之为易。"意思是，阴阳与万物皆新陈代谢、生生不已，这就是变易。一切事物都是变通的，都具有变通的特征，所以《系辞传》又说："一阖一辟谓之变，往来不穷谓之通。"《周易》中的权变思维方式，体现了阴阳变易的普遍法则："易穷则变，变则通，通则久。"事物发展到极端，就应当发生变化；经过变化，事物才不会僵滞；只有不僵滞，它才能永葆生命力。《周易》不仅认为自然界的万事万物是变通的，而且把这种变通应用到人类社会，反复强调根据大自然的变化来安排人事活动，所以《系辞传》又讲："天地变化，圣人效之""圣人有以见天下之动，而观其会通""通其变，使民不倦；神而化之，使民宜之"。

《周易》用变通的观点谈自然、谈人事，这样的思维方式对于中华民族心理素质与文化传统的形成和发展的影响是深远的。孟子的"男女授受不亲，礼也；嫂溺援之以手，权也"的执经达变思想和孙子提出的"途有所不由，军有所不击，城有所不功，地有所不争，君命有所不受"等因时因地制宜的兵家权变思维，不敢断言都是源自于《周易》，但是可以肯定地说，是与《周易》的权变思维方式一脉相通的。今天，研究《周易》的权变思维方式并善加掌握运用，对指导社会实践仍具有极大的现实意义。

（五）循环思维

所谓循环思维，就是一种注重事物的相互转化，认为事物发展变化呈现出一种循环状态的思维方式。《周易》认为自然界和人类的事物都具有循环性的特点：阴极就要转向阳，阳极就要转向阴，如此循环不已，如天体运行、日月升落、四季更替、昼夜更替等。

周文王的后天八卦图，就充分体现了《周易》的循环思维方式。周文王在伏羲氏先天八卦图的基础上，又继续详细考察，认识了宇宙间的众多事物，另行组合而成后天八卦图。与先天八卦图讲"对待"有所不同，后天八卦图讲"流转"，主旨在于说明宇宙万物的循环运行及作用。关于这一主旨，我们从后天八卦图与五行循环圈中能够看得更清楚，如图0-22所示。

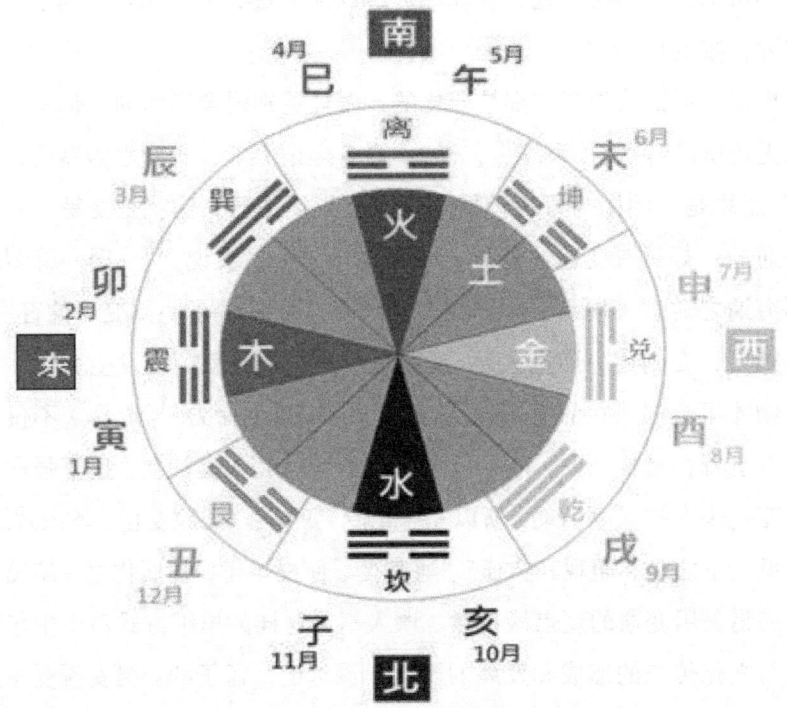

图0-22　后天八卦图与五行循环图

后天八卦的属性除了保留先天八卦的属性外，又增添了五行的属性。由于金生水，雨水又自天而落，故乾卦赋予了金的属性；兑为泽，泽纳水，泽生水，故兑卦也赋予了金的属性；坤为地，地由土所组成，故坤卦赋予了土的属性，西周处于我国的西北地区，其周围大都是土山，故艮卦也赋予了土的属性；震为雷，春雷一动，草木开始萌发生长，故震赋予了木的属性。巽为风，树木在风吹中开始生长，故巽卦也赋予了木的属性。离为火，南方炎热，故把离卦放进去；坎为水，北方寒冷，把坎卦放进去。如此，八卦的每一卦都有了五行的属性。

后天八卦图震卦为起始点，位列正东。按顺时针方向，依次为巽卦，东南；离卦，正南；坤卦，西南；兑卦，正西；乾卦，西北；坎卦，正北；艮卦，东北。如象征节气，则震为春分，巽为立夏，离为夏至，坤为立秋，兑为秋分，乾为立冬，坎为冬至，艮为立春。即序数为：坎一、坤二、震三、巽四、五为中宫，乾六、兑七、艮八、离九。五行循环圈，是转化自后天八卦图，后天八卦图的运行是以离九（☲）坎一（☵）为轴，以五为轴心而周而复始地循环运行；五行循环圈是以火（☲）上水（☵）下为轴，以土为轴心循环往复的。地支十二个，正好配五行，除了配金、木、水、火四行用了八个，还有四个丑、辰、未、戌，分别在四个方向渗入一个土，形成顺方向的生生不息循环。可见，五行循环圈就是先天八卦图循环思维方式的体现和扩展。

六十四卦的卦序排列，呈现鲜明的有序性和循环性。六十四卦并不是六十四个符号的简单拼凑，而是一个相互关联，首尾相顾，循环不息的整体。从乾卦开始到未济卦，以有序的运动为其内在机制，排列成一个首尾相连的大圆圈，体现了大自然的运行由潜藏酝酿生机，萌芽生长，奋发茁壮，欣欣向荣，经过各种艰难考验，到达开花结果的极盛时期，然后由盈而亏，返回原始，重新开始，循环往复，以至于无穷，反映出《周易》思维的循环性。

《周易》中的循环思维，体现的就是"物极必反"的矛盾转化规律。当事物发展到了极限，就要向着相反的方向转变。从八卦到六十四卦都反映出了"物极必反"这一对立转化规律作用下的循环思维思想。如乾坤两卦象征刚健与柔顺的对立转化；既济与未济两卦象征既成与未成的对立转化；泰否两卦象征通泰与否闭的对立转化。泰卦九三爻辞说的"无平不坡，无往不复"，以及《周易》中的"泰极否来""否极泰来"等观点，都是循环思维的一种体现，如图0-23所示。

我们再来研究十二消息卦所体现的循环思维方式。十二消息卦（也称十二辟卦），从时间上看，历史的渊源很长，干宝注《周礼》所引《归藏》文字中就有十二辟卦之说；从重要地位上看，《易纬》的作者郑玄说："辟卦为君，杂卦为臣，四正为方伯。"意思是，十二消息卦的地位相当于"君主"，统领其他杂卦，是六十四卦的主干部分，是纲领，是精华脉络。

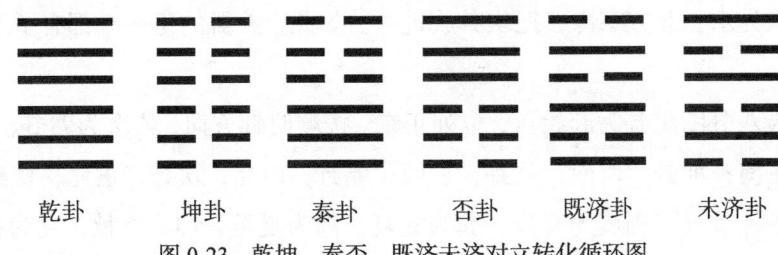

乾卦　　坤卦　　泰卦　　否卦　　既济卦　未济卦

图 0-23　乾坤、泰否、既济未济对立转化循环图

在一个卦体中，凡阳爻去阴爻来称为"消"，阴爻去而阳爻来称为"息"。十二消息卦就是由"坤"和"乾"两卦各爻的"消""息"变化而来的，如图 0-24 所示。

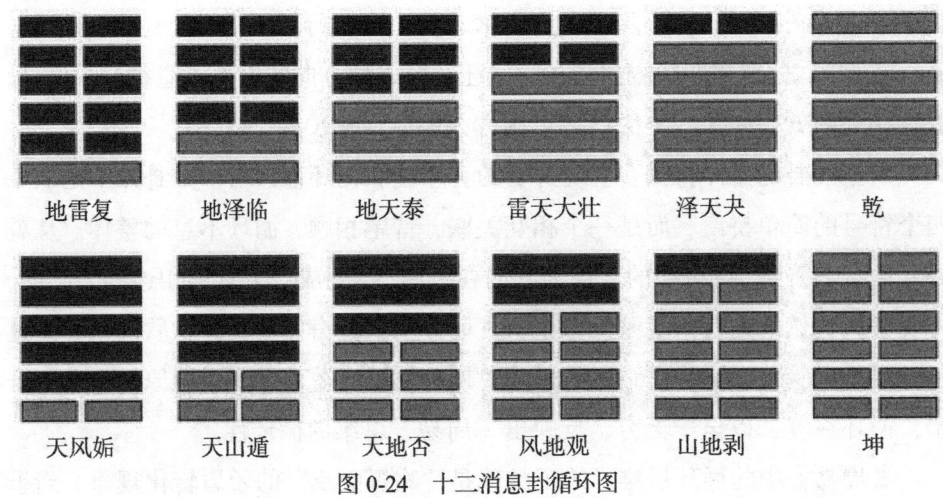

图 0-24　十二消息卦循环图

十二消息卦，它们是有严格顺序的：复、临、泰、大壮、夬、乾、姤、遁、否、观、剥、坤。从复至乾，阳爻逐渐增加，从下往上增长，阴爻逐渐减少，表示阳气逐渐增强，阴气逐渐减弱。为阳息阴消过程：从姤至坤，阴爻逐渐增加，从下往上增长，阳爻逐渐减少，表示阴气逐渐增强，阳气逐渐减弱。为阳息阴消过程。从复卦开始一阳生，渐次阳爻逐一增加，到临、泰、大壮、夬、乾，至乾为纯阳，而为阳之极。自姤开始有一阴生，渐次阴爻逐一增加，到遁、否、观、剥、坤，至坤为纯阴，而为阴之极。阴极阳生，阳极阴生，周而复始，变化无穷。

用十二个消息卦各配一个月，刚好对应十二个月，再配以十二生肖排序之月份即为：复主十一（午）月，临主十二（丑）月，泰主正（寅）月，大壮主二（卯）月，姤主三（子）月，遁主六（未）月，否主七（申）月，观主八（酉）月，剥主九（戌）月，坤主十（亥）月。由阴及阳，再由阳及阴，形成一年循环周期，就是一个古人称道的"交接无痕"的"阴阳轮转"。十二消息卦中不仅和十二个月一一匹配，而且重视对二十四节气的标注。反映从一元复始，到更新完备的循环过程，具体内容是：复卦的初六爻对应冬至，大壮的初九爻对应春分，姤卦的初九爻对应夏至，观卦的初九爻对应秋分。再细分一下：临卦六三对应大寒。泰卦九五对应雨水。夬卦六三对应谷雨。乾卦六五对应小满。遁卦九三对应大暑。否卦六五对应处暑。剥卦六三对应霜降。坤卦六五对应小雪。如图 0-25 所示。

图 0-25　十二消息卦与十二月和二十四节气图

从图 0-25 中可以看出，十二消息卦的研究方法是由粗及细、由干及支，这对中国历法的形成起了不可替代的作用。十二消息卦与气历的对应关系表现出的阳去阴来的"消"和阴去阳来的"息"，这种一反一复，也是万物消长盛衰、周而复始的规律。因此，《周易》这种循环的思维方式，也是人们"心

通万物"的思维方式,掌握和运用好这种思维方式会帮着人们在困苦危难之中,始终对未来充满着憧憬和希望,从不消沉,永远处于生生不息的奋斗进取之中。

　　掌握了上述《周易》的基本内容、表达方式以及思维方式等,就找到了进入《周易》殿堂的门径,了解了整个殿堂的框架,就能帮助人们很好地解读《周易》深奥的经文,破解这部千古之谜的"天书",汲取永不枯竭的智慧之泉。

周易上经

☰ 乾第一

【卦辞】

乾：元亨利贞。

【白话】

乾卦象征天：乾具有纯阳至健的性质，其特点是万物创始，亨通顺利，祥和有益，贞正坚固。

【彖传】

《彖（tuàn，解释卦名卦辞的一种）》曰：大哉乾元，万物资始，乃统天。云行雨施，品物流形。大明终始，六位时成，时乘六龙以御天。乾道变化，各正性命，保合大和，乃利贞。首出庶物，万国咸宁。

【白话】

《彖传》说：天真是浩大啊！万物都由它而产生，大自然都由它主宰。云在天空中漂移，雨水从天上降下，万物繁殖，形态处于不断变化之中。太阳西降东升，使上、下、东、南、西、北六个方位得以确定。乾卦六爻按照不同的时机形成，就像驾着六条飞龙在天空中有规律地运行。在天道的运行变化过程中，赋予了万物各自的本性和生命，一切都是那么和谐、融洽，各有其利，万物都能贞正坚固持久地成长。天的功德超出万种物类，使万国都得到安宁昌顺。

【大象传】

《大象》曰：天行健，君子以自强不息。

【白话】

《大象传》说：天道的运行刚强劲健，运行周而复始，永不停息，君子应效法天的这一特性，自强不息，奋发向上。

【爻辞】

初九　潜龙勿用。

九二　见（xiàn，出现）龙在田，利见大人。

九三　君子终日乾乾，夕惕若，厉，无咎。

九四　或跃在渊，无咎。

九五　飞龙在天，利见大人。

上九　亢龙有悔。

用九　见群龙无首，吉。

【白话】

初九　龙潜藏于地下，养精蓄锐，暂时不宜施展才能。

九二　龙出现在田野上，有利于会见德高望重的大人物。

九三　有德君子整天勤勤恳恳，毫不懈怠，到晚上也戒惧自勉，有危险，但不会造成灾殃。

九四　龙或跃进上腾，或退居深渊，不会有灾殃。

九五　龙高飞于天空，有利于会见德高望重的大人物，一起来经邦济世。

上九　龙腾飞过高，超过极限，将会引来令人悔恨的灾祸。

用九　群龙出现在天空，谁也不愿意以首领自居，则无过亢之灾，可获吉祥。

【小象传】

［初九］"潜龙勿用"，阳在下也。

［九二］"见龙在田"，德施普也。

［九三］"终日乾乾"，反复道也。

［九四］"或跃在渊"，进无咎也。

［九五］"飞龙在天"，大人造也。

［上九］"亢龙有悔"，盈不可久也。

［用九］"用九"，天德不可为首也。

【白话】

［初九］"龙潜藏于水底，养精蓄锐，暂时不宜有所作为"，因为此爻处于最下的位置，阳气还是刚刚萌生的缘故。

［九二］"龙出现在大地上"，这表明大德之人经潜藏修养，开始将大德广泛地惠及天下之人。

［九三］"君子整天勤勤恳恳，毫不懈怠"，说明君子反复行道而不舍。

［九四］"龙或跃进上腾，或退居深渊"，这表明龙可以进取而无咎。

［九五］"龙飞上了高空"，说明君子正可以一举创就大业。

［上九］"龙腾飞过高，超过极限，将会发生令人悔恨的灾祸"，说明物极必反，盈满的状态是不可能长久的。

[用九] 六爻皆属阳，各禀天的纯阳至刚的德性，至高无上，哪里还能有谁来做它们的首领。

【文言传】

《文言》曰：元者，善之长也；亨者，嘉之会也；利者，义之和也；贞者，事之幹也。君子体仁足以长（zhǎng）人，嘉会足以合礼，利物足以和义，贞固足以幹事。君子行此四德者，故曰："乾：元亨利贞。"

【白话】

《文言传》说：元，是众善事物的开始；亨，是美好事物的聚合；利，是义的和谐；贞，是万事的根本。君子践行至善的仁德，就能成为人们的尊长；会聚美好的事物，就能够符合礼仪；施利万物，就符合道义；坚守正道，就能主持成就事业。君子若是履行上述四种美德，就达到了乾卦所说的"万物创始，亨通顺利，祥和有益，贞正坚固"。

【文言传】

初九曰"潜龙勿用"，何谓也？子曰："龙德而隐者也。不易乎世，不成乎名。遁世无闷，不见是而无闷。乐则行之，忧则违之。确乎其不可拔，潜龙也。"

九二曰"见龙在田，利见大人"，何谓也？子曰："龙德而正中者也。庸言之信，庸行之谨。闲邪存其诚，善世而不伐，德博而化。《易》曰'见龙在田，利见大人'，君德也。"

九三曰"君子终日乾乾，夕惕若，厉，无咎"，何谓也？子曰："君子进德修业。忠信，所以进德也；修辞立其诚，所以居业也。知至至之，可与几也；知终终之，可与存义也。是故居上位而不骄，在下位而不忧。故乾乾因其时而惕，虽危无咎矣。"

九四曰"或跃在渊，无咎"，何谓也？子曰："上下无常，非为邪也；进退无恒，非离群也。君子进德修业，欲及时也，故无咎。"

九五曰"飞龙在天，利见大人"，何谓也？子曰："同声相应，同气相求。水流湿，火就燥；云从龙，风从虎，圣人作而万物睹。本乎天者亲上，本乎地者亲下，则各从其类也。"

上九曰"亢龙有悔"，何谓也？子曰："贵而无位，高而无民，贤人在下位而无辅，是以动而有悔也。"

【白话】

初九爻辞说"龙潜藏于水底,养精蓄锐,暂时不宜施展才用",这是什么意思呢?孔子说:"这是指具有龙一样的有德有才而隐居的人。他不因世俗污浊而改变节操,也不贪图虚名去追逐功利。独自隐退而不感到苦闷,言行不被世人称赞也不感到苦闷。自己乐意的事,就积极付诸实践;不遂心的事,就回避隐遁。意志坚定,从不动摇,这就是潜藏于水底的龙的德性。"

九二爻辞说"龙出现在大地上,有利于会见德高望重的大人物",这是什么意思呢?孔子说:"这是指具有龙一样的品德而立身中正的人。他平日说话言而有信,平日做事谨慎有节。防止邪恶言行的侵袭而保持内心的诚实。为世人做了卓著的善行而不自我夸耀,恩德广博而感化天下。"《周易》上说:"龙出现在大地上,有利于会见德高望重的大人物",这是说明会出现具备担任君主品德的贤人。

九三爻辞说"有德君子整天勤勤恳恳,毫不懈怠,到晚上也戒惧自勉,有危险,但不会造成灾殃",这是什么意思呢?孔子说:"指的是君子增进自己的道德修养,建功立业。忠诚守信,是增进道德的主要基础;修饰言辞反映内心的真诚想法,可以积累壮大自己的事业。知道事业发展的目标,进而全力进取的人,就可以与他共同探讨如何识别、把握事物细微的征兆;预知事情的结局,并以行动适应这种结局的人,可以与他共同保全事物发展的合宜状态。所以居于尊贵的地位而不骄傲,处于卑微的地位而不忧虑。能够自强不息并保持警惕,如此,即使面临危险也可免遭灾殃了。"

九四爻辞说"龙或上进腾跃,或退居深渊,不会有灾殃",这是什么意思呢?孔子说:"指的是贤人或上或下,变化不定,并非出于某种邪恶;或进或退,变动无常,这种进退并非要脱离众人。君子增进自己的道德,建功立业,必须随着时势的变化而行动,这样就能免遭灾殃。"

九五爻辞说"龙高飞于天空,有利于会见德高望重的大人物,一起来经邦治世",这是什么意思呢?孔子说:"这是同类的声音互相应和,同样的气息相互吸引而求合。水向低湿的地方流动,火向干燥的地方燃烧;云彩环绕着龙而聚散,大风伴随着虎跃而产生,圣人兴起而世间万物皆仰望可见。根源在天的就亲近于上,根源在地的就亲近于下,万物各以不同的类别而互相聚合。"

上九爻辞说"龙腾飞过高,超过极限,将会引来令人悔恨的灾祸",这是什么意思呢?孔子说:"这是指处于尊贵的地位而没有权力,高高在上而没有

拥戴的民众，贤明的人屈居下位而无法辅佐他，所以稍有行动就会出现令人悔恨的事。"

【文言传】

"潜龙勿用"，下也。"见龙在田"，时舍也。"终日乾乾"，行事也。"或跃在渊"，自试也。"飞龙在天"，上治也。"亢龙有悔"，穷之灾也。乾元用九，天下治也。

"潜龙勿用"，阳气潜藏。"见龙在田"，天下文明。"终日乾乾"，与时偕行。"或跃在渊"，乾道乃革。"飞龙在天"，乃位乎天德。"亢龙有悔"，与时偕极。乾元用九，乃见天则。

【白话】

"龙潜藏于水底，养精蓄锐，暂时不宜施展才华"，因为此时所处的地位低下。"龙出现在大地上"，说明此时时势已经开始舒展。"有德君子整天勤勤恳恳，毫不懈怠"，说明君子正是本着这种精神来实践。"或跃进上腾，或退居深渊"，说明正处在自我检验阶段。"龙高飞于天空"，是说已经获得高位，可以来治理民众。"龙腾飞过高，超过极限，将会发生令人悔恨的灾祸"，说明事物走向极端，必然造成灾难。乾的六爻都属阳，象征群龙出现在天空，谁也不愿意以首领自居，则无过亢之灾。乾元"用九"，天下大治。

"龙潜藏于水底，养精蓄锐，暂时不宜施展才用"，说明此时阳气处于潜藏未现的状态。"龙出现在大地上"，说明此时万物始生，天下出现了文明景象。"有德君子整天勤勤恳恳，毫不懈怠"，说明君子能够与时俱进。"或跃进上腾，或退居深渊"，说明天道此时转化，开始变革。"龙高飞于天空"，说明此时阳气旺盛，正当天位，具有与天创生万物一样的功德。"龙腾飞过高，超过极限，将会发生令人悔恨的灾祸"，说明随着时间的推移，事物已经发展到了极点，即将向穷尽衰败的方面转化。乾的六爻都属阳，象征群龙出现在天空，谁也不愿意以首领自居，则无过亢之灾。乾元"用九"体现了天道运行的规律。

【文言传】

乾元者，始而亨者也；利贞者，性情也。乾始能以美利利天下，不言所利，大矣哉！大哉乾乎！刚健中正，纯粹精也。六爻发挥，旁通情也。时乘六龙，以御天也。云行雨施，天下平也。

【白话】

乾卦象征天，辞中的元和亨，是指天创造万物并使它们亨通发展；利和贞，是天具有的本性和真情。天创造了万物并使天下得到利益，却不夸耀自己的利物之功，这种精神真是伟大啊！伟大的天道啊，刚强劲健，守中公正，这一切都纯粹之极。《乾卦》六爻的运动变化，沟通了万物的情理。太阳驾着六条飞龙在天空中有规律地运行。云在天空中漂移，雨水从天上降下，使天下万物安康和太平。

【文言传】

君子以成德为行，日可见之行也。"潜"之为言也，隐而未见，行而未成，是以君子弗用也。

君子学以聚之，问以辩之，宽以居之，仁以行之。《易》曰"见龙在田，利见大人"，君德也。

九三重刚而不中，上不在天，下不在田。故乾乾因其时而惕，虽危无咎矣。

九四重刚而不中，上不在天，下不在田，中不在人，故"或"之。"或"之者，疑之也，故无咎。

夫大人者，与天地合其德，与日月合其明，与四时合其序，与鬼神合其吉凶。先天而天弗违，后天而奉天时。天且弗违，而况于人乎？况于鬼神乎？

"亢"之为言也，知进而不知退，知存而不知亡，知得而不知丧。其唯圣人乎！知进退存亡而不失其正者，其唯圣人乎！

【白话】

君子以成就德行作为自己的行动准则，这一点在日常言行中都可以表现出来。初九爻辞中的"潜"的意思是隐藏着而不显露，因为此时自身的道德修养还没有完成，所以君子暂时还不能施展才华。

君子通过不断学习来积累知识，通过询问来解决疑难问题，以宽厚的态度处事，以仁爱之心行事。《周易》上说"龙出现在大地上，有利于会见德高望重的大人物"，这种德高望重的大人物具备了君王的品德。

九三处在重叠的阳爻之上，其居位不正中，上不达天，下不着地。所以要自强不息，顺应时势，时刻保持警惕，如此，即使面临危险，也不会遭遇咎害。

九四是多重阳刚重叠而成的，又位不居中，上不着天，下不着地，加上中间又非人所宜处，所以爻辞中才会用"或"字。"或"表示有疑虑，多方审度，不妄断，才能免遭灾殃。

九五爻辞中所说的德高望重的人，他具有与天地承载万物一样的品德，具有与日月普照大地一样明亮的光辉，他的进退像四季更替一样井然有序，他的吉凶像鬼神安排吉凶之事一样契合。他先于天时的变化而行动，天不违背他；他若后于天时的变化而行动，仍能遵循天道运行的规律。天尚且不违背他，又何况人呢？更何况鬼神呢？

上九爻辞中"亢"的意思是：一些人已经高到极点了，还是只知道进取而不知道及时引退，只知道事物的存在而不知道它终究会衰亡，只知道不断地获取而不知道应该放弃。大概只有圣人才是明智的吧！那些深知进取、引退、生存、灭亡的道理，并能不偏失正道的人，不正是我们所称赞的圣人吗！

【推天道，明人事】

乾卦卦辞是"乾，元亨利贞。"卦辞附在卦名之后，是对本卦所作的基本判断，卦辞也是一卦的总纲。《周易》六十四卦的第一卦是乾卦，乾卦是《周易》全书的挈领卦之一。乾是天、刚健的意思。乾卦是下乾上乾，乾象征天，乾卦乃纯阳之卦，其性刚强，其行劲健，展示了阳刚之气的萌生、进长、盛壮乃至穷衰消亡的规律。《周易》有《序卦传》说明六十四卦的排列顺序，可以帮助人们理解各卦的卦义。《序卦传》开头就说："有天地，然后万物生焉。"意思是，《周易》是以乾卦为天，坤卦为地，有天地才能化生万物。万物由共同的来源而创始，彼此之间通畅顺达，形成一个有利而和谐的整体，这种大通和谐的状态必须靠贞正坚固来维持，才能恒久不息，所以说"元亨利贞"。

《彖传》是对言约义丰的卦辞的解释，具体的是从卦名、卦德、卦象和爻象上统论一卦的大义。天宏大无比，开元肇始，成为大千世界的主宰，所以《彖传》说："大哉乾元，万物资始，乃统天。"这一句是解释卦辞"元"的。天让云在空中不停地飘行，让雨经常地降落，生命孕育于云雨之中，万物赋形在云雨之后，亦即"云行雨施，品物流形"。这一句是在阐述"亨"的。通过观察"大明终始"，乾卦六个爻的位置，各以其时而成立，这六个爻是以龙来象征各个阶段的表现，正是这六龙依时而进，仿佛就是当年驭飞龙车的羲和，从此冥冥里有了春夏秋冬，混沌中划出了上下四方，所以说"六位时成，时乘六龙以御天"。天道一直在"变化"之中，以此使世间万物"各正性命"，也就是在变化之中保持相对不变，并且保持整体处于"大和"状态，三句和四句合起来是说"利贞"的。《周易》推天道是为了明人事，君王通过掌握自然界的和谐规律，参赞天地之化育，来促进物产丰富，经济繁荣，就是"首出庶物"；君王体天之道，就来促进政通人和，创造天下太平、"万国咸宁"的和谐局面。

《大象》是解释卦象的，附在《象传》之后。《大象》是从上下两个单卦的组合上，考察卦象表征的"形"和"类"，推述人在品德修养上的作为。

君子观"天行健"的卦象，就应该把乾阳之天运行的"刚健"精神，内化为自己的主体精神和品质，胸怀大志，自强不息，永远执着地前进，践行人生的最高境界，这就是《大象》所强调的"君子以自强不息"。

初九爻辞是"潜龙勿用。" 八经卦三爻，上为天，中为人，下为地。而六十四别卦（重卦）六爻初、二为地，三、四为人，五、上是天。初九是乾卦第一根阳爻，但初九处于地下深渊，所以《小象》云："阳在下也"。此时阳气尚处于萌芽状态，象征一条潜伏的龙，不宜有所作为，就是"潜龙勿用"。从卦的比应位置来看，初位与四位，二位与五位，三位与上位是"应"的关系。如果是一阴爻，一阳爻，就是"正应"；而是两个阳爻或两个阴爻，就是"敌应"。本卦中初九与九四就是敌而不应，处于没有外部应援的地位。"潜龙勿用"，不是不能用，是因为时机和条件不成熟，暂时不能用。就如同水不够深，大船就不能行一样。

此爻在人道层面上的智慧是：养精蓄锐以求厚积薄发。任何伟大的事业，都不是一蹴而就的，而是随着主客观条件的积累，慢慢成就的，其中最重要的条件就是自己不断地努力自修，不断地充实自己的能量，最终实现由量变到质变的飞跃。唐代王棨说："积一时之跬步，臻千里之遥程。"意思是，平常一小步一小步的积累，久而久之就可以达到千里之外的遥远路程。人生最不"当位"的时候，要学会克制自己，增强内功，不能轻举妄动。妄动不仅不能发挥有利条件，甚至连那些有利条件也只能发挥相反的作用，妄动必遭不测之灾，所以"潜龙勿用"。"潜"是"用"的基础，"用"是"潜"的完成。两者的和谐统一，就是厚积薄发。时机未到之时，要静止下来，养精蓄锐，休养生息，进行厚积；"时至"的情况下，顺时而动，奋发有为。

九二爻辞是"见龙在田，利见大人。" 按照易理的规则，二爻为地上，九二在地之表，又取象为龙，所以说"见龙在田"。九二是阳爻居阴位，不当位。

但九二居下卦三爻之中，居于此位叫"得中"，因为"中"，所以九二刚而能柔、柔而能正，其行为具有不偏不倚的正中德性，可以"德施普也"。但是九二自己的实力还很弱，此时应该去拜见德高望重的大人，得到他们的首肯和提携，这就有利于大大提升自己的发展势能，所以是"利见大人"。在《周易》的卦爻排列结构中，二为臣位，五为君位，因此，九二虽然有"德而正中"的为君之德，却没有为君之位。九二若是经历"惕龙"和"跃龙"的历练，就能弥合有德与有位的时空距离，担任君主也绝非难事。

此爻在人道层面上的智慧是：攀高结贵以提高自己的上升态势。人处在开始发展的阶段，情形往往是"养在深闺人未识"，知名度低，实力比较弱，要善于借助别人的力量，特别是那些有道德有作为并居于高位的"大人"，每一位都是你上升的一个阶梯，让你通向新的高度。你"利见大人"，得到了多位德高望重的"大人"的扶持，就会好风借力，青云直上，成功也就近在咫尺了。

九三爻辞是"君子终日乾乾，夕惕若，厉，无咎。"三、四位为人位，阳爻为君子，所以九三代表君子。九三由"潜龙""现龙"进到下卦乾体的上极，离开了中道，又上不在天，下不在地，半空之悬，是个多凶的危厉之地。以龙为象的君子身临这种险境，只有白天"反复道也"勤奋地工作，并且小心谨慎，即使是到了晚上也要戒惧警惕，这样才能面临危险而免犯过错，亦即"君子终日乾乾，夕惕若，厉，无咎"。九三这种忧患意识体现了古人"当高必自卑"的忧患智慧，中华民族在忧患中诞生，又始终挺拔于忧患之中。《周易》在忧患中成书，所谓"文王拘而演《周易》"。《易传》开宗明义就指出："作《易》者其有忧患乎？"《周易》是中华民族忧患意识之源。忧患意识是治国安民、建功立业的前提条件。《周易》的忧患意识表现在：忧国，当国家承平之际，《系辞传》云，"安而不忘危，存而不忘亡，治而不忘乱"；忧民，把人民的忧患放在心头，将个人安危置之度外，《系辞传》强调"吉凶与民同患"；忧己，就是常以困难自警，忧"德之不修，业之不广"，或如《系辞传》所云，忧"德薄而位尊，知小而谋大，力小而任重"。这样就会"厉，无咎"，即使遭遇危险也能逢凶化吉。

此爻在人道层面上的智慧是：戒惧警惕才能安身立命。一个胸怀大志并富有睿智的人，在努力进取、奋起振作、取得高位时，要时时刻刻提防灾难的到来，这样即使遇到危险，也会逢凶化吉。晋代傅玄说："居高无忘危，在上无忘敬。惧则安，敬则正。"意思是，身居高位，不要忘记危险，高高在上，不要忘记谨慎。危机会使你安稳，小心谨慎会使你不致误入歧途。曾国藩也说："越走向高位，失败的可能性就越大，而惨败的结局就越多。因为'高处不胜寒'啊！那么每升迁一次，就要以十倍于前的谨慎心理来处理各种事务。" 21世纪是一个伟大的时代，向人们展示了光辉的前景，也凸现出前所未有的诸多问题，盛衰起伏，变化难测。我们更需要"终日乾乾，夕惕若"的进取精神与忧患意识，这样才能正确认识形势，在强烈的危机感中，开拓新的未来，把握新的机遇，迎接新的挑战。

九四爻辞是"或跃在渊，无咎。"九四已经进入上卦，九四以阳爻居于阴位（初、三、五为阳位；二、四、上为阴位），不当位。九四与初九敌应，初九是潜渊的位置，九四又下不在田，上不在天，这是一个极不稳定的位置，加之刚居柔位，更不安稳，是上，还是下？是进，还是退？是跃，还是渊？九四的疑惑很多，《文言传》中的"上下无常""进退无恒"，就是"或"这个疑辞所表达的意思。可贵的是，九四在这种处境下，及时选择了"进德修业"，龙在渊与天之间试飞，不仅没有灾难，而且更接近"天"了，所以是"或跃在渊，无咎"。《小象》在解释此爻时，也说："进无咎也"。

此爻在人道层面上的智慧是：进德修业是成功者的必修课。在身处进退的境况下，进德修业是"无咎"的真正原因。南朝梁元帝萧绎说："日省吾躬，月料吾志，和恤人言。"意思是，每天检查自己的德行，每月检查自己的志向，这样就用不着担心别人说你什么了。人都有着浓烈的道德判官情结，总是相聚在有道德的领导麾下干事业。因此，成功总是青睐于那些有美德、有抱负的奋进者。德行就是成就伟大事业的通行证。道德统帅下的强烈的成功欲望是高度的自我激励，集中精力和资源，奋勇向前，就是给自己一个向辉煌高地冲锋的机会，自然是"或跃在渊，无咎"。

九五爻辞是"飞龙在天，利见大人。"《周易》解卦有一条规律：阳爻居阳位，阴爻居阴位，是"当位"，一般是吉兆。二爻处于下卦的中间位，五爻处于上卦的中间位，"居中"也是吉兆。《周易》"尚中"，即使是阴阳爻"不当位"，只要"居中"也是吉兆。如果既"当位"又"居中"，就是既"中"又"正"，大吉大利。乾卦九五是全卦的主爻，爻位既"中"又"正"，是居于天的至尊的君位，掌握了领导的权力，这是发挥领导作用、施展自身才德、造福于民的大好时机。所以《小象》说："大人造也"。君子就应该运用积累

起来的经验和智慧，会见德高望重的大人物，一起来治世，以天的刚健精神，去成就人生内心深处的愿景，这就是"飞龙在天，利见大人"。古人以天作为根据，解释乾卦刚健之性的来源。"崇效天，卑法地"是八卦的起源，"观乎天文以察时变，观乎人文以化成天下"是《易传》的精华。乾卦《大象》说："天行健，君子以自强不息。"天的春夏秋冬一年四季的不停交替变化，日月每天的东升西落的不息转动，从来没有停止过。

  此爻在人道层面上的智慧是：君子应该弘扬自强不息的精神。宋代胡宏说："有其德无其位，君子安之；有其位无其功，君子耻之。"意思是，有德行而无与德行相应的官位，君子安之若素；有官位而无与官位相应的功劳，君子以此为耻辱。身居"飞龙在天"的君位，必须以自强不息的精神建立与其位相应的功业。自强精神包括志存高远和乐观向上的态度，顽强进取的坚强意志力。老子讲："自胜者强"，《商君书·国策》也讲："自恃者，得天下。"好多人总是抱怨美好的梦想不能实现，其实任何梦想的实现都需要自强不息、奋发向上的精神。时间顺流而下，事业逆水行舟。不管你事业的起点在哪里，只要你能自强不息，又能"利见大人"，就会一步一步攀上成功的顶峰。决堤毁坝是可怕的；但最可怕的是自强不息精神的崩溃。今天，我们处在知识经济和市场经济时代，这个时代既提供了前所未有的发展机遇，也存在着前所未有的挑战，你想从平凡上升到卓越，就必须付出更多的努力，自强不息，否则，你将由平凡变成平庸，枉在尘世间走一遭。

  上九爻辞是"亢龙有悔。" 上九爻是乾卦的最高一爻，阳居阴位，不当位，不得中。这条巨龙向上腾飞，已经到了极点，再也没有升高的空间了，但它仍然自以为是、盛气凌人的亢奋，知进而不知退，知存而不知亡，知得而不知丧，穷途末路之灾就会逐渐降临，最终悔恨不已，所以说"亢龙有悔"。事物的发展是有个过程的，这个过程达到了顶点，不加约束，就会走向事物的反面，这是事物发展的普遍规律，《小象》用"盈不可久也"，一语道破了这一物极必反的规律。

  此爻在人道层面上的智慧是：盛极必衰，过则为害。《周易》不仅认为阴阳矛盾可以相互转化，而且还认为矛盾的相互转化是一个由渐而著、渐变消长的发展过程。《吕氏春秋·博志》说："全则必缺，极则必反。"孔子也说："过犹不及。"这些话都表达了"亢龙有悔"，即凡事有度、过则为害的哲学法则。人生或者事业处在这种地位，如果不知收敛，必将乐极生悲。人生变故如同流水，势盛则衰，物极必反。人在失势时，若没有目标，没有追求，心灰意冷，就会一落千丈；人在得势时，若不隐藏才智，太露锋芒，就会脱离大众，成为孤家寡人，而且很容易引来小人的攻击。谁都不希望别人太夺目了。追求要高，姿态要低，中国古人就有"圣人韬光，贤人遁世"的智慧点拨，当世之人应当铭记。

用九爻辞是"见群龙无首，吉。"《周易》六十四卦中，只有乾卦另加"用九"，坤卦另加"用六"。乾卦六爻都是纯阳，坤卦六爻都是阴爻，所以"用九"和"用六"可以适用于全卦各爻。乾卦六爻各龙顺时而变，随位而成，是一个整体，首尾相连，如环无端，群龙飞天，谁也不以首领自居，各遂其志，这样就会获得吉祥。故谓之"见群龙无首，吉"。《小象》解释说，天德并不是一成不变的，纯阳卦走到了尽头，就变成了纯阴之卦，反之亦然，这就是天道。《文言传》对乾元"用九"的解释是"乾元用九，乃见天则"。所以，君子立身行事，不能停滞僵守，要根据客观环境的变化通权达变，此一时彼一时，灵活应用。《文言传》还解释"乾元用九，天下治也"，可见"天德不可为首"，可以创造成就天下大治的辉煌业绩。

此爻在人道层面上的智慧是：让人能干比本人能干更重要。开创事业和发展事业，不光靠一个人的力量和才智，而是靠群策群力，人尽其才。俗话说："一人难挑千斤担，众人能移万座山"。三国的孙权也说："能用众力，则无敌于天下矣""能用众智，则无畏于圣人矣"。领导者的智慧就是发现并及时开启部属的优势区域，让能干的人都能干好。每个人为了实现人生价值，在各自的工作岗位上，都把自己的显能和潜能充分地发挥出来，做出业绩以赢得同事、组织和社会的认可，还用领导去直接管理吗？如此，一个"群龙无首"的无为而治的最高领导境界就产生了。

坤第二

【卦辞】

坤：元亨，利牝马之贞。君子有攸往。先迷后得主，利。西南得朋，东北丧朋。安贞吉。

【白话】

坤卦象征地：具有伟大的、元始亨通的德性，像雌马一样以柔顺坚持正道。君子有所往求，若事事争先居首，则会迷失方向。如果跟随人后，就会找到主人而受款待，吉利。往西南方向去将会得到朋友，往东北方向去将会失去朋友。安于坚持正道则吉祥。

【彖传】

《彖》曰：至哉坤元，万物资生，乃顺承天。坤厚载物，德合无疆。含弘光大，品物咸亨。牝马地类，行地无疆，柔顺利贞。君子攸行，先迷失道，后顺得常。西南得朋，乃与类行；东北丧朋，乃终有庆。安贞之吉，应地无疆。

【白话】

《彖传》说：广阔大地的化育之功真是达到了极致，万物都因它而生长，它顺从、秉承着天的意志。大地用厚德载养万物，功德广阔无垠。它含藏了弘博、光明、远大的功能，使万物亨通顺畅。牝马属于阴性，与地同类，可以在大地上自由驰骋，它性情柔和温顺，有利于行正道。君子应当效法这种品德而行动，如果遇事抢先而行，会迷失方向，如果跟在后面顺随大势，则会走上正道。往西南方向去将会得到朋友，于是与自己的同类共同行动；往东北方向则会失去朋友，但最终的结果仍然有吉庆。安顺和守持正固所带来的吉祥，正如广袤的大地一样无边无际。

【大象传】

《大象》曰：地势坤，君子以厚德载物。

【白话】

《大象传》说：坤卦象征大地顺承的特性，君子应当效法大地的这一特性，以宽厚、和顺的品德来容载天下的万物。

【爻辞】

初六　履霜，坚冰至。

六二　直方大，不习，无不利。

六三　含章可贞。或从王事，无成有终。

六四　括囊，无咎无誉。

六五　黄裳，元吉。

上六　龙战于野，其血玄黄。

用六　利永贞。

【白话】

初六　脚踩到地面的薄霜，便知道坚冰的寒冬就要来临。

六二　大地正直、端方、广大，人若具备了大地的这种德行，即使不学习也没有任何不利。

六三　蕴含着美丽的文采，可以守持正固。若能参与辅佐君王的事业，即使没有成绩也将取得好的结果。

六四　扎紧袋子，虽然没有美誉，但也没有灾殃。

六五　黄色的衣裳，会有吉祥。

上六　龙在原野上搏斗，流出黑黄色的血。

用六　用"六"数，有利于永远守持正道。

【小象传】

[初六]　"履霜""坚冰"，阴始凝也。驯致其道，至坚冰也。

[六二]　六二之动，"直"以"方"也。"不习无不利"，地道光也。

[六三]　"含章可贞"，以时发也。"或从王事"，知光大也。

[六四]　"括囊，无咎"，慎不害也。

[六五]　"黄裳，元吉"，文在中也。

[上六]　"龙战于野"，其道穷也。

[用六]　用六"永贞"，以大终也。

【白话】

[初六]　"脚踩到地面的薄霜，便知道坚冰的寒冬就要来临"，说明阴气开始凝结。顺着自然规律发展，阴气必然会最终凝结成坚厚的冰。

[六二]　六二爻的变动，"大地正直、端方、广大，人若具备了大地的这种德行，即使不学习也没有任何不利"，说明大地之道的光明伟大。

[六三]"蕴含着美丽的文采,可以守持正固",目的是把握时机发挥作用。"若能参与辅佐君王的事业,即使没有成绩也将取得好的结果",是因为六三的智慧丰富,并知道自己如何发挥才能。

[六四]"扎紧袋子,虽然没有美誉,但也没有灾殃",说明应当收敛,小心谨慎才不会有祸害。

[六五]"黄色的衣裳,会有吉祥",因为六五内中具备温文谦下的美德。

[上六]"龙在原野上搏斗",说明坤阴之道发展到上六,已经穷途末路。

[用六]"用'六'数,有利于永远守持正道",说明《坤》的诸阴爻发展到极端后都变为阳爻,最后以尽归于阳而终结。

【文言传】

《文言》曰:坤至柔而动也刚,至静而德方。后得主而有常,含万物而化光。坤道其顺乎,承天而时行。

积善之家,必有馀庆;积不善之家,必有馀殃。臣弑其君,子弑其父,非一朝一夕之故,其所由来者渐矣,由辩之不早辩也。《易》曰"履霜,坚冰至",盖言顺也。

"直"其正也;"方"其义也。君子敬以直内,义以方外,敬义立而德不孤。"直方大,不习,无不利",则不疑其所行也。

阴虽有美,含之以从王事,弗敢成也。地道也,妻道也,臣道也。地道无成而代有终也。

天地变化,草木蕃;天地闭,贤人隐。《易》曰"括囊,无咎无誉",盖言谨也。

君子黄中通理,正位居体,美在其中而畅于四支,发于事业,美之至也。

阴疑于阳必战,为其嫌于无阳也,故称龙焉。犹未离其类也,故称血焉。夫玄黄者,天地之杂也,天玄而地黄。

【白话】

《文言传》说:大地的德性极为柔顺,但是它的运动却是刚健的,大地宁静柔顺的品德才得以传布四方。地道后于天道而动,并且有固定的规律,所以随从主人后,才能保持福庆久长。地包含并化生万物,于是焕发无限光芒。大地之道多么柔顺啊!它秉承天的意志,顺时运行。

积德行善的人家,必然有很多吉庆之事;累积恶行的人家,必然滋生很多灾殃。臣子犯上杀害国君,儿子犯上杀害父亲,这种情况不是一朝一夕发生的事，而是有一个渐变的累积过程，只是由于君父没有早日洞察和防范罢了。《易》说"脚踩到地面的薄霜，便知道坚冰的寒冬就要来临"，说的是阴恶事物的发展有其自然的规律。

"直"，是指为人品行纯正；"方"，是指行事合乎礼义。君子以诚敬的态度使自己的内心正直，对外实行礼义而使自己的行为方正。只要做到对内诚敬、对外实行礼义，君子就能广布美德，得到众人的信任和支持。"大地正直、端方、广大，人若具备了大地的这种德行，即使不学习也未必不获利"，这说明具备了美德，就不会对自己的行为疑惑不定了。

处于阴柔地位的人，纵然有美德，也要含蓄隐藏，默默地辅佐君王的事业，不敢把功劳据为己有。这就是地顺天之道，妻从夫之道，臣忠君之道。地顺天的法则就是有成就而不居功，它只是代替天完成功业，奉事至终。

天地阴阳的相互沟通，使草木繁茂衍生；天地阴阳闭塞阴沉，贤人隐退避世。《易》说"扎紧袋子，虽然没有美誉，但也没有灾殃"，这大概就是处世谨慎的道理吧。

君子内蕴黄色中和的美好品德，通达事理，居于自己所应居的位置。将这种内存于心的美德表现在行动上，在事业中得到发挥，这才是最美的品德啊。

阴气发展到极盛并与阳气势均力敌时，必然相互争斗。因为阴气发展到极盛似乎没有阳气了，所以上六爻辞称龙。阴气虽然到了极盛的地步，但它仍属于阴，并不曾离开同类，所以用"血"来称呼它。所谓天地玄黄，说明天地征战中颜色混杂在一起：天是青色的，地是黄色的。

【推天道，明人事】

坤卦的卦辞是"坤，元亨，利牝马之贞。君子有攸往。先迷后得主，利。西南得朋，东北丧朋。安贞吉。"《周易》六十四卦的第二卦是坤卦，坤卦和乾卦一样，也是《周易》全书的挈领卦之一。坤为地、为柔顺。坤卦坤下坤上，六爻皆阴，坤以地为象，以顺为义，以守柔为基本方针，表现了《周易》指导人生的又一基本原则。坤卦卦辞以牝马为柔象，牝马是母马，性情柔顺。"利牝马之贞"开宗明义，说明了坤像雌马一样守持正固，顺应"天"，负载万物并使之元始、至为亨通，所以说"元亨"。君子前进，必有所为，亦即"君子

有攸往"。《周易》中有阳先阴后、阳主阴从的观念,乾是主导,坤是随顺,坤卦以乾卦为依归,因此前进中,领先于主人(乾),就会迷失自我,跟在主人(乾)后面才能有所得,因而有利,所以是"先迷后得主,利"。从八卦的排列方位上看,西方是"坤""兑"的卦位,南方是"巽""离"的卦位,都属于阴,所以往西南方可以找到同一阴类的朋友,就是"西南得朋";东方是"艮""震"的卦位,北方是"乾""坎"的卦位,都属于阳,所以,往东北就会失去同属于阴的朋友,也就是"东北丧朋"。只有恪守本分,安静而贞正,才能吉祥,所以"安贞吉"。

坤卦的《象传》对卦辞的含义进一步加以阐扬,广袤的大地,是崇高的圣母,是生成万物的根源,大地这种"坤元"功能的开始,所以化生出万物的生命,是因为它顺从承受天的意志,遵循天的法则,因此说"万物资生,乃顺承天"。这一句话是解释"坤元"的。坤代表的大地,载万物,育万物,养万物,这种浩瀚无疆的功德,包容、广阔、光明、远大,使各类生命都通顺畅达,所以说"坤厚载物,德合无疆。含弘光大,品物咸亨"。这两句话是解释"亨"的。牝马为雌性,属阴,与大地同类,驰行大地而没有疆界,性格柔顺而适宜正固,所以说"牝马地类,行地无疆,柔顺利贞"。这句话是解释"利贞"的。君子前进走到了主人的前边,就违背了道理,随顺在主人的后边才是遵守了常规,就是"君子攸行。先迷失道,后顺得常"。西南方向因为与同类同行,可以得到朋友的帮助;东北方向因为是异类所居,不仅找不到朋友还会失去朋友,所以必须与同类同行,最后才会吉庆,这就是"西南得朋,乃与类行;东北丧朋,乃终有庆"。安详并且坚持贞正,必能获得吉祥,因为这符合大地顺承上天那种无穷的德行,所以说"安贞之吉,应地无疆"。

君子观"地势坤"的卦象,应该悟到大地的两个特性:一是顺承着天;二是厚实能载。君子应效法地,使自己的品德宽厚,具有包容万物的"器量"。中国自古以来就推崇包容的美德,认为"天下万物,有容乃大"。凡人包容,凡事包容,以德报怨,化敌为友,就能获得人心和人才,就能得到天下;相反,器量小,不能容人并以敌对的眼光看待别人,对周围的人戒备森严,就会众叛亲离,最终必然导致事业的失败。因此,《大象》强调"君子以厚德载物"。我们都应该把"厚德载物"作为人生的哲学,像大地一样宽广、厚实、宽容待人、海涵万物,有了这样的器量,不仅会受人尊重,还会从周围的人中得到机会和帮助。有位哲人就曾经说过:"谁想在厄运时得到援助,就应该在平时宽以待人。"诚能如此，事业的成功就会成为一种必然。

初六爻辞是"履霜，坚冰至。"初六是坤卦的第一根阴爻，第一爻的位置是阳位，阴爻在阳位，不当位。而且，第一爻和第四爻之间又是敌应的关系，表示二者不协调。初六是阴性事物的初起阶段，事物的总体特征微而未显，隐而不彰，但是事物的因果关系已经建立起来了，"履霜"是因，"坚冰至"是结果。所以，当人在履霜之时，即可预见坚冰将至。因此，有智者可以根据事情的苗头、先兆预见到它的实质和发展趋势，如果是好的事物，就创造条件，扶持它快速成长，如果是坏的事物，就及时采取措施，不让它形成气候，把问题解决在萌芽状态，才能避免可能带来的灾祸。《小象》解释此爻精辟透彻："'履霜坚冰'，阴始凝也。驯致其道，至坚冰也。"

此爻在人道层面上的智慧是：要有察苗头和辨吉凶的见微知著的能力。《系辞传》说："夫《易》，圣人之所以极深而研几也。唯深也，故能通天下之志；唯几也，故能成天下之务；唯神也，故不疾而速，不行而至。"《周易》就是一部"研几"之书，"知几"之书。这里的"几"就是"微"，就是事物方萌而未萌、有象而无形的苗头状态，由"唯几"到"唯深"再到"唯神"，就是通过探研事物征象，穷究幽深事理，达到通天下之心志，成就天下之大业的目的。鬼谷子对此也有独到的见地："经起秋毫之末，挥之于泰山之本。"意思是，经纬之线起始于像秋天动物细毛末端一样短的长度，发挥它的作用却可以测量泰山的高大。也就是见到事物的苗头，就能知道它的本质和发展趋势。今天的社会异常复杂，新现象层出不穷，更需要我们要掌握"履霜，坚冰至"的智慧，以小见大，见微知著，迅速认清它们的本质和发展趋势，在主动的层面上趋利避害。

六二爻辞是"直方大，不习，无不利。"从爻位的结构上看，一卦总共六爻：初、二、三、四、五、上。"初""三""五"是奇数，奇数最适合阳爻；"二""四""上"为偶数，偶数最适合阴爻。六二阴居阴位，得中得正，最符合坤道柔顺中正之义。六二是坤卦的主爻，又是在地上之爻，自然而然地具有直、方、大三种与地道相通的品德。为人处世，应效法大地的品格：直率、方正、宽大，顺着"直方大"这种本性，不需要学习，自然而动，就会取得成功，所以说"不习，无不利"。《小象》也作了这样的解读；'地道光也'。

此爻在人道层面上的智慧是：具备了"直方大"德行的领导者就会无往不

利。直率、方正、弘大是做人的基本操守。"不习，无不利"揭示的是事物的稳定性对事物发展的重要性。易学家王弼在其《周易注·坤》中，对"不习，无不利"的注释是："不假营修而功自成，故不习焉而无不利。"这句话的旨意就是告诉人们，做事情不能妄为，只有顺事物之本性，体自然之道而动，才能事无不利，无为而无不为。一个"直方大"兼具的领导者，本着正道做人做事，对内对外、对己对人都会处置得妥帖得当，如此就没有什么不利的了，这正是"直方大"智慧的光明远大。

六三爻辞是"含章可贞。或从王事，无成有终。"六三爻的位置是阳位，是阴爻在阳位，不当位，并且与上六爻无应。六三已经进入了人位，相对于天位而言，它代表了臣道，此时虽有文采也要蕴涵，正固守之，就是"含章可贞"。既然是在臣道，就要顺从和辅佐君王成就大业，有了功业，要将荣耀归于君王，这样自己即使没有功业却仍能够得到好的结局，所以说"或从王事，无成有终。"六三的智慧在于能把握时机并知道自己如何发挥才能，所以《小象》云："以时发也""知光大也"。

此爻在人道层面上的智慧是：红花主动戴在上司的头上，是最明智的捧场和最稳妥的自保。天上的星辰有智慧；虽然与太阳一样光亮，却从不与太阳争辉。为臣的不要比君王更耀眼，而要顺从和辅佐君王成就大业。坤卦总体上讲是以柔顺为本性。抱柔守弱是《周易》指导人生的另一大智慧。柔是阴的根本属性，顺承是其中最基本的元素，具有理顺主体与客体、上体与下体之间的关系的功能。坤卦的六三这句"含章可贞。或从王事，无成有终"的爻辞，把柔顺的智慧体现得非常充分：即使有内在的美也不要外在地表现出来，例如替国家君王办事，既要"有终"，有成效、有结果，又要做到"无成"，不能贪天之功为己有。在领导体系中处于下位的副职领导或下级的正职领导者，有了卓越的才能，取得了骄人的业绩，必须注意含蓄，将其归功于你的领导者，要遵从唯命的从臣之道，不能势压其主、更不能功高盖主，自矜其功。做忠顺的副职领导或下级的正职领导，对己对上都有益处。这是从下者处上者的一种智慧，就像大地虽然孕育了万物而归功于天一样。

六四爻辞是"括囊，无咎无誉。"《周易》还有这样一个观念："初"的位置，叫作"士"；第二个位置代表"大夫"；第三个位置是"公卿"；第四个位置是"诸侯"到第五个位置就是"国君"，第六个位置代表"宗庙"——

祖先。六四已经进入上卦,阴居阴位,当位得正,居于这个位次为近"国君"之位,是权高位重的"诸侯",如何处理好君臣之间的关系至为重要。从卦爻的结构上看,六四是下无承、上无应,而且处在上卦的最下位,阴气太重,与乾卦的三、四爻对照,可知处在三、四爻是一种危险的境地。最明智的处世之道,就是加以收敛,再杰出的才华,也要像扎起的口袋一样不外露,这就叫"括囊"。这样做的结果虽然不会获得任何称誉,亦即"无誉",但可以"无咎"。其实,处在六四这个爻位,能做到"无咎"的臣下就是很不容易了,正如此爻《小象》所说:"括囊无咎,慎不害也。"

此爻在人道层面上的智慧是:含蓄收敛才能远离祸端。人生在世,应含蓄而不炫耀,收敛而言行谨慎,要"括囊",就像扎紧的口袋一样,使别人的诋毁无法施展,如此才能远离祸端。美德、才能迟早会被别人承认的。相反,个人因有点德行就由此而张扬、出头、争强、贪功,便不能善始善终。五代时期的冯道曾经说过:"口是祸之门,舌是斩腰刀,深藏口与舌,安身事事牢。"冯道的话与此爻之理是一脉相通的。

六五爻辞是"黄裳,元吉。" 六五是阴爻居阳位,并且是中位,得刚中之柔,有柔顺之德。"黄"是中色,又是土地之色。中国古代人的衣服上装为衣,下装为"裳"。乾为上,坤为下,裳就是坤,表示阴之顺阳。坤卦六五以阴柔之性上升到至尊的君位,虽然地位尊贵,大权在握,但仍然以中和的美德与居下位的同类结成亲附聚合的关系。《周易》六十四卦出现的占断辞是:元吉、大吉、吉、无咎、悔、吝、厉、凶等,以元吉为最好,其次是大吉,元吉是卦的本身显现的象,大吉则是本爻所显现的象。此爻的"元吉"就是缘于坤卦的顺德和六五内在的温文谦下的美德,所以《小象》说:"黄裳,元吉,文在中也。"

此爻在人道层面上的智慧是:中和的本色是最吉祥的护身符。不管多么位尊权重,都不能自视高人一等,更不能飞扬跋扈。自视高傲、飞扬跋扈是所有恶劣品性中最强烈、最持久、最堕落的;与此相对应,"黄裳"这种中和的本色则是所有美德中最智慧、最恒久、最高尚的。中和是宽容,中和是接纳,中和是成熟,中和是最吉祥的护身符,保持中和的本色,才能有"元吉"的人生结果。

上六爻辞是"龙战于野,其血玄黄。" 上六是坤卦完成的一爻,阴爻在阴

位,当位,与第三爻不有应,是坤阴的穷极之地。乾卦到了上九是盛极必衰,坤卦到了上六就是由顺转向逆,违背了阴必顺阳、阳必顺阴的易理,不守自己"利牝马之贞"的本性,与阳刚之龙激战于田野(中国古代分郊,郊外有野,郊外之内就是"邑",城邦),阴阳相互排斥,彼此伤害,流淌的血色又黑又黄,这就是"龙战于野,其血玄黄"。之所以出现这样彼此伤害的恶性后果,就是坤卦到了上六,阴气盛极,到了无路可走的尽头,所以《小象》解释说:"龙战于野,其道穷也。"

此爻在人道层面上的智慧是:要提防极端阴柔的人。在人世间,最阴险的人是"示弱不示强"的极端阴柔的人。坤卦的上六就是这种小人,阴气盛极,到了无路可走的尽头。按照唯物辩证法的原理,凡事一到极端就走向反面。极端地忍耐的结果就可能是极端地爆发。这种人常常以柔来掩盖自己的丑恶嘴脸,让人看不到他的阴险和毒辣,可是过分地内柔顺,必逞刚于外,在你最不注意、最要紧的时候他会露出狰狞的面目,狠狠地捅你一刀,这才是最具杀伤力和最可怕的。俗话对此说得很到位:"鳖咬一口,入骨三分。"

用六爻辞是"利永贞。" 坤卦的"用六"犹如乾卦的"用九",由于坤卦六爻皆阴,就以"用六"说明全卦各爻。阳象征变化,阴象征静止。坤卦本性柔顺,与乾卦吉在无首不同,坤卦利在永远坚持不变,所以说"利永贞"。如果善于运用和坚守"乃顺承天"的坤元之道,就能够广大德业,善始善终。所以《小象》强调"用六永贞,以大终也。"

此爻在人道层面上的智慧是:位居从属地位的人要把"顺承"放在自己的潜意识里。居于从属地位的人绝不能自立山头,必须信守阴柔的原则,永远执着"乃顺承天"的纯正之道,像大地那样生万物、育万物、养万物、载万物、包容万物,像向日葵那样始终围绕太阳转,这种"利永贞"的智慧才能适应生存和发展的环境。按照达尔文生物进化的法则,不是最强势者生存,而是最适应环境者生存。老虎强势,但濒临灭绝。蚂蚁弱势,南方有,北方有;冬天有,夏天有;屋里有,屋外有。被领导者抛尽功利,"乃顺承天",任何问题都会以这种厚德载物的柔软方式将其幻化于无形之中,为自己营造出最佳的生存环境。

屯第三

【卦辞】

屯（zhūn，草芽破土而出、尚未伸展的形状）：元亨利贞。勿用有攸往，利建侯。

【白话】

屯卦：象征始生，事物的开始就亨通，利于坚守正道。不宜于有所前往，有利于建国封侯。

【彖传】

《彖》曰：屯，刚柔始交而难生。动乎险中，大亨贞。雷雨之动满盈，天造草昧。宜建侯而不宁。

【白话】

《彖传》说：屯卦，阴阳二气刚开始相遇，艰难险象也随之产生。屯卦下震上坎，象征在危险中运动，有着广大、亨通、正固的品德。雷雨大作，充满天地之间，使万物滋生，草木繁茂，生机盎然。适宜于建国封侯，从而获得安宁。

【大象传】

《大象》曰：云雷，屯。君子以经纶。

【白话】

《大象传》说：屯卦下震上坎，坎为云，震为雷，象征云行于上，雷动于下，这就是屯的卦象。君子看到这种卦象，应以天下为重，从而施行恩泽和刑罚来治理天下。

【爻辞】

初九 磐桓，利居贞，利建侯。

六二 屯如，邅（zhān，犹豫）如，乘马班如，匪寇婚媾。女子贞不字，十年乃字。

六三 即鹿无虞，惟入于林中。君子几，不如舍。往吝。

六四 乘马班如。求婚媾（gòu，结为婚姻），往吉，无不利。

九五 屯其膏。小贞吉，大贞凶。

上六 乘马班如，泣血涟如。

【白话】

初九 徘徊流连难进，利于坚守正道，有利于建国封侯。

六二 许多人聚集在一起，徘徊不进，骑着马来回盘旋，他们不是来抢劫的盗寇，而是求婚者。但女子守持贞洁不急于出嫁，久久等了十年之后才缔结姻缘。

六三 在没有虞人协助的情况下追逐野鹿，野鹿进入树林中。君子认为继续追赶不如放弃猎物。因为若继续追逐，就会发生灾祸。

六四 骑着马来回盘旋，为的是求婚之事，前往必获吉祥，没有什么不利。

九五 积聚肥肉为祭祀作准备。占问小事遇此爻则吉利，占问大事遇此爻则有凶险。

上六 骑着马在路上转来转去，悲痛得眼中的泪和血不断往下流。

【小象传】

[初九] 虽磐桓，志行正也。以贵下贱，大得民也。

[六二] 六二之难，乘刚也。"十年乃字"，反常也。

[六三] "即鹿无虞"，以从禽也。君子舍之，"往吝"，穷也。

[六四] "求"而"往"，明也。

[九五] "屯其膏"，施未光也。

[上六] "泣血涟如"，何可长也。

【白话】

[初九] 虽然徘徊不前，但是志向和行为端正。地位尊贵的人以谦虚的态度对待地位低下的人，可以大得民心。

[六二] 六二这一爻之所以预示艰难，是因为阴爻居于阳爻之上。"女子十年后才出嫁"，这是反常之事。

[六三] "在没有虞人协助的情况下追逐鹿"，是因为迫切地想得到鹿。君子停止追逐鹿，"若继续追逐，就会发生灾祸"，是指会陷于绝境。

[六四] "求婚之事，前往必获吉祥"，因为这种行为是明智之举。

[九五] "囤积了大量肥肉"，说明未能真正广泛地施恩泽于民众。

[上六] "眼中的泪和血不断往下流"这种局面怎么能够长久呢！

【推天道，明人事】

屯卦的卦辞是"屯，元亨利贞。勿用有攸往，利建侯。"屯为初生而难之意。屯卦是震下坎上，震为雷，坎为云，有云有雷而未成雨，坎的卦德为险，震的卦德为动，这两卦的组合意味着在危险的环境中行动，象征着阴阳始交，物之初生，充满艰难，故谓之"屯"。《序卦传》说："盈天地之间者唯万物，故受之以屯。屯者，盈也。屯者，物之始生也。"屯卦卦象是震雷在下，春催雷动；坎水在上，充盈天宇，生命开始复苏，表征万物初生阶段，虽然是首出，但却孕育着无穷的生命力，通顺畅达，适宜自固纯正，所以说"元亨利贞"。屯卦的卦义是屯难，总体特征是艰难险阻，大动不如大静，就是"勿用有攸往"，应该安定下来，顺应时变，建国立侯，所以说"利建侯"。

屯卦的《彖传》对卦辞的奥秘作了启悟心灵的解读。屯卦下卦震象为雷，上卦坎象为云，震为阳，为刚，坎为阴，为柔，阴阳二气开始交流，但是"刚柔始交"，有云有雷还未成雨，象征物之初生的艰难，所以说"难生"。震的卦德为动，坎的卦德为险，所以是"动乎险中"，虽然如此，其发展前途却是"大亨"。下震为雷，有激荡之力，上坎为雨，有滋润之能，二者合起来就能让万物生生不息，这就是"雷雨之动满盈"。"天造草昧"就是苍天创始万物萌生之时，君王不能苟且偷生，要建国立侯抚惜万方生灵，领导大家，创设制度，稳定秩序，所以说"宜建侯而不宁"。

屯卦是云雷之象，正像一团乱丝，紊乱无序。君子观"云雷"的卦象，应该推天道以明人事，发扬刚健有为的精神，像治理乱丝一样，把自己所从事的社会的、政治的、经济的、文化的管理工作理出头绪，使之由紊乱的无序状态变为井井有条的有序状态。

屯卦的《大象》强调"君子以经纶"。这一象辞的隐含意思是"有志图王，经纶天下"，为辅佐王侯成就基业而有所作为。用今天通俗的话来说，就是要求有抱负的人把自己的才智全部投入到国家建设事业上，只有这样的作为追求，人生才能辉煌。

初九爻辞是"磐桓，利居贞，利建侯。"《周易》用九代表阳爻，用六代表

阴爻，初九即第一爻是阳爻。本卦的初爻是阳爻，又是震卦的初爻，震为动，其本性就是勇猛精进。但是初九虽阳居阳位，但是一阳初始，过于幼稚，宜居守本位，积蓄力量，俟机进发，所以说"磐桓，利居贞"。但是初九与六四正应，又初九阳爻居阳位，当位得正，《周易》中以阳爻为贵，以阴爻为卑，初九在三个阴爻之下，尊贵而能低姿态处卑，且这三个阴爻又组成了一个互坤卦（六二、六三、六四），坤为民，意思是初九宽谦待下，会大得民心，愿意推举他为王侯，所以是"利建侯"，《小象》也说："以贵下贱，大得民也。"

此爻在人道层面上的智慧是：面对艰难困苦，志向和意志力直接决定着成功的进程和成就的高低。人生和事业不是平面几何，而是立体的山河，充满了陡峭和险滩。此爻是讲事业伊始，力量微弱，创业之初，举步维艰。面对艰难，没有建功志向和意志力的人就会退避三舍，落荒而逃，把自己的人生写照成两个字——平庸；有建功志向的人，认为艰难中孕育着无穷的希望，把困境当成是成功的机会和切入点，面对困苦选择承受，品味煎熬，不怨天尤人，咬紧牙关，知难而进，把自己的人生写照成两个字——卓越。把困难举在头顶，它就成为灭顶石；把困难踩在脚下，它就变成了垫脚石。迎着艰难奔跑，带着泪水微笑，这就是"利建侯"者的写照。不经风雨，哪有九天云霞；没有雷霆，怎壮肝胆魂魄。命运之神最昂贵的微笑，就是赐给那些面对艰难困苦，有志向和有意志力的人。世间只为这样的人留名。

六二爻辞是"屯如，邅如，乘马班如，匪寇婚媾。女子贞不字，十年乃字。"六二以阴柔之体乘凌于初九阳刚之上，按照《周易》的体例，阴爻居阳爻之上是不吉利的现象，六二正是处于这种"乘刚也"的困境之中，所以，一群人乘在马上来回盘旋，徘徊不前，虽然这群人不是贼寇，而是来求亲的，但是六二作为待嫁的女子与初九男子不能结成阴阳相应的关系，六二必然"贞不字"，拒绝初九的追求。六二与九五的关系则是阴阳正应，因此，六二理想的"婚媾"对象是居于君位的九五，这既合理又吉利，但是六二在追求的过程中要越过六三、六四，并面临上六竞争对手的挑战，进行得不顺利。可是，六二居下卦之中，阴爻居阴位，既中又正，并且上有九五的正应，尽管不能一蹴而就，但是可以"贞"得住，耐心等待。"十年乃字"，久久等待了十年终于喜结良缘。

此爻在人道层面上的智慧是：不畏艰难的人才能触摸到成功的终点。成就伟大事业的道路曲折艰难。这是向处于屯难之世的人说话，告诉他们，从奋斗到成功之间，是一条曲线，而不是直线；是充满曲折与艰难的，而不是处处鲜花与坦途；是需要"十年乃字"的坚持力，而不是朝夕之间就能实现。凡是遇到困境便跌倒的人是注定成不了气候的。孔子家语中有一句话："君不困不成王。"意思是诸侯没处过困境就不能成就帝王大业。不管被什么艰难险阻所困，只要意志坚定，一切险难都会是使人更加成熟的机会，总会回归正常，终会有所成就。丘吉尔说过："一个人绝对不可在遇到危险的威胁时，背过身去试图逃避。若是这样做，只会使危险加倍。但是如果立即面对它毫不退缩，危险便会减半。"诺贝尔在总结自己成功的经验时说："我知道作为科学研究来说，一帆风顺简直就是白日做梦。我在准备做这项事业之前，早就做好了关于失败的准备。所以，当失败一次次接踵而来的时候，我从来没有气馁过，依然能够按照自己既定的目标不断前进。"

六三爻辞是"即鹿无虞，惟入于林中。君子几，不如舍。往吝。"在屯卦六爻结构中，六三爻以阴柔之质而居阳位，其性躁动，但又不能与初九、九五结成阴阳相应的关系，比应皆阴，行动起来不能得到阳的引导和帮助，如同打猎没有林官引路，这种"即鹿无虞"，将会迷失道路。如果继续在林中转悠，就是"惟入于林中"，将会徒劳无益。君子看到这种征兆，就应该主动放弃，舍鹿不追，这就是"君子几，不如舍"的道理。如果执迷不悟，将会自取羞辱，所以说"往吝"。《小象》对"往吝"的解释是"穷也"。

此爻在人道层面上的智慧是：懂得放弃才能获得新的拥有。成功有三个要素：一是知道如何选择；二是明白怎样坚持；三是懂得该不该放弃。不要以为只有能"取得"的人才是大智大勇，那些在该放弃时毅然"放弃"的人具有更高的智慧和更大的勇气。必须放弃而不肯放弃，是疑虑与执迷。把应该抛诸脑后的事总挂怀于心，这是十足的傻瓜。人生真正的智慧是：不仅要知道什么事情可为，还要知道什么事情不可为。"君子几，不如舍"，面对人生的不可为征兆，一定要明智地选择放弃。放下无望的守候，才能赢得新的拥有。所以，该放弃的东西，一定不要吝啬，即使是忍痛割爱。放弃不是心血来潮时的随意之举，更不是无可奈何的选择，是为了放弃无望的守候，获得新的拥有。放弃也是一门有关心灵的艺术，放弃人生的附庸和累赘，挣脱名利的缠绕，才能使自己的心境如晴空朗月，似行云流水，享受到生活的真味，升华生命的境界。

六四爻辞是"乘马班如。求婚媾，往吉，无不利。"六四是下卦震体之上，

震为作足马,所以说"乘马"。六四仍然处于屯卦下震上坎的大格局中,因此,六四"乘马"去求婚,处境与六二一样是"班如"。六四处在有应有承的有利地位,六四"求婚媾"可以有两个选择:一个是与自己相邻的九五,六四虽然与九五是比的关系,但是九五与六二正应,对六四没兴趣;另一个是初九,六四与初九则是一种阴阳相应的关系,所以,前去求婚必获应允,吉无不利。可见,六四舍弃九五去与初九"婚媾",是屯难之世的明智选择,所以《小象》也说:"'求'而'往',明也。"

此爻在人道层面上的智慧是:处于进退两难之际,要拿出破釜沉舟的勇气进取。人生遭遇进退两难,是不可避免的。但是对进退两难的思考不同,姿态不同,结果也不同。当别人遇到两难的境地,消极地静守待变,或打了退堂鼓,就找不到出路和活路,会使局势更加恶化;而你咬紧牙关坚持向前一步进取,就能发现机会和创造机会,从而扭转僵局,使局势变得有希望和生机,成功也就非你莫属了。动物丛林的法则,就是淘汰弱者而成就强者。真正的强者不是看他爬多高,而是看他在进退两难的维谷中能够反弹多高。

九五爻辞是"屯其膏。小贞吉,大贞凶。" 九五居坎卦之中,是至尊的君位,聚集了权力与财富,但是九五处于坎险之中,恩泽不能广泛施与,所以说"屯其膏"。九五与六二正应,在财富的分配上过分地向六二倾斜;但是在这个屯难之世,把众阴势力凝聚起来开创局面的是初九,九五困于重阴,却又因初九地位低下而不能正确地论功行赏。这种"施未光也"不能广布恩泽的偏私胸襟和狭隘的气量,只能成就小事,做不出大局面的事业。这就是"小贞吉,大贞凶。"

此爻在人道层面上的智慧是:分享利益才能赢得人脉。当人的事业初创有成时,必须在组织成员中分享利益,同甘才能共苦。欲成大事,不能"屯其膏",必广施恩泽,这样财去人聚,就会形成上下齐心、患难与共的人脉资源,支撑事业的成功。在关系事业的兴衰、安危的大问题上还小肚鸡肠,或让少数人得利、多数人遭殃,就会带来凶祸。做人必须明白,一个人享受成果和荣耀,是吃"独食",有一句名言说:"如果你独享荣耀,有一天你就会独吞恶果。"成功后首先回报社会,就会赢得人心。一个人经常替别人考虑,就是在不经意中替自己作最好的打算;一个人经常和别人分享利益,就是在不经意中为自己创造更大的利益。

上六爻辞是"乘马班如，泣血涟如。"上六居坎卦上爻，坎为下首马，故称"乘马"。上六又以阴爻居屯卦之终，前无去路，下又与六三是敌应关系，虽然与九五相比，但九五小气吝啬，并不会给上六应有的帮助，面对这种阴弱无应、无所亲附的惨状，以及进无可取，退无可守，日暮途穷的境地，上六只能是乘马盘旋，泪水变成了血水，所以是"乘马班如，泣血涟如"了。这种局面是撑不了多久的，所以《小象》曰："何可长也"。

此爻在人道层面上的智慧是：知道了下属的才能何在和如何将其充分地发挥出来，就看到了问题后边的答案。自身才能不足，并不是事业失败的主要原因，而得不到下属有才能者的相助，才是失败的主要原因。自身才弱的领导者，借助下属人才的帮助，也能成就卓越的事业。此爻还告诫人们：处在困境中要懂得思变，要懂得困难和解决困难的手段是同时出现的，所以在面对困难时，首要的问题就是找到困难后边的答案。否则，在困难面前一筹莫展，只是"哭泣，泪流不断，使泪水变成了血，也无济于事"，到头来就只能是如此爻《小象》所云"何可长也"。

䷃ 蒙第四

【卦辞】

蒙：亨。匪我求童蒙，童蒙求我。初筮（shì，用筮草占问）告，再三渎，渎则不告。利贞。

【白话】

蒙卦象征蒙昧：亨通。不是我去求愚昧无知的人，而是愚昧无知的人来求我。初次占问则告诉对方吉凶，若一而再、再而三地反复占问，那是对替人占筮的人的不恭敬，所以就不再告诉他吉凶。利于贞正。

【彖传】

《彖》曰：蒙，山下有险，险而止，蒙。"蒙，亨"以亨行，时中也。"匪我求童蒙，童蒙求我"，志应也。"初筮告"，以刚中也。"再三渎，渎则不告"，渎蒙也。蒙以养正，圣功也。

【白话】

《彖传》说：蒙卦上艮下坎，象征山下有危险，遇险而止，停止的原因是对所遭遇的情况不清楚，因而处于蒙昧状态。"蒙昧却能宏大、顺利"，是因为启蒙的时机把握得恰当，而且行动符合中庸之道。"不是我去求愚昧无知的人来接受教育，而是愚昧无知的人来求我教育他们"，说明双方的想法是吻合的。"初次占问则告诉对方吉凶"，因为这符合刚健适中的原则。"一而再、再而三地反复占问，那是对替人占筮的人的不恭敬，所以就不告诉他吉凶"，因为这种做法既不恭敬，又显得很愚昧。通过启蒙教育，可以将愚昧无知的人培养教育成品质纯正的人，这就是圣人的功业。

【大象传】

《大象》曰：山下出泉，蒙。君子以果行育德。

【白话】

《大象传》说：蒙卦下坎上艮，山下流出泉水，这就是蒙卦的卦象。君子观此卦象，从而采取果断的行动，完善自身，才能培养出良好的品德。

【爻辞】

初六 发蒙,利用刑人,用说(tuō,即脱)桎梏(zhìgù,木制刑具),以往,吝。

九二 包蒙,吉。纳妇,吉。子克家。

六三 勿用取女,见金夫,不有躬,无攸利。

六四 困蒙,吝(lìn,过错,后悔)。

六五 童蒙,吉。

上九 击蒙,不利为寇,利御寇。

【白话】

初六 启发蒙昧的人,利于受刑的人解除刑具。对于那些不遵守原则的人,施予一定的刑罚,使他们有所警觉。若有所前往,则会发生令人遗憾之事。

九二 包容蒙昧的人,吉祥;为儿子娶妻,吉祥。儿子能够成家立业。

六三 不要娶这个女子,她见到有钱的男子就会委身相从,娶这种女子没有什么好处。

六四 人为蒙昧无知而困扰,将会发生令人遗憾之事。

六五 幼稚蒙昧的人,吉祥。

上九 用小惩大戒的手段施教蒙昧无知的人,有利于求教者不去做贼寇干坏事,而利于他们抵御邪恶的思想侵蚀,回归到正道上来。

【小象】

[初六]"利用刑人",以正法也。

[九二]"子克家",刚柔接也。

[六三]"勿用取女",行不顺也。

[六四]"困蒙"之"吝",独远实也。

[六五]"童蒙"之"吉",顺以巽(xùn,柔顺,服从)也。

[上九]"利"用"御寇",上下顺也。

【白话】

[初六]"利于受刑的人解除刑具",这是按照法规来办事。

[九二]"儿子能够成家立业",是因为阴阳之间能互相感应、刚柔相济的缘故。

[六三]"不要娶这个女子",因为这个女子的行为不合乎礼仪。

[六四]"因蒙昧无知而困扰,将会发生令人遗憾之事",这是因为离群

索居，脱离了社会实际。

[六五]"幼稚蒙昧的人，吉祥"，是因为他柔顺而服从。

[上九]"利于防御对方的进攻"，是因为这样做上下和顺，支持者众。

【推天道，明人事】

蒙卦的卦辞是"蒙，亨。匪我求童蒙，童蒙求我。初筮告，再三渎，渎则不告。利贞。"蒙是蒙昧无知和启蒙教育之意。蒙卦坎下艮上，坎取象泉，艮取象山，山下涌出泉水，虽是涓涓细流，则必将渐汇成江河，正如人之初生，虽然蒙昧无知，但此时若发展启蒙教育，合理开发其内在的明德，使蒙稚渐起，就如同涓涓细流的泉水，终将汇流成长江大河。《序卦传》说："物生必蒙，故受之以蒙。蒙者，蒙也，物之稚也。"蒙卦是万物初生之后的发展阶段，发展的目的是要使一切通顺畅达，所以说"亨"。启蒙要建立在蒙昧者主体自觉意识的基础上，开导者积极主动而蒙昧者安于蒙昧，就达不到启蒙的作用，所以强调"匪我求童蒙，童蒙求我"。带着疑问来求学者，初次祈问则耐心地给以解答，如果接二连三地乱问，就不再讲解，就是"初筮告，再三渎，渎则不告"。做到这些，就可以"利贞"。

蒙卦的《象传》的阐述更有助于我们对卦辞含义的理解。蒙卦坎下艮上，坎为险，艮为山，所以是"山下有险"，艮又为止，内有险难，外有止，这种"险而止"是蒙昧的情况，蒙昧就需要教育，蒙教就可以通达，所以说"蒙，亨"。这种顺利亨通是九二得时而处中，能"以亨行时中也"。树立严正的学风，培养被启蒙者纯正无邪的品德，这就是作一项神圣的功业，所以说，"蒙以养正，圣功也"。

蒙卦坎下艮上，艮为山，坎为水，山下出水，泉水滋养山间生物，故泉水有育德之象。蒙卦上艮又为果蓏，下坎又为育德，君子观"山下涌出泉水"的卦象，就应该以坚定的操守、果决的行动，来培育自己的美德，这就是《大象》所强调的"君子以果行育德"。

初六爻辞是"发蒙，利用刑人，用说桎梏，以往，吝。"初六以阴爻居于蒙卦之下，柔弱、失位，甚为蒙昧，代表一个童子处于蒙昧未发之中，自身又不具备启蒙的能力，特别是从卦象上看，初六又在下卦坎中，坎为陷，为险，必须及早地进行发蒙的开导教育，否则，将会走入歧途。发蒙的开导教育要从两个方面入手：一方面用法律条文进行守法教育，即"利用刑人"，这是"以正法也"；另一方面用典型范例进行道德教育，来感化他，使其脱去桎梏，即"用说桎梏"。这种"两手抓"的教育方法，才能使幼稚的童子在发蒙阶段就能端正方向，树立正确的行为准则，健康地成长。如果只知道用刑罚来规制人，而不注意道德教育的配合，结果必然要陷入困境，这就是"以往，吝"的含义。从爻象上看，初六与六四又敌而不应，强行前往，也会遇到凶险，这也是"以往，吝。"

此爻在人道层面上的智慧是：蒙教是开启民智和民族精神的无与伦比的方法。俗话说："天下之事，非教无成。"人类所具有的智力资源和所表现出来的崇高、自强不息、锲而不舍以及博爱的精神资源都是教化的结果。这就如同种庄稼，只播种不浇灌培育就不会有好的收获。生养儿女必须重在教育，国家需要的栋梁之材来自教育。关于治理国家，孔子主张礼治德化与政令刑罚相辅而行，并且高度赞扬了礼治德化即德政的作用。实行德政就是实行教化。通过教化使道德准则内化为人们心目中的自觉意识，从而能够积极主动地遵守社会的制度、法令和礼仪。蒙教是一条渐进之路，按倒的母鸡不下蛋，蒙教必须长期持之以恒地坚持，不能搞"突击式"，也不能毕其功于一役。《管子·权修》篇就有"十年之计，莫如树木；终身之计，莫如树人"的说法，所以教育人必须从长计议。

九二爻辞是"包蒙，吉。纳妇，吉。子克家。"蒙卦的初六、六三、六四、六五都是阴爻，代表被教育的童蒙，九二、上九是阳爻，为卦中的治蒙之主，代表承担教育的启蒙者。九二刚而得中，又柔和谦下，体现了包容的师道。清朝的李光地在其《周易折中》书中说：九二"其于蒙也能包之，治之以宽者也"。九二以包容宽厚之心来对待蒙童，自然会赢得蒙童的亲附，从而主动向启蒙者诚心求教，这种教与学的双向互动，就如同男子娶妻一样，正当合理，大吉大利，所以是"包蒙，吉。纳妇，吉"。蒙卦下坎上艮，坎为中男，艮为少男，九二又在互震卦（九二、六三、六四）中，震为长男，均为子，经过"包蒙"教育后，都能继承父志而成就家业，就是"子克家"。九二与六五两爻正相应，一师一生，一君一臣，九二既要处理好教育领域的师生关系，又要处理好政治

领域的君臣关系。九二奉行时中之道,"刚柔接也"、协调并济,结果把这种双重关系处理得无过无不及,恰到好处。

此爻在人道层面上的智慧是:要想在事业上获得成功,必须先过包容关。历史给人类留下最好的东西就是包容。包容是让我们在人生和事业中具备游刃有余的厚实。大凡历史上的成功者,都拥有容纳山河的胸襟。《周易》哲学的核心思想和基本原则就是时中之道。宽厚的"包蒙"美德正是时中之道的具体体现,也是我们今天必须发扬光大的传统思想精髓。宽厚的包容营造了整个自然界和人类社会。包容是解除疙瘩的最佳良药。能积聚福与德,则无过患;能包容人与事,则远灾害。有宽厚、包容的美德,自然会赢得别人的亲附,所谓"能容者为其大"。英国诗人华兹华斯说过:"宽容是我们最完美的所作所为。"一个人想展现超凡脱俗的才华,想获得真正意义上的成功,想要拥有广袤的世界,秘诀就是:放大能容资源的正能量因素,能容即容,不能容也要容。

六三爻辞是"勿用取女,见金夫,不有躬,无攸利。"六三柔弱,又居阳刚之位,不中不正。本卦的主角是九二,九二坎体,得中,刚爻为金,故为"金夫"。六三与上九相应,本来能与上九结成阴阳相应的关系,但与上九隔了两个柔爻,上卦又是艮卦,路途多有阻碍。可是六三却犹如贪财轻俏的女子,有着见钱迷心的蒙昧,为了取悦与自己相邻的九二,浮躁妄动,不再前行找自己的正夫上九,而是后退失身,后退则离开了坤卦,坤为身,所以说它"不有躬"。由于六三乘凌于九二之上,这是不顺理、不顺利的,所以此爻《小象》曰:"行不顺也。"娶了无法守住自身的女子,一有机会她就会另攀高枝。因此,最明智的做法就是"勿用取女"。

此爻在人道层面上的智慧是:不要同那些纸醉金迷和见利忘义的势利小人为伍。纸醉金迷的人,餐桌上堆碟摞碗,吃一看二,花样翻新,挥金如土,享乐主义把精进奋斗的精气神销蚀得一干二净。见利忘义的势利小人如同狗的道路是通往肉铺一样,专门在钱眼子里头和权眼子里头翻跟头。君子都与纸醉金迷和势利小人保持距离。汉朝刘向说:"以财交者,财尽则交绝;以色交者,华落而爱渝。"意思是:以钱财为目的而结交的,钱财没了交情就断了;因姿色而结合的,美貌衰落了情感就改变了。隋代王通说:"以势交者,势倾则绝;以利交者,利穷则散。"意思是:因为权势而结交的朋友,一旦权势减弱或垮了,友谊也就没了;因为利益而结交的朋友,一旦财利减少或尽了,彼此也就分手了。同时,也不要对这种势利小人怀有怜悯慈悲之心而错用之,否则将会重演"农夫与蛇"的悲剧。这就是"勿用取女"的智慧警示。

六四爻辞是"困蒙，吝。"在蒙卦中，阳爻代表主动的启蒙者，阴爻则是被动的蒙昧者。六四以阴爻而居阴位，是一个需要进行启蒙教育的对象，可是六四上下都是阴爻，六四与初六又敌而不应，能够对它进行启蒙教育的只有九二和上九。六四与九二和上九又都隔了一个阴爻，求告无门，加之六四柔弱，胸无大志，不能主动地向贤者求教，这就无法摆脱蒙昧，陷入真正的困境，所以说："困蒙，吝。"《小象》认为"困蒙"之"吝"，是六四离群索居，脱离了社会实际造成的，所以说："独远实也"。

此爻在人道层面上的智慧是：不接受教育的人就迈不进人类文明的门槛。不接受教育就摆脱不了愚昧无知的困境。汉代刘向说得好："以食愈饥""以学愈愚"。意思是，就像用食物医治饥饿一样，用学习才能医治愚蠢。没有经过教育的人，就没有知识和文化，是不会有真正意义上的人生成就的，也绝不会干出一番事业来。这就好比一块田地，即使再肥沃，不经耕耘和播种也是结不出果实来的。扶贫不扶庸，因此，对于那些安于现状、不求进取，或者自暴自弃者，要倾注教育的心血，使他们早日鲜花绽放。对那些拒不接受教育者，一定要将其边缘化，如果让这些昏蒙蛮横和不可理喻的人占据要位，就没有好的结局。这就是"困蒙，吝。"因此，人生有成就者应该永远拥有两样东西：一盏永不熄灭的希望之灯，一扇永远打开着的接纳教育之窗。

六五爻辞是"童蒙，吉。"六五以童蒙之质而居于至尊的君位，与九二刚明之贤结成了阴阳相应的关系。从卦爻结构上看，六五以柔爻居上卦之中位，具有柔中之德，六五又在互坤卦（六三、六四、六五）的上位，坤为顺。六五居尊而顺下，不耻下问，必能通达而至吉，所以说"童蒙，吉"。《周易》中把阴顺阳叫柔中，把阳顺阴叫刚中，如果能够达到阴必顺阳、阳必顺阴，就是达到了中和的最高境界。六五阴顺阳，出于至诚把居于臣位的九二当作老师来尊重，虚心求教，摆脱了蒙昧状态，提升了智力品德，把最高权力行使得正当合理，没有偏差，很吉祥。为什么总体形势是"山下有险"、并不顺利的蒙卦却能达到亨通的局面呢？诚如此爻《小象》所云："童蒙之吉，顺以巽也。"九二阳顺阴，六五阴顺阳，正是这种阴阳双方都能自觉地以巽顺之德来规范和调整自己的行为使然。

此爻在人道层面上的智慧是：以巽顺之德调整和规范自己的行为，换回来

的就是温馨与和谐。任何事物都分为阴阳两部分，阴和阳相互协调滋生万物。汉代就有这样的诗句："甘瓜抱苦蒂，美枣生荆棘。"意思是，甜美的瓜包裹着味苦的瓜蒂，美味的枣子生长在满身是刺的枣树上。天下事都是以一阴一阳、一刚一柔的对立统一方式存在的。阴顺阳、阳顺阴是一种巽顺之德，阴阳双方能够以此来调整和规范自己的行为，就会孕育出宁静、温馨与和谐。"顺以巽"的中和之德，在今天构建和谐社会中仍然有其特殊的意义和价值。

上九爻辞是"击蒙，不利为寇，利御寇。"上九以阳爻位于全卦之终，居高临下，上卦为艮，为手，显示出治蒙过刚，以手击打之象，所以说"击蒙"。"击蒙"可以理解为教育上使用的惩戒手段，是辅助"包蒙"教育的一种手段。上九体艮为止，下应六三，六三体坎，坎为盗，惩戒的目的是消除蒙童的悖道之心，力度应该是"小惩大戒"，如果太过，造成一种抗拒心理，就失去了教育意义，故曰"不利为寇"；上九下比六五，此柔顺刚也，上九与下有应有比，启蒙者的行为就是"御寇"，故曰"利御寇"，《小象》也解释道："'利'用'御寇'，上下顺也。"

此爻在人道层面上的智慧是：消除蒙童的悖道之心，要"小惩大戒"。使用惩罚手段的目的是使被惩罚者接受教育，改正错误。如果重拳出击，会造成被教育者的抗拒心理，达不到教育的目的，还会带来很多弊端。"小惩而大戒"的"击蒙"，才符合《周易》贵"中"的思想，才体现出了对人的终极关怀，易于被教育者接受并改正自己的过错。因此，运用"小惩而大戒"来"击蒙"不失偏颇，才能帮助蒙童"御寇"，抗御外来邪恶的诱惑，保持其天性之美好。孔子说："小人不耻不仁，不畏不义，不见利不劝，不威不惩。小惩而大诫，此小人之福也。"意思是，小人不知羞耻，不明仁德，不畏正理，不明道义，不看到利益就不能勤勉向上，不受到威胁就不会戒惧。小小的过失给予惩罚就会大为戒慎，这是小人的福气。"小错"不惩罚，必将酿"大患"。对犯有小错的人，通过"咬耳扯袖、红脸出汗"的方式进行"小惩"，让其"皮痛肉痛，"心生戒惧，收手收敛，就会避免大的祸患。

需第五

【卦辞】
需：有孚，光亨，贞吉，利涉大川。
【白话】
需卦象征着等待：真诚地信守此道，光明亨通，坚持正道吉祥，利于涉越大河。

【彖传】
《彖》曰：需，须也。险在前也。刚健而不陷，其义不困穷矣。"需，有孚，光亨，贞吉"，位乎天位，以正中也。"利涉大川"，往有功也。
【白话】
《彖传》说：需，是等待的意思。前面有危险，但是因为刚健之德，能耐心等待，不去冒险，所以不会为绝境所困扰。"需卦象征着等待，真诚地信守此道，光明亨通，坚持正道吉祥"，这是因为九五阳爻处于天位，又是正中的位置。"利于渡大河"，说明积极前往一定可获得成功。

【大象传】
《大象》曰：云上于天，需。君子以饮食宴乐。
【白话】
《大象传》说：需卦下乾上坎，云气升上天空，象征等待。此时，君子可以每天安于饮酒享乐，等待适当的时机。

【爻辞】
初九　需于郊，利用恒，无咎。
九二　需于沙，小有言，终吉。
九三　需于泥，致寇至。
六四　需于血，出自穴。
九五　需于酒食，贞吉。
上六　入于穴，有不速之客三人来，敬之，终吉。
【白话】
初九　在郊外等待，利在有恒心，没有什么灾殃。

九二 在沙滩中等待,有小小的口舌是非,但最终获得吉祥。

九三 在淤泥中等待,招致贼寇到来。

六四 在血泊中等待,能从陷穴中逃出来。

九五 在有酒和食品的地方等待,守持正道可获得吉祥。

上六 落进陷穴,来了三位不速之客,恭敬地接待他们,最终获得吉祥。

【小象】

[初九] "需于郊",不犯难行也。"利用恒,无咎",未失常也。

[九二] "需于沙",衍在中也。虽"小有言",以"终吉"也。

[九三] "需于泥",灾在外也。自我"致寇",敬慎不败也。

[六四] "需于血",顺以听也。

[九五] "酒食,贞吉",以中正也。

[上六] "不速之客""来","敬之,终吉"。虽不当位,未大失也。

【白话】

[初九] "在郊外等待"意思是不要冒险行动。"利在有恒心,没有什么灾殃",是因为没有违背常理。

[九二] "在沙滩等待",这本身就意味着过失。虽然"有小小的口舌是非",但坚持等待,最终将获得吉祥。

[九三] "在淤泥中等待",灾难将从外面来。虽然盗寇是自己招来的,但是只要恭敬审慎,就会避免失败。

[六四] "在血泊中等待",说明六四能够顺应形势并听从变化。

[九五] "在有酒和食品的地方等待,坚守正道可获得吉祥",这是因为九五阳爻居于上卦中间的位置,象征人守中而行正道。

[上六] "来了不速之客","恭敬地接待他们,最终获得吉祥"。说明虽然其所处的位置不恰当,但没有遭受大的损失。

【推天道,明人事】

需卦的卦辞是"需,有孚,光亨,贞吉,利涉大川。"需是等待之意。需卦乾下坎上,乾为天,坎为水,云气上集于天,降雨的条件尚未成熟,要顺其自然，耐心等待，故谓之"需"。《序卦传》说："物稚不可不养也，故受之以需。需者，饮食之道也。"产生了需要，必须有所等待，《杂卦传》也说："需，不进也。"这都是表达在满足需要的过程中必须等待条件成熟才可以行动。《周易》常用"有孚"来描述阴阳爻的亲近遇和，如需卦的九五上下都是阴爻，就是"有孚"。天下之事，如能心怀诚信，款曲停待，就会光明通达，守住贞固就会吉祥如意，所以说"光亨，贞吉"。需卦下乾为健，上坎为水，即使遇到像大河这样的险阻，也能一往直前，所以说"利涉大川"。

需卦的《象传》对卦辞的含义作了透彻的阐发。需的上卦为坎，上为前，下为后，坎又为险，即"险在前也"。下卦为乾，乾有刚健之德，遇险能通，不会陷入险中，就是"刚健而不陷，其义不困穷矣"。这种结果的关键在于九五"位乎天位，以正中也"，所以，九五的内在品德就是"有孚，光亨，贞吉"，当然会"利涉大川，往有功也"。

君子观"云上于天"的卦象，就会懂得一个有作为的君子为了保持平常的心态，安然自处，宁静致远，采取的最佳策略就是用饮食来保养自己的身体，用娱乐来陶冶自己的性情，轻松自如地养精蓄锐，以等待时机成熟后再大展身手。《周易程氏传》也云："饮食以养其气体，宴乐以和其心志，所谓居易以俟命也。"意思是，饮食养身，宴乐养心，平心静气以待天命。这正是《大象》所强调的"君子以饮食宴乐"。

初九爻辞是"需于郊，利用恒，无咎。" 需卦的上卦为坎，为险。初九性刚，得位，距离上坎的险情最远，上又有六四相应，刚刚出发，犹如处在旷郊原野等待，所以是"需于郊"。但是初九不麻痹，知道继续前进就会陷入险境，所以初九谨守常规，不躁动涉险，而是在郊外旷野保持"利用恒"的常态，耐心等待时机。这种守常不动的等待不是消极的，是守健以自持，积刚而自强，所以吉而"无咎"。初九刚爻居阳位，又与六四相应，既正且应，没有失去恒常之道，所以《小象》云"未失常也"。

此爻在人道层面上的智慧是：身处险境中的等待比霸王硬上弓更有智慧。君子藏器于身，待时而动。俗话说："不到江边不脱鞋，不到火候不揭锅"。身处险境，事态又不明朗时，要耐下心来养精蓄锐，像利剑在鞘一样不露锋芒，等待时机，一旦时机成熟，就要迅速亮剑行动，这样就会开辟一条通向人生辉煌的成功之路。蔡锷是辛亥革命时期的名将，袁世凯为了实现称帝的美梦，

以组阁为由把他最担心的反对者蔡锷召入北京。蔡锷深知袁世凯的险恶用心，也知道自己的恶劣处境。他把要务都交给下属去办，而自己却整天饮酒狎妓，在八大胡同出入。尽管如此，袁世凯还是对蔡锷不放心，每天都有密探监视。蔡锷又开始在京城广置田产房屋，表示自己再也不想到别处去的志向。袁世凯得知后，放心了，并撤走了所有监视密探。蔡锷趁此时机，巧妙出走，在云南率先举起了讨袁护国的大旗。

九二爻辞是"需于沙，小有言，终吉。"九二与初九相比，险情加重，已经由郊外逐渐接近上卦坎水，进到岸边沙滩上了，所以是"需于沙"，尽管九二也不去冒险犯难，但是九二与两个爻又组成了一个互兑卦（九二、九三、六四），兑为口，九二以刚居柔，位不正，仍然遭到一些闲言碎语的伤害，故有"小言"。九二刚居阴位，又得中位，能刚柔相济，忍辱负重，为了将来的大任，将这些外来的无端伤害置之度外，这种宽裕平和的心态，有助于九二平息冲突，摆脱困境，最终吉祥。所以此爻《小象》云："虽小有言，以终吉也。"

此爻在人道层面上的智慧是：有忍辱负重的精神，才能承载天降的大任。钢是在烈火和急剧冷却的淬火里锻炼出来的。要想成就自己和成就事业，必须修好忍耐这门处世的艺术。能忍耐就能控制自己的情绪，就能理智地对待问题。忍耐是为了担当，要有忍辱负重的精神，就有等待的耐力和担当的能力。忍辱负重才能带来无可估量的内心平静，不会为闲言碎语和一点屈辱的行为而心躁气动，最终就一定能获得吉祥，正如此爻《小象》所云："虽小有言，以终吉也。"其实，古人早就有"小不忍则乱大谋"的遗训，也有韩信能忍胯下之辱，张良能为黄石公拾履的榜样。可见，能忍辱负重，方可受天之大任。没有忍受住酷暑的熔炼，哪有金秋的美景无限。命运之神总是把头等奖颁给善于忍辱负重的人。1075年，教皇格里高利七世（Gregory VII）趁德意志神圣罗马帝国国内局势未稳之际，命令亨利四世放弃任命境内各教会主教的权力，宣布教皇的地位高于一切世俗政权，甚至可以罢免皇帝。对此，亨利四世以召集德意志主教会议，宣布废黜教皇相对抗。格里高利七世发布敕令，废黜亨利四世，革除其教籍，解除臣民对他的效忠誓约。1077年1月，在种种内忧外患的严峻形势下，年仅26岁的亨利四世放下自己高贵的皇帝身份赤足披毡，带着他的妻子和孩子站在满地白雪的卡诺莎城堡的院子里"负荆请罪"。然而出身低微的手工匠人的儿子格里高利七世，硬是让高贵的德皇在室外整整等了三天，受尽了精神上的侮辱后才出来恩赐给这位忏悔者一个赦罪的吻。这就是史称"卡诺莎觐见"。教皇格里高利七世表面上是这场斗争的胜利者，而真正的胜利者却是亨利四世。这次觐见不仅使反对德皇的诸侯们失去了另立皇帝的借口，也获得了人民的广泛同情。最终，亨利四世驱逐了教皇，教皇在孤独中客死意大利，而亨利四世以一种忍辱负重的精神"以终吉"。

九三爻辞是"需于泥，致寇至。" 九三居下乾卦之上，上坎卦之下。坎以水为象，九三就像逼近了河边的泥沼一样，所以是"需于泥"。灾难在外，还未到来，但随时有陷入危险的可能。九三得正，又与上六相应，上六居上坎卦的最上，坎为盗，此时九三若要妄进，就会给自己招来敌寇般的灾难，故谓之"致寇至"。下卦为乾，为健，所以九三能够以"敬慎"来自卫避祸，选择耐心等待的做法，结果避免了"自我致寇"的灾难，没有失败，正如此爻《小象》所云："自我致寇，敬慎不败也。"

此爻在人道层面上的智慧是：谨慎的人才会在复杂的环境中立稳脚跟。严谨慎重，智慧之母。老子说："慎终如始，则无败事"。《礼记》也说："举大事必慎其终始"。鸟三顾而后飞，人三思而后行。谨慎出自于多思。《史记》也明确指出："前虑不定，后有大患"。越是处在危险的边缘，越是要小心谨慎，多思和权衡事情的利弊后再做抉择，切不可太过自负而轻举妄动，妄动必然会招来"自我致寇"的灾祸。魏晋之交，竹林七贤中的阮籍，处在司马氏当权、曹魏将亡的时代，虽然阮籍对曹魏忠心耿耿，但曹魏政权大势已去，无可挽回。阮籍就明哲保身，整天借酒装疯、无所作为，因而避免了司马氏的迫害，得以全身而终。

六四爻辞是"需于血，出自穴。" 六四居于上体坎卦的初爻，《说卦传》说，坎为血卦，象征环境险恶所导致的流血冲突。六四在血泊中等待，即"需于血"。但是六四阴爻居阴位，当位得正，下与初九正应，又与九三亲比，上承九五，得到了九五的帮助，从洞穴中逃出，就是"出自穴"，避免了流血冲突，化险为夷。《周易》有个基本原理，阴阳两大势力是个对立统一体，如果阴阳双方都抱以和顺之德，彼此顺应，就会避免因相互对立而发生的流血冲突，所以此爻《小象》云："'需于血'，顺以听也。"

此爻在人道层面上的智慧是：在血光等待中积累力量和借助力量脱险。大仲马说："人类的一切智慧是包含在这四个字里面的：'等待'和'希望'"。耐

心等待，风车从不跑去找风，但是风一来，风车立刻就转动起来。在血光之地要有风车的智慧，耐心等待，不要惊慌，因为惊慌反而加剧糟糕的处境；也不能一味的沮丧，因为沮丧只会使自己的心境更恶劣；在条件不成熟时，更不可造次，应该好好地积蓄力量，在积蓄中不断地壮大自己。但在血光之地也不可久留，要顺应时势的变化，等待化险为夷的时机。一旦获得援助，就不要怠惰，借助外力"出自穴"，迅速出险。

九五爻辞是"需于酒食，贞吉。"九五是需卦的主爻，居于天位，具有中正之德。但九五毕竟是处于坎陷之中，应该坚持休养生息，安排酒食祭祀天地，与民同乐。九五作为领导，对于下体与之同类的乾之三阳作了正确的指导，使其"刚健而不陷"，来到自己的身边，共享饮食宴乐，所以是"需于酒食"。九五用酒食去慰问坚持正道而获得吉祥的人们，这种行为守中而端正，结果必然大吉。所以《小象》说："酒食贞吉，以中正也。"

此爻在人道层面上的智慧是：无限的荣耀来自于富贵不骄。在舒适宽松的环境下，也要诚信守正、洁身自好、富而不骄、贵而不娇。人总要回归平静的，即使你拥有无限的荣耀，无与伦比的地位，享受不尽的财富，你也总是要回到原点。所以"富贵不骄"才是平实的、寻常的、为人熟悉的"以中正也"的生活真谛。华盛顿是美国历史上第一位总统，同时也是一位伟大的总统。他一生品格高尚，令人敬爱，他的领导魅力因此深入人心。华盛顿一生位居高职，从大陆军队总司令到美国第一任总统，权力之大可谓至高无上，但他内心深处却很看轻权力与金钱，总是以超然的态度对待这些。他身居豪门，拥有万贯家财，而当他献身国家时，却拒绝接受任何应得的报偿。他认为，全体民众的满意就是他所获得的最高报酬。

上六爻辞是"入于穴，有不速之客三人来，敬之，终吉。"上六居全卦最上一爻，全部任务进入了最后阶段。上六对九五虽然"乘刚"而不顺，但是上六阴爻居阴位，做事不会过头。上六也是上坎卦的最上爻，坎为穴，上六爻动，变卦为巽，巽为入，所以是"入于穴"。上六与九三是阴阳相应的关系，可是初九和九二也不召请而自来，开始以为是敌人来犯，就是"有不速之客三人来，"躲入洞穴，后来发现是善意而来的客人，于是以敬重的态度热情招待，最终取得了吉祥的效果。所以此爻《小象》云："不速之客来，敬之，终吉。"

此爻在人道层面上的智慧是：以恭敬的态度来对待冒犯者是生命的黄金。握着拳头是无法和别人握手的。处于不利的地位和环境中，又遭人陷害或是遭人背后捅一刀，便会出于愤怒的自然本能而采取报复行动。愤怒距离危险仅一步之遥。这是一句古老的格言，其正确性经过了历史的检验。愤怒冲上脑门，自己骨子里的理智瞬间就会分崩离析，握紧拳头，咬牙切齿对待冒犯者，这种"以怨抱怨，以眼还眼，以牙还牙"的逞强斗气往往会事与愿违，让冒犯者加倍地冒犯，让自己身心更加疲惫不堪。明智的做法是让心情转个弯，黑夜的转弯是白天，愤怒的转弯是用柔。用柔就是把拳头松开，伸出双手，以恭敬虔诚的态度来对待冒犯者，这是从心海里微微荡漾出来的至善的波纹，是打开冒犯者心门的钥匙，是抵挡仇恨之箭与愤怒之矛的盾牌。如此再利之刀箭也无法对我造成伤痕，再深的痛楚都会烟消云散，从而就能化暴戾为祥和，化不利为有利，这就是"有不速之客三人来，敬之"的避免恶斗、和谐共处的大智慧。

讼第六

【卦辞】
讼：有孚，窒惕，中吉，终凶。利见大人，不利涉大川。

【白话】
讼卦象征争讼：内心诚实，心中戒惧警惕，事情进行到中间阶段时吉利，争讼到底会有凶险。有利于去见大人物，不利于渡大河。

【象传】
《象》曰：讼，上刚下险，险而健，讼。"讼：有孚，窒惕，中吉"，刚来而得中也。"终凶"，讼不可成也。"利见大人"，尚中正也。"不利涉大川"，入于渊也。

【白话】
《象传》说：讼卦上面是象征刚健的乾，下面是象征险的坎，险而刚健，必然发生争讼。"讼卦卦辞说：'内心诚实，心中戒惧警惕，事情进行到中间阶段时吉利'"，是因为九二、九五阳爻居于中正的位置，象征刚健之人面临危险还能坚守中正之道。"争讼到底会有凶险"，说明争讼不可能获得成功。"有利于去见有道德的大人物"，是因为崇尚守中公正。"不利于涉越大河"，因为贸然前往将会坠入深渊。

【大象传】
《大象》曰：天与水违行，讼。君子以作事谋始。

【白话】
《大象传》说：天向西转，水向东流，天和水的运动方向正好相反，象征争讼的产生。因此，君子在刚开始做事时就要妥善地谋划。

【爻辞】
初六 不永所事，小有言，终吉。
九二 不克讼，归而逋（bū，逃亡）。其邑人三百户，无眚（shěng，灾祸）。
六三 食旧德，贞厉，终吉。或从王事，无成。
九四 不克讼，复即命，渝。安贞吉。

九五 讼，元吉。

上九 或锡之鞶（pán，大臣命服上的佩带）带，终朝三褫（chǐ，剥夺）之。

【白话】

初六 不长久纠缠于争执之事，有小小的口舌是非，但最终获得吉祥。

九二 在争讼中失败，像犯人逃跑一样赶快回家。他的封邑中有三百户奴隶可免灾祸。

六三 享用往日所积之德，守持正道以防危险，终获吉祥。或者可以辅助王者的事业，有成绩却不归于自己。

九四 在争讼中失败，回来后听从命令，改变自己的态度而守正道，必无损失。

九五 能够决断争讼，大吉。

上九 偶尔被赐予象征地位尊贵的腰带，但是一天之内多次被剥夺。

【小象传】

[初六]"不永所事"，讼不可长也。虽"小有言"，其辩明也。

[九二]"不克讼"，归逋，窜也。自下讼上，患至掇（duō，拾取）也。

[六三]"食旧德"，从上吉也。

[九四]"复即命，渝，安贞"，不失也。

[九五]"讼，元吉"，以中正也。

[上九] 以讼受服，亦不足敬也。

【白话】

[初六]"不长久纠缠于争执之事"，说明争讼之事不能长期持续进行。"有小小的口舌是非"，但彼此容易解释，略与之分辩，是非曲直即可辩明。

[九二]"在争讼中失败"，回来后逃跑躲避。处在下位的人与居于上位的人争讼，招祸患就像俯身取物一样容易。

[六三]"享用往日所积之德"，是说六三顺从居于上位的阳刚，所以获得吉祥。

[九四]"在争讼中失败，回来后听从命令，改变自己的态度而守正道"，必无损失。

[九五]"能够决断争讼，大吉"，因为九五阳爻居于上卦之中位，象征人守中正之道。

[上九] 通过争讼获得象征地位的尊贵服饰，这并不值得人们敬重。

【推天道，明人事】

讼卦卦辞是"讼，有孚，窒惕，中吉，终凶。利见大人，不利涉大川。"讼为争讼之意。讼卦下坎上乾，坎为水，乾为天，天西转与水东流背道而驰，象征在事业的进展过程中，难免发生争辩，在不易和解时，便会导致诉讼，故谓之"讼"。《序卦传》说："饮食必有讼，故受之以讼。"人与人之间为了争取利益就可能发生诉讼。打官司，争辩是非曲直，必须内心诚实，有确凿的证据可以被采信，所以说"有孚"。在诚信被蒙蔽窒塞的情况下，心中要戒惧警惕，所以说"窒惕"。争讼中不提出过分的要求而中间适可而止，可获吉祥，争讼不休，终会招致凶险，所以是"中吉，终凶"。诉讼中见到公正廉明的大人有利，逞勇冒险是不利的，所以说"利见大人，不利涉大川"。

讼卦的《彖传》对卦辞的含义作了更进一层的解析。讼卦下坎为险，上乾为刚，是为"上刚下险"，遇到险恶还往前上，这种"险而健"的结果就会发生争讼。有诚信，窒塞而警惕，中间吉祥，这是因为九二刚爻来到下卦并居于中央，上下二象，在于下象者则称来，在于上象者则称为往，所以说："有孚，窒惕，中吉，刚来而得中也"。最后有凶险，是因为争讼不可能有任何成就，就是"终凶，讼不可成也"。九五阳爻居阳位，具有中正的美德，是处理诉讼事务的唯一裁判者，其他五爻都是提出诉讼的原告，因为九五"尚中正也"，可以秉公断案，所以是诉讼原告"利见"的"大人"。现实生活中虽然争讼之事难以避免，但是绝不能助长争讼，所以说"不利涉大川"。争讼之风盛行，会激化矛盾，把社会引向灾难深渊，所以说"入于渊也"。

君子观"天与水违行"的卦象，就会领悟到自然界的这种"天与水违行"的矛盾，是由不以人的意志为转移的客观因素决定的。人类社会中各种各样的矛盾和对抗，是由人主观上决策失误、谋划不周、管理失当等因素造成的。因此，管理国家政务必须站在全局的战略高度，全盘考虑问题，制定必要的准则和规章制度，以规范人们的行为，从事情的开始就要想到尽可能消除和预防可能引起争讼的因素，消除对抗，这就是《大象》所强调的"君子以作事谋始"的道理。

初六爻辞是"不永所事，小有言，终吉。" 初六阴居阳位，不当位，在讼卦之始首先提起诉讼。初六诉讼的对象是九四，按照常理，初六与九四是正相应的关系，不应该有矛盾和对抗，但是在讼卦总体形势下，初六与九四相应中间受到九二的阻隔，九四与初六相应，又怀疑初六意图与九二亲比而不来亲附自己。于是，在这种误解的基础上，初六首先提出了对九四的诉讼。由于误解不是根本利益的冲突，虽小有言语上的冲突，经过一段理性的全面衡量，很快消除了误解，达到相互谅解，因此，初六"不永所事，小有言"，"其辩明也"，没有把诉讼进行到底，终获吉利。所以说"终吉"。

<u>此爻在人道层面上的智慧是：</u>智者不争诉讼之胜。厚道人必有厚福。与人发生纠纷的问题，不在相争，而在平衡。尽管磁铁和手表都是有用的工具，但是两者是绝不能放在一起的，放在一起就破坏了平衡。相互谅解，息讼免争，"不永所事"，是人生平衡的珍贵哲理，是一个人减少烦忧、取得成功的心理基础。孔子说过一句话："听讼，吾犹人也，必也使无讼乎。"意思是，听见有争讼的时候，我的想法也跟别人一样的，最好不要有什么争讼才好。动不动就要和人对簿公堂，以针尖对麦芒，这种毛病比瘟疫还可怕。《菜根谭》也指出了同样的事理："天地之气，暖则生，寒则杀。故性情清冷者，受享亦凉薄。唯和气热心之人，其福必厚，其泽亦长。"放下烦恼怨恨，原谅不尊与伤害，人就会轻松惬意，赢得心灵上的安然与平衡。

九二爻辞是"不克讼，归而逋。" 九二刚强，失位，有争强好胜的本性，又在下卦坎中，坎为险，情况不利，因此，强争必然自寻灾祸。九二争讼的对象是九五，九二与九五是敌应，九二是士大夫之位，身陷坎险中；而九五为至尊的君位，势不可敌。"自下讼上，患之掇也"，所以九二争讼必然是"不克讼"。九二虽然不当位，但居中，具有刚中之德，能够对自己的争讼行为加以合理的克制，败诉后也能进行全面的反思和理性的衡量，回到家中躲避，就是"归而逋"，保全了自己，也使邑人没有遭受牵连，故曰"其邑人三百户，无眚"。

<u>此爻在人道层面上的智慧是：</u>不要把眼界落在争讼之间。避讼才是免祸的智慧。不要自以为有理而逞强争法，得理不饶人就会招来一些是非之争。不要把有些纠结的事情看得太重，甚至付诸于争讼，那只不过是人生天空中的点点星光。有时候不争讼，比能争讼会争讼之人快乐多了。不争，自然从容。遇事谦逊，深自反省，退让自保，才能够避祸上身。19世纪，在美国有一位年轻军官，个性好强，经常和同僚发生争执，林肯总统因此处分了这位军官，并

且说:"凡能成功之人,必不偏执于个人成见,更无法承受其后果:这包括了个性的缺憾与自制力的缺乏。与其为争路而被狗咬,毋宁让路于狗。因为即使将狗杀死,也不能治好被咬的伤口。"得理也让三分,给别人一个台阶下,不仅可以化解很多尴尬,而且可以展现出绰约柔顺的君子风度,活得自然潇洒。

六三爻辞是"食旧德,贞厉,终吉。或从王事,无成。"六三以阴爻居阳位,柔弱,失位,从卦体的结构上看,六三又在下卦坎险之上,并且上下皆为阳爻,动则得咎。尽管六三与上九是阴阳相应的关系,柔者顺,刚者斗。六三是有阴柔的品德的人不会主动诉讼,但是上九天性刚硬,以刚健之质而处穷极之地,恃强凌弱,挑起诉讼。六三对自己的境况有清醒的认知,采取了"食旧德"不与争讼的做法,避开了耗时、耗力、耗财的折磨,获得了"终吉"的好结果。六三跟着当官的做事,就是"或从王事",并以息讼做法和以下顺上、以阴从阳的正确态度,不贪功,自己出力,把荣誉归于领导,最终获得了吉祥,所以《小象》云:"从上吉也"。

此爻在人道层面上的智慧是:仇恨释放出去会被反弹回来。在处理争讼事情时,要善于用平和化解恩怨,不可强出头,不可强争利,即使是面对气势咄咄逼人的处境,也要隐忍自励,这样才能逢凶化吉。宋代的易学家徐几说:"知柔而不喜讼者终吉,则知刚而好讼者终凶。"俗话说:"踢人一脚,须防一拳。"如果用报仇的方式去解决恩怨问题,必然是遭到报仇方式的反弹,就不会有"终吉"的好结果。古人说:"冤家宜解不宜结",讲的正是这个道理。

九四爻辞是"不克讼,复即命,渝。安贞吉。"九四阳居阴位,以刚强居不正不中之位,争强好胜。从爻位结构上看,九四诉讼的对象是初六,九四以阳刚之体和凭借着接近君位的权势,自上讼下。初六质地阴柔,位卑力弱,"不永所事",九四想讼又讼不起来,并且初六与九四又是正应,是友不是敌,本不必兴讼,所以争讼无成,故而"不克讼"。九四下比六三,与初六相应,九四又为互巽(六三、九四、九五)卦之中爻,巽为进退,引申为复,巽为风,引申为申命,巽卦《象传》云"重巽以申命",九四经过一番理性的思考,改变了向初六提出诉讼的初衷,就是"复即命,渝"。九四主动与初六沟通,安于坚持阴阳相应的正固关系,结果是"安贞"不失而获"吉"了,所以《小象》云:"安贞不失也。"

此爻在人道层面上的智慧是：好斗性斗掉的是自己生活和事业的空间。日常生活当中，不要动辄生愤懑之心，因为牢骚满腹就会导致与人争讼。做事不安顺守正，像那种铁嘴公鸡一样有好斗秉性，最终就会被人们抛弃。富兰克林说："如果你辩论争强、反对，你或许有时获得胜利，但这胜利是空洞的，因为你永远也不会得到对方的好感。"厚道是向善的通道，厚道是以心换心。老子说："大丈夫处其厚而不居其薄。"意思是，做人要忠厚而不刻薄。"复即命，渝"的宽厚仁和待人，才是一种广阔的胸怀，才能建立深厚的"人和"根基，生活和事业空间就会越来越大。

九五爻辞是"讼，元吉。"九五阳爻居阳位，得正，行为合乎正常的等级制度，五又是上卦中位，象征守持中正之道，中则不过，不偏不倚，合乎中庸；正则不邪，坦荡光明，秉公无私。在《周易》中，既中且正是尽善尽美的体现。九五是讼卦中唯一得正位的爻，其他各爻都失位不正，讼卦可算是一个明君昏臣的卦。因此，九五在断讼过程中，能刚正不阿，公正地判断争讼，平息各方的争端；在与人争讼的过程中，不以权力结构顶端的君主自居，不要政治权威，而是坚持诚信，以中正的道义美德，赢得众人心服口服。正是因为九五守中而端正，结果无论是自己断讼，还是与人争讼，不是获得一般的吉祥，而是一开始就获得"元吉"，诚如《小象》解释九五所云："讼，元吉，以中正也。"

此爻在人道层面上的智慧是：裁断争讼要以中正为根本。仔细领悟这一爻辞，你会发现它烙印着深深的中正痕迹。明代薛瑄说："中者，立法之本。"意思是中正是制定法律的根本。公正严明是法律的一个最基本原则，也是中正的最基本面貌。无论是自己断讼，还是与人争讼，如果能够秉持中正的真本色，就能赢得众人心服口服，亦即"讼，元吉，以中正也"。处理人际关系也要能中正祥和，不偏不激。多么经典的智慧！一直到今天还是铮铮有声。

上九爻辞是"或锡之鞶带，终朝三褫之。"上九处于讼卦之上极，是一个将争讼进行到底的人，又是自上讼下，诉讼的对象是六三，而六三以下顺上，以阴从阳，并不打算与上九争讼。上九此时本应该"不永所事"，与六三结成阴阳相应的关系，但是上九阳居阴位，失正失中，没有中正之德，刚愎自用，强讼不止。尽管强讼暂时获胜并得到了大夫以上方能系之的鞶带的赏赐，也就是"或锡之鞶带"。然而这种不正当的获利引来各方的种种非议和羞辱，绝不

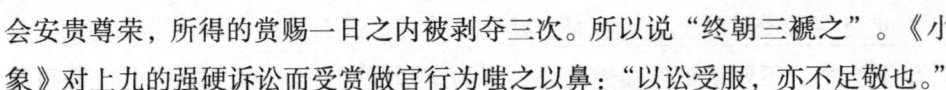

会安贵尊荣，所得的赏赐一日之内被剥夺三次。所以说"终朝三褫之"。《小象》对上九的强硬诉讼而受赏做官行为嗤之以鼻："以讼受服，亦不足敬也。"

此爻在人道层面上的智慧是：凡事不强争，才会有另一种收获。凡事如果恃强而争，以讼为功，得到好处也极不光彩，也就是"以讼受服，亦不足敬也。"而且也很难维持长久，"或锡之鞶带，终朝三褫之"。口角是非也好，矛盾斗争也好，打官司也好，不都是为了争取个人的名和利吗？名、利是讼的源头。人世间很多事情都是从"不能吃亏"开始的，为了名和利过于亢进，本来可以消灭在萌芽状态的矛盾，也越"争"越大，乃至法庭上见面。不强争是一种能力，它不是自卑，它是清醒中的嬗变。古人一再强调"君子以让人为上策""饶人不是痴，过后得便宜"，拥抱一次自己的对手，就是给自己多留一条后路。凡事坚守中正之道，以平和的心境与人和睦相处，做事收敛，能让则让，能避则避，能止则止，是换一种方式的进取，会让自己在和谐的氛围中赢得最大的利益。

师第七

【卦辞】
师：贞，丈人，吉，无咎。

【白话】
师卦象征军队：守持正道，以贤明的长者为统帅，吉利，没有什么灾殃。

【彖传】
《彖》曰：师，众也。贞，正也。能以众正，可以王矣。刚中而应，行险而顺。以此毒天下，而民从之，"吉"，又何"咎"矣。

【白话】
《彖传》说：师，是兵众的意思。贞，是指正义的意思。能让众人都来维护正义，就可以成就王业。九二阳爻居于下卦之中位，与六五阴爻相应，象征统帅得到君主的信任，又能得到兵众的顺应，即使中途会遇到危险，最终还是顺利的。凭这样的军队来治理天下，老百姓自然会服从，这是吉祥的征兆，又怎么会有灾殃呢！

【大象传】
《大象》曰：地中有水，师。君子以容民畜众。

【白话】
《大象传》说：师卦下坎上坤，象征大地中汇聚着水，这就是师卦的卦象。君子因此而注意宽厚待人，容纳并蓄养民众。

【爻辞】
初六　师出以律，否臧，凶。
九二　在师中，吉，无咎。王三锡命。
六三　师或舆（yú，车子）尸，凶。
六四　师左次，无咎。
六五　田有禽，利执言，无咎。长子帅师，弟子舆尸，贞凶。
上六　大君有命，开国承家。小人勿用。

【白话】

初六 军队行动时一定要纪律严明,丧失纪律就会有凶险。

九二 统帅军队,守持中道,吉祥,没有什么灾殃。君王多次颁发赏赐诰命。

六三 军队或许会用车装载尸体而归,有凶险。

六四 军队撤退驻守,没有灾殃。

六五 田中有禽兽,宜于把它们逮住,没有什么灾殃。刚正长者可以率军队出征,平庸小子必将用车装载尸体而归,占问时遇到此爻,预示有凶险。

上六 大君颁发诏令,有功人员或封为诸侯,或受邑为卿大夫。小人则不得任用。

【小象传】

[初六]"师出以律",失律凶也。

[九二]"在师中,吉",承天宠也;"王三锡命",怀万邦也。

[六三]"师或舆尸",大无功也。

[六四]"左次,无咎",未失常也。

[六五]"长子帅师",以中行也。"弟子舆尸",使不当也。

[上六]"大君有命",以正功也。"小人勿用",必乱邦也。

【白话】

[初六]"军队行动时一定要纪律严明",因为失去纪律的约束就会有凶险。

[九二]"统帅军队,守持中道,吉祥",是因为受到上天的恩宠。"君王多次颁令嘉奖",是因为能让万国来归附。

[六三]"军队或许会用车装载尸体而归",说明军队在作战时大大的失利。

[六四]"军队撤退驻守,没有灾殃",是因为没有违背作战规律。

[六五]"刚正长者可以率军队出征",说明行动符合中道;"平庸小子必将用车装载尸体而归",说明用人不当会造成灾祸。

[上六]"大君颁发诏令",是指使有功人员得到应有的封赏。"小人不得任用",因为任用小人必然会危害国家。

【推天道，明人事】

师卦的卦辞是"**师，贞，丈人，吉，无咎。**"师是众和军队的意思。师卦坎下坤上，坎为水，坤为地，地中有水，广阔的大地聚集着众多的水源。地中有水是师卦的象征。《序卦传》说："讼必有众起，故受之以师。师者，众也。"师卦阐发的是兴兵打仗的道理，提出制胜的两个条件：一是以正为本，发动战争的性质必须正当合理，符合正义的要求，要以正讨不正，就是"贞"；二是选拔有威望的长者作统帅，就是由"丈人"指挥军队，才能"吉"。事情发展到动用军队作战的程度，必然发生流血牺牲，并非可喜之事，谈不上"无不利"，最好的结果只能是"无咎"。

师卦的《彖传》对卦辞的含义作了易于领会的注释。就师卦的卦爻结构而言，五阴一阳，是一阳（丈人）带五阴（众人）。战争是阳刚之事，九二作为师卦主爻刚居下卦之中，本身具有刚中品德，可以行正道，就是"贞，正也"；九二阳刚居中，上又有六五之君的正应，所以"能以众正，可以王矣"。九二"刚中而应"是统帅的最合适人选。师卦下坎为险，上坤为顺，"行险而顺"，亦即遇到危险也终能化解。其所以顺利，是因为符合上述两个战争制胜的条件，既是正义之师，又有卓越的指挥统帅。用这种方法治理天下，民众会服从，当然很吉祥，没有什么危险了，所以说"以此毒天下，而民从之，'吉'，又何'咎'矣"。

师卦的上卦为地，象征民众，下卦为水象征军队，合起来象征着民中有兵。君子观"地中有水"的卦象，平日就要修养道德，包容民众，蓄养民众，战时就会有众多的兵源，这就是《大象》所强调的"君子以容民蓄众"。

初六爻辞是"**师出以律，否臧，凶。**"初六是阴居阳位，不当位，又与六四不有应。是才质柔弱又不归正的士兵，初六又在下体坎卦初位，坎为水，水为平，引申为法令与规范，表示开始出兵作战时必须严明纪律，令行禁止，统一行动，所以说"师出以律"。否则，"否臧"，即不遵守纪律，就是一群不堪一击的乌合之众，就会有凶险的后果，故谓之"凶"。所以《小象》曰："失律凶也"。

此爻在人道层面上的智慧是：铁的纪律是组织取得胜利的保证。战争是极其残酷的斗争，要想取得胜利，不仅要依靠强大的武器装备、军人的素质，还要"师出以律"，有严明的纪律，号令三军如一人。如果军纪不严，号令没人遵守，指挥就失灵，再强大的武器装备和精兵强将也必然会遭遇凶险。对此，孟子有一段精辟的论述："离娄之明，公输子之巧，不以规矩，不能成方圆。"离娄一百步以外能看清楚一根毫毛的末端，公输子就是鲁班，"规"就是圆规，"矩"就是折成直角的曲尺。孟子这段话的意思是，即使目力如离娄，技巧如鲁班，如果没有圆规和曲尺，就不能正确地画出圆形或方形。这里的"规"和"矩"就是指标准和法则，也包括纪律。

九二爻辞是"在师中，吉，无咎。王三锡命。" 九二以刚健之质而居中，是全卦中唯一的阳爻，往上没有任何阻隔可以直达天位，九二与六五正应，六五为天子位，对九二全力支持，所以，《小象》认为九二"承天崇也"。六五不是阳爻，是阴爻，它与九二相比要柔顺一些，不适合亲自率兵打仗，于是任命上下有应、指挥出众的九二为统帅。九二掌握了指挥军队的大权，如何处理与六五的君臣关系至关重要。九二本质阳刚，又居互震卦（九二、六三、六四）初位，震为动，如果九二专权躁动，就有失为臣之道，就会招致凶险。"在师中，吉"，是说九二用中道来规制自己的行为，与主同心，不逾越为臣的本分，而获得了吉祥。九二亲自在师中指挥战斗，取得了威服万邦的赫赫战功，得到了君王的三次赐命嘉奖。这就是《小象》所说的"'王三锡命'，怀万邦也。"

此爻在人道层面上的智慧是：良好的领导者与被领导者的关系能产生出无限的领导力。领导者的影响力不仅仅是来自于职务权力，更是来自于领导者与被领导者之间的特殊关系。作为统帅，必须坚持中正之道，不要以为自己是统帅就比下属高明。孟子讲："人之患在好为人师"，聪明的人变"好为人师"为"求人为师"。不要强迫别人服从自己，让自己的欲望服从别人的欲望则可成就事业，强迫别人服从自己的欲望则很少能够成就事业。《左传》上也说过："以欲从人，则可，以人从欲，鲜济。""以欲从人"才能积聚人心，形成上下团结一致的局面，才能攻无不克、战无不胜。

六三爻辞是"师或舆尸，凶。" 六三居下卦坎之上，坎为"多眚舆"，就是多灾多难的车辆。六三又以阴爻居阳位，不得位，乘凌九二，并与上六敌而不应。委派六三统领军队作战，只知道在九二的领导下，教条地执行军令，不能根据情况灵活地进退，出师的结果必然造成惨重的牺牲，用大车将战死的士兵尸体运回来。这样凶险的战局，当然如《小象》所云："大无功也。"

此爻在人道层面上的智慧是：兴师动众的大事必须选择好各级领导者。兴兵打仗无外乎两种战局：一种是大获全胜；一种是遭遇惨败。决定胜败的因素很多，但其中最重要的因素就是决定于双方各级领导者的选择。为了确保战争的胜利，必须选择刚健有为、权变灵活的人为领导者，错用才弱志强、纸上谈兵、教条地执行军令的人为各级领导者，不仅仅是"大无功也"，所付出的代价也是难以承受的。

六四爻辞是"师左次，无咎。" 六四以阴柔之质而居阴位，虽当位得正，但属于阴爻居于柔位，所以有退避之象，故谓之"师左次"。古人以右为上，以左为下，"次"就是止，"师左次"就是退避驻守。在敌我双方力量对比不利的情况下，难以取得胜利，率领军队撤退驻守，以避锋芒，养精蓄锐，虽未克敌制胜，但保全了实力，免得遭受损失，也使敌人无法发挥其战斗力，所以是"无咎"。知道自己的实力不如人家，不能强行交兵作战，而是带兵暂时后退，以避敌精锐，免遭更大损失，这是合乎作战常规的，所以《小象》云："'左次无咎'，未失常也"。

此爻在人道层面上的智慧是：不可胜中的"退"是另一种积极的"进"。《孙子兵法》中说："昔之善战者，先为不可胜，以待敌之可胜。"意思是，善于指挥作战的将领，先要做到不会被敌人所战胜，然后等待有利时机的出现，一举破敌。中国明代的兵书《投笔肤谈》也发展了此爻辞"师左次"的兵法精髓，指出："凡欲胜人，必先以敌不可胜我之事为之于己，而后乘隙以攻之。"孙膑的"围魏救赵"就是把"师左次"的智慧发挥到了淋漓尽致的程度。军事上"师左次"，以退为进，是大智慧。人事上能够做到退即是进，也是高明的智慧。真正能够于"退"领悟到"进"的人，才是有贤明大智的人。

六五爻辞是"田有禽，利执言，无咎。长子帅师，弟子舆尸，贞凶。" 六五阴居阳位，居中不正，但六五与九二有应。面对入侵者的来犯，进行师出有名的防御战，即使兵力不如敌方，也不会有咎害，所以说"田有禽，利执言，无咎"。六五为任命主帅的君主，不仅要兴师有道，还要用将有法，特别是在委派统帅的问题上，用人不当，将满盘皆输。"长子"指九二，"弟子"指六三。如果委派具有刚中之德的九二担任统帅，是"以中行也"，可以"无咎"，可是

要委派六三去统兵打仗,是"使不当也",结果就会"舆尸"而归,导致凶险,所以说"贞凶"。

此爻在人道层面上的智慧是:选择正确的统帅才能兴师安邦。群雁无首不成行,羊群出圈看头羊。"欲治兵者,必先选将"。拿破仑有句名言:"一支由驯鹿统帅的狮军,绝不可能再是狮军。"自古以来,选择统帅都是兴师安邦的第一要务。治理国家或者管理企业和用兵打仗的道理一样,皆视贤为宝、重贤如金,最重要的就在于选贤任能。成事在人,败事也在人。一个领导者自己可以不擅长做某件事,但是只要你擅长用居中得正、行为有法度的人去组织人来做,一样能将这件事做得很好、很成功。如果你委任一个无才无德的小人来组织干这件事,只能招来"弟子舆尸"的结局。先秦的管子就说过:"人,不可不务也。"在管子的眼里,古代的圣王之所以赢得了很高的声誉,建立伟大的功业,为天下人广为传颂,为后代人不断地记起,不是因为得人心、用贤人的,还没听说过;昏暴的君主之所以失去国家,社稷不保,灭亡在天下人面前,不是因为失去了人心、任用了奸邪之徒的,也同样没有听说过。所以他认为,要成就霸业,离开了贤人、能人,再雄厚的兵备也是枉然。诸葛亮错用马谡为统帅去守街亭的惨败,就是对"弟子舆尸"的最好例证。

上六爻辞是"大君有命,开国承家。小人勿用。"上六处在师卦的最末一爻,表示战争就要结束,上六奉六五天子的委派,去论功行赏。上六柔弱又得位,论功行赏时,不会不及,也不会过头。对有战功并有治理国家才干的君子,就委以开国承家的重任,就是"大君有命,开国承家"。而对于小人,即使有战功,也要遣返家乡,在开国承家这样的重要事务中,不要任用不称职的小人,故谓之"小人勿用"。小人只可封功,不可封国,因为用了小人,必乱邦扰国。所以,《小象》强调:"'小人勿用',必乱邦也。"

此爻在人道层面上的智慧是:要保持对小人的警惕,以防止其左右国家的政治。元代的欧阳玄说过:"小人在朝,蛀害难去。"意思是,心术不正的小人当政掌权,那些坑害国家的蛀虫就无法消灭。当政的人如果不是正人君子,大权落在小人手里,老鼠都要变成猛虎,许多干扰和破坏事业的坏人就会在当政者的庇护下兴风作浪,这是最大的忧患;相反,如果贤人当政,"小人勿用",那许多挖墙脚的坏人就休想为所欲为,破坏力量就被排除了,事业的道路就通畅了。宋代邵雍也说过:"君子思兴,小人思坏;思兴招祥,思坏招怪。"意思是,君子想的是国家兴旺,小人想的是国家混乱;想国家兴旺招来吉祥，想国家混乱招来祸殃。小人都是贪权夺利之徒，尤其是在大胜之时，小人会不择手段地贪权夺利，因此，重小人、轻贤人就无异于引狼入室、解衣抱火。纵观中国古代史，一个王朝由盛到衰，都是和小人的犯上作乱有关。唐玄宗即位初期，任用贤臣，开创了开元盛世的稳定局面。但唐玄宗统治的后期，却"自恃承平，以为天下无复可忧，遂身居禁中，专以声色自娱"，军备松弛，并重用李林甫、杨国忠之类奸佞小人为相，使天下忠臣良将疏而远之，最终引发了"安史之乱"。公元 755 年，安禄山范阳起兵，不到半年，洛阳、长安相继失陷，虽经长达 8 年的战争平定了叛乱，但唐的元气已大伤，从此走向衰落。

比第八

【卦辞】

比：吉。原筮，元。永贞，无咎。不宁方来，后夫凶。

【白话】

比卦象征亲附：吉祥。考察该筮，发现它预示万事亨通。正固长久，没有灾殃。不安顺的诸邦国也纷纷来朝，后来的将有危险。

【象传】

《象》曰：比，吉也。比，辅也。下顺从也。"原筮，元。永贞，无咎"，以刚中也。"不宁方来"，上下应也。"后夫凶"，其道穷也。

【白话】

《象传》说：亲附，意味着吉祥。"比"是辅佐的意思，指九五以下的阴爻顺从上面的阳刚之君。"考察该筮，发现它预示万事亨通。占问长期之事的吉凶，没有灾殃"，是因为九五阳爻居于上卦之中位，象征阳刚者守中道。"不安顺的邦国纷纷来朝"，是因为居于上位的人与处于下位的人互相应和。"那些迟迟不愿归顺的顽固分子，将有凶险"，因为后来的违背了正道，将无路可走。

【大象传】

《大象》曰：地上有水，比。先王以建万国，亲诸侯。

【白话】

《大象传》说：比卦下坤上坎，大地上有水，象征亲附。先王观此卦象，从而建立众多国家，亲近各地诸侯。

【爻辞】

初六 有孚，比之，无咎。有孚，盈缶（fǒu，盛酒的瓦制器具），终来有它，吉。

六二 比之自内，贞吉。

六三 比之匪人。

六四 外比之，贞吉。

九五　显比。王用三驱，失前禽，邑人不诫，吉。

上六　比之无首，凶。

【白话】

初六　心怀诚信，与人亲近，没有灾殃。有诚信，就像美酒盈缸一样，终究会有他人来亲近自己，吉祥。

六二　发自内心地与人亲附，必获吉祥。

六三　与不正派的人亲近。

六四　有外人来亲近，坚持正道可获吉祥。

九五　公开、广泛地与人亲近。君王狩猎时三面驱围，一面放开，听任跑在前面的禽兽从无网的一面跑掉，当地的百姓并不惊骇，吉祥。

上六　相互亲附而没有首领，所以凶。

【小象传】

［初六］　比之初六，"有它"，吉也。

［六二］　"比之自内"，不自失也。

［六三］　"比之匪人"，不亦伤乎？

［六四］　外比于贤，以从上也。

［九五］　"显比"之"吉"，位正中也；舍逆取顺，"失前禽"也。"邑人不诫"，上使中也。

［上六］　"比之无首"，无所终也。

【白话】

［初六］　比卦的初六爻，因为"终究会有他人来亲近自己"，所以吉祥。

［六二］　"发自内心地与人亲附"，说明自己没有失去为人处事的原则。

［六三］　"与不正派的人亲近"，这样做岂不是可悲的吗？

［六四］　有外人来亲近，预示吉祥，因为这是顺从居于上位的人。

［九五］　"公开、广泛地与人亲近"，而"预示吉祥"，是因为九五居正处中，象征人居中守正。舍弃迎面奔来的兽，捉取背对着狩猎者奔跑的兽，这就是"听任跑在前面的禽兽从无网的一面跑掉"。"当地的百姓并不惊骇"，说明君王实行中道。

［上六］　"相互亲附而没有首领"，说明不会有好的结果。

【推天道，明人事】

比卦的卦辞是"比，吉。原筮，元。永贞，无咎。不宁方来，后夫凶。""比"是亲比、比辅的意思。比卦与师卦互为综卦，坤下坎上，地上有水，水得地而流而蓄，地因水而柔而润，水与地相互亲密无间，故谓之"比"。《序卦传》说："众必有所比，故受之以比。""比"即亲近依靠、互相帮助，对人际关系而言，是"吉"。但是，与人群相处，"比"之前必须要辨明实情，防止虚伪的人蒙混其中，就是要"原筮"。这样才能"比"之长久，正固，没有咎害，所以是"永贞，无咎"。到了比卦的形势下，天下已从"不宁"中转变过来，一些不安顺的小国顺应大势，前来附从在大国的周围，得到大国的保护，那些滞留在后者，由于亲比不上，会有凶险，这就是"不宁方来，后夫凶。"

比卦的《象传》对卦辞的含义作了更深层次的解读。六二柔爻辅助九五刚爻，所以说"比，辅也"。比卦下坤为顺，是"下顺从也"，九五阳爻居阳位，又得中，是"以刚中"，六二阴爻居柔位，也居下卦之中，所以"上下应也"。那些迟疑不肯亲比的"后夫"，最后无路可走，"其道穷也"，自然凶险。

君王观"地上有水"的卦象，应该懂得在安定天下之后，要像大地那样，宽厚包容，柔顺谦和，主动去亲比诸侯，作为中央国的屏障，并共同辅弼天子，这就是《大象》所说的"建万国，亲诸侯"。

初六爻辞"**有孚，比之，无咎。有孚，盈缶，终来有它，吉。**"初六居本卦第一爻，属于坤卦，柔弱无比，处在和九五相亲相辅的初始阶段，亲辅必内心怀有诚信，没有灾难，所以"有孚，比之，无咎"。以诚信的方式与人相亲相辅，就可以免除灾害。初六所比的对象是全卦唯一的阳爻九五，虽然初六离九五尊者最远，按照《周易》爻位的制度规定，初六与九五也不能结成阴阳的相应关系，但是初六如果能够像瓦缸中充盈美酒那样诚信地去与九五"比"，能够与之建立一种真正的亲比关系，终究会有九五相应的六二之外的他人来亲近自己，也能吉祥，所以是"**有孚，盈缶，终来有它，吉**"。《小象》也云："比之初六，'有它'，吉也。"

此爻在人道层面上的智慧是：人以忠信立世。古人讲："人无忠信，不可立于世。"人与人之间的相互关系，只有以诚信为基础，和睦相处，互相辅佐，才能获取成功，这就是"有孚，比之，无咎"的智慧。《围炉夜话》中说："君子存心，但凭忠信，而妇孺皆敬之如神，所以君子乐得为君子；小人处世，尽设机关，而乡党皆避之若鬼，所以小人枉做了小人。"意思是，君子做事，尽心尽力，忠诚信实，妇人小孩都对他尊重有加，所以，君子之为君子并不枉然。小人做事，工于心机、耍鬼心眼子，使得人人都对他心生鄙弃，退避三舍。所以，小人是白做了小人。虚伪是最要不得的。据说蟋蟀的心只有贴在厚实的土上，才能放声歌唱。我国著名翻译家傅雷先生说得好："一个人只要真诚，总能打动人的，即使人家一时不能了解，日后便会了解的。"他对自己的人生是这样总结的："我一生做事，总是第一坦白，第二坦白，第三还是坦白。绕圈子、躲躲闪闪，反易叫人疑心；你耍手段，倒不如光明正大、实话实说，只要态度诚恳、谦虚、恭敬，无论如何人家不会对你怎么地。"

　　六二爻辞是"比之自内，贞吉。"六二既中且正，与九五结成正相应的关系，这种关系是中正之道结成的相应关系，六二为臣位，九五为君位，君臣固守正道，心心相印，如此亲密比辅，自然吉祥，所以说"比之自内，贞吉"。在亲比之时，阴阳相求相应，君臣相求相应外在的形势很好，但这并不能保证获得吉祥。六二前去与九五亲比，不是为外在的追逐名利、依附于九五的权威地位而求比，是守持正道的求比，就是本于自己内在的本性，尊重自己独立的人格，坚守自重之道的求比，并没有失去自己的立场，所以《小象》云："'比之自内'，不自失也。"

　　此爻在人道层面上的智慧是：对人对事要坚守自己的人格操守。竹以直而美，人以正而尊。就像精神重于物质一样，人格重于生命。人格操守是白衣天使和白袍恶魔的分水岭。人格的缺失，是堕落罪魁祸首。凡怕天怕地怕人怕鬼的人，必是心中有鬼，必是人格低下。雨果说："丧失人格的诗人比没有诗才而硬要写诗的人更可鄙，更低劣，更有罪。"徐世昌说："凡建立功业者，以立品为始基。从来有学问而能担当大事业者，无不先从品行上立定脚跟。"坚守人格，就是把自己放在了道德的制高点上了。有真人格，必生真胆量，只要自己坐得直行得正，坦然地面对一切，你所有的烦恼就会烟消云散。人格也是力量，拥有人格就拥有了一切力量。人格如同名香，在燃烧或压榨下更散发出浓烈芳香，那些立身扬名出类拔萃的人，凭借的就是人格力量。因此，领导者一定要使自己在品德上能够为人表率，这样既可被人敬重，让别人心悦诚服，又

可自重自乐，也就是"'比之自内'，不自失也"。

六三爻辞是"比之匪人。" 六三以阴爻而居阳位，失正不中，与上六又不能结成正应的关系，其左右之邻居谁也不是六三的亲比，可是六三不辨善恶，亲近了不应当亲近的恶人，就是"比之匪人"，当然会给自己带来祸患，亲比失当是很伤悲的事情，所以此爻《小象》云："比之匪人，不亦伤乎？"

此爻在人道层面上的智慧是：选择朋友一定要注意他的品位和本色。有朋友的人社会的活动平台像平原一样宽广，没有朋友的人却像手掌一样窄狭。但是能够成为好朋友的人并不多，如果不善选择，好朋友就更加难觅。此爻告诉人们要交有血性、有骨气、有仁德这种品位和本色的朋友，切不可"比之匪人"。"近朱者赤，近墨者黑"，若选择了"匪人"为友，那你就一定会被恶人拖累。古人特别强调："居必择邻，交必良友。结有德之朋，绝无义之友。"荀子也曾经说过："匹夫不可以不慎取友。" 爱因斯坦同样说过："世界上最美好的东西，莫过于有几个头脑和心地都很正直的严正的朋友"。在今天人际关系多元化的情况下，审慎择友交友，远离"匪人"，对保障人生如意、事业青云直上更具有特殊的意义。

六四爻辞是"外比之，贞吉。" 六四阴爻居阴位，当位得正。六四虽然与在下的初六是敌应，与比邻的六三又是同性相斥，不能相互依附，但是在比卦中，只有九五是阳爻，各阴爻都必须归附九五，所以六四在内比不成的情况下就必须"外比之"，向外去找九五。九五是中正贤明之君，六四是肱股之臣，外比于九五，是《小象》所说的"以从上也"，结果必然是贞正而得吉，故谓之"贞吉"。

此爻在人道层面上的智慧是：要以事上为正道。领导活动是一个由上而下的指挥运作系统，下级服从上级，以下事上才能够保证这个系统的有序运行。《晏子春秋·内篇问下》第二十五章中也从反面强调了这一道理，说："以不事上为道……不可以治乱。"西方职场上也有两条守则：第一条，你的上司永远是对的；第二条，你的上司确实错了怎么办？请参照第一条。可见，以事上为正道，古今一理，中西一理，保有这种"外比之"以事上为正道的心态和行为是非常有好处的。当然，事上并不是唯上，如果上级领导的决策或者所为违背了真理，那也要以正确的渠道、正确的方式进行反映和纠正。这也是正道"事上"的应有之意。

九五爻辞是"显比。王用三驱，失前禽，邑人不诫，吉。"九五是比卦中的唯一阳爻，又阳居阳位，"位正中也"，吸引着四阴前来亲比，唯有上六居于九五之上，背离亲比之道，但是九五谨守正中之德，以德服人，而不是以力服人，坦诚相见，耐心等待，所以是"显比"。师卦六五卦辞有"田有禽"，师卦与比卦是综卦的关系，都由坤卦和坎卦组成，坤为田，坎为弓轮，君王狩猎之象。这正像古代天子狩猎那样，不采用四面合围、一网打尽的办法，而是网开一面，只在左面、右面和后面形成一个包围圈，给前面的禽兽留下一个逃跑的出路，凡是顺向进入包围圈的禽兽，可以取之，逆向而从前面逃跑的，则舍弃不去追赶。这种"王用三驱"的"舍逆取顺"，失去了"前禽"，居住在庄园的邑人也被君王"上使中也"的贤德所感化，对于逃走的禽兽不加戒备，这是吉祥之象，故谓之"邑人不诫，吉。"

此爻在人道层面上的智慧是：给对手留下一条退路，就是给自己铺就了一条成功之路。做事要懂得给别人留有余地，这对人生、对成功，都是重要的法则，尤其是对身居高位的领导者，更是如此。以"不诫"的智慧对人网开一面，给对手留下退路，这是对别人的释怀，更是对自己的善待。人只有胸怀广博，任恩怨沉浮，才能成为真正的大丈夫，才能在世事中引领同类，领袖群伦。

上六爻辞是"比之无首，凶。"卦的最上方为首，最下方为尾，为足；上为终，为始。上六阴居末位，上而无位，亲比之道已经走到尽头，是"比之无首"。比卦的重心在九五，而上六对九五则是乘刚，在大家都去与九五亲比的时候，上六却背离九五逆向而行，错过了亲比的时机，走到了穷极之地，所以《小象》解释此爻"'比之无首'，无所终也"。上六之应本在六三，可是二者又阴阴相敌，况且六三又"比之匪人"了，上六下而无比，导致凶险的后果也就无可避免了，所以说"凶"。

此爻在人道层面上的智慧是：不势压其主是职场风云中安然生存的黄金原则。势压其主，表现为下属权势大了胁迫主人，或者下属才气大了欺压主人的行为。把上司当作在地位上平等的人来对待，就已经是错位的认知，如果再势压其主，那就无异于自杀行为。作为一个组织成员，应该紧密地团结在核心领导者的周围，不能势压其主，逆向乖离。你在职场上取得成就，当然值得庆幸，但是你必须明确，这是领导者领导和指导的功劳，是同事们共同帮助的结果，尤其是当你身价飙升时，更不可摆出一副势压其主的架式。《左传·昭公十一年》上云："末大必折，尾大不掉，君所知也。"意思是：树梢过大，树一定会

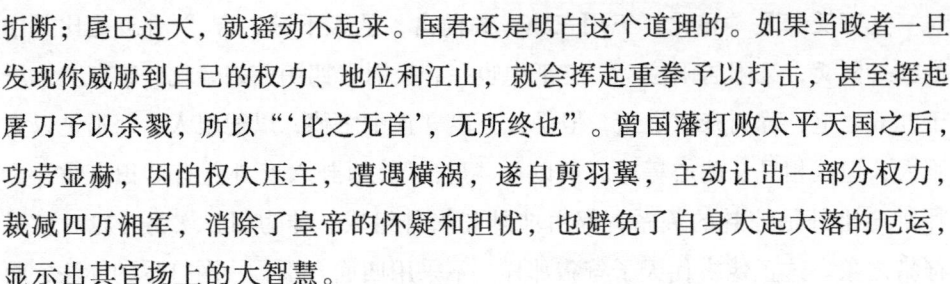

折断；尾巴过大，就摇动不起来。国君还是明白这个道理的。如果当政者一旦发现你威胁到自己的权力、地位和江山，就会挥起重拳予以打击，甚至挥起屠刀予以杀戮，所以"'比之无首'，无所终也"。曾国藩打败太平天国之后，功劳显赫，因怕权大压主，遭遇横祸，遂自剪羽翼，主动让出一部分权力，裁减四万湘军，消除了皇帝的怀疑和担忧，也避免了自身大起大落的厄运，显示出其官场上的大智慧。

小畜第九

【卦辞】
小畜：亨。密云不雨，自我西郊。
【白话】
小畜卦象征微小的蓄聚：亨通。天空中浓云密布，却没有下雨，云来自西郊。

【象传】
《象》曰：小畜，柔得位而上下应之，曰小畜。健而巽，刚中而志行，乃"亨"。"密云不雨"，尚往也，"自我西郊"，施未行也。
【白话】
《象传》说：小畜，六四阴爻得位，上下五个阳爻与它相应和，象征阴柔之人得到众多君子的辅佐，故能小有蓄聚。小畜卦下乾上巽，九二阳爻、九五阳爻居下、上卦之中位，象征阳刚者行中道，志向能得到实行，因此是亨通的。"天空中浓云密布，但是没有下雨"，说明云正在上行发展。"云来自西郊"，说明云只是在天空中分布，阴阳二气还未相交，故而雨尚未降下来。

【大象传】
《大象》曰：风行天上，小畜。君子以懿文德。
【白话】
《大象传》说：小畜卦下乾上巽，风流行于天空，象征微小的蓄聚。君子看到此种情景，就要努力使自己的文章、道德更加完美。

【爻辞】
初九　复自道，何其咎，吉。
九二　牵复，吉。
九三　舆说（tuō，即脱）辐，夫妻反目。
六四　有孚，血去，惕出，无咎。
九五　有孚挛（luán，① 维系，牵系；② 收缩蜷曲不能伸开；③ 紧握）

如富以其邻。

上九 既雨既处；尚德载，妇贞厉。月几望，君子征，凶。

【白话】

初九 从路上返回，会有什么灾殃呢？吉祥。

九二 被牵连而返回，吉祥。

九三 车轮的辐条散脱，夫妻间反目成仇。

六四 心怀诚信，忧患将过去，脱出惕惧，没有灾殃。

九五 心怀诚信，紧密合作，把左右四方的邻人都带动起来，走上共同致富的道路。

上九 密云已经降雨，阳气已经蓄止，高尚的功德已经圆满。妇人应该坚守正道以防危险。犹如月亮将要满盈，阴柔势力极盛，此时君子出征会有凶险。

【小象传】

［初九］"复自道"，其义"吉"也。

［九二］"牵复"在中，亦不自失也。

［九三］"夫妻反目"，不能正室也。

［六四］"有孚""惕出"，上合志也。

［九五］"有孚，挛如"，不独富也。

［上九］"既雨既处"，德积载也。"君子征凶"，有所疑也。

【白话】

［初九］"从路上返回"，其中就包含着吉祥的意义。

［九二］"被牵连而返回"，因为九二阳爻居下卦之中位，象征人能守中道，所以不会给自己带来什么损失。

［九三］"夫妻间反目成仇"，说明不能使家庭和睦有序。

［六四］"心怀诚信""忧患将过去""脱出惕惧"，说明大家的心意尚能一致。

［九五］"心怀诚信，紧密合作"，说明得到的财富并不是自己独享。

［上九］"密云已经降雨，阳气已经蓄止"，说明阳刚之德已经积聚满载。"君子出征会有凶险"，是因为对如何出兵打仗心存疑虑。

【推天道，明人事】

小畜卦的卦辞是"小畜，亨。密云不雨，自我西郊。"小畜是积蓄之意。小畜卦乾下巽上，乾为天，巽为风，风飘行天上，尚未吹向地面，是微蓄的象征。六四柔爻得位，又为成卦之主上与九五亲比，下与初九相应，以一阴而畜五阳，是以小畜大，故谓之"小畜"。《序卦传》说："比必有所畜，故受之以小畜。"小畜的总体形势是吉利亨通的。因蓄积较少，虽然浓云密布，但所蓄的水汽还不足以成雨落地，所以说"密云不雨"。小畜卦下乾之位在西北，上巽之位在东南，巽为风，爻画由下向上，浓云由西北吹向东南，所以说"自我西郊"。

小畜卦的《象传》对卦辞的深厚哲理作了进一步的解释。小畜卦上巽下乾，五阳一阴，能系而不能固，是以称为"小畜"。小畜卦一阴五阳，六四作为全卦的主爻，阴爻得阴位，上下五个阳爻都与六四主爻回应答和，亦即"柔得位而上下应之"，但是阴爻柔弱，阳爻刚强，所以六四难以完全蓄积刚强，只能"小畜"。小畜卦下乾又为健，上巽又为顺，乾由下而向上健动，巽自上而下顺承蓄积，这就是"健而巽"。小畜内卦九二外卦九五，既刚且中，尽管本质刚健雄强，但能够坚守中道，正之位而逊顺，可以"志行"，帮助六四实现以柔蓄刚的目标，所以"亨"。但是，正因为小畜下乾上巽，风在天上吹的"尚往也"，才造成了"密云不雨"的现象，小畜所积，尚不足以大行天下，就是"施未行也"。

君子观"风在天上"的卦象，懂得道德教化只在社会上层运行，尚未普及到下层民间。君子虽然不能举一己之力而把世俗民风改造好，但也不能自暴自弃，应该从事自我内在文德的修养蓄积，力求达到"与天地合其德，与日月合其明，与四时合其序，与鬼神合其吉凶"的相对完美的境界。君子这种为人表率的作为，会在社会上起到榜样的作用，对于促进世俗民风的转变是大有裨益的。所以，孔子曾说："君子之德风，小人之德草，草上之风，必偃。"古人早就有"德大，福大"的说法。统治者积德，就能享受江山。同样，发达者积德，就能富贵长久。这也正是小畜卦《大象》所强调的"君子以懿文德"的意义所在。

初九爻辞是"复自道，何其咎，吉。"初九是下卦乾体的初爻，与上卦巽

体的六四结为正应，乾为健，巽为顺，初九阳居阳位，刚健向上，又得到了六四顺从的接纳。初九很明智，知道自己向上的目的是求得与六四结成正应，达到这个目的后又要自动复返正道，自守以正，有何咎害呢？显然没有，并且前途大吉，所以说："复自道，何其咎，吉"。初九向上能够适可而止，有六四的功劳。六四在上卦巽体之下，巽为风，当初九向上蓄得差不多的时候，就往回吹它。六四这种以柔济刚的制约，使初九能够不失自我"健"的本性，又返回到了"天行健"的"健"的本道上来，大为吉祥。所以《小象》云："复自道，其义吉也。"

此爻在人道层面上的智慧是：成功与失败具有严重的不对称性。一百次成功取得的业绩，很可能在一次失败中就丧失殆尽。孔子家语："终身为善，一言则败之，可不慎乎？"一个干大事的人，必须时时处处严格要求自己，一言一行必须十分谨慎，针头大的窟窿，牛头大的风，切不要一失足而毁掉一世英名。破坏力与建设力，同样也是不对称的，暖一颗心要许多年，凉一颗心只要一瞬间。谨慎再谨慎的"复自道"，才是解决成与败、好与坏不对称的颠扑不破的真理。

九二爻辞是："牵复，吉。"九二阳居阴位，不当位，又与在上的九五刚刚相遇是为敌应，所以九二受到外在环境的牵制，只能勉强而为。但是九二虽不得正，却得中，具有刚中之德，它尽管本质阳刚，处于强势地位，但它能以中道来抑制过刚的行为，没有健动不已，没有盲目冒进，没有失去自己中德的本性，所以《小象》云："牵复在中，亦不自失也。"这样，九二在"牵复"中，也能获得吉祥了。

此爻在人道层面上的智慧是：刚正与刚中是成就自我和事业的两大重要元素。人千万不要丧失阳德和中德：有了阳德，就能够自强不息，多行善举；有了中德，就能抑制过刚的盲目冒进行为。守住这两大元素，就守住了成功的基础，人也就进入了更高的精神境界。这就是"牵复在中，亦不自失"的大智大慧。荀子曾经说过："积善成德而神明自得，圣心备焉。"意思是，积累善行养成高尚的品德，自然会心智澄明，也就具有了圣人的精神境界。

九三爻辞是："舆说辐，夫妻反目。"九三虽然阳居阳位，但是刚而不中，不能像九二那样以中道来抑制自己的过刚行为，而是健动不已，乘凌于它的六四，正以阴柔蓄积其前进势头，但九三不愿接受六四的蓄止，这就会产生矛盾冲突。九三与上九又是刚与刚的敌应，九三本应按照中道的原则进行自我调整，像车子走在不平的路上要放慢速度一样，但是，九三却反其道而行之，加快速度冒进，急于求成，结果把车轮都颠簸坏了，破坏了整体的和谐，连自己的妻子都和自己反目成仇了，更何况他人了，所以说："舆说辐，夫妻反目"。

此爻在人道层面上的智慧是：不顾客观条件而快速冒进是最荒唐的过错。事物的发展有其内在的规律性和自然的阶段性，成功与时间和空间的条件有着密切的联系，成功就是在一定的时间和空间中取得的。苹果青的时候是不要采摘的，如果硬要摘，只能尝到苦涩。不顾时间和空间条件的许可，轻举冒进，往往是"舆说辐，夫妻反目"的根源，也就是失败和痛苦的根源。只有在时间和空间客观条件允许的范围内发挥主观能动性，事业才会如日中天、长盛不衰。

六四爻辞是"有孚，血去，惕出，无咎。" 六四阴柔得位，是小畜卦的主爻，支撑着一柔蓄五刚的格局，但是六四本质上是阴柔，又有五个刚爻咄咄逼人的强劲势头，单力难支，特别是处于下位的九三，极不安分，强欲上进，随时都会发生流血冲突。在这种态势下，六四选择了以诚信感人的策略，凭借一片至诚，得到了上位九五的协助，才有效地缓解了矛盾，避免了冲突，摆脱了恐惧和咎害，所以说："血去，惕出，无咎。"很显然，只有"上合志也"的"有孚"，才能"血去，惕出"。

此爻在人道层面上的智慧是：凭借一片至诚注定万项成功。不诚信就像刮骨的钢刀、惹祸的根苗。从古至今，许许多多的失败者都是由于"无孚"铸成大错。战国哲学家庄周说："真者，精诚之至也。不精不诚，不能动人"。奥地利著名心理学家阿尔弗雷德·阿德勒也说："对别人不真诚的人，他一生中困难最多，对别人的伤害也最大。所有人类的失败，都出自这种人。"而许许多多的成功者又都是源自"有孚"。《中庸》中说："惟天下至诚，为能尽其性，则能尽人之性"。意思是，只有至诚恳切的人，才能尽力发挥他天赋的本性到达极致，能尽他自己的本性，就能把他人天赋的本性到达极致。"有孚"的诚心感人，就像凸透镜汇聚所有太阳的光芒于一点，产生了一种归心的效应，把各种人脉连接到他们的周围，让生命燃烧起来，把能量发挥到最大值，帮助他们逢凶化吉，助他们事业成功。

九五爻辞是"有孚挛如，富以其邻。" 九五居中得正，六四心孚诚信，上承九五，且九五与六四同样"有孚"，以诚信感人，牵系左右四阳共信六四，而成阴柔得正而上下相应之小蓄盛况，所以说"有孚挛如"。《周易》以阳为实、

为富。九五居于中正的至尊君位,富有四海,但"不独富也",而是通过"挛如",把左右四阳的邻人都带领起来,走上共同富裕的道路,实现"富以其邻"的组织目标。

此爻在人道层面上的智慧是:与竞争对手建立竞合的互利共赢关系,所得可以是平常的数倍。《周易》中"有孚挛如,富以其邻"的互利共赢思想,在今天的市场竞争中也同样重要。过去的竞争观念是总想从对手身上撕下一张皮变成自己的利益,是你死我活的竞争关系。从"有孚挛如,富以其邻"中解读出来的观念是帮助你发展,建立在你发展的基础上我好进一步发展。合作共赢,不仅是一种积极向上的心态,更是一种智慧。最成功的竞争是化竞争者为合作者;最要命的竞争是化合作者为竞争者。化剑为犁,把竞争对手当成合作伙伴,在合作中竞争,在竞争中合作,建立一种竞合的互利共赢关系,无论是对竞争对手还是对自己,都会产生倍增的利益。

上九爻辞是"既雨既处;尚德载,妇贞厉。月几望,君子征,凶。"上九居上卦巽体的上位,居全卦的顶端,处于蓄止终极、从蓄而止的位势,由"密云不雨"发展到"既雨既处"。这是六四以阴柔之德蓄止了上下五阳前进的势头,使得阴阳和洽,降为时雨,这种"德积载也"值得推崇,所以是"尚德载"。从小畜卦的卦体上看,是巽居乾上,巽为妇,是阴柔势力,正固会有危险,所以说"妇贞厉"。这就犹如月亮将要满盈,阴柔势力极盛,君子出征就会遭遇凶险,即"月几望,君子征,凶"。

此爻在人道层面上的智慧是:凡事都能适可而止,你就是那最走运的人。太阳升到最高时,它就要开始偏斜;月亮变得圆满时,就会开始亏缺;五谷熟了,就要被割;果子熟了,就要被剥。在这种"月几望,君子征,凶"的状态下,最明智的选择就是适可而止。唐代张蕴古说:"乐不可极,乐极生哀;欲不可纵,纵欲成灾。"意思是,快乐不可过分,过分就生哀愁;欲望不可放纵,放纵就酿成灾祸。智慧的人做事总是保持谦逊美德,不把事情做满,不把事情做过,适可而止,结果与运气结缘,事事顺利,事事成功,没有内乱,没有外患。《菜根谭》中有句话说得非常有哲理:"事事留个有余不尽的意思,便造物不能忌我,鬼神不能损我。若业必求满,功必求盈者,不生内变,必招外忧。"这些话清明透彻、平易通达,懂得了其间的哲理,就是迈上了成功的捷径。

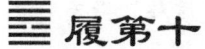 履第十

【卦辞】
履：履虎尾，不咥（dié，咬）人，亨。
【白话】
履卦象征行走：行走中脚踩上老虎的尾巴，老虎不咬人，亨通。

【彖传】
《彖》曰：履，柔履刚也。说而应乎乾，是以"履虎尾，不咥人，亨"。刚中正，履帝位而不疚，光明也。
【白话】
《彖传》说：履，指六三阴爻位于九二阳爻之上，因为阴有柔的特性，阳有刚的特性，所以说"柔履刚"。和颜悦色地与阳刚者应和，这样就能踩在老虎尾巴上，却不被老虎吃掉，是亨通的。阳刚居中而守正，能够践履帝位而不愧疚，这才称得上正大光明。

【大象传】
《大象》曰：上天下泽，履。君子以辨上下，定民志。
【白话】
《大象传》说：履卦下兑上乾，上为天，下为泽，象征循礼而行。君子因此而分明上下的职责、尊卑的礼仪，统一百姓思想。

【爻辞】
初九 素履往，无咎。
九二 履道坦坦，幽人贞吉。
六三 眇（miǎo，一只盲眼）能视，跛能履。履虎尾，咥人，凶。武人为于大君。
九四 履虎尾，愬（shuò，恐惧貌）愬，终吉。
九五 夬（guài，决）履，贞厉。
上九 视履考祥，其旋元吉。

【白话】

初九 做事本分自然，态度质朴，没有什么灾殃。

九二 行走在旷阔而平坦的路上，安静恬淡的人坚守正道吉祥。

六三 眼睛瞎了一只却自以为能看，腿脚有毛病而强行走路，脚踩到老虎尾巴被老虎咬，极为凶险。这是一阶赳赳武夫，只可以效力于大君之人。

九四 脚踩到老虎的尾巴，感到恐惧，最终吉祥。

九五 刚敢果决地行事，要坚守正道以防危险。

上九 回视走过的路程，考察其中的吉凶，反身自省，大吉。

【小象传】

[初九]"素履"之"往"，独行愿也。

[九二]"幽人贞吉"，中不自乱也。

[六三]"眇能视"，不足以有明也；"跛能履"，不足以与行也。"咥人"之"凶"，位不当也。"武人为于大君"，志刚也。

[九四]"愬愬，终吉"，志行也。

[九五]"夬履，贞厉"，位正当也。

[上九]"元吉"在上，大有庆也。

【白话】

[初九]"做事本分自然，态度质朴"，说明坚定地按自己的志向行事。

[九二]"安静恬淡的人坚守正道吉祥"，是因为内心有一定之规，不紊乱。

[六三]"眼睛瞎了一只却自以为能看"，根本不可能看到事物；"腿脚有毛病而强行走路"，根本无法行路。"老虎咬人的凶险"，是因为六三阴爻所处的位置不当，象征一个人所居的职位高于他的能力。"赳赳武夫，只可以效力于大君之人"，说明他过于刚愎自用。

[九四]"感到恐惧，最终吉祥"，因为他的志向得到了实行。

[九五]"刚敢果决地行事，要坚守正道以防危险"，这是因为九五阳爻居上卦之中位，所处的位置确是适当的。

[上九]践履至终极，才可能获得元吉，是值得大加庆贺的事情。

【推天道，明人事】

　　履卦的卦辞是"履虎尾，不咥人，亨。" 履是践履、履行之意。履卦兑下乾上，兑为泽，乾为天，泽在下，天在上，为上下之正理；又乾为刚，兑为悦，有和悦应合刚健之象，故谓之"履"。《序卦传》说："物畜然后有礼，故受之以履。履者，礼也。"《尔雅·释言》："履，礼也。"《杂卦传》说："履，不处也。"不处就是行走、践行。人在行走时踩到了老虎尾巴，亦即"履虎尾"，这本来是遭遇到最危险的事情，可是本卦下兑为口，为悦，上乾为人，有口而不咬人，反而以和悦的德性待人。下卦兑悦、上卦乾健，六三爻以柔悦行于乾健之下，又象征虽历险，却不会受到伤害，当然通达了，所以说："不咥人，亨。"

　　履卦的《彖传》对卦辞的含义作了通明的解析。履卦兑下乾上，柔在下，刚在上，以柔顺方式来对待阳刚，是"柔履刚也"；兑代表阴柔势力，乾代表阳刚势力，一柔对五刚，兑又为悦，所以是"说而应乎乾"。九五阳爻居阳位，"刚中正"，又居至尊的君位，没有愧疚可言，所以说是"履帝位而不疚"。六三是履卦唯一的阴爻，所以是主爻，又在互离（九二、六三、九四）中，离为火，所以称"光明也"。

　　君王观"上天下泽"的卦象，就要尊卑判然，开启民德，制礼作节，让天下万民遵守尊卑上下之道德规范，树立正确的伦理意志，这就是《大象》所强调的"君子以辨上下，定民志"。

　　初九爻辞是"素履往，无咎。" 初九阳居阳位，当位得正，内在具有刚明之德。但是，初九居于履卦的第一爻位，社会地位卑下低微，履卦贵阴位而轻阳位，初九与九四又是敌应的关系，孤立无援，只能凭借自己的人格魅力和不与世俗合流的素愿来"践履"，故谓之"素履往"。初九的这种淡泊明志的模式行为，是一种君子行为，所以"无咎"。《中庸》说："君子素其位而行，不愿乎其外""君子无入而不自得焉"。《小象》也称赞初九的行为是"素履之往，独行愿也"。

　　此爻在人道层面上的智慧是：做人要保持一种"淡泊"的执着。"淡泊"不会与凡夫俗子共存，它只垂青那些具有高尚情操的人。对小人而言，欲望才

是生存下去的救命稻草。汲汲于富贵，戚戚于贫贱，为得到尊荣而忧思达旦，为享受利禄而患得患失，这为正人君子所不齿。"淡泊"是人最自然的常态，也是正人君子的一贯风范。人，真正需要的东西并不太多，健康地活着，真诚地爱着，就是一种富有。人在参与社会有所履行的时候，即使是在卑下低微、清贫困顿的境况下，也要保持淡泊明志的人格操守。物欲上获得的东西，其边际效益递减速度最快。物质上能够保持恬淡，精神就有更大的发展空间。所有凌驾于"淡泊"之上的怒放，最终都要以枯萎收场。在今天物欲横流的社会里，有人贪腐，栽了跟头，就是"淡泊"失守的一个缩影。所以，人无论何时何地，都应该保持"素履往"的"淡泊"，在尘世的喧嚣中让自己的精神和灵魂安定下来，这样才能达到荀子所讲的："不诱于誉，不恐于诽"，即不为虚名所诱、不因诽谤而惧的境界，活得清醒，活得自然，活得快乐。

九二爻辞是"**履道坦坦，幽人贞吉。**"九二以阳居阴，刚而能柔，又在下卦之中，具有刚中之美德，从初九一路行走在平坦大道上，这就是"履道坦坦"之意。由于九二所在的下卦为兑，为泽，作为泽中"幽人"的九二，能够自己约束自己，自己规范自己，心胸坦荡而态度谦和，幽静恬然地践行礼道，自然能够贞固吉祥，所以说"幽人贞吉"。九二尽管与上卦的九五不能结成阴阳正应的关系，孤立无援，但是九二能坚持恬淡自处，使自己的操守不为外物所动，不为外物所扰，这种"中不自乱"的态度仍然会使其前途大吉，所以《小象》云："幽人贞吉，中不自乱也。"

此爻在人道层面上的智慧是：人一贪婪灾难与祸患就不招自来。人生就像银行的一部提款机，能提取的数额只能是你所存的，超过自己应有的贪婪都是罪恶的邪念。贪婪的心像沙漠中的不毛之地，吸收一切雨水，却不滋生草木以方便他人。佛法上讲人有三毒：贪、嗔、痴。贪为三毒之首。鱼贪饵，难逃上钩；人贪利，必掉陷阱。人越有贪欲就越容易被人控制，祸患就会接踵而至。做人要加强自我修养，心胸要坦荡。在世俗困扰面前，要"不以物喜，不以己悲"，永远保持安恬、清静和求真的人生态度。弘一大师曾经说："花繁柳密处拨得开，方见手段；风狂雨骤时立得定，才是脚跟。"清代诗人张琳也曾经感言道："大道自坦夷，奚必有捷径，君子安固穷，践履守其正。"一个没有贪欲的人，就不会被人以利诱惑。清白无遗祸，贪婪有后殃。在这个纷繁复杂的大千世界，与贪婪再见，揽一湾如水的心境，那就是"幽人贞吉",哪还能不吉利呢?一方田园,可养终身;一眼天地,可怡情致。不贪婪,心就安,这才是人生最好的福气。

六三爻辞是"眇能视,跛能履。履虎尾,咥人,凶。武人为于大君。"六三是履卦中的唯一阴爻,以阴居阳,不中不正,"位不当也",本质柔弱,才能不足而又一味逞强。从履卦的结构上看,六三在下卦兑,兑为毁折,六三又在互卦离(九二、六三、九四)中,离为目,是眼睛有疾;在互卦巽(六三、九四、九五)中,巽为股,是腿受伤。眼看不清又走不远,所以说"眇能视,跛能履"。兑为西方之卦,为虎象,六三以柔履刚,就免不了随时随地陷入"履虎尾"的险境。六三是全卦的主爻,得到了五个阳爻的上下呼应,但是六三属性从柔却居刚位,又是乘刚,是刚愎自用、志大才疏的武人,妄图凭借上九与其正应的关系,想"为于大君"。兑又为口,六三没有自知之明,质柔而"志刚也",落在老虎口里,得到了"咥人,凶"的可悲下场。

此爻在人道层面上的智慧是:志大才疏的人,其下场都注定是可悲的。志向和才干具有一种起承转合的关系,很多的时候,成功就在志向和才干的起承转合之间。志向远大但才气很差的人,做事情没有判断力,辨别不清方向和发展趋势,仅凭着一股志向的冲动就盲目前往,就可能掉进致命的老虎口里。这就如同一个人,没有脚力就不能贸然远行一样,否则,遇到突发性的危机事件就没有办法和力量脱险,就可能落得个"咥人,凶"的可悲下场。

九四爻辞是"履虎尾,愬愬,终吉。"九四处在危惧之位,伴君如伴虎,老虎是一种凶猛的动物,面临"履虎尾"的困境,无非有两种可能:一种是被老虎吃掉;一种是平安脱险。九四所处的爻位,以阳居阴,本质刚健而以其阴位能处柔顺之道,故能小心恐惧,所以九四在"履虎尾"的困境中,没有一味逞强,而是保持一种临事而惧的谨慎心态,终于在险中脱困。《小象》云:"'愬愬,终吉',志行也。"就是赞扬临事而惧、柔顺自处、循礼而行的谨慎行为,有利于转危为安,实现自己的意愿。

此爻在人道层面上的智慧是:面对危难,从容不迫才能转危为安。不是每一个夜晚都会星光灿烂,不是每一个环境都会无危无难。面对危难,从容不迫是最强者的本能,是人最成熟的标志。处于险境时不能慌,慌则无法思考应付的妙招。在变故面前,只要能够保持临危不惧的镇定,就能够有主见,从而获得吉祥。当然,镇定、从容不是逞强,为人处事还要时刻保持临事而惧的谨慎,做到古

人说的"敏于事而慎于言"的境界,这样即使脚踩"虎尾",也能"终吉"。

九五爻辞是"夬履,贞厉。"九五刚居阳位,又居上卦中位,是君位,可谓"位正当也",手握大权,下属又都和悦顺从,要实现"履帝位而不疚"的治政目标。但是九五所居的上卦为乾,为健,连对应的九二也是阳刚,九五正是处在这种刚则有过的环境中,具有刚决专断之弊,遂采取了"夬履"的手段来实现追求的政治目标。九五这种刚决果断、乾刚独断、令行禁止、雷厉风行的"夬履"手段,有失中道,过刚而不能以柔济之,使得本来就"刚盛而柔弱,阳盛而阴衰"的履卦的总体态势更为失衡,后果必然是极为危险的,是为"贞厉"。程颐曾经一针见血地指出:"居至尊之位,据能专之势,而自任刚决,不复畏慎,虽使得正,亦危道也。"

此爻在人道层面上的智慧是:凡事做到了极端的地步,必然陷入险境。处在核心地位的领导者,不仅要以力治政,更要以德服人,绝不能恣意妄为。一味地"夬履",使用强权力的铁腕治理,就会种下祸端。因为战车只能征服国家,不能征服天下。征服国家不能征服人心的是霸业,征服天下又能征服人心的是王业。孟子说:"以力假仁者霸……以德行仁者王……以力服人者,非心服也,力不赡也;以德服人者,中心悦而诚服也,如七十子之服孔子也""天下不心服而王者,未之有也"。

上九爻辞是"视履考祥,其旋元吉。"上九处于履卦之终,能回顾履卦整个行程,完备细致地考究其善恶祸福,总结成功的经验与失败的教训,即为"视履考祥"。上九居上乾卦的最高位,又有六三与之正应,鉴于六三之不善,而旋复于善,上九能把慎行的精神贯彻始终,获得最终的吉祥,所以说"其旋元吉",圆满地实现了"履道",值得庆贺,故《小象》云:"'元吉'在上,大有庆也。"

此爻在人道层面上的智慧是:善于反省自己,才能通透成败得失。人需要沉淀,需要有足够的时间去反省,才能在品味得失中升华。做一件事情达到一定的终点后,要回过头来看一看所走过的历程、得失成败的情况,酸甜苦辣都是营养,成功失败都是经验。反省是人生波涛中的救生圈。反省自身,总结经验,鉴往知来,做到善始善终,使人生和事业的路越走越宽。在生活当中懂得了"视履考祥"的反省,就能像《小象》所云:"'元吉'在上,大有庆也"。反省不是一般的回头看,而是生命的回音。

泰第十一

【卦辞】
泰：小往大来，吉，亨。
【白话】
泰卦象征通泰：失去小的，得到大的，吉祥，亨通。

【彖传】
《彖》曰："泰，小往大来，吉，亨。"则是天地交而万物通也，上下交而其志同也。内阳而外阴，内健而外顺，内君子而外小人。君子道长，小人道消也。
【白话】
《彖传》说："泰卦，失去阴（小）的，得到阳（大）的，吉祥，亨通。"这表明天地中阴阳之气相交合而万物亨通，君臣上下心意相通，其志趣相同。泰卦下乾上坤，阳居内而阴居外，内刚健而外柔顺，君子在内而小人在外。君子美德之道增长，而小人奸佞之道消退。

【大象传】
《大象》曰：天地交，泰。后以财成天地之道，辅相天地之宜，以左右民。
【白话】
《大象传》说：泰卦下乾上坤，象征天地阴阳之气相交，万物通泰。君主应顺应天地运行的规律，辅助天地间的变化，使合乎时宜，以此造福百姓。

【爻辞】
初九 拔茅茹以其汇，征吉。
九二 包荒，用冯（píng，涉越）河，不遐遗，朋亡，得尚于中行。
九三 无平不陂（pí，斜坡），无往不复，艰贞无咎。勿恤其孚，于食有福。
六四 翩翩，不富以其邻，不戒以孚。
六五 帝乙归妹，以祉（zhǐ，幸福，求福），元吉。
上六 城复于隍，勿用师，自邑告命，贞吝。

【白话】

初九 拔除茅草及其同类植物的根，征进可获吉祥。

九二 用挖空的匏瓜来渡河，不遗弃远方的人，不结朋党，能够辅佐中道而行的君主。

九三 没有只平坦而不倾斜的东西，没有只出去而不回来的事物，不忘艰难，坚持正道，可以避免灾殃。不要为自己的诚信而担心，将会有口福。

六四 翩然下降求阳，带动了六五、上六两个邻居也一起回到下位求阳，虽然对自己的邻伴事先没有什么告诫，可是大家都自觉自愿地跟从。

六五 帝乙嫁出妹妹，以此得福，大吉。

上六 城墙倾塌到干涸的城壕中，不要用兵，发布自行贬抑的文告，从邑中把这件事向有关方面通报。即使坚持正道，也将发生令人遗憾之事。

【小象传】

[初九] "拔茅""征吉"，志在外也。

[九二] "包荒""得尚于中行"，以光大也。

[九三] "无往不复"，天地际也。

[六四] "翩翩，不富"，皆失实也。"不戒以孚"，中心愿也。

[六五] "以祉，元吉"，中以行愿也。

[上六] "城复于隍"，其命乱也。

【白话】

[初九] "拔除茅草及其同类植物的根，征进可获吉祥"，说明其志向是要向外发展。

[九二] "用挖空的匏瓜来渡河""保持适中的美德"，所以这种行为光明正大。

[九三] "没有只出去而不回来的事物"，因为九三阳爻正处于向阴爻转化的边际，说明万物都处在不断的发展变化之中。

[六四] "六四翩然下降求阳，带动了六五、上六两个邻居也一起回到下位求阳"，三阴爻在外卦，都失去了阳爻作依靠。"对自己的邻伴事先没有什么告诫"，说明上下之交都是出于内心的志愿。

[六五] "因而得福，大吉"，因为是通过行中道来实现自己的意愿。

[上六] "城墙倾塌到干涸的城壕中"，说明天命将要发生改变。

【推天道，明人事】

泰卦的卦辞是"泰，小往大来，吉，亨。"泰是安泰、康泰、泰然之意。泰卦乾下坤上，形颠而气交，乾为天，天为阳气，因而会轻扬上升；坤为地，地为阴气，因而会重浊下降。天地阴阳相交，促使万物生长发育，安泰亨通，永葆生机，故谓之"泰"。《序卦传》说："履而泰然后安，故受之以泰。泰者，通也。"按照《周易》的原理，爻由下向上为"往"，由上向下为"来"。泰卦乾之三爻由上而下居于内卦的位置，阳爻都来到下卦；坤之三爻由下而上居于外卦的位置，阴爻都前往上卦，《周易》中，阳大阴小，所以说"小往大来"。得到的多而失去的少这种动态的过程，当然是吉祥亨通的，所以说"吉，亨"。

泰卦的《象传》对卦辞的含义作了精湛的解读。泰卦的卦象是天在下、地在上，看起来是颠倒了上下之分的秩序，但正是这种颠倒才形成了往来的变化，构建了"天地交而万物通""上下交而其志同"的和谐态势。《庄子·田子方》中记载老子对孔子说："天上的至阴（坤）与地上的至阳（乾）和合相交，于是万物生焉。"泰卦内乾为健，外坤为顺；阳代表君子，阴代表小人，所以《象传》说："内阳而外阴，内健而外顺，内君子而外小人。"《周易》中爻的运动是由下往上，乾卦三阳爻在下，必然向上发展；坤卦三阴爻在上，已经前无去路，所以说"君子道长，小人道消"。

君王观"天地交"的卦象，应该领悟到"天地之道"、"天地之宜"的自然界法则，制定正确的政策，进行"财成""辅相"的工作，带领百姓，左右民生，治理天下，这就是《大象》所说的"后以财成天地之道，辅相天地之宜，以左右民"。

初九爻辞是"拔茅茹以其汇，征吉。" 初九是下卦乾卦之初爻，初九动，乾变巽，巽为木，为白，引申为茅根。初九所在的内卦乾体三个刚爻与外卦坤体三个柔爻相应。初九的志向是想与外卦坤之六四相交和，所以《小象》云"志在外也"。泰卦总体上讲"天地交泰"，乾阳之三爻都想与坤阴之三爻相交，当初九怀着积极进取、向外拓展的心态，开始前往与六四相交，也引发和带动了九二、九三一同前去分别与六五、上六相交，这种情形就如同拔草时，同根相

连的茅草连带拔起，顺利畅通，征而得吉，所以说"拔茅茹以其汇，征吉"。

此爻在人道层面上的智慧是：打天下最需要的是优秀的团队。俗话说："大雁离群难过关，独条鲤鱼难出湾""汇聚阳光能生火，收拢五指可成拳""一滴水飘不起纸片，大海上能航行舰船"。一棵孤树挡不住狂风，一片树林能阻拦飞沙走石。这就是团队精神的自然体现。要想求得事业的顺畅发展，创造出令天下人瞩目的成就，每个人都不能单打独斗，必须要和别人共享一份团队融洽的感情，精诚团结志同道合者一同"出征"。有了坚强有力的打天下的优秀团队，才能无往而不胜，开拓出通态的大好局面。美国著名企业家凯克尔说过："我的成功，10%是靠我个人旺盛无比的进取心，而90%，全仗着我拥有的那支强有力的团队，因为众人拾柴火焰高。"

九二爻辞是"包荒，用冯河，不遐遗，朋亡，得尚于中行。"《周易》以阳包阴为包。九二为卦主，以阳刚之质而居下卦之中位，是一个具有中行之德的大臣形象。九二有六五正应，要从下乾到上坤，在天地交泰之际，九二能够遵循中道，刚而能柔，其心可以涵盖天下，当然也可以包容荒芜小人。九二又有不畏艰险、涉水渡河的勇猛，也有不遗弃疏远顽固不化和愚昧无知的人的仁德，还有不结党营私的优秀品格，实乃治世的能臣。九二正是秉持这些"包荒""用冯河""不遐遗""朋亡"的恰如其分的适中美德，辅佐六五之君，创造了光明而远大的事业，这就是《小象》所说的"得尚于中行，以光大也"。

此爻在人道层面上的智慧是：包容人才是包容的最高境界。大地有了包容，就有了万木竞秀、百花争艳；太空有了包容，就有了群星璀璨、百鸟鸣啾；大海有了包容，就有了众龙腾跃、百鱼遨游。作为一个治世之才，不仅要有徒涉大川的刚毅果决精神，还必须有包容天地的宏大胸襟，广纳贤才。包容人才，就要英雄不问出处，泥池塘也能开出清香的莲花，贫寒家境也能走出俊秀人才。包容人才，也要包容人才的缺点，太阳上还有黑点呢，人才怎么能没有缺点。包容人才，更要不计前嫌。唐朝的李靖，曾任隋炀帝时的郡丞，最早发现李渊有图谋天下之意，便向隋炀帝检举揭发。李渊灭隋后要杀李靖，李世民反对报复，再三请求保他一命。后来，李靖驰骋疆场，征战不疲，安邦定国，为唐王朝立下赫赫战功。魏徵也曾鼓动太子建成杀掉李世民，李世民同样不计旧怨，量才重用，使魏徵觉得"喜逢知己之主，竭其力用"，也为唐王朝立下丰功。这就是历史谱写出的"包荒""用冯河""不遐遗""朋亡"的智慧之歌。

九三爻辞是"无平不坡，无往不复，坚贞无咎。勿恤其孚，于食有福。"泰卦上坤下乾，九三处于"天地际也"的阴阳交接的临界面上，事物发展总是呈现"无平不坡，无往不复"的泰极必否、否极必泰的规律性。九三处于天升地降、由泰而否的转折关头，吉和凶在这里会互相转化。三位多凶，但九三得正，能够坚守正道，没有危险，就是"坚贞无咎"。九三又在互兑（九二、九三、六四）卦体的中位，兑为口，引申为饮食，九三乾体为天，为金玉，得正且与上六相应，不用担心不能取信于人，于食禄之道自有福庆，所以说"勿恤其孚，于食有福"。

此爻在人道层面上的智慧是：不要为祸悲痛不已，也不要为福忘乎所以。万事万物都是对立并可以向相反的方面转化的。事无常泰，盛极必衰，衰极必盛，没有永远的吉庆，也没有永远的灾凶。吉的背后是凶，凶险的背后是吉，只要坚守正道，凶险终会过去，吉祥终会到来，这就如同黑暗之后必定是光明，失败之后必定是成功一样。关于"无平不坡，无往不复"的吉凶转化的道理，老子领悟得很深，他说："祸兮福之所倚，福兮祸之所伏。"这句话与《周易》此爻揭示出的寓意具有异曲同工之妙。西方的易卜生也说过有这样境界的话："不因好运而故步自封，不因厄运而一蹶不振。真正的强者，善于从顺境中找到阴影，从逆境中找到光亮，时时校准自己前进的目标。"

六四爻辞是"翩翩，不富以其邻，不戒以孚。" 六四进入上卦坤，六四又为互震（九三、六四、六五）卦之中位，震为动，六四与初九正应，初九"拔茅茹"，三阳一同上进，六四带动上体柔爻一同下应而翩翩起舞，故曰："翩翩"。《周易》中阳爻代表富，阴爻代表不富，因而居于泰卦上卦的坤三爻皆为"不富"。阳气是由下往上升，阴气是由上往下降，当居于下卦的乾之三阳爻由下往上去与坤之三阴爻相交时，上卦坤之三阴爻也由上往下去与乾之三阳爻相交，这都是出于内在的本性。所以当六四"翩翩"起舞去与初九相交，也就带动了六五、上六两个邻居自觉自愿地跟从，回到下位求阳，这就是"不富以其邻"。这种跟从完全是以守信为本，用不着反复告诫，所以称"不戒以孚"。又六四与九三亲比，此两厢情愿，出其本真之心，故《小象》云："'不戒以孚'，中心愿也。"

此爻在人道层面上的智慧是：以诚相待才能带动别人相率而来。欺骗别人的人是在永远地抛弃自己。此爻所讲的"不戒以孚"的守信为本的与人相处的方法，一直为智者所用。古语就讲："与人为善，诚实为本。"韩非子也讲："巧诈不如拙诚。""巧诈"能蒙骗一时，不能蒙骗一世，假象一旦被戳穿，就会被世人永远抛弃；"拙诚"表面上看起来愚直拙笨，其实是一种诚实守信，是人与人、人与社会保持良好关系最稀缺的道德资源，能为人的成功打下最坚实的人脉基础。美国的财富巨人汤姆森在谈到自己的成功时，不无感慨地说："做守信的人，会赢得别人永久的信任。"心诚，来自于人灵魂的最深处，具有不可替代的归属效应，吸引着人们相率而来。

六五爻辞是"帝乙归妹，以祉，元吉。"六五以阴爻处阳位，虽然不当位，但是得中，柔顺而固守中正之道。六五与九二正应，六五以阴柔居君位，是女处尊位；九二以阳刚居臣位，是男处卑位。但是，《周易》倡导乾坤并建的原则，阴顺阳，阳顺阴；刚而能柔，柔而能刚，刚柔并济。正是遵从这样的原则，帝乙才降其尊贵，把自己的妹妹下嫁给与之相配的九二臣子。六五能尽君道，居帝位而顺下阳，谦虚待下，选贤与能；九二能尽臣道以与上交，双方实现了阴阳的相互响应。这种"上下交而其志同"，正是泰卦之时所追求的目标，可以获得福祉，至为吉祥，所以说"以祉，元吉"。六五和九二两者皆居中，践行了中道的原则而实现了自己的愿望，所以《小象》说"中以行愿"。

此爻在人道层面上的智慧是：领导者要以公心而非自己的好恶来对待人才的升迁。家得人才耀祖，国得人才则兴邦。在政通人和的安泰时期，领导者也要广开"才路"，选贤任能，为组织发展选拔充足的贤才，特别是对人才的升迁更要谨慎，绝不能夹杂着好恶的私心，这样才能"以祉，元吉"。明成祖朱棣说过："人君进一人退一人，皆不可苟，必须服众心。若进一人而天下皆知其善，则谁不为善？退一人而天下皆知其恶，则谁敢为恶？无善而进，是出私爱；无恶而退，是出私恶。徇私而行，将何以服天下？"明成祖如此的认知，也如此的实践，使他成为中国历史上较为成功的一位帝王。

上六爻辞是"城复于隍，勿用师，自邑告命，贞吝。"从卦象上看，上六是六个爻的最后一爻，泰卦到了上六，通泰时期即将结束，就要由乾下坤上的通达，转变为乾上坤下的否塞。就像挖护城河，开始掘壕沟，堆其土为墙，现在墙倒了，土又回到壕沟，就是"城复于隍"，这是物极必反的自然规律，所以《小象》云："'城复于隍'，其命乱也"。既然是泰极了，否就要来了。在这种大势所趋、无法抵抗的态势下，君主不宜动用武力来挽回颓局，因为这样做只会加速灭亡，所以"勿用师"。君主的政令只能在城邑之内行使，这种"自邑告命"的局面，说明君主已经丧失统帅的政治权力，对此君主应该反思和羞吝，所以说"贞吝"。

此爻在人道层面上的智慧是：懂得放弃是人的灵性的觉醒。泰极否来，颓势已经显现，不可逞强挽救。在这种"贞吝"的残局中，只宜采取退守的策略。懂得放弃，该忍时忍，该低头时低头，是生命中的元素，是灵性的觉醒。就像成功与失败只是一步之遥一样，失败与成功也是近在咫尺。在退忍中积蓄力量，以图东山再起，这体现的是以退为进的成功智慧。茶在水杯里有两种状态：浮在上面和沉到底下；喝茶人有两种姿态：拿起茶杯和放下茶杯。人世间亦如饮茶，浮起的时候淡然，沉下去的时候坦然；拿起的时候是灵魂的再次担当，放下的时候是除去灵魂里暗藏的重量。不放下只能拿着这件事，放下了可以有更多拿起的选择。每一次放下就是一次升华，每一次拿起就是一次超越。拿得起放不下，活得就太累；拿不起放不下，是窝囊废；拿得起放得下，才是领悟到了大得大失间的成败智慧。

否第十二

【卦辞】

否（pǐ，闭塞）：否之匪人，不利君子贞，大往小来。

【白话】

否卦象征闭塞：小人作梗，上下闭塞不通，不利于君子坚守正义，失去大的，得到小的。

【彖传】

《彖》曰："否之匪人，不利君子贞，大往小来。"则是天地不交而万物不通也，上下不交而天下无邦也。内阴而外阳，内柔而外刚，内小人而外君子。小人道长，君子道消也。

【白话】

《彖传》说："小人作梗，上下闭塞不通，不利君子坚守正义，失去大的，得到小的。"说明天地中阴阳之气不相交合而万物不亨通，君臣上下不相沟通，国家灭亡。否卦下坤上乾，阴居内而阳居外，内柔顺而外刚健，小人居于内而君子居于外。这说明小人的歪门邪道日益盛行，而君子的高尚品行日渐消退。

【大象传】

《大象》曰：天地不交，否。君子以俭德辟难，不可荣以禄。

【白话】

《大象传》说：否卦下坤上乾，天地中的阴阳之气不相交合，象征闭塞。君子因此而遵循俭约的美德以躲避灾难，不要以追求功名利禄为荣。

【爻辞】

初六　拔茅茹以其汇，贞吉，亨。

六二　包承，小人吉，大人否，亨。

六三　包羞。

九四　有命，无咎，畴（chóu，同类）离祉。

九五　休否，大人吉。其亡其亡，系于苞桑。

上九　倾否，先否后喜。

【白话】

初六 拔除茅草及其同类植物的根，君子守持正道可获吉祥、亨通。

六二 接受奉承，对小人吉利，君子则要拒绝接受，方可获得亨通顺利。

六三 包容别人对自己的羞辱。

九四 有天命安排，没有灾殃，同类相互依附，都会得福。

九五 中止闭塞的局面，大人获得吉祥。时时提醒自己：将要灭亡，将要灭亡，就会像系在长得很茂盛的桑树丛上一样牢固。

上九 倾覆闭塞的局面，有开始时的闭塞，才有后来时的喜悦。

【小象传】

［初六］"拔茅""贞吉"，志在君也。

［六二］"大人否，亨"，不乱群也。

［六三］"包羞"，位不当也。

［九四］"有命""无咎"，志行也。

［九五］"大人"之"吉"，位正当也。

［上九］否终则倾，何可长也。

【白话】

［初六］"拔除茅草及其同类植物的根，君子守持正道可获吉祥"，因为其志向在于辅佐国君。

［六二］"君子则要拒绝接受，方可获得亨通顺利"，因为君子不与群小混乱在一起。

［六三］"包容别人对自己的羞辱"，说明六三阴爻居于阳位，象征人所处的位置不适当。

［九四］"有天命的安排，没有灾殃"，因为其志向得到了实行。

［九五］"大人获得吉祥"，说明九五阳爻居于阳位，象征人所处的位置十分适当。

［上九］闭塞到了极点就会倾覆，闭塞的局面怎么可能长久呢？

【推天道，明人事】

否卦的卦辞是"否之匪人，不利君子贞，大往小来。"否是闭塞不通的意

思。否卦坤下乾上，天气上升，地气下沉，天地阴阳二气互不交和，结果"天地不交而万物不通"，整个宇宙丧失了生机，停止了大化流行，故谓之"否"。《序卦传》说："物不可终通，故受之以否。"否卦的卦爻结构是天在上、地在下，二者不能双向互动、交通往来，闭塞了大化流行的动态过程，万物无法生长，人类也无法生存，所以说它"否之匪人"。六爻的发展由下而上，乾卦三阳爻居上，注定消退，君子要顺应趋势而退隐，不宜正固不变，所以"不利君子贞"。《周易》中阳为大，阴为小。否卦的上乾卦三阳爻在上，否卦之时，是阳气收敛的时候，所以是"大往"；否卦的下坤卦的三阴爻在下，否卦之时，又是阴气生长的时候，所以是"小来"。

否卦的《象传》对卦辞的含义作了洞彻事理的剖析。否卦上乾下坤，乾是指阳气，坤是指阴气。阳气在上，阴气在下，阳升而阴降，阴阳分离，"则是天地不交而万物不通也"。否卦喻人事，是指君臣上下不和、天下离异而不成邦国，所以说"上下不交而天下无邦也"。否卦的结构是内坤卦为纯阴、外乾卦为纯阳卦，按照《易理》，阴为柔，阳为刚，阴为小人，阳为君子，所以否卦是"内阴而外阳，内柔而外刚，内小人而外君子"，总体上呈现出"小人道长，君子道消"的特征。

君子观"天地不交"的卦象，应该知命乐天，收敛其德，不形于外，顺时引退，以避小人之难，不可受荣禄的诱惑，丧失自己的节操。所以《大象》说："君子以俭德辟难，不可荣以禄。"

初六爻辞是"拔茅茹以其汇，贞吉，亨。"初六是否卦的初爻，也是内卦坤阴之爻，否卦是坤变震的象。震为萑苇，为蕃鲜，又是初爻，故可引申为茅茹。初六上升象征小人道长，带动六二、六三两个阴爻连类而上，如同拔茅草时把同根相连的茅草连带拔起，所以说"拔茅茹以其汇"。处在否卦这种不利的形势下，君子安贞守正，不与阴类势力同流合污，不助长小人的邪气，才能亨通，就是"贞吉，亨"。初六与九四正应，内卦坤三爻与外卦乾三爻皆相应，乾为君，故《小象》曰："'拔茅''贞吉'，志在君也。"

此爻在人道层面上的智慧是：用人绝不要以亲疏画线。在闭塞不通的情况下，小人往往结党营私、朋比为奸；君子则要固守良好的品格，修身保洁，不可同流合污。任人唯亲的结党营私，就会产生许多恩怨和派系，就会产生内耗。罗斯福就是一位让亲信敬而远之的总统，在他的内阁中几乎没有什么亲密的朋友，即使财政部长亨利·莫根塞也没有成为他的"亲信"，不仅如此，他在所有非政府事务中，也没有一个亲近的朋友。当然，用人也必须奉行中庸之道，不能绝对化，所用之人要着眼于能否出色地完成工作，而不是着眼于亲信和非亲信之分，如果亲近的人最适合"徒涉大川"事业的要求，那也要举贤不避亲。此爻还提醒人们：否塞之世，要节俭处事，以此躲避灾祸，扭转否塞状态，这就是"贞吉"。切不可受名誉利禄的诱惑，跳出来"大显身手"，这样做的结果不仅得不到名誉和利禄，而且难以善终。

六二爻辞是"包承，小人吉，大人否，亨。" 六二阴爻居阴位，又居中，上又有九五正应，阴阳互通。但在否卦小人道长、君子道消的总体态势下，六二代表的是小人势力，趋时谄媚于九五，以求九五对自己的包容，君子九五自上而包下，小人六四在下承之，故曰"包承"。如果九五包容了六二，那就让小人获得吉庆了，这就是"小人吉"。如果九五拒绝包容六二，不与小人为伍，就会使形势向亨通方面转化，所以说"大人否，亨"。大人闭塞，何以亨通？因为六二小人与九五大人相应，既中且正，不在群阴中作乱，所以《小象》云："'大人否，亨，不乱群也。'"

此爻在人道层面上的智慧是：君子对拍马屁的小人要格外小心。人性中的弱点很多，过于爱慕颂扬之言，就是其中之一。一些居心叵测的小人，往往以曲意奉承的伎俩，做人性弱点的文章。法国作家巴尔扎克就一针见血地指出："谄媚从来不会出自伟大的心灵，而是小人的伎俩。"在否的环境下，对君子是不利的，但是"苍蝇不叮没有缝的鸡蛋"，如果自己行为端庄，行事方正，小人就难以加害自己，这就是"大人否，亨"。君子一定要处世以明，要以本性的苏醒，来审视阿谀奉承之言，要能猜测出他肚里的盘算，不要被这种抬轿子、见肿为肥的小人招数弄昏了头脑，击中了人性的弱点，让"小人吉"，自己却落得个引火自焚，万劫不复的灾难下场。

六三爻辞是"包羞。" 六三阴爻居阳位，处位不中不正，弱中有强，六三又居于下卦的上端，极易犯急于求成的毛病。六三与上九虽然阴阳正应，但是六三代表的是小人的势力，而且是极盛之小人，虽然毫不知耻地用阴谋迷惑上九以极力争取上九阳刚的包容，但上九不为六三所蛊惑，拒绝包容，六三自取羞辱所以是"包羞"。六三自取羞辱，是因为六三阴爻居多凶之位，小人在内，德不当位，反使君子在外而包之，所以《小象》云："'包羞'，位不当也。"

此爻在人道层面上的智慧是：与小人同流合污，就算是让自己吞下夺命

的毒药。在小人的心里潜伏着一个阴险的深渊，就算是投下巨石也得不到回音。孔子对小人深恶痛绝，运用对比的相互参照方法，反复强调："君子坦荡荡，小人常戚戚""君子怀德，小人怀土""君子怀刑，小人怀惠""君子喻于义，小人喻于利""君子固穷，小人穷斯滥矣"。荀子也说："口言善，身行恶，国妖也。"意思是，满口仁义道德，行为则万恶不赦，这种人是祸害国家的妖怪，小人就是这种"国妖"。与小人同流合污，是没病开汤药——自找苦吃。所以，一定要认清小人的危害，识破小人的各种阴险，与小人划清严格的界限。

九四爻辞是"有命，无咎，畴离祉。"否卦发展到九四，进入了阳刚的乾体，象征小人开始道消，君子开始道长，出现了否极泰来的征候。九四是接近九五之君的大臣，阳刚之质而居柔位，既能雄强健动，把三阳的势力带动起来，同心同德，连类而进，为休否准备条件，又能接受九五君子的委任，就是"有命"，顺以听命，辅佐君主拨乱反正，实现振兴局面，故"无咎"。九四下临三个阴爻，有众人前来依附之象，这就有利于九四既能承君之命，又能实现增进大众福祉的志愿，所以说"畴离祉"。此爻《小象》也说："'有命无咎'，志行也。"

此爻在人道层面上的智慧是：能团结人就是坚守成功的法则。事成于和睦，力生于团结。星多天空亮，人多智慧广。最伟大的力量，就是同心协力。马克思说："我们知道个人是微弱的，但是我们也知道整体就是力量。"富兰克林说过："成功的第一要素是如何获得一个好的人缘。" 歌德也说："不管努力的目标是什么，不管他干什么，他单枪匹马总是没有力量的。合群永远是一切善良思想的人的最高需要。"在上下闭塞危难之时，君子绝不能像蜘蛛自己织网，而要学蜜蜂共同采花。依附团结，坚守纯正，同心同德才能自保，才能实现远大志向，才能建立"畴离祉"的功业。正所谓"人道以合群义，以和群而强。"团结更多的力量，建立起最宽泛的人脉网络，就是获取成功的法则。

九五爻辞是"休否，大人吉。其亡其亡，系于苞桑。"否卦发展到九四，还只是启动了休否的过程，发展到九五，否塞状态才开始休止。九五以阳刚中正之德居于至尊的君位，掌握最高权力，统揽全局，其德能足以扭转否道，所以是"休否"。九五能完成"休否"的使命，是因为九五是集德和位于一身的"大人"，所以《小象》云："大人之吉，位正当也。"可是九五阶段虽然休止了否道，但是还有很多隐患，局面也并未稳定，这时必须有忧患意识，要像系着于牢固的桑树根丛那样，念念不忘还存在着陷入危亡的危险，才能保持住长治久安的局面，这就是"其亡其亡，系于苞桑"。

此爻在人道层面上的智慧是：忧患危亡才能解救危亡。《左传》中说"居安思危，思则有备，有备无患。"《汉书》中说："安不忘危，盛必虑衰。"孟子也早就指出："是故君子有终身之忧，无一朝之患也。"在不利的局面结束之后，不可高枕无忧，仍然要把忧患危亡"**系于苞桑**"。洪水未到先筑堤，豺狼未来先磨刀。酷烈之祸，多起于玩忽之人。要时刻提醒自己危险的存在，这样才能够激励自己更加努力，以求得有利局面长久巩固。微软公司总裁比尔·盖茨曾说过这样一句话："所有员工都要有这样一个意识——微软公司还有三个月就要倒闭！"这似乎是杞人忧天、令人费解的。其实不然，盖茨这样说是要求员工都要有忧患意识，要不断进取。

上九爻辞是"倾否，先否后喜。" 上九居于穷极之地，《小象》说："'否终则倾'，何可长也"，按照物极必反的规律就会由否塞转而为通泰。否卦的下坤卦三阴连类而进，象征小人道长势头很旺，这是"先否"，发展到上乾，乾之三阳共同控制了小人道长的势头，是为"倾否"，转而为君子道长。上九变卦，为兑，兑为喜悦。上九使否道彻底倾覆，这是"后喜"，是否极泰来。

此爻在人道层面上的智慧是：即使身处绝境也不轻言放弃就能翻牌。失败生于坚持终结之处。俗话说得好："恒心搭起返天路，勇气冲开智慧门。"一种局面不会长久持续地发生，否极泰来是一个不可逆转的客观规律。老子提出了"反者道之以动"的命题，道的作用就是向相反的方向发展，泰极转否则吝，否极显泰则喜。因此，在艰难困苦的环境中，即使心被折腾成千疮百孔，也要依旧生机盎然，这样也就会"先否后喜"。坚持理想、不言放弃的人才是伟大的智者。浪再高，也在船底；山再高，也在脚下，不放弃、再坚持，山那边就是成功的彼岸。墨翟也曾经说过："志不强者智不达。"正是由于这种锲而不舍的精神，才成就了许多智者的辉煌。

同人第十三

【卦辞】

同人：同人于野，亨。利涉大川，利君子贞。

【白话】

同人卦象征和睦相处：在远郊之野与人和睦共处，亨通。利于涉越大河，利于君子坚持正道。

【彖传】

《彖》曰：同人，柔得位得中，而应乎乾，曰同人。同人曰："同人于野，亨。利涉大川"，乾行也。文明以健，中正而应，"君子"正也。唯君子，为能通天下之志。

【白话】

《彖传》说：同人卦，六二阴爻居下卦之中位，与居上乾卦之中位的九五阳爻相呼应，象征赞同、应和他人，所以叫同人卦。同人卦的卦辞说："在远郊之野与人和睦共处，亨通。利于涉越大河"，这是乾的刚健之道的运行。同人卦下离上乾，象征文明刚健；六二阴爻居于下卦之中位，与居上卦之中位的九五阳爻相应和，这是君子恪守正道的表现。只有君子才能与天下人的心志相通。

【大象传】

《大象》曰：天与火，同人。君子以类族辨物。

【白话】

《大象传》说：同人卦下离上乾，天与火相结合，象征与人和睦共处。君子因此而对万物进行按族归类并加以辨别。

【爻辞】

初九 同人于门，无咎。

六二 同人于宗，吝。

九三 伏戎于莽，升其高陵，三岁不兴。

九四 乘其墉，弗克攻，吉。

九五 同人先号咷而后笑，大师克相遇。

上九 同人于郊，无悔。

【白话】

初九 与门外之人和睦共处，没有灾殃。

六二 只与宗亲和睦共处，将会发生令人遗憾之事。

九三 把军队埋伏在茂密的草丛中，登上高山观察敌情，三年不敢兴兵作战。

九四 登上敌人的城墙，又自己退下不进攻，吉祥。

九五 与他人一起共处，先号咷大哭，后欢笑欣喜，大部队克服了敌人的阻碍，与同盟者会师。

上九 在郊外与人和睦共处，没有悔恨。

【小象传】

[初九] "出门同人"，又谁"咎"也。

[六二] "同人于宗""吝"道也。

[九三] "伏戎于莽"，敌刚也。"三岁不兴"，安行也。

[九四] "乘其墉"，义弗克也。其"吉"，则困而反则也。

[九五] "同人"之"先"，以中直也。"大师""相遇"，言相"克"也。

[上九] "同人于郊"，志未得也。

【白话】

[初九] "与门外之人和睦共处"，又有谁会加害于他呢？

[六二] "只与宗亲和睦共处"，因所涉及范围过窄，所以是会造成遗憾的做法。

[九三] "把军队埋伏在茂密的草丛中"，是因为敌人太强大。"三年不能兴兵作战"，是因为辨明了形势，所以暂时按兵不动。

[九四] "登上敌人的城墙，又自己退下不进攻"，是因为从道义上不应该攻占对方的城池。之所以吉祥，是因为面临困境时能回头按正确的原则办事。

[九五] "与他人一起共处，先号咷大哭，后欢笑欣喜"，是因为九五阳爻居上卦之中位，象征人行中正之道。"大部队克服了敌人的阻碍，与同盟者会师"，说明与敌人作战取得了胜利。

[上九] "在郊外与人和睦共处"，说明志向未能实现。

【推天道，明人事】

　　同人卦的卦辞是"同人于野，亨。利涉大川，利君子贞。"同人是与人同心，相生相济的意思。同人卦离下乾上，离为火，乾为天，火光上升，与天相同，天火相互亲和，谓之"同人"。《序卦传》说："物不可以终否，故受之以同人。"同人卦是由否卦发展而来，否卦上下隔绝，不相交往，最后走向了事物的反面，发展为同人。同人卦下离为网罗的意思，上乾为天，合起来就是天下有网罗，表示众人集合。君子不可偏私狭隘，不可只亲近宗族朋党，要在更广泛的社会领域与人聚合，所以说"同人于野"。同人卦一阴中正，五阳相合，六二"得位得中"，上有九五阴阳正应，九五所代表的是乾卦，上下同心同德，所以"亨"。乾卦又是刚健的动力，所以说"利涉大川"。同人卦的下离为日，上乾为天，光天化日，君子必须心无所私、守持正道，这样才能感通而聚合天下之志，所以说"利君子贞"。

　　同人卦的《彖传》对卦辞的含义作了鞭辟入里的解读。同人卦为五阳一阴组成，六二柔顺中正，与上卦刚毅中正的九五相应，九五又是上乾卦的代表，所以说"柔得位得中，而应乎乾，曰同人。"唯有"同人于野"，广泛地交往与合作，才能摆脱否塞不通的状态，所以"亨。"孔颖达在其《周易正义》中也说："同人，谓和同于人；野，是广远之处。借其'野'名，喻其广远；言和同于人必须宽广无所不同，用心无私，处非近狭，远至于野，乃得亨通。"乾卦是健行的动力，所以"利涉大川"。同人卦的下离为火，为文明，上乾为健，这就是"文明以健"。九五是至尊的君王，居中守正，又有六二正应，是"中正而应"，有了这样的君王，"通天下之志"的理性就一定会实现。

　　君子观"天与火"的卦象，应该懂得在与人交往的过程中，要洞烛一切，合异为同，别同为异，重视大同，不计较小异，这就是《大象》所强调的"君子以类族辨物"。

　　初九爻辞是"同人于门，无咎。"同人卦的六爻的总体倾向都是追求与人和同。初九刚居阳位，得位得正，初爻变，离变艮，艮为门阙。虽然与九四是敌应，但初九心态开放，心中没有偏私，超越门户，毅然走出家门，追求与人和同，所以是"同人于门"。果然一出门，就不期而遇了六二，与之和同，当然"无咎"。与人和睦相处，只能博得别人的爱戴，所以《小象》也说："'出门同人'，又谁'咎'也。"

此爻在人道层面上的智慧是：以宽广的心态容纳各种人脉就是神通。俗话说："量大好做事，树大好遮阴"。从天人合一的层面上讲，高山伸展开健壮的双臂，拥抱花草树木，才魅力无穷；大海容纳着万种动物和宝藏，才博大神奇；蓝天能够呼风唤雨，才奔腾飘逸；人能够心态开放，才能宾朋满堂。只要心态开放，以正道进行普遍的交往，就能建立起价值链最长的人脉，就拥有了干成大事业的"人和"基础。在今天构建和谐社会中，《周易》所揭示的"同人于门"这一道理，更具有现实指导意义。我们不仅要与家门外的人和同，也要与境门外的人和同，还要与国门外的人和同，这样才能家和、国和、世界和，人脉流量源源不断，达到《象传》所说的"通天下之志"的目的。

六二爻辞是"同人于宗，吝。"宗是指宗族、宗派，是一种建立在血缘亲情和派系认同基础上的交往关系。从卦的结构上看，六二与九五刚柔相应，而且是"中正而应"，应该是"吉"，怎么反而"吝"呢？问题是同人卦的卦体是一柔应五刚，六二在与人和同时心系私情，只与九五亲比而排斥其他四刚，这就是"同人于宗"，引起了九三、九四的嫉妒和以武力相威胁，陷入了不能普遍交往的鄙"吝"困境。而且六二爻动，离变乾。二爻为大夫之家，上下同乾，乾为父，皆是父辈一家，交往如此狭窄，必然是"吝"，所以《小象》云："'同人于宗'，'吝'道也。"

此爻在人道层面上的智慧是：社会交往不能搞亲其亲的"小圈子"。在社会交往中必须以坦然大公的心态，广结善缘，建立以事业之缘为纽带的交往关系，赢得各方面的亲和力，促进事业的发展。否则，若只"同人于宗"，拉帮结伙，搞山头，闹派系，沆瀣一气；与非同宗族的同事面和心不和甚至暗中作梗、明处捣乱。这种亲疏有别，不能服众，就不能很好地完成工作任务。

九三爻辞是"伏戎于莽，升其高陵，三岁不兴。"九三阳爻居阳位，处在刚而不中又无上应之位，性情过于刚强。在同人卦中，六二是唯一的一个阴爻，因此也是其他阳爻唯一可以追求的对象。九三上临三阳爻，六二又与九五正应，所以九三要得到六二，必须与上三阳特别是九五角逐。九三所在的下卦为离，为甲胄，是兵戎之象，所以说"伏戎于莽"。九三一方面企图用武力阻止六二去与九五和同，另一方面又登上高岗瞭望九五的动态，就是"升其高陵"。可是九五位尊而刚中，九三面对敌刚的九五"安行也"，等了三年之久也不敢挑起战争，这就是"三岁不兴"所表达的意思。

此爻在人道层面上的智慧是：守住道德，纷扰自解。道德是过木的墨线，入水的明矾，墨线过木曲也正；明矾入水浊亦清。道德肩负人生行为的准绳和人心灵的清洁剂作用。道德又是清新的泉水，能够将纷扰人们的浅薄、浮躁、消沉、阴险、自满、狂傲等污垢荡涤清净。对具有高度自觉与深邃透彻的心灵的人来说，守住道德是他解除痛苦与烦恼必备的气质。守住道德就守住了正义，就为邪恶设置了红色的禁行线。大雪压不矮高山，正义与邪恶打擂，正义永远是赢家。郭沫若在《黄钟与瓦釜》中说："黄钟之与瓦釜，就是善与恶、是与非、美与丑、正与邪、真理与诡辩，永远是对立一时，而前者总是获得最终的胜利。"

九四爻辞是"乘其墉，弗克攻，吉"。九四处在不中、不正、无应之位，九四又在互巽（六二、九三、九四）之上，巽为高，有城墙之象，所以说"乘其墉"。九四所追求的对象也是六二，必须与九五争胜，因此，登上城墙意欲发动进攻。但是九四以阳居阴，质刚而用柔，懂得和顺之道，所以只是站在城墙上观察形势，最终"弗克攻"，没有与九五结怨成仇。九四因放弃向九五的进攻，回归和顺，而获得了吉祥，所以《小象》说"其'吉'，则困而反则也"。

此爻在人道层面上的智慧是：知错就改是洗心向善。人在遭遇困境时，若发现自己的所作所为与道义相违，就要及时回头复归正理，这种"困而反则"知错就改的行为，践行的是"善莫大焉"的精神。认错是知错就改的一种方式，就一句"我错了"，在沟通中可以勾销很多人的新仇旧恨，可以化解很多打不开的感情死结。《晏子春秋》上说："省行者不引其过。"意思是对自己的行为能够反躬自省，这种人的错误是不会继续存在和发展的。相反，用打碎镜子的方式来掩盖自己的丑陋，是明智心性的最大缺失。如果一意孤行，就会深陷困境之中不能自拔，遭到彻底的失败。

九五爻辞是"同人先号啕而后笑，大师克相遇。"九五居于君位，与居于臣位的六二阴阳正应，但在交往的过程中有九三、九四的作乱阻隔，所以先愤然号啕。但是九五"以中直也"，发动大军，以正治邪，克服了九三、九四的阻隔，加之六二坚持道义，上应于九五，君臣之间终于情投意合地走到了一起，破涕为笑，所以是"同人先号啕而后笑，大师克相遇"。从卦象上看，九五动，变卦离，下卦亦是离，离为戈兵，即军队，离离相会，大军会合，故《小象》曰"'大师'相遇"。

此爻在人道层面上的智慧是：别在道义上失去正义的力量。做人最基本的一条准则就是正直。正直就是有正义感，说真话，做实事，对于任何事物，既心态平和又坚持原则。做一个有正义感的人，才不会违背自己的良心，才能无愧于"人"这个字。培根说："就是因为有了正义感，人才成为人，而不成为狼"。双方相争，合乎正义者胜，邪恶势力也许会得逞于一时，但邪不压正，毕竟是兔子尾巴长不了。孟子说："得道多助，失道寡助"，正义是人类最大的力量和最大的利益，这就是此爻和历史留给人们的箴言。

上九爻辞是"同人于郊，无悔。"上九处于同人卦的最外层。上九虽然也把六二作为追求的对象，但是上九离六二最远，又与九三敌而不应，不能聚集，犹如位于郊外，志向不能实现，所以说"同人于郊"，《小象》也说："志未得也"。上九虽不得志也不丧志，看到六二与九五已结成正应，既然追求不能实现，上九就去联合其他志同道合者，共建同人世界，这正是全卦的聚众精神，不会有悔脑，故曰"无悔"。

此爻在人道层面上的智慧是：要选择交心者为友。天地以气和，万物以类聚。古人说："恩德相结者，谓之知己；腹心相照者，谓之知心；声气相投者，谓之知音。"这是讲两人在交往之中心心相通，才能产生思想感情上的和谐共鸣，才能志趣相投。如果一味地以貌取友，很容易就上了"笑面虎"的当。如果交的是酒肉朋友、势利之徒，在利害攸关时就不能休戚与共，甚至会卖主求荣，莎士比亚就曾尖锐地指出："酒食上得来的朋友，等到酒尽樽空，转眼成为路人"。所以，交人必须交心，诚如俗话所言："鼓打两张皮，人看一颗心"。鲁迅也说："友谊是两颗心的真诚相待，而不是一颗心对另一颗心的敲打。"在某些群体中，不能与交心者遇和，就应该另求发展，到其他群体中去另求所遇。这样"同人于郊"，一路走过，一路安然，一路喜乐，自然无悔。

大有第十四

【爻辞】
大有：元亨。

【白话】
大有象征富有，大为亨通。

【彖传】
《彖》曰：大有，柔得尊位大中，而上下应之，曰大有。其德刚健而文明，应乎天而时行，是以"元亨"。

【白话】
《彖传》说：富有，六五阴爻居于上卦之中位，象征阴柔者居于尊位并守中道，上下阳刚都响应他，所以说大有所获。大有卦下乾上离，象征人的品德刚正而文明，能顺应自然规律的变化，适时而行，所以至为亨通。

【大象传】
《大象》曰：火在天上，大有。君子以遏恶扬善，顺天休命。

【白话】
《大象传》说：大有卦下乾上离，天上有火，象征富有。君子因此而制止恶行，发扬善行，顺从天道，使命运更加美好。

【爻辞】
初九 无交害，匪咎；艰则无咎。
九二 大车以载，有攸往，无咎。
九三 公用亨于天子，小人弗克。
九四 匪其彭，无咎。
六五 厥孚交如，威如，吉。
上九 自天佑之，吉，无不利。

【白话】
初九 不互相侵害，没有灾殃；即使面临艰难的处境，也不会有灾殃。
九二 用大车装载财富前去某地，积累于其中，没有灾殃。

九三 公侯参加天子举行的宴会，小人则没有资格参加。

九四 富而不过盛，没有灾殃。

六五 以诚信交接，光明正大，充满威严，吉祥。

上九 有上天保佑，吉祥，无所不利。

【小象】

[初九] 大有初九，"无交害"也。

[九二] "大车以载"，积中不败也。

[九三] "公用亨于天子"，"小人"害也。

[九四] "匪其彭，无咎"，明辨晢也。

[六五] "厥孚交如"，信以发志也。"威如"之"吉"，易而无备也。

[上九] 大有上吉，"自天佑"也。

【白话】

[初九] 大有卦的初九爻辞说明"不互相侵害"。

[九二] "用大车装载财富"，把物堆积在车中，不会毁坏。

[九三] "公侯参加天子举行的宴会，小人则没有资格参加"，因为若小人参加就会带来危险。

[九四] "富而不过盛，没有灾殃"，说明能明智地辨别事物。

[六五] "以诚信交接，光明正大"，是用诚信来表明自己的志向。"充满威严，吉祥"，是因为平易近人而且不加防备。

[上九] 大有上九爻的吉祥，是因为"有上天保佑"。

【推天道，明人事】

大有卦的卦辞是"大有，元亨。"大有是盛大富有的意思。大有卦乾下离上，乾为天，离为火，火焰高于天上，象征太阳当空照耀，大地五谷丰登，大获所有，故谓之"大有"。《序卦传》说："与人同者，物必归焉，故受之以大有。"本卦由一阴五阳组成，一阴六五居尊位，在刚爻之中，是"柔得尊位"的"大中"，获五阳"上下应之"，最为通达，所以"元亨"。

《象传》对大有的卦辞作了洞隐烛微的解释：大有卦的六五为全卦主爻，柔爻位于九五之尊，尊者大也，五爻为中，六五与九二相应，九二为下卦之中爻，中爻为主，故上下都相应。上九与六五相比，九四刚爻居于柔位故与六五相安，因此六五一阴获五阳之应，故曰："柔得尊位大中而上下应之"。大有卦乾下离上，乾为健，离为文明，亦即"德刚健而文明"。六五在上卦离中，离为日，古人以日晷计时，离又可引申为时；九二在下卦乾中，乾为天，犹如太阳依天体而运行，所以说"应乎天而时行"，比喻人事就是万民归顺、顺天依时，这是大为亨通的好形势。

君子观"火在天上"的卦象，应该清醒地看到，在大有的大好形势下，善与恶的矛盾及其相互转化的可能性还是依然存在的，对此不可盲目乐观，如果恶的因素不能及时察觉和抑制，发展下去必然破坏大好形势；相反，如果能够敏锐地认知和把握善的因素，不断地使之发扬光大，大好形势就会得到维护和发展。这就是《大象》所强调的"君子以遏恶扬善，顺天休命"。

初九爻辞是"无交害，匪咎；艰则无咎。" 初九阳居阳位，具有刚阳之质，由于是初爻而不是二爻，与六五之君不能结成相应的关系，此时应坚守正固，以静待时，"无交害"也就是不互相侵害就不会有灾殃，所以说"无交害，匪咎"。"艰则无咎"的意思是，一定要处富而思艰，不生骄傲之心，低姿态做人和行事，就能免除祸害，大有所成，这就是韬光养晦的智慧。

<u>此爻在人道层面上的智慧是</u>：锋芒太露最容易树敌而成为别人打击的首选对象。当鲜花达到显露的时候，不是被人摘走，就是开始衰败。意大利画家达·芬奇说："最高的树被风吹得最弯"。在处世中，太过露锋芒、太露头角，就容易遭忌恨，遭人陷害，遭受众人的打击。有锋芒不张扬，就是韬光；把自己放在一个不显眼的位置，低调行事，就是养晦。韬光养晦才能承受大难，才能集合力量成就大业。商朝时期，周文王被纣王囚禁时，他并没有盲目地反抗，而是隐藏了自己的明智，收敛了自己的锋芒，外表柔顺，甚至在商纣王杀了自己的儿子，用儿子的血做成血羹来测试他时，他明知是自己儿子的血，仍忍着巨大的悲痛，不露声色地喝了下去，逃过一劫，最后一举灭掉商朝，建立大周，演绎了"艰则无咎"的历史大剧。

九二爻辞是"大车以载，有攸往，无咎。" 九二阳爻居阴位，虽不正，但得中，上与六五正应。由于九二以刚居柔，又居下卦二阳爻之中，能够以柔顺刚，奉行中道，有谦和之道，宽厚容纳，是六五最可信赖和倚重的大臣，他所肩负的任务、担子沉重，就像载满了物质的大车。但是九二心情愉快，载重远

行，没有招致覆败之虞，所以说"大车以载，有攸往，无咎"。大有卦中九二与六五正应，又都处于中爻，正是这种"积中"才使九二没有陷入覆败，就像《小象》所说："积中不败也。"

此爻在人道层面上的智慧是：谦下平和的人才能胜任艰巨的任务。一个有文韬武略的人往往是谦下平和的人，谦下，就能够收敛锋芒、韬光养晦，能给生活的碰撞留下足够的缓冲空间，能够把来势凶猛的撞击转化成温润的接触。谦下是一种必要的自我保护，也是让别人敬佩的一种内在气质。平和，是最可贵的礼节，是最美的德行，也是赢得人脉、干成大业的最重要基础。古人说："和气致祥，乖气致异。"先王之道，和气为先。三人同心，黄土变金。可见，谦下平和的人才能承载起艰巨的任务，而且"有攸往，无咎"。

九三爻辞是"公用亨于天子，小人弗克。" 九三阳居阳位，虽然当位得正，但阳刚太过，太逞强，九三与上九又敌而不应，而作为天子的六五，又是谦和柔顺的君子。九三作为有地位、有影响的诸侯王公，应该把自己享有的一切，都归功于六五的正确领导和恩赐，而不能往自己脸上"抹粉"。如果贪天功为己功，利令智昏，就会成为破坏大局的小人，所以说"公用亨于天子，小人弗克"。此爻《小象》也特别告诫人们："'小人'害也。"

此爻在人道层面上的智慧是：以中德的人文精神获得财富，才是君子的生财正道。中德是孔子"取之有道"的真正含义。当你拥有财富和地位时，不要忘乎所以、目中无人，特别是对于比自己财富和地位更高的人，更要保持礼节。此爻还提醒人们，做官要担负起社会责任，不能贪公权为私利。宋代刘炎说："君子志于泽天下，小人志于荣其身。"意思是，君子的志向是让天下人受到恩泽，小人的志向只顾自己得到荣耀。狗在骨头上"聚会"，小人的心思都放在利禄的牟取上，所以，不能让小人承担大任，因为小人必然用公权来中饱私囊，招致灾祸。

九四爻辞是"匪其彭，无咎。" 九四处大有之时，大有丰盛已经过中，过盛就会带来灾祸。九四作为刚猛之人而迫近柔顺之君，容易滋生骄慢的情绪。但是九四以刚居阴，质刚而用柔，自处有道，能够明智清晰地辨别利害关系，能够自我克制，不以盛大骄人，减少了周围人的猜疑和嫉妒，所以没有咎害，故谓之"匪其彭，无咎"。如果缺乏明智辨哲，一味地骄纵，自我膨胀，最终将导致灭亡，所以《小象》云："'匪其彭，无咎'，明辨哲也。"

此爻在人道层面上的智慧是：凡事做过了头，就会冒出灾害来。过则为害是宇宙的大法则。太阳有度，日升日落，方能亘古不变；鲜花有度，花开花落，方能一岁一枯荣。为人和做事都要掌握一定的"度"，不可不为，更不可过度。过度挤奶，挤出的只能是血，所以凡事都要"匪其彭"，不能做过头。《论语》中记载：一次，子贡问孔子："子张和子夏谁更好？"孔子说："子张做事情显得有些过头，子夏又有些赶不上。"子贡又问："那是不是子张要好一些呢？"孔子的回答简单明了："过犹不及。""不及"和"过犹"是事物的两个极端，是造成世事各种失误和祸患的重要原因。古人云："宽猛相济，政事以和。"君主为政过宽或过严，都会走向失败。秦始皇施行暴政，统一中国后，秦朝不到十四年就灭亡了。在今天纷繁复杂、物欲横流的社会，一些贪得无厌的高官，把事情做过了头，结果把自己拉下了马，甚至把自己拉进了坟墓。因此，不可不及，更不可过度，应该成为人们做人做事的不二法门。

六五爻辞是"厥孚交如，威如，吉。"六五阴爻居阳位，柔中有刚，虽然不当位，但他得中。六五与九二相应是为孚信，上下五个阳爻皆来应和，以至诚之心对待君主，六五也以至诚之心遍及上下，这就是"厥孚交如"。六五在互兑（九三、九四、六五）中，兑为虎，所以六五以阴爻居五的尊位，以谋求公共利益作为自己的人生目标，在领导方法上不仅讲求诚信，还必须讲求威望，才会吉祥，就是"威如，吉"的意思表达。六五又在上离卦之中，离为火，《内经》"心为火"，引申为心志，"志"主要是指亲比、相应，六五与上下各爻比应，故《小象》云："信以发志"。

此爻在人道层面上的智慧是：处于核心地位的领导者，在领导方法上要诚信与威严并重。自古驱民在诚信，一言为重百金轻。荀子云："圣人为知矣，不诚则不能化万民。"意思是，圣人固然是无所不晓，但是不是真诚也不能感化万民。温和诚信待部属，才会得到部属的信服和真心拥戴。威严能防止社会风气的涣散和懈怠。孔子的弟子曾经这样评论他："子温而厉，威而不猛，躬而安。"意思是说，孔子温和而又严厉，威严而不凶猛，庄重而又安详。一个处于核心地位的领导者要有孔子这样的气质和风范，就能做到"厥孚交如，威如"，诚信与威严并举，他的形象和他所领导的事业就会令世人瞩目。

上九爻辞是"自天佑之，吉，无不利。"上九虽然失位不正，又居上卦之极，但并未终结，并且能合应六五明君，说明上九有思顺之义。上九又居于上离卦的最高处，离为明，自有上天保佑之福泽，所以"自天佑之"。大有卦中六爻都能遵循天道的规律，做到刚柔相应，所以"吉，无不利"，《小象》也说："大有上吉，'自天佑'也。"

此爻在人道层面上的智慧是：和顺才能干出非一己之力所能成就的伟业。和顺是一种修养，是饱经人世的沧桑，是阅尽人情的经验；和顺是一种恬静，让人以豁达的心态去面对生活；和顺是一种智慧，让人在面对疯狂的攻击中，依然保持冷静的头脑，化干戈为玉帛；和顺是一种力量，是向心力聚合起来的排山倒海的力量。每个人都必须知道自己是在和别人协同工作，知道和顺产生超过自己的无穷力量和智慧，是造就伟业的决定性基础。《系辞传》说："佑者，助也。天之所助者顺也，人之所助者信也。履信思乎顺，又以尚贤也，是以自天佑之，吉无不利也。"天道的本质在一个"顺"字，就是阴阳和顺。人能顺从天道，天就会"佑"你，你就能成功。人的本质是一个"信"字，就是上能诚信接下，下能诚信事上，人能够上下交孚，和衷共济，人就会"助"你，你就可以通过集思广益，弥补自己头脑中的智慧空隙，可以凝聚众人的力量，干出非一己之力所能成就的伟业，自然就会"吉，无不利"了。

谦第十五

【卦辞】
谦：亨。君子有终。

【白话】
谦卦象征谦虚：亨通。君子能够保持谦虚，故有好的结局。

【彖传】
《彖》曰：谦，"亨"。天道下济而光明，地道卑而上行。天道亏盈而益谦，地道变盈而流谦，鬼神害盈而福谦，人道恶盈而好谦。谦，尊而光，卑而不可逾，君子之终也。

【白话】
《彖传》说：谦虚则亨通。天之道是下济万物并带来光明，地之道是位置卑下但地气却向上升腾。天之道是使盈满者亏损而增益谦虚者，地之道是倾陷盈满者而补益谦虚者，鬼神之道是危害盈满者而增福谦虚者，人之道是厌恶盈满而爱好谦虚。有谦虚美德的人，处于尊位，其道德更加光大，处于卑位，其品行也不可逾越，君子正是因为谦虚才有好的结局。

【大象传】
《大象》曰：地中有山，谦。君子以裒（póu，取）多益寡，称物平施。

【白话】
《大象传》说：谦卦下艮上坤，山处于地的下面，象征谦虚。君子以此而取有余以补不足，称量财物，公平地施予众人。

【爻辞】
初六　谦谦，君子用涉大川，吉。
六二　鸣谦，贞吉。
九三　劳谦，君子有终，吉。
六四　无不利，撝（huī，挥手拒绝）谦。
六五　不富以其邻，利用侵伐，无不利。
上六　鸣谦，利用行师征邑国。

【白话】

初六 十分谦虚,君子以这种态度去涉越大河,吉祥。

六二 谦虚的名声远扬,仍保持谦虚,坚持正道可获得吉祥。

九三 有功劳而又保持谦虚,君子有好的结局,吉祥。

六四 不受谦逊的虚名,没有任何不利。

六五 因为受到邻国的劫夺而不富裕,但能左右近邻,出兵前去讨伐,没有任何不利。

上六 谦虚的名声远扬,利于出兵,征讨附近的邑国。

【小象传】

[初六]"谦谦君子",卑以自牧也。

[六二]"鸣谦,贞吉",中心得也。

[九三]"劳谦君子",万民服也。

[六四]"无不利,撝谦",不违则也。

[六五]"利用侵伐",征不服也。

[上六]"鸣谦",志未得也。可"用行师",征邑国也。

【白话】

[初六]"十分谦虚的君子",指以谦卑的态度来自我修养的人。

[六二]"谦虚的名声远扬,仍保持谦虚,坚持正道可获得吉祥",是因为内心能守中道。

[九三]"有功劳而又保持谦虚,君子有好的结局",是因为受到万民敬服。

[六四]"不受谦逊的虚名,没有任何不利",说明这样做不违背规则。

[六五]"出兵前去讨伐,没有任何不利",因为是去征讨不服从命令的骄横者。

[上六]"谦虚的名声远扬,仍保持谦虚",是因为其志向尚未得到实施。可以"出兵",是去征讨附近的邑国。

【推天道,明人事】

谦卦的卦辞是"谦,亨。君子有终。"谦是谦虚、谦逊、谦恭之意。谦卦

艮下坤上，山体高大但在地下，内高而外低，所以呈下谦之象，故谓之"谦"。《序卦传》说："有大者不可以盈，故受之以谦。"《周易》中有一卦，大可以保天下，中可以保一国，小可以保一身。这就是第十五卦的谦卦。在《周易》整个六十四卦中，唯有谦卦卦辞和爻辞全吉。山本高却蕴其崇高，处于地之下，在人道层面上讲，屈躬下物，诸事顺利。一个人越是自视卑下，别人就会越尊重他；越是自己隐晦，德行就越光辉。这就是亨通之道，是君子所应终生奉行的美德，九三为君子，在下艮卦之上端，艮为止，《易传》云："终万物始万物者莫盛乎艮"，故说"亨。君子有终"。

谦卦的《象传》对卦辞的含义作了精道的诠释。就天道而言，艮为阳卦，代表天道，阳为光明，处于下卦，虽高而不以高自居，却向下与地相交以彰显光明，虽盈而不自以为盈，而是损盈满以补益不足，这就是"天道下济而光明""天道亏盈而益谦"；就地道而言，坤为地道，阴卦为卑则处于上卦，虽卑下而上行与天气相交，正是这种"卑而上行"，能够"变盈而流谦"。可见，尊者有谦而更加光明盛大，卑者有谦也内含着崇高的人格，在卑贱时也不会受到凌辱，所以说"谦尊而光，卑而不可逾"。这种美德是君子应终身信守的，所以说"君子之终也"。不仅"人道恶盈而好谦"，就连鬼神也"害盈而福谦"。

君子观"地中有山"的卦象，悟知凡事不可盈满，当权衡其多寡，在社会管理中，应该裒取多者，增益寡者，称量财物，公平施予。这就是《大象》所说的"裒多益寡，称物平施"的道理。

初六爻辞是"谦谦，君子用涉大川，吉。"初六以阴爻居阳位，失位，又以柔处下，所处环境恶劣。但是山在地中为谦，初六又在山之下，是谦而又谦。初六在与自己的生存环境进行搏击中，能够"卑以自牧"，用谦虚的美德约束自己的行为，下大力气把自己塑造成一位谦谦君子的形象。初六上临互坎（六二、九三、六四），坎为水，为险，是大川之象，由于初六秉持谦虚的美德，故而得到了多数人的拥护和支持，因此，面对任何艰难险阻，都不会受困，吉，无不利。所以说"谦谦，君子用涉大川，吉"。

此爻在人道层面上的智慧是：不要让掌声和赞美把自己拉向平庸的洼地。耳朵被甜蜜的恭维话塞满了，人就要倒霉了。俗话说："阿谀没有牙齿，能把骨头啃掉。"谦虚之道是成功之道。为人必须谦虚谨慎，戒骄戒躁、不能在成绩面前沾沾自喜、故步自封，只有做到功高不自居、名高不自誉、位高不自傲，才会"得道多助"，帮助自己完成艰巨的任务，这就是此爻辞"谦谦，君子用涉大川，吉"的智慧。中国古代先贤圣哲都反复告诫人们以谦虚来修身，谦虚才能有大作为，出大成果。曾国藩曾经明确指出："君子过人之处只是谦虚罢了。"谦虚的人让自己的灵魂清醒悠然，让自己人生的价值呈正数递增。

六二爻辞是"鸣谦，贞吉。" 六二以阴爻居阴位，居下卦之中，当位得中，六二与卦主九三亲比，谦虚发自内心，谦虚的美德广为人知，赢得了社会的一片由衷美誉声，这是"鸣谦"产生的效应。为什么"鸣谦"能够产生如此好的效应呢？六二谦德积于中，谦虚的君子从心底发出的谦虚之声感染了民众，民众的口碑也是发自于心中，所以才"贞吉"。此爻《小象》讲得好："'鸣谦，贞吉'，中心得也。"

此爻在人道层面上的智慧是：懂得谦虚，就懂得人生无止境和事业无止境。此爻辞"鸣谦，贞吉"阐明了一个亘古永恒的道理：满招损，谦受益。花开无言自溢香。谦虚是智，不谦虚是愚。中国人历来对骄傲自满十分忌讳，《素书·安礼》中说："山峭者崩，泽满者溢。"还有"不自满者受益，不自是者博闻。"弘一大师也说过："气忌盛，心忌满，才忌露。"俗话还说："鼻孔朝天的人会跌进粪坑"。地位一升高，就有了"麻雀变凤凰"般的趾高气扬，就会失去亲和力，离失败也就不远了。翻腾最高的浪头必然会沉得最低。反之，人在最谦卑的时候也是最接近有大收获的时候。即使人在取得了很大成就的时候，能够秉承谦德，崇尚虚道，不事张扬，就达到了一种众人仰慕的大成境界。

九三爻辞是"劳谦，君子有终，吉。" 九三是谦卦唯一的阳爻，当位得正，介于上卦体和下卦体之间，承担了主持大局的重任，在处理上下级关系上谦恭守礼，谦以待下，恭以事上，取得了巨大的成就，但是不矜功自夸，是一个劳而能谦的大臣，得到君主的信赖，也让"万民服也"，所以能够永守禄位而获终吉，故谓之"劳谦，君子有终，吉"。从卦象上看，内卦为艮，艮为一阳压二阴，阴邪力量被阳刚稳稳地压在了下方，所以九三能够长期在一个高位上保持吉祥。

此爻在人道层面上的智慧是：骄傲自大是阻碍进步的包袱。世上最没有资本的人往往自视最高。此爻辞"劳谦，君子有终"彰显的主旋律是一个人要想追求成功的人生和事业，就不能把自己看成柱石，把别人看成茅草，必须在潜意识里消除自负的本性，植入谦虚的特质，这样才能使人生和事业始终吉祥。当你是猫的时候，你必须要想成为虎；但是，当你成为虎以后，你必须记住自己曾经是猫。人有了这种低调的谦虚特质，一切都会变得吉祥如意，或许在不经意之间，你就会得到你想要的成功。

六四爻辞是"无不利，㧑谦。"六四阴居阴位，当位得正，从所处的爻位结构上看，上承九五至尊之君，下乘九三有功之臣，又是上卦的最下位。《周易》讲"二多誉，三多凶，四多惧，五多功"，六四正是处在一个多惧的位次，稍一不慎，动则得咎。但是六四柔居阴位，当位得正，内柔外谦，克制自己，不行过甚之举，能以敬畏之心事奉君主，又能以虚怀若谷的态度对待有功之臣，一举一动都符合谦道，六四又为互震（九三、六四、六五）卦之中，震为动，引申为㧑，故谓之"㧑谦"，结果把上下关系处理得和谐融洽，诸事"无不利"。六四处"多惧"位置，又乘刚，能够"无不利"，是因为六四正处于谦卦上坤下艮的中心区，在全卦的气势下不违背谦虚的法则使然，所以《小象》云："'无不利''㧑谦'不违则也。"

此爻在人道层面上的智慧是：虚怀若谷的谦德可以获得最大的利益。植物中"低头的是稻穗，昂头的是秕子"，人世间昂头是目中无人的趾高气扬，低头是以谦卑的姿态避让危险的冲撞。俗话说："懂得低头才能出头""虚心竹有低头叶，傲骨梅无仰面花"。如从更深层次去理解，虚怀若谷的谦德，毫无疑问也是我们中华民族最优秀的文化精神。老子曾经说过与"㧑谦"的精髓相一致的话："不自见，故明；不自是，故彰；不自伐，故有功；不自矜，故长。"意思是，一个人不自我表现，反而显得与众不同；一个人不自以为是，反而会超出众人；一个人不自夸，反而会赢得成功；一个人不自负，反而会不断前进。可见，懂得了低头就学会了不低头，由此获得的利益才是无与伦比的。

六五爻辞是"不富以其邻，利用侵伐，无不利。"《周易》中的阳爻为实为富，阴爻为虚为贫。六五居于至尊的君位，但它是阴爻，是不富实的。可是六五柔而得中，六五的上下二爻皆为同类之"邻"，六五能奉行谦道，处高位而谦卑，因而能够左右指挥亲近它的近邻，亦即"不富以其邻"。六五居君位，又不能偏废于谦卑而失去威严，必须恩威并治，必要的时候动用威武之师出征讨伐，来维护自己的主权，维护自己的人格，维护谦的尊严和美德，这样才能无所不利，就是"利用侵伐，无不利"。"利用侵伐"之所以"无不利"，就因为是去征讨不服从命令的骄横者，就是《小象》所云："征不服也"。

此爻在人道层面上的智慧是：有资格骄傲仍保持谦虚的人生追求才能有所

成就。有资格骄傲而不骄傲的人，以其功而谦下于人，内心才更有空间容纳世界的大千变化，才是生活中的真正智者。孔子说："劳而不伐，有功而不德，厚之至也。"意思是，勤劳而不自夸，有功而不自以为有德，真是敦厚之极啊！晏子也说："富贵不傲物，贫贱不易行。"意思是，富贵了不要瞧不起别人，贫穷了不改变自己的操守德行。春秋时期宋国大夫正考父是几朝元老，但他始终保持谦虚的人生态度，他在家庙的鼎上铸下铭训："一命而偻，再命而伛，三命而俯。循墙而走，亦莫余敢侮。饘于是，鬻于是，以糊余口。"意思是说，每逢有任命提拔时都越来越谨慎，一次提拔要低着头，再次提拔要曲背，三次提拔要弯腰，连走路都靠墙走。生活中只要有这只鼎煮粥糊口就可以了。法国著名作家雨果也特别倡导谦逊的美德，他说："花的事业是尊贵的，果实的事业是甜美的，让我们做叶的事业吧，因为叶的事业是平凡而谦逊的。"现实生活中，我们经常看到越是有涵养、有能力、深沉稳重的人越谦虚；越是有地位、有才学、有财富的人，越不以自己的地位、才学和财富而骄人。相反，浮躁、浅薄、自以为是的人才骄傲，这种人摆出一副盛气凌人、不可一世的俗态，这种与"不富以其邻"相背离的人品上缺陷，只能招致最后的失败。

上六爻辞是"鸣谦，利用行师征邑国。"上六位居谦卦之上极，上六又是外坤卦的上位，可谓谦柔之至，并且谦虚的美德已经扬名于外，广为人知，本卦自九三至上六，组成大震，震为鸣；六二与九三亲比，上六与九三相应，"阴阳相应故鸣"，所以说"鸣谦"。但是谦虚宽容虽能感化众人，可是对于一些不法之徒则难以奏效，因此，必须刚柔相济，严惩骄横的恶徒。上六是六五的助手，又有九三正应，有"行师"的实力。上卦坤，坤为邑国（天子分封诸侯称"国"，分封大夫称"邑"）。《周易》中凡言邑国者，皆是坤象。利用军队对邑国的不法分子进行征讨，就是"利用行师征邑国"，以维护社会的稳定和和谐。君子的志向是效法谦卦让天下自然归顺，但总有不归顺者，于是不得不用武力征讨之，所以《小象》云："志未得也"。

此爻在人道层面上的智慧是：让怀不仁之心者望而生畏。对怀不仁之心者必须进行惩戒。惩戒的手段可以用刚，给他一闷棍，打他个人仰马翻；也可以用柔，敲山震虎，让他自己幡然醒悟。清朝时的毕振姬曾任湖广布政使，享受阁老待遇，人称毕阁老。有一年，毕阁老拜祖返乡，听说高平当任县令多收粮税，百姓怨声载道。高平县令要来见他，他就特地让家人做了准备。县令来到

毕府后，双方寒暄一番，上桌就宴。按照毕阁老的安排，家人很有秩序地端上四个盘子：第一盘是红枣，第二盘是黄梨，第三盘是蒸糕，第四盘是苹果。县令看到毕阁老不太热情，又看了看桌上的食品，如梦初醒，桌上的枣、梨、糕、苹不是叫他"早离高平"吗？于是回城不久，就带着家眷溜了。这个县令虽然心怀不仁，但还是认识到了自己的处境，为了防止被进一步打击，赶快走人。

豫第十六

【卦辞】
豫：利建侯，行师。
【白话】
豫卦象征欢乐：利于建立诸侯国，出兵打仗。

【彖传】
《彖》曰：豫，刚应而志行，顺以动，豫。豫，顺以动，故天地如之，而况"建侯，行师"乎。天地以顺动，故日月不过，而四时不忒（tè，差错）。圣人以顺动，则刑罚清而民服。豫之时义大矣哉。
【白话】
《彖传》说：欢乐，五个阴爻与九四阳爻相应，表明阳刚者前来应和，从而使志向得以推行。豫卦下坤上震，象征阴柔者随顺阳刚者而动，就感到欢乐，这就是豫卦的意义。豫卦象征阴柔者随顺阳刚者而动，连天地运行都是如此，更何况"建立诸侯国，出兵打仗"这些事情呢？天地顺从规律而运动，所以日月的运转没有过失，四时的更替不出差错。圣人顺民情而行动，从而使刑罚清明，民众服从。豫卦得其时的意义真大啊。

【大象传】
《大象》曰：雷出地奋，豫。先王以作乐崇德，殷荐之上帝，以配祖考。
【白话】
《大象传》说：豫卦下坤上震，象征雷出地而震动，这是豫卦的卦象。先王观此卦象，从而制作音乐，推崇功德，把丰盛的祭品进献给上帝，并让祖先的神灵配享。

【爻辞】
初六　鸣豫，凶。
六二　介于石，不终日，贞吉。
六三　盱（xū，张目仰视）豫，悔；迟，有悔。
九四　由豫，大有得。勿疑，朋盍簪（zān，束头发的器具）。

六五 贞疾，恒不死。

上六 冥豫，成有渝，无咎。

【白话】

初六 因欢乐而自鸣得意，有凶险。

六二 耿介如石，这种状况不到一天就改变了，坚守正道可获得吉祥。

六三 谄媚讨好以求安乐，会有悔恨；迟缓不改，又会有新的悔恨。

九四 从享受安逸中大有所获。不必疑惧，朋友们会像用簪子把头发束在一起那样聚合。

六五 长期患病，病人还可以活很长时间。

上六 糊里糊涂地安享快乐，已成习性，及时改正，没有灾殃。

【小象传】

[初六] 初六"鸣豫"，志穷"凶"也。

[六二] "不终日，贞吉"，以中正也。

[六三] "盱豫""有悔"，位不当也。

[九四] "由豫，大有得"，志大行也。

[六五] "贞疾"，乘刚也。"恒不死"，中未亡也。

[上六] "冥豫"在上，何可长也。

【白话】

[初六] 豫卦说初六"欢乐而自鸣得意"，这种做法因为失去了志向，多有凶险。

[六二] "耿介如石，这种状况不到一天就改变了，坚守正道可获得吉祥"，因为六二阴爻居下卦之中位，能守中正之道。

[六三] "谄媚讨好以求安乐""会有悔恨"，因为六三阴爻居阳位，没有摆正位置的缘故。

[九四] "从享受安逸中大有所获"，说明其志向正在广泛推行。

[六五] 豫卦六五爻辞说"长期患病"，是因为阴柔者凌驾于阳刚者之上，所以会产生疾患。"病人还可以活很长时间"，因为六五阴爻居上卦之中位，说明居中守正就不会灭亡。

[上六] "糊里糊涂地安享快乐"又高居上位，昏昧纵乐已经到了极点了，怎么能保持长久呢？

【推天道，明人事】

豫卦的卦辞是"豫，利建侯，行师。"豫是安和愉乐、通畅和顺之意。豫卦坤下震上，坤为地，震为雷，雷生于地，大地回春，万物萌动，生长化育，春意盎然，充满喜悦。从卦象上看，豫卦下坤上震，震为动，为鸣；坤为腹，为釜，可引申为缶、钟之类的乐器，也有奏乐之象，愉悦和乐之意，故谓之"豫"。《序卦传》说："有大而能谦必豫，故受之以豫。"豫卦主爻为九四，九四为诸侯位，九四所居的上卦为震，震为动，所以"利建侯"；下卦坤为众，引申为师，所以利"行师"。

豫卦的《象传》对卦辞的含义作了穷理尽性的阐述。豫卦只有九四为阳爻，其他五个阴爻与它呼应，所以是"刚应而志行"。豫卦下坤为顺，上震为动，所以说"顺以动""天地如之"，更何况"建侯，行师"。从自然界讲，天地宇宙的大化流行过程，就是因为"顺以动"，才保持了运动的秩序，"故日月不过，而四时不忒"；从人类社会讲，圣人能够"以顺动"，亦即顺应民心而动，干群关系就能够像天地万物那样调适畅达，政通人和，天下安乐，所以说"圣人以顺动，则刑罚清而民服"。随顺物性、形势、人心等"顺以动"，才是"豫之时义大矣哉"。这就是豫卦所阐述的内涵和所赞扬的精神。

君子观"雷出地奋"的卦象，创作音乐来表现天地之和，以崇敬生生之圣德，并以盛大仪式祭祀天帝祖先，所以《大象》说："先王以作乐崇德，殷荐之上帝，以配祖考。"

初六爻辞是"鸣豫，凶。"从卦的结构上看，初六以阴柔之质居于阳位，才质柔弱而刚进，虽然地位低下，但初六与九四正应，得到了九四的荫庇，本来初六应该利用有利条件，进德修业，为成就自己打好基础，可是它却倚仗着与九四有应，沉迷于豫乐之中，到处炫耀自己，结果遭致凶灾，初爻动，变为震卦，震为鸣，上下重震，故有共鸣，所以说"鸣豫，凶"。初六处豫之初，而特得志于上，乐过则淫，志穷则凶，所以《小象》指出："初六'鸣豫'，志穷'凶'也。"

此爻在人道层面上的智慧是：在自己的内心深处积淀平和与朴实的元素。

没有什么缺陷比自鸣得意更能让人丧失尊重,甚至生命的。古往今来,很多聪明一世的人,最后为什么性命不保,被人唾骂和耻笑?其中一个很重要的原因,就是"鸣豫"惹的祸。真水无香,好茶无色。羊昂头叫一声,就少吃一口草。要想成就大事业的人,必须以"鸣豫,凶"来自警,从而免于狂妄与骄横。即使取得了巨大成绩和荣誉,也不"鸣豫",不喜形于色。能够以"鸣豫,凶"来自警,不仅是一种美德,是一种处世为人的态度,更是一种读懂了万物而静心处事的智慧。

六二爻辞是"介于石,不终日,贞吉。"六二以柔居阴,又位在下卦之中,处于初六、六三有违正道的两爻之间,与上卦的六五是敌应。六二又在互艮(六二、六三、九四)的下位,艮为山,为石,六二中正但无所系应,具有耿介如石的意志,这就是"介于石"的含义;艮也为止,六二在互艮的下位,没有到上位,这就是"不终日"的含义。六二耿介如石,能以中正之道作为立身之根本,不枉道媚上,这样守持正固而获得了吉祥,故谓"贞吉"。六二的吉祥,得益于他对中道的遵行,所以《小象》云:"以中正也"。

此爻在人道层面上的智慧是:正人君子绝不能以势利的态度谄上渎下。《系辞传》说:"君子上交不谄,下交不渎。"就是说一个君子的作为是对上不卑,不刻意讨好比自己地位高的权贵;对下不亢,不有意轻辱比自己地位低的人。现实生活中那些枉道媚上的"马屁精"是最没有人格的,也是最遭人白眼的。李白就曾经写过这样脍炙人口的诗句:"安能摧眉折腰事权贵,使我不得开心颜。"正直的人的正直品性应该是对上恭而不谄、对下和而不渎,就是,既不践踏比他地位低的人,也不奉承比他地位高的人,所以"贞吉"。

六三爻辞是"盱豫,悔;迟,有悔。"六三是阴居阳位,不中不正,又在互坎卦(六三、九四、六五)的初位,坎为险,表征六三已经处于坎险之中,并不具备豫乐的条件。坎又为矫揉,为弓轮,故有曲意奉承之象。六三又上承九四动豫之主,对九四谄媚逢迎、趋炎附势,人格低下,沉迷于豫乐之中而不能自拔,这就是"盱豫"。六三对自己失中不正的行为本该有"悔",可是它却执迷不悟,一意孤行,丧失了光阴,结果悔之莫及,所以说"迟,有悔"。六三为什么会到了如此的境地,《小象》给出了答案:"位不当也"。

此爻在人道层面上的智慧是:不要为了追求功名权势而谄媚于人。人要追求成功,可以采用某些手段,但不能采取抛弃尊严的"盱豫"这种谄媚手段。

人的心胸，多欲则窄，少欲则宽。多欲就会品格低下，为了功名权势就会膝盖发软，历史上的"马屁精"，最后的下场都是既可悲又可怜的。道德修养越高的人，越对"身外物，无奢恋"，越不会为了功名富贵、权势地位而谄媚于人。他们不仅能如莲花，出污泥而不染，而且能够入污泥也不染，当属人生的最大成功。

九四的爻辞是"由豫，大有得。勿疑，朋盍簪。"九四是豫卦唯一的一个阳爻，又是上卦震体的主爻，为动豫之主。正是由于九四的快乐而感染了上下五个阴爻，才开创了整体豫乐的大好氛围，所以称为"由豫"。用自己的欢乐去感染别人，不仅给别人一个好心情，而且给别人一个持续的好心境，这就是"大有得"。毋庸置疑，九四一阳震动带来了勃勃生机与欢乐，众阴必然归附所从，朋友们就会像头发汇聚于簪子一样，集聚在你的周围，所以说"勿疑，朋盍簪"。群阴都由九四阳爻而得其欢豫，九四心志大可施行，所以《小象》说："志大行也"。

此爻在人道层面上的智慧是：用自身的快乐去感染别人。快乐是一种身心愉快的状态。著名作家福楼拜说："快乐好似生命中的温度计，快乐多，生命中的乐趣也更多。"苦衷吐露给别人，并不减少你的苦衷，只会增加别人的苦衷；快乐撒向别人，并不减少你的快乐，只会增加你的快乐。所以，快乐是需要分享的，只有把你的快乐分享给大家，用你的快乐去感染别人，你才能更快乐。孔子就特别重视保持快乐的心情，用快乐的心境来感染周围的人。他经常带着他的弟子们游山玩水，寓教于乐，在谈笑风生中传授真正的大智慧。古代的贤明君主治国，都重视"与民同乐"，通过"由豫"创造"朋盍簪"的治政局面，结果建功立业、卓有成就。相反，一些追求独自享乐的君主，其下场都不怎么样。秦始皇建阿房宫、隋炀帝修迷楼、宋徽宗筑艮岳、慈禧太后建颐和园等，都是为了自己的享乐而不顾人民的死活，最后哪一个也没有享受到真正的快乐。以自己的快乐感染别人的人才是真正快乐的人，这种人会天天心里有喜神。

六五爻辞是"贞疾，恒不死。"六五以阴爻居君位，又以阴柔居于九四阳刚之上，以柔乘刚，虽然握有君王的权力，却不能履行君王的职责，一方面耽溺于愉悦，满足自己的私欲，另一方面又要接受来自于九四的合理谏诤，克制自己的骄奢之欲，长此以往，就会生病。六五在互坎（六三、九四、六五）中，坎为心病，所以，六五生的不是身体的病，而是心病，是焦虑致疾。但是，六五又居上卦震之中，能够以中道来处理与九四的关系，因为"中未亡也"，尽管有病，但不致衰亡，所以"恒不死"。

此爻在人道层面上的智慧是：坚守中庸之道，困境就会变成顺境。西方哲学是非白即黑、非对即错的二元思维，也就是西方哲学看到的仅仅是事物的两端或两级，而《周易》里的中庸强调的是"执两而用中"，在对立的两极保持一个中间的状态。中庸是一种中正、合理、恰到好处的哲学，是做人做事的一种最佳状态。孔子说："高而能下，满而能虚，富而能俭，贵而能卑，智而能愚，勇而能怯，辩而能讷，薄而能浅，明而能暗，是谓损而不极，能习此道，惟至德者及之。"这里讲的"此道"就是"恒不死"的中庸之道，只有至德者才能够深谙此道和坚持此道。在困境中能够坚持中庸之道，就会在困境中看到顺境，心就不会一落千丈，就会有强烈地战胜困境的意识和行动，困境就会变成顺境。

上六爻辞是"冥豫，成有渝，无咎。"上六以阴柔之质而居豫卦的最上位，是极端享乐的象征，上六纵情于豫乐到了极点，以致头脑昏昏，执迷不悟，失去了理智，所以说"冥豫"。不过上六之动，变为离卦，离为明，为心，上六在前无去路的情况下，能够醒悟到自己正处在危险之中，迷途知返，诚恳地把自己的这些行为改变过来，如此"成有渝"，咎害"何可长也"，故"无咎"。

此爻在人道层面上的智慧是：欢愉有节制，才能防止乐极生悲。日夜欢乐，就会乐而忘忧，耽于所溺必然陷入危机之中。如果一个人久于安逸，必得凶险。聪明人"成有渝"，知错就改，自己拯救自己是最可喜的成功；糊涂人有错就瞒，愚蠢人死不悔改，自己打败自己是最可悲的失败。"生于忧患，死于安乐"是至理名言。因此，人绝不能沉迷于欢愉。要建功立业，守成事业，必须保持忧患意识。孔子说："危者，安其位者也；亡者，保其存者也；乱者，有其治者也。是故，君子安而不忘危，存而不忘亡，治而不忘乱。是以身安而国家可保也。"房玄龄在《晋书·潘岳传》中说："思危所以求安，虑退所以能进，惧乱所以保治，戒亡所以获存。"英特尔公司总裁葛鲁夫对此也有独到的见解："唯有忧患意识，才能永远长存。"

䷐随第十七

【卦辞】
随：元亨，利贞，无咎。
【白话】
随卦象征随从：万事亨通，利于坚守正道，没有灾殃。

【象传】
《象》曰：随，刚来而下柔，动而说，随。大亨贞，无咎，而天下随时。随时之义大矣哉。
【白话】
《象传》说：随卦下震上兑，阳刚前来居于阴柔之下，有所行动而使人喜悦，乐于随从，这就是随卦的意义。这种态度通达中正，没有灾殃，从而天下万物都根据合适的时机而来随从。根据合适的时机而随从的意义真是大呀！

【大象传】
《大象》曰：泽中有雷，随。君子以向晦入宴息。
【白话】
《大象传》说：随卦下震上兑，雷在泽中，象征随从。君子因此而随着天时在入夜时进屋休息。

【爻辞】
初九 官有渝，贞吉。出门交有功。
六二 系小子，失丈夫。
六三 系丈夫，失小子。随有求得，利居贞。
九四 随有获，贞凶。有孚在道，以明，何咎。
九五 孚于嘉，吉。
上六 拘系之，乃从维之；王用亨于西山。
【白话】
初九 官职有所变动，坚守正道可获吉祥。出门与人交往可获成功。
六二 抓住了年轻人，却会失去壮年人。

六三 抓住了壮年人，却失去了小子。随从已经失去的人并有所请求，必有所得，因为安守贞正是有利的。

九四 随从别人而有所获，要守持正固以防凶险。心存诚信，坚持走正道，因为能明察，没有什么灾殃。

九五 在友善的基础上施以诚信，吉祥。

上六 把他拘禁起来，又把他释放；周文王获释后在西山举行祭祀活动，行讨伐之师。

【小象传】

[初九] "官有渝"，从正"吉"也。"出门交有功"，不失也。

[六二] "系小子"，弗兼与也。

[六三] "系丈夫"，志舍下也。

[九四] "随有获"，其义"凶"也。"有孚在道"，明功也。

[九五] "孚于嘉，吉"，位正中也。

[上六] "拘系之"，上穷也。

【白话】

[初九] "官职有所变动"，因为顺从正道，所以吉利。"出门与人交往可获成功"，是因为不失正道。

[六二] "抓住了年轻人，却会失去壮年人"，说明二者不能兼得。

[六三] "抓住了壮年人，却失去了小子"，说明其动机就是要舍弃价值小的。

[九四] "随从别人而有所获"，这本身就含有凶险之义。"心存诚信，坚持走正道""没有什么灾殃"，这是明察产生的功效。

[九五] "在友善的基础上施以诚信，吉祥"，是因为九五阳爻居上卦之中位，说明正确立于中正之道。

[上六] "把他拘禁起来"，说明处于最高位置，随从之道已经发展到尽头。

【推天道，明人事】

随卦的卦辞是"随，元亨，利贞，无咎。"随是顺从、随顺之意。随卦下震上兑，震为动，兑为悦，内动之以德，外悦之以言，天下之人因喜欢而随从之，故谓之"随"。《序卦传》说："豫必有随，固受之以随。"又震为雷，兑为泽，雷震于泽中，泽必随震而动，也为随之象，故《大象》谓之"泽中有雷，随"。本卦上卦为兑，兑义为悦；下卦为震，震为动，为鸣。说明臣民拥戴君王，君王有所举动，而能取悦众心，民众如响之应声，如影之随形，因此，发展前景大为亨通，所以说"元亨"。但是面临随卦的有利形势，不能盲目随从，更不能随波逐流，只有守持正道，才能不犯错误，所以说"利贞，无咎"。

随卦的《象传》对卦辞的含义作了真知灼见的阐发。随卦下震为刚，上兑为柔，震卦一阳居于二阴之下，兑卦一阴居于二阳之上，震也为长男，兑也为少女，少女依从长男，相随而行，这种阳居下而阴顺从的"刚来而下柔"的态势，必然达到"动而说"的境界。以"元亨，利贞"表述处随之道，是因为随卦下震为春，也为元；初九至九四为互大离，为夏，也为亨；上卦为兑，为利，也为秋；六三至上六为互大坎，坎为贞，也为冬。故有四时迭运之意。随卦下震位东，上兑位西，日月出入，故有日月交替之意。天下万物无一不是随顺时势而运作的，这就是"天下随时"。人若能体察时势的变化，调整自己的行为，就能得到人们的喜悦随从，这种"随时"所蕴含的意义是非常伟大的，所以说"随时之义大矣哉"。

君子观"泽中有雷"的卦象，要懂得日出而作、日落而息的"随时"道理，白天操持政务要自强不息，晚上要安心地入室宴息，不再费心劳神。《庄子·让王》也说："日出而作，日入而息，逍遥于天地之间而心意自得"。这就是《大象》所强调的"君子以向晦入宴息"。

初九爻辞是"官有渝，贞吉。出门交有功。"初九居于随卦之始，上与九四无其应，找不到合适的伴侣，但是初九作为阳爻居于六二、六三阴爻之下，为下卦震之主爻，震为长子，引申为官员；震为动，引申为变。初九以震体之动上应于兑体之悦，随势变通，走出家门与人交往，以己随人，不失正道。"官"是主管，"渝"是改变。"官有渝，贞吉"是说，人的行为受思想观念主管，人的思想不可拘泥僵化，在实践活动中要依时顺势、灵活变通，但是这种变通必须遵循"从正'吉'"的正道，不能随波逐流，这样才能获得吉祥。出门见到有善德的人，与其交往，定能成就功业，所以说"出门交有功"。

此爻在人道层面上的智慧是：随势变通才能达观天下。这一爻辞体现了《周易》一贯倡导的"穷则变，变则通，通则达观天下"的思想精髓。一个人

如果没有冲破旧的藩篱、因势变通的勇气和胆量，死守着狭隘的经验或规则过日子是过不下去的，是注定要被社会淘汰出局的。"官有渝，贞吉"带给我们的成功之道就是：要守住正道，又不要"无意义的固执"，浮云万变，世事都无一定，一切都要随条件的变化而灵活变通。随势变通实质上是一种准确判断、因机而变、相机而动、积极创新的过程，是一种高超的智慧。庄子说："知道者必达于理，达于理者必明于权，明于权者不以物害己。"意思是，懂得大道的人必定通达事理，通达事理的人必定明白应变，明白应变的人定然不会因为外物而损伤自己。所以，在我们面对的事情发生变化，生活或工作上遇到瓶颈时，一定不要"守株待兔"、冥顽不化、因循守旧，而要及时转换思维方式、方法，随机应变。世界上没有走不出去的"死胡同"，心念一转，万念皆转；心路一通，万路皆通，如是，就一定能达观天下。

六二爻辞是"系小子，失丈夫。"六二阴爻居阴位，妇人之象，是柔顺的性格，居于柔顺的环境，所以六二柔顺不能独立，要依附于阳刚，六二与九五正应，九五为其丈夫，又居于至尊的君位，是六二的正确选择。可是六二在互艮（六二、六三、九四）之最下端，艮为止，六三与六二同为阴性而斥，二、五远隔被阻而难以相随，六二只得就近相随，选择了自己乘凌的初九，初九居于随卦的最下爻，为卑位，是"小子"之象，阴随阳为"系"，所以是"系小子，失丈夫"。这种不能兼顾亲近两者的"弗兼与也"和得小而失大的选择，是极其不理智的。

此爻在人道层面上的智慧是：平凡人正确地选择了命运，也能干出不平凡的成就。面临命运的选择是人的基本状态，选择就是给自己定位，选择就是给自己寻找前进的方向，选择就是给自己找同路的人。但选择必须慎重，因为一经选择结果就不同了。中国自古就有"男怕入错行，女怕嫁错郎"之说。特别是在选择跟随什么样的人、干什么样的事业上，更要慎重选择，谨防所随不正，因小失大。人生是否成功完全取决于你对命运的抉择，选择正确了，会使生命舒展勃发，平凡人可以走向卓越；选择错了，会使生命蜷曲枯萎，伟人也会走向平庸。因此，要从正反两个方面反复权衡利弊，才能避免做出"系小子，失丈夫"的错误选择。

六三爻辞是"系丈夫，失小子。随有求得，利居贞。"六三阴柔，处在不中不正之位，不能独立，必须在初九和九四两个刚爻之间进行选择。阳爻在上者为"丈夫",在下者为"小子"。六三不像六二那样不明智,舍上取下,而是向上选择了九四,与之亲比,所以说"系丈夫,失小子"。六三又在互巽(六三、九四、九五)中,巽有"近利市三倍"之说,六三与九四近比相得,结果必然是"随有求得"。但是六三居位不正,不正而有邪媚之嫌,六三与九四又不是正应,对于这种"志舍下也"的选择不要得意忘形,不可趋炎附势,应该做到以正道自处,所以要"居贞"。

　　此爻在人道层面上的智慧是:坚守人间的正道,就是坚守了征服一切的内驱力量。正道是智慧之书的扉页,生命之歌的序曲,人要活得成功一点,必须有正道作伴。以正道自处的"居贞"如琴弦,拧得紧、绷得直,就能演奏出辉煌的乐章。即使在漫长的黑夜里,只要能够以正道自处,就会看到曙光的来临;在面对邪恶势力相逼的情势下,能够守住正道,就会魔高一尺,道高一丈。正道产生的力量,是一种无坚不摧的力量,那些成就卓越的人之所以奋斗不止,就是因为他们把"居贞"即守持正道作为不绝的内驱力,这是一个真理。

　　九四爻辞是"随有获,贞凶。有孚在道,以明,何咎。" 九四已经进入了随卦的上体,以阳刚之才居要臣之位,下据二阴,六三又自动前来随己,不用远行就有收获,所以是"随有获"。九四身为人臣,获得六三随从,有威望凌驾于君主之上之嫌,必然受到上级的猜忌,易招凶祸,所以说"贞凶"。《周易》认为刚爻居中或相应具有孚象,而以坎卦最具孚象。本卦三至六爻组成了大坎卦,九四在大坎之中爻,有孚象。初九至九四又是大离卦,离为明,九四也处大离,故曰明。九四只要心存诚信,不违正道,德行心量光大,就可以争取到君主和人民的信任,逢凶化吉,这就是"有孚在道,以明,何咎"。九四本来有灾害,因诚信光明之德,最终免除了灾害,故《小象》云:"'随有获',其义'凶'也。'有孚在道',明功也。"

　　此爻在人道层面上的智慧是:做人要拥有一份坦荡的胸怀。从这一爻辞中我们得到的最大收获就是:做人要本分坦荡,做事要光明磊落,这样,"有孚在道"人生和事业都会进入一个新境界。心胸坦荡是光明磊落的根,历史上光明磊落的君子都拥有一份坦荡的情怀,正如孔子说:"君子坦荡荡"。有坦荡情怀的君子,哪怕有时被人误解甚至诋毁,也能坦然对待,因为他懂得秋天的树,是用果实来说话的。水落石头在,好人说不坏。与此相对,小人心里欲念太多,工于心计,又疑心他人算计自己,更怕自己的丑恶的心理和行为被别人拆穿,但小人也懂得曲棍是照不出直影的。云里藏不住云雨事,雪里埋不住雪花银。

心绪在这种"狼顾"一样的忧惧之中煎熬，始终得不到安宁，这就是孔子所说："小人长戚戚"。相形之下，坦荡之心才是人的最本真、最幸福，也是最值得追求和守护的情怀。

九五爻辞是"孚于嘉，吉。" 九五居于阳刚中正有应的至尊之位，是《小象》所说的："位中正也"。九五掌握了最高的权力，为众人随从的核心，此时要以至诚之心和坚定的信念来领导美好的、给人带来幸福的事业，这样做就是"孚于嘉"。九五还能屈尊就卑去礼遇和随从上六，体现了九五君王尊贤尚能的胸怀和诚意，自然能赢得天下人的喜悦随从，使事业越来越尽善完美，故谓之"吉"。

<u>此爻在人道层面上的智慧是</u>：信念是事业的立足点和成功的思想基础。信念是自己心中的巨人，信念是大力之神，信念是渡过海洋，抵达彼岸的船。有了信念，才会澄明思想，凝聚继续向前的力量。成功的信念就是人脑中的闹钟，会适时地将你叫醒，去为事业的成功奋斗。罗曼·罗兰说："最可怕的敌人，就是没有坚强的信念"。一些人做事，一遇到挫折就停止，不光是因为没有耐心，而是因为没有信念。没有信念的人，无异于植物人，别人想拉他一把，都找不到他的手在哪里。做事有信念的人，承认自己的平凡，但是努力向好的方向发展。坚定信念，就是有自我肯定的信心，遇到有人提出质疑，或是运行中遇到挫折和困难，都能坚信自己的观点，坚定自己的行为。在挑战面前坚定信念，敢于迎接挑战，就是坚守不败的哲学。霜染红叶叶更红，雪打梅花花更艳，生命之舟因信念而有方向，因劈波斩浪的拼搏而前行。对美好的事业怀着坚定的信念，不懈地努力，就一定能够让事业达到"孚于嘉"的境界。

上六爻辞是"拘系之，乃从维之；王用亨于西山。" 随卦到了九五，阴阳刚柔之间的随从已经完成，到了上六，已经是"上穷也"，于是向下依随九五，就是被"拘系之"。在随卦的总体情势下，上六很随顺，九五就将上六释放了，这就是"乃从维之"。上六所居的上卦是兑卦，兑为口，引申为享献，兑为西方之卦，所以说西山。上六动，变乾，乾为君为天，文王回到西山，心存感激，举行祭祀活动，向苍天献祭，终于亨通，所以说"王用亨于西山"。

<u>此爻在人道层面上的智慧是</u>：随顺是逢凶化吉的一种韬略。古人说："凡事要顺天、因时、依人。"在自然界，因随顺而四时有序；在人类的政治舞台上，能够随顺就会一帆风顺。实践随顺就要掌握自己的情绪，控制自己的言

行，起风了就依风而舞，下雨了就为自己撑起一把伞。情绪的爆发和言行的不随顺会给自己带来凶险。与周文王同时代的比干是商纣王的叔叔，官至少师，见纣王淫虐无度，国势危殆，以死力谏，劝其修善行仁，纣王恼羞成怒，将比干杀死。箕子也是商纣王的叔叔，官至太师，受封于箕。因惧怕纣王的淫威，箕装疯卖傻，被纣囚禁，后被周武王释放，并咨询国家大事。箕子和周文王逢凶能够随顺，凭借的就是内在的抗衡力和外在的柔和力，既在艰难中不失其正，坚守文明之德，外在的表现又是顺从、服从，躲过了杀身之祸。

蛊第十八

【卦辞】

蛊（gǔ，毒虫；蛊乱）：元亨。利涉大川，先甲三日，后甲三日。

【白话】

蛊卦象征除弊治乱：大为亨通。利于涉越大河，时间在甲日前的三天即辛日和甲日后的三天即丁日。

【彖传】

《彖》曰：蛊，刚上而柔下，巽而止，蛊。蛊，"元亨"，而天下治也。"利涉大川"，往有事也。"先甲三日，后甲三日"，终则有始，天行也。

【白话】

《彖传》说：蛊卦下巽上艮，阳刚在上而阴柔在下，风遇山而止息，就形成了蛊乱。蛊卦卦辞中的"大为亨通"意味着天下将得到大治，恢复正常秩序。所谓"利于涉越大河"，说明治蛊要勇于前往。"时间在甲日前的三天即辛日和甲日后的三天即丁日"，说明治蛊的事情应事先筹划，动手之后要及时总结，旧局面的结束又会有新局面的开始，这就是大自然的运行规律。

【大象传】

《大象》曰：山下有风，"蛊"。君子以振民育德。

【白话】

《大象传》说：蛊卦下巽上艮，山的下面在刮风，象征整治蛊乱。君子因此而振奋民众精神，培养他们的道德。

【爻辞】

初六 干父之蛊，有子，考无咎。厉，终吉。

九二 干母之蛊，不可贞。

九三 干父之蛊，小有悔，无大咎。

六四 裕父之蛊，往见吝。

六五 干父之蛊，用誉。

上九 不事王侯，高尚其事。

【白话】

初六 纠正父亲的过失，有这样的儿子，父亲不会有灾殃。虽然会遭遇危险，但最终将获得吉祥。

九二 纠正母亲的过失，不可以过于固执守正。

九三 纠正父亲的过失，会有小小的悔恨，但没有大的灾殃。

六四 宽容父亲的过失，前往会遇到令人遗憾之事。

六五 纠正父亲的过失，用的是自己好的声誉。

上九 不服侍王侯，把功成身退的行为看得很高尚。

【小象传】

［初六］"幹父之蛊"，意承考也。

［九二］"幹母之蛊"，得中道也。

［九三］"幹父之蛊"，终"无咎"也。

［六四］"裕父之蛊"，往未得也。

［六五］"幹父""用誉"，承以德也。

［上九］"不事王侯"，志可则也。

【白话】

［初六］"纠正父亲的过失"，说明志在继承父亲的事业。

［九二］"纠正母亲的过失"，这样做符合中道。

［九三］"纠正父亲的过失"，最终不会有什么灾殃。

［六四］"宽容父亲的过失"，说明这样任其发展的做法是不恰当的。

［六五］"纠正父亲的过失""用的是自己好的声誉"，说明是用美德来继承先辈的事业。

［上九］"不服侍王侯"，这种志向值得效法。

【推天道，明人事】

蛊卦的卦辞是"蛊，元亨。利涉大川，先甲三日，后甲三日。" 蛊是腐败、弊端和坏乱之意。蛊卦巽下艮上，巽为风，艮为山，山下有风，风遇山而回，则万物散乱，为有事之象，故谓之"蛊"。《序卦传》说："以喜随人者必有事，故受之以蛊。"愉悦而随从别人，一定会有散乱的事故，形成某些弊端，物即

散乱，需要整顿修改，故蛊卦象征惩弊治乱。《杂卦传》说："蛊，则饬也。"蛊表面上看是弊端，但是辩证地看，"蛊"中也蕴含着治蛊之道，在"蛊"时，衰弊暴露得非常明显，有利于振衰除弊、拨乱反正，达到大治，所以是"蛊，元亨"。革除衰弊，必须有非常之举，甚至要冒险犯难，故"利涉大川"。古人是以天乾记日，也就是甲、乙、丙、丁、戊、己、庚、辛、壬、癸。甲是开始，在甲的前三日要除旧，在甲的后三日要布新，这样才能达到治蛊的目标，所以说"先甲三日，后甲三日"。

蛊卦的《彖传》对卦辞的含义作了深入精微的解释。蛊卦艮刚居上，巽柔居下，这就是"刚上而柔下"，巽为顺，艮为止，下巽顺而上蓄止，所以说"巽而止"。上刚可以断制，下柔可以施令，以此之道治蛊，自然能够理顺各种关系，至为亨通，所以说"元亨"。有了充分的人和条件，就可以整合各种资源，力克艰险，奋勇向前，所以说"利涉大川"。改革旧习、整顿乱象的政令，要提前三天颁布，使人们广为知晓，延后三天观察和评估政令所取得的成效，这种"先甲三日，后甲三日"的作为，符合事物发展"终则有始"的自然规律，是"天行也"，可以取得成功。

君子观"山下有风"的卦象，就要懂得自然界恢复生机，依赖于"山下有风"的振荡培育；社会恢复勃勃生机，依赖于君子振奋民众的精神，培育道德风尚，这就是《大象》所说："君子以振民遇德。"

初六爻辞是"幹父之蛊，有子，考无咎。厉，终吉。"初六居蛊卦之始，上承九二、九三阳爻。阴之承阳，犹如子之承父，初六蛊之大畜，初六动，巽变乾，乾为父象。面对的是父辈长期遗留下来的问题和弊端，为了因应新的形势，也为了不使父辈遭受责难，儿子就必须进行革新创造，治理整顿，挽救危机，这就是"干父之蛊，有子，考无咎"。初六是阴爻，虽居阳位，但总体上还是柔弱，才能有限，担当除旧布新的重任，会危险重重，但是初六戒惧警惕，最终获得了吉祥，这就是"厉，终吉"。儿子尽力纠正先父留下的积弊，先父因此而不受责备。这也是先父最希望的，故《小象》曰"干父之蛊，意承考也"。

此爻在人道层面上的智慧是：面对父辈长期遗留下来的问题和弊端，要除旧布新。子承父业，不能"老猫上房睡，一辈传一辈"的因循守旧，时空发生了变化，即使你按照父辈成功的道路走下去，接下来等待你的都可能是死路一条。必须从时代的特点出发，对父辈过去成功的道路注入新的内涵与内容，才能继续成为生生不息的成功之路。而对父辈留下的问题和弊端，必须改革创新，才能转乱为治。大禹治水就一改其父水来土掩的堵的办法，用开渠排水、疏通河道的办法治水成功。清朝康熙皇帝建立了不朽的功绩，但他晚年对朝政有所松懈，因此官吏贪污、钱粮短缺、国库空虚等积弊甚多。雍正即位刚一个月，便下令全面清查钱粮，又进一步整顿吏治，先后颁改十一道谕旨，反复强调"国家首重吏治""吏治不清，民何由安"等观点，还整顿旗务，发展生产，最终使得清朝的国力大为增强，国库也极为充实。大禹和雍正践行的就是"干父之蛊，有子，考无咎"的智慧。

九二爻辞是"幹母之蛊，不可贞。" 由象上看，蛊卦是由泰卦变来，是泰卦的上六下来成为初六，上卦坤消失，坤为母，是为亡母之象。整治亡母所造成的积弊，整治过了则伤爱，不整治则伤义，必须用刚柔适中的方法，切不可采用刚直专断的手段，所以说"幹母之蛊，不可贞"。九二以阳居阴，内刚健而外柔顺，又处于下卦巽体的中爻，"得中道也"，又有六五的正应，最适合承担刚柔相济的"幹母之蛊"。

此爻在人道层面上的智慧是：治理积蔽必须刚柔适中。在蛊乱之世，治理积弊过于刚猛会导致治蛊毁折，尤其是治理先辈的蛊乱，更要小心匡正。历史上的周公和诸葛亮就是九二这样的贤明之臣。宋代朱熹说过："治国之道，在乎宽猛得中。宽则政令不成，猛则民无措手足。"意思是，治理国家的方法，在于宽厚与严厉适中。过于宽厚就会使政令贯彻不下去，过于严厉就会使老百姓不知道该怎么办。"幹母之蛊，不可贞"，昭示的就是这种蛊乱治世的智慧。

九三爻辞是"幹父之蛊，小有悔，无大咎。" 九三以阳居阳，当位得正，喻幹父之蛊为正义之举，但九三不居中，与上九不应，未免过于刚中，在整治父亲的问题和弊端时，难免矫枉过正，而产生小小的悔恨，所以说"幹父之蛊，小有悔"。不过，九三处于巽体之上，又面临上卦艮，艮为止，能够以巽顺之道来抑制自己的过刚行为，虽然出现了小小的偏差，但最后不会有什么灾难，就是"无大咎"，《小象》也云："终无咎也"。

此爻在人道层面上的智慧是：治理蛊乱不要矫枉过正。对于积久蛊乱的治理，各种弊端和矛盾会日益显现，甚至加深，一方面要坚持革故鼎新，快刀治蛊，杂草不除，禾苗不壮；另一方面要求顺求稳，掌握好节奏，避免刚猛过度、矫枉过正的"小有悔"之弊，一日春风吹不尽三冬的严寒。纠正错误做过了头，就会产生新的错误，甚至是比原来的错误更具危害的错误。

六四爻辞是"裕父之蛊，往见吝。"六四阴爻居阴位，资质柔弱，而且居于艮止之体，无法果敢地面对"父之蛊"，这种"裕父之蛊"容忍积弊的做法，只能是养痈遗患，加之六四与初六无应，又对九三乘刚，即使有所作为也不会有成效，所以说"往见吝"。这会造成对父亲的弊端宽缓顺容，长此以往就得不到治理的成效，故《小象》曰：裕父之蛊，往未得也

此爻在人道层面上的智慧是：决不要对大奸大恶之徒发慈悲。人是情感动物，但不能感情用事，对待大奸大恶之人姑息宽容，就等于在自己身边留下了一支箭，一支时刻瞄准着你并搭在弦上的毒箭，后患无穷。明孝宗去世后，武宗即位，东宫的旧人刘瑾、谷大用、马永成、张永等八党逐渐掌握了大权，为非作歹。刘大夏、谢千、李东阳三位忠臣见奸佞当道，将孝宗的善政"变易殆尽"，就和司礼太监王岳联合上奏武宗杀掉刘瑾等奸人。迫于大臣们的压力，武宗同意将八党南京安置，但八党立即找到武宗，在他面前哭诉，使得他心软了，让八党躲过一劫。后来八党又掌握了权力，立即凶相毕露，反污刘、谢等人为奸党，残害忠良，使得明朝的国势日渐衰落。明武宗对大奸大恶之徒发了善念，该诛而不诛，不该饶而轻饶，造成了危机江山社稷的后患，用悲剧诠释了此爻辞"裕父之蛊，往见吝"的智慧。

六五爻辞是"幹父之蛊，用誉。"六五以阴爻居上卦之中位，为柔中之君，行动温和而正派，下有九二正应，上又承上九，得刚中之臣同心辅助，能以道德的力量继承前人的事业，又能匡正父弊而得其中道者，从而使"幹父之蛊"的治蛊伟业获得成功，使父子皆受到了人们的广泛称誉，即"用誉"。这种荣誉的取得，来源于子孙们发扬了祖先的功业与荣耀，就是《小象》强调的"承以德也"。

此爻在人道层面上的智慧是：领导者以德化人的结果是下属的心悦诚服。一个领导者的威信和影响力是多种因素综合作用的结果，其中最重要的就是道德品质，以及由此表现出来的人格力量。"幹父之蛊，用誉"就源自于"承以德也"。道德的提升，不仅是领导者的自我完善，也是领导者威信的获得和影响力发挥的重要条件。领导者具有了良好的道德素质，就能感化下属，就会有广泛的支持基础，诚如孔子所说："德不孤，必有邻。"领导者有了人格的魅力，使下属心悦诚服，就会产生"身正令行"的无限领导力。以德化人也是领导成本最低的"特效药"，领导者以好人、以模范、以社会良知等形式对下属大力植入"道德"因子，大德之下，必有良风，不用督促，不用耗费更多的领

导资源，下属们就会自发的履行职责，这就是最佳的"无为而治"的领导状态。

上九爻辞是"不事王侯，高尚其事。" 上九宗庙之位，代表祖训，但上九处于蛊卦的终极，又处在上体艮卦的上位，艮为静止，表明此时蛊事已被基本治理，从卦象上看，蛊卦的上互卦为震（九三、六四、六五），震代表王侯，而上九处于震卦之外，所以有"不事王侯"的象。上九能审时度势，隐遁起来，不累于事物，超然于物外，挺直腰杆做人，洁身自守，使自己的德行至高无上，就是"不事王侯，高尚其事"。这样的选择实际上是用祖先美誉之德匡正君父的弊端，故《小象》曰"幹父用誉，承以德也"。

此爻在人道层面上的智慧是：要以高尚其事的精神来塑造自己的尊严和心灵。有了这种高尚的志向，才能随时随地，进退自如。中国历史上好多政治家、文学家都秉持"不事王侯，高尚其事"的处世哲学，在政治文明时，建功立业、兼济天下；政治昏暗时，则寻觅山林、隐逸四海、独善其身，保护自己的尊严和心灵。屈原、陶渊明、李白、陆游、辛弃疾等都是这种人。当然，"不事王侯，高尚其事"并不同于那种消极避世的心理，有这种心理的人，一遇到挫折，首选就是隐居山水之间，借以安慰自己，这是不足取的。

临第十九

【卦辞】
临：元亨利贞。至于八月有凶。

【白话】
临卦象征以上临下：大为亨通，有利于坚持正道。到了八月份将有凶险。

【彖传】
《彖》曰：临，刚浸而长，说而顺，刚中而应，大"亨"以正，天之道也。"至于八月有凶"，消不久也。

【白话】
《彖传》说：以上临下，说明阳刚之气渐渐增长；临卦下兑上坤，有和悦顺从的意思；九二阳爻居下卦之中位，与居上卦之中位的六五阴爻上下相应。由于坚守正道而大为亨通，这是自然的法则。"到了八月份，则有凶险"，因为到了八月份，阳刚之气逐渐消减，好运不能保持长久。

【大象传】
《大象》曰：泽上有地，临。君子以教思无穷，容保民无疆。

【白话】
《大象传》说：临卦下兑上坤，水泽上面有地，象征以上临下。君子因此要不断地教化、关心民众，无止境地包容、保护民众。

【爻辞】
初九　咸临，贞吉。
九二　咸临，吉，无不利。
六三　甘临，无攸利。既忧之，无咎。
六四　至临，无咎。
六五　知临，大君之宜，吉。
上六　敦临，吉，无咎。

【白话】
初九　用感化的方法统御民众，坚持正道可得吉祥。

九二 用感化的方法统御民众，会得到吉祥，无所不利。

六三 以甜言蜜语来统御民众，没有什么好处。对这种做法已经感到忧虑而改正，不会造成灾殃。

六四 亲临现场来统御民众，没有灾殃。

六五 运用智慧来治理民众，伟大的国君是应当这么做的，吉祥。

上六 用厚道的态度来统御民众，吉祥，没有灾殃。

【小象传】

［初九］"咸临，贞吉"，志行正也。

［九二］"咸临，吉，无不利"，未顺命也。

［六三］"甘临"，位不当也。"既忧之"，"咎"不长也。

［六四］"至临，无咎"，位当也。

［六五］"大君之宜"，行中之谓也。

［上六］"敦临"之"吉"，志在内也。

【白话】

［初九］"用感化的方法统御民众，坚持正道可得吉祥"，这是因为志向和品行端正。

［九二］"用感化的方法统御民众，会得到吉祥，无所不利"，因为民众还未能顺从统治，所以要对他们进行感化。

［六三］"以甜言蜜语来统御民众"，这是因为六三阴爻居阳位，位置不当。"对这种做法已经感到忧虑而改正"，所以造成的灾殃不会长久。

［六四］"亲临现场来统御民众，没有灾殃"，因为六四阴爻居阴位，所处的位置适当。

［六五］"伟大的国君是应当这么做的"，是说六五应该实行中道。

［上六］"用厚道的态度来统御民众，吉祥"，是因为内心有把国家治理好的志向。

【推天道，明人事】

临卦的卦辞是"临，元亨利贞。至于八月有凶。"临是临近、临柔谦下的

意思。临卦卦象下兑上坤，兑为泽，坤为地，泽上有地，泽上的岸地与水相接，临近于水，谓之"临"。《序卦传》说："有事而后可大，故受之以临。临者，大也。"临卦两个阳爻向上推展，日渐壮大，而且阳气是创生而具有活力的，所以临卦的总体形势是"元亨利贞"。临卦是十二消息卦之一，十二消息卦与夏历对照，临卦为十二月，观卦为八月，经过八个月正好是八月的观，观卦是临卦的覆卦，"刚浸而长"的态势发展到八月，达到了极盛，很快就会阳消阴长，走向反面，这就会带来凶险，所以说"至于八月有凶"。

临卦的《象传》对卦辞的含义作了洞彻事理的解读。从爻象上看，初九、九二两个刚爻由下而上，逐渐成长，阳刚的势力呈上升的势头，就是"刚浸而长"。临卦下体是兑卦，兑为悦；上体是坤卦，坤为顺，喜悦而顺从，故谓之"说而顺"。九二为刚爻，且居下卦中位，是刚中，并与上卦六五相应，初九与六四也是正应，这是大为亨通适宜正固之象。所以是"刚中相应""大亨以正"。但是临卦这种好的态势，会随着观卦的到来而很快消失，所以《象传》特别强调"至于八月有凶，消不久也"。

君子观"泽上有地"的卦象，就应该效法大地对待水泽那样，临民临事，宽厚容纳，推行伦理教化，以仁爱之心关怀民众，使他们喜悦顺从，这就是《大象》所说的"教思无穷，容保民无疆"。

初九爻辞是"咸临，贞吉。"初九以阳居阳位，当位得正，是临卦阳气始生的第一步。初九与六四是阴阳正应，初九以内心之诚，以德临近六四，感化六四，得到了六四的和悦顺从，这就是"咸临"。六四阴居阴爻，也是当位得正，说明二者的感应合乎正道，最终必然获得吉祥，所以说"贞吉"。《小象》也说："'咸临，贞吉'，志行正也。"

此爻在人道层面上的智慧是：领导者要学会用以德临人的方法领导下属。领导者有良好的品德，如莲花之高洁，如茉莉之清香，这种"咸临"具有强大的感化作用。以德临人，就是弘扬领导者的人格魅力。人格魅力是领导者在被领导者心目中的威望和信誉，是使被领导者对领导者信任和服从的一种精神感召力。用以德临人的方法领导下属，处处彰显真诚仁厚，强化心灵的感应，会使被领导者对领导者有一种心悦诚服的态度，这样领导者与被领导者之间才能相感相应，上下联动，做好自己的本职工作。

九二爻辞是"咸临，吉，无不利。" 九二以阳居阴，虽不当位，但得中，又因与上卦的六五有阴阳感应关系，所以称为"咸临"。九二是下卦兑的代表，兑为悦，而六五又是上坤卦的代表，坤为顺，这种下悦上顺、阴阳正应的君臣关系，是建立在中道治民基础上的，是从道不从君，所以虽然九二与六四位皆失正，不协调，产生"未顺命也"的不利情况，也会"吉，无不利"。

此爻在人道层面上的智慧是：沟通和感化是统御人心的经略。领导者最基本功能是发展与维系一个畅通的沟通渠道，因为思想必定是在与人沟通中产生并实践的。领导者和被领导者之间有许多好的东西都是因不沟通而丧失的。推心置腹的沟通就是心灵的展示。沟通是领导者和被领导者心灵之间"天涯变咫尺"的捷径。因此，领导者对待下属必须注意心灵的沟通，在情感相融前提下的沟通，送出去的是一种真诚的关爱，收回来的是全心拥戴。孟子说："不以仁政，不能平治天下"。《中庸》说："为政在人，取人以身，修身以道，修道以人。仁者，人也，亲亲为大。"领导者以仁爱之心与下属进行心灵的沟通，是"吉，无不利"，这样才能感人至深，才能够赢得下属全身心地投入。

六三爻辞是"甘临，无攸利。既忧之，无咎。" 六三以阴柔之质而居阳刚之位，阴柔失正、不中也无应，面临初九、九二"刚浸而长"的势头，不以至诚而以巧言令色的媚态去迎合讨好，这种失德的"甘临"是不会得到什么利益的，所以是"甘临，无攸利"。但是六三能够以忧思之心及早发现自己的问题，并能及时地迁善改过，也就避免了咎害，所以说"既忧之，无咎"。从卦象上看，六三处临卦下兑之最上，与上卦坤土濒临，兑为口，坤为土，土味甘，以甜言蜜语监临，是处位不正，所以《小象》云："'甘临'，位不当也"。

此爻在人道层面上的智慧是：把问题解决在"微"的萌芽状态。及时地发现、及时地改过就是防微杜渐的智慧。"微"和"渐"具有致命的杀伤力。"微"在初始阶段不易察觉，"渐"是在不知不觉中变化，警觉性差的人很难辨别，当发展到一定阶段，就难以回天，特别是到了爆发点的时候，就一发不可收拾。所以，无论做什么事情，都要问题意识，及早地发现问题，及早地处理问题，及早地解决问题，把问题消灭在萌芽状态，这就是"既忧之，无咎"所蕴含的最大智慧。鬼谷子也讲过："巇始有朕，可抵而塞，可抵而却，可抵而息，可抵而匿，可抵而得，此谓抵巇之理也。"这段话的意思是：在裂痕刚刚出现时，通过"抵"使其闭塞，可以通过"抵"使其停止，可以通过"抵"使其变

小，可以通过"抵"使其消失，可以通过"抵"而夺取器物。这就是"抵巇"的道理。

六四爻辞是"至临，无咎。" 六四以阴居阴，当位得正，与下卦的初九正应，是柔正有应之位，初九也是当位得正，所以是"至临"。六四作为近君的大臣，直接面对初九的来临，与之结成阴阳的正应关系，象征领导者温和虚心地亲近群众，自然"无咎"。从卦象看，六四处临卦上坤之最下，与下卦邻接，也有"至临"之象。本来"四多惧"，但是六四柔爻居于柔位，又与初九相应，处于坤顺之体，位置正当，咎害就化解了，所以《小象》曰："'至临，无咎'，位当也。"

此爻在人道层面上的智慧是：领导者要关注平民的意志和关心平民的命运。领导者要守持柔正，要"以至临"的姿态亲近下属、悉心倾听民意民声，郑板桥在其《风竹图》中题写的一首七绝就真挚地表达出了这种情感："衙斋卧听潇潇竹，疑是民间疾苦声。些小吾曹州县吏，一枝一叶总关情"。"为者，为民善；不为者，不为民恶。"此乃治国明君，才会治理有成。宇宙中的一切事物都处在阴阳互补的和合状态，阳得阴而化，阴得阳而通。社会中的领导者与被领导者之间也是互补的，犹如阴阳不能单独存在一样，领导者与被领导者也是不能单独存在的。因此，领导者不要把尊卑的关系绝对化，要以仁爱之心关怀下属，自己不愿做的事情也不要强迫员工去做，就是孔子说的"己所不欲，勿施于人"；自己希望满足的也让下属得到满足，自己想发达也让下属得到发达，就是"己欲立而立人，己欲达而达人"，这样就会形成在上者"下民"、在下者"事上"的阴阳交感和合的"化通"治理状态。

六五爻辞是"知临，大君之宜，吉。" 六五阴居阳位而为君，是以柔弱之质而居君位的，虽然才力不足以胜任，但是六五居中，能够奉行中道，且下与九二刚中之贤结成正应，这种虚己下应得到了九二的竭诚辅助，君臣道和，共治天下。这种阴顺阳、阳顺阴，协调并济的"知临"，是一种理性智慧，是最高决策者君主应当具备的品质，以这种聪明睿智来处理各种人际关系，能成知临之功，必然获得吉祥。所以说"大君之宜，吉"。六五与卦主九二之应，是六五以柔中下应九二，犹如君主知大夫刚健贤良而礼贤下士，体现了大君的中正之德，所以《小象》云："行中之谓也"。

此爻在人道层面上的智慧是：有善于运用众人智慧的见识和行动，就会有强大的力量从四面八方来帮助你。我们每个人，包括最伟大的领导者，他的智慧都是一个有限的存在，而普通人也有自己独有的智慧。领导者要懂得蒿里隐着灵芝草、淤泥陷着紫金盆的道理，要善于集众人之智为自己之智，为下属创造奋发的空间，最大限度地发挥下属的才能为自己做事，懂得任用贤能，懂得奉行中正的原则，有了这种"知临"的理性智慧，众人的智慧就会都来帮助你，你所领导的事业就会因为有了这种神奇的力量而最容易获得成功。

上六爻辞是"敦临，吉，无咎。"居于显赫位置的人，很容易变得势力，在处下关系时，奸诈不诚实，虚伪不厚重。可是在临卦中，由于上六阴居阴位，是当位，上六又是坤卦的上爻，具有大地温柔厚实的品格，所以称为"敦临"。上六的温柔敦厚是从内心发出的，只有这样做才能"吉"而"无咎"。因此，此爻的《小象》也说："'敦临'之'吉'，志在内也"。

此爻在人道层面上的智慧是：领导者用好柔仁的手段，能够实现对被领导者的心理操控。"敦临"是领导者的必修课，也是普通人所信赖的为人处事之原则。柔仁往往不需要成本就会获得最大的利润。不是铁锤的激烈敲打，而是水的温柔抚摸，使棱角分明的石块变成了光滑圆润的鹅卵。摧枯拉朽，强按牛头去解决领导活动中的问题，往往不如微风轻佛，悄然冰释更能奏效。领导者不要刚愎自用，不要施暴政，不应用武力来对付民众，不应用威慑来使人民畏惧。古语讲得好："天下不心服而王者，未之有也。"所以，领导者要具有"敦临"的风范，应讲求柔仁的领导方式方法，爱民、护民，这样就能够在道业上养深厚积，在人际间广结善缘，在事业上得道多助。可见，在统治策略中，柔仁的手段远比暴政更能获得人心。

观第二十

【卦辞】

观：盥（guàn，祭祀前洗手）而不荐，有孚颙（yóng，肃静）若。

【白话】

观卦象征观察：祭祀前，把手洗干净，还没有贡献祭品，就已经可以看出心中十分虔诚，对神充满敬仰之情。

【彖传】

《彖》曰：大观在上，顺而巽，中正以观天下，观。"盥而不荐，有孚颙若"，下观而化也。观天之神道，而四时不忒，圣人以神道设教，而天下服矣。

【白话】

《彖传》说：处于上位的人，眼界阔大，遍观一切，具柔顺谦虚的美德；九五阳爻居于上卦之中位，象征君王守中正之道以观察天下，这就是观的意义。"祭祀前，把手洗干净，还没有贡献祭品，就已经表现出心中十分虔诚的样子，对神充满敬仰之情"，处于下位的臣民能通过仰观这种仪式而获得感化。仰观天道运行的神妙规律，可知一年四季交替不出偏差的道理，圣人效法天道运行的神妙的规律来设立教化，就能使天下百姓驯服。

【大象传】

《大象》曰：风行地上，观。先王以省方，观民设教。

【白话】

《大象传》说：观卦下坤上巽，大地上刮着风，象征观察。先代君王因此而巡视地方，观察民情，设立教化。

【爻辞】

初六，童观，小人无咎，君子吝。

六二，窥观，利女贞。

六三，观我生，进退。

六四，观国之光，利用宾于王。

九五，观我生，君子无咎。

上九，观其生，君子无咎。

【白话】

初六 像孩童般幼稚地观察事物，这对小人没有什么过错，对君子则必然会有遗憾。

六二 暗中窥探地观察，只利于女子坚持正道。

六三 反观自己成长的历程，以决定进取或后退。

六四 观察国家兴旺发达的状况，有利于出仕辅佐国王。

九五 反观自己成长的历程，君子这样做没有灾殃。

上九 观察他人成长的历程，君子这样做没有灾殃。

【小象传】

[初六] 初六"童观""小人"道也。

[六二] "窥观""女贞"，亦可丑也。

[六三] "观我生，进退"，未失道也。

[六四] "观国之光"，尚"宾"也。

[九五] "观我生"，观民也。

[上九] "观其生"，志未平也。

【白话】

[初六] 初六"像孩童般幼稚地观察事物"，这是"小人"的浅见之道。

[六二] "暗中窥探地观察""只利于女子坚持正道"，但这么做毕竟属于丑事。

[六三] "反观自己成长的历程，以决定进取或后退"，说明六三没有失去观察的正道。

[六四] "观察国家兴旺发达的状况"，从而愿意出仕辅佐国王。

[九五] "反观自己成长的历程"，也就是观察民风民俗对自己的影响。

[上九] "考察他人成长的历程"，是因为自己的心志尚不安逸松懈。

【推天道，明人事】

观卦的卦辞是"观，盥而不荐，有孚颙若。"观是观示、景仰的意思。观卦下坤上巽，坤为地，巽为风，风行地上，普遍地与万物接触，有广为观示之

象,在上位者观示在下位者,在下位者观仰在上位者,谓之"观"。《序卦传》说:"临者大也。物大然后可观,故受之以观。"古人相信祭祀是与神明来往,古代的祭祀仪式虽然十分复杂,但不过度强调牲品的丰厚,而是强调以虔诚肃静的心意为重。本卦从初六到九五是一个大互体艮,艮为手,上卦为巽,巽为臭,为灌,灌为盥,洗手的意思,祭祀前还没有上祭品先洗手,虔诚之心肃然而生,亦即"盥而不荐,有孚颙若"。

观卦的《彖传》对卦辞的含义作了神领意得的阐述:观卦总体上呈现的是阴长阳消的形势,在上的两阳将消,在下的四阴渐长。九五作为全卦的主爻居于至尊的君位,是为"大观在上"。本卦下坤上巽,是"顺而巽",象征天子施政,民众顺服归从。九五居天位,既中又正,以道义"观天下"。君主以虔诚肃静的心主持盥礼,并以这样的心态观察天道至为神妙的运行法则,遵循四时循环不出差错的自然规律,履行"神道设教"的政治教化职责,使民众生活符合人道的原则,如此,天下人必然心悦诚服,所以说"圣人以神道设教,而天下服矣。"

君子观"风行地上"的卦象,就应该省视四方,观察民俗民情,设定正教制度,教化民众,像风那样既有极大的影响力,又有潜移默化的作用力,化民成俗,这就是《大象》所说的"先王以省方,观民设教"。

初六爻辞是"童观,小人无咎,君子吝。"观卦的四个柔爻都是下向上观,观察九五阳刚中正之君的作为。初六以阴柔之质而居最下位,离九五最远,从这个角度来观察国家大事,只能形成极为幼稚的童蒙之见,所以称"童观"。小人本就胸无大志,常常私欲障目,有这种童蒙之见无须苛责,亦即"小人无咎"。但是君子则肩负重任,要有所作为的,所以君子必须高瞻远瞩,如果也是肤浅的童蒙之见,那就要受到鄙视了,就是"君子吝"。从卦的结构看,初爻离九五最远,与上无应,初爻为阳位,犹如小儿,小儿之见是最肤浅的,所以《小象》曰:"初六'童观','小人'道也。"

此爻在人道层面上的智慧是:君子是有远大的目光和肩负重任的人。《周易》认为,君子与小人的差异其实就在于,其是否按照远大的目光来观察事物,有没有按照远大目光的指向去真正努力。《周易》这种小人与君子的分明对比是发人深省的。小人是从自我的角度,以幼稚的"童蒙"去认识和体悟世界,看到的和拼命争取的是一己的、眼前的利益和名望,急功近利必无远利;君子却是从长远和全局的高度,以宽广的眼界和淡然的心态来认识和体悟世界,以责任感和使命感去谋求公众的和长远的利益，从而平抚了无限增长的一己的、眼前的利益和名望。显而易见，目光越远大，心量越宽广，做人才会越有境界。

六二爻辞是"窥观，利女贞。" 六二居于下坤卦，坤为女，观卦从整体上看又是放大了的艮卦，艮为门阙，其地位如同闺门之内的女子向外观看，有见其小而不能见其大的局限和偏差，所以是"窥观"。六二以阴爻居柔位，又是居中，还有九五的正应，阴柔处内，有利于女子静居闺中、自守贞洁，所以说对于女子来说，"利女贞"。但是"窥观"不能见到大观的景象，故仅利于女子之固守正道，对于外出要办大事的男子而言，从小孔或缝隙里观察事物，则是羞丑的事情，所以《小象》强调"亦可丑也"。

此爻在人道层面上的智慧是：窥观的人缺乏干大事业的眼界。干大事的性质注定了门阙之见的"窥观"，或坐井观天、目光短浅的人的失败命运。小孔里看大千世界，就犹如做了茧的蚕，是看不到茧壳以外的世界。宋代张孝祥说："穴壁而窥，见不盈尺；我登泰山，洞视八极。"意思是，从墙上的小孔往外看，看见的不超过一尺；登上高高的泰山，可以清楚地看见最远的地方。所以，干大事的人立足点要高，在可能的范围内，要站在"天花板"上思考问题，"洞视八极"，这样才能眼界开阔，观察事物时才能消除偏见，纵览全局。

六三爻辞是"观我生，进退。" 六三处于下卦坤中，坤为众，所以要观察民众的作为，六三还上接巽卦，巽为进退，六三又是上下二体交接的人位，上下无常，很容易进退失据，所以必须有进退的考虑，时可进则进，时可退则退，否则很难有所作为，所以说"观我生，进退"。六三虽然阴爻居刚位，但是，六三与上九正应，所以《小象》云："未失道也"。

此爻在人道层面上的智慧是：创新是引领改革的旗帜。本来自然界就变化无常，人世间瞬息万变，只有不被旧的思想观念束缚，不照本宣科，以创新的思维和行为"观我生进退"才能活得更好。而推进改革事业更要走出一条创新之路。改革事业是前无古人的创举，没有现成的经验可以借鉴，没有现成的模式可以套用，要摸着石头过河。这就不能拘泥于常理，不能在一个问题上打圈子，要让自己的头脑转换方向，朝思维盲点发散，找到更多的思路。丘吉尔说过："创新有时需要离开常走的大道，潜入森林，你就肯定会发现前所未有的东西。"根据变化了的客观态势，拓展创新的范围和深度，就能创造历史，改革就有了成功的希望。

六四爻辞是"观国之光，利用宾于王。"六四阴爻居阴位，当位得正，又临近九五君位，不像初六、六二利退不利进，六三进退未决，六四是利进不利退。六四在上巽卦中，以巽顺之质居于九五之下，可以观察到国家大政的光辉，所以说"观国之光"。在中国古代，士之仕进于王朝就称之为"宾"。得逢盛世，六四当然要出来从政，为国家民众服务，竭诚辅佐君王治天下，所以说"利用宾于王"。六四追随九五，效其智力，经邦济世，当然会成为君王的上宾，这就是《小象》所说的"尚'宾'也。"

此爻在人道层面上的智慧是：君主的成功得益于鉴别人才的眼力和力排众议起用人才的魄力。做臣子要"观国之光"，观察国家兴旺发达的状况以择主而仕，姜太公选择周文王，诸葛亮选择刘备就是楷模；但另一方面，做君主的也要有识别英才的慧眼和力排众议起用人才的魄力，把那些有利于出仕辅佐国王的人才"利用宾于王"，让其建立济事之功。刘备起大军讨伐东吴，阚泽出班奏道："现有擎天之柱，如何不用？"孙权忙问是谁。阚泽说："过去东吴的大事，全凭周郎调度，后来靠鲁肃，鲁肃去世靠吕蒙，现在吕蒙也去世了，我发现陆逊有雄才大略，说实话不在周郎之下。前不久破关羽，就是他谋划的。主上如果能用他，一定能破蜀军。如果用了他有过失，臣愿与他同罪。"孙权说："要不是听你这样说，差不多要误大事了。"这时，张昭站出来说："陆逊只不过是一介书生，不是刘备的敌手，我看不可用。"顾雍也说："陆逊年纪轻，又没有声望，恐怕将士们不服。如果不服必生祸乱，必误大事啊。"阚泽大声反驳道："如果不用陆逊，则东吴危险！臣愿以全家保之！"孙权说："我也知道陆逊有奇才，我的主意已决，你们不要再争执了。"在非常时期，一个有特殊才能的人走了出来，陆逊果然破了蜀军。

九五爻辞是"观我生，君子无咎。"九五阳爻居阳位，中正有应。九五又在上体巽卦的中位，巽为风为人。九五君子眼光向内，观察自我，反省自我，就是"观我生"，其自我行为具有公共的性质，关系到天下之安危和民众的吉凶祸福，只有"观民"才能得到"观我"的客观标准，所以，此爻的《小象》也说："'观我生'，观民也。"《系辞》也说："明于天之道，察于民之故。"君主就要以民众的吉凶为吉凶，以民众的忧患为忧患。如果观察到民不聊生，社会伤风败俗、秩序混乱，君主就应当反躬自省，引咎自责，改正错误，完善自己，这样才可以避免祸患的再发生，从而使"君子无咎"。

此爻在人道层面上的智慧是：不断地自我反省才能不断地自我超越。反省是一种负反馈。金鱼没有负反馈，喂它多少食物它就吃下多少食物，结果撑死了。人有负反馈，吃饱后就不再吃了，因而人能健康地活着。人不仅生理上要有负反馈，心理上也要有负反馈。光有正反馈而没有负反馈，人就极易头脑发胀，就会干出发狂的蠢事来。自我反省作为一种理智性的负反馈，是自己心灵的交流和对话，是对自己所言所语、所作所为一个层次一个层次的梳理，盘点出成功的经验和失败的教训，进而让人在更高的人生和事业的境界里播种成功。对每个人来说，都需要自我反省，孔子说："吾日三省吾身。"圣人尚且如此，我们平常人更应该时时进行自我反省。懂得自我反省的人就会改正错误，避免争执，减少麻烦，这样可以使自己变得更清醒和睿智，也就达到了"君子无咎"的境界。

上九爻辞是"观其生，君子无咎。"上九以阳刚之德居于卦之上位，没有实权，却有尊位，为了成为道德至尊，他在九五"观我生"的基础上"观其生"，一方面观察九五的行为是否失当，另一方面也要观察自己的行为是否得体。这是一种胸怀大志、心忧天下的君子心态，不会有咎害，所以说"君子无咎"。此爻的《小象》说："'观其生'，志未平也。"正是因为有了这种"志未平"的为了国家长治久安的一种强烈忧患意识，才能得到"君子无咎"的好的结果。

此爻在人道层面上的智慧是：送给别人快乐才能倍增自己的心乐。人类社会中，千千万万个人都是一个相互依存、相互支撑的整体，"人"字本身就是一个互相支撑的结构。你的快乐是在送给别人快乐的过程中孕育出来的，送给别人快乐是可以滋润心田的美酒，你送给别人的快乐越多，或者你把别人的不快乐转化成快乐的事干得越多，你所得到的快乐也就越多。心忧天下和由此的先忧后乐更能倍增自己的心乐，范仲淹的"先天下之忧而忧，后天下之乐而乐"，就是"观我生，君子无咎"这种"心乐"的最绝妙的意思表达。

䷔ 噬嗑第二十一

【卦辞】
噬嗑（shì kē，咬合）：亨，利用狱。
【白话】
噬嗑卦象征咬合：亨通，有利于执法断狱。

【彖传】
《彖》曰：颐中有物，曰噬嗑。噬嗑而"亨"，刚柔分，动而明。雷电合而章。柔得中而上行，虽不当位，"利用狱"也。
【白话】
《彖传》说：用牙齿咬口腔中的食物，称为噬嗑。通过噬嗑才能亨通。噬嗑卦由三个阳爻和三个阴爻组成，刚柔分明。噬嗑卦下震上离，震为动为雷，离为火为电，象征行动迅速而又明察秋毫，雷电相合而光亮显明。六五阴爻居上卦之中位，虽然是不当位，却有利于执法断狱。

【大象传】
《大象》曰：电雷，噬嗑。先王以明罚敕（chì，公布命令）法。
【白话】
《大象传》说：噬嗑卦下震上离，电闪雷鸣，象征咬合。先代君王因此而严明刑罚，整饬法令。

【爻辞】
初九 屦（jù，在脚上穿套）校灭趾，无咎。
六二 噬肤灭鼻，无咎。
六三 噬腊肉，遇毒，小吝，无咎。
九四 噬干胏（zǐ，带骨头的肉），得金矢，利艰贞，吉。
六五 噬干肉，得黄金，贞厉，无咎。
上九 何校灭耳，凶。
【白话】
初九 脚上套上了刑具，盖住了脚趾，没有别的灾殃。

六二 偷吃肥肉，遭到割鼻子的刑罚，没有别的灾殃。

六三 吃腊肉而中毒，小有不适，没有灾殃。

九四 吃干硬带骨头的肉，吃出了铜制的箭头，利于在艰难中坚持正固，吉祥。

六五 咬嚼干硬的肉脯，吃出黄金，坚守正道以防危险，可免灾殃。

上九 肩扛刑具，遮灭了耳朵，有凶险。

【小象传】

［初九］"屦校灭趾"，不行也。

［六二］"噬肤灭鼻"，乘刚也。

［六三］"遇毒"，位不当也。

［九四］"利艰贞，吉"，未光也。

［六五］"贞厉，无咎"，得当也。

［上九］"何校灭耳"，聪不明也。

【白话】

［初九］"脚上套上了刑具，盖住了脚趾"，目的是不让他再去作恶。

［六二］"偷吃肥肉，遭到割鼻子的刑罚"，因为六二阴爻居于初九阳爻之上，象征阴柔者贪求不该得的东西。

［六三］"中毒"，因为六三阴爻居于阳位，所处的位置不适当，吃了不该吃的东西。

［九四］"利于在艰难中坚持正固，吉祥"，既然面临艰难，说明还未进入光明之境。

［六五］"咬嚼干硬的肉脯，吃出黄金，坚守正道以防危险，可免灾殃"，说明以柔承刚，采取的措施得当。

［上九］"肩扛刑具，遮灭了耳朵"，是因为平时没有听从别人的正确劝导，累积恶行以致犯罪。

【推天道，明人事】

噬嗑卦的卦辞是"噬嗑，亨，利用狱。"噬嗑是上下牙齿的咬合意思。噬嗑卦震下离上，震为雷，为威，离为电，为明。雷动而威，电动而明，威明相

兼，雷电咬合，故谓之"噬嗑"。《序卦传》说："可观而后有所合，故受之以噬嗑。嗑者，合也。"威震于内，明察于外是用刑之道，所以，噬嗑卦以断案求和民心为主，总体形势是朝着亨通的方面发展。在审判案件中要守持中道，既不能残暴，也不能姑息，当宽则宽，当猛则猛，这才能有利于迁善改过，清除梗塞不通的社会弊端，这样的价值取向，有利于执法断狱，所以说"利用狱"。

噬嗑卦的《象传》对卦辞的含义作了提要钩玄的揭示。从卦形上看，噬嗑卦犹如一张口，初九、上九为上下唇，六二、六三、六五为齿，九四如在口中一梗物，必须咬断才可以消化，所以说"颐中有物，曰噬嗑"。噬嗑卦下震为动，上离为明，所以说"动而明"；震又为雷，离又为电，打雷闪电，象征着声威与明察，这正好可以判断案件，使是非曲直彰明显著，亦即"雷电合而章"。噬嗑卦的六五阴爻居刚位，"虽不当位"，但是得中，是"柔得中而上行"，在审理断案时不宜过刚，所以反而有利于此，故"'利用狱'也"。

君王观"雷电噬嗑"的卦象，应该懂得民心，以公平与正义为其依归，务求刑罚合宜，不可徇私枉法，这就是《大象》所强调的"先王以明罚敕法"。

初九爻辞是"屦校灭趾，无咎。" 在整个噬嗑卦中，初爻和上爻象征受刑之人，中间四爻象征用刑之人。初九处于噬嗑卦的最下位，地位卑下，阳居阳位，与九四敌而不应，又居于下体震卦的初位，有率众闹事、图谋不轨的行为。念其初犯，罪过尚轻，所以不用重刑，以套在脚上的刑具仅仅遮没了脚趾的象征性比喻，给予小小的惩罚以促其悔过自新，不再重犯，这对初犯者是没有害处的，所以说"屦校灭趾，无咎。"从卦象上看，初九动，震变坤，震为足，引申为行动，坤为顺，引申为守法。初九被带上窒足刑械，以限制其行动，戒其不再以恶小而行之，故《小象》云："屦校灭趾，不行也。"

此爻在人道层面上的智慧是：积小恶是灭身的开始。俗话说："善积者昌，恶积者丧。"小恶得不到惩戒，得不到遏制，就会恶门难闭，必然发展成大恶，直至罪不可赦。《系辞传》说："小人不耻不仁，不畏不义，不见利不劝，不威不惩，小惩而大诫，此小人之福也。《易》曰：'屦校灭趾，无咎。'此之谓也。""善不积不足以成名，恶不积不足以灭身，小人以小善为无益而弗为也，以小恶为无伤而弗去也，故恶积而不可掩，罪大而不可解。"《战国策·魏策》中说："积羽沉舟，群轻折轴。"汉朝班固也说："坚冰作于履霜。"这些哲人的话都是在讲明一个千古不变的真理：积少成多，积小成大；积偶尔成习惯，积偶然成必然。所以，对初次触犯刑法的人，其罪尚微，应处于适当的惩罚，以防再犯或造成更大的祸端。

六二爻辞是"噬肤灭鼻，无咎。" 六二处在中正之位，又在互卦艮（六二、六三、九四）中，艮有黔啄之属，鼻口相连，"噬肤灭鼻"，就是咬进表面的皮肤，进一步伤及鼻子。在这里的象征意义是六二不是受刑人，而是用刑人，六二柔顺中正，在用刑时能够秉承中道的原则，宜轻则轻，宜重则重，自然"无咎"。《小象》说："噬肤灭鼻，乘刚也。"六二凌驾在初九之上，对罪犯一味地用柔是不行的，对于那些刚强顽固之人，为了压住他的嚣张气焰，也要适当地施以重刑，不用太计较手段。

此爻在人道层面上的智慧是：教育与刑罚并举。《吕氏春秋·察今》中说："治国无法则乱。"宋代苏辙《新论下》中也说："君子为国，正其纲纪，治其法度。但是光有刑法没有教育也有失偏颇。"宋代司马光就强调："教化，国家之急务也。"执法既要森严，又要宽猛相济，教育与刑罚并举，才能惩治罪犯，改造和拯救他们。唐代人徐坚就说过："上天之道，先春而后秋；圣人制法，外刑而内礼。"意思是，大自然的规律是先有春天后有秋天；圣人制定法律，对外使用惩罚而对内教之以礼，先教而后刑。用刑也要轻重并举，对那些屡教不改的惯犯恶徒，必须施以重刑，"噬肤灭鼻"才能收到好的效果。

六三爻辞是"噬腊肉，遇毒，小吝，无咎。" 六三阴居阳爻，处不中不正之位，有失中正之道，其执法用刑不当，犯人不服，遭到犯人的怨毒，经常出现一些小的差错，就如同咬干腊而坚韧腐败恶臭的肉，亦即"噬腊肉，遇毒"。但是，面临着"噬嗑而亨"的总体形势，必须整治法纪，消除顽梗，以稳定社会，至于小有差错，也无伤大体，没有大的咎害，所以说"小吝，无咎"。从象上看，六三柔爻处于刚位，不当位，又在互坎（六三、九四、六五）之中，坎为劳卦，引申为辛苦之毒。所以《小象》云："'遇毒'，位不当也。"

此爻在人道层面上的智慧是：前进道路上的障碍中蕴藏着成功的契机。走向成功的路途中会遇到一道道小障碍，"噬腊肉，遇毒"这本身并不可怕，可怕的是你没有认识到这些障碍中蕴藏的成功契机，被这些障碍所吓倒，结果为逃避火药而错过了火花。西班牙作家塞万提斯说得好："失去财富者损失不轻，然失去勇气者一无所剩。"乌云遮不住太阳，冰雪锁不住春光。障碍压不垮奋斗者的脊梁，挡不住前进者的脚步。伟大的竞争者都善于和有勇气面对艰苦的战斗。只有前进中的障碍才能激发出你最大的潜力。有缺口的玻璃杯，换个角

度看依然是个圆,只要你不气馁,把一道道障碍换个角度看成是一块块成功的垫脚石,勇敢地面对它们,你就会"小吝,无咎",更会把自己历练成为一个卓越的人。

九四爻辞是"噬干胏,得金矢,利艰贞,吉。"九四以阳刚之质居阴柔之位,不中不正,九四又在互艮(六二、六三、九四)中,并进入了离卦,离为火,象征着骨头上烤过的肉干,所以说"噬干胏"。九四又在互坎(六三、九四、六五)中,坎为弓,又在上卦的离中,离为戈,弓上的戈,就是金矢,所以说"得金矢"。九四在互坎中,坎为险,说明执法治狱艰难重重,所以是"利坚贞"。九四虽然在离卦中,有刚直的品格,但不是中爻,尽管吉利,却不像六五那样有光芒,所以《小象》说:"未光也"。

此爻在人道层面上的智慧是:刚正不阿是执法者最具光彩四射的魄力。人心似铁,官法如炉。在执法治狱时,遇到难以制服的人或者遇到梗塞,必须打出严厉这张牌,以强慑之,这就是"噬干胏,得金矢,利艰贞"。否则,法律尊严就会让人屡轻屡犯。正义与邪恶的较量,常常是刀光剑影相见,只要执法者能够刚直不阿,毫不迟疑地对以身试法者、以身抗法者施以颜色,以威猛之力制服他们,对各种阻塞不遗余力地予以排除,就能逢凶化吉。

六五爻辞是"噬干肉,得黄金,贞厉,无咎。"六五以柔居刚位,又居上体至尊之位,为决狱之主。国君处置的是大案、要案,或经久难断,像吃风干难咽的肉,所以说"噬干肉"。六五居噬嗑卦上体的中位,中位是黄色的,金子是黄色的,所以说"得黄金"。六五以阴爻居刚位,并且下乘九四,所以是"贞厉"。但是六五是柔中而居阳,温和而明鉴,因而"无咎"。噬嗑之时,关键在于"明罚敕法",断案务必小心谨慎,稍一不慎就会激化矛盾,破坏社会的安定,就像吃干肉时发现肉中嵌有金属细粒,稍不小心咽下去,便有性命之忧一样,所以,必须坚守贞固的正道,把握住位置,常存戒慎恐惧之心,作出公平合理的审判,才能避免咎害。所以《小象》强调:"'贞厉,无咎',得当也。"

此爻在人道层面上的智慧是:断案要严守刚中之德。断案极难,一是诉讼中别有用心的人往往设有圈套,稍有不慎就有可能落入其间;二是大案、要案往往牵涉权贵要人,秉公办案难免树敌于人。因此,执法者要"贞厉",明镜高悬,法不阿贵,绳不绕曲,发扬刚中之德,不可偏激,守正防危,公正廉明,这样才能像《韩非子·有度》中说的那样："法之所加，智者弗能辞，勇者弗敢争，刑过不避大臣，赏善不遗匹夫"，才能没有灾祸。

上九爻辞是"何校灭耳，凶。"上九处于噬嗑卦的上位，是罪大恶极、罪不可赦的受刑之人。上九在互坎（六三、九四、六五）之上，坎为耳，上九又居上离卦的终位，离为目，由于上九积恶不改，屡次犯罪，罪行已经发展到了极点，必须受到重刑处罚，被钉上了失掉耳朵的死囚大枷，结果凶险，所以说："何校灭耳，凶。"上九的这个结果，是由于他不聪不明，胡作非为，正因为如此，《小象》才强调说："何校灭耳，聪不明也"。

此爻在人道层面上的智慧是：对于大奸大恶的不法之徒要严惩不贷。大奸大恶的不法之徒是像狗一样的恶人，咬人的本性不会改变，常规的教育和惩罚不能使他们幡然悔悟，对这种人"心慈面软是祸害"，即使他们被打落水中也要痛打不饶，否则救起落水狗，反被咬一口。对像上九这样敢在太岁头上动土、敢在老虎头上拍苍蝇的恶人，就是《系辞传》所说的"恶积而不可掩，罪大而不可解"，不杀不足以平民愤，一定要将其"何校灭耳"，彻底诛灭之。

䷕ 贲第二十二

【卦辞】
贲（bì，文饰）：亨。小利有攸往。

【白话】
贲卦象征文饰：亨通。对于事业发展可获小利。

【彖传】
《彖》曰：贲，亨，柔来而文刚，故"亨"。分刚上而文柔，故"小利有攸往"，天文也。文明以止，人文也。观乎天文，以察时变；观乎人文，以化成天下。

【白话】
《彖传》说：文饰，亨通，贲卦下离上艮，离为柔，艮为刚，阴柔者前来文饰阳刚者，所以"亨通"。贲卦刚柔的分布是刚上柔下，象征阳刚者在上面纹饰阴柔者，"对事业发展可获小利"。刚和柔相互交错，这是大自然的文饰；贲卦下离上艮，象征用制度礼仪来约束人们的行为，这是人类的文饰。观察大自然的文饰，可以察知时序的变化规律；观察人类的文饰，可以教化天下民众。

【大象传】
《大象》曰：山下有火，贲。君子以明庶政，无敢折狱。

【白话】
《大象传》说：贲卦下离上艮，山下有火光闪耀，象征文饰。君子因此而明察各项政事，但不敢以此随意判决案件。

【爻辞】
初九 贲其趾，舍车而徒。

六二 贲其须。

九三 贲如濡如，永贞吉。

六四 贲如皤（pó，白色）如，白马翰如，匪寇婚媾。

六五 贲于丘园，束帛戋（jiān，微薄，极少）戋，吝，终吉。

上九 白贲，无咎。

【白话】

初九 文饰双脚，舍车不乘，徒步行走。

六二 文饰胡须。

九三 文饰得很漂亮、很润泽，永守正道才能得到吉祥。

六四 文饰得全身素白，骑着白马奔驰而至，他们不是盗寇，而是求婚姻者。

六五 文饰山丘中的庭园，只用了很少的捆成束的绸帛，虽然显得吝啬，但最终获得吉祥。

上九 以纯白为文饰，没有灾殃。

【小象传】

[初九] "舍车而徒"，义弗乘也。

[六二] "贲其须"，与上兴也。

[九三] "永贞"之"吉"，终莫之陵也。

[六四] 六四，当位，疑也。"匪寇婚媾"，终无尤也。

[六五] 六五之吉，有喜也。

[上九] "白贲，无咎"，上得志也。

【白话】

[初九] "舍车不乘，徒步行走"，因为初九按理不应乘车。

[六二] "文饰胡须"，说明六二是随着上面的九三而动的。

[九三] "永守正道才能得到吉祥"，说明终究不能使文凌驾于质之上。

[六四] 六四阴爻居于阴位，说明所居的位置恰当，但看到有人骑白马奔驰而至，不免对其来意产生疑虑。"他们不是盗寇，而是求婚姻者。"所以最终没有怨尤。

[六五] 六五爻辞中说的吉利，是指有喜庆来临。

[上九] "以纯白为文饰，没有灾殃"，说明上九崇本尚质的心志得到了实现。

【推天道，明人事】

贲卦的卦辞是"贲，亨。小利有攸往。"贲是修饰、美化、赞美的意思。

贲卦离下艮上，离为火，艮为山，山下有火。山下燃烧的火焰，把山形辉映得光明灿烂，这种自然界的文饰，谓之"贲"。《序卦传》说："物不可以苟合而已，故受之以贲。贲者，饰也。"贲卦是由噬嗑卦发展而来，也是阴阳交错，因而通达，亦即"亨"。阳爻为大，阴爻为小，本卦的六二是"小"，它从上六来到了下卦，使上下两卦阴阳分开的泰卦出现了新的转机，所以说"小利有攸往"。

贲卦的《彖传》对卦辞的含义作了分条析理的详解：柔爻为文，刚爻为质，贲卦论述文与质的关系，以质为主，以文调节。六二柔居于下体离卦二刚之间，这是"柔来而文刚"，所以亨通。上九居于上体艮卦的二柔之上，这是"分刚上而文柔"，内在的本质柔弱，当然不会有大的作为，所以说"小利有攸往"。刚与柔交错的互相文饰，在自然界称为"天文也"，如日月星辰之错列。贲卦下离为光明，上艮为止，明而止，文饰之道当适可而止，所以说"文明以止"。在人类社会，以文饰的方式来规范约束民众的行为，就是"人文也"。推行人文教化，才能"化成天下"，构建出一个和谐有序、止于至善的文明社会。

贲卦下离上艮，离为火，艮为山。君王观"山下有火"的卦象，应该把重点放在明辨各项政务上，而不可把过多的精力用在一些诉讼刑狱的案件上。这就是《大象》所强调的"以明庶政，无敢折狱"。

初九爻辞是"贲其趾，舍车而徒。" 初九是贲卦的第一个刚爻，在"柔来而文刚"的总体态势下，初九有两种选择：一是搭便车接受近邻六二的文饰；二是徒步远行去与六四结成正相应的关系。搭便车固然迅速快捷，但是初九与六二是逆比，搭六二的便车违背正道。况且初九上边是互坎卦（六二、九三、六四），表征车行道路有坎险之虞。初九又处在下卦离明的初始，作为具有刚明之德的君子，舍弃了搭便车的选择，而是徒步行走，风雨兼程，去与六四相应，所以说"贲其趾，舍车而徒"。初九这种刚明守义的行为，展示了高尚的志向，所以《小象》云："'舍车而徒'，义弗乘也。"

此爻在人道层面上的智慧是：人要有超越物欲的高尚志向。生命的本质在于生命的价值。这一价值来自于人的精神世界，而不是来自于现实世界对物质的拥有。和物质的满足相比，精神的富足才是真正人生价值的体现。物质没有生命力，真正长盛不衰的是高尚的精神价值。对事情做出选择的时候，不能有功利主义，要牢牢把握高尚的志向。就像狗肉上不了宴席一样，名利入不了有高尚志向人的法眼，因为它的格局太小。孔子有三千弟子、七十二贤人，而最让他满意的不是处事果断的仲由，也不是多才多艺的冉求，而是志向高尚的颜回。颜回超越物欲的高尚志向，令人崇敬和深思。古往今来，多少伟大的人物就是因其具有高尚的志向，心在物外，身随神游，实现了人生价值，生前显赫，死后流芳，成为世人之典范。

六二爻辞是"贲其须。" 六二处在阴柔中正之位，下乘初九，是以柔乘刚，就是以柔弱之体乘凌于阳刚之上，有违于正道；上承九三，是以柔承刚，就是以柔弱之体顺承阳刚，有刚柔互动之象，这是合乎正道的。于是六二舍弃初九而向上去文饰九三，六二为纯柔，为胡须，所以说"贲其须"。六二承着九三，九三为纯刚，就像胡须要随脸而动一样，六二也随九五兴起，所以《小象》说："贲其须，与上兴也。"

此爻在人道层面上的智慧是：品质与修饰应该保持一致。表面绚丽的花未必结甜美的果，如牡丹、芍药；结甜美果实的花表面未必美丽耀眼，如枣花。内在的美，永远胜过外在的浮华。喜形于色或外表打扮的很华丽并非成熟的表现，自己的睿智和魅力等内在品质升华了，就能自然地散发出迷人的气质，这是从人的肌体里荡漾出来的气质，外表修饰无论如何也彰显不出这样的神采。索菲亚·罗兰说："美丽使你引起别人的注意，睿智使你得到别人的赏识，而魅力却使你难以被人忘怀。"孟德斯鸠也说："魅力通常在智慧之中，而不是在容貌之中。"一个有魅力的人，具有内在的光芒，自然由里向外的发射，用不着刻意装扮外表或大张旗鼓地炫耀。炫耀只能遮蔽内在的光芒。一个人过分地把工夫下在虚假空洞的修饰上或炫耀上，很容易让人产生行为不端的想法，甚至和"伪君子""黑道"联系在一起。形象需要文化的滋润，形象修炼的重点在于内在文化的提高，是由内及外的过程。文质和谐统一才是理想的君子品格，所以孔子也说："文质彬彬，然后君子。"

九三爻辞是"贲如濡如，永贞吉。" 九三阳爻居刚位，又有六二与六四两个阴爻的文饰。九三在互坎（六二、九三、六四）中，坎为水，有润泽之象，所以说"贲如濡如"。虽然九三有上下文饰，锦上添花，但是，文饰过度就是衰的陷阱，所以不可得意忘形，必须坚守正道，"永贞"才能获得吉祥，因此《小象》强调"永贞之吉，终莫之陵也"。

此爻在人道层面上的智慧是：人一得意狂妄就会留下许多后遗症。有的人取得点成就或有了好事就自骄、自傲、自大、自喜，得意的出格，往往会招致

意料不到的枝节和祸患。唐代杜荀鹤有这样的诗句："却是平流无石处，时时闻说有沉沦。"意思是，平流之处不要大意，坦途之上切忌忘形。花到盛时必凋谢。人生如旅，不招摇过市，坚守"永贞"，就能活得坦然、踏实、平安。

六四爻辞是"贲如皤如，白马翰如，匪寇婚媾。" 六四阴爻居柔位，当位得正，六四又在互坎（六二、九三、六四）中，坎为白脊马，六四素淡外表，就是"贲如皤如"；骑上白马，奔驰如飞，亦即"白马翰如"，准备前去与自己正应的初九结亲，但却遇到了九三从中阻隔。六四以为遇上了强盗，忧虑不前，后来清楚了，九三不是强寇，初九又是自己最合适的婚配，消除了"匪寇婚媾"的疑惧，遂大胆向前，没有忧虑，所以《小象》说"终无尤也"。

此爻在人道层面上的智慧是：过度文饰不如回归实质。俗话说："浮在水面上的，往往都是些小鱼小虾"。文饰是事物表面的东西，运用适当可以表现和增益事物的本质，但若文饰过度，华而不实，就会变成虚伪和矫饰，让"小鱼小虾"这些表面的东西伤害了水下的"大鱼大虾"，即事物的实质。所以，人在根本性面前，只有真诚和适度的文饰才是本分，才能摆脱人生倒悬之苦。曹丕和曹植都是曹操的儿子，均能辞赋，父子三人在文学史上合称"三曹"。曹丕虽被立为太子，但是曹植才思敏捷，文武都优于曹丕。曹操筑铜雀台，率诸子登台，令他们各自作赋，曹植援笔立成，文辞华丽，曹操很是惊讶。每当曹操问及军国大事，他都能应声而答，曹操开始认为曹植比曹丕更有能力。面对曹植的争立威胁，曹丕问计于贾诩，贾诩告诉他要宽厚仁德，奉行仁人志士简约勤逸的实质精神，不要违背做长子的规矩。曹丕认真奉行，使曹操对他的印象越来越好。有一次，曹操率大军出征，临别时，曹植做了一篇洋洋洒洒之文，极力称颂父王之功德，并当众朗诵。可是曹丕却什么话也不说，只是泪流满面，悲伤不已，表示为父王将要出生入死而担忧，并跪拜在地，祝愿父王与将士平安，曹操和将士都大为叹息。曹操和左右大臣逐渐认识到，曹植虽能说会道，但华而不实，论心地诚实仁厚却远不如曹丕，最终把曹丕定为太子。虽然曹丕与曹植都是在做"饰"，但曹植做的是文饰，而且又过度，曹丕做的是情饰，回归到了实质，又恰到好处，使其太子的地位"终无尤也"。

六五爻辞是"贲于丘园，束帛戋戋，吝，终吉。" 六五阴居阳位，由柔而得中，居于至尊的君位，承担着建设文明社会以化成天下的重任。六五懂得治国之道的根本是摒弃奢侈浮华，倡导朴实节俭，因而身先垂范，文饰自己的宫室庭院也只是像文饰一丘园，所以说"贲于丘园"，并且只用了一小束微薄的丝帛，亦即"束帛戋戋"。六五的这种做法看起来有些"吝"，但却符合"文明以止"的人文价值和朴实无华的社会风尚，最终必有喜庆，是"终吉"，所以《小象》云："六五之吉，有喜也。"

此爻在人道层面上的智慧是：去奢入俭从生活中得到的是真正的富有。奢侈是凶险的发端，白居易就有这样的诗句："奢者狼藉俭者安，一凶一吉在眼前"。司马光也指出："侈则多欲。君子多欲则念慕富贵，枉道速祸"。孔子也说过："礼，与其奢也宁俭。"领导者要带头提倡去奢入俭，为官不知节俭，必贪无疑，其下场也必然可悲。居于高位的人能够不务奢华，"贲于丘园，束帛戋戋"，最终一定能够获得吉祥。禅语说得好，"知足者是最富有的人""知足者，身贫而心富；贪得者，身富而心贫"。其实，贪心过重，不仅要为非分的荣华富贵这些眼前"花"而煎熬着心灵，活得不自在，还会被这种伐根而求木茂，塞源而欲流长的占有欲把自己早早地推进坟墓里，到头来不仅是身心皆贫，还可能丢了身家性命。

上九爻辞是"白贲，无咎。" 上九阳居阴位，处于贲卦的上极。贲卦总的走向是：从六四开始由华丽复归于质朴。上九居上体艮卦之上位，艮为止，表征贲道已经达到，再过于文饰就会丧其本质，所以上九以"白贲"为美，崇尚质朴，是与这种总体上的趋向一致的，这种以"白"为"贲"的行为自然是"无咎"的，所以《小象》云："'白贲，无咎'，上得志也。"

此爻在人道层面上的智慧是：返璞归真是修饰所达到的出神入化的境界。一切修饰都是事物的外在表现形式，事物的本质才是最真实的内容，"白贲才是天然的美"。文饰与质的配合不恰当，或者文饰超过了质朴，华而不实，是非常不可取的，而返璞归真应是一切修饰所追求的"神"的境界，也就是"丹漆不文，白玉不雕"。庄子也曾经说过："游心于淡，合气于漠，顺物自然而无容私焉，而天下治矣。"意思是，正人君子要保持不修饰的本性和心境，交合形气于清静无为的方域，顺应事物的自然而不掺杂个人的偏私，天下也就能够得到治理。庄子这一段耐人寻味的话，把"白贲"的内涵诠释得既深刻又明白。

剥第二十三

【卦辞】
剥：不利有攸往。

【白话】
剥卦象征剥落：不利于有所前往。

【彖传】
《彖》曰：剥，剥也，柔变刚也。"不利有攸往"，小人长也。顺而止之，观象也。君子尚消息盈虚，天行也。

【白话】
彖传说：剥，是剥落的意思，剥卦由五个阴爻和一个阳爻组成，阴柔的侵蚀改变了阳刚的性质。"不利于有所前往"，是因为此时小人的势力正在增长。剥卦下坤上艮，坤为顺，艮为止，意为顺势而停止，这是从观察卦象得到的启示。君子重视事物消亡和生息、盈满和亏虚相互转化的哲理，因为这是自然界运行的规律。

【大象传】
《大象》曰：山附于地，剥。上以厚下安宅。

【白话】
《大象传》说：剥卦下坤上艮，山依附于大地，象征剥落。在上者因此而加厚下面的基础，安固宅屋。

【爻辞】
初六　剥床以足，蔑贞，凶。
六二　剥床以辨，蔑贞，凶。
六三　剥之，无咎。
六四　剥床以肤，凶。
六五　贯鱼，以宫人宠，无不利。
上九　硕果不食，君子得舆，小人剥庐。

【白话】

初六 剥蚀到了床脚，不守正道，这是凶兆。

六二 剥蚀到了床身，不守正道，这是凶兆。

六三 剥落它，没有灾殃。

六四 剥蚀到了床面，有凶险。

六五 鱼贯而来，带领宫女们求君王的宠爱，没有任何不利。

上九 硕大的果实没有被吃掉，君子得志将因此可以乘坐华丽的车子，若小人得志，则将因此而把遮风避雨的房屋都剥落殆尽。

【小象传】

[初六] "剥床以足"，以灭下也。

[六二] "剥床以辨"，未有与也。

[六三] "剥之，无咎"，失上下也。

[六四] "剥床以肤"，切近灾也。

[六五] "以宫人宠"，终无尤也。

[上九] "君子得舆"，民所载也。"小人剥庐"，终不可用也。

【白话】

[初六] "剥蚀到了床脚"，说明毁掉了赖以支撑的基础。

[六二] "剥蚀到了床身"，说明六二没有相应辅助的人。

[六三] "剥落它，没有灾殃"，因为六三失去了上下之人的支持。

[六四] "剥蚀到了床面"，说明灾祸就在眼前。

[六五] "带领宫女们求君王的宠爱"，所以最终没有怨尤。

[上九] "君子因此得到车辆"，说明君子得到民众的拥戴。"小人因此而把遮风避雨的房屋都剥落殆尽，说明小人终究不可任用。

【推天道，明人事】

剥卦的卦辞是"剥，不利有攸往。"剥是剥蚀、剥落的意思。剥卦坤下艮上，坤为地，艮为山，山石风化，崩塌于地。山原本高于地，现在山附于地表，象征土石剥落，谓之"剥"。《序卦传》说："致饰，然后亨则尽矣，故受之以剥。剥者，剥也。"经过贲卦的文饰，通达到了尽头，开始剥蚀了。剥卦五阴

在下，一阳在上，阴盛阳衰，阳爻为君子，阴爻为小人，所以剥卦象征小人咄咄逼人，迫使君子陷入困顿，再往前推进，就会变成全阴的坤卦了，所以说"不利有攸往"。

剥卦的《象传》对卦辞的含义作了由表入里的解析。剥卦卦爻之象，有阴气递增、阳气被剥蚀殆尽之象，阴气侵阳，故谓之"柔变刚也"。五阴一阳，"小人长也"，君子应暂时退避，故'不利有攸往'。剥卦坤下艮上，坤为顺，艮为止，告诫君子在剥卦的形势下，应该"顺而止之"，懂得阴阳两大势力相互转化，有消亡必有生息、有盈满必有空虚的"天行"之道，抓住消息盈虚转化的契机，进行拨乱反正，所以说"君子尚消息盈虚"。

君王观"山附于地"的卦象，在管理国家事务中，就要敦厚下层，关心民众的生计，使民众生活殷实，这才能奠定长治久安的根基，这就是古人们所讲的"民惟邦本，本固邦宁"的道理。反之，如果民众的生计出了问题，国家的政权就像"山附于地"一样随之而崩塌，所以《大象》强调说："上以厚下安宅。"

初六爻辞是："剥床以足，篾贞，凶。" 剥卦的结构是五阴逼一阳，阴盛而阳孤，是一种小人道长、君子道消的发展势头，是一种凶险之象。初六阴爻居阳位，无位无中又无应，孤立无援，最容易受到剥蚀。初六为剥卦的第一爻，为根基，爻位属阳，却被阴爻占据，阳刚之质已被阴气所剥夺。阴柔剥落阳刚是一个从下往上的过程，就像剥床一样，先从剥落床脚开始，消灭下边安稳的基础，整个床体就都损坏了，结果必然凶险，所以说"剥床以足，篾贞，凶"。"剥床以足"所致凶险的关键点，就在于《小象》所点明的："以灭下也。"

此爻在人道层面上的智慧是：关键部位和关键环节上的细节决定成败。社会上曾经流行着一个命题：细节决定成败。其实不是所有的细节都能决定成败，而是关键部位和关键环节的细节才能决定成败，例如，对于床来说，床腿是细节，砍断一个床腿整个床就倾斜了，这样的部位其细节就决定成败。从"剥床以足"中我们可以得到两点启示：一是做好可能败坏事业的关键环节的保护工作，一根最细小的鱼刺也可以扎破喉咙，如果关键的环节被剥落，整个事业就会陷入困顿、凶险；二是做任何事情必须抓住其中决定全局的关键环节。成功源于发现关键环节的细节，没有关键环节的细节就没有机遇，抓住了关键部位、关键环节的细节，就抓到了解决问题的金钥匙。阿基米德说："给我一个支点，我可以撬起地球。"抓住那一"支点"，其他问题就会迎刃而解。

六二爻辞是"剥床以辨，蔑贞，凶。"六二阴居柔位，又居坤体之中，生性柔弱厚道。六二与初六、六三无亲比关系，又与六五同为阴类，没有结成正应关系，内无能力，外无应援，也就是《小象》所说的"未有与也"，面对剥蚀仍坚守本位不动，结果剥蚀继续上升，由床角进一步发展到床板，而且还呈现了恶性发展的强劲势头，六二这种违背正固的行为，必然加大凶险，所以说"剥床以辨，蔑贞，凶"。

此爻在人道层面上的智慧是：衰败中固执己见就会加剧凶险。衰败加剧就要改变策略，否则，一味地固执，就会加剧凶险。三国时期，蜀国名将关羽败走麦城，被东吴擒杀。张飞闻讯，悲痛欲绝，严令三军赶制孝衣为关羽戴孝，逼得手下将官无奈，最后铤而走险，将其刺杀，使凶险的局势进一步加剧。刘备为报东吴杀害关羽之仇，举兵伐吴，诸葛亮、赵云等人苦苦相谏都无济于事。这时的刘备固执己见，已完全失去了理智，结果被吴将陆逊一把火烧得溃不成军，数万军士丧生，刘备本人则带着残兵败将退守白帝城，羞愧交加，一命呜呼，蜀军从此一蹶不振。为"剥床以辨，蔑贞，凶"所阐明的智慧作了历史的佐证。

六三的爻辞是"剥之，无咎。"六三阴居阳位，居位不正但有应，外显柔顺而内存刚义。从剥卦结构上看，六三处于上下四阴爻之间，与初、二、四上下三个阴爻剥阳不同道，故《小象》曰"失上下也"。在群阴剥阳之时，六三不与阴类势力结党营私、同流合污，而是独与上九之阳刚相应，要维系正道，拯弱兴衰，如此弃暗投明，自然没有害处，所以"剥之，无咎"。六三虽属阴性却处在阳位，体现出了阴中有阳、邪中有正，是小人群中的君子。六三虽然不能独撑大厦，但是却能支持上九实现拯弱兴衰的大业。六三的这种品格和精神，是值得人们称赞和效法的。

此爻在人道层面上的智慧是：历史总是为拯弱兴衰者喝彩。从事伟大事业的人早已注定，只能在谷底里反弹，在绝地里开鲜花。在衰弱面前，放弃拯救的责任，是最愚蠢的表现，这无异于在可以成功的路上自设路障，把自己绊倒。相反，把拯救的责任感根植于内心，对胜利和信念充满执着，撒迎头网，开顶风船，吹响奋斗的号角，迈开前进的大步，进行一次大胆的拯弱兴衰，这种"剥之"的壮举就有可能改写今后的命运，演绎出无限的精彩！因为历史就是由拯弱兴衰者创造的。

六四爻辞是"剥床以肤，凶。" 六四阴爻居阴位，与初六又是敌应。六四在上卦艮中，艮有"肤"意，"肤"是人身的皮肤。六四作为阴类势力的代表，以阴剥阳，而且由剥床剥破了床面而剥落人身之皮肤，已经剥落到极点了，《小象》说："切近灾也"，其凶可知，所以说"剥床以肤，凶。"

此爻在人道层面上的智慧是：毁坏到了最危险的境地，转机也就快到了。南朝·齐·张融《白日歌·序》中说："衰为盛之终，盛为衰之始。"意思是，衰败是兴旺的终结，兴旺是衰败的开始。清·魏源《默觚·学篇七》中也说："暑极不生暑而生寒，寒极不生寒而生暑。"意思是，热到极点不生热而生寒，寒到极点不生寒而生热。由于事物矛盾的双方处于不断的运动变化之中，在一定条件下，它们会向各自相反的方面转化。人间没有永恒的黑夜，世界没有永恒的冬天。"剥床以肤"就到了最危险的境地，其实离光明也就仅差一步，再坚持一下，就是主动的恢复，就会出现有利的情况。成功者无论遭遇多少磨难，也无论处境多么艰难，都能一如既往地坚持下来，成为命运的宠儿，拥抱了光明；而平庸者面对磨难和艰难，往往产生绝望情绪，很快便选择了放弃，最终被磨难所击倒。

六五爻辞是"贯鱼，以宫人宠，无不利。" 六五居于至尊的君位，六五动，上卦艮变为巽，巽为鱼，又为绳直；下卦坤为众，把众鱼用绳穿在一起，是为"贯鱼"，六五柔而得中，能够安其位与其分，并能够以中道来协调阴阳关系，又与上九亲比，能够得到阳刚势力的支持，故不剥阳，而初至四全阴欲剥上九之阳必须都要经过六五，六五为天子位，柔爻居之是后宫嫔妃，像帝王宠信宫人一样，把在下的四阴统帅起来，抑制了以柔变刚的发展势头。六五的前面是上九，是唯一的硕果，由于六五率群阴"顺而止之"的作用，没有被剥落，也就没有不利，所以说"以宫人宠，无不利"。《小象》也说："'以宫人宠'，终无尤也。"

此爻在人道层面上的智慧是：众人归顺才能成就惊天动地的伟业。一条鱼搅不浑水塘，一把扇子驱不散大雾。一滴水飘不起一张纸片，汪洋大海上能航行万吨巨轮。团队的力量远远大于任何一个强大的个体。只要人手多，石磨挪过河。帝辇虽高，也是由众多的将帅托起来的。朱元璋正是深谙"以宫人宠，无不利"这个哲理，他本是一个平民，依靠家乡的朋友起家，逐步使万众归顺，扫平了群雄，坐上了明朝开国皇帝的龙椅。

上九爻辞是"硕果不食，君子得舆，小人剥庐。"上九刚爻乘众阴之上，是剥落之世唯一没有被剥落的阳刚。从剥卦的卦形上看，下体是坤卦，坤为得舆；上体为艮卦，艮为硕果。面对树上唯一留存下来的大果子，君子如能摘食，就如同坐上大车，受到百姓的拥戴，所以说"君子得舆"；如果君子谦让，"硕果不食"，被小人摘食，那就会招来破家之灾。谦虚是中华民族几千年来的传统美德，尤其是堪当重任的君子，更是能够谦让守礼。但是面对"硕大的果实"，如果过度地谦让，就会被小人取得，成为祸害，亦即"小人剥庐"。所以，对于祸国殃民的小人，《小象》用语严厉："终不可用也"。

此爻在人道层面上的智慧是：过度地谦让就是一种迂腐的行为。过分冷静的谦卑谦让，缺乏激情的当仁不让的精神，也是一种心理变态。无论是对自己还是对他人都是有害的。只要你是靠本事和本分起家和发展的，就不应该有那种不自信的和虚伪的过谦。因此，君子应该有当仁不让的精神，得到自己应得的"硕果"，作为内在发展的需要和条件，以发展惠及天下的伟大事业。过度谦虚还很可能是恶人的阴险之术。明朝的徐学谟说："谦，美德也，过谦者多怀诈；默，懿行也，过默者或藏奸。"意思是，谦虚是美德，但过于谦虚的人心怀诡诈；缄默是好的行为，但过于沉默则胸藏奸伪。因此，智者不仅自己不取过谦的迂腐行为，还要善于识破和戳穿过谦人的险恶用心和卑劣伎俩，不受其惑，不上其当。

复第二十四

【卦辞】

复：亨。出入无疾，朋来无咎。反复其道，七日来复。利有攸往。

【白话】

复卦象征回复：亨通。外出、居家都没有疾病，朋友前来相会也没有灾殃。循环往复，以七天为一个周期。利于有所前往。

【象传】

《象》曰：复，亨。刚反，动而以顺行，是以"出入无疾，朋来无咎"。"反复其道，七日来复"，天行也。"利有攸往"，刚长也。复，其见天地之心乎。

【白话】

《彖传》说：回复，亨通。初九阳爻表示阳刚之气回返，复卦下震上坤，象征顺乎规律而行动，所以"外出、居家都没有疾病，朋友前来相会也没有灾殃"。"循环往复，以七天为一个周期"，这是大自然运行的法则。"利于有所前往"，是因为阳刚之气日益盛长。向起点回复，这体现了天地生育万物的用心吧。

【大象传】

《大象》曰：雷在地中，复。先王以至日闭关，商旅不行，后不省方。

【白话】

《大象传》说：复卦下震上坤，雷藏于大地之中，象征阳气回复。先代君王因此而在冬至之日闭关静养，商旅不外出远行，君主也不省巡四方。

【爻辞】

初九　不远复，无祇（zhī，大）悔，元吉。

六二　休复，吉。

六三　频复，厉，无咎。

六四　中行独复。

六五　敦复，无悔。

上六　迷复，凶，有灾眚（shěng，疾病）。用行师，终有大败，以其国君凶，至于十年不克征。

【白话】

初九 走得不远就返回正道，没有大的悔恨，大吉。

六二 高高兴兴地返回，吉祥。

六三 愁眉苦脸地返回，有危险，但没有灾殃。

六四 与人一起走到中途，独自一人返回。

六五 诚实敦厚地返回，没有悔恨。

上六 迷失了回复的路，凶险，有灾祸。出兵打仗，最终被打得大败，使得国君也有凶险，以至于十年无法再出兵征战。

【小象传】

［初九］"不远"之"复"，以修身也。

［六二］"休复"之"吉"，以下仁也。

［六三］"频复"之"厉"，义"无咎"也。

［六四］"中行独复"，以从道也。

［六五］"敦复，无悔"，中以自考也。

［上六］"迷复"之"凶"，反君道也。

【白话】

［初九］"走得不远就返回正道"，是为了进行修身。

［六二］"高高兴兴地返回，吉祥"，说明能够谦虚地与仁人亲近。

［六三］"愁眉苦脸地返回，有危险"，从回复于正道说，没有灾殃。

［六四］"中途独自返回"，是为了遵从正道。

［六五］"诚实敦厚地返回，没有悔恨"，是因为能用中道反省考察自己。

［上六］"迷失了回复的路，凶险"，是因为君主违背为君之道。

【推天道，明人事】

复卦的卦辞是"复，亨。出入无疾，朋来无咎。反复其道，七日来复。利有攸往。"复是复兴、回归的意思。复卦是剥卦的履卦，剥卦为诸阴剥阳，阴盛阳衰，剥卦的上九变成了复卦的初九，由"穷上"变成了"反下"，为一个

阳爻生于五个阴爻之下，阳气复返，使天道、人道再度充满无限生机，故称"复"。《序卦传》说："物不可以终尽，剥穷上反下，故受之以复。"复卦震下坤上，震为雷，性动；坤为地，性顺。震雷在地中微动，阳动上复而能顺行，所以通达，故谓之"复，亨"。在复卦这种"一阳复返"的总体形势下，阳气内生，阳气外发，都不会有疾害，所以说"出入无疾"。由剥而复，一阳初升，其他群阴也引以为朋，也不会有什么咎害，所以是"朋来无咎"。阴阳消长的天地运行的规律是一个循环反复、周而复始的过程，阴退则阳来，阳退则阴来，就是"反复其道"。阴阳循环变化是有一个周期的，大致的月数是"七日来复"。在天地处于复的状态下，阳刚之力日益强盛，事业日益复兴，君子宜于有所作为，这就是"利有攸往"。

复卦《象传》对卦辞的含义作了心通神会的解读。复卦是由剥卦转化而来，虽然也是五阴一阳，但是阳爻居初位，表征它刚刚回来，有着很好的发展前景，所以说"复、亨"。复卦下体震卦，为足为行，上体坤卦，为顺，所以是"动而以顺行"。从自然规律上讲，阴阳两大势力相摩相荡，阴极则阳生，阳极则阴生，这种循环反复称之为"天行"。阳复生于内为之入，长进于外为之出，既然这种出入是配合"天行"的，当然"是以'出入无疾'"。复卦阳长阴消的态势已经形成，同类的朋友开始前来亲附，这是共谋大事、成就大事的基础，是好事，所以说"朋来无咎"。"天行"的规律是"反复其道"，阳在初爻为复卦，阳在二爻为师卦，阳在三爻是谦卦，阳在四爻为豫卦，阳在五爻是比卦，阳在上爻是剥卦，再回到初爻还是复卦，"七日来复"就是"反复"的周期。复卦虽然只有最下的初爻是阳爻，却是充满生机的新生力量，是"刚长也"，这种从自我、从内部、从底层启动的阳气，有利于扩大交往，所以是"利有攸往"。从复卦所阐明的道理中，人们可以清楚地看见天地生育万物的良苦用心，所以说"复，其见天地之心乎"。

君王观"雷在地中"的卦象，就应该让民众休养生息，恢复元气，安静以待时势，这样才能使人事与天道和谐相通。这就是《大象》所说"先王以至日闭关，商旅不行，后不省方"所表达的意思。

初九爻辞是"不远复，无祗悔，元吉。" 初九为复之始，又为复之主爻，阳爻处在刚正之位，当位得正，与六四结成阴阳正应。但是初九毕竟是复卦的初始，力量薄弱，加之上有六二阴爻的乘凌，不小心而误入歧途。初九偏离正道不远，能够知过必改，很快就回到正道上来，所以是"不远复"。这样就不会发生灾祸，内心也就不用悔恨，就是"无祗悔"，初九又在互震（初九、六二、六三）中，震为动，是符合自然规律的顺动，结果是大吉大利，是为"元吉"。初九能知其不善而速改之，即是道，即是天地之心。所以《小象》云："'不远'之'复'，以修身也。"

此爻在人道层面上的智慧是：知过不改还是迁善改过，正是一个人平庸还是非凡的界限。没有一碧如洗的晴空，也没有一尘不染的心灵，有错误是符合人性的，错误已经铸成，倘再执迷不悟地坚持下去，那就称得上是魔鬼了。做错事还辩解，是愚蠢的，是大错而特错。古人说："盖世功劳，当不得一个矜字，弥天大罪，当不得一个悔字。""不远复"这种知过必改的精神，几千年来一直为人们津津乐道，并以此作为修身养性的重要法宝，坚持下来，从"无祗悔"。我们如果能够学习初九知错就改、善于修身的榜样，做到孟子所说的"吾日三省吾身"，不以恶小而为之，不以善小而不为，就一定会受益无穷，使人生能够从平凡的自己走入不平凡的世界。

六二爻辞是"休复，吉。" 六二以阴柔乘凌具有阳刚仁德之初九，本为逆比，但是六二阴爻居阴位，当位得正又柔顺中正，主动与初九相亲比，也就回复于仁，这种回复是亲仁乐善，是志同道合，是极为美好的，所以称为"休复"，所以才吉祥。正如此爻的《小象》所云："休复之极，以下仁也。"孔子也说："里仁为美。"

此爻在人道层面上的智慧是：在走向成功的道路上，没有任何东西能够代替善道仁德。古人云："结怨于人，谓之种祸；舍善不为，谓之自贼。"善本身虽然柔弱，但却具有不可抗拒的征服力。弘扬人心的善道仁德者，就是给灵魂披上了袈裟，一定会拥有非凡的壮丽事业。在灭纣建周中立下奇功的姜尚曾经对周文王说："天下不是一个人的天下，而是天下人的天下。同享天下利益的人得天下，私夺天下利益的人失天下。"又说："与人同病相救，同情相成，同恶相助，同好相趋。所以没有用兵而能取胜，没有冲锋而能进攻，没有战壕而能防守；不想获得民心的人，却能获得民心；不想取得利益的人，却能取得利益。"这其中的奥秘就在于"休复"的亲仁乐善。老子也特别强调亲人乐善，他说："圣人恒无心，以百姓之心为心。善者善之，不善者亦善之，德善也。信者信之，不信者亦信之，德信也。"意思是，圣人看问题不带主观偏见，而是与百姓将心比心，处处为百姓着想。善良的人，他能对待他，不善良的人，

他也能善待他，从而使更多的人被感化。诚实的人相信他，不诚实的人也信任他，因而能够得到更多的人的信任和爱戴。

六三爻辞是"频复，厉，无咎。"六三以阴居阳，不中不正，又处于下体震卦之上极，心绪浮躁，错误屡犯屡改，故称"频复"。这种情况本来是危险的，但是，六三能追随上九阳刚君子，就六三立志迁善改过、回复正道的顽强意志而言，则是符合复善之义，值得赞许，不会有咎害，所以是"厉，无咎"，《小象》也说："'义'无'咎'也"。

此爻在人道层面上的智慧是：顽强意志是我们战胜困境和挫折的最好的精神财富。智慧告诉人们如何去做，意志告诉人们如何去成功，所以努力的平凡者比那些不努力的聪明人更能有所成就。很多人资质非凡，就因为缺乏顽强的意志力，从而庸庸碌碌地枉过一生。能够在困境和挫折面前保有"频复"这种顽强意志的人，注定会战胜困境和挫折，取得成功。北宋的文学家欧阳修曾经说过："困难乃见才，不止将有德。"孙中山在《建国方略》中说："一往无前，愈挫愈奋。"流过泪的眼睛更明亮，滴过血的心灵更坚强。泰戈尔也说："只有经过地狱般的磨练，才能炼出创造天堂的力量，只有流过血的手指，才能弹奏出世间的绝唱。"这些话都是"频复"精神的再现。只有学会在眼泪和痛苦中去尝试、去承受的人，才是有血性和刚强的人，才能立世，才能与成长和成熟结下永久的缘分。

六四爻辞是"中行独复。"六四位于上下四阴爻的中间，所以是"中行"。按照一般的易理来说，中行者是不易"复"的，但是，六四阴爻居阴位，又与复卦独有的阳爻初九结成阴阳正应的关系，只有它不随大流上升，单独走回头路，"独复"于初九。初九虽然力量微弱，却是个善道仁德的君子，有远大的志向，所以六四回到阳爻初九是《小象》所说的："以从道也"。

此爻在人道层面上的智慧是：自己的命运不能像木偶一样被一根无形的绳子牵制着。俗话说："打铁要自己把钳，种地要自己下田""树的方向是由风决定的，人的方向是由自己决定的。"有句话很有哲理："命运就像自己的掌纹，虽然弯弯曲曲，却永远掌握在自己手中。"成熟头脑的标志就是自己的命运要自己做主，不轻信他人和被他人轻易支配。一个自己的命运让别人牵着鼻子走的人，其生命就像没有叶子的枯树干，没有一点勃勃生机，很容易遭到别人的鄙视。对自己的命运必须要有"独复"的主见和立场，不人云亦云，不随波逐流。领导者绝不能有"刮旋风"的思想，也不能是"豆腐块"的脑袋。宋代朱淑真有这样的诗句："宁可抱香枝上老，不随黄叶舞秋风。"意思是，宁可怀藏香气老死在枝上，也不跟随枯黄的叶片在秋风中飘舞。美国著名思想家、散文家爱默生说过："想成为一个真正的人，首先必须是个不盲从的人。"不盲从的人，就是有独到眼光、独立头脑的人，不随波逐流、人云亦云的人，这样的人才能受到幸运女神的眷顾，受到成功的青睐。

六五爻辞是"敦复，无悔。" 六五阴爻居阳位，失正，与阳爻初九间隔了四个阴爻，得不到直截了当的支援，不能有大的作为，但是，六五居上坤卦的中爻，坤为地，为厚，象征有温和敦厚之德，可以育万物、载万物，能够以中道的原则规范自己的行为，敦厚地返回正道，所以说"敦复"。六四在返回正道时，会"自考"其得失，这样就不会有懊恼的悔恨，所以"无悔"。"无悔"的结果是源于六五能用中道反省考察自己，《小象》云："中以自考也"。

此爻在人道层面上的智慧是：即使功成名就也要心静如水。内心平静是世间的福祉。心静则国土静，心动则万象动。真正的自在是知晓荣辱不惊，得失从缘；懂得心静如水，随遇而安。郭子仪是唐朝著名的军事家，安史之乱时任朔方节度使，在河北打败史思明，后败回纥收复洛阳、长安两京，功居平乱之首，晋为中书令，封汾阳郡王。代宗时，叛将仆固怀恩勾结吐蕃、回纥进犯关中地区，郭子仪采取了结盟回纥，打击吐蕃的策略，保卫了国家的安宁。郭子仪戎马一生，屡建奇功，83岁高龄才告别沙场。但是郭子仪深明"敦复，无悔"的处世之道，不以功高自居，不欺主，不凌下，结果"权倾天下而朝不忌，功盖一代而主不疑"，享有崇高的威望和声誉。心静如水者都是抗震的，他们这种内在的平静，在挫折和不公平待遇来袭时，仍能够相安无事，正如《系辞传》所说："德言盛，礼言恭；谦也者，致恭以存其位者也。"

上六爻辞是"迷复，凶，有灾眚。用行师，终有大败，以其国君凶，至于十年不克征。" 上六虽然阴居阴位，当位得正，但是上六是复卦之终，是连续的第五个阴爻，何去何从已经很迷惑了，当然凶险，所以"迷复，凶，有灾眚"。上六如果返回初位，把阳爻向上推进一爻，全卦就变成了师卦。师卦的下卦为坎，坎是血卦，国君陷入坎卦中，所以"用行师"必然"终有大败"，凶祸自至，就是"以其国君凶"。上六在复卦中的位势理应"闭关"自守，却兴师动武，这就"反君道也"，即使是长期征战也不会成功，所以说"至于十年不克征"。

此爻在人道层面上的智慧是：在厄运临头时能迷途知返，获得的就不只是经验而是智慧了。从热泪中盈出来的微笑最动人，从迷径中走回来的灵魂最清醒。知道自己身处危境，最忌讳的是迷乱不醒悟。这就像人有了病，又不找医生，宁愿丢掉性命而不觉醒一样，"终有大败"。每个人的内心都有迷乱魔鬼，谁能控制它，谁就是理智的人。尤其是在身处险境时，智慧的人能反躬自省，回过头来检查自己的过失，知道此时最重要的是迅速改正，必须在"迅速"二字上下工夫。这样不仅能够摆脱厄运，而且就像日蚀过后，太阳更加辉煌灿烂，月蚀复明，月亮更加皎洁明媚一样，厄运过后的幸运更值得珍惜。

无妄第二十五

【卦辞】

无妄：元亨利贞。其匪正，有眚。不利有攸往。

【白话】

无妄卦象征不妄为：大为亨通，利于坚守正道。不守正道的人将有灾祸。不利于有所前往。

【彖传】

《彖》曰：无妄，刚自外来而为主于内，动而健，刚中而应。大"亨"以正，天之命也。"其匪正，有眚。不利有攸往"，无妄之往，何之矣？天命不佑，行矣哉？

【白话】

《彖传》说：无妄卦下震上乾，阳刚从外卦来而成为内卦之主，其运动不息而又刚强劲健，九五阳爻居上卦之中位而与居下卦之中位的六二阴爻相应和。因行正道而大为亨通，这正是天之道所在。"背离正道的人必有灾祸。不利于有所前往。"处在不妄之时却要随意前往，又能去哪里呢？没有天命保佑，怎么敢这样妄行啊！

【大象传】

《大象》曰：天下雷行，物与，无妄。先王以茂对时，育万物。

【白话】

《大象传》说：无妄卦下震上乾，雷在天的下面震动，万物随之生长，象征不妄为。先代君王因此而以强盛威势努力配合天时，养育万物。

【爻辞】

初九 无妄往，吉。

六二 不耕获，不菑（zī，初耕的荒田）畲（yú，开垦过两年的良田），则利有攸往。

六三 无妄之灾，或系之牛，行人之得，邑人之灾。

九四 可贞，无咎。

九五　无妄之疾，勿药有喜。

上九　无妄，行有眚，无攸利。

【白话】

初九　不随意前往，吉祥。

六二　不耕种而得到了收获，不垦荒就能种熟地，这样就有利于有所前往。

六三　不妄为也有灾祸，有人把牛系于某处，路上的行人顺手把牛牵走，邻近的村民却因此受到牵连而有灾。

九四　能够坚守正道，没有灾殃。

九五　不妄为而有疾病，不必服药，病会有自愈之喜。

上九　不妄为，若妄为则将有灾，无所利益。

【小象传】

[初九]　"无妄"之"往"，得志也。

[六二]　"不耕获"，未富也。

[六三]　"行人"得牛，"邑人"灾也。

[九四]　"可贞，无咎"，固有之也。

[九五]　"无妄"之"药"，不可试也。

[上九]　"无妄"之"行"，穷之灾也。

【白话】

[初九]　"不随意前往"，说明其志向得到了实现。

[六二]　"不耕种而得到了收获"，这不能使人真正富有。

[六三]　"路上的行人顺手把牛牵走"，临近的村民却因此而蒙冤遭灾。

[九四]　"能够坚守正道，没有灾殃"，这说明坚守正道才能免灾。

[九五]　"不妄为而有疾病，不必服药"，说明不要随便去服药。

[上九]　"不妄为，若妄为则将有灾"，说明上九至极，穷途末路而产生的灾祸。

【推天道，明人事】

无妄卦的卦辞是"无妄，元亨利贞。其匪正，有眚。不利有攸往。"无妄是没有妄想之意。无妄卦震下乾上，震为雷，为动；乾为天，为健。天下雷行，万物成长茁壮，这一切都是天理本然，正当、合理，没有虚妄，谓之"无妄"。《序卦传》说："复则不妄矣，故受之以无妄。"无妄卦下震为动，上乾为天，动而合于天理之象，故有元亨利贞四德。对天道而言，固守正道，就不会虚妄了；对人道而言，就是做事做人都要牢守贞正之道，平淡自然，态度真诚，不要有侥幸心理和非分之想，如此自然"元亨利贞"。相反，如果起心动念"匪正"，那就必然会使祸患降临，所以说"有眚"。在这种情况下还想有所作为，后果是不利的，所以说"不利有攸往"。

无妄卦的《象传》对卦辞的脉理作了深入的探究。无妄卦是由遁卦变来，是遁卦的上九来到了无妄卦的初九，所以是"刚自外来而为主于内"，本卦震下乾上，乾为健，震为动，亦即"动而健"。九五与六二阴阳正应，是"刚中而应"，大君在治理天下时能够坚守正道，可以大为亨通，即"大亨以正"，这就是天道意志的体现，所以说"天之命也"。处于无妄之时，违背天命，不行正道，是不能有所作为的，这就是"其匪正有眚，不利有攸往"。如果逆天意硬要前往他处，你能去哪里呢？就是"无妄之往何之矣？"天命不支持和佑助，仅凭匹夫之勇和异想天开，你能行得通吗？所以说"天命不佑，行矣哉？"

君子观"天下雷行"的卦象，应该勤勉政务，顺合天时，养育万物，这就是《大象》所强调的"以茂对时，育万物"。

初九爻辞是"无妄往，吉。" 初九阳居阳位，阳刚正直，具有无妄德行，初九又是内震卦的主宰，震为足，为动，因而有所前往是吉祥的。这种"无妄之往"，就是初九的行为符合自己的价值取向，也符合该行动的时机，更符合自己"刚自外来而为主于内"的位置，所以"得志"而获吉祥。因此《小象》说"'无妄'之'往'，得志也"。

此爻在人道层面上的智慧是：建功立业要有理想，不要有妄想。理想是人们在实践过程中形成的、有实现可能性的、对未来社会和自身发展的向往与追求的信念。理想是事业的主宰。苏格拉底说："世界上最快乐的事，莫过于为理想而奋斗"。雨果说："人类的心灵需要理想甚于需要物质。"而妄想是一种不理性、与现实不符、不可能实现，但又执迷的错误观念。人的活动如果受到妄想的支配，就会不顾客观时机和条件蠢蠢欲动，妄想一夜暴富，马上成功。结果只能是白日做梦。建功立业中坚持理想的指引，就会在客观条件和时机出

现时，得风便扯篷，到达成功的彼岸。事物的运动变化是由系统内外的各种因素和条件决定的，当某些条件和因素达到一定的排列组合和结构状态时，就会出现"事机""时机"，抓住"事机""时机"决策和行动，时效高，运动的势能强，实现预期目标的可能性最大。所以，建功立业就要抓住机遇，去除虚妄，"无妄往"，顺时而动。古希腊哲学家苏格拉底说："最有希望的成功者，并不是才干出众的，而是那些最善于利用每一时机去发掘开拓的人。"英国哲学家培根也说过："善于识别与把握机遇是极为重要的。在一切大事业上，人在开始做事前要像千眼神那样寻找机遇，而且在寻找的同时要像千手神那样抓住机遇。"这些哲人的话与这句爻辞的意旨形成了最好的对照。

六二爻辞是"不耕获，不菑畬，则利有攸往。"六二柔而居中，承接初九，初九耕作垦荒，辛勤创业，六二坐享其成。没有耕种而得到了收获，没有垦荒而得到了良田，这就是"不耕获，不菑畬"。六二得之于偶然的收获是由于所处的爻位是优越的。六二又与九五之刚相应，阴阳协调，刚柔并济，符合无妄"大亨以正"的总体形势，得"无妄之福"也就顺理成章了。但是六二要想真正地富足起来，就必须利用坐享的成果，有所行动，去创造出更大的成绩，这就是"则利有攸往"的激励和警戒之意。《小象》也明确地告诫人们："不耕获，未富也。"

此爻在人道层面上的智慧是：要把侥幸变常幸。心理学和行为学认为：侥幸心理是人的不正常的心理反应，是指行为人为了追求偶然中意外的收获或避免意外的灾祸，过于自信而不负责的、放纵的、投机的一种心理状态。一个人要想干出一番伟大的事业，千万不能心存"不耕获"的侥幸的心理，侥幸的东西具有即时性和瞬间性，不像常幸那样具有一世性和永恒性。只有通过扎扎实实，一步一个脚印的努力，才能把侥幸变成常幸，把偶然所获变成必然所得，才能真正在幸运之神青睐的一瞬间实现事业的飞跃。

六三爻辞是"无妄之灾，或系之牛，行人之得，邑人之灾。"六三柔居阳位，与上九阳刚之位正应，又处在下体震卦之上爻，才质柔弱而又不安于现状，一心急于上应上九，六三又在互艮卦（六二、六三、九四）的中位，艮为止，这表征妄动必招致凶险，不仅自己受冤，还连累他人。"无妄之灾"的意思是意外的灾祸，六三爻辞打了个比方："或系之牛，行人之得，邑人之灾。"过路的行人顺手把牛牵走，同村的人蒙受不白之冤。

此爻在人道层面上的智慧是：要善于转化"无妄之灾"。这种不是因为自己的过错，而是由于某种客观原因的巧合造成的"无妄之灾"，在今天的现实生活中也时有发生。面对突如其来的"无妄之灾"，切不可怨天尤人，惊慌失措，那样会把自己推得与灾难的距离越来越近。明智的做法是，沉下心来，想方设法帮助失主去寻找失去的耕牛，或者仔细调查事情的原委，探索下一步的转化问题，以使事情水落石出。对无妄之灾没有解除之前，不要为了辩白全世界去喊，更不要让怨恨的心长期纠缠，清者自清、浊者自浊，根深何惧风摇动，行无亏心安梦魂，树正不怕月影斜，物过严冬即回春。凭什么让不重要的无妄之灾影响了自己重要的心情！火不烧山地不肥，经历过无妄之灾的焚烧，人生的画卷也许会由此更美妙。

九四爻辞是"可贞，无咎。"九四以阳居阴，又居上卦乾体，寓刚于柔。九四下乘六三，上比九五，这种乘比关系很难得，不必变动，没有咎害，所以是"可贞，无咎"。九四已经脱离了下震卦（震为行），又居互艮（六二、六三、九四）的上爻，艮为止，这些卦象表明，九四在无妄卦中守住自己的位置，不要有什么行动，是"固有之也"，正固自然"无咎"。

此爻在人道层面上的智慧是：机遇不成熟时不要妄动。成功的人总是保持控制妄动的能力。这种能力是真正的人格与心力的体现，有大格局的人绝不会轻易受情绪所左右。机遇不成熟时最宜控制妄动情绪，因为甜果在未成熟时，都是苦涩的。不要用自己不锋利的矛头对准人家坚硬的盾牌。战国时越国战败，越王勾践沦为吴王的马夫，受尽凌辱。后勾践回到越国后，急于要报仇雪耻。大夫范蠡说："时不至，不可强生；事不究，不可强成……时将有反，事将有间；必有以知天地之恒制，乃可以有天下之成利。事无间，时无反，则抚民保教以需之。"此番话的意思是，在时机不成熟时，不可勉强追求成功，要耐心等待时机的反转。真正懂得天地中的这一恒常之理，才能获得天下成功之利。在没有机会时，就应该安抚教育好自己的国民，以耐心等待。越王勾践采纳了范蠡的良策，抚民保教，很快达到了国富民强。看到时机已经成熟，范蠡又对勾践说："圣人随时以行，是为守时""得时无待，时不再来。天与不敢，反为之灾""得时不成，反受其殃"。这些话所表达的主旨是，时机成熟了，就要抓住时机，该出手时就出手，犹豫不决，不敢作为，不仅失去了成功的条件，反而会遭受灾祸。勾践听从了范蠡的建议，乘时而起，灭了吴国，雪了国耻。

九五爻辞是"无妄之疾，勿药有喜。" 九五处于至尊的地位，守正居中，又有六二的"刚中之应"，可谓"无妄"之极。但是，六二是在下体震卦的中位，震为躁动，六二的决躁很容易变无妄为有妄，染上疾病，就是"无妄之疾"。在这种情况下，九五发挥自己的时位作用，清静无为，休养生息，机体就会进行自组织的调整，使"无妄之疾"自行痊愈，这就是"勿药有喜"，所以《小象》云："'无妄'之'药'，不可试也。"

此爻在人道层面上的智慧是：不妄为则必然有喜。做事必须遵循客观规律，不能光凭个人的主观意志，任意妄为，不顾客观规律的要求和客观条件的限制，变无妄为有妄，这种愚蠢之举必然造成灾害。清代申涵光说："有必不可行之事，不必妄作经营；有必不可劝之人，不必多费唇舌。"意思是，肯定行不通的事，就不必随便去做；肯定不听劝告的人，就用不着去浪费口舌。相反，对于那些符合客观规律要求，能够行得通的事，就应该创造时间和空间的条件，让机体进行自组织的运作，这就是"勿药有喜"了。

上九爻辞是"无妄，行有眚，无攸利。" 上九处于无妄之上极，不必也不应该有所行动，所以说"无妄"。本来是"行有眚，无攸利"的，可是上九以刚爻居于阴位，其位不正，又以过中之刚乘凌于九五君爻之上，偏偏不该动而妄动，走到了穷途末路，仍然刚进不止，要与六三呼应，而六三又在互艮（六二、六三、九四）中，艮为止，所以九四也因行不通而带来了灾眚。其所以如此，就是上九忽视了客观环境的限制条件而勉强行事，走到了事物发展穷尽之地，正如此爻《小象》所说："'无妄'之'行'，穷之灾也。"

此爻在人道层面上的智慧是：好大喜功和盲目冒进就会步入穷途末路。好大喜功原指封建帝王喜好扩大疆土，炫耀武功。后指做事不顾客观条件是否允许而冒进浮夸。在做一件事情之前，一定要考虑到客观环境的因素和客观规律的要求，脚踏实地，稳扎稳打，切不可以"妄想支配行动，好大喜功，盲目冒进"。这样不仅得不到一点好处，相反，这种举动正是为自己的祸端铺路，日后必然吃到苦头，搞得自己千疮百孔。

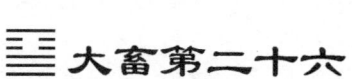大畜第二十六

【卦辞】
大畜：利贞。不家食，吉。利涉大川。

【白话】
大畜卦象征大为蓄积：利于坚守正道。不使贤人在家里自食，吉祥。利于涉越大河。

【彖传】
《彖》曰：大畜，刚健笃实，辉光日新。其德刚上而尚贤，能止健，大正也。"不家食，吉"，养贤也。"利涉大川"，应乎天也。

【白话】
《彖传》说：大畜卦下乾上艮，具有刚健笃实的美德，因而其光辉与山色相映，日日增新。它所反映的德行犹如阳刚者居上位而崇尚贤人，从而能规正刚健的贤者前来辅佐，这是天下至大的正道。"不使贤人在家里自食，吉祥"，说明国家能提供财物来蓄养贤才。"利于涉越大河"，说明行动能顺应天的规律。

【大象传】
《大象》曰：天在山中，大畜。君子以多识（zhì，记在心中）前言往行，以畜其德。

【白话】
《大象传》说：大畜卦下乾上艮，山中蕴含着天，象征巨大的蓄积。君子因此而广泛地汲取前人的嘉言和善行，以蓄聚自己美好的品德。

【爻辞】
初九 有厉，利已。
九二 舆说（tuō，脱）輹（fù，车轴中心的方木）。
九三 良马逐，利艰贞。日闲舆卫，利有攸往。
六四 童牛之牿（gù，木枷），元吉。
六五 豮（fén，阉割）豕之牙，吉。

上九 何天之衢，亨。

【白话】

初九 有危险，暂时停下来才有利。

九二 车辆的车厢下面钩住车轴的木头脱落，不能行走。

九三 良马驰逐，利于在艰难中坚持正道。每天练习车战中的防卫之术，利于有所前往。

六四 把横木缚在小牛的牛角上使之不能触人，至为吉祥。

六五 阉割过的公猪的牙齿，吉祥。

上九 像天空一样通行无阻的大道，亨通顺利。

【小象传】

[初九] "有厉，利已"，不犯灾也。

[九二] "舆说輹"，中无尤也。

[九三] "利有攸往"，上合志也。

[六四] 六四"元吉"，有喜也。

[六五] 六五之"吉"，有庆也。

[上九] "何天之衢"，道大行也。

【白话】

[初九] "有危险，暂时停下来才有利"，说明不可冒着灾祸向前。

[九二] "车辆的车厢下面钩住车轴的木头脱落"，因为九二阳爻居下卦之中位，说明人守中道，就没有怨尤。

[九三] "利于有所前往"，说明能与处于上位者意志相合。

[六四] 六四爻辞中说的"至为吉祥"，是指将会有喜事。

[六五] 六五爻辞中说的"吉祥"，是表明将遇到喜庆之事。

[上九] "像天空一样通行无阻的大道"，说明天道大为通达。

【推天道，明人事】

大畜卦的卦辞是"大畜，利贞。不家食，吉。利涉大川。"大畜是蕴藏、蕴含、包容、胸怀的意思。大畜卦下乾上艮，乾为天，艮为山，乾天在艮山之中，以艮畜乾，即天包含在山中，象征着所畜至大，故谓之"大畜"。《序卦传》

说:"有无妄然后可以畜,故受之以大畜。"无妄的总体形势是"大亨以正",通过"动而健"的作用,创造了丰硕的成果,发展的势头强劲,但这时就需要适可而止,对健动的势头进行适当控制,以蓄积现有的成果,稳定大好的形势,所以"利贞"。从卦象看,三至五互震(九三、六四、六五),震反艮,艮为手,为果蓏。二至四互兑(九二,九三'六四'),兑为口,引申为食。互体上震下兑合之有"不稼而食"之象。对于个人层面来说,蓄积了"刚健、笃实、辉光"的德行和学识之后,成为贤人,就会受到国家的礼遇,不必在家吃闲饭,所以说"不家食,吉"。大蓄下乾健行,互兑卦为泽,遇泽健行,适宜渡过大河,故"利涉大川"。

大畜卦的《象传》对卦辞的内涵作了清楚的缕析。大畜卦下卦为乾,为健,象征刚健有为,上卦为艮,艮为山,引申为笃实,能光彩辉映,日日增长品德,故曰"刚健笃实,辉光日新其德"。《周易》凡上九居于六五之上均有尚贤养贤之义,本卦正符合此义,所以"刚上而尚贤。"下乾为键,上艮又为止,象征以刚蓄健,艮卦阳爻在上,并不是止而不为,而是"知止而后定"的大正之道,故谓之"能止健,大正也"。有了这样的蓄积,就是面对艰难险阻,也可以勇往直前,是为"利涉大川"。就国家层面来讲,在大蓄之势,应该大力"养贤",不让人才流失于乡野,自食于家,而是为国家效力。上九以阳刚之贤高居于六五君位之上,表现了君主礼贤下士的风范。六五柔顺之君又能主动去与九二的刚明之臣结成正应,九二在下乾卦中位,乾为天,所以六五此举是"应乎天也",必定产生极大的正固力量,突破险阻,克服困难,是为"利涉大川"。

君子观"天在山中"的卦象,要倡导学习,学习古圣先贤的学问和立身处世的道德言行,以聚积自己的才学,蕴蓄自己的品德,这就是《大象》所强调的"君子以多识前言往行,以畜其德"。

初九爻辞是"有厉,利已。" 初九阳爻居阳位,又居乾卦下位,刚健易动,上又有六四与之正应,总是跃跃欲试,躁动不安,这就违背了大畜卦积蓄涵养之道,有危险,所以"有厉"。在大畜卦中,乾下艮上,乾为健,艮为止,以艮止乾,所以上下正应的阳爻,都以"止"为利,停止是为了"不犯灾也",所以说"利已"。

此爻在人道层面上的智慧是:年轻人要有敢想敢干的精神和坦然处世的睿智。人生与事业是一条艰险的峡谷,只有具有敢想敢干精神的人才能穿越其中。

敢想敢干的精神也是实现一切梦想的唯一的、真正的基础。敢想敢干的精神犹如远洋巨轮的主机，有了它，巨轮才乘风破浪万里行；没有它，巨轮就只剩下瘫痪的巨架。初涉世的年轻人，要有"初生牛犊不怕虎"的敢想敢干精神，以及由这种精神所焕发出来的挺拔气质、无畏勇气、不屈的个性和坚强的斗志。正是有了这种气质和斗志，才能把事业发展中一切"可能吗？"的问号拉直，变成令人惊叹的现实。但是，在敢想敢干的精神层面下还要有涵养和谦顺，效法前贤往圣，积蓄自己的美德，对人世的炎凉变化淡然自若、平和安静，以深远的眼光静观人生的潮起潮落。诚能如此，就"不犯灾"而"利已"。

九二爻辞是"舆说輹。"九二刚爻居于阴位，位不正，表明九二刚进不合时宜。九二又在互震（九三、六四、六五）之下，与震分离；震为行，又有车厢之象，但与九二脱了节，所以说"舆说輹"。九二刚而得中，又与六五正应，九二的健动虽然被六五所阻，但是九二的言行适中，尽管受到"舆说輹"的环境限制而行动受阻，仍能动静得时，自觉停止前进，积蓄力量，不会有过失，所以《小象》强调："舆说輹，中无尤也"。

此爻在人道层面上的智慧是：越是想成就大事者，越是要学会稳重。爬万仞高山，始足于稳，前脚踏稳，再移后脚。爬人生和事业的高峰亦是如此，人无稳重的根基，就没有长久的生命力，就无缘到达那一片绚烂的高地。稳重的智慧在于内心的节制。人要学会克己用柔，不要事事张扬，处处显示自己的棱角，相反，应该守持中道而不刚躁，避开锋芒。这就是"大智若愚"的真谛。《系辞传》也理喻人们："茅之为物薄，而用可重也。"马克·吐温说："在这种变幻莫测的尘世上，遇事还是尽量把稳一点才好"。稳重的人生，才能完满和无憾。这是一个并不神秘的秘诀。

九三爻辞是"良马逐，利艰贞。日闲舆卫，利有攸往。"九三当位得正，又处于下卦乾体的最上位，乾为马，又在互震（九三、六四、六五）中，震为行，有良马在疾速奔跑追逐之象，所以说"良马逐"。但是九三又处于上艮卦之下，艮为止，而且九三与上九又是敌应，上九的职责就是以刚蓄健，以艮止乾，所以九三的健动势头必遇阻力，这时利于守持正固，所以"利艰贞"。九三与初九虽不正应，但九三的健动与上九还是心意相合的，就是《小象》所强调的"上合志也"。只要九三能够娴熟地掌握驾车的技术和作战的本领，蓄积发展的力量和条件，与上九合志奋进，就能在更高阶段上寻求更大的发展，所以说"日闲舆卫，利有攸往"。

此爻在人道层面上的智慧是：既要蓄积内功又要利用好外部条件。建功立业者，首先要具备一定的内在本领，其次要有良好的外部条件。内在的本质是树之本，是溪之源。晋代葛洪说："本朽则末枯，源浅则流促。"意思是，树木的主干如果腐朽，那么，树梢就会干枯；水源如果不足，那么，溪流也一定流不远。外部条件就是建功立业的"势"，想要主宰自己的人生，就必须学会顺势而为，所以古人特别强调 "顺势而谋" "因势而动"。在人世中，懂得顺水推舟、顺势而为的人，大都有个圆满的人生。庄子曾经借着鲲鹏与水和风的关系形象鲜明地阐述了顺势发展的道理：大风来了，海水激荡，鲲奋力一跃，借助风势、水势飞起来化为鹏；飞起来后，又要不停地击水，借助水势参与风的运行，最后乘风而上，昂首天外。顺势求成，是智者的根本所在。

六四爻辞是"童牛之牿，元吉。"六四以柔爻居阴位，当位得正，又临六五仁厚的君王。六四与初九是正应的关系，六四顺应以艮止健的总体需要，抑制了初九阳刚健动的势头，就像给头上长出角的小牛安上一块横木，亦即"童牛之牿"，以防止它长出角后顶人，这种止恶于未发的聪明之举，当然是"吉"，所以《小象》云："有喜也"。

此爻在人道层面上的智慧是：防患于未然是通向安全大门的钥匙。西周的政治家、周文王的儿子、周武王的弟弟周公，写了一首诗叫《地枭》："迨天之未阴雨，彻彼桑土，绸缪牖户。今此下民，或敢侮予！"这首诗描写了这样一个景象：一只失去了孩子的母鸟，趁着天还没有下雨的时候，赶快用桑根皮把鸟巢的空隙缠紧，以防止人的侵害。防患于未然，是一种远见，是防止不幸和灾难发生的最好屏障，即使是灾难突然降临，也能泰然处之。动物出于本能，都知道防患于未然的生存之道。我们生活和工作在危机四伏的今天的现代人，更要牢牢把握"童牛之牿"的防患于未然这把通向安全大门的钥匙，在人生的旅途上，在事业的征程中避免灾祸，减少损失。

六五爻辞是"豶豕之牙，吉。"六五处尊位，为大蓄之主。六五与九二虽然正应，但九二为阳刚之臣，六五为阴柔之君，九二上进逼君，面对牙齿锋利的九二之猪，如果只考虑如何去掉它的牙齿，那只是治标不治本。六五对九二的抑制是避开其锋利的牙齿，将它阉割，就是"豶豕之牙"，使它的牙齿自然退化，以灭其野性，这是击其要害、从根本上解决问题的办法，所以说"吉"，

《小象》也说："有庆也"。

此爻在人道层面上的智慧是：抓住问题的要害才能从根本上解决问题。箭头的穿透力的大小并不是由箭头本身决定的，是来自于手中的那根弦。增大箭头穿透力，增大那根弦的初始发射力就是从根本上解决问题的要害。鼓要打到点上，笛要吹到眼上。"豮豕之牙"给我们的智慧是：做任何事情都必须搞清楚标与本的关系、枝和叶的关系，紧紧抓住问题的要害和根本，不仅事半功倍，而且能使问题得到根治。如果抛弃"本"和"枝"，去追求"标"和"叶"，那就如同只拔猪的锋利牙齿而不阉割猪，不仅不能收到事半功倍的效果，还很可能"按下葫芦起来瓢"。

上九爻辞是"何天之衢，亨。"上九居天位，到了上九阶段，蓄道已成，实力蓄积得更为深厚，可以肩负起神圣的使命，而且上九之阳刚与下体乾之三阳又是志同道合的，这就让通天之才行进在通天之路上，事业亨通，所以说"何天之衢，亨"。上九为大蓄之终，前五爻都是蓄止不用，到了九五大蓄已满，正是君子充分发挥有所作为的时候，所以《小象》云："道大行也"。

此爻在人道层面上的智慧是：主动担当的精神是生命的原动力。"何天之衢"这句话的含金量在于：当国家大行天道、大开贤路的时候，正是贤才敢于担负、大展手脚干一番事业的时候。主动的担当精神能够滋生出投身人类事业的神圣热忱，你有多大的担当精神，才能有多大的生命动力，创造出多大的事业。真正的贤达之士，都会敏锐地抓住这"机不可失，时不再来"的机遇，担当起历史使命，满怀着希望，猛劲地往前冲，获取更多的希望与收获，博得一个让人微笑的人生。没有"何天之衢"的主动担当精神的人，就失去了生命的原动力，只能瑟缩在一角，即使再好的机遇来临了，也漠然视之，不肯或害怕失败而不敢担当，这样的人生只用四个字就可以概括：碌碌无为。落得个让人耻笑的平庸人生。

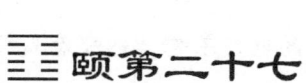颐第二十七

【卦辞】

颐（yí，面颊、腮）：贞吉。观颐，自求口实。

【白话】

颐卦象征颐养：坚持正道可获吉祥。考察颐养之道，可知靠自己来获取食物养口果腹的道理。

【彖传】

《彖》曰：颐"贞吉"，养正则吉也；"观颐"，观其所养也；"自求口实"，观其自养也。天地养万物，圣人养贤以及万民。颐之时，大矣哉。

【白话】

《彖传》说：颐卦卦辞中的"坚持正道可获吉祥"，说明用正道来颐养自身故而能获得吉祥；"观察万物养育的现象"，是指观察它们用什么方法来自求口中食物，颐养自己。天地养育万物，圣人养育贤人及天下万民。适时颐养的道理真是太伟大了。

【大象传】

《大象》曰：山下有雷，颐。君子以慎言语，节饮食。

【白话】

《大象传》说：颐卦下震上艮，山下有雷震动，象征颐养。君子因此而说话谨慎以修养德性，并节制自己的饮食以养身。

【爻辞】

初九　舍尔灵龟，观我朵颐，凶。

六二　颠颐，拂经，于丘颐，征凶。

六三　拂颐，贞凶。十年勿用，无攸利。

六四　颠颐，吉。虎视眈眈，其欲逐逐，无咎。

六五　拂经，居贞吉。不可涉大川。

上九　由颐，厉，吉。利涉大川。

【白话】

初九 舍弃你自己拥有的龟肉不吃,却来看我鼓动两腮吃东西的样子,有凶险。

六二 颠倒向下求养,又违背常理,向上寻求供养,往前进发有凶险。

六三 违背颐养之道,意味着凶险。十年中将没有作为,也得不到任何利益。

六四 取于民而用于民,吉祥。像老虎紧盯食物一样注视,对想要的东西紧追不放,没有灾殃。

六五 违背颐养之道,但居守正道可获吉祥。不要去涉越大河。

上九 顺从颐养之道,起初有危险,最终可获吉祥。利于涉越大河。

【小象传】

[初九]"观我朵颐",亦不足贵也。

[六二] 六二"征凶",行失类也。

[六三]"十年勿用",道大悖也。

[六四]"颠颐"之"吉",上施光也。

[六五]"居贞"之"吉",顺以从上也。

[上九]"由颐,厉,吉",大有庆也。

【白话】

[初九]"看我鼓动两腮吃东西的样子",这种观而不行的做法不值得尊重。

[六二] 六二爻辞中说"往前进发有凶险",是因为这种做法没有同类相伴。

[六三]"十年中将没有作为",是因为大大地违背了万物颐养的道理。

[六四]"取于民而用于民,吉祥",是因为居于上位者能向下广泛地施舍光明。

[六五]"居守正道可获吉祥",说明顺从依附居于上位的人则吉。

[上九]"顺从颐养之道,起初有危险,最终吉祥",说明大有吉庆。

【推天道,明人事】

颐卦的卦辞是"颐,贞吉。观颐,自求口实。"颐是指脸上口与下巴的部分。从卦形上看，颐卦好似一幅嘴巴张开的画像，初九和上九两个阳爻像是张开的口唇，中间四个阴爻像是两排牙齿，等着吃东西，象征颐养之世，故谓之"颐"。《序卦传》说："物蓄然后可养，故受之以颐。颐者，养也。"从卦象上看，颐卦震下艮上，震为雷，艮为山，象征春雷在山下滚动。山止于上，雷动于下，犹如人咬嚼食物供给营养，下颚动而上颚不动，也是象征颐养。既然是养，必然要以坚守正道为吉，故谓之"贞吉"。颐卦有大离象，离为目，故曰"观颐"。卦震为动，引申自求；上卦艮为果蓏，引申为口实，即口食。观察吃饭时嘴嚼，就要知道自己获得的口中食物才有利于养生，这就是"自求口实"。

颐卦的《彖传》对卦辞的含义作了层层的剖析。颐的下卦震之三爻是侧重于从"养于人"方面观察，得到的结果是初爻之"凶"，二爻之"征凶"，三爻之"无攸利"；上卦艮之三爻侧重于从"养人"的方面观察，得出的结果则是四爻之"吉"，五爻之"居贞吉"，上爻之"厉吉"。人类社会的颐养，有养人和养于人两种，能够自养，即"自求口实"了，才能够养人，这就是颐养之时的正道，固守之就会获得吉祥，所以说"贞吉"，又说"养正则吉"。"观颐"就是"观其所养也"，也就是观察他如何自己养活自己，就是"自求口实，观其自养也"。就自然界而言，天无不覆，地无不载，为万物提供了一个颐养系统。就人间而言，圣人养育贤良、贤明、贤能之人，任用他们，照顾百姓，为万民提供了一个颐养系统，所以说"天地养万物，圣人养贤以及万民"。衣食之养是物质的养，道德修养是精神之养，由物质颐养发展到精神颐养，是生命价值的提升。颐卦要依时而养，所以说"颐之时，大矣哉"。

君子观"山下有雷"的卦象，应该谨慎言语以修养德性，节制饮食以营养身体，所以《大象》也说："君子以慎言语，节饮食。"特别是精神之养，显得格外重要。只有这样才能深刻理解颐养之时所蕴含的伟大意义。

初九爻辞是"舍尔灵龟，观我朵颐，凶。"初九阳居阳位，当位得正，以一阳伏于四阴之下，如同灵龟足以自养。初九内在就具有刚明之德的美质，上与近君之大臣六四又相应，初九本来应该发扬自身固有的美德，进德修业，立足自养，但是初九却反其道而行之，"舍我灵龟"，去仰仗六四的外力，趋炎附势，求人以养己，遭遇了凶险，所以说"观我朵颐，凶"。对这种仰人鼻息的行为，不值得尊重，故《小象》云："亦不足贵也"。

此爻在人道层面上的智慧是：认识自己的长处并把自己的长处发挥到极致

才是成功的诀窍。如果一个人"舍尔灵龟",只会经营自己的短处,甚至"观我朵颐"卑躬屈膝地去求人以养己,那他只能在卑微和失意中沉沦。坐享其成的人绝然享受不到真正的成就感。人生是个圆,有的人只是在这个圆上兜圈子,把人生写得平平凡凡;其实,这个圆上的每一个点都有一条腾飞的切线。找到了自己的长处,了解了自己的最强项,最大限度地培养和运用好自己的天资,就会找到圆上的腾飞的切线,就能在自己所从事的领域作出卓越的建树。

六二爻辞是"颠颐,拂经,于丘颐,征凶。"六二处在中正之位,应以中正之德养育别人,但是六二以柔爻居阴位,资质柔弱,难以自养,必须求人以养己,先是与在下初九阳刚相比,企图以柔乘刚求养于初九,由于颠倒了颐养的正道而违背常理,所以说"颠颐,拂经"。此行不通,于是六二又转而以阴从阳,求养于上九,上九在上体艮卦的上位,艮为山,为止,六二是想停止于山丘休养,所以说"于丘颐"。可是上九与六二无相应的关系,也没有取得成功。六二在找不到朋类、进退失据的情况下,为了追求富贵的生活猖狂妄行,必然带来凶险,亦即"征凶"。对于六二"征凶"的根源,《小象》云:"行失类也"。

此爻在人道层面上的智慧是:不择手段地去追求富贵必然遭遇凶险。追求富贵,人性使然。但君子爱财,要取之有道。孔子也说过与这句爻辞具有同样智慧的话:"素富贵,行乎富贵;素贫贱,行乎贫贱。"意思是身处富贵,家多财富,自然可以享受富贵的方式;身处贫贱,家无余资,则应保持清贫的生活方式。过于追求,把方向走反了,就会"征凶"。现实生活中有许多"富有的穷人",也有许多"贫穷的富人"。孔子的弟子颜回"居陋巷,一箪食,一瓢饮,人不堪其忧,回也不改其乐",可谓典型的"贫穷富人",这种最高道德的人生观和财富观几千年来为人们传颂不已。当然,我们反对不择手段地去追求富贵,但是我们倡导选择正确的手段追求富贵。

六三爻辞是"拂颐,贞凶。十年勿用,无攸利。"六三以阴居阳,不中不正,资质柔弱,行为却躁动,又不守颐养的正道,就是"拂颐",企图借与上九的正应关系,用巴结谄媚等低级庸俗手段,求养于上九。这种纯粹的小人行为与"养正则吉"背道而驰,结果必然是"贞凶"。求人以养己首先必须自养,培养自己的人格精神和道德操守,如果重功利而轻道义,重"投机"心理,而不重自己品格的塑造,这种"道大悖也",十年之久都不会成功,所以说"十年勿用，无攸利。"

　　此爻在人道层面上的智慧是：贪取别人的财物为自己享用是不会有好果子吃的。《增文贤文》云："贪爱沉溺是苦海，利欲炽燃是火坑"。贪欲是一切祸乱的根源。贪欲是人类自己给社会刻上去的一道最大的伤痕。贪欲这个无底洞，会给人带来无穷无尽的烦恼，让你心灵负累，不能致远。这就是"拂颐，贞凶"的结果。孔子说："厚于财物，必薄于德。"意思是，一心追求钱财货物的人，必定把完善自己的品德看得无所谓。结果就会事与愿违，越是贪欲，精神和物质反而会越是贫瘠。泰戈尔说过："当鸟翼系上了黄金，鸟儿就飞不远了。"苏东坡有句话震聋发聩："养生难在去欲"，人去欲最难。所以，能放下物欲的诱惑，才是内心真正的强大。虽然七情六欲乃人之常情，但六欲不能太重，七情不能太多，"布衣桑饭，可乐终生"，这样才能求得心灵的安宁、身体的安康、政治的安全，理解到做人的真谛。

　　六四爻辞是"颠颐，吉。虎视眈眈，其欲逐逐，无咎。"六四阴爻居柔位，当位得正，已居上卦而回头顺从正应的初九，这就为"颠颐"，但是由于六四与初九是阴阳正应，这种求养下贤的作为，可以增加自己的修养和能力，所以"吉"。六四为近君的大臣，权高位重，一方面必须有威严，就是"虎视眈眈"；另一方面又要注意供需分配，广施恩惠，这就是"其欲逐逐"，而没有灾难。《小象》在解释这句爻辞时说得很到位："颠颐之吉，上施光也。"

　　此爻在人道层面上的智慧是：要尚贤重民。《系辞传》说："贵而无位，高而无民，贤人在下位而无辅，是以动而有悔也。"这从反面充分强调了"重民"和"尚贤"的重要性。《系辞传》还说："吉凶与民同患"，"圣人之大宝约位，何以守位曰人"。"天之所助者，顺也；人之所助者，信也。履信，思乎顺，又以尚贤也，是以自天祐之，吉无不利。"这是从正面强调了"贤"和"民"的重要性。权位虽然是宝贵的东西，但是如果没有民众和贤人相助，仅有权位也是枉然。所以，智慧的领导者一定要聚民心擎厚德务实之旗，汇民智走智慧发展之路，解民忧圆幸福民生之梦。

　　六五爻辞是"拂经，居贞吉。不可涉大川。"六五以柔弱之质而居君位，位不正，又与六二敌应，不仅不能养人，反而靠别人养。有经邦济世的心愿，又力不胜任的国君，只好违背常理，不以君位自居，而是"顺以从上"，听命于上九阳刚之贤。这种"拂经"的做法，正是颐卦之时养贤的大义，得到了上

九的竭诚相助，实现了养天下的大业，获得吉祥。但是，六五毕竟是志大才疏，只有守持正固、谨慎从事，才可"吉"，所以说"居贞吉。不可涉大川"。

此爻在人道层面上的智慧是：借别人的智慧充实自己的人，离成功的彼岸就不会太远了。平凡的人只是运用自己的智慧，而一个人的智慧是有限的；超常的人，善于借用别人智慧的人，能够达到自己原本达不到的智慧程度。天下最重要的借，就是向有才能的人请教，借智慧和借力。古人说得好："得人之力者无敌于天下也；得人之智者无畏于圣人也。"事业中的很多障碍大都是由于不善于用借功所造成的。能够成就伟业的人最大的智慧莫过于博采众人的智慧，扩充自己的大脑；最高的才能莫过于运用众人的才能，扩大自己的才能。

上九爻辞是"由颐，厉，吉。利涉大川。"上九是阳爻，象征充实、富有。颐卦到了上九，才到了颐的源头，颐养之世的目标才得以实现，这就是"由颐"。但是，上九是阳爻居阴位，失位不正，应当守住自己为臣的本分，深自戒惕，才能处理好与六五的君臣关系，从而有利于全局，所以说"厉，吉"。上九做到了这些，天下的百姓就都会得到养育，适宜去干大事业，所以说"利涉大川"而"大有庆也"。

此爻在人道层面上的智慧是：以德自养才能兼养天下。道德是这个世界的主宰力量，是"利涉大川"的最大正能量元素。拿破仑说："道德的力量比物质的力量强大十倍。"养德的人仁爱宽厚，好学向上、广闻博取。有了这种充分的蓄积，才能有德行、有能力兼养天下。唐太宗李世民说："自古君王治理天下，唯有对自己修身，对臣民修德这两件事最为要紧，其他虚浮的事情都不必关心。尧舜用仁德治理天下，臣下就跟着仁德；桀纣用暴虐统治天下，臣下也暴虐。"又说："君主犹如盛水的容器，臣民犹如水，水的形状或方或圆，都在于容器的形状，而不在于水本身。这些治国安民的正道，是我们一定要坚持的。"

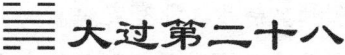大过第二十八

【卦辞】
大过：栋桡（náo，木材弯曲），利有攸往，亨。
【白话】
大过卦象征大为过分：房屋的栋梁向下弯曲，利于有所前往，亨通。

【彖传】
《彖》曰：大过，大者过也。"栋桡"，本末弱也。刚过而中，巽而说行，"利有攸往"，乃"亨"。大过之时，大矣哉。
【白话】
《彖传》说：大过，是指大为过盛而有过失。"房屋的栋梁向下弯曲"，说明做栋梁的树木首尾两端都太柔弱。大过卦由四个阳爻、两个阴爻组成，有阳刚过盛之象；九二阳爻、九五阳爻分别居下、上卦之中位，虽然阳刚过盛但能守中道。大过卦下巽上兑，象征谦逊和悦地去行动，所以说"利于有所前往"，然后才"亨通顺利"。大过卦所显示的因时制宜的道理太大了啊！

【大象传】
《大象》曰：泽灭木，大过。君子以独立不惧，遁世无闷。
【白话】
《大象传》说：大过卦下巽上兑，泽水把树木淹没，象征大为过分。君子因此而特立独行，毫不畏惧，隐居避世，无所苦闷。

【爻辞】
初六　藉（jiè，借，垫）用白茅，无咎。
九二　枯杨生稊（tí，新生的枝芽），老夫得其女妻，无不利。
九三　栋桡，凶。
九四　栋隆，吉；有它，吝。
九五　枯杨生华，老妇得其士夫，无咎无誉。
上六　过涉灭顶，凶，无咎。

【白话】

初六 用洁白的茅草来衬垫祭品,没有灾殃。

九二 干枯的杨树生出嫩芽新枝,老年男子娶少女为妻,无所不利。

九三 栋梁向下弯曲,有凶险。

九四 栋梁向上隆起,吉祥;若发生其他变故,则会有遗憾。

九五 干枯的杨树开了花,老年妇女嫁给年轻的男子,没有过错,也不值得称誉。

上六 涉水而淹没头顶,有凶险,但最终没有灾殃。

【小象传】

[初六]"藉用白茅",柔在下也。

[九二]"老夫""女妻",过以相与也。

[九三]"栋桡"之"凶",不可以有辅也。

[九四]"栋桡"之"吉",不桡乎下也。

[九五]"枯杨生华",何可久也。"老妇""士夫",亦可丑也。

[上六]"过涉"之"凶",不可咎也。

【白话】

[初六]"用洁白的茅草来衬垫祭品",说明把柔软的东西铺在下面,正像初六阴爻位于最下面一样。

[九二]"老年男子娶少女为妻",老夫乃阳之过,今得到女妻相济。

[九三]"栋梁向下弯曲"导致"凶险",说明没有什么办法可以辅助补救。

[九四]"栋梁向上隆起"之所以"吉祥",是因为它不再向下弯曲了。

[九五]"干枯的杨树开花了",怎么能长久呢?"老年妇女"嫁给"年轻男子",也算是羞丑的事。

[上六]"涉水时水没头顶"的"凶险",不可以视为过错而被责备。

【推天道,明人事】

大过卦的卦辞是"大过,栋桡,利有攸往,亨。"大过是大的过错、做过分的事的意思。大过卦巽下兑上,巽为木,兑为泽,泽本润木,但泽在树上,为大水淹没了树木，实在大为过越常理，所以有大过之象，故谓之"大过"。《序卦传》说："不养则不可动，故受之以大过。"大过卦阳刚过度强盛而阴柔相对薄弱，两阴又分居上下，本末阴柔，有如栋梁的首尾两端太柔弱，承受不了房顶的沉重压力，弯曲变形，房屋有倾覆之虞，所以说"栋桡"。问题如此严重，亟待解决，君子出来力挽狂澜，是大有作为的，所以说"利有攸往，亨"。

大过卦的《象传》对卦辞的含义作了更近一层的详解。《周易》中的原则是：阳爻称大，阴爻称小。大过卦是四阳两阴，所以是"大者过也"。栋梁因两端柔弱，无法承受椽瓦的荷载，而下弯屈折，故谓之"栋桡，本末弱也"。大过卦虽然阳爻过多，但却能守住中位（九二、九五），是"刚过而中"。大过卦巽下兑上，巽为风，为顺利，兑为悦，所以是"巽而说行"。大过之时的总体形势虽然是阳盛阴衰、危机深重，但是也存在着转化的机遇和条件。易学家程颐说得好，大过之时，君子可以"立非常之大事，兴不世之大功，成绝俗之大德"，所以说"利有攸往，乃亨"。可见，"大过"的意义是多么宏大啊，所以说"大过之时，大矣哉"。

君子观"泽灭木"的卦象，即使处于危难之中，也应该振奋精神，施展才华，以非凡之气魄面对前进道路上的艰难险阻，哪怕自己的主张和行为被世人反对和阻挠，也当卓而独立，不逃避人世，不堕青云之志，行常人所不能行之举，进而成就程颐所说的大事。这就是《大象》强调的"君子以独立不惧，遁世无闷"。

初六爻辞是"藉用白茅，无咎。"初六位居大过卦的最下位，又是柔爻，所以是"柔在下也"。象征君子在大过之时，重任在肩而又力量柔弱。初六所在的下卦为巽卦，巽为木，为白，所以用"白茅"为喻。古人祭祀时，要"藉用白茅"，就是用洁白的茅草铺地，在上面摆上祭品，表示慎重与虔诚。它的象征意义是：居于下位的初九，要图谋大事，必须周密考虑，小心谨慎，如同祭祀时把祭品垫一层洁净的白色芳草使之免受玷污一样，如此自可"无咎"。《系辞传》对这条爻辞的意蕴作了这样的阐发："苟错诸地而可矣，藉之用茅，何咎之有？慎之至也。夫茅之为物薄，而用可重也。慎斯术也以往，其无所失矣。"

此爻在人道层面上的智慧是：慎思与虔诚能帮助你绝处逢生。处在弱势的地位，又临危险的境地，要有"藉用白茅"的智慧，就是一方面要慎重、缜密地思考，这样才会找到绝处逢生的手段；另一方面要恭敬诚信，这样才会获得化险为夷的人缘感应，得到他人鼎力相助。这样以柔顺刚，就会形成刚柔相济

的有利态势，从而消除祸患。慎思与虔诚蕴藏着无尽的人生智慧。

九二爻辞是"枯杨生稊，老夫得其女妻，无不利。" 大过卦总的态势是阳气过盛，九二又居于阳刚过盛之始，本来需要阴爻来调和，但是九二又与九五敌应，只能下求向比邻的初六，实现阴阳和合，所以《小象》强调"过以相与"是"老夫女妻"。九二虽不得位，但是居中，又有初六相承比，具有生机，所以说"枯杨生稊"。"老夫得其女妻"，尚可生育，犹如"枯杨生稊"，当然是吉无不利，所以说"无不利"。

此爻在人道层面上的智慧是：对于过刚的事情必须以轻柔相济。对于那些"冰柱"性格的人，不要和他们硬来，用武力只能增强他们的对抗，要操纵他们心理的弱点，在他们的情感上下工夫，用敬若神明的尊重软化他们的抗拒。汉高祖刘邦初定天下时，北方的匈奴屡犯边关，烧杀劫掠，老百姓叫苦连天。刘邦召关内侯刘敬商议对策，刘敬经过分析后认为不能以武力来对付匈奴。刘邦说："不动用武力，难道可以用文治教化的办法吗？这些匈奴人素来强暴凶悍，礼仪不兴，怎么可能吃这一套呢？"刘敬说："匈奴王冒顿，脾气暴烈，像豺狼般凶残，确实没办法和他大谈仁义道德。但是皇上如果希望匈奴臣服，唯有实行和亲政策，化仇敌为亲戚。"又说："若陛下肯忍痛割爱，将公主嫁给匈奴大王冒顿，他一定会欢喜感动不已，册立公主为后，将来生下的孩子自然就是王位继承人。陛下利用这种翁婿关系，逢年过节时赠与珠宝金银，即使是凶猛的老虎也可以变成陛下的坐骑啊！"刘邦经过深思熟虑后接受了这一计策，果然收到了以柔克刚、长治久安的效果。

九三爻辞是"栋桡，凶。" 九三阳居阳位，当位但不得中，处互乾卦（九二、九三、九四）中爻，阳盛之势发展到了极点，既不懂得以中道来自我抑制，也得不到阴柔势力上六的辅助匡正，是《小象》所说的"不可以有辅也"，而且九三尚未进入卦之上体，表明其能量还难当重任，如同房屋的栋梁受到重压而向下弯曲，结果必然发生凶险。再从爻的结构上看，九三与上六相对，然全卦主爻九五与上六亲比在先，九五居中且正，又与上六紧邻，故上六优先亲比九五而疏远九三。九三阳刚过盛，会贸然追求上六，其结果必然被九五所打压，所以说"栋桡，凶"。

此爻在人道层面上的智慧是：过重的身心压力是伤身伤心的天敌。现代医学研究证明，致病的最主要因素就是压力。弯曲了的栋梁，必然带来凶险。"栋桡"带给人们的智慧是：面对生命的重压，不要被压得烦恼不堪，要想方设法给自己卸载压力，在轻松的氛围中把承载的工作做好。人生的旅途也是如此，你把目标定得过高，又过于关注目标的实现，就会给心理造成巨大压力，造成身心的疲惫，在结果上反而会事倍功半。如果学会减压，把目光分一些给脚下的路和路边的景，可能会增进成功的步伐，在结果上事半功倍。

九四爻辞是"栋隆，吉；有它，吝。"九四以阳居阴，与九三之以阳居阳不同，虽然资质阳刚，却是刚而能柔，抑制了过刚的发展趋势，扭转了阴阳失衡的局面，使得已经弯曲的栋梁重新隆起，这种"不桡乎下也"的转变形成了能承重的拱形结构，恢复了平衡，于是吉祥，所以说"栋隆，吉"。但九四与初六正应，又不居中，在从事大过于常的功业时，过于谦下保守，过于因循守旧，丧失稍纵即逝的良机，所以说"有它，吝"。

此爻在人道层面上的智慧是：危中求机使危机也可以变成机遇。危机中蕴含着拨乱反正的转化契机和精神。中国有句古老的格言："危机就是危中有机。"只有站在悬崖边上，才知道自己的潜力有多大。生存法则是狼追着的动物跑得快，人若失去了危机感就会安于现状，退化而灭亡。虽然大过之时的总体形势是阳盛而阴衰，危机深重，但也同时存在着有利的机会，这个机会是潜得更深的机会；是不同方法，不同路径的机会。人有了拨乱反正的精神，即便是身处困境也不怨天尤人，坚信"人事未尽，不可言天命"，研究人存在的合理性和人的合理存在方法与路径，在此基础上就会再创造出"栋隆"一样的成功的机会，创造出发展的新形势。与此相反，在危机面前，只看到"危"而看不到"机"，一筹莫展，任由危机的摆布，那就是鱼游沸鼎，离死不远；燕巢飞幕，随时会倾覆。

九五爻辞是"枯杨生华，老妇得其士夫，无咎无誉。"九五阳爻居刚位，像一个精力过度旺盛的男子，所以说是"士夫"，九五下面无阴爻相应，只能与阴爻上六匹配，但是上六是一个没有生育能力的老妇，这种"老妇士夫"的结合，《小象》称之为"亦可丑也"，不可能孕育新的生命，也不可能以柔济刚，是"枯杨生华"，无法持久，很快就会凋零。但是，九五有"刚过而中"的品格，能以中道自处，结果虽然没有什么称誉，但也没有什么过失，所以说"无咎无誉"。

此爻在人道层面上的智慧是：不符合道义的非常手段会导致祸患。有悖于

原则的非常手段，即使暂时没有过失或祸患，也不过是"枯杨生华"，不值得称道。有悖原则的非常手段，既不符合道也不符合义，这样做迟早会大祸临头。《吴子·图国》中说："行不合道，举不合义，而处大居贵，患必及之。"意思是，行动不遵从规律，做事不符合正义，而这种人又身居高位，这样祸患就会接踵而来。此话可谓是对此爻义画龙点睛的归结。

上六爻辞是"**过涉灭顶，凶，无咎**。"大过之卦的总体目标是拯弱兴衰，扶阴抑阳，但是发展到上六阶段，阳盛之势并未有效抑制，上六又阴居阴位，表明阴衰则发展到了极致。将倾的大厦全部压在了上六身上，上六无力支撑，陷入了灭顶之灾，故谓之"过涉灭顶"。但是，上六勇于担当，全力以柔济刚，协助九五挽救大厦之将倾，正是上六这种英勇无畏的精神，最终才有险无害，这就是"凶，无咎"。上六这种英勇无畏的精神，即使遇到了过顶的凶险，也不应该作为过错而受责备，所以《小象》云："不可咎也"。

此爻在人道层面上的智慧是：身陷绝地时，精神绝不要先于身躯之前倒下去。精神和智慧是推动世界前进的力量，而不是身躯。精神是一种力量，但不是腿部和臂部的力量，而是心灵和灵魂的力量，这种精神力量比体力更富于生命力。精神爽奋，即使陷入绝境也会有拔地而起的奇迹。流星的美丽在于燃烧的过程，人生的光彩在于奋斗的过程。哪怕面临"过涉灭顶"的凶险，也要宁可被打败，也绝不能选择不战自败。低头，皇冠会掉；流泪，贱人会笑。只要精神尚在，热血就会在胸膛奔涌，激情就会在心中澎湃，英勇无畏地去拼搏就能绝地逢生，你就站在了生命和事业的最高处。历史上韩信的"背水一战"、项羽的"破釜沉舟"，可以说都是深得《周易》智慧的。欧阳修在《尹师鲁墓志铭》中也说过同样智慧的话："遇事无难易，而能于敢为。"战争的制胜机理也是"狭路相逢勇者胜"。

坎第二十九

【卦辞】
习坎：有孚维心，亨。行有尚。

【白话】
坎卦象征重重险陷：心中充满诚信，亨通。出行会得到赏赐。

【象传】
《象》曰：习坎，重险也，水流而不盈。行险而不失其信，"维心，亨"，乃以刚中也。"行有尚"，往有功也。天险不可升也，地险山川丘陵也。王公设险以守其国。险之时用大矣哉。

【白话】
《象传》说：习坎，就是双重的险难，就像水流入坑中不见盈满一样。冒险行动而不丧失信用，"内心亨通"，这是因为坎卦的九二阳爻、九五阳爻居下、上卦之中位，象征人刚健中正。"出行会得到赏赐"，说明往前进可建功勋。天之险如日月天空无法升越，地之险有崇山峻岭河川丘陵难以涉越。王公设立险隘以守护国家。可见险陷因时制宜的功用也是太宏大了啊！

【大象传】
《大象》曰：水洊（jiàn，再次）至，习坎。君子以常德行，习教事。

【白话】
《大象传》说：坎卦下坎上坎，坎为水，水接续而至，象征重重险陷。君子因此而恒久崇尚德行，勤于学习政教事务。

【爻辞】
初六 习坎，入于坎窞（dàn，坎穴中的洼陷处），凶。

九二 坎有险，求小得。

六三 来之坎坎，险且枕，入于坎窞，勿用。

六四 樽酒，簋（guǐ，盛饭器皿）贰，用缶（fǒu，瓦器）纳约自牖（yǒu，窗户），终无咎。

九五 坎不盈，祇（zhī，恭敬）既平，无咎。

上六　系用徽纆（mò，绳索），寘于丛棘，三岁不得，凶。

【白话】

初六　重重叠叠的险阻，又在坠入险陷深处，有凶险。

九二　在陷穴中遇有危险，先谋求小有所获。

六三　来到险陷之中，往前凶险，后退也不安全，又再次落入了险陷深处，不宜采取行动。

六四　一壶酒，两盒饭食，用朴质的瓦器盛着从窗口送入，最终没有灾殃。

九五　险陷还没有填满，小丘已被铲平，没有灾殃。

上六　捆上绳子，放在荆棘丛中，三年得不到解救，有凶险。

【小象传】

［初六］　"习坎"，入坎，失道"凶"也。

［九二］　"求小得"，未出中也。

［六三］　"来之坎坎"，终无功也。

［六四］　"樽酒，簋贰"，刚柔际也。

［九五］　"坎不盈"，中未大也。

［上六］　上六失道，凶三岁也。

【白话】

［初六］　"重重叠叠的险阻"，又在坠入险陷深处，说明初六违背正道，所以"有凶险"。

［九二］　"先谋求小有所获"，是因为九二阳爻居下卦之中位，没有背离中道。

［六三］　"来到险陷之中"，说明妄动终究不会有成功。

［六四］　"一壶酒，两盒饭食"，说明六四阴爻处于九五阳爻和六三阴爻相交接之处，象征患难与共、刚柔相济。

［九五］　"险陷还没有填满"，说明所行的中道还得不到充分发扬光大。

［上六］　上六违背了正道，所以有连续三年的凶险。

【推天道，明人事】

坎卦的卦辞是"习坎，有孚维心，亨。行有尚。"坎为坎陷、凶险之意。

习为重叠之意，两坎相叠就为习坎。坎卦坎下坎上，坎为水，为险，水上加水，险上加险，象征着重重艰难险阻，故谓之"坎"。《序卦传》说："物不可以终过，故受之以坎。坎者，陷也。"坎上下是阴爻，中间是阳爻，阴虚阳实，所以处坎陷之道，最明智的作为是：内心诚实，心胸开阔，信心坚定，"行险而不失其信"就能够突破重重艰险，前途通达，所以说"有孚维心，亨"。坎卦是由临卦变化而来，是临卦的初九与六五换位，成为坎卦的九五，是为上进，故谓之"行有尚"。

坎卦的《象传》对卦辞的含义作了豁然贯通的解读，坎卦坎下坎上，是重坎，坎为险，所以是"习坎，重险也"。水流动为阳，坎卦阳爻陷于二阴之中，故曰："水流而不盈"。水流多历险地，经山崖为瀑布，经山谷为川流，经沟壑为江河，但历经艰险仍坚定汇入大海的信念和行动，就是"行险而不失其信"。习坎二、五刚爻居中，又在互大离（九二、六三、六四、九五）之中，离为火、为心，为维，故曰"维心亨"。坎卦阳爻居中，上下二阴爻，"乃以刚中也"。九五既中且正，故尚，往前方行进可取得出奇功效，就是"行有尚，往有功"。无论是自然环境还是社会环境，险阻都是普遍存在的，日月星辰、风云变幻是不可升的"天险"；山川丘陵、险象丛生是不可逾越的"地险"。险阻并不都是不利因素，也有有利的一面，王公从"天险"和"地险"中得到启发，设置"人险"，来守卫边疆，这就是发挥了险阻适时之用的功效，可见，"险之时用大矣哉"。

君子观此"水洊至，习坎"之卦象，应该涵养自己的美德，持守如常，娴习国家政务教事，以履险如夷。所以《大象》强调"君子以常德行，习教事"。

初六爻辞是"习坎，入于坎窞，凶。" 初六阴爻居阳位，位不正，又处在双坎的最下方，上有重重危险，是坎中之坎，所以说是"习坎，入于坎窞"，凶险达到了极点。初六又是阴爻居阳位，本身柔弱却盲目刚进妄动，陷入坎险而不能自拔，与六四又是敌应，上无应援，在坎险之时，此谓"失道"，在坎险之中是越陷越深，所以"凶"，故《小象》曰："失道'凶'也"。

此爻在人道层面上的智慧是：不要让初始的危险演变成失败的结局。要重视化解初始的危险。危险的事情初露端倪，就要及时发现和采取化解对策，否则，漠视初始危险，后续危险就会接踵而至，使危险快速加深。《老子》说："其脆易泮，其微易散，其未兆易谋。为之于未有，治之于未乱。"意思是，事物脆弱时，容易消解；事物细微时，容易散失。做事情要在它尚未发生以前

就处理妥当；治理国政，要在祸乱没有产生以前就早做准备。明代薛瑄说过："一念之欲不能治，而祸流于滔天。"意思是，一个念头不能够加以控制和约束，它造成的祸水将要漫到天一般高。这些思想都是讲重视初始的危险，注意防微杜渐。

九二爻辞是"坎有险，求小得。"九二阳居阴位，陷上下二阴之中，与九五敌应，难以相互济险，处境十分艰难，上行六四及上六，仍属于险陷之地，前景也不乐观。就九二的期望值来说，一定是期望"大有所得"，但是现实是坎险之时，克服坎险的条件尚未成熟，既然是身陷"坎有险"之地，欲出不能，只好退而求其次，以相对满意为目标。九二从客观的坎险情势出发，降低理想的期望值，把理想目标划分为几个逐步实现的阶段，以"'求小得'，未出中也"的渐进方式向前发展，保全了自我，这是非常明智的选择。

此爻在人道层面上的智慧是：在险境中要选择最有可能实现的目标。就一般意义上讲，最佳的目标不是最有价值的目标，也不是最辉煌的目标，而是最有可能实现的目标。处在重重的危险中，更不能把目标期望值抬得太高，那样不仅实现不了，还会险上加险。降低理想的期望值，不操之过急，以"求小得"的相对满意为行为目标，就能一个个实现，就会逐步脱险。

六三爻辞是"来之坎坎，险且枕，入于坎窞，勿用。"六三阴居阳位，位不正，失中，上与上六是敌应，下与九二是以柔乘刚，又是下卦坎体的上极和上卦坎体的下方，上下皆坎，在这种重重的坎险处境中，无论是前进还是后退，都不能脱离坎险，正所谓"来之坎坎"。在坎坎的重险中更有深的陷阱，所以说"险且枕"。既然处境如此险恶，任何行动都不会成功，在"终无功也"的状态下，只有承受磨难，耐心等待，不可轻举妄动，也就是"入于坎窞，勿用"。

此爻在人道层面上的智慧是：人只要不断地从险境和磨难中挣扎起来，就会演绎出非同凡响的生命交响曲。火凤凰每次都是浴火再生。落入"来之坎坎，险且枕"的凶险之中，要学会面对磨难，"入于坎窞"，先求自保以待变。成功虽然在快乐中享受，但是却在苦难中创立。多吃一分苦，就多得一分享受。人生的磨难时刻，就是开始腾飞的前奏。雨果就认为："上帝在给人们一份困苦时，也添给人们一份智力。"不是吗？"一朝成名天下知"正是来自于"十年寒窗无人问"。但丁最出色的作品都是在他经受磨难，甚至是被流放的时期创作出来的。圣雄甘地说："吃苦就是人类之所以作为人类的界限。" 战胜种种艰难险阻才能攀登上生命的顶巅，才能感受到灵魂升华的高峰体验。

六四爻辞是"樽酒，簋贰，用缶纳约自牖，终无咎。" 六四处于上坎，以阴爻居柔位，当位得正，又以柔顺上承九五之君。当此坎险之时，六四必须以柔顺端正的忠臣之德来取得九五的信赖，为此六四搬出祭祀时的摆设，以表示自己顺服的诚意，所以说"樽酒，簋贰，用缶纳约自牖"。六四与九五的这种合宜相亲，是"刚柔际也"，可以和衷共济，共渡险难，如此才"终无咎"。

此爻在人道层面上的智慧是：危难救主是忠臣之德。在主帅危难之际，为臣的激发不出来奋不顾身去拯救的勇气和行动，就是因为胸中缺乏"樽酒，簋贰，用缶纳约自牖"的忠心。相反，在主帅身陷危难之中，做臣子的能够拼死相救，这表现出来的是柔顺端正的忠臣之德。主帅会记住一辈子，也会使自己与主帅的关系相亲相和，从此以后，在他心中你永远都是他最可靠的人。

九五爻辞是"坎不盈，祗既平，无咎。" 九五虽居全卦至尊的君位，但仍陷在六四和上六两个阴爻之间，就像流水无法满盈，所以"坎不盈"。"坎不盈"的原因，就在于九五居中而与九二不应，刚中之德发扬得不够宏大，所以《小象》强调"坎不盈，中未大也"。九五在互艮（六三、六四、九五）中，艮为止，有踏平险陷走上正途之意，象征九五虽然没有最终摆脱险境，但九五具有济险之才，又与六四亲比承乘，有了这种上下同心的辅佐，坎坷之路渐趋平坦，所以说"祗既平，无咎"。

此爻在人道层面上的智慧是：领导者要承担起拯救险难的责任。岁寒，然后知松柏之后凋。在顺境中，我们很难分辨出真正的领导者有无使命感和责任感，只有在逆境，在面对险难的时候，那些真正的有使命感和责任感领导者才会挺身而出，面对险难，超脱险难。唐朝韩愈说："以国家之务为己任。"意思是，把国家的事情当作自己的责任。林则徐说过："苟利国家生死以，其因祸福趋避之"。拿破仑也曾经说过："近于绝望的境地最能启发一个人的潜伏力量，没有这种经历，英雄也就难以显现出自己的本色。"历史上，在国家、民族陷入险难之中，许多伟大的领导者都是以报国的情怀，以一种担当的精神，负起拯救的责任，把自己的显能和潜能充分地调动起来，以英雄本色把绝望变成希望，把险难变成了坦途。写照了"坎不盈，祗既平，无咎"历史篇章。

上六爻辞是"系用徽纆，寘于丛棘，三岁不得，凶。" 上六阴爻居阴位，虽然当位得正，但是居于坎卦的末爻，与九五是逆比，与六三是敌应，不交好运,其处境犹如被绳索捆绑置于丛棘之中,以至于三年之久都不能解脱,这就是凶险,所以说"系用徽纆,寘于丛棘,三岁不得,凶"。《小象》对此爻的解释是,"上六失道",乘凌九五,又与六三敌应,这就更为"失道",所以才"凶三岁也"。

此爻在人道层面上的智慧是:成功者都是从艰难的磨炼和风险的考验中走出来的。钢是炼纯的,刀是磨利的。不顶千里浪,怎得万斤鱼。在充满艰难的人生旅途中,只要矢志不渝,经受磨炼,就能体会到更深一层的生命意义。这就像是口嚼橄榄,先苦后甜。元代白朴在其《喜春来·题情》中写过这样两句话:"从来好事天生俭,自古瓜儿苦后甜。"意思是,生活中的好事从来就是稀少的,自古以来都要通过艰苦劳动,才能吃到甜瓜。只有努力攀登顶峰的人,才能把顶峰踩到脚下。古往今来,所有的成功者都经历过艰难的磨炼和风险的考验,哥伦布发现新大陆、郑和七下西洋、诺贝尔发明炸药、哥白尼完成《天体运行论》都浸润着艰苦努力和冒险精神。福特汽车总裁菲利普说:"假如缺乏冒险精神,今天就没有电源、飞机、人造卫星,也没有盘尼西林和汽车,成千上万的成果将不可能存在。如果生活在一个没有冒险的世界,我们将面临重重危机。"虽然人们总是用鲜花、掌声、美酒来欢迎成功者,但是成功者的路上却布满了荆棘、嘲讽、苦水。成功的心路:周身充满勇气和遍体鳞伤。所以成功没有奇迹,只有轨迹。

 离第三十

【卦辞】
离：利贞，亨。畜牝牛，吉。

【白话】
离卦象征依附：利于坚持正道，亨通。蓄养母牛，吉祥。

【彖传】
《彖》曰：离，丽也。日月丽乎天，百谷草木丽乎土。重明以丽乎正，乃化成天下。柔丽乎中正，故"亨"，是以"畜牝牛吉"也。

【白话】
《彖传》说：离，意思是附丽。譬如太阳、月亮依附在天空中，百谷和草木依附在土地上。离卦下离上离，离为明，二明相重并依附于正道，从而化育天下万物。六二阴爻和六五阴爻分别居下、上卦的中位，柔顺而又依附于中正之道，因此前景亨通，所以说"蓄养母牛，吉祥"。

【大象传】
《大象》曰：明两作，离。大人以继明照于四方。

【白话】
《大象传》说：离卦下离上离，太阳继续而起，光明盛大，象征依附。伟大的人物因此而连续不断地用道德的光明照临天下四方。

【爻辞】
初九　履错然，敬之，无咎。
六二　黄离，元吉。
九三　日昃（zè，太阳偏西）之离，不鼓缶而歌，则大耋（dié，年八十）之嗟，凶。
九四　突如其来如，焚如，死如，弃如。
六五　出涕沱（tuó，下大雨）若，戚嗟若，吉。
上九　王用出征，有嘉折首，获匪其丑，无咎。

【白话】

初九 走错了路，要保持恭敬谨慎，没有灾殃。

六二 附丽着黄色，至为吉祥。

九三 将要落山的太阳附丽于西边的天空，应该击缶而歌唱，否则老年人就会发出老暮穷衰的悲叹，有凶险。

九四 离日突然间升起，如烈火焚烧，顷刻间又消散灭亡，舍弃净净。

六五 泪如雨下，人们哀哀叹息，吉祥。

上九 君王率兵征讨，有斩获敌人首级的喜事，抓获很多俘虏，一无过错。

【小象传】

[初九]"履错"之"敬"，以辟咎也。

[六二]"黄离，元吉"，得中道也。

[九三]"日昃之离"，何可久也。

[九四]"突如其来如"，无所容也。

[六五]六五之"吉"，离王公也。

[上九]"王用出征"，以正邦也。"获匪其丑"，大有功也。

【白话】

[初九] 走错了路时，保持恭敬谨慎，是为了避免灾殃。

[六二]"附丽着黄色，至为吉祥"，是因为六二阴爻居下卦之中位，说明六二阴爻得益于符合中道。

[九三]"将要落山的太阳附丽于西边的天空"，此景怎么能长久呢？

[九四]"离日突然间升起"，说明难以久容于天地。

[六五] 六五爻辞所说的"吉祥"，是因为能附丽于王公大人的尊位上。

[上九]"君王率兵征讨"，目的是为了安邦定国。"抓获很多俘虏"，是在战争中取得了很大的胜利。

【推天道，明人事】

离卦的卦辞是"离，利贞，亨。畜牝牛，吉。"离，同丽，是亮丽、光彩、光明的意思。离卦离下离上，离为火，为光明，两明相从相继，意味着光明接连升起，依附于天空之上，象征附丽，故谓之"离"。《序卦传》说："陷必有所丽，故受之以离。离者，丽也。"离卦取象为火，火不能独立存在，必须有所附丽才可以显示，以此表征一事物的存在和发展必须对另一事物有所附丽。君子凭借中正之道来行事，就是"利贞"，可以获得亨通。就离的单卦而言，是一个阴爻附着于两个阳爻之间，一阴得自于坤，坤为牛，在柔位为母牛，象征一个人在处于离卦的时位上时，要像蓄养外刚强而内柔弱的母牛一样，涵养自己柔美和顺的德行，这样就一定能够获得吉祥，所以说"畜牝牛，吉"。

离卦的《彖传》对卦辞的含义作了通透的阐释。离就是附着、附丽，所以说"离，丽也"。宇宙间的一切事物都有其依附的对象，太阳、月亮附丽在高高的虚空，百谷、草木附着在厚实的土地，亦即"日月丽乎天，百谷草木丽乎土"。离卦是双离，离为火，为明，所以是"重明"，光明重叠又"丽乎正"，就可以"化成天下"。本卦六二为中正，六五为中，是"柔丽乎中正"，所以说"亨"。离卦的阴爻得自于坤，坤为牛，在柔位为母牛，有敬顺之意，"是以'畜牝牛吉'也"。

君王观"明两作"的卦象，就应该肩负起承续前人的光明、照临天下四方的重任，所以《大象》强调"大人以继明照于四方"。

初九爻辞是"履错然，敬之，无咎。" 初九阳居阳位，当位得正，本质阳刚，求之于六二，以结成以刚附柔的关系，但是初九作为依附者则过于刚强，开始对柔弱的六二轻慢亵渎，这种"履错然"的行为产生了难以契合的咎害。但是初九能够知错就改，自觉地约束自己过刚的行为，对六二恭敬谨慎，正确地处理了刚附柔的关系，从而"以辟咎也"，避免了咎害，所以说"敬之，无咎"。

此爻在人道层面上的智慧是：从善如流使人生和事业蒸蒸日上。人生在世，犯错误是在所难免的，但是犯了错误千万不要执迷不悟，千万不要反复，这是世界上最愚蠢的人的做法。面对错误要敢于正视，虚怀若谷，知错就改，这种"履错然，敬之"的智慧就是中国古人所说的"从善如流"。做到这样，才会人生"如流"、事业"如流"。"如流"的人生，才会日臻成熟；"如流"的事业，才会蒸蒸日上。盛世的天子不仅独守本分，且不是一个软耳根的皇帝，也能够从善如流，最合理地参考和吸纳别人的意见和建议，因而得以成就盛世伟业。

六二爻辞是"黄离，元吉。" 离卦的总体要求是"柔丽乎中正"，六二以柔处柔,当位居中,文明中正而又怀柔,就是"黄离"。九三来依附它,阴不动而阳来依附,符合中正的原则,所以说是"元吉"。在下卦中,六二与初九、九三两刚爻的关系又变成了六二是依附的对象、初九和九三又是被依附的对象,六二爻以柔爻依附于二刚之中,"得其中道",这也是"元吉"。

此爻在人道层面上的智慧是:做事以执中为要。《周易》尚中,中是正道,是恰到好处,是合情合理。凡事超过了"中"的界限,事情就会变化,就会变质。历史上那些雄才大略者总是远离极端,以确保不偏不倚。鬼谷子说:"非独忠信仁义也,中正而已矣。"意思是,圣人处世并不只是讲求忠信仁义,而是维护不偏不倚的正道。所以,智者做事以"黄离"的执中为要,不温不火,不可不及,不可过犹,不卑不亢,不偏不倚,不慌不忙,如此就会游刃有余、得心应手。

九三爻辞是"日昃之离,不鼓缶而歌,则大耋之嗟,凶。" 九三是阳爻居下卦离之最上位,下卦象征日,上位犹如日薄西山,光明将尽,所以说"日昃之离"。在这种"何可久也"的情势下,九三本应乐天知命,随遇而安,就是"鼓缶而歌",但是,九三阳爻居刚位,不会就此认命,但是像一个到了七八十岁的老人,失去了年龄优势,只能发出"大耋之嗟",徒然悲伤,其结局必然是"凶"而不利。

此爻在人道层面上的智慧是:永远保持良性的意识和乐观的人生态度。不要输在心态上,心态虽然不是人生的全部,却可以决定全部的人生。人生如同一条河,总有曲曲折折;人生如同一首诗,总有平平仄仄;人生如同一棵树,总有枝枝杈杈;人生如同一条路,总有坑坑洼洼;人生如同一根绳,总有疙疙瘩瘩,如果能用一种"鼓缶而歌"的乐观的心态来从容地面对,我们就能够惬意地享受人生的每时每刻。法国已故总统蓬皮杜曾说过:"人在一生中有时候只能听从命运的支配。客观地说,世界上有许多事是可以通过主观努力加以改变的,但同时,也有许多事情人们无能为力。面对不能更改的客观环境的困难,超脱、豁达和乐观就不失为一个有用的方法。"

九四爻辞是"突如其来如,焚如,死如,弃如。" 九四居上体离卦之始,从爻象上讲,为旭日东升,火红的朝霞"突如其来",有烈焰"焚如"之势,但九四重刚而不中,难以安稳依附,又急功近利,以"突如其来"的"焚如"之焰,直逼六五之君。九四这种刚猛躁动、气焰嚣张的举止大有凌上欺君之势,如此不中不正的行为违反了离卦"重明以丽乎正"的准则，遭到六五的拒纳，找不到依附的根，霞光很快就消散了，在"无所容也"的情势下落得个"死如，弃如"的下场。

此爻在人道层面上的智慧是：不要让功名利禄把自己套牢。人生在世，总有利禄荣辱得失的光顾和缠绕，其实，这些东西都是身外之物，"突如其来如，焚如、死如、弃如"。能够对利禄荣辱得失保持一种宠辱不惊、淡定自若的态度，心智就突破了枷锁，生命就回归了本真，人生就活出了境界。

六五爻辞是"出涕沱若，戚嗟若，吉。" 六五是上卦中位，以阴爻而居尊位，与六二敌应，又处在两个阳爻之间，承阳乘刚，常怀危厉警惧之心，尤其是下临九四的刚猛威逼，忧患畏惧到了极点。在卦象上，离为目，六五又在互兑（九三、九四、六五）中，兑为泽，目中有泽，泪水如滂沱，悲伤嗟叹，所以说"出涕沱若，戚嗟若"。但是六五能够以柔中的美德来处理好以柔附刚的关系，能够"离王公也"，从容应对九四的胁迫，又能争取到上九的有力援助，所以最终还是"吉"。

此爻在人道层面上的智慧是：能忍气和能忍辱就为自己撑起了一把特殊的保护伞。俗话说得好："能忍者自安。"痛到断肠能忍得过，苦到舌根能吃得消；辱到愤极能受得起，怒到发指能定得住。忍到了这种程度，祸患又能奈之若何？面对刚猛威逼的胁迫，能够忍气，能够忍辱，"出涕沱若，戚嗟若"这也是有所作为的必然代价，是避凶趋吉的智慧。唐代高僧寒山问拾得和尚："今有人辱我、冷笑我、蔑视我、毁我伤我、嫌恶我、诡谲我，则奈何？"拾得答曰："子但忍受之，依他让他，敬他避他，苦苦耐他，装聋作哑，漠然置之，冷眼观之，看他如何结局？"司马懿多谋善变，遇事极为冷静，从不为自己的情绪左右，能忍一时之气，全以大局为重。一次，诸葛亮出兵伐魏，进军至五丈原。司马懿率军渡过渭水，筑磊抵御。当时，蜀国大军出动，粮草有限，利在速战，司马懿则坚守不出，以待时机。为了激怒司马懿出战，诸葛亮心生一计，派人给他送去了妇女的服饰，以侮辱他、讽刺他胆小如女人。但他看到后只是佯装恼怒，却始终按兵不动，诸葛亮也就没有办法了。最后，诸葛亮同魏军长期相持，难以取胜，心力交瘁，加之过度操劳，病死在了五丈原军中，蜀军只好退走。

上九爻辞是"王用出征，有嘉折首，获匪其丑，无咎。" 上九以阳爻居离

卦最上极,离道大成。上九下乘六五柔顺之君,得到六五君王之信赖,为了"以正邦也"(治理国家,安定天下),受君王之托,采取武力,出师征伐,为国除奸,所以"王用出征"。征伐中要区别首恶与胁从,折取其魁首,对胁从分子,应该执获而不必过于追究,这种政策可以争取更多人的归顺依附,维护国家的长治久安,当然不会有咎害,所以说"有嘉折首,获匪其丑,无咎"。

　　此爻在人道层面上的智慧是:光明正大可以教化天下。辅王正国,义无反顾,是光明正大的行为。汉代马融说:"苟利社稷,则不顾其身。"意思是,假如能够有利于国家,那就应该奋不顾身。为国除奸,惩办首恶,不追究胁从分子,是光明正大的行为。晋代陈寿说:"虎狼当路,不治狐狸;先除大害,小害自己。"意思是,当虎狼猛兽在大路上横行时,不应分散力量去收拾那些为害较小的小狐狸;只要先把大的祸害除掉,小的祸害也就自然消除了。用生命捍卫气节,是光明正大的行为。唐代邵谒说:"竹死不变节,花落有余香。"意思是,竹子死了,节不变;花儿落了,还留有余香。比喻生命可去,气节不变。为人诚直,不要两面派,是光明正大的行为。唐代寒山说:"心真出语直,直心无背面。"意思是,内心真诚,说话就耿直;思想正直,就不会两面三刀。诸如上述种种光明正大的行为,可以征服邪恶,教化天下。

周易下经

咸第三十一

【卦辞】
咸：亨。利贞。取女吉。

【白话】
咸卦象征感应：亨通。利于坚守正道。娶妻吉祥。

【彖传】
《彖》曰：咸，感也。柔上而刚下，二气感应以相与。止而说，男下女，是以"亨。利贞。取女吉"也。天地感而万物化生，圣人感人心而天下和平。观其所感，而天地万物之情可见矣。

【白话】
《彖传》说：咸，意思是交互感应。咸卦下艮上兑，阴柔在上而阳刚在下，阴阳二气互相感应，两相亲和。此时静止专一而和悦，就像男子下求女子，所以"亨通。利于坚守正道。娶妻吉祥"。天地之间互相交感而万物化育生长，圣人感化人心带来天下和平昌顺。考察交互感应的现象，就可以明白天地万物的真情了。

【大象传】
《大象》曰：山上有泽，咸。君子以虚受人。

【白话】
《大象传》说：咸卦下艮上兑，山上有泽，象征感应。君子因此而虚怀若谷，广泛地接纳、感化众人。

【爻辞】
初六　咸其拇。

六二　咸其腓（féi，腿肚子），凶。居，吉。

九三　咸其股，执其随，往，吝。

九四　贞吉，悔亡。憧（chóng）憧往来，朋从尔思。

九五　咸其脢（méi，背脊肉），无悔。

上六　咸其辅颊舌。

【白话】

初六 感应在大脚趾上。

六二 感应到了小腿肚子，有凶险。停下来不妄动，则吉祥。

九三 感应到了大腿上，执意随从别人。如此前往，必有令人遗憾之事。

九四 坚持正道则吉祥，没有悔恨。相互之间往来不定，朋友会顺从你的心愿。

九五 感应到了背脊，没有悔恨。

上六 感应到了面颊、舌头上。

【小象传】

[初六]"咸其拇"，志在外也。

[六二] 虽"凶"，"居，吉"，顺不害也。

[九三] "咸其股"，亦不处也。志在"随"人，所"执"下也。

[九四] "贞吉，悔亡"，未感害也。"憧憧往来"，未光大也。

[九五] "咸其脢"，志末也。

[上六] "咸其辅颊舌"，滕口说也。

【白话】

[初六] "感应在大脚趾上"，是因为志向是向外发展的。

[六二] 虽然"有凶险"，但"停下来不妄动，吉祥"，说明顺从形势可以避免祸害。

[九三] "感应到了大腿上"，说明不可能再停下来安静地相处。其志向在于追随别人，追求是很低级的。

[九四] "坚持正道则吉祥，没有悔恨"，说明没有遭受侵害。"相互之间往来不定"，说明交互感应的范围还不够广泛。

[九五] "感应到背脊上"，说明九五的志向极小。

[上六] "感应到面颊、舌头上"，说明上六只是口舌翻腾、夸夸其谈而已。

【推天道，明人事】

咸卦的卦辞是"咸，亨。利贞。取女吉。"咸是都、皆的意思，"咸"与"感"

相通。咸卦是艮下兑上，艮为山，兑为泽，山上有泽，泽性下流，能润于下，山体上承，能受其润。山能容纳泽，泽亦能吸纳山中之气，以山感泽，以泽感气，谓之"咸"。《序卦传》说："有天地然后有万物，有万物然后有男女，有男女然后有夫妇，有夫妇然后有父子，有父子然后有君臣，有君臣然后有上下，有上下然后礼仪有所错。"咸卦的下体为艮，艮为少男，艮又为笃实；上体为兑，兑为少女，兑又为悦。少男少女多情易感，彼此相处当然是"亨"。男女之间相交感，利于坚守正道，所以"利贞"。把娶媳妇建立在守持正道、动机纯正的坚实基础上一定会吉祥，所以说"取女吉"。

咸卦的《象传》对卦辞的含义作了清楚明晰的诠释。咸，就是交相感应的意思，故"咸，感也"。从咸卦的结构上看，上兑阳多阴少，是阴卦，下艮阴多阳少，是阳卦，阴为柔，阳为刚，所以是"柔上而刚下"，使"二气感应以相与"，形成了少见的六爻都有正应的结构。咸卦下体为艮，艮为少男，上体为兑，兑为少女，少男屈居少女之下，主动追求少女，少男少女感应而生真情，情生意动，又不放荡，是"止而说"，所以"亨"。男女之间的情感最需遵循人间感应之正道，所以说"利贞"。咸卦下艮为山，上兑为悦，下笃实而上喜悦，因此，处咸之时，娶女为妻一定吉祥，所以说"取女吉"。自然界的万物是由天地交感而化生，人世间的和平则要靠圣人"感人心"而达成。全面观察各种交感现象感通之理，就可以见"天地万物之情"。

君王观"山上有泽"的卦象，应该虚怀若谷，广泛地与人感应沟通，博施仁爱之德，最大限度地包纳和感化天下的民众，这就是《大象》所强调的"君子以虚受人"。

初六爻辞是"咸其拇。" 初六居全卦的最下爻，咸卦的卦形如同人的身体，初六对应为人体最下部的脚趾，咸卦兑上艮下，上下交感。初六处于交感之始，犹如脚趾受到感应，所以说"咸其拇"。初六阴居阳位，失正，初六与九四相应，九四在外卦，初六欲借助九四的外援，向外卦挺进，所以《小象》说"志在外也"。

此爻在人道层面上的智慧是：在困顿和迷惘中行动的结果是徒劳无益的。在下者应该注意观察了解，不急于行动。交感之始，一切都处在萌芽状态，微而不显，这时需要"志在外"，观察了解大势变化，静待时机，不宜在心有困顿、怀揣迷惘，外无机遇和援助的情况下，凭自我感觉采取过激的行动，结果只能是徒劳慨叹，甚至会激发出祸患，正所谓"激石成火，激人成祸"。

六二爻辞是"咸其腓，凶。居，吉。" 六二在互巽（六二、九三、九四）中，巽为股，处于股的下方与足之间的为"腓"，说明六二的交感已经由脚拇趾上升到小腿肚，所以说"咸其腓"。但六二之感是有动向而不可得，所以"凶"。但是六二居中得正，又与九五正应，九五也是中而且正，二者交感，合乎正道。六二所居的下卦为艮，艮为止，六二守中而止，顺应安居等待九五之求，不失礼仪体统，最终还是化险为夷。所以《小象》说"虽凶居吉，顺不害也"。

此爻在人道层面上的智慧是：要顺应安居。动物的活动能力都要受到环境的影响和制约。在水里乌龟比兔子游得快。巨大的鲸鱼在沙漠中也是无能为力的。人亦如此。人与客观环境存在着一种"顺"和"逆"的关系，如若与环境的作用方向逆行，会让你的行为越行越背；如若与环境的作用方向顺行，"虽凶居吉"，会让你的行为越行越顺，越行越通。因此，愚者逆势而失败，智者顺势而成功。已经有了感应，不能操之过急，还要"顺其自然"，要抱朴守拙，以静守抑制妄动，等待别人来求，如同"窈窕淑女"，只待"君子好逑"。这种不强求、超然处世的淡泊，也不失为一种大智慧。

九三爻辞是"咸其股，执其随，往，吝。" 九三阳爻居阳位，不中，阳刚过猛，又与上六正应，感应更加强烈，九三在咸卦下体的上位，爻辞用感应在大腿作喻，亦即"咸其股"，明确表示了九三的蠢蠢欲动。但是大腿之动是不由自主的，下身脚与小腿先动，大腿必然随之而动；上身腰一动，大腿也不能不随之而动。九三之动就犹如大腿之动，不由自主，"志在随人"。九三的正应是上六，上六本应成为九三最合适的交感对象，可是由于九三盲目追随，执着又过于低下，不是发自内心的至诚，背离了"止而说"的正道，这样"随大流"的动而前往，必有悔吝，所以说"执其随，往，吝"。

此爻在人道层面上的智慧是："随大流"这种习惯势力是探索和创新的精神桎梏。杨柳随风摆，青松立山冈。做事要有主见，要坚持自己的志向，切不可盲目地跟随别人任意妄为、人云亦云地"执其随"，长此以往就会失去自我，这样无法体现自己的价值，更无法实现自己的理想，相反，很可能导致错误的事情发生，从而令自己悔恨不已。人的一大悲哀，是被习惯捆绑，自己的命运被大流裹胁。"随大流"的习惯，在中国传统文化中占有很大的分量，这种文化的影响不知道泯灭了多少创新的火花，阻碍了多少探索的脚步。试想，假如大家都"随大流"，而不去做第一个"吃螃蟹的人"，今天的世界将是一个什么样子呢？宁做扎根泥中的莲藕，不做漂游水上的浮萍。走自己的路，不盲目追

随别人的脚步，才能让自己的生命舞出个性风采，才能让这个世界更加异彩纷呈。

九四爻辞是，"贞吉，悔亡。憧憧往来，朋从尔思。"九四已至上卦，以人体喻之，九四的位置应该是在股之上、背之下，就是心脏。心是感应的主体，因而九四是卦的主爻。九四处于艮下兑上二体之交，艮为止，兑为悦，符合"止而说"的要求。但九四阳居阴位，失正，在交感时易于偏离正道，能贞则吉，所以说"贞吉，悔亡"。九四交感的对象是初六，由于初六处于"咸其拇"的初始交感阶段，对九四并未作出随感而应，使九四心神不宁、患得患失，所以说"憧憧往来"。九四在互乾（九三、九四、九五）中，阳刚劲健，追求不懈，初六最终被九四的专一和真诚所感动，结成了眷属，所以说"朋从尔思"。但是，九四这种"憧憧往来"是违背"贞吉"的原则，是狭隘而偏私的，尽管九四"未感害"，就是尚未受到这种感应带来的危害，但是也"未光大"到"感人心而天下和平"的境界。

此爻在人道层面上的智慧是：私欲之心是不能光大感应之道的。老子说："祸莫大于不知足，咎莫大于欲得。"哲学家柏拉图也说过："就一个人而论，最重要与最大的胜利是征服自己，最可耻、最卑鄙的莫过于被自己的私欲所征服。"在今天物欲横流的市场经济条件下，诱惑很多，有金钱的诱惑，有权力地位的诱惑，有声色的诱惑等，一旦掉入这些贪欲的陷阱，"憧憧往来"，心智就会迷乱，蝇头小利也志在必争，这不仅不能光大"感人心"之道，还可能落得个身败名裂，甚至身首异处的可悲下场。抗拒诱惑是道德与贪欲的较量和博弈，所以，做人必须加强自身道德修养，有了正确的人生目标、崇高的思想情操，就能够在跨越诱惑之门的时候，抑制自己的贪欲，守住做人的本分。如果一个领导者有了这种人格的魅力，他所领导的事业就会光大到"感人心而天下和平"的境界。

九五爻辞是"咸其脢，无悔。"九五阳爻居阳位，又居上卦之中，处于至尊的地位，是被女子所仰慕的对象。但九五的正应六二不仅相距遥远，且中间隔着九三、九四，同性相斥，六二又在家中耐心等待，只有上六紧邻九五，还不断地向九五示好，九五不能不为所动。但九五从内心里并不喜欢上六，不会有主动性行为，只是虚与周旋，感应只是来自背后，并未达到内心，所以称"咸其脢"。正因为九五不会接受上六的取悦，也就不能与之结为夫妻，当然也没有什么后悔的事发生，即"无悔"。九五处于至中至正的至尊地位，以这种方式对待上六，说明九五的志向太小，就是《小象》所讲的"志末也"，而且不能以明确的方式打消上六一厢情愿的念头，也是一种"当断不断，反受其乱"的优柔寡断行为，虽然最终无悔，但也是有"位"而没有大的作为。

此爻在人道层面上的智慧是：人要成功就应当具有无坚不摧的高远志向。山高有攀头，路远有奔头。人生的最大破产就是丧失了高远的志向。缺乏主体的自觉，孤僻不为外物所动，无法与他人感应和建立互动联系的人，是志向浅薄的人，虽然没有什么悔恨，但也是难成大业。只有不快的斧，没有劈不开的柴。人只要立志高远，并努力突破一切阻力和障碍，就一定能实现自己的远大志向，有"位"就会有"为"。孔子说："三军可夺帅，匹夫不可夺志也"，又说："朝闻道，夕死可矣"；诸葛亮说："人无志，无异于禽兽乎"；拿破仑也说："我成功，是因为我志在成功。"这些话充分表达了古圣先贤对志向和有志之士的重视以及对志向浅薄者的鄙视。

上六爻辞是"咸其辅颊舌"。上六阴居阴位，正而不中，又处在上卦兑的上极，上位无位。这位女子的地位虽高，却处在极阴柔的地位，是一位喜欢张扬显露的人。她喜欢九五，就有意无意地在频频表现自己，在与人交感之时，也总是翻腾口舌，花言巧语取悦于人，所以此爻辞才用"咸其辅颊舌"对上六作形象比喻。《小象》也说："滕口说也"。

此爻在人道层面上的智慧是：人与人相交在于心的感应。草有心才会发芽，人有心才生真诚。颜之推在《颜氏家训·名实篇》中指出"巧伪不如拙诚。"意思是，巧妙的虚伪不如守拙的真诚。虚夸表面上看是件美丽的衣服，但不遮体，送给别人，只能增加别人的负担，也会让自己陷入难堪。王安石说："人生乐在相知心"。知心要靠心来交换，感情要靠感情来博取。"咸其辅颊舌"那种言而无实是感动不了人心的，靠夸夸其谈的言辞来取悦于人，只能遭到人们的鄙弃。所以孔子说："巧言令色，鲜矣仁。"莎士比亚也说："有些人对你恭维不离口，可全都不是患难朋友"。曾记得一位哲人也对花言巧语者的下场做过这样的解读："空谈之类，是谈不久，也谈不出什么来的，它终必被事实的镜子照出原形，托出尾巴而去。"

恒第三十二

【卦辞】

恒：亨，无咎，利贞，利有攸往。

【白话】

恒卦象征恒久：亨通，没有灾殃，利于坚持正道，利于有所前往。

【彖传】

《彖》曰：恒，久也。刚上而柔下。雷风相与，巽而动，刚柔皆应，恒。"恒，亨，无咎，利贞"，久于其道也。天地之道恒久而不已也。"利有攸往"，终则有始也。日月得天而能久照，四时变化而能久成，圣人久于其道，而天下化成。观其所恒，而天地万物之情可见矣。

【白话】

《彖传》说：恒，是恒久的意思。恒卦下巽上震，阳刚上而阴柔在下。雷震风行交相配合，先谦逊然后可动，同位爻之间分别以一阴一阳相对应，完全得以应和，这些都是恒卦的特点。恒卦卦辞中说的"亨通，没有灾殃，利于守正"，是因为能恒久地保持正道。天地运行的法则是恒久不停地运动。"利于有所前往"，说明事情发展到终点，又会有新的开始。日月按自然规律运行，才能恒久地照耀天下；四时按规律进行更替，才能使万物不断地生长；圣人恒久地守持正道，从而使天下万民接受教化并培养道德。考察这些恒常持久的现象，天地间万物的性情就可以明白了。

【大象传】

《大象》曰：雷风，恒。君子以立不易方。

【白话】

《大象传》说：恒卦下巽上震，雷和风常常并作，象征恒久。君子因此而确立长久不变的原则。

【爻辞】

初六 浚（jùn，深）恒，贞凶，无攸利。

九二 悔亡。

九三　不恒其德，或承之羞，贞吝。

九四　田无禽。

六五　恒其德，贞，妇人吉，夫子凶。

上六　振恒，凶。

【白话】

初六　追求恒久之道，持续不断地往深处挖，若固守此道必凶，得不到什么利益。

九二　悔恨消亡。

九三　不能恒久地保持美德，有时会蒙受羞辱，若与之将关系固定下来会有令人遗憾之事。

九四　狩猎时没有猎获鸟兽。

六五　恒久保持柔顺服从的德行，坚守正道，妇女守此道吉祥，丈夫守此道凶险。

上六　持续不断的动荡之道，有凶险。

【小象传】

［初六］　"浚恒"之"凶"，始求深也。

［九二］　九二"悔亡"，能久中也。

［九三］　"不恒其德"，无所容也。

［九四］　久非其位，安得"禽"也？

［六五］　"妇人"贞"吉"，从一而终也。"夫子"制义，从妇"凶"也。

［上六］　"振恒"在上，大无功也。

【白话】

［初六］　"追求恒久之道"带来"凶险"，是因为一开始就不求实际而刻意地追求深度。

［九二］　九二爻辞中说"悔恨消亡"，是因为能恒久地保持中道。

［九三］　"不能恒久地保持美德"，这样做将会不被人容纳。

［九四］　长久地处于不当处的位置，怎么能猎到鸟兽呢？

［六五］　妇人守贞节能获吉祥，是因为她能从一而终。丈夫则必须衡量事理，因事制宜，按妇人之道行事，那是很危险的。

［上六］　"持续不断的动荡之道"，又高居上位，不可能取得任何成功。

【推天道，明人事】

恒卦的卦辞是"恒，亨，无咎，利贞，利有攸往。" 恒是恒常、恒久之意。恒卦下巽上震，巽为风，震为雷，雷震则风发，二者交相助势，是天道恒常不变的现象，谓之"恒"。《序卦传》说："夫妇之道不可以不久也，故受之以恒。恒者，久也。"恒卦下巽为长女，上震为长男，长男在上、长女在下，符合古人的观念，为夫妇居家的常道，所以"亨"，没有咎害。宇宙万物都有恒常的规律，为了守恒，必须固"贞"，同时也都必须应时顺势向前发展，有所作为，所以说"利有攸往"。

恒卦的《象传》对卦辞的含义作了通晓的解释。恒卦上下刚爻柔爻全部相应，阴阳中和、运动平衡，故曰："恒，久也"。恒卦下巽为长女阴柔，上震为长男阳刚，所以是"刚上而柔下"。恒卦是雷震于天，风行于地，是"雷风相与"。恒卦又是下巽顺，上震动，是"巽而动"。恒卦六爻阴阳刚柔全部结成了正应关系，所以说是"刚柔皆应"。能够恒久地奉行天地之道，则常通无咎而利正，所以说："亨，无咎，利贞"。恒即天地之道，其运动的终点又是下一次运动的起点，周而复始，永远不止息，所以是"利有攸往，终则有始也"。日月得到长空才能将它的光芒照耀在充满生机的大地上，这就是"日月得天而能久照"；春夏秋冬，一年四季的循环往复，时间和空间才能永久延续，使万物得以繁衍生成，这就是"四时变化而能久成"；圣人保持美好的品德，永久立于正道，才能玉成教化万民的功业，所以说"圣人久于其道，而天下化成"。正如咸卦，观其所感能够见天地万物之情一样，同样，"观其所恒，而天地万物之情可见矣。"

君子观"雷风相与"的卦象，应当悟出恒久之道并非僵化凝固的，而是在交相感应的基础上通权达变的。在管理国家事务中，把原则性和灵活性有机地结合起来，这样就不是静止式的恒久，而是动而能顺的恒久。所以《大象》强调"君子以立不易方"。

初六爻辞是"浚恒，贞凶，无攸利。" 初六阴爻居阳位，不当位，才质柔弱而心志刚强，对恒久之道固执拘泥、刻意求深，所以称"浚恒"。初六与九四虽然阴阳相应，但却有九二、九三的重重阻隔，尽管初六极力争取与九四相应，但因条件不具备，时机不成熟，也并不能转化为现实，反而事与愿违，导致"贞凶"的后果。"贞凶"就是贞而不变则凶，所以，守常而不度势，刻意而求深，就"无攸利"。《小象》也把此爻"浚恒，贞凶，无攸利"的原因，归结为"始求深也"。

此爻在人道层面上的智慧是：凡事要学会此路不通走彼路的变通。恒而动、常而变是辩证统一的关系，恒久不是一成不变，而是在变化中趋于稳定平衡。这一爻告诉人们：在做事情的开端，不要刨根挖底地深入追求长久之道，追求的目标过于深远，就没有可行性，会招来祸患；不能把恒久之道看作凝固僵化的教条，僵化地固守恒久之道就"贞凶，无攸利。"《系辞传》讲得好："不可为典要，惟变所适。"《系辞传》还说："穷则变，变则通，通则久。"人生天地之间，造物当随时空而变。这个世界上没有死胡同，即使是真的走进死胡同，也可以按照原路再走出去。所以，凡事不能太死板，要会变通，要从实际出发，具体问题具体分析，诚能如此，即便是到了"山穷水尽疑无路"的地步，也能很快发现"柳暗花明又一村"了。

九二爻辞是"悔亡。" 九二阳爻居阴位，失正，不正就难以恒久，按照常理本当有悔，但是，九二又居下卦之中，在易理中，中比正更重要，九二能够恒久守持中道，并以此来调整规范自己的行为，结果不会有什么灾祸，也不会有后悔的事情发生，所以说"悔亡"。《小象》在解释此爻时，也特别强调"九二悔亡，能久中也"。

此爻在人道层面上的智慧是：把执中作为自己行为的操守。万事都有忌，对什么事情都不能偏执。俗话说："过圆了则不稳，过方了则不滚"。智慧的人处世遵守一个法则：方外有圆，圆外有方。讲究原则而不横冲直撞，讲究灵活而不失法度。真正地做到不偏不倚，就能够知道何时顺情理，何时顺事理，这自然能避免灾祸，消除悔恨。能够长久地奉行中庸之道，就会"悔亡"，事业就会恒久。

九三爻辞是"不恒其德，或承之羞，贞吝。" 从卦的位置上看，九三居下卦的上位，又是刚居阳位，当位得正，但正而不中，九三依着过于刚强的本性，不安所处，急欲上进，求应于上六，违背了"恒久之道恒久于中，中则能恒"的原理。九三"不恒其德"，就不能正确地规范自己的行为，也就不能把各种

人际关系处理得和谐融洽，这就难免受到众人的羞辱，所以说"或承之羞"。九三刚愎自用，遭到羞辱却仍然固守好变而不知守常的鄙吝缺点，如此的"贞吝"，最后落得个此爻《小象》所说的"无所容也"的下场。

此爻在人道层面上的智慧是："中"是变通的标准和尺度。中医，严格说来，不是治病的，而是调理的。人的身体过阳了，就要滋阴；过阴了就要补阳。滋到什么程度？补到什么程度？标准是什么？就是"中"。同理，只有始终守持中道来规制自己的变化行为，才能动不失宜，才能合乎恒久之道。否则，把真理当成死理，坚持教条和刻板，在一个问题上死磕，或任意妄为地急躁冒进，动而无中，只能是"贞吝"，做任何事情都不能成功。

九四爻辞是"田无禽。" 九四以阳爻居阴位，不中不正，本身就不安稳，又加之九四处于互乾（九二、九三、九四）的上位，极具动象，犹如在田野上奔逐狩猎。九四没有恒定之心，虽然下有初六正应，但是中间有两个阳爻的阻隔，狩猎也不会获得鸟兽，所以《小象》说："久非其位，安得禽也？"

此爻在人道层面上的智慧是：守恒并不是一种僵化状态的守恒。僵化的龙不如蛇。别让人生和事业输给了僵化状态。机械地、执拗地守恒，也不会有所收获，却会为害全部过程。兵法上讲："能因敌变化而取胜者，谓之神。"所以，兵事上最忌讳的是只打一方面的主意，固守一个"死"战术。守恒也要从客观实际出发，该恒则恒，不该恒则变。是恒是变，应因时、因地、因事、因人而异。

六五爻辞是"恒其德，贞，妇人吉，夫子凶。" 六五阴爻居阳位，虽然不当位，但却柔而得中，与在下九二刚中正应，六五这种"以顺为正"的品德合乎恒久之道，所以说"恒其德"。对于妇人来说，讲柔中，讲"从一而终"，有利于维系家庭的关系，所以"贞，妇人吉"。对于男子来说，则要"制义"，受道义约束，承担起对社会对国家的责任，若始终像妇人那样以柔顺为恒，没有主见，事事唯唯诺诺，那就有害了。特别是六五作为至尊的君主，如果一味地听从在下的九二强臣，那就不仅不适宜，而且会遭遇凶险的，所以说"夫子凶"。《小象》也强调"从妇凶也"。

此爻在人道层面上的智慧是：借鉴别人的成功经验必须符合自身条件。他山之石，虽能攻玉，但并不是他山之石原原本本地拿过来就可以攻玉，要变通才可以。守持恒久，不仅尊卑不同道，男女亦有别，例如同样恒守顺从之德，妇人吉而丈夫凶。横吹笛子竖吹箫，别人的成功有其特定的条件，借鉴他人的经验，不能照猫画虎，要结合自己的条件有所转换，有所变通，更不能死搬教条，形似神不似或者形神都不似。因此，借鉴别人的成功经验必须符合自身条件，这也正是别人成功经验的精髓。

上六爻辞是"振恒，凶。"上六阴居阴位，当位得正，当恒卦发展到此时，应当以静制动，无为而治。但是上六处于恒卦的上体震的上位，震为动，上六资质柔弱却躁动不安，而且是一种摇摆不定的躁动，没有远大理想和目标，上六又下应"不恒其德"的九三，双双推波助澜，更是好动不已，这种背离恒久之道的"振恒"，必然致"凶"，结果也就如《小象》所说"大无功也"。

此爻在人道层面上的智慧是：坚持远大的理想才能促进生命力量的提升。人有远大的理想虽然不一定能够成就伟大的事业，但是没有远大的理想就一定没有伟大的事业。这就如同蜘蛛结网可能逮不到昆虫，但蜘蛛不结网将永远逮不到昆虫。人不坚持自己的理想和信念，就不能有所建树，倘若"振恒"般的摇摆不定，只能使大部分时间被空耗掉，使自己的大部分努力徒劳无功。所以，摇摆不定，美好的想法也会陷于破灭。苏格拉底说："当许多人在一条路上徘徊不前时，他们不得不让路，让那些珍惜时间的人，赶到他们的前面。"人一定要以有限的生命承载无限的理想。只要能执着远大的理想不动摇，且有不达目的绝不罢休的意愿，便能产生一种奋发向上的持续动力，促进生命力量的提升，推动伟大事业的成功。

遁第三十三

【卦辞】
遁：亨。小利贞。

【白话】
遁卦象征退避：亨通。利于柔小者。

【彖传】
《彖》曰：遁，"亨"，遁而亨也。刚当位而应，与时行也。"小利贞"，浸而长也。遁之时义大矣哉。

【白话】
《彖传》说：退避，"亨通"，是说当退则退可获得亨通顺利。九五阳爻居上卦之中位，又与下卦六二阴爻正相应，象征阳刚者当根据时势而采取行动。"利于柔小者"，是因为阴柔者的势力浸透渐长。退避应根据时势，这一点是很深刻的。

【大象传】
《大象》曰：天下有山，遁。君子以远小人，不恶而严。

【白话】
《大象传》说：遁卦下艮上乾，天空下面矗立着大山，象征退避。君子因此而远离小人，不明显表现出对小人的憎恶，内心则严守原则。

【爻辞】
初六　遁尾，厉，勿用有攸往。
六二　执之用黄牛之革，莫之胜说。
九三　系遁，有疾，厉；畜臣妾，吉。
九四　好遁，君子吉，小人否。
九五　嘉遁，贞吉。
上九　肥遁，无不利。

【白话】
初六　退避时落在最后，有危险，不宜有所前往。

六二 像用黄牛皮制成的绳子紧紧捆住东西一样，没有办法挣脱。
九三 心有系恋的退避，身患疾病，有危险；蓄养男女奴仆，可得吉祥。
九四 喜好高明的退避，于君子吉祥，于小人不吉利。
九五 令人赞美的退避，符合正道，可获吉祥。
上九 远走高飞的退避，没有什么不利。

【小象传】
初六 "遁尾"之"厉"，不往何灾也。
六二 "执""用黄牛"，固志也。
九三 "系遁"之"厉"，有疾惫也。"畜臣妾，吉"，不可大事也。
九四 "君子""好遁"，"小人否"也。
九五 "嘉遁，贞吉"，以正志也。
上九 "肥遁，无不利"，无所疑也。

【白话】
［初六］"退避时落在最后"，有"凶险"，此时若不冒险前进，又会有什么灾难呢？

［六二］"像用黄牛皮制成的绳子紧紧捆住东西一样"，说明志向十分坚定。

［九三］"心有系恋的退避"，会有"危险"，是因为疾病造成身心疲惫。"蓄养男女奴仆，吉祥"，说明此时无法干大事。

［九四］"君子喜好高明的退避"，小人却做不到。

［九五］"令人赞美的退避，符合正道，可获吉祥"，说明能够端正自己的志向。

［上九］"远走高飞的退避，没有什么不利"，说明心中对自己所采取的行动没有任何疑虑牵系，当遁则遁。

【推天道，明人事】

遁卦的卦辞是"遁，亨。小利贞。"遁是隐遁、遁逃、隐退的意思。遁卦艮下乾上，艮为山，乾为天，天下有山，山高逼天，天自觉山的进逼而退避。从卦德上讲，山比小人，小人渐长，若山之侵天；天比君子，君子退避，若天远避山，所以有遁之象，故谓之"遁"。《序卦传》说："物不可以久居其所，故受之以遁，遁者，退也。"恒卦讲恒久，恒久之后则是退让，只有退让才能进一步的前进。从卦爻结构上看，遁卦是二阴在下，四阳在上，两个阴爻浸长，四个阳爻向上退避。天地之间阴阳的不断消长变化，符合《周易》屈伸往来的常理，所以"亨"。《周易》中阳大阴小，二阴虽有浸长之势，但固守正道仍可小有作为，所以说"小利贞"。

遁卦的《象传》对卦辞的含义作了精深的解读。当阴小之势盛长之际，君子必先有所退让或避开，然后才能徐图伸达，走向亨通，这就是"遁而亨也"，本卦阳爻居九五至尊的位子，下又有六二正应，是"刚当位而应"。虽然遁卦总的形势是进入了小人道长、君子道消的乱世，但是情形却仍在阳爻掌握之中，九五能够依照时势之当然来决定自己的行动，能够选贤任能，协调并济，这种"以时行也"的举措，在一定程度上抑制了阴柔小人之道"浸而长"的势头，使阳刚君子正道终不能为其所灭，今天保持了社会"小利贞"的状态，寄之来日，还可以有大的作为。处在遁卦之时，君子能明白遁避之理，居安思危，止其当止，行其当行，这就从理性自觉的高度理解了遁之时义，所以说"遁之时义大矣哉"。

君子观"天下有山"的卦象，应该由此明白人间正道也有消长，面对得志妄进的小人，退避三舍，先求保身，切不可以疾恶之色与阴小冲突对招，内心里要严守君子与小人的分界，所以《大象》强调"君子以远小人，不恶而严"。

初六爻辞是"遁尾，厉，勿用有攸往。" 初六以阴爻居阳位，又居遁卦初位，《周易》以"上"为首，以初为"尾"。遁卦总的形势是逃遁。遁卦的"九四、九五、上九"因时而动，结果"好遁""嘉遁""肥遁"，但是初六见机太晚，尾随在后，身陷险境，所以说"遁尾，厉"。初六位居遁卦下体艮的初位，艮为止，此时最明智之举，就是不往前追赶，即使上有九四的正应，也要镇定自若，静待遁退，就是"勿用有攸往"，这样才可以消除灾祸。正如《小象》所说："不往何灾也。"

此爻在人道层面上的智慧是：事情的发展对自己不利时要果断地退却。光有奋斗精神是不够的，还要先分析自己的现状，分析自己现在处于什么位置，到底具备什么样的能力，这也是一种科学精神。不要事事都采取前进的姿态，如若态势的发展不利于我的时候，就应该"勿用有攸往"。此时的蛮干和硬撑换来的只能是失败，而且由于自己位置低下，很容易成为别人失败的替罪羊。

老子说："天下莫柔弱于水。而攻坚强者，莫之能胜，以其无以易之。弱之胜强，柔之胜刚，天下莫不知，莫能行。"人生之旅犹如大河之水，不可能向着海洋一往直前，而是要依据地势的不同，迂回前行。这种迂回的"退"，给心灵的超负荷卸载，给生命增强韧性和弹性，能够为前进赢得更多可以超越的限度，化解万重难，这正如俗语所说："退人之所不能退，才能为人所不能为。"一切迂回路都不白费，进有进的所得，退有退的收获。聪明的玩牌者明白何时该舍弃某张牌。军事学上也讲，学会退却的统帅是最优秀的统帅。

六二爻辞是"执之用黄牛之革，莫之胜说。"六二阴爻居阴位，当位得正，具有上升的气势，但是六二在下体艮卦静止的中位，又与九五正应，九五是刚中之君，为了营造一个"嘉遁"的有利条件，必须依赖于六二的支持配合，所以六二被九五所"执"，像用黄牛的皮革捆绑住一样，进退均遭系执，就是"执之用黄牛之革"。六二必须安定不动，没有人能够解开，所以说"莫之胜说"。六二毕竟是柔中之臣，也能够固结自己欲遁的心志，顺应九五的愿望，支持九五共度时艰，所以《小象》强调"执用黄牛，固志也"。

此爻在人道层面上的智慧是：以坚定的意志守持中道就会远离祸患。人不能什么也不追求，也不要过分追求，一切行为适中，人生便会多一些从容，多一些达观，而且能够远离祸患。曾国藩认为人生一切都"不宜圆满"，以免乐极生悲，名其书房为"求阙斋"，体现了以坚定的意志守持中道的智慧和幽幽释然的情怀。今天，风雨兼程的我们，能够以坚定的意志奉行中道，在喧嚣与烦躁的尘世中，会过滤掉压抑与沉闷，沉淀出淡然与坦然。人到了这种境界，就活出了精彩。

九三爻辞是"系遁，有疾厉。畜臣妾，吉。"九三以阳居阳位，当位得正，但不中，上与上九相敌无应。九三虽有刚明欲遁之志，却上与九四、九五阳爻逆比，下又被初六、六二两阴势力所系缚，又对其恋恋不舍，欲遁而不得遁，所以说"系遁"。在阴长阳消这种"小人道长，君子道消"的特殊环境中，九三作为刚明之君子，应当断然疏远小人，与在上之三阳同心协力实现"遁而亨"的总体目标，但九三却反其道而行之，与小人难以割舍，这种亲小人而远君子的行为是一种变质堕落，这就必然"有疾厉"。阳刚系恋阴柔本属正常，例如蓄养臣妾，可获吉祥，就是"畜臣妾，吉"。

此爻在人道层面上的智慧是：不要沾上小人的唾沫星子。小人是祸根，要

远远躲开。小人的招数就是和君子作对，用卑鄙的手段达到不可告人的目的，不要授小人把柄而卷入陷阱。小人就像苹果里的害虫，会挖空心思地蛀空甘甜的果肉。远离小人是避免"有疾厉"和解脱疲惫危险的根本措施。远离小人，就要割舍私情，快刀斩乱麻；远离小人，就要严于律己，维护自己的人格，守持正道。

九四爻辞是"好遁，君子吉，小人否。"九四处遁卦上体乾之初，乾为刚进，为果决，但九四阳居阴位，当阴长阳消之时，九四能急流勇退，适时隐遁。再从爻的位置上看，九四与初六正相应，其情之所好在于初六，情有所好，为了顾全大局而能自我克制，断绝所好，所以称"好遁"。比于九五能够克制私情，从容隐退避让而无所累，这是履行正道的君子的作为，当然吉祥，也就是"君子吉"。小人则看重名利，过分追逐这些身外之物，不得"遁"，所以说"小人否"，《小象》也说"'君子''好遁'，'小人否'也。"

此爻在人道层面上的智慧是：君子是那些能够放弃累人的身外之物和能够摆脱那些使人变得贪婪的名缰利锁的人。背负太多，就会活得很累。背负着过去的痛苦，夹杂着现实的烦恼就会活得更累。每个人都会累，身累心累，没人能为你承担所有的累，只有自己放下对身外之物和名利的过分追求，才能放松身心，卸下累。就像打篮球，拼命地抢，拼命地追，当得到以后还不是要抛出去。《增广贤文》云："志从肥甘丧，心以淡泊明。"意思是，人的志向会在养尊处优（肥美的食物）中丧失，心志会因淡泊名利而明晰高远。君子之所以能够放弃累人的身外之物和能够摆脱那些使人变得贪婪的名缰利锁，就是因为他们体悟到了"淡泊"是大千世界的最好解读方式："淡泊为人，淡泊处世。""好遁"的洒脱从容说到底，就是来自于"淡泊"二字。淡看世间风云的变幻，淡看人生荣辱得失，一切均如过眼云烟，该放就放得下，去留无痕，这才是淡泊人生的最高境界。

九五爻辞是"嘉遁，贞吉。"九五刚爻居阳位，又是刚而得中，与下位的六二形成正应，双方都是以中而且正作为行为标准，能够适应遁之时义，遁其所当遁，贞正而得吉，所以称"嘉遁，贞吉"。说到底是，九五的"正志"与六二的"固志"的积极配合，成就了"嘉遁"，实现了由遁致亨的总体目标，所以《小象》解释此爻说："嘉遁，贞吉，以正志也。"

此爻在人道层面上的智慧是：功成名就时的急流勇退就是"嘉遁"。人们常常称道不因尊位而发飙，也不因卑下而沉沦的人，那么处尊位不仅不发飙，而且主动向低位"遁"的人才是"嘉遁"，更值得称赞。孟子说："人有不为也，而后可以有为。"这句话是告诉人们要学会选择与放弃。功成名就时的急流勇退就是一种具有良好的心态和聪明智慧的选择与放弃，这不仅到场时博得别人的喝彩，而且离场时又赢得了别人的想念，把平淡的智慧演绎到了极致。

上九爻辞是"肥遁，无不利。"上九处于遁的上极，刚居柔位，面临着小人道长的形势。上九抱着"肥"这种超然世欲的态度遁世。上九处上体乾之上爻，乾为天，象征上九远遁天边。上九这种遁世不是一种无奈的消极避世，而是以"无所疑也"的一种平和的心态遁世，就是《乾卦·文言传》所说的"遁世无闷"，这就"无不利"了。

此爻在人道层面上的智慧是：一个人的成功达到一定阶段就要以一种平和的心态遁世，不要受世情牵绊，要急流勇退，做一个龙德而隐者的君子。这种"肥遁"是一种大智慧，是一种真正意义的悠游从容，也是更深层次的进取。老子就说过："功成身退天之道。"《后汉书·李固传》记载："功遂身退，全名养寿，无有怵迫之忧。"对于那些不知进退之理而一味追求进取的人，李固是一个很值得效法的正面楷模。诗人李白曾经感慨道："吾观自古贤达人，功成名就皆殒身。"在这方面最为可悲的人物当属韩信，他已经意识到了"狡兔死，走狗烹；飞鸟尽，良弓藏；敌国灭，谋臣亡"的道理，可最终还是沉湎于权和利中不能"肥遁"，落得个"殒身"的下场。

大壮第三十四

【卦辞】

大壮：利贞。

【白话】

大壮卦象征大而强盛：利于坚守正道。

【彖传】

《彖》曰：大壮，大者壮也。刚以动，故壮。大壮"利贞"，大者正也。正大，而天地之情可见也。

【白话】

《彖传》说：大壮，意思是刚大而强壮。大壮卦下乾上震，刚健而运动，所以称为大壮。大壮卦卦辞中所说的"强盛，利于坚守正道"，是说刚大者还必须端正守中，大就是正的意思。从正直强大中，就可以明白天地的性情了。

【大象传】

《大象》曰：雷在天上，大壮。君子以非礼弗履。

【白话】

《大象传》说：大壮卦下乾上震，天空中雷声震动，象征声势浩大。君子因此而不去做不符合礼仪的事情。

【爻辞】

初九 壮于趾，征凶，有孚。

九二 贞吉。

九三 小人用壮，君子用罔，贞厉。羝（dī，公羊）羊触藩，羸（léi，消瘦困顿）其角。

九四 贞吉，悔亡。藩决不羸，壮于大舆之輹。

六五 丧羊于易，无悔。

上六 羝羊触藩，不能退，不能遂。无攸利，艰则吉。

【白话】

初九 只是足趾强健，出征有凶险，这是毫无疑问的。

九二 坚守正道定获吉祥。

九三 小人凭借力气来骄人，君子则靠无为来处世，小人的作为很危险。公羊用它的角去顶触藩篱，结果角被卡住。

九四 保持正道吉祥，悔恨消亡。公羊冲破藩篱，其角没有被卡住；又如大车的轮辐极为粗壮而坚固耐用。

六五 羊被狄人抢走，勿须悔恨。

上六 公羊用它的角去顶触藩篱，结果角被卡住，既不能退，又不能进。得不到什么利益，但只要艰苦奋斗则可获吉祥。

【小象传】

[初九]"壮于趾"，其"孚"穷也。

[九二] 九二"贞吉"，以中也。

[九三]"小人用壮"，"君子用罔"也。

[九四]"藩决不羸"，尚往也。

[六五]"丧羊于易"，位不当也。

[上六]"不能退，不能遂"，不祥也。"艰则吉"，咎不长也。

【白话】

[初九]"只是足趾强健"，说明贸然前进，最终会面临困窘。

[九二] 九二爻辞中说的"坚守正道定获吉祥"，是因为九二阳爻居下卦之中位，修养正德。

[九三]"小人凭借力气来骄人""君子则靠无为来处世"。

[九四]"公羊冲破藩篱，其角没有被卡住"，说明要勇于向前发展。

[六五]"羊被狄人抢走"，是因为六五阴爻居阳位，所处的位置不适当。

[上六]"既不能退，又不能进"，说明它考虑问题不够周详。"只要艰苦奋斗则可获吉祥"，说明遭受灾殃的时间不会长久。

【推天道，明人事】

大壮卦的卦辞是"大壮，利贞。"大壮是强大、壮盛之意。大壮卦乾下震上，乾为天，为健；震为雷，为动。震雷响彻天上，有阳刚壮盛之象，故谓之"大壮"。《序卦传》说："物不可以终遁，故受之以大壮。"退避到一定程度就会走向"大壮"。从卦形上看，遁卦是阳爻向上退避，大壮卦则是阳爻发展到应该停止的阶段，《杂卦传》说："大壮则止，遁则退也。"声势隆盛壮大，就必须严守纯正，过就有陷入横暴的可能，所以说"利贞"。

大壮卦的《象传》对卦辞的含义作了深入堂奥的解释。大壮四阳爻在下，呈现阳长阴消的趋势，阳为大，为壮，所以说"大者壮也"。从大壮的上下卦结构来说，下乾卦，纯阳刚健，主动，刚健又有行动，是"刚以动"，所以"壮"。大壮卦的阳爻再向上一步，就变成了夬卦，壮盛必须保持坚贞才有利，所以说"大壮'利贞'"。在阳爻壮盛的情况下，不但要大，而且必须要正，因为"大者正也"，天地的法则就是正大，所以，只有坚持正大，才能遵循自然之节律，合乎事物之正理，才能发现天地之真情，所以说"正大，而天地之情可见也"。

君子观"雷在天上"的卦象，应该从事轰轰烈烈的壮大事业，但是应该懂得"壮则违礼"的道理，以戒惧警惕的心态来克制自己，使行为遵循礼的规范，不合乎礼仪的事，就不可以做，这就是《大象》所强调的"君子以非礼弗履"。孔子也曾强调"克己复礼为仁"，并且进一步阐释："非礼勿视，非礼勿听，非礼勿言，非礼勿动。"与此卦对照，可说是最好的注解。

初九爻辞是"壮于趾，征凶，有孚。"初九以阳居阳，虽当位得正，但是初九也只是阳气萌生阶段，只有脚趾头是强壮的，就是"壮于趾"，身体其他部位还不成熟。但初九刚强自负，在对前进的方向没有明确的把握，对自身的处境认识不清，又与九四无法结成相应关系的情况下，仅凭"壮于趾"的力量，就急于上行，办自己能力所不及的事情，这种"其'孚'穷也"，没有不失败的，所以是"征凶"。初九的正确选择应该是以诚信自守，谦虚谨慎地礼待上位者，通过"有孚"来蓄积元阳之气，等到有了一定基础再求得发展。

此爻在人道层面上的智慧是：成功只青睐那些有准备的头脑。大人物都是由有准备的头脑作为支撑的。罗曼·罗兰说："人们常觉得准备的阶段是在浪费时间，只有当机会来临时，而且自己没有能力把握的时候，才能觉悟自己平时没有准备才是浪费时间。"成功并不是赐给每一个人的，它只偏爱深谙如何追求她的人。在地位卑下、羽翼未丰之时，绝不能急于用强，盲目向前。"壮于趾"的前进后果，只能是由穷困而凶险，这就是此爻《小象》所说的"其'孚'穷也"。反过来说，一个人做好了准备，就能抓住机会，就是"与成功有个约会"。狄斯累利说："人生成功的秘诀是当好机会来临时，立刻抓住它。"

九二爻辞是"贞吉。"九二是阳爻居阴位，又在下体乾卦之中，刚强自负、强劲上动的势头稍减，在大壮之时不恃强用壮而用柔，使不正而归于正，所以说"贞吉"。九二能够居中位而守持中道，又与六五仁德之君主上下呼应，保持阴阳协调、不失过壮的中道美德，所以才获得了"贞吉"的结果，诚如《小象》所说"九二'贞吉'，以中也"。

此爻在人道层面上的智慧是：当强盛壮大时要守持谦柔的中德。当处于强大时，要内敛守正，以求"贞吉"。切不可用壮，用壮就会使人迷失本性，锋芒太盛就要起灾殃，甚至招来杀身之祸。清朝雍正皇帝在没有即位前，川陕总督年羹尧是他最得力的亲信，雍正即位后对有大功的年羹尧视为恩人，封他高官显爵，还曾经动情地说："年羹尧忠勇无人能比，不仅我不能辜负他，我的子孙也要铭记他，如有人做不到这一点，他就不是我朝的臣民了。"年羹尧受到皇帝的如此推崇，得志猖狂，收受他人的贿赂，提拔了很多不称职的人，开始骄横跋扈起来。他外出时，连总督巡抚都要跪道迎送，毕恭毕敬。他的身为雍正皇妃的妹妹对他说："听说你在外面十分招摇，引起不少议论，这是不明智的，无论你有多大的功劳，终是臣子，以后做事还要讲究分寸的好。"期间有些心腹也劝他注意收敛，但年羹尧谁的话也听不进去，仍恃功自傲，一意孤行。不久雍正皇帝严词警告他："你是国家的功臣，更应该遵纪守法，做群臣的表率。现在许多人对你是敢怒而不敢言，难道你是有心让我为难吗？"年羹尧的心腹劝他说："皇上这样指责你，已是早有不满之心，你要马上上书自责，也许还能挽回不利局面。"年羹尧不肯谢罪，反而说："皇上把我看作恩人，哪能这么快就翻脸呢？我若认罪，其他人正好落井下石，我是不能自毁前程的。"雍正皇帝见他死不改悔，就解除了他的抚远大将军职务，将他降职为杭州将军。年羹尧自觉受了委屈，不但不承认自己的错误，还怨气冲天，说雍正皇帝对他不讲情义。雍正皇帝更加恼怒，公布了年羹尧92条大罪，令他自杀。年羹尧为那些恃强用壮而迷失自我的人，提供了前车之鉴。

九三爻辞是"小人用壮，君子用罔，贞厉。羝羊触藩，羸其角。"九三阳居阳位，又处于下体乾卦的上极，刚强健动。如果九三此时恃强用壮，就是不明事理的小人，所以说"小人用壮"。如果九三懂得柔和自守，"用罔"，即不用壮，反而会更壮，巩固大好形势，这就是君子的作为，所以说"君子用罔"。一味地使用威力强服于人，即使合乎正道也难免遭遇凶险，这就是"贞厉"。九三与上六正相应，上不顾六五之君，下无视九二刚中之臣，过越妄行，就像

公羊抵触藩篱,角被藩篱缠绕,无法解脱,所以说"羝羊触藩,羸其角"。

此爻在人道层面上的智慧是:恃强用壮会付出沉重的代价。"小人用壮",因为冲动是心灵的毒瘤,一时的冲动都会栽在傻瓜手里,让你终生蒙羞;"君子用罔",遇事谨慎,不迷惘,更不恃强冲动。一定要远离举世难容的冲动魔怪,否则,将要为此付出沉重的代价,甚至"一失足成千古恨",再回首,已是"百年身"了。

九四爻辞是"贞吉,悔亡。藩决不羸,壮于大舆之輹。"在阳长阴消之时,九四能够抓住机遇,率领三个阳爻向上推进。但是,九四以阳刚之质而居阴柔之位,能够遵循刚柔并济的易理调整自己的行为,免除了失正之悔,亦即"贞吉",才可"悔亡"。九四已至上卦,上方的六五和上六是两个柔爻,不会对九四的前行构成阻力,这就像公羊决开了藩篱的障碍,羊角也挣脱了缠绕,也就是"藩决不羸"。九四又在上卦震中,震为坤之初爻变为阳爻,犹如大车下面的横木那样坚实强壮,亦即"壮于大舆之輹",这就有利于九四前行消阴,所以《小象》说:"尚往也。"

此爻在人道层面上的智慧是:非常强盛就要开拓进取。当一个人的力量达到了"壮于大舆之輹"的强大程度,就要将积蓄的力量凝聚起来,开拓发展事业,千万不能坐失良机。早晨的太阳不会整天悬在东方,而是要落入西方的,要尽量争取时机获得你想要的东西。安德鲁说:"做事应考虑,但时机既至,即须动手,切莫犹豫。"成功青睐于开拓进取的奋斗者。古希腊著名哲学家苏格拉底说:"世界上最快乐的事,莫过于为理想而奋斗。"在"尚往"的条件下,君子必须带着"路漫漫其修远兮,吾将上下而求索"的精神,去追求和实现理想,每一加倍开拓进取的背后,必有加倍的赏赐,都会留下一脉幽香。

六五爻辞是"丧羊于易,无悔。"六五以阴爻居尊位,《小象》说:"位不当也。"六五首当其冲地面临下方四个阳爻的强劲上升气势;六五又在互兑(九三、九四、六五)中,兑为羊,"易"为田畔,所以说"丧羊于易",这表明到了六五,大壮之势已开始转入阴柔,丧失了阳刚增长的势头。但是,六五居上卦之中,不要至尊的权威,持中而又行柔顺之道,又得九二阳刚之臣的忠心辅佐,能够柔顺地接纳四阳的刚气盛长,所以"无悔"。

此爻在人道层面上的智慧是:强大开始衰退时要恪守中道。中道是一种权衡,是一种在一定的情势下趋利避害的选择。防止自身资源损耗,保持能量是人类熬过冬天的必要措施和智慧选择。当一种强大的事物开始走向"丧羊于易"般的衰退时，保存现有的实力已经很难了，不该再积极向前，否则就会被自己的行为绊倒。此时，就是有些意外损失也要承受，不要计较。只要把身心修炼强壮，持中而又行柔顺之道，大局的衰势就能逆转。

  上六爻辞是"羝羊触藩，不能退，不能遂。无攸利，艰则吉。"总体上看，大壮卦的卦形为两阴爻在上，四阳爻在下，是个"大兑"，兑为羊。上六处于大壮之终极，已经没有前进的可能性，再加上柔居阴位，资质柔弱，也不具备前进的实力，但上六没有自知之明，仍然像公羊那样去抵触藩篱，角被藩篱缠绕，既不能进，也不能退，陷入了进退两难的困境，所以说"羝羊触藩，不能退，不能遂"。上六处于上体震之上位，震卦的反向就为艮，艮为止，所以动极则转化为静止，此时上六干什么都不能成功，也就是"无攸利"。如果上六在艰难困苦中能够谦和守正，争取九三的应援，就可以获得吉祥了，这就是"艰则吉"。所以《小象》说："咎不长也"。

  此爻在人道层面上的智慧是：人生的进退选择是眼界决定境界。世事难遂人愿，有行云流水，也有风波四起。人生最重要的不是你站在哪个位置，而是你要往哪个方向走。只要不失去方向，无论你是进还是退就不会失去自己。方向的选择是眼界决定境界。眼界小，境界就狭窄。一个人的眼界半径为零的一个圆，怎么能有洞天的境界。人生总要有进退的选择，进的时候，目标要有前瞻性和可行性；退的时候，即使充斥了生命的创痛，也要能淡定自如，止乎其所止。正所谓："进步处便思退步，庶免触藩之祸；着手时先图放手，才脱骑虎之危。"老子曾经说过："始终保持丰盛的状态，不若停止它；不停地磨砺锋芒，欲使之尖锐，却难保其锋永远尖锐；满屋的金银财宝，很难永久地守护住它；人富贵了就会产生骄奢、淫逸的心理，反而容易犯错误。功成名遂则应隐退，此乃天理。人生只要遵循老子所说的"天理"，便可脱离"不能退，不能遂"的窘境。

晋第三十五

【卦辞】
晋：康侯用锡马蕃庶，昼日三接。

【白话】
晋卦象征晋升上进：诸侯得到天子赏赐的众多车马，一天之内三次受到接见。

【彖传】
《彖》曰：晋，进也。明出地上。顺而丽乎大明，柔进而上行，是以"康侯用锡马蕃庶，昼日三接"也。

【白话】
《彖传》说：晋，是向前进的意思。晋卦下坤上离，象征太阳从地面上升起。阴柔者顺从并依附充满光明的尊长，柔和地向上升进，所以才会有"诸侯得到天子赏赐的很多车马，一天之内三次被天子接见"的情况。

【大象传】
《大象》曰：明出地上，晋。君子以自昭明德。

【白话】
《大象传》说：晋卦下坤上离，太阳从大地上升起，象征"升进"。君子因此应像太阳那样昭显自己光明的美德，去照亮别人。

【爻辞】
初六 晋如摧如，贞吉。罔孚，裕，无咎。
六二 晋如愁如，贞吉。受兹介福，于其王母。
六三 众允，悔亡。
九四 晋如鼫（shí，硕）鼠，贞厉。
六五 悔亡，失得勿恤，往，吉，无不利。
上九 晋其角，维用伐邑，厉，吉，无咎，贞吝。

【白话】
初六 升进而受到挫折，坚持正道可得吉祥。即使不能取信于人，能坦然以对，也没有灾殃。

六二 进步之中内心感到忧愁，坚守正道可得吉祥。将从祖母那里承受大的福气。

六三 众人都信赖和支持他，悔恨消亡。

九四 如田间硕鼠一样得到长进，坚守正道以防危险。

六五 悔恨消亡，不必忧虑得失，前往可获吉祥，没有什么不利。

上九 上升到最高的位置，犹如处于动物的角的尖端，可以攻伐城邑，有危险，最终吉祥，没有灾殃，要坚守正道以防令人遗憾的事。

【小象传】

［初六］"晋如摧如"，独行正也。"裕，无咎"，未受命也。

［六二］"受兹介福"，以中正也。

［六三］"众允"之，志上行也。

［九四］"鼫鼠，贞厉"，位不当也。

［六五］"失得勿恤"，往有庆也。

［上九］"维用伐邑"，道未光也。

【白话】

［初六］"升进而受到挫折"，说明能独自行正道的结果。"即使不能取信于人，能坦然以对，也没有灾殃"，是因为此时他还没有得到任用。

［六二］"承受大的福气"，是因为六二阴爻居下卦之中位，能注意修养中正的晋德。

［六三］"众人都信赖和支持他"，因为他的志向是向上行进。

［九四］"如田间硕鼠一样得到长进，坚守正道以防危险"，这是因为九四阳爻居阴位，所处的位置不适当。

［六五］"不必忧虑得失"，因为前往必有值得庆贺之事。

［上九］"可以攻伐城邑"，说明晋道之德尚未发扬光大。

【推天道，明人事】

晋卦的卦辞是"晋，康侯用锡马蕃庶，昼日三接。"晋是升进、升腾的意思。晋卦下坤上离，坤为地，为顺；离为日，为明。日之出地上，缓缓升起，

升得越高则光明越盛。从卦德上说，在上位者明智，在下位者顺服、进长，故谓之"晋"。《序卦传》说："物不可以终壮，故受之以晋。晋者，进也。"从大壮卦发展到晋卦，从有"止"到了该进展的时候了。使国家安康的诸侯，来到天子面前接受褒奖，领受了众多车马等物品的赏赐，所以说"康侯用锡马蕃庶"。上离为日，九四为公卿，处互坎（六三、九四、六五）之中，坎为三。古代诸侯来朝，天子有三礼待之：接见，设宴，慰劳。"昼日三接"，就是一日之内完成这三礼款待，可以看出诸侯是十分受宠的，也象征着明君贤臣、政治清明的大好形势。

晋卦的《象传》对卦辞的含义作了深入浅出的解读。晋卦下坤为地，上离为明，所以是"明出地上"，离又为日，有太阳普照大地、大放光明之象；坤还为顺，离还为丽，合起来就是"顺而丽乎大明"。晋卦是由观卦变来，也就是观卦六四柔爻晋升，与九五的刚爻换位成为晋卦，所以是"柔进而上行"，用人事来比喻，就是康民安国的诸侯来晋见天子，很受国王的赏识，赐给了众多车马等物品，受到一天三礼的待遇，所以说"是以'康侯用锡马蕃庶，昼日三接'也"。

君子观"明出地上"的卦象，应该懂得要达到晋升的目的，就要把自己本来具有的光明德性昭明显示出来，确立审时度势的理性精神和自我主体意识，顺应客观形势以实现自我，这就是《大象》所强调的"君子以自昭明德"的主旨。

初六爻辞是"晋如摧如，贞吉。罔孚，裕，无咎。"初六以阴居阳，赶上了"柔进而上行"的发展机遇，但是前进的道路上也充满了挑战。一方面，初六阴柔在下，力量微弱，与其相应的九四不中不正，又过分迷恋权力，不给初六委以晋升的任命；另一方面，初六的前方又横隔着六二、六三两个阴爻，形成了发展的障碍和阻力，所以是"晋如摧如"，在这种情况下，初六如能坚守正道，可以获得吉祥，就是"贞吉"。初六虽然还没有得到周围人的信任，在"罔孚"的状态下，但能够宽裕坦荡，"独行正也"，有优柔从容的心态和敢于抗争的精神，困境也是可以战胜的，不会有什么咎害，亦即"裕，无咎"。

此爻在人道层面上的智慧是：敢于抗争的精神才能实现精彩的人生。元代易学家胡炳文曾经就此爻的意旨说过很精辟的话："进之初，人多有未信者，然'摧如'在彼，而吾不可以不正。'罔孚'在人，而吾不可以不欲。"此爻在人道层面上的智慧是：人生最精彩的篇章都是敢于抗争精神的写照。人们在行事的时候，遇到障碍和阻拦，不要患得患失，不应以小受挫折而抑郁不满。人生好像一杯咖啡，苦涩而又香醇，浓烈而又耐人寻味。人生成功的背后是抗争的汗水，甚至是抗争的血泪。所以，人一定要有敢于抗争的精神，越抗争就越能跨越障碍，越抗争就越能突破阻拦，人生的精神就越能不断地升华。

六二爻辞是"晋如愁如，贞吉。受兹介福，于其王母。" 六二以阴爻而居阴位，又在互艮（六二、六三、九四）中，艮为止，进展之心不强。六二又上临互坎（六三、九四、六五），坎为加忧，与六五又没有结成正应，不能不心怀忧虑，所以"晋如愁如"。但六二居中得正，能够正确地处理好与六五的关系，不仅"贞吉"，而且能得到来自于六五"王母"君恩浩荡的福佑，所以说"受兹介福，于其王母"。其之所以能够如此，正如《小象》的解释："以中正也。"

此爻在人道层面上的智慧是：升进中遇到挫折要坚守中正之道。前进中遇到挫折，最坏的做法是浑身发抖，一筹莫展，也就是"晋如愁如"。遇到挫折，有自信心，就是坚守中道。自信心是一个人的潜能源源不断地得以释放的精神源泉。美国的成功学家拿破仑·希尔就曾经说过："自信，是人类运用和驾驭宇宙无穷大智慧的唯一管道，是所有奇迹的根基，是所有科学法则无法分析的玄妙神迹的发源地。"遇到挫折，只要把情绪和心情调整到中正的状态，拥有了自信，就能彰显自己的才能，化挫折为坦途，把人从困境中解救出来。

六三爻辞是"众允，悔亡。" 六三居下坤卦的上位，坤为众。六三以柔爻居于阳位，越中却不当位，又处于互坎（六三、九四、六五）中，坎为陷，前进路上有艰难，本当有悔，但是，六三能够得到众人的认可和允从，有了这种"众允"的群众基础，所以"悔亡"。六三与上九正应，上通于至尊之君，又居于下体坤卦的上位，柔顺至极，有利于"柔进而上行"，所以《小象》说"志上行也"。

此爻在人道层面上的智慧是：一个人的发展必须有众人的信赖与支持。"众允"的群众基础，是一个人发展的根基。俗话说："一只蜂酿不成蜜，一颗米熬不成粥""一根草搓不成索，一根篾编不成箩"。孤家寡人、单枪匹马的"独行客"，放着身边的人力资源不去利用，在人类历史的舞台上是不会有大的作为的。歌德说："不管努力的目标是什么，不管他干什么，他单枪匹马总是没

有力量的。合群永远是一切善良思想的人的最高需要。"人类的舞台是团队打天下的舞台,在团队中,善于与人合作具有非凡的价值,是所有团队精神和能力中最重要的精神和能力。善于合作,就是善于借助众人的信赖与支持,可以强化自己的优势,可以突破自己的各种局限,使所从事的事业事半功倍。哲学家、心理学家威廉·詹姆士说得好:"如果你能够使别人乐意合作,不论做任何事情,你都可以无往不胜。"

九四爻辞是"晋如鼫鼠,贞厉。"九四以阳居阴,不中不正,"位不当也"却窃居近君大臣的高位,贪婪权势,嫉妒贤才,极力阻挡在下三阴的晋升之路,还以刚逼阴,势压六五之君,就像与民争利、不劳而获、招人痛恨的田间"鼫鼠"。九四又在互坎(六三、九四、六五)中,坎为陷,为止,遇险阻而不能上进,后果非常危险,谓之"贞厉"。

此爻在人道层面上的智慧是:选择方向比选择速度和手段更重要。方向比速度重要,人生的最大悲哀,莫过于你拼尽全力跑到了终点,却发现方向错了;方向比用劲重要,解绳索上的疙瘩,解错了方向,越用劲越解不开。钉钉子也有类似的道理,方向错了,使劲钉,钉子就弯了。目标错位,前进的方向不正确,使用的手段再正确,也"晋如鼫鼠"一般,不仅成事是枉然,还会给自己带来祸患。因此,在做任何事情的时候,都要把选择好前进的方向、树立正确的目标作为走向成功、走向辉煌的起点和路标。只要方向选对了,就不会犯颠覆性的错误,再远的路就是一个过程。

六五爻辞是"悔亡,失得勿恤。往,吉,无不利。"六五爻为晋卦之卦主,六五以阴居阳位,不当位,有失正之悔,但是六五是柔而得中,又居上体离卦的中位,离为光明,象征六五是位仁爱的明君,众心归顺,所以"悔亡"。六五作为柔中之君,端正自己,守持中道,按照"柔进而上行"的总体目标要求,满足了在下之三阴"顺而丽乎大明"的晋升意愿,又妥善地处理了与六二柔中之臣的关系,设官分职,委贤任能,君臣同心,各司其责,各尽其力,达到了无为而治的最佳治政状态,所以是"失得勿恤。往,吉,无不利。"《小象》也说"往有庆也"。

此爻在人道层面上的智慧是:创造出无为而治的局面,让被领导者始终闻听到不断进击的鼓声。治政之道,讲的是"为治有体,上下不可相侵"。上级不要抢下级的活干。否则,既浪费了自己的精力,又打乱了下级的工作部署,造成依赖、埋怨或对抗情绪，使他们没有了主见和主动性。有鉴于此，治国之君要自觉地以柔中之道把各种关系调整到井井有条，各种事务都有专人负责，人人处于自相治理的状态，在不断进击鼓点的催征下，奋力而为，君主就不必亲劳其事。这就是无为而治的圣人治政境界，所以孔子说："无为而治者，其舜也与！"

上九爻辞是"晋其角，维用伐邑，厉，吉，无咎，贞吝。"上九居全卦终位，到了晋之上极，如同晋升至兽角的尖端，所以说"晋其角"。上九所居的上卦为离卦，离为兵戈、甲胄，有征伐之象，上九凭借刚强之势去征伐不服王室的邑国，虽有危险，但没有咎害，所以说"维用伐邑，厉，吉，无咎"。上九的兴兵征伐，不符合晋卦"执谦守柔"的要求，因此会带来羞吝，所以说"贞吝"。离卦本来为光明之象，但是上九以阳居阴位，不中不正，晋长之道不够光明正大，所以《小象》说"道未光也"。

此爻在人道层面上的智慧是：在晋升的过程中不能一根筋地刚进。要知进知退，适可而止，尤其是功成名就逼近极权人物时更应如此。在封建社会，君主的地位至高无上，君主的功名天下无二，当臣下的才能、地位、品德、名望威胁到帝王时，厄运也就临头了。因此，作为一个臣子，不懂得进退之术，当退不退，就可能遭贬谪，甚至招来杀身之祸。历史上越国的文仲就是佐证。《孙子兵法》中说："……不可以进而谓之进……不可以退而谓之退。"军事上如此，处世为人亦然，知进知退，适可而止，依然是今天的人们要奉行的至理名言。

䷣ 明夷第三十六

【卦辞】

明夷：利艰贞。

【白话】

明夷卦象征光明熄灭，黑暗来临：利于艰守正道。

【象传】

《象》曰：明入地中，明夷。内文明而外柔顺，以蒙大难，文王以之。"利艰贞"，晦其明也。内难而能正其志，箕子以之。

【白话】

《象传》说：明夷卦下离上坤，光明没入大地之中，象征光明损伤，这就是明夷卦的卦象。内具文明之德，外显柔顺之态，却蒙受大的苦难，周文王的遭遇就是这样的。"利于艰守正道"，是指暂时掩藏自己的光芒才有利。在内部遭受险难的情况下仍能坚定自己的志向，箕子的经历正好与此相似。

【大象传】

《大象》曰：明入地中，明夷。君子以莅众，用晦而明。

【白话】

《大象传》说：明夷卦下离上坤，太阳没入大地之中，象征光明受到伤害。君子因此在接近民众时，虽明察一切却收敛自己的锋芒，用别人的黑暗来衬托自己的光明。

【爻辞】

初九　明夷于飞，垂其翼。君子于行，三日不食。有攸往，主人有言。

六二　明夷，夷于左股，用拯马壮，吉。

九三　明夷于南狩，得其大首，不可疾贞。

六四　入于左腹，获明夷之心，于出门庭。

六五　箕子之明夷，利贞。

上六　不明，晦。初登于天，后入于地。

【白话】

初九 光明损伤时飞行，低垂着翅膀。君子出门远行，三天吃不到东西。有所前往，会受到主人的责备。

六二 光明损伤之时，左腿受伤，因乘坐强壮的马而脱离险境，吉祥。

九三 光明损伤之时去南方征伐，猎获元凶祸首，此时不可操之过急，宜守正固。

六四 要深入左方腹部，探知光明受到遮蔽时的内中情况，然后跨出门庭。

六五 像箕子一样有意遮蔽自己的智慧之光，有利于坚守正道。

上六 天空不明亮，晦暗。起初升上天空，最后坠于地下。

【小象传】

［初九］"君子于行"，义"不食"也。

［六二］六二之"吉"，顺以则也。

［九三］"南狩"之志，乃得大也。

［六四］"入于左腹"，获心意也。

［六五］"箕子"之"贞"，明不可息也。

［上六］"初登于天"，照四国也；"后入于地"，失则也。

【白话】

［初九］"君子出门远行，三天吃不到东西"，他是坚持正义而舍弃俸禄才这么做的。

［六二］六二爻辞中所说的"吉祥"，是因为顺从局势行事。

［九三］"去南方征伐"的志向，是能够大施抱负的。

［六四］"深入左方腹部"，目的是为了获知内中真实情况。

［六五］箕子的坚守正道，说明光明是不可熄灭的。

［上六］"起初升上天空"，说明此时其光明可以普照四方；"最后坠于地下"，是因为其所作所为违失正道的原则。

【推天道，明人事】

明夷卦的卦辞是"明夷，利艰贞。"明夷是光明受到伤害、昏暗、隐晦的意思。明夷卦离下坤上，离为日，为光、为明；坤为地。日落地下，光明没入

地中,光明熄灭而黑暗来临,谓之"明夷"。《序卦传》说:"进必有所伤,故受之以明夷。夷者,伤也。"进展就会有所损伤,接着就出现明夷卦。《杂卦传》说:"明夷,诛也。"意思是光明受到伤害,结果黑暗。明夷卦和遁卦有一点相似之处,就是小人道长、君子道消。明夷卦的主爻六五,虽然居中位,但质地柔弱,又被上下的阴爻所包围,象征贤者以明德被创伤,在这种昏暗笼罩、才华被压抑的艰难处境中,只有刻苦忍耐、坚守正道,才会有利,所以说"利艰贞"。

明夷卦的《彖传》对卦辞的含义作了深切点化。明夷卦下卦为离,为日,上卦为坤,为地,太阳进入地中,光明被创伤,所以是"明入地中,明夷"。从卦德上讲,内卦离是文明,外卦坤是柔顺,这种"内文明而外柔顺"的性格,可以像周文王囚禁羑里那样承受大难,所以说"以蒙大难,文王以之"。隐藏内在的明智,外表柔顺,这是乱世中的自处正道,即"利坚贞"。商纣王的叔叔箕子,看到纣王暴虐无道,便装疯避祸,幸免于难之后还指导周文王治国的道理,所以说"晦其明也。内难而能正其志,箕子以之"。

君子观"明入地中"的卦象,应该知道在逆境中临众时,要隐讳自己的明智与能力,收敛自守,才能保全自己的明德不受伤害。这就是《大象》所强调的"君子以莅众,用晦而明"。

初九爻辞是"明夷于飞,垂其翼。君子于行,三日不食。有攸往,主人有言。"初九阳居阳位,当位得正,是一位内怀其德的君子,在明夷之世初起,就预见到黑暗即将来临,邪恶将残害正义。初九就像小鸟一样低垂着羽翼飞离险境,这就是"明夷于飞,垂其翼"。德行高尚的君子,预见了一场大难即将来临,自己地位卑下难以抗衡,于是见机而行,远避他乡,即是"君子于行"。初九又居下体离卦之下位,离空中虚,有人的空腹之象,离为日,为三数,故谓之"三日不食"。尽管远遁的过程中会充满艰难险阻,啼饥号寒,受人出言责怪,亦即"有攸往,主人有言",但这是韬光养晦,退而自保,是明智的选择,所以,此爻《小象》云:"'君子于行',义'不食'也。"

此爻在人道层面上的智慧是:在光明被阻时要屈身自保。光明被阻碍的时候,应当确立趋利避害的思维方式,要像鸟一样迅速飞走,以摆脱困境,保持情绪和心境的明亮与稳定。主动地退避,看起来也会失去一些东西,但是,在灾难悄悄地离你而去的同时,成功又悄悄地向你走来。《周易》特别强调屈伸之道,《系辞传》就从天道自然和人道有为等方面进行了深刻的说明:"日往则月来，月往则日来，日月相推而明生焉。寒往则暑来，暑往则寒来，寒暑相推而岁成焉。往者屈也，来者信也，屈信相感而利生焉。尺蠖之屈，以求信也；龙蛇之蛰，以存身也。精义入神，以致用也；利用安身，以崇德也。"老子也曾告诫过我们："曲则全，枉则直。"意思是，委屈反能保全，屈就反能伸展。人世间博大的胸怀是由巨大的委屈撑出来的。宋代吕本中也说："不与人争者，常得利多，退一步者，常进百步。"由此看来，善于退也是非常有价值的谋略。春秋时期的越国大臣范蠡和文种，尽忠忧君，经邦济世的谋略都是差不多的，但一个功成身退，做了大富翁；一个流连忘返，成了刀下鬼，原因就是一个能伸能屈，一个能伸不能屈。

六二爻辞是"明夷，夷于左股，用拯马壮，吉。"六二受到邪恶势力的残害，左面的大腿负伤，这就是"明夷，夷于左股"。但是六二居于下体离卦之中，正而且中，是忠君之大臣，内文明而外柔顺，具有承受危难而又能从容应对的品质。处于明夷之世的发展阶段，正义的力量尽管微弱，但并没有消亡，六二以中正之德坚定地承担拯救世事的历史使命，就一定会得到他们的救援，终获吉祥，所以"用拯马壮，吉"。从卦的结构上讲，六二顺承九三，九三为互体坎（六二、九三、六四）震（九三、六四、六五）主爻，震为马，为壮，六二柔爻上承九三刚爻为顺，六二既中且正为则。所以《小象》云："顺以则也"。

此爻在人道层面上的智慧是：危难磨炼出来的人的意志才是取得伟大成就最具能量的因子。把彩虹当作梯子是爬不上高峰的；把逆境当作阶梯就能一层一层登上高峰。伟大就诞生在苦难之中。人遭遇多大的障碍，才有多大的成长。九死一生的绝境，才能造就泰然处之的淡定。一个人彻悟的程度是由他所受苦的深度决定的，正所谓："不磨不炼不成佛"。面对危难，不要徘徊不前，只要能够心正不阿，咬紧牙关，承受住危难，就一定会成为最后的胜利者。斯巴群说："有许多人一生的伟大，都从他们的危难中得来。"拿破仑也说："患难困苦，是磨炼人格、意志的最高学府。"孟子对此早在两千多年前就曾经有过精辟的论述："天将降大任于斯人也，必先苦其心志，劳其筋骨，饿其体肤，空乏其身，行弗乱其所为，增益其所不能。"这可以说是对"夷于左股"承受危难意义和价值的最深刻注解。西汉司马迁经受宫刑的非人磨难而著《史记》，在奇耻大辱的激励和震撼下，使《史记》成为"史家之绝唱，无韵之离骚"，就是这方面最好的例证。

九三爻辞是"明夷于南狩，得其大首，不可疾贞。"九三阳爻居阳位，本质健动，又居下卦离中，离为光明，离又为南方，离也为戈兵，并且明夷卦从六二往上到上六，为小的师卦，有征战之象，所以说"明夷于南狩"。九三与上六正应，中间没有刚爻相阻，可以直取上六，用九三之至明除上六之至暗，《周易》中上爻为"首"，所以是"得其大首"，亦即《小象》所说的"乃得大也"。但是在这个过程中，必须谨慎从事，切不可操之过急，这样才能获得吉祥，所以"不可疾贞"。

此爻在人道层面上的智慧是：做大事不可操之过急。俗话说得好："事缓则圆""再大的步，也跨不过黄河去""心急吃不着热豆腐"。即使爬到最高的山峰，也只能脚踏实地地一步一步攀登。成就大事业，更要按照事物发展的自然规律，量力而行，一步一步推进。如同种田一样，你不是千手观音，必须一块田一块田地种。任何不顾客观条件和自身力量的局限而操之过急的狂热行为，都只能是缘木求鱼，适得其反，甚至酿成万劫不复的灾难。俄罗斯也有这样的谚语："一只猫急于吃到过热的豆腐，会烫伤自己的鼻子。"培根也说过："过于求速是做事上最大的危险之一。"这就是"不可疾贞"的智慧。武王伐纣，就是多次和诸侯进行沟通，讲明大义，陈述利害，得到了诸侯们的理解和支持才征伐成功的。古代波斯的伟大诗人萨迪说过："我在沙漠中曾亲眼看见，匆忙的旅人落在从容者的后边，疾驰的骏马落后，缓步的骆驼却不断前进。"

六四爻辞是"入于左腹，获明夷之心，于出门庭。"六四已进入上坤卦，坤为"腹"，阴爻为左，六四又在互震（九三、六四、六五）中，震也为左，所以说"入于左腹"。六四也在互坎（六二、九三、六四）中，坎为心病，六四阴居阴位，用柔而不用刚，钻入左边的肚子里，深入地了解昏君的邪恶心意和用意，故"获明夷之心"，六四下比九三，下应初九，皆退隐之象，上体喻上层宫廷内部，下体喻下层民众，在"获心意也"之后，六四志在离开宫廷退遁山野，毅然"于出门庭"，离开了是非之地。

此爻在人道层面上的智慧是：弃暗投明就是踩着正义的路走。殷商帝乙之子微子，是纣王的庶兄，他处事用柔，成为商纣王的心腹大臣，看到纣王伤害忠良，残暴乱政，屡次劝谏，当见"纣终不可谏"后，毅然决然地"于出门庭"，逃到微地，投奔光明。周武王灭商后，微子持商王室宗庙礼器，来到武王军营前。他上身袒露，双手捆缚于背后，跪地膝进，左边有人牵羊，右边有人持茅，向武王请罪。周武王备受感动，"复其位如故"。公元前1063年，周公以成王命封微子建国于宋，代替叛乱的武庚承继殷祀。

六五爻辞是"箕子之明夷，利贞。" 六五阴居阳位，得中不正，下又与六二敌应，与六四和上六都成逆比。六五才智过于柔弱，又比近于上六之昏君暗主，受制于上六之欺凌，如果匡扶正道，六五又没有敌过君主的势力；如果拯救这种黑暗的局面，六五又没有救世的力量；如果逃避离去，六五又认为义不可取。这就像生活在商纣王时代的箕子的处境，动辄得咎，艰难万分。但是箕子"内难而能正其志"，在明夷之世，为避难而装疯卖傻，"箕子之明夷"终于免去了灾祸，保全了自己。箕子这种自掩其聪明才智的做法，有利于坚守正道，所以叫"利贞"。箕子对正道的坚守，在幽暗之中，如一盏不熄的明灯，故《小象》云："明不可息也"。

此爻在人道层面上的智慧是：最大的智慧就是看上去没有智慧。为人不可过于聪明，心机用得过多，便容易不得要领；为人也不可把聪明挂在脸上，这样最容易遭到别人的防范和抵制，就会自坏其事。善于行走的人连脚印都看不出来。越是出类拔萃的人，越是接近于木讷，接近于愚笨。在别人不知有之的情况下，就实现了自己的意图和目的。老子曾经说过："良贾深藏才名虚，君子盛德貌若愚。"意思是，善于做生意的商人，总是隐藏其宝货，不张扬名声；而君子为人品德高尚，但容貌却显得愚笨。过分张扬自己的能力，是有害的。"箕子之明夷"，大智若愚，这是保全自己、成就事业的智慧中最高的、最玄妙的智慧。

上六爻辞是"不明，晦。初登于天，后入于地。" 上六阴爻居阴位，其才智极为柔弱，又位居明夷卦之极，所代表的是黑暗势力，所以说"不明，晦"。上六从爻位结构上看，是天位，所以说"初登于天"。明夷的上卦是坤，坤为地象，上六居天位，本应让四方的诸侯国走上光明大道，就是《小象》说的"照四国也"，但是上六与六五、六四均为逆比，高高在上，固执己见，倒行逆施，陷入了犹如大地的不明而悔的处境，所以又说"后入于地"。上六这种"初登于天，后入于地"的下场，是因为违背了正确的法则，所以《小象》说"失则也"。

此爻在人道层面上的智慧是：从政者行暴政是不会有好的结果的。英国作家塞·约翰逊说："暴君统治国家就像一个倒置的圆锥体。"英国诗人拜伦也说："爱国英雄给民族带来光荣，专制暴君给民族带来灾难。" 从政者滥用手中的强制权，为非作歹，失去了做人的原则和准则，即使起初升登到天上，光芒照耀四方，最终也会坠入地下，身败名裂。夏桀是夏代最后一个君主，为政残暴，不用贤良，不优恤于民，生活荒淫，任意虐杀百姓，破坏农业生产。对外滥施征伐。人民对他深恶痛绝。夏桀不听大臣劝告，一意孤行，结果众叛亲离，人民纷纷起来反抗，桀的统治摇摇欲坠。商王汤在伊尹的辅助下，发兵讨伐。夏桀仓皇迎战，在鸣条（今河南封丘东）被商汤击败。桀逃到南巢（今安徽巢湖西南），并死于此地。中国历史上第一个奴隶制朝代夏便随之灭亡。商朝的暴君纣王也是不能光明正大而阴晦险恶的暴君，以极其残酷的手段疯狂镇压对其统治不满的反抗者，开始时威风凛凛，不可一世，最终落得个众叛亲离、遗臭万年的下场。夏桀和商纣成为"初登于天，后入于地"的真实写照。

䷤ 家人第三十七

【卦辞】
家人：利女贞。

【白话】
家人卦象征家庭：有利于女子守持正固。

【彖传】
《彖》曰：家人，女正位乎内，男正位乎外。男女正，天地之大义也。家人有严君焉，父母之谓也。父父，子子，兄兄，弟弟，夫夫，妇妇，而家道正。正家，而天下定矣。

【白话】
《彖传》说：家人卦的六二阴爻居下卦之中位，象征女子在家中守正道；九五阳爻居于上卦之中位，象征男子在外面守正道。男主外，女主内，男女都守持正道，这是天地间的大义。一家之中严厉的君长，就是父亲和母亲。父亲按父亲的要求去做，儿子按儿子的要求去做，兄按兄的要求去做，弟按弟的要求去做，夫尽夫责，妇守妇德，那么家风自然就正了。各家都有规矩了，天下也就安定了。

【大象传】
《大象》曰：风自火出，家人。君子以言有物，而行有恒。

【白话】
《大象传》说：家人卦下离上巽，风从火中吹出，象征了家庭。君子因此说话能言之有物，行动能持之以恒。

【爻辞】
初九 闲有家，悔亡。

六二 无攸遂，在中馈，贞吉。

九三 家人嗃（hè，苦热，引申为严酷貌）嗃，悔厉，吉。妇子嘻嘻，终吝。

六四 富家，大吉。

九五 王假有家，勿恤，吉。

上九 有孚，威如，终吉。

【白话】

初九 家中凡事都防患于未然，就没有悔恨之事。

六二 没有取得什么成功，在家中主持饮食之事，守持正道可获吉祥。

九三 对家中之人要求严格，虽然有悔恨、有危险，但最终吉祥。妇女和孩子成天嬉笑打闹，最终会有令人遗憾之事。

六四 使家庭富足，大为吉祥。

九五 君王用美德感化众人并视天下为一家，不要忧虑，吉祥。

上九 心存诚信，充满威严，最终吉祥。

【小象传】

[初九] "闲有家"，志未变也。

[六二] 六二之"吉"，顺以巽也。

[九三] "家人嗃嗃"，未失也。"妇子嘻嘻"，失家节也。

[六四] "富家，大吉"，顺在位也。

[九五] "王假有家"，交相爱也。

[上九] "威如"之"吉"，反身之谓也。

【白话】

[初九] "家中凡事都防患于未然"，说明应在用心没有发生变化时加以防范。

[六二] 六二爻辞中所说的"吉祥"，是因为六二阴爻居九三阳爻之下，温顺而谦逊的缘故。

[九三] "对家中之人要求严格"，说明没有违背治家之道。"妇女和孩子成天嬉笑打闹"，说明有失家中礼节。

[六四] "使家庭富足，大为吉祥"，是因为六四阴爻居阴位，又处于九五阳爻之下，当居正位，顺守本分。

[九五] "君王用美德感化众人并视天下为一家"，说明天下人之间应互相友爱。

[上九] "心存诚信，充满威严"而最终获"吉祥"，说明其能反身自省，严于律己。

【推天道，明人事】

家人卦的卦辞是"**家人，利女贞。**"家人广义上是指家庭全体成员，狭义上是指妻子。家人卦离下巽上，离为火，巽为风，内火外风，风自火出，自内影响之外，象征一家之风化，自内而出，故谓之"家人"。《序卦传》说："伤于外者必反于家，故受之以家人。"明夷卦说的是在外做官所受到的伤害，家人卦谈的是应该回家以求安定。家人卦上巽长女、下离中女，互坎（六二、九三、六四）为豕，引申为家。在古代传统的观念中，男主外，女主内，女子是家庭中的主要角色，主妇正，则一家人正，所以说"利女贞"。

家人卦的《象传》对卦辞的含义作了深层次的解析。本卦外卦的九五与内卦的六二都得正，象征着一家人，女在内，地位正，男在外，地位也正，所以说"家人，女正位乎内，男正位乎外"。男女在家庭中各有正当的地位，这才合乎天地阴柔与阳刚相互搭配的大道理，也就是"男女正，天地之大义也"。在家中治家的主导者就像治国的"严君"一样，但主导者既不单是父，也不单是母，而是父母的共同配合，所以说"家人有严君焉，父母之谓也"。上九为家庙，以阳为尊，九五为严君，父也，六二为慈母，其他三爻象征子女，初九、九三为男，六四为女。除了上九以阳为尊为家庙外，其余五爻各得其正，表征为一家人，父母、子女、兄弟、夫妻各尽各人应尽的本分，家庭的伦理道德就都端正了，就是"父父，子子，兄兄，弟弟，夫夫，妇妇，而家道正"。如果所有家庭都走上了这样的"正家"之道，天下怎能不安定呢？所以是"正家，而天下定矣"。

君子观"风自火出"的卦象，应该懂得一切事物都以内在为本，然后延伸到外部，因此，齐家以修身为本，修身以言行为先，说话以事实为根据，切合情理，行动遵循一定的规范，符合常法操守，恒久不变，这就是《大象》所强调的"君子以言有物，而行有恒"。

初九爻辞是"**闲有家，悔亡。**"初九以刚明之才，处家人之初，为家人的组建阶段，承担着治家的重任。初九深明治家之道，从一开始就制定一套行为

规范，树立家规家法，使家庭成员有所遵循，为营造良好的家风打好基础，就是"闲有家"。这种立下规矩，防患于未然的做法就不至于产生悔恨，所以说"悔亡"。从爻象上看，初九为这一卦的开始，阳爻阳位，刚毅得正，象征在家庭中能够防患于未然，就不会有后悔的事情发生，故《小象》曰："'闲有家'，志未变也。"

此爻在人道层面上的智慧是：起点往往决定终点。树从根栽埋，行自足下始。做任何事情都要先打好基础，开好了头，接下来的事情往往可以很顺利地完成，诚如俗话所言："良好的开端就是成功的一半。"历史上许许多多的成功事业和成功者，就得益于良好的开端。希望是良好开端最积极的元素，美国黑人领袖马丁·路德·金说过："世界上所做每一件事都是抱着希望而做成的。"

六二爻辞是"无攸遂，在中馈，贞吉。"六二以阴爻居阴位，当位得正，阳刚不足，才智柔弱，不可从事外部社会工作。六二又居下体离卦之中，离为火，六二也在互坎（六二、九三、六四）中，坎为水，水在火上，为饮食之象。这时的六二除了料理饮食之家务事外，无所作为，这就是"无攸遂，在中馈"所表达的意思。但是，六二与九五正应，六二有内在的柔顺谦恭之德，能够随顺九五，最终还是吉祥的，所以是"贞吉"。九五在上卦巽中，巽为顺，所以《小象》说"六二之吉，顺以巽也"。

此爻在人道层面上的智慧是：做人做事要讲究和合之道。无论是一个人的自身发展还是社会的进步，都需要有各种条件，其中最重要的条件就是人和的力量。《系辞传》说："履和而致""履以和行"。古人也常说："同心山成玉，协力土变金。"孔子在《论语》中也讲道："礼之用，和为贵，先王之道，斯为美。"意思是，礼的功用在调和，先王之道是以和谐为美。"和为贵"蕴含了东方传统智慧的灵光，"和为贵"是宽广的胸怀，是包容的态度，正所谓"量小失众友，度大集群朋"，上下和合，才能把各种智慧集中起来，把各种意识统一起来，把方方面面的力量凝聚起来。领导者营造出了这种"同声相应、同心相随、同力相济"的和合局面，就一定能干出一番轰轰烈烈的事业。

九三爻辞是"家人嗃嗃，悔厉，吉。妇子嘻嘻，终吝。"九三以阳居阳，得正而不中，是个治家过严的父亲，使得家庭成员循规蹈矩，谨小慎微，所以说"家人嗃嗃"，九三对自己的过严行为给家人带来的惊吓也有"悔厉"。但是，治家之道宜严不宜宽，所以依然是"吉"。如果九三不严格负起对家庭成员的管教之责，使得家人成天嬉笑恣情，放荡不羁地"失家节也"，长此以往就会违反家庭的伦理和社会的伦理，带来羞辱，所以说"妇子嘻嘻，终吝"。

此爻在人道层面上的智慧是：有规矩才能有真权威。任何一个社会都是有规矩的，不能随性所为。德谟克利特说得更彻底："凡事都有规矩"。如果没有大堤，河水就会泛滥成灾。大到一个国家，小到一个企业、一个组织、一个家庭，都要在一定的规矩的基础上运作，没有规矩，就没有真正的权威，就会变得混乱无序。但是规矩要保持在合理的宽严分寸内，一般意义上说，过宽过严都不对，但必须在严宽之间做出选择时，宁严勿宽，这才能体现出规矩的权威性。

六四爻辞是"富家，大吉。" 六四阴爻居柔位，得正，下有初九正应，上有九五可承，本身又在上体卦巽的初爻，巽为"近利市三倍"，足以使家道殷实，这对一个家庭来说，是再好不过的事情了，所以说"富家，大吉"。巽又为随顺，正是由于六四的"顺在位也"，才有"富家，大吉"的收获。六四又在互离卦（九三、六四、九五）中，离为明，为火，表征六四是一位巽顺谦和、十分贤明的良母，能够协助中正刚严的父亲把家庭治理得红红火火。

此爻在人道层面上的智慧是：家庭成员齐心协力就能使家境富足。天生万物，相互依存，相互制约，共衰共荣。一个家庭倾家荡产，有一个败家子就够了，要富裕发达必须家庭所有成员的齐心协力。俗话说："家有一心，有钱买金；家有二心，无钱买针"。家庭成员，互尊互爱，和谐同心，齐力断金。日本社会活动家池田大作说："理想的幸福的家庭既不遥远，也不会自天而降。它应靠自己的力量去求得，靠全家人齐心协力去建立。"家庭成员遵循一定的家规，友爱亲善，互助互勉，能够各司其位，各尽其责，就能够使家境富裕。居里夫人说："一家人能够互相密切合作，才是世界上唯一真正的幸福"。家庭是人类社会的基础。这个"富家"的智慧推广到国家层面，就是大家心往一处想，劲往一处使，一心一意谋发展，就一定能够富国裕民，就是"大吉"。

九五爻辞是"王假有家，勿恤，吉。" 九五阳居阳位，刚而得中，与六二之柔中正相应，阴阳协调，刚柔相济，整个家庭凝聚成了一个如此爻《小象》所说的"交相爱"的统一体，达到了治家的完美境界。九五又是居至尊之位，

也是天下人之严君,用美德感化众人并视天下为一家,把这种"王假有家"的治家之道推广到天下,使得人人交相爱乐,就会营造出和谐太平的盛世,这因"吉"而自然"勿恤"了。

此爻在人道层面上的智慧是:家事、国事都以和为贵。家庭和睦是人生最快乐的事,父子和而家不败,兄弟和而家不分,夫妇和而家道兴。美国作家德莱塞说:"人生真正的幸福和欢乐,浸透在亲密无间的家庭关系中。"歌德也曾经说过:"无论是国王还是农夫,家庭和睦是最幸福的"。大至国家之强盛,社会之祥和,小至个人生活之幸福,事业之兴旺,身体之健康,都以和睦的家庭为基础。林肯说:"亲人不睦家必败,民众不和国必衰"。家和万事兴,国和享太平。家庭因爱而和睦,社会因爱而和谐。"交相爱"正是这家和、国和的根由和表现。正如《大学》所言:"身修而后齐家,齐家而后国治,国治而后天下太平"。

上九爻辞是"有孚,威如,终吉。" 上九居家人卦之上极,作为一家辈分最高的长者,刚严于上,诚意以率下,能够严格要求自己,又能够严明法度,是诚信和威严的结合,在家人中享有崇高的威信,所以"有孚,威如"。家长有了诚信和威望,就会保证家庭长久吉祥,所以是"终吉"。汉代王弼也曾经由此爻感言道:"家道可终,唯信与威。" 从爻象上看,上九刚爻,在这一卦的最上位,象征一家之主的家长,治家的对象是自己的亲人,如果溺于亲情,过度慈爱,缺乏威严,听凭妇人和孩子们随心所欲,就会变成散漫。所以,家长必须在诚信的基础上,加强威严,才会治家吉祥。威严所以吉祥,是因为九五自我反省,严于律己,以身作则,产生了威严和服从,这就是《小象》所说的:"反身之谓也"。

此爻在人道层面上的智慧是:诚信和威严的结合才能产生使人心悦诚服的领导力量。诚信是钻石一样的品质。古今那些伟大的领导者无不以诚信为约,他们修身择诚朴,处世存笃信。领导者身正格高,被领导者也诚信同行,有威严而无诚信,使人畏服而不能使人悦服。让人心生恐惧是一种简单、迅速的激励方式,但绝不是有持久价值的激励方式。没有什么能比领导者的诚信更能感染和激励被领导者,形成巨大的领导力。研究《周易》的大家程颐说:"以诚感人者,人亦诚而应。"当然,领导活动是一种严肃的爱,不仅要"有孚",还要"威如",光有诚信而无威严,就只有信度而没有法度,发挥不了领导功能。领导者树立威信的要旨不是对部下耍权威,而是反求诸己,孔子曾经说过:"己欲立而立人,己欲达而达人。"就是说,只有自己愿意去做的事,你才能要求别人也去做;只有自己能做的事,才能要求别人也去做到。一个领导者只有严于律己,具有人格的魅力,才能增强凝聚力,才能得到众望所归,所以此爻的《小象》云:"威如之吉,反身之谓也。"

睽第三十八

【卦辞】

睽（kuí，隔离）：小事吉。

【白话】

睽卦象征背离分散：小事情吉利。

【象传】

《象》曰：睽，火动而上，泽动而下。二女同居，其志不同行。说而丽乎明，柔进而上行，得中而应乎刚，是以"小事吉"。天地睽而其事同也，男女睽而其志通也，万物睽而其事类也。睽之时用大矣哉。

【白话】

《象传》说：睽卦下兑上离，离为火，火焰跃动于上；兑为泽，泽水流动于下。离为中女，兑为少女，两个女子同居一室，但心志各不相同。离为明，兑为悦，所以睽卦又象征和悦地依附光明；六三阴爻上升至六五阴爻，象征阴柔者的地位不断上升；六五阴爻居上卦之中位，与居下卦之中位的九二阳爻相应，象征人守中正之道而与阳刚者相应和，因此说"小事情吉利"。天地相反，但是它们化育万物的事理则是相同的；男女不同，但是他们交感求和的心志是相通的；天下万物形态各不相同，但是它们都有类似之处。天地万物各不相同，又相互统一，这道理真大啊！

【大象传】

《大象》曰：上火下泽，睽。君子以同而异。

【白话】

《大象传》说：睽卦下兑上离，火性向上而水性向下，互不相容，象征着背离。君子因此而探究事物的同中之异、异中之同。

【爻辞】

初九　悔亡。丧马，勿逐自复。见恶人，无咎。

九二　遇主于巷，无咎。

六三　见舆曳，其牛掣（chè，有拉、拽等意），其人天且劓（yì，古代割鼻的酷刑）。无初有终。

九四　睽孤，遇元夫，交孚，厉，无咎。

六五　悔亡，厥宗噬肤，往何咎。

上九　睽孤，见豕负涂，载鬼一车，先张之弧，后说之弧。匪寇，婚媾。往遇雨则吉。

【白话】

初九　悔恨消亡。丢失马匹，不用去追寻，它自己会回来。接待恶人，没有什么灾殃。

九二　在巷中遇见主人，没有灾殃。

六三　看见牛车被拖拽难行，拉车的牛不听话，是一个额上刺着字、鼻子被割去的罪犯干的。开始时不顺利，最终顺利。

九四　孤身一人在外，遇见一位阳刚的大丈夫，彼此以诚相待，有危险，但最终没有灾殃。

六五　悔恨消亡，与自己同宗族的关系如同咬柔软的肉一般和顺，前往会有什么灾殃呢？

上九　孤身一人在外，看见一头背上满是污泥的猪，又看见一辆满载着鬼怪的车，开始时拉开弓欲射，后来放下弓。他们不是强盗，而是求婚者。往前走遇上下雨则吉祥。

【小象传】

［初九］"见恶人"，以辟"咎"也。

［九二］"遇主于巷"，未失道也。

［六三］"见舆曳"，位不当也。"无初有终"，遇刚也。

［九四］"交孚""无咎"，志行也。

［六五］"厥宗噬肤"，往有庆也。

［上九］"遇雨"之"吉"，群疑亡也。

【白话】

［初九］"接待恶人"，是为了避免灾殃的方法。

［九二］"在巷中遇见主人"，说明并没有违背正道。

［六三］"看见牛车被拖拽难行"，这是六三阴爻居阳位，所处的位置不适当。"开始时不顺利，最终顺利"，是因为六三阴爻与上九阳爻相应，象征阴柔者得到阳刚者的帮助。

　　[九四]"彼此以诚相待""没有灾殃",是因为志向得到了实行。

　　[六五]"与自己同宗族的关系如同咬柔软的肉一般和顺",说明前往必有吉庆之事。

　　[上九]"遇上下雨则吉祥",是因为种种疑虑都消失了。

【推天道,明人事】

　　睽卦的卦辞是"睽,小事吉。"睽是乖背睽违、意见不合之意。睽卦兑下离上,兑为泽,离为火,上火下泽,火的德性是炎上,火焰向上烧;水的德性是下行,泽水向下浸,兑泽与离火两性相背。离还为中女,兑还为少女,两个女子虽同居一室,但志向迥异,最终必有不同的夫家,有睽乖分离之象,故谓之"睽"。《序卦传》说:"家道穷必乖,故受之以睽。睽者,乖也。"睽卦与家人卦是相互综卦,象征家人也有悲欢离合,所以,家人卦走到尽头,接着出现的就是乖离。处在乖离之际,也存在着化解乖离的有利因素,小心谨慎地发现这些因素和积极正确地利用这些因素,虽不能成就大事,但可以做到"小事吉",这就是睽卦的主旨。

　　睽卦《象传》对卦辞的含义作了进一层的透析。睽卦下兑为泽,上离为火,是"火动而上,泽动而下",犹如乖离,所以是"睽"。离取象为中女,兑取象为少女,两个人是姊妹,现在虽然是"二女同居",但将来要嫁给不同的丈夫,所以是"其志不同行"。兑为悦,离为丽,为明,所以是"说而丽乎明"。睽卦是由中孚卦变来,中孚卦的六四与九五换位,六五上位为上九,是阴爻居阳爻之下,即阴"承"阳,承则进,故"柔进而上行",成为睽卦的六五且居中,又有九二之刚正应,这就是"得中而应乎刚",卦主六五柔爻居中与九二刚爻相应,阴爻称小,所以说"小事吉"。自然界中天高地下,似乎乖离,但是天地交泰,共同养育了万物,所以说"天地睽而其事同也";在人世间,男女生理有别,性情相反,但是相互感通,所以说"男女睽而其志通也";万物的形体睽异乖离,但同受阴阳变化规律的支配,共生共存,就是"万物睽而其事类也"。这种和睽之道,真是高明和伟大啊!所以说"睽之时用大矣哉"。

　　君子观"上火下泽"的卦象,要悟懂睽卦化"异"为"同"、为"合"的道理,于异中求同,又保存其所异,通过相反相成的机制,维持事物发展的动态平衡，这就是《大象》所强调的"君子以同而异"。

初九爻辞是"悔亡。丧马，勿逐自复。见恶人，无咎。"初九以刚爻居阳位，得位而不中，刚而好动，急于上行，力求扭转睽乖离散的局势，而九四也是阳刚之性，与初九是敌应的关系。所以初九没有外部的应援，上行之路步履维艰，动而有悔，但是初九是刚刚开始离散还没有悔恨，所以说"悔亡"。这就像是在旅途中丧失了马匹，又遇见了恶人。这时初九的最好行为模式是，不去追逐丢失的马匹，只要从容等待，它会自动回来，就是"丧马，勿逐自复"；对于同自己对立敌视的人，则不要排斥拒绝，而要主动进行沟通交流，化解前嫌，这样"见恶人"就没有咎害，所以，这一爻的《小象》说："见恶人，以辟咎也。"

此爻在人道层面上的智慧是：沟通是人们之间的矛盾和隔阂的溶解济。人是一种群体动物，人的群体活动需要沟通来相互协调、相互配合、相互交流才富有成效。沟通，按照社会心理学的解释就是在人与人之间进行信息传递和信息交流，沟通的目的是化解人们之间的矛盾和隔阂，消除彼此心灵之间的那层"厚障壁"，建立良好的人脉。沟通是爱心的交融，把气愤的心境转化为柔和，把柔和的心境转化为爱，要把双臂伸开呈拥抱的姿态，而不是握着拳头的状态。当你握紧拳头时，感觉抓住了很多东西，其实连空气都没有抓到。什么样的硬木头，斧子到了都能劈开；什么样的心结，沟通到了都会解开。《周易》能够把沟通的作用上升到化敌为友的高度，对我们今天开展沟通工作是很有指导意义的。"见恶人，无咎"，即使有人与你敌对时，也不妨主动接近，进行沟通，通过信息传递、感情上的交流，如春风解冻，如和气消冰，让前嫌消失得无影无踪，又可以避免因更加对立而带来的危害，这就是一种人人想有，又不是人人享有的大智慧。

九二爻辞是"遇主于巷，无咎。"九二居下卦之中，是阳爻居阴位，与其正应的六五居上卦之中，以阴爻居刚位，两者都是中而不正，在睽卦里相遇，不能在宫廷正院，只能在里中小巷，所以说"遇主于巷"。在睽乖之世，本来是人心离散，君臣相隔，但因为九二和六五都能够遵守中正之道，所以才能够在小巷里不期而遇，因此《小象》解释此爻说："遇主于巷，未失道也。"既然是"未失道"，这种相遇就有利于化解睽乖，所以"无咎"。

此爻在人道层面上的智慧是：上下级的亲和是化解乖离最重要的条件。轻霜冻死单根草，狂风难毁万木林。古人曾说过："胜大患在和人心。"意思是，战胜大的灾祸，关键在使上下亲和团结。天地和谐能化生万物，《系辞传》说："天地缊氤，万物化醇。"天地和谐方能使天地通泰，上下亲和，也才能使上下乖离的处境"与时俱化"。《系辞传》还说："二人同心，其利断金。同心之言，其臭如兰。"这话讲的也是亲和团结能够获得更大的力量，化解更大的乖离，取得更大的成功的道理。愚蠢的人在乖离时，不仅不会以亲和来化解乖离，甚至把反对自己的人和没有反对自己的人拧成一股绳，套在自己的脖子上，在乖离的困境中，越陷越深。

六三爻辞是"见舆曳，其牛掣，其人天且劓。无初有终。"六三是阴柔而居阳位，如此爻的《小象》所言："位不当也。"六三本来就力量薄弱，又加上六三在互坎（六三、九四、六五）中，坎为险，为陷，九四阻于前，九二牵于后，如同大车被陷入泥中，拉车的牛也在泥沼中艰难受阻，陷入了进退维谷的困境，所以说"见舆曳，其牛掣"。六三才质柔弱，却逞强占据阳刚之位，必然会受到天的惩罚，所以是"其人天且劓"。但是六三与上九是一种相应的关系，能得到上九的援助而有利于摆脱困境，六三又居于兑体之上，具有和悦柔顺之德，能够处理好与九二、九四的关系，克服艰难，最终取得顺利，所以说"无初有终"。

此爻在人道层面上的智慧是："无初有终"是成功的座右铭。人生的道路不是一条笔直的坦途，而是弯弯曲曲，充满了杂草和荆棘的小道，困难随处可遇，甚至不幸也可能不断发生。人生在世，又像船行于海中，遭遇风浪，剧烈颠簸，这都是常态，谁也无法拒绝。古往今来，那些成就了一番事业的伟人，就是因为他们敢于吃困难的"快餐"，披荆斩棘地同困难做斗争，从而"无初有终"。而那些一遇到困难就退缩的人，再好的理想、构想都会成为幻想，没有脊椎骨的人是永远也站不起来的。因此，一切胸怀大志的人，都应该把"无初有终"作为成功的座右铭。

九四爻辞是"睽孤，遇元夫，交孚，厉，无咎。"九四以阳爻居阴位，其位不正，为不安之象，还处于下泽与上离乖离之际，前后又被六三、六五两阴所困，不能与同类相比邻，所以是"睽孤"。九四与初九虽是敌应，但初九讲究和睽之道，是一位"元夫"，九四又已升至睽卦之上体的初爻，已向统一和合方向转化，"遇"和"交"表征了这一和合的开始，所以说"遇元夫"。九四

把初九作为"交孚"的对象，两个人达成共识，共同致力于匡时救弊，这种合乎正道的志向使九四虽处于睽乖危"厉"的困境，而终能"无咎"，所以《小象》说"志行也"。

此爻在人道层面上的智慧是：广交挚友会得到更大的发展机会。一颗星星布不满天，一块石头垒不成山。没有朋友的人生是一片荒原。人的生存就是存在于和外界社会的联系中。做人不能把自己孤立起来，要走出去，不断增加与社会联系的广度和强度，以诚交友，建立广泛的人脉。心理学上认为，衡量一个人的心理健康与否，就是看他是否能够从"小我"转变成"大我"，即从封闭的自我小圈子，融入自己所处的群体，融入社会，并在群体和社会中担当责任，与人和谐相处。"交孚无咎"，一个人与社会联系的越广泛，越能担当责任，与人相处越和谐，他就越具有旺盛的生命力。

六五爻辞是"悔亡，厥宗噬肤，往何咎。" 六五阴居阳位，失正，所以有悔，但是六五居中，能守中道，悔又被"中"化解了，故称"悔亡"。六五与九二正应，九二作为刚中之臣，与六五是宗族同党，相亲相辅，这就是"厥宗"。九二在上求六五应援的过程中，遭遇了六三的作梗，但是这个障碍就像用牙咬皮肤一样，很容易被排除，这就是"噬肤"所表达的意思。六五如本卦《象传》所说"得中而应乎刚"，能够主动向下争取九二的辅佐，化解睽乖的局面，所以"往何咎"。《小象》也称道六五的这种行为，谓之"往有庆也"。

此爻在人道层面上的智慧是：相亲相辅才能够走出乖离。聪明人与亲人和朋友同行，无论是顺境还是逆境。总是步调一致。领导者要化乖离为和同，就需要下属同心协力的支持，这种支持不仅出智慧，还能出力量。俗话说得好："一只山羊被狼吃掉，十只山羊把狼吓跑。""万人万双手，拖着泰山走。"所以，在乖离之际，领导者有了下属的相亲相辅，就会产生力与力的结合，心与心的统一，智慧无穷，力量无限，就能走出乖离。乖离之际，也需要宗亲的帮助，正所谓"打虎亲兄弟，上阵父子兵"。

上九爻辞是"睽孤，见豕负涂，载鬼一车，先张之弧，后说之弧。匪寇，婚媾。往遇雨则吉。" 上九刚爻居睽卦的最上位，容易固执而走极端，所以是"睽孤"。上九与六三阴阳相应，但是六三既乘九二又承九四，让上九产生忌恨之心。六三克服各种阻力驾着牛车主动前来与上九结同心永好时，上九则胡乱猜疑，把驾车的牛看作是浑身污泥的猪，亦即"见豕负涂"，把车上的人看作是装满了一车的鬼，就是"载鬼一车"，于是张弓用箭欲射之。后来经过仔细观察和思考，才明白了六三不是敌寇，而是前来婚媾的对象，消除了猜疑，放下了弓箭，也就是"先张之弧，后说之弧。匪寇，婚媾"。"群疑亡也"，避免了误伤，与六三结成正应而化雨，变凶为吉，所以说"往遇雨则吉"。

此爻在人道层面上的智慧是：要站在制高点上以全面的眼光看问题。站得高，看得面就多，观察事物、分析问题时眼界就不会狭隘。唐诗中这样的诗句："会当凌绝顶，一览众山小""欲穷千里目，更上一层楼"，宋朝王安石也有这样的诗句："不畏浮云遮望眼，自缘身在最高层"。牛顿讲的"我看得比别人远是因为我站在巨人的肩膀上"，有的成功商人也说"眼睛只盯着自己的小口袋是小商人，眼光放在世界大市场的是大商人，眼光不同，境界不同，结果也不同"，他们都是在讲站在制高点上以全面的眼光看问题的智慧。当一个人站在了足够的高度，有了足够宽广的眼光，人生的格局就会变得十足，就不会"一叶障目，不见泰山"，也不会被假象欺骗。孤立地看问题很容易被表面现象所迷惑，就像"见豕负涂，载鬼一车"一样，所以，在做任何事情的时候，行动前必须以全面的眼光审视客观情况，不能凭主观臆测，情况不明时便轻举妄动，就会使自己招祸殃。

蹇第三十九

【卦辞】

蹇（jiǎn，行动艰难，有险阻）：利西南，不利东北。利见大人，贞吉。

【白话】

蹇卦象征艰难险阻：利于往西南方向走，不利于往东北方向走。利于去见德高望重的人，坚守正道可获吉祥。

【彖传】

《彖》曰：蹇，难也，险在前也。见险而能止，知矣哉。蹇，"利西南"，往得中也；"不利东北"，其道穷也。"利见大人"，往有功也。当位"贞吉"，以正邦也。蹇之时用大矣哉。

【白话】

《彖传》说：蹇，是艰难的意思，蹇卦下艮上坎，表示前面有艰险。发现艰险而能停下来，这是明智的。蹇卦卦辞说："利于往西南方向走"，说明前往可得中正的位置；"不利于往东北方向走"，说明前往会走向绝路；"利于去见德高望重的人"，说明前往可获成功。六二阴爻居阴位，九五阳爻居阳位，所处的位置适当，"坚守正道可获吉祥"，说明可以摆脱蹇难，重振邦国。把握时机正确地应对蹇难的意义是十分重大的。

【大象传】

《大象》曰：山上有水，蹇。君子以反身修德。

【白话】

《大象传》说：蹇卦下艮上坎，高山上有水，象征行走艰难。君子因此而自我反省，修好自己的道德。

【爻辞】

初六 往蹇，来誉。

六二 王臣蹇蹇，匪躬之故。

九三 往蹇，来反。

六四 往蹇，来连。

九五 大蹇，朋来。

上六 往蹇，来硕，吉。利见大人。

【白话】

初六 往前进发时艰难，返回时得到荣誉。

六二 君王的大臣处境十分艰难，这并不是为了自身的利益而造成的。

九三 往前进发时艰难，返回时则不艰难。

六四 往前发展艰难，返回时正好相反。

九五 行走极为艰难，朋友前来相助。

上六 往前进发艰难，返回时获得大的成功，吉祥。利于去见德高望重的人。

【小象传】

[初六]"往蹇，来誉"，宜待也。

[六二]"王臣蹇蹇"，终无尤也。

[九三]"往蹇，来反"，内喜之也。

[六四]"往蹇，来连"，当位实也。

[九五]"大蹇，朋来"，以中节也。

[上六]"往蹇，来硕"，志在内也。"利见大人"，以从贵也。

【白话】

[初六]"往前进发时艰难，返回时得到荣誉"，说明应当等待时机。

[六二]"君王的大臣处境十分艰难"，最终不会有什么过失。

[九三]"往前进发时艰难，返回时则不艰难"，内心对此感到欢喜。

[六四]"往前发展艰难，返回时正好相反"，是因为六四阴爻居阴位，所处的位置适当而且名副其实。

[九五]"行走极为艰难，朋友前来相助"，是因为九五坚持了中正的气节。

[上六]"往前进发艰难，返回时获得大的成功"，是因为其内心有好的志向。"利于去见德高望重的人"，说明跟从地位尊贵的人可得到利益。

【推天道，明人事】

蹇卦的卦辞是"蹇，利西南，不利东北。利见大人，贞吉。"蹇是艰险之意。蹇卦艮下坎上，艮为山，坎为水，山上有水。山路本来就艰险，水再积山上，行路更难，有艰难险阻之象，故谓之"蹇"。《序卦传》说："乖必有难，故受之以蹇。蹇者，难也。"在睽卦的乖离之后，必有艰难险阻，这就是蹇卦的主旨。处于蹇卦之时，应该顺守，而不宜冒进。按后天八卦，西南为坤顺之方位，东北为大山险阻之方位，所以说"利西南，不利东北"。此时需要德高望重者来救助难局，所以是"利见大人"，并且只有坚持正道，"蹇难"才能得以行救，所以说"贞吉"。

蹇卦的《象传》揭示了卦辞含义的易理。从卦德上看，下卦艮体为止，上卦坎体为险，是"险在前也"，见前方有险，则止步不前，是有智慧的表现，所以说"见险而能止，知矣哉"。蹇卦是由小过卦的九四向上取得六五的位置变化而来的，九四上行就进入上卦的中位，就是"往得中也"；下行就进入下卦"艮"，艮为止，就无路可走了，这就是"其道穷也"。蹇上坎体，是由坤体演变而来，坤的方位在西南，所以说"利西南"，就是向上有利；下卦艮的方位在东北，所以说"不利东北"，也就是后退不利。人在蹇滞不通的形势下，应当有求于德高望重的人物，得到其帮助，以求成功地解脱，也就是"'利见大人'，往有功也"。蹇卦六二以上的各个爻位都是当位得正，坚守正道就能够得到吉祥，可以治理家邦，所以说："当位'贞吉'，以正邦也。"可见，把握时机，应对大的艰难考验，才能造就非凡功业，亦即"蹇之时用大矣哉"。

君子观"山上有水"的卦象，应该懂得，在艰难困境中，首先要内省，看看艰难环境是否是自己造成的，并且由修养品德入手，借此来思考化解困境的难题，这就是《大象》所强调的"蹇。君子以反身修德"的基本思想。

初六爻辞是"往蹇，来誉。"初六阴爻居阳位，才质柔弱，既无济蹇之能，又无济蹇之德，而且与六四是敌应。初六刚刚开始起步前往就遇上了互坎（六二、九三、六四），坎为险，表征初六前行路上有重重坎险，所以说"往蹇"。遇上了坎险的困境后，初六"见险而能止"，知道及时返回来，因此得到了赞誉，所以是"来誉"。处在"前进将会进入险境，后退将得到赞美"的这种情况下，不要轻举妄动，最宜等待回归正道的时机，所以《小象》云："宜待也"。

此爻在人道层面上的智慧是：见险而止就是回归正道。人或事到了山穷水尽的地步，而能知止和回归，不是懦弱，"往蹇，来誉"，是以静止的姿态作为进取阶梯的智慧。江河之所以能够归到大海，是因为它懂得怎样避开障碍，避不开的障碍就回过头来提升自己，提升到超过障碍，就没有障碍了。当前进遇到的困难重重，无力破险的时候，应及时返躬自省，并静观其变，伺机而动。如果不顾时机和条件是否成熟，而贸然前往，那样只会撞上南墙，吃更大的苦头。

六二爻辞是"王臣蹇蹇，匪躬之故。"六二柔而得中，与九五刚中之君正相应。蹇卦自六二至上六组成两个坎卦，六二和九五深陷重坎之中。六二面对险象环生的蹇难之世，没有选择"见险而能止"的自保行为，而是与九五之君患难与共，甘冒重险，承担拯济蹇难的重任，因而"王臣蹇蹇，匪躬之故"。六二这种志匡王室的忠臣风范和心忧黎民的大公无私精神是值得赞赏的，结果必然是吉利的，所以此爻《小象》云："'王臣蹇蹇'，终无尤也。"

此爻在人道层面上的智慧是：有志之士要肩负起报国忧民的历史使命。要远离没有使命感的人，因为，如果他不重视使命，也就轻视责任，就没有奉献精神，更不会有牺牲精神。我国自古以来，就倡导为国家尽力，为民族捐躯的精神，多少仁人志士，以国事为己任，临难不屈，为国家而战；与民族休戚与共，奉献毕生的心血，使中华民族历经磨难而不衰。"王臣蹇蹇，匪躬之故"的报国忧民是每个有志之士必须永远肩负的使命。真的忠臣良将，敢于在危难中上演奇迹。

九三爻辞是"往蹇，来反。"九三阳爻居阳位，刚健好动，又有上六正应，急于前往上进，但是蹇卦的上卦为坎，坎为险，九三知道前途艰难后，又返回来了，亦即"往蹇，来反"。返回来后，内卦的初六和六二两个阴爻与九三均有阴阳相通的亲比关系，为九三知进知退、知行知返而高兴，也为自己有了亲附的对象而高兴，所以《小象》说："'往蹇，来反'，内喜之也。"

此爻在人道层面上的智慧是：面临险难时可以以退为进。在"往蹇，来反"的情势下，以退为进是智慧中的杰出智慧。列宁说："为了更好的一跃而后退"。退一步天高地阔，让三分心平气和。向前遇险，不能莽撞地前行，否则只能是一个人走向失败，此时要返回来，团结众人，广纳贤才，聚集更多有能力的助手，有了左膀右臂的辅佐，再抓住克难时机，就能突破险阻，闯出一片天地。

六四爻辞是"往蹇，来连。" 蹇卦六爻中，六四的处境最"蹇"，前进有蹇难，后退有祸患。从卦体上看，六四升至坎体，进入坎险之地，已是蹇险临身，再往前走愈陷愈深，是"往蹇"；往回走又会以柔乘刚，凌驾于九三之上，而且又回到互坎（六四、九三、六二）之中，遇到连续不断的险阻，是"来连"。这种蹇难是由六四的爻位的客观所在决定的。这时六四最明智的选择就是此爻《小象》所指出的："当位实也"。六四阴居阴位，当位得正，既不必进，也不必退，而是要固守本位。

此爻在人道层面上的智慧是：以平实的心态和坚强的人格来面对前进路上的蹇难。命运把人抛入最低谷时，往往是人生最佳的转折点。泰戈尔说："上天完全是为了坚强你的意志，才在道路上设下重重的障碍。"雨果也说："困苦能孕育灵魂和精神的力量。"遇到连续不断的险阻，再往前走会愈陷愈深，在这种"往蹇，来连"的境遇中最明智的选择是既不必进，也不必退，更不能自怨自艾，而是要以淡泊和宁静的心态固守本位，积累能量，待天道循环，蹇难环境发生了改变，再宜进则进，功业可成。

九五爻辞是"大蹇，朋来。" 九五刚爻居阳位，陷入坎体的正中，坎险达到了极盛，所以九五之蹇是"大蹇"。九五又于蹇卦处上体之中位，是刚中有为的至尊君王，九五又在互离（九三、六四、九五）之上，表征九五所从事的是光明伟大的事业。九五刚健中正，具有济蹇之才能，一身系天下之安危，不能推卸责任、落荒而逃，必须承受"大蹇"之难，励精图治。正是因为九五秉承刚中之德，与六二柔中之臣相应配合，同心协力，发而中节，赢得了"朋来"的鼎力相助，所以，此爻《小象》云："'大蹇，朋来'，以中节也。"

此爻在人道层面上的智慧是：你周围的朋友就是你事业的命运。朋友是你生活和事业的必需品，要加倍储存，结交的真正朋友越多，就越有助于事业的成功。风大就凉，人多就强。无论是"大蹇"之难的解脱，还是成功的事业，或者二者兼而有之，都离不开志同道合"朋来"的携手相助。谁能坚守中正之道，谁就能得道多助，而谁得到的朋友越多，谁的事业的成功系数就越大。千

古一理，概莫能外。

上六爻辞是"往蹇，来硕，吉。利见大人。"上六柔居阴位，又居蹇卦最上位，再往前走，只会重新陷入蹇难，所以说"往蹇"。上六与九三正应，九三在下卦艮中，艮为果蓏，上六如果回来，得到九三刚正君子的支援，就像得到硕果而获丰收，所以是"来硕，吉"。上六回来的时候与至尊的九五之君阴阳相通，是"以从贵也"，获得其支持，这就是"利见大人"。上六为什么能够走过这么多磨难，而得到这么多的硕果，又能够"利见大人"呢？就是缘于上六的心志坚定，所以《小象》说上六"志在内也"。

此爻在人道层面上的智慧是：要把伟大的志向植入内心并成为脑海中最强烈的进取意识。面对困难甚至是身处绝境时，"志在内也"，有坚定的志向，就不会气馁，就能够经得起困难的翻滚和煎熬。即使是失败了九千九百九十九次，还有一万次的努力。曾国藩就曾经说："凡事皆有极困难之时，打得通的便是硬汉。"意思是，事物都有极其困难的时候，能够通过不认输的持续努力，最终战胜这些困难的就是好汉。能从困难和坎坷中坚强地走出来的好汉，就会得到大家的钦佩、认可和诚心相助。水承受压力的重荷，喷水池才喷出银花朵朵，人承受住困难和绝境的压力，才能扭转局面，跃上辉煌的巅峰。拿破仑的父亲曾经告诫他："人的一生中，遇到这样或那样的困难是很平常的，在困难面前畏缩不前或萎靡不振的人是懦夫；只有遇事不退缩，临渊思策，积极奋进，才能扭转被动局面，最终跃上成功的巅峰。"拿破仑的成功，除了自身的能力，就是他有战胜困境的心志和永不言败的进取意识。

解第四十

【卦辞】
解：利西南，无所往，其来复，吉。有攸往，夙吉。

【白话】
解卦象征解除困难：利于往西南方向走，没有目的地前往，除难之后往回返，可获吉祥。出现危难当迅速前往，早去可获吉祥。

【彖传】
《彖》曰：解，险以动，动而免乎险，解。"解，利西南"，往得众也；"其来复，吉"，乃得中也；"有攸往，夙吉"，往有功也。天地解而雷雨作，雷雨作而百果草木皆甲坼（chè）。解之时大矣哉。

【白话】
《彖传》说：解卦下坎上震，象征遇险而动，通过行动而能解除危险，这就是解卦。解卦卦辞说"利于往西南方向走"，是因为前往可以得到民众的拥戴；"除难之后往回返，可获吉祥"，因为这么做符合中正之道；"出现危难当迅速前往，早去可获吉祥"，说明前往解难会有功绩。天地解冻而雷雨兴起，雷雨兴起而百果草木能够破土发芽。解除困难的因时制宜的意义太重要了。

【大象传】
《大象》曰：雷雨作，解。君子以赦过宥（yòu，宽恕）罪。

【白话】
《大象传》说：解卦下坎上震，雷雨兴作，象征解除困难。君子因此而赦免有过错的人，宽宥有罪行的人。

【爻辞】
初六　无咎。
九二　田获三狐，得黄矢，贞吉。
六三　负且乘，致寇至，贞吝。
九四　解而拇，朋至斯孚。
六五　君子维，有解，吉。有孚于小人。

上六 公用射隼（sǔn，一种凶猛的鸟）于高墉（yōng，城墙）之上，获之，无不利。

【白话】

初六 没有灾殃。

九二 打猎时猎获三只狐狸，并得到铜制的黄色箭头，坚守贞正品德吉祥。

六三 背负重物乘车，将引来强盗，这样做是令人遗憾的。

九四 解除与小人的关系，朋友们将前来，朋友来了以后相互以诚信相待。

六五 君子被捆绑后又得到解脱，吉祥。以诚信之德感化小人。

上六 王公射杀高城上的恶隼，射中后把它捕获，没有什么不利。

【小象传】

[初六] 刚柔之际，义"无咎"也。

[九二] 九二"贞吉"，得中道也。

[六三] "负且乘"，亦可丑也。自我致戎，又谁咎也。

[九四] "解而拇"，未当位也。

[六五] "君子""有解"，"小人"退也。

[上六] "公用射隼"，以解悖也。

【白话】

[初六] 初六阴爻和九二阳爻相交接，理应"没有灾殃"。

[九二] 九二爻辞中说的"坚守贞正品德吉祥"，说明这样做符合居中不偏之道。

[六三] "背负重物乘车"，这种做法是荒唐可笑的。自己的行为招来了强盗，又能归咎于谁呢？

[九四] "解除与小人的关系"，说明九四阳爻居阴位，所处的位置不适当。

[六五] "君子""又得到解脱"，是因为小人畏服退缩。

[上六] "王公射杀高城上的恶隼"，目的是除去悖逆者造成的险难。

【推天道，明人事】

解卦的卦辞是"解，利西南，无所往，其来复，吉。有攸往，夙吉。"解是解脱、解除、解散、解放之意。解卦坎下震上，坎为雨，震为雷，雷雨兴起，和畅而缓散，阴阳二气相交感，万物纷纷舒发生机，有缓解之象，故谓之"解"。《序卦传》说："物不可以终难，故受之以解。解者，缓也。"解卦是蹇卦的正覆卦，是阐述如何缓解蹇难的问题。当蹇难缓解之时，总体上还是适宜顺守而不可急于"有所往"，所以是"利西南"。此时可以有两种选择：一是"无所往"，先休养生息，以巩固资源和实力，这样的"其来复"可以有"吉"；二是"有攸往"，就是坚持化解险难，但是，此时应该及早为之，也能获得吉祥，所以说"夙吉"。

　　解卦的《象传》对卦辞的含义作了大开心智的解析。从卦德上看，坎为险，震为动，坎在内，震在外，是动于险外，愈动离险愈远，有脱离危难之意，所以说"险以动，动而免乎险，解"。解卦来自升卦，升卦的"三"与"四"交换，就成为解卦。升卦的上卦"坤"，方位是西南，九三升入西南的"坤"就成为解卦。坤为顺，又为众，能够顺利得到众人的帮助，困难就解除了，所以说"解'利西南'，往得众也"。但困难解除以后，不宜再有别的行动，回到原地休养生息，可获吉祥，所以说"其来复，吉"。也有一说，解卦是由小过卦变过来的，是小过卦的九三来到了九二的位置，对九三而言，是"乃得中也"，早些行动就会像前边的蹇卦一样，吉祥并能建立功业，就是"'有攸往，夙吉'，往有功也"。小过卦中的天位（五、上）与地位（初、二）之间，有人位（三、四）两个阳爻阻隔，不能交感，现在一变为解卦，天地阴阳二气交流感应，有雷雨之象，所以说"天地解而雷雨作"。解卦下坎上震，震为雷，坎为雨，形成雷雨兴起、万物复苏的景象，这就是"雷雨作而百果草木皆甲坼"。如此，解卦彰显出了时势的重大意义，所以说"解之时大矣哉"。

　　君子观"雷雨作"的卦象，就应该感悟到，自然界，使万物获得重生的大好时机已经来临，治理国家也要与大自然相因应，赦免不是故意犯罪的人，宽恕故意犯罪的人，进而给犯罪的人再生的机会，这就是《大象》所强调的"君子以赦过宥罪"。

　　初六爻辞是"无咎。" 初六以阴爻居阳位，它在最下方，位置不显著，处蹇难始解之初。初六虽然不能有平息险难的大作为，但是初六柔顺，又上承九二，形成阴爻与阳爻刚柔相济的局面。初六还与九四正相应，开始展现化解险难的效果，初六又处在解卦下体的兑卦，兑为愉悦，所以"无咎"。初六既承刚又应刚，深得柔顺承应之道义，所以此爻《小象》解释说："刚柔之际，义

'无咎'也。"

此爻在人道层面上的智慧是：要以刚柔相济之道来治理险难。宇宙中有一种玄机，是阴与阳；有两股力量，是柔与刚。阴与阳搭配，刚与柔相济，世间万物才能形成协调的发展变化。《系辞传》说，"刚柔相推而生变化""刚柔相推，变在其中矣"。当处在险难之际，实现根本的转变，必须用活刚柔相济之道。要有至阴至柔的情怀，至阳至刚的力量，二者之间是互补的关系，不能偏废一方。曾国藩38岁就位居要职，锋芒毕露，他建立湘军，镇压太平天国，取得了巨大胜利，但是也因此陷入了险难，大臣们排挤他，皇上也不喜欢他，好朋友左宗棠甚至骂他虚伪。他非常苦闷，一气之下回到了湖南，最严重的时候甚至吐过血。后经一位道士指点，领悟到"大柔非柔，至刚非刚"的道理，就是内在刚猛的人，并不要在表面上给人以一种刚硬的感觉，而是要表现出柔和的一面。从此，曾国藩一改以往咄咄逼人的态度，处处考虑别人的感受，很快走出了险难的困境，而且在职场上越走越顺。

九二爻辞是"田获三狐，得黄矢，贞吉。"九二是解卦里唯一得吉的阳爻，九二阳爻居阴位，又是居中位，是得中道的，上有六五正应，上下又有两个阴爻相从，阴为小人。九二在互离（九二、六三、九四）中，离为明，象征九二能明察小人的举止，以阳消阴。小人用"三狐"作比喻，九二在狩猎时获得了三只狐狸，而且得到了黄箭的奖赏，所以说"田获三狐，得黄矢"，九二这种有"获"有"得"，可谓双"得"，所以"贞吉"。九二的"吉"，来自于品德贞正，坚守中道，《小象》解释说："九二'贞吉'，得中道也。"

此爻在人道层面上的智慧是：与小人相斗是在智力上的较劲。明代易学家何楷说："天下之难，率自小人始。欲解天下之难者，必有以处小人然后可。"与小人相斗是与小人相处的一种重要方式，不能不讲策略。自然界中有一类鸟专门以食鱼类为主，它们的嘴看起来直直的，嘴的上下两部分又长又宽阔。它们把捕到的鱼儿往空中轻轻一抛，让那条鱼儿头朝下尾朝上摔下来，然后再一口接住并且咽下去，这种吃法可以使鱼在通过它们咽喉的时候，鱼翅的骨头由前向后倒，就不会卡在喉咙里。与小人这种"刺儿"相斗，不能"直肠子"，不能赤膊上阵，硬碰钉子，让"刺"卡在喉咙中，而是应该想办法来兜个圈子，绕个弯子，避开钉子，"把鱼倒过来吃"，这样才能够有"田获三狐"，还"得黄矢"的成效。

六三爻辞是"负且乘，致寇至，贞吝。"六三以阴处阳，失中不正，居于下体坎卦的上方，以柔乘刚而又攀附于九四，是一个窃居高位的小人，这就好比一个人背负大量物品而又乘坐在华丽的大车上，招摇过市，由于地位和身份不相称，必然会招来盗寇抢劫，这就是"负且乘，致寇至"。即使六三能够坚守本分，结果也是不吉祥的，所以说"贞吝"。这一爻的《小象》也把"负且乘"这种张扬致灾的行为当作一种丑陋，并认为是咎由自取，怪罪不了别人，亦即"自我致戎，又谁咎也"。

此爻在人道层面上的智慧是：根基浅薄而张扬就经不起风吹雨打。显山露水的张扬，不为人们接受，也成就不了事业，甚至招来杀身之祸。这就是"负且乘，致寇至"彰显的智慧。在古代，打江山时，各路英雄汇聚一个麾下，张扬锋芒，一个比一个有神通。为图霸业者需要借助于这些人的才能和力量来争夺天下。但江山已定，这些虎将功臣，不收敛锋芒，继续张扬，就会成为皇帝的最大心病，为了消除威胁，就屡屡有开国初期除杀功臣之事。明太祖朱元璋火烧庆功楼就是如此。相反，那些做事做人不张扬，在卑微时，能安贫乐道，豁达大度；在显赫时，能持盈若亏，不骄不狂的人，都能因记住了自我而保住了自我，也都能有一个好的过程和善终的结果。地下的树根使树枝产生果实，却并不要求自我表现。船锚埋没自己的时候，正是它发挥作用的时候。所以，人不管有多大的事业、多大的成功、多大的显赫，都要注意"敛"，这是做人做事的最佳姿态。

九四爻辞是"解而拇，朋至斯孚。"九四以阳爻居柔位，《小象》云："未当位也"。九四已至上卦震体，震为足，为行，要行就要解脱束缚。九四与初六正应，初六在解卦的最下位，受到六三的阻隔，不能诚心相感，而六三在九四下边，是一位谄媚的小人，犹如九四生了隐患的脚拇指，所以只有"解而拇"，消除了六三的纠缠，便可上行与六五、上六互通，下行与初六相应，《周易》中阳遇阴交通为朋，故谓之"朋至斯孚"。

此爻在人道层面上的智慧是：解除险难就要摆脱小人的纠缠。宋代许棐说得好："与邪佞人交，如雪入墨池，虽融为水，其色愈污；与端方人处，如炭入熏炉，虽化为灰，其香不灭。"意思是，与不正派的小人交朋友，就像白雪掉进墨池，虽然融化为水，白雪的颜色愈加污浊；与君子交朋友，就像碳块放进熏炉，虽然化成了灰烬，它的香气仍在。所以，在险难之中，小人的兴风作浪，会加剧险难的程度，所以要"解而拇"，摆脱小人的纠缠，这就去掉了险难的隐患；以诚信广泛地结交正派的朋友，得到朋友们的信任，他们就会前来相助，这就增加了化解险难的力量，险难也就会迎刃而解了。

六五爻辞是"君子维，有解，吉。有孚于小人。"六五居于上体震卦之中位，震为雷，为威，是恩威并施的至尊君王。六五又是全卦的主爻，虽有系缚，但九二与六五正应，九四又为六五所乘，九二与九四都对六五有诚信，六五就是用诚信的方法，解出了险难的系缚，获得了吉祥，所以说"君子维，有解，吉"。六五用这种诚信去教育感化"小人"，就是"有孚于小人"，使他们也心悦诚服，不再阻碍解卦的进展，所以《小象》云："君子有解，小人退也"。

此爻在人道层面上的智慧是：用诚心感化小人，让小人诚服退缩。沙粒进入海蚌的肉体，刺伤了柔嫩的蚌肉，但蚌并没有因此死亡，而是分泌出一种汁液，不断地包裹在沙粒上，最终毫无价值的沙粒在蚌肉的包裹变化之中，成为有价值的珍珠。"有孚于小人"，感化、退缩小人就是这个道理。感化了一个小人，就征服了一个仇人，增添了一个特殊的朋友。唐朝代宗统治时期，太监鱼朝恩因忌恨皇帝对名将郭子仪的尊宠，想方设法欲置郭子仪于死地。郭子仪率兵在外地征战，鱼朝恩竟派人暗地里挖了郭家的祖坟，抛骨扬灰。郭子仪凯旋回来，皇帝提及此事，郭子仪伏地大哭，说："臣将兵日久，不能阻军士们残人之墓，今日他人挖先臣之墓，这是天谴，不是人患。"这种辱灭祖宗的家仇就这样被他包容过去了。但是鱼朝恩并不肯善罢甘休，又在家中摆了"鸿门宴"，邀请郭子仪赴宴，企图借机除掉他。奸臣的险恶用心，郭子仪的属下都看得明明白白，极力劝阻郭子仪不要去。郭子仪却轻装简行，只带了几个家丁前去赴宴。鱼朝恩对郭子仪的胸襟和气魄惊讶不已，在得知实情后，感动得居然号啕大哭。从那以后，他再也不与郭子仪为敌了，而且处处维护郭子仪。

上六爻辞是"公用射隼于高墉之上，获之，无不利。""隼"是一种恶鸟，指六三。六三窃居高位，凶恶贪婪，是小人势力的代表，是破坏缓解之势最大的隐患。上六处于尊高之地，但又不是至尊的君位，所以称"公"。上六对六三恶小人采取断然措施，如同拉弓射站在高高的城垣上的隼一样，一箭射落，将其捕获，这样做无所不利，所以说"公用射隼于高墉之上，获之，无不利"，因为这从根本上除掉了悖乱的祸根，巩固了大好形势，所以，此爻《小象》云："公用射隼，以解悖也。"

此爻在人道层面上的智慧是：要采取果断措施从根本上除掉悖乱的祸根。

《书·泰誓下》中说:"树德务滋,除恶务本。"意思是,向百姓施行德惠,务须力求普遍,清除坏人坏事必须干净彻底。俗话也说:"打铁需要硬火"。对那些逆历史而动的悖逆之徒,就要有猛药去疴、刮骨疗毒的勇气,像"公用射隼"那样,一箭解决,干净利落,这样才能彻底排除因悖逆所造成的危难。《系辞传》也说:"隼者,禽也;弓矢者,器也;射之者,人也。君子藏器于身,待时而动,何不利之有?动而不括,是以出而有获。"意思是,恶隼是禽鸟,弓矢是器械,用弓矢射恶隼的是人。君子把利器藏在身上,等待有利时机而行动,这会有什么不利呢?果断行动毫不迟疑,所以一出手就有收获。

损第四十一

【卦辞】

损：有孚，元吉，无咎，可贞，利有攸往。曷（hé，怎么、何时）之用？二簋（guǐ，古代盛食物的器具）可用享。

【白话】

损卦象征减损：心有诚信，非常吉祥，没有灾殃，可以守持正固，利于有所前往。损时用什么来祭祀？只用两盘食物就足以表示祭祀的诚敬了。

【象传】

《象》曰：损，损下益上，其道上行。损而"有孚，元吉，无咎，可贞，利有攸往。曷之用？二簋可用享"。二簋应有时，损刚益柔有时，损益盈虚，与时偕行。

【白话】

《象传》说：损，就是减损下面的，增益上面的，这种规则是由居于上位的人推行的。损卦卦辞中说："心有诚信，非常吉祥，没有灾殃，可以守持正固，利于有所前往。损时用什么来祭祀？只用两盘食物就足以表示祭祀的诚敬了。"用两盘食物来祭祀，要根据具体的时间而变化。减损阳刚者、增益阴柔者也要根据具体的时间而变化。减损还是增益，盈满还是亏虚，都要随着具体的时间而相应变化。

【大象传】

《大象》曰：山下有泽，损。君子以惩忿窒欲。

【白话】

《大象传》说：损卦下兑上艮，山的下面有水泽，象征减损。君子因此而克制自己愤怒的情绪，杜绝非分的欲念。

【爻辞】

初九 已事遄（chuán，迅速地）往，无咎，酌损之。

九二 利贞，征凶，弗损，益之。

六三 三人行,则损一人;一人行,则得其友。

六四 损其疾,使遄有喜,无咎。

六五 或益之十朋之龟,弗克违,元吉。

上九 弗损,益之,无咎。贞吉。利有攸往,得臣无家。

【白话】

初九 举行祭祀之事时要迅速前往,没有灾殃,祭品可以酌情减损。

九二 利于守持正固,出征有凶险。不要减损,而要对它进行增补。

六三 三个人同行,则将会减损一个人;一个人独行,则会得到朋友。

六四 减轻病痛,并使之迅速痊愈,没有灾殃。

六五 有人赠送给他价值十朋的龟,无法辞绝,大吉。

上九 不要减损,而要对它进行增补,没有灾殃。守持正固可获吉祥。利于有所前往,得到天下臣民的拥戴。

【小象传】

［初九］"巳事遄往",尚合志也。

［九二］ 九二"利贞",中以为志也。

［六三］ "一人行","三"则疑也。

［六四］ "损其疾",亦可喜也。

［六五］ 六五"元吉",自上佑也。

［上九］ "弗损,益之",大得志也。

【白话】

［初九］"举行祭祀之事时要迅速前往",说明心志要与居于上位者相合。

［九二］ 九二爻辞中说的"利于守持正固",说明以坚持中道为自己的志向。

［六三］"一个人独行"会得到朋友,"三个人同行"则会因意见分歧而产生疑惑。

［六四］"减轻病痛",也是值得喜庆的事。

［六五］ 六五爻辞中说的"大吉",是因为得到了来自上天的保佑。

［上九］"不要减损,而要对它进行增补",说明上九大得施惠天下的志向。

【推天道，明人事】

损卦的卦辞是"损，有孚，元吉，无咎，可贞，利有攸往。曷之用？二簋可用享。"损就是减损的意思。损卦兑下艮上，兑为泽，艮为山，是山下有泽。泽卑山高，象征泽体自我减损以增益山高，故谓之"损"。《序卦传》说："缓必有所失，故受之以损。"解卦在缓和了困难之后，必然会因松懈而造成损失，所以继之以损卦。损卦总的形势是"损下益上"，下为内，为己；上为外，为人，能够损己利人的人是有诚信的人，吉祥，不会有咎害，所以是"有孚，元吉，无咎"。以诚信的态度与人交往，以己之能来帮助别人，就会有所作为，所以说"可贞，利有攸往"。损时用什么来祭祀，即"曷之用"？祭祀时，不在于礼品的多少，而在于心中有诚信，心诚则灵，即使在祭祀时供品简单，鬼神也会欣然受用，所以说"二簋可用享"。

损卦的《象传》对卦辞的含义作了脉络清晰的阐扬。泰卦初九成为上九，使其他各爻下降了一位，下卦少了一个阳爻，上卦多了一个阳爻，就变成了损卦，阳爻大，阴爻小，所以是"损下益上"；既然是益上，就必须"其道上行"；以减损来表示诚信，就是"损而有孚"，必然是"元吉，无咎"，并且"可贞"和"利有攸往"。有了真诚，"二簋可用享"，但是并不代表繁复庆典的礼仪就可以取消，这要因时机而定，所以说"二簋应有时"，与此相应的是"损刚益柔"也"有时"。自然界和人类社会中各种事物的"损益盈虚"，本来就是"与时偕行"的。

君子观"山下有泽"的卦象，就应该大力提倡和奉行"损有余而补不足"的精神，惩治自我的忿忿之心，杜绝自己的贪婪欲望，这就是《大象》所强调的"君子以惩忿窒欲"。

初九爻辞是"已事遄往，无咎，酌损之。"初九居于损卦的下位，与上位的六四结成正相应的关系。初九阳居阳位，盈满有余，六四柔居柔位，亏欠不足。初九停下自己的事，迅速地去与六四"尚合志也"，通过减损自己以帮助别人，就是损下益上，损刚以益柔，损有余以补不足。这种助人为乐的成人之美，当然不会有灾难临头，所以说"已事遄往，无咎"。当然，九四的减损自己既不可自不量力，过度减损自己，也不可强加于人，引起被助者的反感，这就是"酌损之"。初九在下体兑卦，兑为泽，为西，为酉，为毁折，所以爻辞的"酌损之"，与卦辞"二簋可用享"也相应。

此爻在人道层面上的智慧是：成就大事的人都有乐于助人的高尚精神。乐于助人是人格升华的标志。人有了助人为乐的善心，就会力所能及地多帮助别人做事，即使看起来微不足道的小事，体现出来的却是崇高的生命价值。不善于给需要帮助的人送去帮助，这是最愚蠢的做人之道。乐于助人的人得到的最大酬劳就是别人也乐意助自己。我们通常说："送人玫瑰，手有余香"，其实，送人鲜花，最先闻到香味的是自己。这就是古语："投之以李，报之以桃"的收入大于投入的回报效应。助人为乐的行为高尚，助人为乐者的内心也欣慰、愉悦。所以说"已事遄往，无咎"，最智慧的做人之道是从助人中得到了助己。

九二爻辞是"利贞，征凶，弗损，益之。"九二阳居阴位，不正得中，九二所在的下卦为兑，兑为悦，是有利的；兑又为泽，意味着恩泽，有利于贞固，所以"利贞"。九二居阴居中才"利贞"，如果九二凭借自己的阳刚要有所征、有所往，结果会怎么样呢？九二在互震（九二、六三、六四）中，震为躁动，为威制，九二躁动，过刚过激就会超越居中的位置，那就违背了中道，就会有凶险，所以"征凶"。但九二与六五正应，六五之君需要的是以刚济柔，所以九二不能自损其刚，只能益之，就是"弗损，益之"。《小象》解释得好："九二'利贞'，中以为志也。"

此爻在人道层面上的智慧是：不要放弃不该放弃的利益。俗话说："庄稼不让时，船家不让风"。道德高尚的人，并不是和利益有仇，只是不吃嗟来之食，而是像孔子说的那样："君子生财，取之有道。"在为人处事中并不是要一味地放弃自己的利益，在必要的时候，在坚持品行和符合道义的前提下，也要保证自己的利益不受损失，并得到应该得到的利益。"弗损，益之"，既不损己，又能益人，这对自己，对帮助他人、他事都是有好处的。罗曼·罗兰说："人不能光靠感情生活，人还得靠钱生活。"没有钱就会失去做人的基本尊严和自由，而且取之有道赚来的钱，会让人有成就感。行善也要有钱。不放弃不该放弃的利益，才有物质基础对社会尽一份仁爱的关怀。

六三爻辞是"三人行，则损一人；一人行，则得其友。"六三阴居阳位，有失中道，六三与上九虽是正相应的关系，但是六三柔中带刚，必须"损刚益

柔""损下益上",才能使阴阳刚柔互应平衡。六三如果三人同行,一起去应于上九,则会互相掣肘使一个人受到伤害,互相猜疑而达不到预期的目的,所以说"三人行,则损一人";六三如果一人独行,应于上九,就会专心一意地与上九结成情投意合的朋友,就是"一人行,则得其友",所以《小象》云:"'一人行''三'则疑之。"

此爻在人道层面上的智慧是:窝里斗是自毁根基的内耗。"窝里斗"是组织内部成员之间一种"阴"斗,是"当面说好话,背地使绊子""当面握手,背后踢脚""当面是人,背后是鬼"。中国数千年的历史长河中,"窝里斗"的例子比比皆是:春秋时期郑庄公与其弟弟共叔段之斗,晋文公重耳的父子之斗,秦二世胡亥与其哥哥扶苏之斗,三国时期曹丕与曹植的兄弟之斗,唐太宗李世民与他的诸位兄弟之斗,明成祖朱棣与他的侄子朱允炆之斗,明英宗朱祁镇与弟弟朱祁钰之斗,清朝康熙的儿子之间为争帝位之斗。"窝里斗"造成组织力量的严重内耗。当你要开始做某种事情的时候,你必须把态度调整到专心致志的状态,避免和自己人产生无端的猜疑和争端,将大家紧紧地团结在一起,事情才能做成功。祸起萧墙的内斗,斗掉的只能是自己的资源和力量,最终一事无成,却可能百祸俱生。

六四爻辞是"损其疾,使遄有喜,无咎。" 六四以阴柔居上,但是柔有余而刚不足,存在着缺陷。六四与初九正应,当初九损刚益柔前来与六四相应,六四就应该抓住机会与其合志,减损掉自己阳刚不足的疾病,就是"损其疾";六四与初九迅速结合互补,就会获得有益的喜庆,没有过错,就是"使遄有喜,无咎",所以《小象》云:"'损其疾',亦可喜也。"

此爻在人道层面上的智慧是:减损自己的毛病就是增益自己的完美。老子曾经对减损之道有过精到的阐述:"为学日益,为道日损。损之又损,以至于无为,无为而无不为。"人有缺陷是一种客观存在,这并不可怕,只要你能有自知之明,抓住有利机会,接纳别人的帮助,减损自己的毛病,弥补缺陷,也就是此爻辞所说的"损其疾",你就会真正地让自己接近完美,接近大智慧,取得大成就,所以是"亦可喜也"。

六五爻辞是"或益之十朋之龟,弗克违,元吉。" 六五阴居阳位,不正得中。损卦是损上益下,损刚益柔,六五作为柔中之君,正是得益之主。从卦象上看,六五下有九二正应,上有上九相承,从九二到上九,可以看成是一个大离卦，离为龟；六五又在互坤（六三、六四、六五）中，坤为地，形同两串贝，双贝为朋十，为地数，六五得到了别人赠送的价值十朋的龟，就是"或益之十朋之龟"，六五对此不能拒绝，"弗克违"就会"元吉"。六五的"元吉"除了九二的阴阳正应，还有上九的"自上佑"，所以《小象》云："六五'元吉'，自上佑也"。

此爻在人道层面上的智慧是：要把自己得到的增益转化为增益社会。社会是一个宏观的回报机制，你有了事业的成功、利益上的收获，就要发扬光大无私助人的美德，能够站在社会整体利益的大格局中思考问题，拿出自己的一部分利益，奉献给社会，成全他人，才能真正地建立大格局，获得更宏观的回报收益。当然，大多数人是没有这样的智慧认知的，《后汉书》就曾经说过："天下皆知取之为取，而莫知与之为取"。意思是人们都认为只有获取别人的东西才是收获，却不知道给予别人也是一种收获。如果你总想让自己的利益最大化，不顾他人的得失，没有助人的美德，甚至为蝇头小利而争破头皮，为吃了一点小亏而耿耿于怀，这种狭隘的意识和行为，充其量只能在狭小的格局中发展，路会越走越窄。

上九爻辞是"**弗损，益之，无咎。贞吉。利有攸往，得臣无家。**"上九居损卦的终位，又是上卦艮的上位，艮为止，无须自我减损而自然得益，没有咎害，所以说"弗损，益之，无咎"。上九与六三结成了阴阳正应的关系，能够以己之刚济六三之柔，这是"大得志也"，所以说"贞吉"。上九是从初九来到上位的，所以"利有攸往"。上九下临互坤（六三、六四、六五），坤为众，为臣民，这是说上九受到了无论内外远近和贵贱高低的天下民众的衷心爱戴，所以说"得臣无家"。初九得六四相应《小象》曰："尚合志"，即上合志；九二得六五相应《小象》曰："中以为志"，即皆守中也；上九得六三相应《小象》曰："大得志"，即亲君应臣得贤良也。

此爻在人道层面上的智慧是：不损己而益人是损益关系的绝配。损益相依，损极益来。仔细考究损益之间的关系，有四种情况的组合：损己损人，益己损人，损己益人，益己益人。损己损人是非理性的疯子行为；益己损人虽然理性但不道德；损己益人虽然道德但不理性；益己益人才是既理性又道德。"**弗损，益之**"的不损己而能增益天下，这才是益己益人的无限境界，君子何乐而不为呢？

益第四十二

【卦辞】

益：利有攸往，利涉大川。

【白话】

益卦象征增益：利于有所前往，利于涉越大河。

【彖传】

《彖》曰：益，损上益下，民说无疆。自上下下，其道大光。"利有攸往"，中正有庆。"利涉大川"，木道乃行。益动而巽，日进无疆。天施地生，其益无方。凡益之道，与时偕行。

【白话】

《彖传》说：益，就是减损上方，增益下方，民众得到益处，因此喜悦无限。居于上位的人向下层民众施益，增益之道必能发扬光大。"利于有所前往"，是因为六二阴爻居下卦之中位、九五阳爻居上卦之中位，象征尊者居中得正，所以必有吉庆。"利于涉越大河"，是因为益卦的上卦为巽，巽为木，象征有利于木舟通行。益卦下震上巽，象征顺理而动，必然每日都有进益，没有止境。天产生万物，地化育万物，增益的作用无所不在。实施增益的原则必须注意时间的因素，配合时机而行动。

【大象传】

《大象》曰：风雷，益。君子以见善则迁，有过则改。

【白话】

《大象传》说：益卦下震上巽，风起雷动，象征增益。君子因此而见到善行就去仿效，有过失就立刻改正。

【爻辞】

初九　利用为大作，元吉，无咎。

六二　或益之十朋之龟，弗克违，永贞吉。王用享于帝，吉。

六三　益之用凶事，无咎。有孚，中行，告公用圭（guī，玉器名）。

六四　中行告公，从，利用为依迁国。

九五　有孚惠心，勿问，元吉。有孚惠我德。

上九　莫益之，或击之，立心勿恒，凶。

【白话】

初九　利于做大事，非常吉祥，没有灾殃。

六二　有人赠送给他价值十朋的龟，无法辞绝，永久守持正固吉祥。君王祭祀天帝，吉祥。

六三　增益财物，用于凶事，没有灾殃。有诚信，行中道，手持着圭向王公报告。

六四　行中道，向王公报告，王公听从，并以此为依据迁移国都。

九五　有诚信，并有施恩惠于民众之心，毫无疑问是非常吉祥的。天下万民也会真诚信实地回报我的恩德。

上九　没有人增益他，有人攻击他，做事没有恒心，有凶险。

【小象传】

［初九］"元吉，无咎"，下不厚事也。

［六二］"或益之"，自外来也。

［六三］益用"凶事"，固有之也。

［六四］"告公，从"，以益志也。

［九五］"有孚惠心"，"勿问"之矣。"惠我德"，大得志也。

［上九］"莫益之"，偏辞也。"或击之"，自外来也。

【白话】

［初九］"非常吉祥，没有灾殃"，说明初九本来处于下位，不能胜任大事。

［六二］"有人赠送给他价值十朋的龟"，说明这种增益来自外部，有益无害。

［六三］"增益财物，用于凶事"，这当然是可行的。

［六四］"向王公报告，王公听从"，这是有损己利天下的志向。

［九五］"有诚信，并有施恩惠于民众之心"，毫无疑问，这样做必然吉祥。"天下万民也会真诚信实地回报我的恩德"，说明益民志向得到充分实现。

［上九］"没有人增益他"，是因为他的言辞充满偏见。"有人攻击他"，说明攻击从外部不招自来。

【推天道，明人事】

益卦的卦辞是"益，利有攸往，利涉大川。"益就是增益的意思。益卦震下巽上，震为雷，巽为风，风和雷互相激荡，风烈则雷迅，雷激则风怒，二者互相增益彼此的声势，故谓之"益"。《序卦传》说："损而不已必益，故受之以益。"益卦与损卦互为综卦，一直减损下去，到了拐点，必然开始增益。与损卦"损下益上"相反，益卦是"损上益下"。益卦的六二与九五都是既中又正，而且是阴阳正应，益卦的下卦为震，震为动，前进有利，所以说"利有攸往"。益卦上卦是巽，巽为风，为木，下震为动，风吹木动，象征船，所以说"利涉大川"。

益卦的《象传》对卦辞的含义作了精湛的解读。益卦的卦体是由否卦变化而来，亦即否卦的上九来到初位，把其他各爻往上推进一位，就变成了益卦，所以益卦是"损上益下"，上为君，下为民，由上而下，使人民受益，得到无穷的快乐，所以说"民说无疆"。否卦的九四本为乾体之阳，下而来到坤阴，变为益卦的初九，象征天施阳气于地；否卦的初六本为坤体之阴，上升于乾，变为益卦的六四，象征地气上升而化生万物，所以是"自上下下，其道大光"。益卦的九五、六二居中守正，相应有庆，前进有利，所以说"'利有攸往'，中正有庆"。益卦下震为足，为行，上巽为木，象征舟，是为"木道乃行"，所以说"利涉大川"。又震为动，巽为顺，顺从正理而行动，会使每日都有增益，所以说"益动而巽，日进无疆"。否卦的上九来到初位，犹如天体之旋转，它使否卦的下坤往上走，就像大地的生长，天地的这种增益是没有固定方式的，所以说"天施地生，其益无方"。大凡增益的道理，时间因素非常重要，关键是抓住发展变化的时机，所以说"凡益之道，与时偕行"。

君子观"风起雷动"的卦象，就应该取法别人的优点来增益自己道德品质的修养，发现自己的过失就勇于改正，这就是《大象》所强调的"君子以见善则迁，有过则改"。

初九爻辞是"利用为大作，元吉，无咎。"初九居于下体震卦的下位，为震动之始，本质阳刚，又与六四正相应，受到近君大臣的委任，利于大有作为，建非常之功业，就是"利用为大作"。虽然初九地位低下，有其才能而无其职位，担当建功立业的重任困难重重，甚至还免不了带来咎害，但是九四顺应形势的需要，勇于精进，真正做成了大事，建立了非常之功，得到了世人的公认，咎害也就化解了，这就是"元吉，无咎"。此爻《小象》云"'元吉，无咎'下不厚也"。

此爻在人道层面上的智慧是：有了非常之功就有了充分的话语权。话语权就是说话的资格和权力。一个国家一个民族，乃至一个人是否有话语权和有多大的话语权，与这个国家、这个民族和这个人的强大程度是有着密切关系的。曾国藩讲"立德、立功、立言"，其中就隐含"没有建立功业，就没有话语权"之意，可说是深得"利用为大作，元吉"的妙旨。曾国藩因为有了使衰败的清朝得以中兴的功业，他的《冰鉴》等家书中的"立言"，才能具有如此大的话语权和影响力。其实，一个人没有自己的功业，不仅没有话语权，更重要的是没有社会根基，很容易让别人把你当作雪球滚来滚去。

六二爻辞是"或益之十朋之龟，弗克违，永贞吉。王用享于帝，吉。"六二阴居阴位，而且又正又中，与损卦六五很相似，都是"十朋之龟"的受益者。但是，损卦的六五是君位，是"损下益上"的受益者；益卦的六二是臣位，是"损上济下"的受益者，天道忌满，有余者必须自损，不足者从中受益，而且这种受益都是"自外来也"，不能主动争取，只能被动接受，所以"弗克违"。六二与九五正应，六二阴柔有余，阳刚不足，九五正相反，刚居阳位，阳刚有余，六二只要永远保持自身的柔中之德，就能够被动地接受到九五主动赠给自己的益处，所以说"永贞吉"。当九五从事祭享先帝的国事活动时，六二积极进行辅佐，这当然有吉了，所以"王用享于帝，吉"。

此爻在人道层面上的智慧是：在鲜花和掌声中不自满就会得到增益。骄傲自满是胜利下的蛋，孵出来的却是失败的鸡。学会把自己已经取得的成绩归零，才能腾出空间去进行新的发展。在事业进展顺利，局面达到稳定的时候，要利用有利的条件和时机，实现跨越式发展。这时安于现状、故步自封就会垮掉事业。我们必须彻底调整"小进则满，小富即安，小快就骄"的不健康心态。如此才能使自己不断地超越自己，自己所承载的事业不断地超越历史。

六三爻辞是"益之用凶事，无咎。有孚，中行，告公用圭。"六三以阴爻居刚位，阴阳平衡，用不着增益。六三还居互坤（六二、六三、六四）的中位，坤为众，当百姓遇到危难凶险之事，六三要果断地采取救助行为，"损上益下"，

将其所得转赠给广大贫弱的民众，以挽救凶险，这样做不会有咎害，所以"益之用凶事，无咎"。但是，在做法上必须心存诚信，符合中道，就是"有孚，中行"，并且事成之后，要手持玉圭向上级的王公报告事情的经过，所以说"告公用圭"。六三志在救难的行为，是其本来就有的职责和素质，所以《小象》解释此爻说："益用'凶事'，固有之也。"

此爻在人道层面上的智慧是：获益之后不要独自享受。取得了利益后，要诚敬知恩，回馈社会，这是德行善举，是唯一不败的投资。所以，智慧的人都有一颗牺牲自己私利的心，尽情享受施与的快乐。明朝方孝孺在《逊志斋集·云敞赞序》说："捐其躯有益于天下，君子之所乐为。"罗马人恺撒大帝，威震欧亚非三大陆，临终告诉侍者说："把我的双手放在棺材外，让世人看看，伟大如我凯撒者，死后也是两手空空。"先哲们倡导"捧着一颗心来，不带半根草去""以出世的精神做入世的事情"，都与此爻"益之用凶事，无咎"的旨意相通。曾国藩的九弟曾国荃喜欢聚财，被人骂为"老饕"，心中郁闷。曾国藩劝他要"散财求福""散财分谤"，说："名之所在，当与人同分；利之所在，当与人共享。"将自己的力量和利益赐予他人，为社会奉献，这样不仅可以免除不中不正带来的灾凶，还可以不断提高生命的质量，使生命更加辉煌。

六四爻辞是"中行告公，从，利用为依迁国。" 就益卦的全卦而言，三、四爻为中，所以六四和六三一样同处于一卦之中央，都是"中行"。六四与初九正应，六四能够主动损己而增益初九。但是六四居于臣位，没有决断大事的权力，做增益下方的大事要事先向王公上级请示，获准后才能实施。由于六四的心志高尚，行为也正当，王公必能言听计从，所以"告公，从"。六四不敢自专而依附于君主，目的就像迁都之事一样，为了百姓的安宁与福祉，所以说"利用为依迁国"。这样所表达的正是六四"损上益下"的益天下之志，诚如《小象》所说："'告公，从'，以益志也。"

此爻在人道层面上的智慧是：做计划必须兼顾各方的利益所得。利益永远是人们的关心点、诉求点，因此，领导者在制订计划或做出重大决策时，必须充分考虑社会各个阶层、各个群体的利益所得问题，要有利于他们的安宁与福祉。德国有句谚语："高贵的血和普通的血都是一样颜色。"在考虑各方利益时，要特别注意人格上的平等，不应有贵贱之分，要让所有的社会成员在利益分配上机会均等。

九五爻辞是"有孚惠心，勿问，元吉。有孚惠我德。" 九五刚居阳位，得中正之道，以阳刚中正之德居于君位，以至诚的仁爱之心对待下民，把手中的权力看成是为民众谋利益的工具，推行"损上益下"的惠益民众政治，就是"有孚惠心"。民众也以至诚之心拥戴"惠我"的有德君主，上下交孚，能够克服一切困难，得志于天下，不待问而"元吉"。九五与六二双双居正得中，象征君王与百姓心心相印，至诚之交，百姓也以同样诚信之心回报君王的恩德，这就是"有孚惠我德"，所以，此爻《小象》云："'有孚惠心'，勿问之矣。'惠我德'，大得志也。"

此爻在人道层面上的智慧是：以宽博的仁爱之心来爱人，就会对生命的意义有深刻透彻的认知。人要有仁爱之心。孔子讲过："仁者爱人。"法国哲学家居友也说过："我们每个人都有很多的同情、很多的爱心，比维持我们生存所需要的多得多，我们应该把它施舍给别人，这就是生命开花。"领导者更要有"有孚惠心"的仁爱之心，减损自己的多余以增益民众的不足，这才能增加民众的利益，让民众安居乐业，国家才能稳固安宁，正如《尚书》所说："民惟邦本，本固邦宁。"

上九爻辞是"莫益之，或击之，立心勿恒，凶。" 处理损益之间的关系的原则是，有余者损之，不足者补之，损有余而补不足，使损益双方共赢。可是上九阳居阴位，失中不正，又居于益卦上极，没有损上益下的心志，相反，要求损下益上，损下者不足以益上者有余，贪得无厌，结果激化了有余与不足之间的矛盾，不仅没有引来增益者，反而招来众多"自外来也"的攻击者，就是"莫益之，或击之"。上九内心虽然也打定主意损己益人，但是从卦象上看，恒卦下巽上震，益卦下震上巽，故有"无恒"之象，上九又在上巽卦上极，巽为进退、不果，亦"无恒"之象。上九心意摇摆不定，不能持之以恒，美好的愿望都化作了沙漠中的海市蜃楼，必然会有凶险临头，所以说"立心勿恒，凶"。

此爻在人道层面上的智慧是：心意摇摆不定就会使理想变成幻想。"立心勿恒"，就像坐摇摇椅，晃来晃去，却始终停留在原地。不到西天，取不到真经。好高骛远而不是一点一滴扎实地、持久地坚持做下去，美好的愿望就会化作海市蜃楼。这一爻诠释了《后汉书·陈忠传》中"轻者重之端，小者大之源"的箴言。伟大的理想、宏伟的蓝图能够变成辉煌的事业，需要的就是坚持不懈的恒心和强大的意志力，即使在极端困难的情况下，每天都在努力，每天都在进步，聚少成多，成功就再也不会和你擦肩而过，海市蜃楼就一定会变成真正的参天大厦。

夬第四十三

【卦辞】

夬（guài，决断，果决）：扬于王庭，孚号有厉。告自邑，不利即戎，利有攸往。

【白话】

夬卦象征果决：在朝堂上宣布小人的罪状，如实地告诉大家面临危险。告诫城邑中的人，不利于动武，但往前发展是有利的。

【彖传】

《彖》曰：夬，决也，刚决柔也。健而说，决而和。"扬于王庭"，柔乘五刚也。"孚号有厉"，其危乃光也。"告自邑，不利即戎"，所尚乃穷也。"利有攸往"，刚长乃终也。

【白话】

《彖传》说：夬，是决断的意思，犹如阳刚者裁决阴柔者。夬卦下乾上兑，象征刚健而和悦，果决行事，又能与人和睦相处。"在朝堂上宣布小人的罪状"，是因为夬卦以一阴爻居于五阳爻之上，象征阴柔者凌驾于阳刚者之上。"如实地告诉大家面临危险"，说明危险涉及的范围已经很大。"告诫城邑中的人，不利于动武"，说明一味崇尚武力只能是一条绝路。"但往前发展是有利的"，说明阳爻若进一步增长，夬卦将变为乾卦，一切阴柔的势力都将终结。

【大象传】

《大象》曰：泽上于天，夬。君子以施禄及下，居德则忌。

【白话】

《大象传》说：夬卦下乾上兑，泽水成蒸汽后上腾于天，象征决断。君子因此而把利禄布施给下民，若居功自傲，不施恩惠，将为人憎恶。

【爻辞】

初九　壮于前趾，往不胜，为咎。

九二　惕号，莫夜有戎，勿恤。

九三 壮于頄（kuí，颧骨），有凶。君子夬夬独行，遇雨若濡，有愠，无咎。

九四 臀无肤，其行次且（zí jū，想前进又不敢前进），牵羊悔亡，闻言不信。

九五 苋（xiàn，一种一年生草本植物）陆夬夬，中行无咎。

上六 无号，终有凶。

【白话】

初九 足趾前端强盛，贸然前往不能取胜，反而会造成灾殃。

九二 惊惧地警惕呼喊，夜里有敌人来犯，但不必担忧。

九三 决断之心显于脸部，有凶险。君子果断地独自前行，尽管身上被雨淋湿，心中有怨气，但终究没有灾殃。

九四 臀部没有皮肉，行走困难，如能像牵着羊走一般跟从他人前进，可以没有悔恨，但听了此言后他没有相信。

九五 像斩除柔脆易折的苋陆草一样果决地清除小人，居中而行则没有灾殃。

上六 不必呼号求救，最终必有凶险。

【小象传】

［初九］"不胜"而往，"咎"也。

［九二］"有戎，勿恤"，得中道也。

［九三］"君子夬夬"，终"无咎"也。

［九四］"其行次且"，位不当也。"闻言不信"，聪不明也。

［九五］"中行无咎"，中未光也。

［上六］"无号"之"凶"，终不可长也。

【白话】

［初九］"贸然前往不能取胜"，是咎由自取的。

［九二］"夜里有敌人来犯，但不必担忧"，是因为九二阳爻居下卦之中位，象征人的行为符合中道。

［九三］"君子果断地独自前行"，这样做最终能成功，不会有灾殃。

［九四］"行走困难"，是因为九四阳爻居阴位，所处的位置不适当。"但听了此言后他没有相信"，说明他听了以后没有能力做出判断。

［九五］"居中而行则没有灾殃"，说明中正之道还没有发扬光大。

[上六]"不必呼号求救"而"最终必有凶险",说明小人高居上位的情况终究不能长久。

【推天道,明人事】

夬卦的卦辞是"夬,扬于王庭,孚号有厉。告自邑,不利即戎,利有攸往。"夬是决断、离开的意思。夬卦乾下兑上,乾为天,兑为泽,是泽在天上,天上水气蒸腾,象征大泽盈满即将溃决,故谓之"夬"。《序卦传》说:"益而不已必决,故受之以夬。夬者,决也。"事物的发展,益到一定程度,最后一定会溃决。从卦象上看,夬卦五阳在下,一阴在上,上六居于九五之上,九五为王者,象征小人得势,迫使君子处于极为不利的地位。君王在朝堂上宣布小人的罪恶,所以说"扬于王庭",并如实地告知大家处境的危险,号召大家起来与小人作斗争,所以说"孚号有厉"。在行动上计划上要告知邑人,以取得正义人的支持,所以是"告自邑"。但是上六下与九三阴阳正应,兴兵作战决除上六未必成功,当此阳长阴消之际,有利的作为就是顺势前行,所以说"不利即戎,利有攸往"。

夬卦的《象传》对卦辞的含义作了精微灵通的剖析。从卦爻结构上看,夬卦五个阳爻在下,一个阴爻在上,以五阳而决去一阴,所以是"夬,决也,刚决柔也"。阳代表君子,阴代表小人,夬卦乾下兑上,乾为健,兑为悦,是以刚健而又和悦的态度对小人决断才不会过猛,可以使小人心悦诚服,乐于接受,归于和解,所以说"健而说,决而和"。君王在朝堂上宣布小人的罪恶,是因为君王认清了一个阴爻处在五个阳爻之上"柔乘五刚"的形势,居安思危,知所警觉,并以诚信号召大家戒备危险,这种危险就会被克服,所以说"孚号有厉,其危乃光也"。即使得到邑人的广泛支持,也不可崇尚武力,就是"不利即戎"。因为这样做会把小人逼得狗急跳墙,也把自己推到了绝境,所以说"所尚乃穷也"。夬卦五阳逐次上行,刚长的势头不可阻挡,而且再上升一步,最后的阴爻也就变成阳爻了,那就成为最吉利的乾卦了,凌驾于君子之上的小人也被除掉了,所以说"'利有攸往',刚长乃终也"。

君子观"泽上于天"的卦象,应该明白要将恩泽利禄普施于大众,如果自以为有德而吝啬不施,就会受到人们的忌恨,引发各种灾祸,这就是《大象》

所强调的"君子以施禄及下,居德则忌"。

初九爻辞是"壮于前趾,往不胜,为咎。"初九虽然本质阳刚,又阳居阳位,但是初九处于夬卦之始,《周易》中初爻为足,为趾,所以说"壮于前趾"。初九力量薄弱、地位卑下,与九四也未能结成相应关系,与前面的其他四阳爻也都是敌应关系,不合乎阴阳互通的义理,没有外援力量的支持,加之初九要与之斗争的小人上六距离很远,并无必胜之力,也无必胜之理,仅凭脚趾健壮和欲制裁小人的一时之勇就强行前进,有勇无谋,失败是必然的,所以是"往不胜,为咎"。此爻的《小象》也解释说"不胜而往,咎也。"

此爻在人道层面上的智慧是:做事成功的关键是要缜密思考是否具备基础条件和良机。人类的真知灼见,都来自于思考。惊天动地的伟大事业,也一定来自于不声不响的深思熟虑。不管不顾是否具备基础与良机而一味往前冲,是没有头脑的人所采取的莽撞行动。缜密思考能够拯救一个人、一项事业的生命。"壮于前趾,往不胜,为咎"的智慧告诉人们:催红的瓜果不甜,晚茬的稻米不香,条件不成熟和时机不具备,又缺乏思考而轻率急躁地前往,这种有勇无谋、急功近利的行为不仅达不到自己的目的,还会给自身带来灾祸。马克思的座右铭——思考一切。一切欲成伟大事业者亦应奉为座右铭。

九二爻辞是"惕号,莫夜有戎,勿恤。"九二处于下体卦乾的中位,得大臣之位,具有刚长之势,敢于同邪恶的小人势力作坚决的斗争。九二以阳居阴,阳刚之气稍减,又能居中而行,这就避免了初九过于刚强躁动的鲁莽行为。古代人最怕夜战,但九二做到了以中道原则来调整自己的行为,不冒进,不懈怠,有备无患,这样即使是夜战也不要忧虑和惊慌地呼叫,所以说"惕号,莫夜有戎,勿恤"。《小象》也说:"'有戎,勿恤',得中道也。"

此爻在人道层面上的智慧是:好的防守就是进攻和进攻的保障。《孙子兵法》中说:"昔善守者,藏九地之下,动九天之上,故能自保而全胜也。"意思是,善于防守隐藏的人是能藏在很深的地下,能在很高的九天活动,所以他能保全自己而获得胜利。这句话的实质是,稳妥的防守才能保存好自己的实力,才能掌握该攻击时的最高优势,如此不败。在军事上,面对敌人的进攻,把防守做好:一方面,把进攻的敌人消灭在家门口,这就是最好的进攻;另一方面,保存了自己的实力,为必要时的对敌进攻提供了力量保障。所以,历史上很多成功的军事家不仅进攻战打得漂亮,防守战也同样打得出彩,把"惕号,莫夜

有戎,勿恤"的智慧演绎的美轮美奂。在职场上、在遭遇逼仄时,懂得防守,并善于防守,是一种本领,更是一种人生智慧。铲除小人要周详考虑,在向小人进攻的同时,也要做好防守,不留疏漏,防备小人反扑。

九三爻辞是"壮于頄,有凶。君子夬夬独行,遇雨若濡,有愠,无咎。"九三阳居阳位,又居于下体乾卦的上位,过刚失中,决断之心显于脸部,违背了"健而悦"的义理,有凶险,所以说"壮于頄,有凶"。九三与上六虽然存在着相应关系,但是,九三是君子,上六是小人,本质上是势不两立的,当九三"夬夬独行"去与上六作斗争时,采取了不露声色、虚与周旋的策略,人们还误以为九三丧失了立场,与小人同流合污,引发了许多猜测和愠怒,像遇到雨把洁净的衣裳玷污一样。但是"君子夬夬独行"是以正压邪的正义行为,待到真相大白时,人们的误会也就烟消云散,也就没有什么咎害了,所以《小象》也说:"'君子夬夬'终'无咎'也。"

此爻在人道层面上的智慧是:喜怒哀乐都挂在脸上的人容易遭到别人的忌恨和报复。"壮于頄,有凶",对于不满意的人或不满意的事,心里要有数,但尽量不要表现在脸上,如果把喜怒哀乐都写在自己的脸上,那就会遭遇凶险。俗话说:"吃肉的牙,长在嘴上;吃人的牙,长在心里"。朱熹就曾经告诫过人们:"君子之去小人,不必悻悻然见于面目。"此爻还告诉了人们一个亘古不变的道理:邪不压正。只要你身上没有溃烂之处,即使别人撒盐也伤不了你。不管面对的邪恶势力多么猖獗,只要你内心里有正义的信仰支撑,不露声色地坚持以正压邪的斗争,最后的胜利就是属于你的。

九四爻辞是"臀无肤,其行次且,牵羊悔亡,闻言不信。"以人比喻,四爻为臀部,九四以阳居阴,缺少刚毅果决的气质,当其下的三阳向上挺进,欲与上六之柔进行刚决时,九四却犹豫不决,不敢一同前往,这就像没有皮肉的臀部,行走困难,所以说"臀无肤,其行次且"。九四所在的上卦为兑,兑为羊,九四只要像羊一样被牵着走,就可以悔恨消失,这就是"牵羊悔亡",但是九四是近君大臣,贪恋权力又刚愎自用,所以"闻言不信",这就必然坐失良机。九四把握不住机遇,依照《小象》的解释,完全是由于自己"位不当也""聪不明也"。

此爻在人道层面上的智慧是:成功者是成功地把握了万分之一的时机。人生和事业布满了层层危险,也蕴藏着道道时机。时机就像空气一样,看不见,摸不着，但它是构成成功的重要部分。成功就是时机与行动化合的结果。古人云："难得而易失者，时也；时至而不旋踵者，机也。"机不可失，时不再来。英国哲学家培根说得更形象："机遇老人先给你送上它的头发，当你没有抓住再后悔时，却只能摸到它的秃头了。"历史上的成功者和失败者可以有很多原因，但是其中一个重要的原因就是在时机的把握上出现了差别，结果自然迥异。成功者具有发现和掌握万分之一机遇的灵光。你对时机珍视，时机就会为你绽放精彩。

九五爻辞是"苋陆夬夬，中行无咎。"九五刚居阳位，又居于至尊的君位，职高权重，号令众阳齐心协力决断小人，本来是轻而易举的事，但是小人就像"苋陆"，易折易断，可再生能力很强，难以根绝，就是"苋陆夬夬"。九五居于上卦的中位，又与上六亲比，处夬之时，能守持中道，刚柔并济，恩威并施，故获无咎，这就是"中行无咎"。本卦《象传》说，处夬之道要达到"健而说，决而和"的目的。对小人的决断制裁在于使其心悦诚服，改恶从善，使社会整体"致中和"，而不是过于刚强而无和柔之善，更不是除恶务尽，造就一个完全没有小人的纯君子国。因为这种"中未光也"的行为，只能扩大矛盾对立，激化冲突意识，达不到"健而说，决而和"的目的。

此爻在人道层面上的智慧是：做人做事都不能以极端的心态走偏锋。剑走偏锋，人不能走偏锋。走偏锋的人以绝对的、片面的眼光看问题，考虑事物的一个方面或者仅仅一个侧面，认死理。走偏锋，民间也称之为"钻牛角尖"。因牛角尖越往里面越小且没有出口，若钻进去则越来越窄并且无出路。走偏锋成功就会从左右两极滑过去，留下的就只能是咎害了。儒家的中庸之道是讲阴阳平衡，道家的太极思维也是讲阴阳平衡。阴阳平衡就是中和之道，是至理大道。人们只有用中道的标准来进行思维以及规范和调整自己的行为，才能每一件事都用多方面的角度来看待它，多方面的举措来解决它，才能避免走偏锋、执极端所造成的咎害，这就是"中行无咎"的智慧。

上六爻辞是"无号，终有凶。"上六处在全卦之终，刚居柔位，是邪恶小人势力的代表，夬卦总体的形势是"以刚决柔"，上六以柔质面临在下五阳的刚决，失败的命运是注定的，此时号啕痛哭是无济于事的，一贯与人为敌的人终究难免凶险，所以"无号，终有凶"。上六得势于上，又乘凌九五之君，但这只是小人的一时得逞，在君子道长的作用下，不可避免地要落得个失败的下场，所以《小象》强调说"终不可长也"。

此爻在人道层面上的智慧是：正义的力量一定能够战胜邪恶。邪恶使社会失去了公平。邪恶者像疯狗，见了好人也要咬一口。正义是对邪恶的制裁。正气高，邪气消。不管恶棍多么邪恶，他们也不敢公然敌视正义。只要提着正义之剑去进攻邪恶，再大的邪恶也会成为剑下之鬼。上六尽管是权位高、有势力的小人，虽得逞于一时，但随着君子之道的增长，被逼到了穷极之地，无处呼号，得到了恶报，这就是"无号，终有凶"。乌云经不起风吹，寒霜经不起日晒。只要我们所从事的事业是正义的事业，邪恶小人的破坏，只能是螳臂当车，自取灭亡。

姤第四十四

【卦辞】

姤（gòu，取，通"娶"）：女壮，勿用取女。

【白话】

姤卦象征遇合：女子过分强壮，不适合娶她为妻。

【象传】

《象》曰：姤，遇也，柔遇刚也。"勿用取女"，不可与长也。天地相遇，品物咸章也。刚遇中正，天下大行也。姤之时义大矣哉。

【白话】

《象传》说：姤，意思是遇合，姤卦一个阴爻在下，上面为五个阳爻，阴柔遇到阳刚就与之结合。"不适合娶她为妻"，是因为不能与违礼不正的女子长久相处。天和地相遇合，万物的发展才得以显明昭彰。九二阳爻和九五阳爻分别居下、上卦之中位，象征阳刚者与居中守正的柔者相遇，从而使正道大行于天下。适时遇合的意义是多么重大啊！

【大象传】

《大象》曰：天下有风，姤。后以施命诰四方。

【白话】

《大象传》说：姤卦下巽上乾，天空下有风吹动，象征遇合。君主因此而发布政令，传告四方，推行美德。

【爻辞】

初六 系于金柅（nǐ，止车之物），贞吉。有攸往，见凶。羸豕（léi shǐ，瘦弱的猪）孚蹢躅（zhí zhú，不安静而徘徊的样子）。

九二 包有鱼，无咎。不利宾。

九三 臀无肤，其行次且，厉，无大咎。

九四 包无鱼，起凶。

九五 以杞（qǐ，杞树）包瓜，含章，有陨自天。

上九 姤其角，吝，无咎。

【白话】

初六 系在车下用金属制成的刹车块上，坚守正道可获吉祥。有所前往，会有凶险。那就像瘦弱的猪烦躁地来回走动。

九二 厨房里有鱼，没有灾殃。不宜用来招待宾客。

九三 臀部皮肤被磨穿，行走困难，有危险，但没有大的灾殃。

九四 厨房里没有鱼，奋起争执会招致凶险。

九五 用杞柳的枝叶包裹的瓜，修养内在的文采，好运会从天而降。

上九 碰到兽角上，心有遗憾，没有灾殃。

【小象传】

[初六]"系于金柅"，柔道牵也。

[九二]"包有鱼"，义不及宾也。

[九三]"其行次且"，行未牵也。

[九四]"无鱼"之"凶"，远民也。

[九五] 九五"含章"，中正也。"有陨自天"，志不舍命也。

[上九]"姤其角"，上穷"吝"也。

【白话】

[初六]"系在车下用金属制成的刹车块上"，说明处柔之道是接受阳刚者的控制。

[九二]"厨房里有鱼"，从道义上看不用它来宴请宾客。

[九三]"行走困难"，说明阴柔者的行为还未受到阳刚者的控制。

[九四]"没有鱼"而"招致凶险"，是因为远离民众而丧失民心。

[九五] 九五爻辞中说的"修养内在的文采"，是指九五阳爻居上卦之中位，行中正之道。"好运会从天而降"，说明其志向没有违背天命。

[上九]"碰到兽角上"，说明向上发展到极端，导致相遇无人的遗憾。

【推天道，明人事】

姤卦的卦辞是"女壮，勿用取女。"姤是男女相遇、婚配、交媾之意。姤卦巽下乾上，巽为风，乾为天，风行天下，则无物不遇，有姤遇的征象，故谓之"姤"。《序卦传》说："决必有遇，故受之以姤。姤者，遇也。"姤卦是夬卦的综卦，决断之后，一定会有遇合，所以接着出现姤卦。姤卦的结构与夬卦相反，是一个阴爻之上有五个阳爻，姤卦也是十二消息卦，起始是一阴敌五阳，其后续的发展是阴爻从下往上逐步增加，虽然只有一个阴爻，却具有上进之能，因为为女，所以说"女壮"。在中国传统观念中，强调女人要守贞节，要温和柔顺，此女却周旋在五个男人之间必不守贞洁，而且又处于强盛的发展势头，不可娶来作为妻子，所以说"勿用取女"。

姤卦的《象传》对卦辞的含义作了旨深的阐发。从卦形上来看，姤卦是乾卦的六阳爻从底部生出了一个阴爻，形成"姤，遇也，柔遇刚也"的变化，这个"勿用取女"的阴爻逆势上扬，生命力极强，但是阴阳两种势力是阴长则阳消的关系，是不能一起成长的，所以说"不可与长也"。但是，天地阴阳必须相遇交感，万物才会生长茂盛，所以说"天地相遇，品物咸章也"。姤卦九五与九二皆能居中，是"刚遇中正"，能够坚守正道。本卦上乾卦为君子，下巽卦为随顺，象征君子之道可以在广天之下顺利施展，所以说"天下大行也"。能够把握住姤卦所显示的遇合与机遇，具有非常伟大的意义，所以说"姤之时义大矣哉"。

君子观"天下有风"的卦象，就要发布命令，通告四方，大兴伦理教育，使之风行于天下，这就是《大象》所强调的"后以施命诰四方"。

初六爻辞是"系于金柅，贞吉。有攸往，见凶。羸豕孚蹢躅。"初六居下体巽卦之初，巽为绳，故可系。初六以一柔遇五刚，最先遇到的就是九二之刚，初六与九二是亲比的关系，如果依附于九二，就如同拴上金属的车闸，坚固牢靠，控制车辆运行不偏离正道，可以获得吉祥，所以说"系于金柅，贞吉"。但是另一方面，初六以阴居阳，躁动不安，初六与九四存在着正应关系，如果抛开九二执意追求九四，急于前往与九四结为正应，呈现出"羸豕孚蹢躅"之象，就会促进以柔变刚、阴长阳消的发展势头，就会带来凶险，所以说"有攸往，见凶"。这就必须接受阳刚的牵制，以刚牵柔，才能归于正道，所以《小象》云："'系于金柅'，柔道牵也。"

此爻在人道层面上的智慧是：以刚的手段把邪恶消灭在柔弱状态。邪恶势力造出的祸患，大可以丧国，小可以丧身。但是邪恶势力的发端都是柔弱的，

所以容易被忽视、被放纵，因而才恶性增长，形成气候的。古语说："愚者谙于成事，智者察于未萌。"为了防止邪恶造成更大的灾祸，智者应懂得以刚的手段把灾祸消灭在柔弱状态的道理，在其形成势力之前就予以严厉制止，"系于金柅"以断后患。

九二爻辞是"包有鱼，无咎。不利宾。"九二居姤卦的下体巽中，巽为木，为白，引申为可以包物的白茅。九二本质阳刚，这里与以阴求阳的初六相遇了；鱼是水中的生物，属于阴，这里指初六，固有"包有鱼"之象，这虽然谈不上吉祥，但可以"无咎"。九四与初六本来正应，但却被九二从中拦截，九二成为"包有鱼"，九四却成为"包无鱼"，也成为九二的"宾"，所以"不利宾"，《小象》也强调"'包有鱼'，义不及宾也"。

此爻在人道层面上的智慧是：节制小人使其没有为恶的机会。让小人与外界有接触的机会，小人就会蠢蠢欲动，甚至兴风作浪；对小人节制，特别是不让其窃取权力，就切断了小人制造祸端的机缘，失去了作恶的机会。当领导的如果能够拥有一颗清净的心，不恋浮名，不贪厚禄，恬淡脱俗，小人拉拢腐蚀的歪招也就失灵了，这也是断了小人的作恶通路。

九三爻辞是"臀无肤，其行次且，厉，无大咎。"九三以阳居阳，刚而能决，好动使中，上下刚爻与之相敌，又与上九不应。九三不像九二那样"包有鱼"，但是他安然接受了无鱼可得也无可改变的既成事实，能够自我克制，就是《小象》说的"行未牵也"，不去和其他阳爻一起争在下的唯一阴爻初六，因为争则必伤，就像臀部受伤行走不便一样，这就是"臀无肤，其行次且"。即使初六主动来与自己结交，九三也不为初六小人所牵引，因此，虽处危厉，并无大的咎害，所以说"厉，无大咎"。

此爻在人道层面上的智慧是：不要把恶狼当家狗。小人是恶狼，对主人不仅没有家狗那种忠心，而且时时在窥视干掉主人的机会。人不能被大象踩着，却经常被蚊子叮咬。人生让你不舒服的、让你获灾的往往就是那些像蚊子令你防不胜防的小人。因此，君子要倍加防范小人，就算没有人援助扶持，也不与小人深结交。把小人当作知己，与小人掏心窝子深交，就是引狼入室，就会如伤"臀"，只能"其行次且"，自取其难，自取其辱。

九四爻辞是"包无鱼，起凶。"九四与初六虽然正应，但是中间却隔着九

二、九三,不能亲比,九四又阳居阴位,没有中正之德,初六选择了九二而拒绝了九四,使九二"包有鱼"而九四"包无鱼"。九四居上乾卦的下位,又在互乾(九二、九三、九四)的上位,其上行的动力强劲,但九四的正应是初六,应向下求得初六的支援,如果九四往上发展,就会孤立无援,这种"远民也"的行为失去了民心,必然生出凶险,所以"起凶"。

此爻在人道层面上的智慧是:绝不能让小人的隐患变成无法挽回的后患。对小人的忍让要有一定的限度。在小人面前明哲保身,或采取姑息养奸的态度,小人就会猖狂起来,"王八咬人不撒嘴",不断危害国家,危害民众,而且任其发展,就会铸成"起凶"的大害。因此,对那些恶性膨胀、失去民心,又没形成气候的小人,不能一味地退缩忍让,要坚决予以根除,以绝后患。

九五爻辞是"以杞包瓜,含章,有陨自天。"九五刚居阳位,居于至尊之位,得中且正,内含中正之德,掌控全局,外顺天道民心,屈尊就下,这种情形就如同用杞柳编织成筐包装瓜果,外装柔软坚韧,内装甜美的瓜果,所以说"以杞包瓜,含章"。九五秉承中正之德与九二刚中之臣密切配合,心地纯正,率性纯真,严格按照天人合一的规律办事,这种"志不舍命也"的行为能与上天恩赐的福佑相遇,丰硕的果实自天而降,所以"有陨自天"。

此爻在人道层面上的智慧是:要保持生命中的那份率性纯真。庄子曾经说过:"物无道,正容以悟之。"这里的"悟"就是要人悟到做人要率真自然、清心寡欲的道理。"尚真"是庄子思想的一个重要内容,关于"真",庄子说:"真者,精诚之至也"。意思是,所谓"真",就是精诚到了极点。"真"就是指事物的本真性和自身规律,也指人的真性情,真精神。保持生命中的那份率性纯真,就是在世事的对与错面前、是与非面前、正与邪面前,要守住自己率性纯真的情感家园,不丧失最本身的自我,"有陨自天",就会获得人生的最大快乐。魏徵辅佐李世民十七年,他那种"上不负时主,下不阿权贵,中不佞亲戚,外不为朋党,不以逢时改节,不以徒位卖忠"的率性纯真精神,千百年来一直为人们所称道。

上九爻辞是"姤其角,吝,无咎。"上九阳居阴位,失中不正,又是姤卦的最上极,《周易》中凡属老阳之爻过刚,是谓羊刃,皆有角象。上九走到这一步,遇到了兽角与自己相抵触,当然惋惜,这就是"姤其角,吝"。但是姤卦的九二和上九都在中位，灾难不会马上发生，所以"无咎"。但是，上九处于姤卦的穷极之地，阳爻要终了、穷尽了，下一步只能退出全局，这就会有"吝"，所以《小象》强调"上穷'吝'也"。

此爻在人道层面上的智慧是：要坦然面对权力的诱惑。权力，对廉洁奉公者是为民谋福祉的工具，对贪婪者是自裁的利剑。权力诱惑无处不在，被权力诱惑就像踏入一湾沼泽，向前只会越陷越深，而且越挣扎陷得越深。做人权力欲不能太强，这正是有人活得轻松，有人活得太累的原因所在。身居高位者，或者不在其位者都要淡然地面对权力，不在其位，不谋其政，更不能干涉其政。人因患得患失而为权力拼搏，由此引来灾祸，这是十足的蠢人之举，为智者所鄙之。一个领导者的伟大之处在于，面对权力的诱惑时，理智地放下，拿出更多的机会和精力去做高尚的事业。

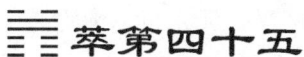

萃第四十五

【卦辞】
萃：亨，王假有庙。利见大人，亨，利贞。用大牲吉。利有攸往。

【白话】
萃卦象征聚集：亨通，君王到宗庙祭祀。利于去见德高望重的人，亨通，利于坚守正道。祭祀时奉献大牲畜为祭品则吉祥。利于有所前往。

【彖传】
《彖》曰：萃，聚也。顺以说，刚中而应，故聚也。"王假有庙"，致孝享也。"利见大人，亨"，聚以正也。"用大牲吉，利有攸往"，顺天命也。观其所聚，而天地万物之情可见矣。

【白话】
《彖传》说：萃，是汇聚的意思。萃卦下坤上兑，象征在下者柔顺而在上者和悦；九五阳爻居上卦之中位，与六二阴爻相应，象征阳刚者守持中道并与阴柔者相应和，所以才能汇聚。"君王到宗庙祭祀"，是献上表示对祖先尽孝的祭品和至诚之心。"利于去见德高望重的人，亨通"，是因为大家都遵循正道汇聚。"祭祀时奉献大牲畜为祭品则吉祥，利于有所前往"，因为这样做是顺乎天道的规律。观察事物聚合的现象，天地万物的性情就可以明白了。

【大象传】
《大象》曰：泽上于地，萃。君子以除戎器，戒不虞。

【白话】
《大象传》说：萃卦下坤上兑，泽水在地上汇聚，象征聚集。君子因此而修治兵器，以戒备群聚所发生的不测之事。

【爻辞】
初六　有孚不终，乃乱乃萃，若号，一握为笑。勿恤，往无咎。
六二　引吉，无咎。孚乃利用禴（yuè，一种简薄的祭祀）。
六三　萃如嗟如，无攸利，往，无咎，小吝。

九四 大吉，无咎。

九五 萃有位，无咎，匪孚。元永贞，悔亡。

上六 赍（jī，赍咨，嗟叹之辞）咨涕洟（tì，同"涕"，哭泣），无咎。

【白话】

初六 至诚之心不能贯彻始终，于是造成心神迷惑，行为紊乱而与人妄聚，如果及早悔悟呼救，就能握手言欢。不用担忧，前往没有灾殃。

六二 被人援引可获吉祥，没有灾殃。即使是微薄的祭祀也利于献予神灵。

六三 聚在一起嗟叹，得不到什么利益，往前进发，没有灾殃，但有小小的遗憾。

九四 至为吉祥，没有灾殃。

九五 聚集的时候高居尊位，没有灾殃，只要诚心诚意，没有悔恨。

上六 哀叹流涕，没有灾殃。

【小象传】

[初六]"乃乱乃萃"，其志乱也。

[六二]"引吉，无咎"，中未变也。

[六三]"往，无咎"，上巽也。

[九四]"大吉，无咎"，位不当也。

[九五]"萃有位"，志未光也。

[上六]"赍咨涕洟"，未安上也。

【白话】

[初六]"至诚之心不能贯彻始终，于是造成心神迷惑，行为紊乱而与人妄聚"，说明心志产生迷乱。

[六二]"被人援引可获吉祥，没有灾殃"，是因为六二阴爻居下卦之中位，坚守中正之道，没有改变。

[六三]"往前进发，没有灾殃"，是因为六三阴爻顺从九四阳爻，象征阴柔者能谦逊地顺从居于上位的阳刚者。

[九四]"至为吉祥，没有灾殃"，本该大为吉祥，结果却只是没有灾殃，是因为九四阳爻居阴位，所处的位置不适当。

[九五]"聚集的时候高居尊位"，说明他的志向有待发扬光大。

[上六]"哀叹流涕"，是因为居上位，孤立无援，而心中不安。

【推天道，明人事】

萃卦的卦辞是"萃，亨，王假有庙。利见大人，亨，利贞。用大牲吉。利有攸往。"萃是聚集的意思。萃卦下坤上兑，坤为地，性顺；兑为泽，性悦。泽居于地上，意指水于地上聚集成泽。从卦德上说，象征君王和悦于上，而臣民顺服于下，上下能相聚相合，故谓之"萃"。《序卦传》说："物相遇而后聚，故受之以萃。萃者，聚也。"相遇之后，就有聚合，萃卦蕴意着大千世界的汇聚之象。自然界或人世间凡能聚集起来的都是"亨"的。古人聚集，以宗庙祭祀最为隆重，国君到宗庙祭祀，能得到神灵的福佑，是亨通顺利，所以说"亨，王假有庙"。萃卦是由小过卦九三与六五换位变来的，所以说"利见大人"，能够得到德高望重者的扶持，是亨通的，利于守持正固，所以说"亨，利贞"。萃卦下坤为牛，上兑为口，有享用之意，合起来为"用大牲"，就是奉献大礼进行祭祀，这当然吉祥。向前发展，一切会顺利，所以说"利有攸往"。

萃卦的《象传》对卦辞的含义作了絜静精微的剖释。萃卦下坤为顺，上兑为悦，下民顺从上君必然喜悦，九五以刚爻居中，六二以阴爻正应，可以聚合，所以说"顺以说，刚中而应，故聚也"。国君去宗庙祭祀，献上对祖先表示尽孝的祭品，慎终追远，强调以孝治天下，容易化解现实的利害与纷争，所以说"'王假有庙'，致孝享也"。居于下位的臣民在君王的感召下，相聚以正，形成了良好的治政局面，各种事业都会顺利亨通，所以说"'利见大人，亨'，聚以正也"。用大牲畜祭祀，表达孝心，可以聚集起社会的良好精神意识，向前发展可获吉祥，所以说"用大牲吉，利有攸往"，因为这种履行正道的聚集是"顺天命也"。观察天地间万物聚集的情况，乖离与聚集作为一种张力，使宇宙大化流行过程生生不息，焕发旺盛的活力。这就是"天地万物之情"，所以"观其所聚，而天地万物之情可见也"。

君子观"泽上于地"的卦象，就应该由此明白，要修治兵器，以戒备不虞事件的发生。这就是《大象》所强调的"君子以除戎器，戒不虞"。

初六爻辞是"有孚不终，乃乱乃萃，若号，一握为笑，勿恤，往无咎。"初六阴居阳位，失位不正，才质柔弱，又好妄动。初六与九四是正应关系，但

是，初六存在着认识误区，认为九四已与六三亲比，中间又有六二的阻隔，疑惑迷乱，意志发生了动摇，在这种"其志乱也""有孚不终"的境况下，各种乱子就会发生而凑到一起，弄不清谁是自己本应与之萃聚的对象，自然也就"乃乱乃萃"。如果六四大声呼号，九四就会应声而至，前来援助，握手言欢的，这就是"若号，一握为笑"。有了九四在上的援助，初六无忧无虑地上行与九四相聚，这是没有不利的，这就是"勿恤，往无咎"。

此爻在人道层面上的智慧是：有坚定的信仰是一切成功者素质因素中最重要的因素。理想信念就是人的志向。古人说："志之所趋，无远勿届，穷山距海，不能限也。志之所向，无坚不入，锐兵精甲，不能御也。"大意是说，志存高远的人，再遥远的地方也能达到，再坚固的东西也能突破。一个人坚守自己的信仰，在希望与绝望的较量中，始终坚持自己的信仰，即使是遇到千难万苦也痴心不改，那么他不仅在希望中，就是在绝望中也一定能创造出伟大的成就。理想信念动摇是最危险的动摇，理想信念滑坡是最危险的滑坡。没有始终如一的坚定信仰，心志就会造成"有孚不终"的疑惑迷乱，在希望与绝望的较量中，就不能勇往直前，失败就在所难免。

六二爻辞是"引吉，无咎。孚乃利用禴。" 六二阴居阴位，当位得正，又居中，六二又与九五正应，在九五主动牵引相聚的情况下，决定跟从九五的引领，这种相聚是君臣的相聚，所以"引吉"。六二坚守在下卦的中位，保持中道的美德不变，就是《小象》所说的"中未变也"，所以"无咎"。"禴"是一种简单的祭祀方式，虽然简单，因为是心存诚信的，能够感通神灵，还是有利的，所以"孚乃利用禴"。六二与九五的君臣相聚是建立在诚信基础上，也有利于王道大业。

此爻在人道层面上的智慧是：诚信是汇聚的无形纽带和王道大业的根。孔子特别重视诚信在治政中的特殊作用，《论语》中记载："子贡问政，曰：'足食，足兵，民信之矣。'子贡曰：'必不得已而去，于斯三者何先？'子曰：'去兵。'子贡曰：'必不得已而去，于斯二者何先？'曰：'去食。自古皆有死，民无信不立。'"在孔子眼里，取信于民比吃饭和生命都重要。周宣王的儿子周幽王在位期间昏庸无道，为了博取自己的妃子褒姒一笑，竟然上演了"烽火戏诸侯"的闹剧，结果失信于诸侯，害死了自己，葬送了王道大业。从反面注解了"孚乃利用禴"的智慧。

六三爻辞是"萃如嗟如，无攸利，往，无咎，小吝。"六三是阴爻居阳位，不中不正，六三与上六是敌应，下卦的三个阴爻唯独它无应，这就有了嗟叹，所以"萃如嗟如"。六三无所应，就无所聚，自然也就无所利了，所以说"无攸利"。六三与上六虽然无应，但是六三在互巽（六三、九四、九五）中，巽为顺，六三向上亲比于九四阳刚大人，合乎"上巽也"之道，所以"往，无咎"。六三与九四亲比的这种做法是在与上六敌应的情况下的无奈选择，尽管"无咎"，但也有小的憾惜，所以说"小吝"。

此爻在人道层面上的智慧是：不要叹息没人与己相知，而要主动与人相交。人际关系是成就事业的不可少的社会资本，那种"鸡犬之声相闻，老死不相往来"的做法，是原始社会的交际模式，今天再奉行这种模式，就会寸步难行。在广泛的人脉关系里蕴藏着很多成功的机遇，但是，总是"萃如嗟如"，责怪没人与自己相知，并以此为托词而不主动与人相往来，把自己变成一个孤岛，是建立不起来人际关系的，必然是"无攸利"。宋代林逋说："责人者不全交。"意思是，老是责备别人的人，不会有真正的朋友。一个人没有真正的朋友，他的人生就比沙漠还荒凉。

九四爻辞是"大吉，无咎。"九四阳爻居阴位，刚柔相济，刚柔相和。九四下临坤卦，坤为众，众人聚合支持九四；九四又居上体兑卦之始，兑为悦，又在互艮（六二、六三、九四）中，艮为止，为聚，合起来有众贤萃聚和悦之象，所以"大吉"。但是，阳爻居阴位，是《小象》所说的"位不当也"，如果有所往、有所为，即便是受到众人的爱戴，也会有小的咎害，只有建立大功，才可以没有咎害，所以谓之"大吉，无咎"。

此爻在人道层面上的智慧是：不能功高盖主。被下属比下去是很令领导者恼恨的事情，做事不能超越被领导者的本分，否则，要是你的上司被你超过，功高会引来猜忌，事大会成为祸根。这对你来说不仅是蠢事，甚至会产生致命后果。特别是受到大家拥护和赞扬时，更要把金贴在上司的脸上，这才能显示出对上司的忠心，免除上司对自己的猜忌。周公摄政，就是率领众人共同汇聚在成王的旗帜下，免除了功高震主，强将撼帅所孳生的各种咎害，成为历代治政者的楷模。

九五爻辞是"萃有位，无咎，匪孚。元永贞，悔亡。"九五为萃卦的主爻，阳刚中正，居于至尊的君位，所以称为"萃有位"，九五的这一地位决定了它

是天下萃聚的中心。但是从卦象上看，萃卦下体三阴爻更亲近于九四，而对九五则敬而远之，也表征九五还没有取得大众的广泛信任，这时的九五之君应当居安思危，牢记"元永贞"的为君之道，坚定不移地主持正义，不惧怕因做错事而引起的后悔，就能赢得众人的衷心爱戴。居于下位的臣民在君王的感召下，心悦诚服，万方就会聚合在自己的周围，形成天下归心的大治之世，所以"悔亡"。从爻位上看，九五居中得正，高居尊位，拥有任贤萃众之权，但欲合下三阴爻却为九四所隔，九四处臣位而得众，而九五处君位只能勉强牵引六二聚合，使其诚信不能广孚于众，故《小象》云："志未光也"。

此爻在人道层面上的智慧是：君主有德才能产生天下归心的大治之世。萃道不仅强调"有位"，更强调"有德"。"德"在中国古代文化中被解释为：操守、品行。孔子曾经说过："古之欲明明德于天下者，先治其国；欲治其国者，先齐其家；欲齐其家者，先修其身；欲修其身者，先正其心；心正而后身修，身修而后家齐，家齐而后国治，国治而后天下平。" 孔子的论述中强调了只有先修身，才能齐家治国平天下，而修德又是修身的首要任务。做人君者必须修德，始终牢记"元永贞"的为君之道，固守中正的美德和独立的人格，这样才能与你周围的人结成最广泛的人际关系，为你干成事业奠定最深厚、最重要的人脉资源基础，助你建立归心的大治盛世。

上六爻辞是"赍咨涕洟，无咎。"上六虽然阴居阴位，当位得正，但是上六处于萃卦的上极，向下与六三不相应，向上又无处可比，在萃卦中找不到能与自己萃聚的对象，可谓是形影相吊、茕茕孑立，因而悲伤叹息，痛哭流涕，是"赍咨涕洟"。在这种处境下，上六不敢自安，返身向内，苛责自己，及时补过，也可以免除咎害，所以"无咎"。从卦象上看，萃卦以刚爻为能聚，以柔爻为所聚。柔爻中初六应九四，六二应九五，唯六三、上六无正应，上六又乘刚九五，虽得位而不安，故《小象》云："未安上也"。

此爻在人道层面上的智慧是：有问题不从自己身上找原因就永远也碰不到成功的"好运"。唐朝吴兢在《贞观政要·公平》中说："尽己而不以尤人，求身而不以责下。"意思是：事情做不好要尽量从自身找原因，不要埋怨他人和下属。宋代林逋在《省心录》中说："以责人之心责己，则寡过"。意思是，用责求他人之心责求自己，就很少有过失。弘一法师说："自责之外，无胜人之术"。清朝申居郧在《西岩赘语》中也说："好责人者，自治必疏。"意思是：喜欢责备别人的人，要求自己必然不严格。当处在孤独无依的情况下，不要"赍咨涕洟"，不要苛责于人，更不要苛责于社会，而是要苛责自己，察己之过，补己之过，这样才能够赢得好人缘，取得可喜的成就。那种"人穷怪屋基"，便秘就怪地球没引力，有问题不从自身找原因，而一味归咎于客观原因的人，只能遭到别人的漠视和轻蔑，永远也享受不到成功的快乐。还有那种一有过错，不去找改正的举措，而是一味地替自己辩解也是自欺欺人的愚蠢，莎士比亚说："为一件过失辩解，往往使这过失显得格外重大，正像用布块缝补一个小小的窟窿眼儿，反而欲盖弥彰一样"。至于那种揽功而推过者，更不可与其同谋共事。

升第四十六

【卦辞】
升：元亨，用见大人，勿恤。南征吉。

【白话】
升卦象征升进：大为亨通，利于去见德高望重的人，不用担忧。向南出征，吉祥。

【彖传】
《彖》曰：柔以时升，巽而顺，刚中而应，是以大亨。"用见大人，勿恤"，有庆也。"南征吉"，志行也。

【白话】
《彖传》说：升卦的初六、六四、六五、上六皆为阴爻，象征阴柔者顺时而上升；升卦下巽上坤，象征谦逊而又柔顺；九二阳爻居下卦之中位，而与居上卦之中位的六五阴爻相应，象征阳刚者守中正之道而与阴柔者相应和，所以大为亨通。"利于去见德高望重的人，不用担忧"，说明此时升进将有吉庆之事。"向南出征，吉祥"，说明上升的心志得以畅行。

【大象传】
《大象》曰：地中生木，升。君子以顺德，积小以高大。

【白话】
《大象传》说：升卦下巽上坤，地上生长树木，象征上升。君子因此而顺行美德修行之道，逐渐积累小善以成高大之德。

【爻辞】
初六　允升，大吉。
九二　孚，乃利用禴，无咎。
九三　升虚邑。
六四　王用亨于岐山，吉，无咎。
六五　贞吉，升阶。
上六　冥升，利于不息之贞。

【白话】

初六　宜于前进上升，大为吉祥。

九二　只要诚心诚信，微薄的祭祀也利于献于神灵，没有灾殃。

九三　高高地上升，一路顺利，登上空虚的城镇。

六四　周文王获释后在岐山举行祭祀活动，吉祥，没有灾殃。

六五　坚守正道吉祥，逐级登阶上升。

上六　昏昧之极继续上升，有利于不停息地坚守正道。

【小象传】

［初六］"允升，大吉"，上合志也。

［九二］九二之"孚"，有喜也。

［九三］"升虚邑"，无所疑也。

［六四］"王用亨于岐山"，顺事也。

［六五］"贞吉，升阶"，大得志也。

［上六］"冥升"在上，消不富也。

【白话】

［初六］"宜于前进上升，大为吉祥"，是因为处于下位的人顺和居于上位的人的高远志向。

［九二］九二爻辞中说的"诚信"，是指因为诚信而将有喜事。

［九三］"登上空虚的城镇"，说明顺畅而升，心中没有任何疑虑。

［六四］"周文王获释后在岐山举行祭祀活动"，这是顺从事物之情理而行事。

［六五］"坚守正道吉祥，逐级登阶上升"说明其志向得到了充分实现。

［上六］居上位者"昏昧之极继续上升"，目的在于消除不够富裕的状态。

【推天道，明人事】

升卦的卦辞是"升，元亨，用见大人，勿恤。南征吉。"升是上升、上进的意思。升卦下巽上坤，巽为木，坤为地，木在地下。树木生于地中，越长越高，不断上进，有升之象，故谓之"升"。《序卦传》说："聚而上者谓之升，

故受之以升。"聚集起来就会向上升进,所以接着出现了升卦。升卦是萃卦的综卦,下巽上坤,坤地又为顺,巽木又为谦,谦逊而顺从;本卦九二居臣位,能够得到六五之君的任用,所以是"元亨,用见大人"。处升之时,正适宜上柔而下能升进,九二能把握这种机会,以臣刚而应君柔,就可以"勿恤"。升卦的上卦为坤,坤为西南方之位,九二往上升进会入上坤卦,在古人观念中,南方光明,温暖和顺,所以说"南征吉"。

升卦的《象传》对卦辞的含义作了洞明的解说。升卦是由小过卦的六二与九四换位而来的,六二为柔,所以是"柔以时升"。六二一升上去,就形成了升卦的下巽上坤,从卦德上来讲,巽为入,坤为顺,下巽逊而上坤顺,所以说"巽而顺"。升卦卦主九二刚而居中,又有六五与之阴阳正应,所以说"刚中而应,是以大亨"。以"柔以时升""巽而顺""刚中而应"这样的方式,可以去会见伟大的人物,就是"用见大人",这样做不仅不需忧虑,而且还有福庆,所以说"勿恤""有庆也"。按照后天八卦图,自巽至坤,必经离,离为火,为明,象征光明,离又为正(巽乾坤艮为四维,坎离震兑为四正),征必从正,离卦为南方,南征使自己的志向能如愿畅行天下,所以说"'南征吉',志行也"。

君子观"地中生木"的卦象,应该懂得一个人如果具有巽入而坤顺的品德,晋升的路途必然畅通无阻。就像树木的生长不是速成的一样,任何德行都是长期修养而成的,通过一点一滴的积累,才能够一步步达到高大的境界,这就是《大象》所强调的"君子以顺德,积小以高大"。

初六爻辞是"允升,大吉。" 初六以柔居下,由于纯柔不能自升,必须得到阳刚之力的援助才能上升。初六凭借自己的爻位优势,与在上之九二、九三两个阳爻合志,一同升进。初六的这种与上合志,符合升卦"柔以时升"的总体要求,可以获得吉祥,所以说"允升,大吉",《小象》也说:"'允升,大吉',上合志也。"

此爻在人道层面上的智慧是:与上层领导合志才能获得上升的拉动力。俗话说:"人往高处走,水往低处流。"积极进取,蓬勃向上,是每个有志向的人的共同心理要求。但怎样实现心理的诉求呢?提升的路上本来充满了障碍。如果与领导者不友好、不合志,就会让提升的路更加困难。自己与领导者两点之间最短的距离并非是一条直线,而是一条障碍最小的曲线,以柔顺谦和的态度,与自己的上层保持一致的志向又是弥合自己与领导者障碍最小曲线的最佳路径。这会得到上层的欢迎而被"允升",获得"大吉"的前程,或获得上面的拉动力,从而增加发展的底气，成就大业。

九二爻辞是"孚，乃利用禴，无咎。"九二因为得中位，又是阳居阴位，能够本承诚信，时时刻刻践行中道，这样它即使是用最简朴的方式来进行祭祀活动，也没有咎害，所以说"孚，乃利用禴，无咎"。九二与六五结成了阴阳正应的关系，升卦总的情势是"刚中而应"，具体到君臣关系上，就是以臣为主、以君为从，九二作为阳刚之臣，在处理君臣关系时从气不从势，很容易遭遇六五的猜疑和不被信任，这是正职权力运作中普遍存在的问题。九二能够行刚中之道，以诚意与六五相交，原本存在的问题，现在也被化解了，这也是"无咎"的更深层次原因。九二还在互兑（九二、九三、六四）中，兑为悦，九二的"孚"换来了与六五的至诚互信，这会给天下带来喜庆，所以《小象》说"九二之孚，有喜也"。

此爻在人道层面上的智慧是：心怀诚信者事业通达。处世诚为本。诚为美德、虚为丑行是天理的法则，也是人道的规范，一个有秩序的社会必定要有一套诚信的法则。不讲诚信，就会虚妄迷失，做出各种荒谬之事。世间事物都是相对的，只要我们以真诚的心对事待人，你所到之处就会充满诚信。所以，人生在世，守住"孚"的诚信，驱除虚妄，不仅能生活得自在，还能够大大增加成功的机会。对于执政的领导者而言，心怀诚信，才能诚实地依据客观事物的规律办事，使每个决策和行动都符合自然和社会规律，开创和保持长治久安的局面。《荀子·议兵》中说："政令信者强，政令不信者弱"，就是这个道理。对于一般人来说，用诚去伪，才能够经营出支撑事业通天的人际关系。

九三爻辞是"升虚邑。"九三阳居阳位，当位失中，本质阳刚，容易惹事，按照《周易》的原理，三位为凶位，但是这一爻却没有"吉、凶、悔、吝"的占断辞，既然没有，那就是"吉"了。九三的吉来自多个方面：一方面，从九二的"有喜"来看，九二升的基础打得好，福及九三；另一方面，九三与上六是正应，与六四亲比，又与六五也相交合，六四与六五也都虚邑相迎，没有上升的阻力了，自然一往直前；再一方面，九三即将升入的上体是坤卦，坤为地、为邑、为国，九三本身又居下体巽卦的上位，巽为顺，为风，有虚象，九三既巽且顺，升进时如入无人之境，所以说"升虚邑"。九三又处在互震（九三、六四、六五）之中，震为雷，为动，往上升进，没有迟疑，所以《小象》说"升虚邑，无所疑也"。

此爻在人道层面上的智慧是：要警惕轻易逐利上升的局势。不仅意外之财，易生意外，就是联翩而来的好运也总是可疑的，好运和厄运交错而来是比较正常的情况。当一些桂冠、花环、金钱等虚名浮利不招自来时，你就升入了"虚邑"的境地，如果你仍执迷不悟，贪图这些虚名浮利，追求这些虚名浮利，占有这些虚名浮利，大难就要临头了。这就如同猎人给禽兽的食物一样，他并不是施恩，是为了取利。禽兽吃下了这些食物，付出的就是自己的生命。中国有句老话："神人无功，圣人无名。"意思是争夺名利是凡人的事，而真正的圣贤却不为名誉、金钱地位这些虚浮之事所累。生命之舟是载不动太多的虚名浮利的，为了追求虚幻的东西而失去了实在的生命是可悲的。

六四爻辞是"王用亨于岐山，吉，无咎。"六四阴居阴位，得正，是近君之大臣。六四上在互震（九三、六四、六五）中，震为诸侯，为祭器，所以说"王用亨"。六四下又在互兑（九二、九三、六四）中，兑为西，周文王的根据地"岐山"在西边。六四在上坤下巽之间，上和顺而下随顺。文王在得到大多数人的归心拥戴后，仍慎守其身，在岐山举行诸侯祭山川之礼，以臣下的身份服侍于殷，把一切功劳都归功于君王，不功高盖主，自然吉祥而没有咎害，所以说"王用亨于岐山，吉，无咎"。之所以"吉，无咎"，《小象》说得很到位，是"顺事也"。

此爻在人道层面上的智慧是：用赤胆忠心来维系领导对自己的信任。赤胆忠心是赢得领导者信任的根，具有无可衡量的永恒价值。对领导者赤胆忠心才能成为领导者的四梁八柱，领导者才能成为你的提携者和保护神，你才能脱颖而出。成功人士都能认识到对领导赤胆忠心的重要性，并以"王用亨于岐山，吉，无咎"的智慧践行一生，以对领导者的赤胆忠心作为跳板，从而跳向一个更高、更理想的发展平台。

六五爻辞是"贞吉，升阶。"六五是阴爻阳位，不当位则得中，所以"贞吉"。六五之所以能升到至尊的君位，关键是得到了九二刚中之臣的大力辅佐，可见，九二是六五必不可少的晋升阶梯。而六五身居君位，君临天下，委贤任能，成为天下人晋升的阶梯，所以说"升阶"。君臣与君民之间这种互为阶梯的关系，符合《周易》阴阳协调、刚柔并济的基本原理。在治政中君与臣的互相"借梯"，才能上下互动、政通人和，所以《小象》云："'贞吉，升阶'，大得志也。"

此爻在人道层面上的智慧是：让别人的长处成为自己成功的阶梯。做事情，不仅要把自己的资源发挥到极致，还要能够得到贤者的辅助，借梯上楼，才可以获得吉祥，达到上升的目的。用放大镜看别人的优点，用心经营别人的长处，取长补短，也是"升阶"的智慧。人生和事业最快捷的成功方式，就是周围有很多比自己更聪明的人在鼎力支持着你。鬼谷子说："智者不用其所短，而用愚人之所长；不用其所拙，而用其所工，故不困也。"意思是，有智慧的人不用自己的短处，而用愚人的长处；不用自己不擅长的地方，而用愚人的技巧之处，所以，做起事来就很顺利。领导者能够利用别人的优势，发挥别人的潜能，一步步向上攀登，必然会走向成功。

上六爻辞是"冥升，利于不息之贞。"上六阴处阴位，又处于升卦之上极，本质阴柔，面对"柔以时升"的发展势头已经终结、无可再升的境况，昏庸冥昧，知进而不知止，继续追升，这种"冥升"葬送了大好形势，造成了"消不富也"的后果。如果上六明升之事理，把外求上升之心用于向内提升自己的品德，并把这种反身修德的提升坚持不懈，就会大有增益，所以说"利于不息之贞"。

此爻在人道层面上的智慧是：事业的成功就源于坚持不懈。重要的不是从什么时候开始，而是开始以后不停止的坚持。即使在昏暗幽明的状态下，坚持不懈地努力也能不断地让自己得到提升。坚持力是人类最自然的天性，就像火总向上腾，石头总是向下落。坚持者常成，持续坚持者常至。坚持如同行路，"行十里者众，行百里者寡，行终生者鲜"。如果你不比别人坚持更久，你的价值也就不会比别人更高。事情往往呈现出这样的逻辑：坚持了你最不想干的事情之后，便可得到你最想要的东西。所以，无论什么人、干什么事业，都必须具有一种坚持不懈的精神。道理很简单，以全部精力去做事，不避艰苦，才能通向成功。乌龟的原理是：无论你走得多慢，只要你坚持走得够久，你就会领先。中国古人对坚持不懈的精神是十分提倡的，如郑板桥就曾经写过这样的诗句："咬定青山不放松，立根原在破岩中。千磨万击还坚劲，任尔东西南北风。"人世间诸事百业，哪一件都是坚持不懈后才能成功的。哥伦布就是靠这种坚持不懈的精神，在茫茫的大海上苦熬了两个多月，才发现了美洲新大陆。

困第四十七

【卦辞】

困：亨。贞大人吉，无咎。有言不信。

【白话】

困卦象征困顿：亨通。坚守正道、德高望重的人可获吉祥，没有灾殃。此时有所言语而没有人相信。

【象传】

《象》曰：困，刚掩也。险以说，困而不失其所，"亨"，其唯君子乎。"贞大人吉"，以刚中也。"有言不信"，尚口乃穷也。

【白话】

《象传》说：穷困，就是阳刚被阴柔所掩蔽。困卦下坎上兑，象征身处险境而心中保持和悦，遭遇困厄而不改其操守，就会不失"亨通"的前景，这大概只有君子才能做到。"坚守正道、德高望重的人可获吉祥"，是因为九二阳爻和九五阴爻分别居下、上卦之中位，象征阳刚者守中正之道。"此时有所言语而没有人相信"，这是因为崇尚空谈，所以才会在困境中更加困顿。

【大象传】

《大象》曰：泽无水，困。君子以致命遂志。

【白话】

《大象传》说：困卦下坎上兑，泽中无水，象征穷困。君子因此而宁可献出生命，也要实现自己的崇高志向。

【爻辞】

初六 臀困于株木，入于幽谷，三岁不觌（dí，见，相见）。

九二 困于酒食，朱绂（fú，古代祭服的饰带）方来，利用亨祀，征凶，无咎。

六三 困于石，据于蒺藜（jí·lí，一年生草本植物，果实有刺）。入于其宫，不见其妻，凶。

九四 来徐徐，困于金车，吝，有终。

九五 劓刖（yì yuè，古代割鼻截足之刑），困于赤绂，乃徐有说，利用祭祀。

上六 困于葛藟（lěi，藤类植物），于臲卼（niè wù，动摇不安的样子）。曰动悔，有悔，征吉。

【白话】

初六 臀部因触碰到露出地面的树桩而不能动弹，进入幽谷，三年不能见一线光明。

九二 因酒食过度而难受，荣禄刚刚到来，有利于举行祭祀活动，出征则有凶险，但最终没有灾殃。

六三 被石头绊倒，手按在蒺藜上被刺伤。回到家中，见不到自己的妻子，有凶险。

九四 缓缓而来，受到饰有金属的车子的困阻，有令人遗憾之事，但最终有好的结果。

九五 被割鼻砍足，受到有权势之人的折磨，但可以逐渐地得以摆脱困境，利于进行祭祀活动。

上六 被葛藤缠住，又处于不安定的状态，只要一动将招致悔恨，从而心中悔悟，出征则吉祥。

【小象传】

［初六］"入于幽谷"，幽不明也。

［九二］"困于酒食"，中有庆也。

［六三］"据于蒺藜"，乘刚也。"入于其宫，不见其妻"，不祥也。

［九四］"来徐徐"，志在下也。虽不当位，有与也。

［九五］"劓刖"，志未得也。"乃徐有说"，以中直也。"利用祭祀"，受福也。

［上六］"困于葛藟"，未当也。"动悔，有悔"，"吉"行也。

【白话】

［初六］"进入幽谷"，说明处在幽暗不明的场所。

［九二］"因酒食过度而难受"，因为九二阳爻居下卦之中位，坚守中道，所以有吉庆之事。

［六三］"手按在蒺藜上被刺伤"，是因为六三阴爻位于九二阳爻之上，阴柔者凌越阳刚者。"回到家中，见不到自己的妻子"，这就是不祥的征兆。

[九四]"缓缓而来",说明其心志是救援下层。九四阳爻居阴位,所处的位置虽不适当,但因与下应合,仍能得到他人的帮助。

[九五]"被割鼻砍足",说明其志向未能得以实现。"逐渐地得以摆脱困境",是因为九五阳爻居上卦之中位,守中正刚直之道。"利于进行祭祀活动",是因为这样做可以得到神灵的福佑。

[上六]"被葛藤缠住",是因为动作不当。"只要一动将招致悔恨,从而心中悔悟,出征则吉祥",说明往前进发可走出困境,就会出现吉祥的局面。

【推天道,明人事】

困卦的卦辞是"困,亨。贞大人吉,无咎。有言不信。"困是穷困、困境的意思。困卦坎下兑上,坎为水,兑为泽。坎水不在兑泽之中,而在兑泽之下,象征兑泽因为干涸而无水,有困乏之象,故谓之"困"。《序卦传》说:"升而不已必困,故受之以困。"升进到一定程度,最后必然遇到困境,所以接着出现了困卦。在困境中,能够坚守正固,就会出现转向通达的契机,不会有咎害。而坚持正固则是德高望重者所具有的人格,本卦中的九二、九五阳爻居中位,就是这种人,所以说"亨。贞大人吉,无咎"。但是,在穷困的环境下虽然能够安于穷困,坚守正道,没有灾难,但是九二的阳爻被初六、六三、上六的阴爻所掩蔽,象征君子被小人遮掩,君子所说的话不会被人相信,所以说"有言不信"。

困卦的《象传》对卦辞的含义作了层层释义。困卦的九五为上六所掩,九二为六三所掩,这种"刚掩也"正是"困"的缘由。困卦下坎为陷,为险,上兑为悦,即是"险以说",这是因为九五与九二都能坚守中位,不失其中正之德,才能通达的,所以说"困而不失其所,'亨'"。这也只有君子才能做到身处逆境仍能保持乐观精神,所以说"其唯君子乎"。《周易》中阳爻有位则称大人,九五与九二都居中位,能够保持刚毅中庸的德行,所以是"'贞大人吉',以刚中也"。陷身于困境中,困的上卦兑又为口,并在全卦的终位,前无去路,多言巧辩会使自己更加穷困,所以说"'有言不信',尚口乃穷也"。这时就要隐忍,沉默是金。

君子观"泽无水"的卦象,就应该懂得,在处境艰难中,要尽心竭力地去改变穷困的处境,甚至不惜牺牲生命,也要实现自己的心志,完成承担的使命,这就是《大象》所强调的"君子以致命遂志"。

初六爻辞是"**臀困于株木,人于幽谷,三岁不觌。**"初六象征臀部,初六本质阴柔,亲比于九二,与九四正应,客观上存在着以柔附刚的有利条件,可以借助于两刚的援助使自己摆脱困境。但是初六阴居阳位,不去以柔附刚,反而以质柔用刚,又与六三联合起来以柔掩刚,结果臀部被木桩缠住,亦即"臀困于株木"。初六又居于下体坎卦之下,坎为陷,为险,象征初六已经困于幽深的山谷之中,所以说"人于幽谷"。幽谷为阴暗之所,见不到光明,这就是"三岁不觌",所以《小象》云:"'人于幽谷',幽不明也。"

<u>此爻在人道层面上的智慧是:</u>如果自身不强大,陷入困境就很难脱身。俗话说:"墙头上的草立不住根""打铁还需自身硬"。在黑暗的困境中,没有才识只凭胆识盲目躁动,就会使自己在"臀困于株木"的困境中越陷越深,难以自拔。明朝的梦龙在《警世通言·李谪仙醉草吓蛮书》中说:"石卵不敌,蛇龙不斗。"意思是,鸡蛋敌不过石头,长虫(蛇)斗不过神龙。两个简单的比喻说明了一个道理:斗争的双方如果力量悬殊,强弱差别太大,就不能抗衡,否则,会让你陷入万劫不复。只有坚定志向,勤奋努力,增长才干,强大自己,才能以正确的行动前进,脱离黑暗,迎接光明。

九二爻辞是"**困于酒食,朱绂方来,利用亨祀,征凶,无咎。**"九二以刚居中,是一个有阳刚之气、有志向的大臣,但是九二在下卦坎中,坎为水,引申为酒,又在困卦之时,所以九二想施展自己的抱负还施展不开,那就只好以喝喝酒、吃吃饭来消磨时间,等待时机,所以说"困于酒食"。九二虽处困境,但是得到了九五之君的主动相求,赏赐荣禄,就是"朱绂方来"。九五和九二君臣之间建立在至诚的基础上,如同主持祭祀时要以虔诚之心感通神灵一样,所以说"利用亨祀"。如果九二主动去追求九五的赏赐,就有损刚中之德,就有"征凶"之险,但九二能够奉行中道,不仅"无咎",还获得了福庆。所以《小象》说"'困于酒食',中有庆也"。

<u>此爻在人道层面上的智慧是:</u>处在困境中更要坚守刚中之德。对困有不同的理解,"小人以身穷为困,君子以道穷为困"。临患难,处困境,德之深浅,君子、小人自然可辨。小人因品行不端,不是因为山高,而是因为腿软,会于穷困之中堕落。孔子说:"小人穷斯滥矣。"君子则相反,君子在穷困之中

不坠青云之志，守德如一，并把穷困视作是自己深度修炼的老君炉，像海水敢于进击礁石那样激起美丽的浪花，困穷终通，虽"征凶，无咎"。在困境中坚守刚中之德的人，登上了山巅，可能是伤痕累累，但他领略的却是无限风光。

六三爻辞是"困于石，据于蒺藜。入于其宫，不见其妻，凶。" 六三以阴爻居刚位，不中不正，又对九二乘刚，错误地采取了以柔掩刚的行动，当其向上欲围困九四时，被坚如磐石的九四所困，所以说"困于石"；当其向下欲围困九二时，九二之阳刚会像手按在蒺藜上被刺的伤痕累累，所以说"据于蒺藜"。六三与上六又是敌应，即便回到家中也见不到妻子，这就到了极端凶险的境地，所以说"入于其宫，不见其妻，凶"。《小象》把六三所处的这种困境，称之为"不祥也"。

此爻在人道层面上的智慧是：在凶险的境地躁动妄行就会自取其灾。中国有句古语："循道而不贰，则天不能祸；背道而妄行，则天不能使之吉。"意思是，遵循事物的规律不违背它，那么天就不能给他带来灾祸；违背事物的规律随意行事，那么天就不能使他吉祥。处困之道在于静守待变，最忌躁动妄行。《系辞传》说："非所困而困焉，名必辱；非所据而据焉，身必危。"躁动妄行，就是所为之事不宜为，所居之位不宜居，这是既不德又不智的，必然会跌入"据于蒺藜"般的更深困境，甚至带来无妄之灾，用《系辞传》上的话来讲就是："既辱且危，死期将至"。

九四爻辞是"来徐徐，困于金车，吝，有终。" 九四阳爻居阴位，不正又不中，虽与初六正应，九四与六三亲比，又与初六正应，但初六、六三都在九四之下，故《小象》曰"志在下也"。九四又在互巽（六三、九四、九五）中，巽为进退，九四下应初六的行动缓慢，欲行还止，所以说"来徐徐"。初六亲比于九二，九二就像一辆金车挡住了自己与初六正应的去路，而且六三至上六又是互大坎卦（六三、九四、九五、上六），九四变卦也为坎卦，坎为车，为金，所以说"困于金车"，并由此而"吝"。尽管初六亲比于九二，但毕竟还是与九四"有与也"，所以最后初六回归到九四身边，欢合团聚，使九四转困为亨，所以是"有终"。

此爻在人道层面上的智慧是：人世间没有绝境，只有绝望。即使在"困于金车"的绝境中，只要有必胜的信心和坚持精神，就一定能够走出绝境。绝境是为生活中的强者而设，为了生命更加辉煌和恒久，强者在诸多的绝境面前，具有必胜的信心和坚持的精神，在与绝境的挑战和抗争中锻炼自己的能力，充实自己的能量，突破绝境，赢得真正的成功。人只有绝望了，才会真正陷入绝境。卡莱尔说："从整体上说，坚持和力量完全是一回事。"不论是做人还是做事都要有信心，学会坚持，选准了方向就要有坚持的执着精神，想要达成目标，就必须具备这种坚持精神。俗话说："铁经百炼始成钢，石历千雕方成玉。"德国诗人席勒说过："只有恒心可以使你达到目的。"牛顿也说过："一个人如果做事没有恒心，他是任何事情也做不成功的。"

九五爻辞是"劓刖，困于赤绂，乃徐有说，利用祭祀。"九五处于至尊的君位，掌握了最高权力，但是九五以阳居阳，没有刚而柔的谦逊品德。在穷困之时，用其刚壮，人民就不会来归附；人民不来归附，就采用高压手段，施用如"劓刖"的酷刑，就会促使众叛亲离的不利形势越来越严重，所以《小象》云："'劓刖'，志未得也。"九四近君大臣也过于用刚施以暴政，君王因此感到困顿忧伤，这就是"困于赤绂"。但是，九五是刚而得中，能够奉行中道，犯了错误，不是顽固到底，而是迷途知返，改而推行徐缓的宽松政策，使困境逐渐摆脱，所以说"乃徐有说"，《小象》也说："'乃徐有说'，以中直也。"君王此时应开展祭祀活动，以至诚之心祈求上苍赐福天下，所以说"利用祭祀。"

此爻在人道层面上的智慧是：君王应该在礼乐和仁爱的氛围中治理天下。君视臣如草芥，臣视君如寇仇。霸道和气焰产生的压服是不可能持久的，臣民表面上沉默无事，但是一旦时机成熟，便会反目相向。处于上位的统治者不能以残酷的手段治理下民，否则必将使自己众叛亲离，成为孤家寡人。只有守持正道，以谦逊的品德做天下人的表率，才能取得民心；"利用祭祀"，施行礼乐和仁爱，民众才会归附，才可得到吉祥。这就是商汤以方圆七十里的土地，周文王仅凭方圆百里的土地便使天下归服的原因。

上六爻辞是"困于葛藟，于臲卼。曰动悔，有悔，征吉。"上六居于困卦的上位，阴居阴位，阴柔之极却乘凌九五、九四二刚，前进没有通路，后退也没有出路，行则如同"葛藟"缠绕而受困，居则如"臲卼"惶恐不安，上九的困难处境已经发展到了极点了，这些都是盲目妄动带来的不幸，所以是"曰动悔"。但是，如果上六能够对自己动则"有悔"，进行深自反省，就可以由悔生悟，做出合理的对策选择，找到一条摆脱困难的途径，转困为亨，这就是"征吉"。从卦象上看，上六居困之极而乘于刚，下无应与，行则："未当也"；物

穷则思变，困则谋通，向前征发就是走出困境的"吉行也"。

此爻在人道层面上的智慧是：身临困境而不深自反省就盲目行动，是不可救药的迂腐。自省是对自己最大的帮助。反躬自省是走出困境通向成功的途径，并引至生命和事业到达崇高境域。拿破仑说："不会从失败中寻找教训的人，他们的成功之路是遥远的。"海涅也说过同样有哲理的话："反省是一面镜子，它能将我们的错误清清楚楚地照出来，使我们有改正的机会。"处在困境之中，不可贸然行动，一定要时时"有悔"自己以往陷入困境的行动，吸取教训，以乐观的态度面对困境，不向厄运低头，以理性的心智积极寻找战胜困难的路径，再采取"征"的行动，最终会获得"吉"祥。

井第四十八

【卦辞】

井：改邑不改井，无丧无得，往来井井。汔（qì，接近）至亦未繘（jú，出）井，羸（léi，受阻，破坏）其瓶，凶。

【白话】

井卦象征水井：村邑改变而井不改变，既没有失去什么，也没有得到什么，人们来来往往从井中汲水。汲水时，快到而尚未拉出井口，以致汲水的瓦罐在井中碰坏，有凶险。

【象传】

《象》曰：巽乎水而上水，井。井养而不穷也。"改邑不改井"，乃以刚中也。"汔至亦未繘井"未有功也。"羸其瓶"，是以凶也。

【白话】

《象传》说：井卦下巽上坎，坎为水，顺着水的渗性而往地下开孔把水汲上来，这就是水井。井水养育人民，其功德无穷。"村邑改变而井不改变"，是因为井卦的九二阳爻和九五阳爻分别居下、上卦之中位，具有刚正、中直、守恒的品德。"汲水时，快到而尚未拉出井口"，说明此时水井并未完成施惠于人的功用。"汲水的瓦罐在井中碰坏"，无水可饮，所以才说有凶险。

【象传】

《大象》曰：木上有水，井。君子以劳民劝相。

【白话】

《大象传》说：井卦上巽下坎，用木制器具把水汲上来，象征水井。君子因此而鼓励民众勤劳，并劝导他们互助互养。

【爻辞】

初六 井泥不食，旧井无禽。

九二 井谷射鲋（fù，小鱼），瓮敝漏。

九三 井渫（xiè，疏通，掏去污泥使水洁净）不食，为我心恻。可用汲，

王明，并受其福。

六四　井甃（zhòu，砌垒，修治），无咎。

九五　井洌寒泉，食。

上六　井收勿幕。有孚，元吉。

【白话】

初六　井水中有污泥沉积，不能饮用。废弃的旧井，连禽鸟都不飞临。

九二　射击井底穴隙中的小鱼，汲水用的瓮破裂漏水。

九三　井水治污清洁，而没人饮用，使我感到伤心。这是可以汲取饮用的井水，君王圣明，使大家一起同享井水的福泽。

六四　修砌加固水井，没有灾殃。

九五　井水清洌，犹如寒泉，可以饮用。

上六　井用来汲水的功事已经完成，不要把井口盖上。心怀诚信，至为吉祥。

【小象传】

［初六］"井泥不食"，下也。"旧井无禽"，时舍也。

［九二］"井谷射鲋"，无与也。

［九三］"井渫不食"，行"恻"也。求"王明"，受福也。

［六四］"井甃，无咎"，修井也。

［九五］"寒泉"之"食"，中正也。

［上六］"元吉"在上，大成也。

【白话】

［初六］"井水中有污泥沉积，不能饮用"，是因为初六阴爻居一卦之最下位，所处的位置十分卑下。"废弃的旧井，连禽鸟都不飞临"，说明此时该井已被人们舍弃不用。

［九二］"射击井底穴隙中的小鱼"，是因为缺乏上方人的应合援引。

［九三］"井水治污清洁，而没人饮用"，这种行为是令人伤心的。祈求"君王圣明"，是为了享受福泽。

［六四］"修砌加固水井，没有灾殃"，说明这是修井的美德。

［九五］"犹如寒泉""可以饮用"，是因为九五阳爻居上卦之中位，有中正之德。

[上六] 居于上位的人"至为吉祥",在于将美德发扬,说明此时大功告成。

【推天道,明人事】

井卦的卦辞是"井,改邑不改井,无丧无得,往来井井。汔至亦未繘井,羸其瓶,凶。"井是指能够汲水提引而上的建筑,引申为人口聚集地,或乡里、家宅等。井卦巽下坎上,巽为木,坎为水,木上有水,既然水在木之上,这就说明木体内有水分浸润并由根茎向上运行,正如井水被汲取提出一样,故谓之"井"。《序卦传》说:"困乎上者必反下,故受之以井。"困境发展到一定阶段后,一定会回到下边,所以紧接着就是井卦。从卦象上看,井卦是由泰卦的初九与六五换位变来的,泰卦上卦为坤,坤为地,为邑,换位后由坤变成坎,坎为水,邑没有了而水出现了,象征村落可以迁移而井不随之改变,就是"改邑不改井"。泰卦初九变井卦的九五,虽然下卦失去了一个阳爻,但得到了上卦一个尊位,就像井水总是保持固定的水量一样,可算是"无丧无得"。井水始终保持不干涸枯竭、不盈满外流的常态,人们就能来来往往汲水,是为"往来井井"。井卦下巽为绳直,以绳系陶罐入井取水,但是,还未把"瓶"提出井口,瓶罐就撞上了井壁,碰坏倾覆了,有凶险,所以说"汔至亦未繘井,羸其瓶,凶"。

井卦的《象传》对卦辞的含义作了含弘广大的阐发。井卦巽下坎上,坎为水,巽为入,进入水中,把水汲上,就是井,所以说"巽乎水而上水,井"。井以水养人,而汲之不尽,所以是"井养而不穷也",村邑改变,而井不改变,是因为九二与九五两个刚爻居中位,不必移易,所以说"'改邑不改井',乃以刚中也"。井中取水,只要未出水口,就会徒劳无功,所以说"'汔至亦未繘井',未有功也"。操作不当,使水瓶翻覆破裂,这就会带来凶险,所以说"'羸其瓶',是以凶也"。

君子观"木上有水"的卦象,得到的感悟是鼓励民众勤劳,劝导民众相互协作,共同发展生产,改善生活,这就是《大象》所强调的"君子以劳民劝相"。

初六爻辞是"井泥不食,旧井无禽。"初六阴处阳位,不中不正,又处在井卦的下位,与在上之六四没有结成正相应关系,没有上升的援引之力,象征

着无德的小人，就只能寄居于社会的底层，没有作为。从物象上讲，就好比一口年久失修的旧井，井底只有污泥，当然不能供人食用，连禽鸟都不来光顾，就是"井泥不食，旧井无禽"。从卦象上看，初六最在井底，上又无应，《小象》曰："下也"；初六对应六四，六四阴爻为虚，井卦以三阳为井水，以三阴为井身，井身已久弃不治，沉滞滓秽，井泥之水才不可食，《小象》曰："时舍也"。

<u>此爻在人道层面上的智慧是：</u>道德和才干是一个人走向社会的基石。道德体现的是人格的力量，才学体现的是知识的力量。古人云："有才智而无德望以镇之，则未足以服天下之心；有德望而无才智以充之，则未足以办天下之事。"一个人要成为对社会有用的人，必须注意提升自己的道德水平，增长自己的知识和才干。如果一个人无德又无才，也不迁善改过，就必然会被时代所淘汰。天下第一要事、好事就是提升自己的道德、增加才干，谁不想虚度自己的一生，谁就必须不断地累积自己的道德和才干。

九二爻辞是"井谷射鲋，瓮敝漏。"九二刚而得中，是一个具有刚中之德的君子，但是九二与九五敌应，所以没有援引，故《小象》云："无与也"。于是转而向下去亲比初六，形成"井谷射鲋"的现象。九二在互兑（九二、九三、六四）中，兑为口，为毁；九二还上临互离（九三、六四、九五），离为大腹，大腹有口为瓮，但已毁折；九二又居下体巽卦的中位，巽下有缺，有漏损之象，所以说"瓮敝漏"。

<u>此爻在人道层面上的智慧是：</u>要学会用借功来发展事业。独木难成林，一个人的力量再大，不借助于外力，也是不能成就事业的。古人讲："智者，当借力而行。"聪明的人或组织不仅要眼睛向内，挖掘自身的发展潜力，依靠内力来发展自己，而且要眼睛向外，寻求外部的支持援助，借助于人、社会和自然的力量和资源来提升事业。历史上的许多大赢家都会善用"借功"。在天文学中，月亮本身并不发光，它的光是通过太阳折射而形成的。在武术功法中，借力打力就达到了出神入化的地步。作为一个领导者，更应该懂得"借"力而行的精髓。唐太宗曾经这样评论过隋文帝："此人秉性极为精细，可是头脑并不明智，头脑糊涂则思考问题就阻塞不通，过分的精细就对事情多有怀疑。所以他会以为天下人都不可信，凡事都亲自决断，既劳心费力，又没有把事情办得全部合理。大臣们既然知道了皇上的心意，也就不再敢直言不讳，天下这么广大，事务如此繁多，怎么能由一个人独自决断呢？"可见，唐太宗是深知要想成就一番大事业，是不能孤军奋战的，必须善于借助别人的力量。比尔·盖

茨也说："一个人永远不要靠自己一个人花100%的力量，而要靠100个人花每个人1%的力量"。

九三爻辞是"井渫不食，为我心恻。可用汲，王明，并受其福。"九三以阳居阳，当位得正失中。九三虽与上六正应，但上六阴居阴位，资质柔弱，无力援助九三，九三又在下卦巽中，巽为股，就如水未出井口，不得为人食用，所以说"井渫不食"。九三面临上卦坎，坎为心病，为加忧，这就是"为我心恻"。实际上井水是可以汲取上来的，所以说"可用汲"。九五是君王，九三与九五都在互离（九三、六四、九五）中，离为火，为明，所以"王明"。君王英明，能够发掘和任用人才，天下人就会共同受福，这就是"并受其福"。《小象》说"求'王明'，受福也。"

此爻在人道层面上的智慧是：善于发现人才和合理使用人才，这是领导者成熟的一个重要标志。人才是立国之本，立业之基。功以才成，业由才广。"文景之治""贞观之治""开元盛世""康乾盛世"等并称为封建社会的太平盛世，在每一个繁荣盛世的背后，都离不开人才的选拔和任用。选人是任人的基础和前提，选人是发现和挖掘人才的优秀品质和潜在价值的过程，这是一个"剖石为玉，淘沙为金"的复杂过程。水晶刚出土时，黑乎乎的，若据此判断是废物，就会错失了宝贝。人才在没有条件彰显才能创造业绩之前，是很难被看出来是人才的，这就需要"王明"领导者的慧眼去发现。任人就是让人才的能级能质与岗位的能级能质相匹配，激发人才的潜质，最大限度地发挥人才的潜能，以创造出最好的业绩。我国古代有位监工很懂得"岗能匹配"的道理。他让腰粗的人背土——不伤力；让腿粗的人挖土——有劲；让驼背的人垫土——弯腰不吃力；让独眼龙看准绳——不分散注意力。刘邦让韩信率兵打仗，冲锋陷阵；让张良运筹帷幄，出谋划策；让萧何管理钱财，镇抚百姓，使这三个人的素质能力与岗位相匹配，帮助刘邦建立了汉朝基业。思以引而不竭，才以用而日生。善于发现人才和合理使用人才，就会获得源源不断的人才优势，正所谓："用一贤人而群贤毕至，相一良马而万马奔腾"。相反，有了人才不用，人才队伍一定会衰退，所领导的事业也就会一败涂地，楚霸王项羽是也。项羽心胸狭窄，不能包容和合理使用人才，人才都离他而去，本来张良、陈平、韩信等人都是项羽队伍中的人，后来都跑到刘邦那里，并成为灭项羽的中坚力量。

六四爻辞是"井甃，无咎。"六四以阴居阴，虽履位得正，居于近君大臣

之位，但缺少阳刚济世之才，承担不起重任，难以免咎害。但六四自身得正，又与九五相承，有自知之明，认识到自己德薄才短，就修德进业，加强自己的薄弱环节。六四的举动就好比用砖石垒固维修井壁一样，修修补补井还可以用，不会有灾祸，所以说"井甃，无咎"。从卦象上看，六四为互离（九三、六四、九五）中爻，坤土遇离火而得陶瓦，六四用陶瓦修井喻君子修德，故《小象》云："修井也"。

此爻在人道层面上的智慧是：不断加强改善自己薄弱环节的人便是登上成功最高峰的人。俗话说："绳在细处断，冰在薄处裂。"任何事物都是由局部构成整体、由细节构成过程。局部出现薄弱，细节出现软肋，都会把整体和过程切割捣碎。为了强化整体和过程的统一性和功效性，必须把木桶的短板拉长，把薄弱的细节扎紧捆牢。人亦如此，要善于发现自己的薄弱环节，及时进行"井甃"式的修缮加固，这样才能使自己德艺双馨，迈向更大的成功。永远记住：拉链的强度不是由最强的那个环节决定的，而是由最弱的那个环节决定的。

九五爻辞是"井洌寒泉，食。""井洌寒泉"就是新鲜甘洁、清凉寒爽的最好井水，当然可以"食"用。九五以阳刚居中守正，是德才兼备的有为之君，以其中正之德广施于天下，为民造福，这就如同这洁净清凉的井水供人饮用，这才是掌握了最高政治权力的君王，得到了中道后所达到的真正高的境界，所以《小象》说："'寒泉'之'食'，中正也。"

此爻在人道层面上的智慧是：中正之德是君王不能打半点折扣的仁德。德才兼备者才配居于君王的位置。君王要成为仁德之楷模，身体力行。君王用诡诈的手段来鉴别自己下属的忠奸，就违反了中正之德。贞观元年，有位外地大臣上书唐太宗请求清除朝内的奸臣，当此人进京后，唐太宗就问他："谁是奸臣？"这位大臣说："臣远在外地，不能确定谁是奸臣。但我肯定朝中有奸人，陛下不妨故意说错一件事，而且装作固执己见来试验大臣们的态度，那些敢于进谏的就是忠直之臣，那些巧言迎合的就是谄媚奸臣。"唐太宗听后说："君主是源，臣下是流，如同江河。江河的源头若混浊了，就不能要求下游的流水清澈。君主自己诡诈，怎么能责备大臣不忠直呢？我是以至诚来治理天下的，看到前代有些帝王用权谋诡诈来驾驭臣子，实在觉得是一种可耻的行径。"听了这话，这位大臣十分尴尬。

上六爻辞是"井收勿幕。有孚，元吉。"上六处于井之上极，至于井口，柔爻居阴位，得正，又与九五亲比，水井功成，故《小象》云："大成也"。井水清澈，取之不尽，用之不竭，这时不要盖上井盖，邑人可受福泽，就是"井收勿幕"。诚心诚意地任公众享用，这种广施于人的作为，大善大吉，所以说"有孚，元吉"，《小象》也说："元吉在上"。

　　此爻在人道层面上的智慧是：广施于人的慷慨能获得成功与幸福。鸟美在双翼，人美在善举。唐代史学家姚思廉在《梁书·敬帝纪》说："布德施惠，悦近远来。"意思是：执政者能遍行德政，广施恩惠，就能使近居之民欢悦，远方之民来归。威·沃尔什说："慷慨的行为就是它本身的报酬"。约·霍姆也说："慷慨是真正的智慧"。人生最大的美德莫过于慷慨施善，最大的快乐莫过于助人为乐。无论是领导者还是普通人，都要注意修身养性，"改邑不改井"，始终保持中正之德，扬慈帆，驾善舟。施惠比受惠更令人愉快，在拥有共享资源的时候，要抛弃狭隘的观念，学会与他人分享，不断地增进公共利益与福祉。这样"井收勿幕"滋养济人的行为折射出的是一个人的品行与素质，做到了滋养济人，把你的资源让大家分享，你就会因为慷慨而获得成功与幸福，攀上生命的最高枝。

革第四十九

【卦辞】

革：已日乃孚。元亨，利贞，悔亡。

【白话】

革卦象征变革：多日谋划、适时变革才能对改革表示出诚信。大为亨通，利于坚守正道，没有悔恨。

【彖传】

《彖》曰：革，水火相息，二女同居，其志不相得，曰"革"。"已日乃孚"，革而信之。文明以说，大"亨"以正。革而当，其"悔"乃"亡"。天地革而四时成，汤武革命，顺乎天而应乎人。革之时大矣哉！

【白话】

《彖传》说：革卦下离上兑，象征着水和火相息相灭而互相克制；离为中女，兑为少女，象征着两个女子同居在一起，她们志趣不能投合，终将产生变故，这就是变革。"多日谋划、适时变革才能对改革表示出诚信"，这样在变革时能得到人们的信服。离为文明，兑为悦，象征在上位者推行文明执教，民众高兴和悦，因为守持正道而大为亨通。变革的时机和措施稳妥得当，自然不会有后悔的事情。天地的变革而使一年四季更替；商汤王和周武王发动推翻夏桀和商纣暴政的变革，既顺从天命，又合乎民心。变革时机的选择具有多么重大的意义啊！

【大象传】

《大象》曰：泽中有火，革。君子以治历明时。

【白话】

《大象传》说：革卦下离上兑，泽水中有火，象征急需变革。君子因此而修治历法，明确时序变化。

【爻辞】

初九　巩用黄牛之革。

六二　已日乃革之，征吉，无咎。

九三　征凶，贞厉。革言三就，有孚。

九四　悔亡，有孚改命，吉。

九五　大人虎变，未占有孚。

上六　君子豹变，小人革面，征凶，居贞吉。

【白话】

初九　像用黄牛皮制成的绳索捆束一样的牢固。

六二　多日谋划后再果断推行变革，出征则吉利，没有灾殃。

九三　行动过急有凶险，顽固保守也有危险。关于变革的言论要多次与人讨论，达成一致再施行，并要有诚信。

九四　没有悔恨。取得民众的信赖，革除不合天命的旧制度，吉祥。

九五　伟大的人像虎一样威猛地推行变革，不用占问就知道此举必能取得民众的充分信任。

上六　君子像豹一样灵活迅速地推行变革，小人洗心革面。出征有凶险，正确地改革才会吉祥。

【小象传】

[初九]　"巩用黄牛"，不可以有为也。

[六二]　"已日革之"，行有嘉也。

[九三]　"革言三就"，又何之矣。

[九四]　"改命"之"吉"，信志也。

[九五]　"大人虎变"，其文炳也。

[上六]　"君子豹变"，其文蔚也；"小人革面"，顺以从君也。

【白话】

[初九]　"像用黄牛皮制成的绳索捆束一样的牢固"，说明此时不可有所作为。

[六二]　"多日谋划再果断推行变革"，说明准备充分的变革将带来值得庆贺之事。

[九三]　"关于变革的言论要多次与人讨论，达成一致再施行"，说明这样就不会走错路。

[九四]　"革除不合天命的旧制度"而获"吉祥"，是因为取信于民，抱负得以施展。

[九五]　"伟大的人物像虎一样威猛地推行变革"，说明伟大人物的德行

像虎身上的斑纹一样光彩显耀。

［上六］"君子像豹一样灵活迅速地推行变革"，说明君子的德行像豹身上的斑纹一样蔚然成彩。"小人洗心革面"，说明他能顺从君主的变革。

【推天道，明人事】

革卦的卦辞是"革，已日乃孚。元亨，利贞，悔亡。"革就是改革、变革。革卦下离上兑，离为火，兑为泽，泽中有火。火由下往上燃烧，泽由上往下滋润，离火太烈则泽水干涸，兑泽溃决则离火熄灭，两者相克而不相得，有变革之象，故谓之"革"。《序卦传》说："井道不可不革，故受之以革。"井使用久了，必须进行淘修改善，所以井卦之后是革卦。变革，必须在时机成熟，就是盛极而衰必须变革的时候，实施变革行动才能够对改革表示出诚信，并由此取得民众的信赖与支持，所以说"已日乃孚"，革卦下离为明，上兑为悦，进行明智和使人信服的除旧布新的改革，具备元始、亨通、祥和、坚贞的德性，所以说"元亨，利贞"。变革是一项非常行动，对人们的思想、习惯、利益都会有着不同以往的触及，又没有现成的经验可以借鉴、现成的模式可以套用，需要大胆的"试"和"闯"，这就难免会发生一些后悔的事件，可是秉承"元、亨、利、贞"这四项德性，就可以使后悔的事件消除，亦即"悔亡"。

革卦的《彖传》对卦辞的含义作了深入系统的解析。从革卦的卦象上看，革卦下离上兑，是水居于火之上，是企图把火熄灭，所以是"革，水火相息"。离又为中女，兑又为少女，二女同居，同性相斥，心志不能相合，在这种各有归宿、不能继续的情况下，必须进行变革，所以说"二女同居，其志不相得，曰'革'"。改革时机成熟，才能得到民众的信服和赞成，就是"'已日乃孚'，革而信之"。革卦下离为文，上兑为悦，是"文明以说"，九五与六二居中守正，彼此又阴阳正应，非常通达，所以说"大'亨'以正"。革卦是大壮卦的六五与九二换位而成的，上下交流后阴阳都得正，象征一切改革都步入正道，后悔之事也将消除，所以是"革而当，其'悔'乃'亡'"。天地之间，阴阳二气的交流总是处于变革消长之中，由此形成了四季循环往复的变化，促进万物生长发育；人世之间，商（殷）汤王和周武王以顺天时，因应民心，革了失德的夏桀和商纣的天命，把社会的发展重新导向正轨，所以说"天地革而四时成，汤武革命，顺乎天而应乎人"。可见，革卦所显示出的"时义"真是太伟大了，所以说"革之时大矣哉"。

君子观"泽中有火"的卦象，应该研究天文历法知识，探明四时变化的规律，指导民众据以耕种作息，领导社会依时序而变更，这就是《大象》所强调的"君子以治历明时"。

初九爻辞是"巩用黄牛之革。" 初九阳爻居阳位，当位得正，上比于六二，宜于上进，变革的动力强，但是初九居于革卦的最下位，是变革的初始阶段，初九归于下体离卦，离为黄色，为牛。初九又有皮革之象，面对强大的保守势力的束缚，初九就像被黄牛的皮革紧紧捆住一样，迈不开改革的步子，所以说"巩用黄牛之革"。《小象》说："'巩用黄牛'，不可以有为也。"意思是在改革的时机不成熟时，绝对不能作"有为"的盲动。

此爻在人道层面上的智慧是：改革既要谨慎开局，又要控制好整个过程中的变局。改革是打破常规的思维和行为，改革之初，必然遭到保守势力的强大抵制，这就是"巩用黄牛之革"。因此。改革必须迈好开局的第一步。改革必须具备时机条件，急于变革，必然会招致失败。这里的关键是要夯实变革的基础，把握好变革的时机，谨慎开局。能够准确地预测即将出现的局势变化，能够洞悉左右矛盾和关系，智慧地控制整个变局，使变革环环相扣、前后贯通，这是非常重要的改革成功的法则。

六二爻辞是"巳日乃革之，征吉，无咎。" 六二阴爻居阴位，又中又正，变革的时机已经成熟，可以进行变革，所以说"巳日乃革之"。但是，六二为阴，本质是顺，不能做发动变革之主，六二上有九五正应，九五是阳刚中正之君，是发动变革之主，六二前往援助，上辅国君，下济世民，这是吉祥的，不会有过错，所以说"征吉，无咎"。六二在互巽（六二、九三、九四）中，巽为近利市三倍，适时行除旧布新的改革壮举，必大有成效，所以《小象》说"'巳日革之'，行有嘉也"。

此爻在人道层面上的智慧是：改革事业的推进必须从长计议和选择时机。改革是兴利除弊的壮举，但积弊的形成，非一日之患。因此，兴利不要太急，要左顾右盼；除弊不要太骤，要长思远虑，如同下棋一样，不看三步不捏子儿。改革事业的推进过程中，选择好了良机，就意味着选择了成功。过早了是冒险，成本太高，而且容易出现变故；迟了丧失良机，变革就很难彻底；"巳日乃革

之"的适时变革，在大家都乐于看到变化的时候进行变革，事半功倍。

九三爻辞是"征凶，贞厉。革言三就，有孚。" 九三阳居阳位，但刚而不中，又处于离火之上极，性格躁动，行为鲁莽。九三也在互乾（九三、九四、九五）中，乾为刚进，以这种激进的行为推进改革，只能导致凶险，所以说"征凶"。九三上临兑卦，兑为毁折，有革事危厉之象，故谓之"贞厉"。怎样才能取得改革事业的成功呢？就是要"革言三就，有孚"，涉及变革的言论和纲领要再三地思考，反复论证，尽可能地反映民众的利益和要求，取信于民，各项具体改革措施要切实可行，并经过多次宣传，得到广大民众的赞成和支持。只有这样，推进改革才能取得圆满的成功，别无其他成功之路可走，所以，此爻《小象》云："'革言三就'，又何之矣。"

此爻在人道层面上的智慧是：改革方案要求得科学性和可操作性的统一。改革之时，要行改革之举。但是改革意味着对原有的体制机制、权力配置、利益关系、社会秩序乃至人们的生活习惯、思维方式、价值观念进行新的调整，因此，为了保证改革的成功，对改革的纲领、措施的出台不能一蹴而就，不能掉以轻心，要"革言三就"，多次研究，反复论证，以求得科学性和可操作性的统一，这样才能够使改革行进在正确的方向上，赢得民众的信赖和支持，取得最终的成功。

九四爻辞是"悔亡，有孚改命，吉。" 九四已至上卦，阳居阴位，与初九敌应，九四又处于离火、兑水二体交接处，矛盾到了不可调和的程度，必须除旧布新。九四位近九五君王，得位，得时，能够肩负起改革的责任。九四顺应下卦三爻的变革要求，大力推进变革，所以说"有孚改命"，九四又质刚而用柔，不保守，不激进，改革的政策和措施稳妥，让天下人信服，改革取得了成功，所以"悔亡"，有"吉"。九四又处在互巽（六二、九三、九四）中，还处在上兑卦的下位，巽为随顺，兑为喜悦，表征九四改革的成功，是他的心意获得了上下信赖，所以《小象》说"'改命'之'吉'，信志也"。

此爻在人道层面上的智慧是：变革创新才能使自己所从事的事业活力无限。世间万事万物都处在发展变化之中，"明者因时而变，知者随事而制。"你处在一个日新月异的变化时代，不能突破习惯的思维定式来思考问题，解决问题，墨守成规或者画地为牢，那你就是思想的囚徒，只能是自我扼杀，被时代所遗弃。万物皆流，变革才是生命的法则。没有创新，时代的轮船将停滞不前。

审时度势，"有孚改命"，摒弃不合时宜的旧观念，冲破制约发展的旧框框，通过变革而与时俱进，才能有更广阔的发展空间和更加充足的发展动力源，让所从事的事业具有勃勃生机。在这个世界上，没有任何一样东西能比变革创新性的工作更让人士气昂扬的。歌德曾经说过："我们必须不断变革创新，充满青春活力；否则，就会变得僵化。"

九五爻辞是"大人虎变，未占有孚。"九五以阳居阳，得位履正，刚而得中，是至尊之位，所以称为"大人"，即主持变革的最高领导者。九五之君领导的改革事业"顺乎天而应乎人"，合乎"已日乃孚，革而信之""文明以说，大'亨'以正"的要求，特别是合乎人民的愿望。到了这个阶段，领导者就要像猛虎一样勇猛无畏，进行彻底地变革。九五在互乾（九三、九四、九五）的上位，乾为虎，故谓之"虎变"。这种变革不用占卜，不必质疑，一定能够成功，所以称为"未占有孚"。再从卦象上看，九五阳刚中正，高居尊位，有"大人"象，九五处于上兑卦之中爻，兑为虎，为从革，故曰"虎变"。九五守中，又处互坎（六四、上九、上六）中，坎为通，引申为信任，故"未占有孚"。九五正应六二，六二在下体离卦中，离为火，引申为文，故《小象》曰："其文炳也"。

此爻在人道层面上的智慧是：当机遇光顾时，勇猛无畏才能够摘取成功的桂冠。犹豫不决比行动出错危害更大，因为静止不动的东西比运动的东西更容易坏掉。做事情，特别是如改革这样的壮举，在时机和条件成熟的情况下，主帅要拿出老虎般勇猛无畏的精神和气魄，毅然决然地开展起来，坚持下去，不管别人怎么议论，都永不言弃，一往无前，直至成功。这就是"大人虎变"的彻底改革。莎士比亚曾经说过："我记得，当恺撒说'做这个'的时候，就意味着事情已经做了。"运动学上也有个类似的定理——运动的力量等于运动物体的质量乘以运动加速度。

上六爻辞是"君子豹变，小人革面，征凶，居贞吉。"上六居于变革的终结阶段，此时革道已成，君子领导的改革成就像豹子斑点一样华美，小人也一转消极观望的态度，真心地拥护改革。上六可以有两种作为：一种是征而不已，超越改革的极限范围，过之则不及，行为的结果就会走向反面，所以说"征凶"；另一种是安居守正，上六虽然阴居阴位，当位得正，但远离中道，宜固守正道，不宜轻举妄动，故谓之"居贞吉"。《周易》的原理是，刚爻为大，阴爻为小。

上六阴爻为小,所以称"小人","革面"就是调整方向,改变态度,服从君王领导的改革,故《小象》曰:"顺以从君也"。

　　此爻在人道层面上的智慧是:推进改革要遵守时行则行和恰到好处的原则。在革道已成的大好形势下,领导者应该着眼于社会的稳定,在稳定中求发展,充分发挥和谐社会系统内部所固有的自我调节功能,就是"居贞吉"。不能沿袭变革时期的做法,征而不已,那样就会破坏社会的安宁,给发展带来负面效应,就是"征凶"。哲学家程颢说得精辟:"天下之事,始则患乎难革,已则患乎不能守也。"周文王、周武王是开基之革,推翻商朝建立周朝,可谓"虎变";成康是继世之革,完善礼乐,可谓"豹变"。周文王、周武王的"虎变"和成康的"豹变",都体现出了恰到好处的原则,因而收到了变革的成效。

鼎第五十

【卦辞】
鼎：元吉，亨。

【白话】
鼎卦象征鼎器：最为吉祥，亨通。

【彖传】
《彖》曰：鼎，象也。以木巽火，亨饪也。圣人亨以享上帝，而大亨以养圣贤。巽而耳目聪明，柔进而上行，得中而应乎刚，是以元亨。

【白话】
《彖传》说：鼎卦是依据烹饪养人食物的鼎的形象而创作的，鼎卦下巽上离，巽为木，离为火，木遇火而燃，这正是烹饪时的情景。圣人架木生起火焰烹煮食物来祭祀上苍和祖先，君主则烹煮食物来奉养圣贤。巽为顺，离为明，象征人逊顺而又耳聪目明，阴柔者的地位不断上升，高居中位而又能与阳刚贤者相应和，所以能够达到最为亨通的境界。

【大象传】
《大象》曰：木上有火，鼎。君子以正位凝命。

【白话】
《大象传》说：鼎卦下巽上离，木头正在燃烧，象征烹饪的鼎器。君子因此而居守正位，固待自己的使命，不负前人。

【爻辞】
初六　鼎颠趾，利出否（pǐ，恶物，废物）。得妾以其子，无咎。
九二　鼎有实，我仇有疾，不我能即，吉。
九三　鼎耳革，其行塞。雉膏不食。方雨，亏悔，终吉。
九四　鼎折足，覆公𫗧（sù，粥饭），其形渥（wò，沾湿），凶。
六五　鼎黄耳金铉（xuàn，鼎杠），利贞。
上九　鼎玉铉，大吉，无不利。

【白话】

初六 鼎倾倒，鼎足朝上，利于倒出秽恶之物。就像娶妻生子，没有灾殃。

九二 鼎中盛满东西，我妻得了病，不能接近我，吉祥。

九三 鼎耳脱落，难以搬移。有肥美的野鸡肉而不能煮食。天刚下雨，心中的悔恨渐渐减少，最终吉祥。

九四 鼎的足折断，把王公的美食都倒了出来，鼎身上油腻龌龊，有凶险。

六五 鼎有金黄色的鼎耳、刚制的铉环，有利于坚守正道。

上九 鼎配有装饰着玉的扛鼎器具，大为吉祥，没有什么不利。

【小象传】

［初六］"鼎颠趾"，未悖也。"利出否"，以从贵也。

［九二］"鼎有实"，慎所之也。"我仇有疾"，终无尤也。

［九三］"鼎耳革"，失其义也。

［九四］"覆公悚"，信如何也。

［六五］"鼎黄耳"，中以为实也。

［上九］"玉铉"在手，刚柔节也。

【白话】

［初六］"鼎倾倒，鼎足朝上"，说明没有违背事理。"利于倒出秽恶之物"，是为了能接受贵重之物。

［九二］"鼎中盛满东西"，说明出行时要慎重。"我妻得了病"，终将不会有什么过失。

［九三］"鼎耳脱落"，说明失去了本身存在的意义。

［九四］"把王公的美食都倒了出来"，这种德行浅薄而居尊位的人怎么能被信任？

［六五］"鼎有金黄色的鼎耳"，说明六五阴爻居上卦之中位，守中道以使自己富足。

［上九］居上位者用"装饰着玉的扛鼎器具"，说明刚柔相济，互相调节。

【推天道，明人事】

鼎卦的卦辞是"鼎，元吉，亨。"鼎是鼎盛、安固的意思。鼎卦下巽上离，巽为木，离为火，木上有火。以木材生火来烹饪食物，有烹煮之象，故谓之"鼎"。《序卦传》说："革物者莫若鼎，故受之以鼎。"鼎在古代是炊煮的器具，使生食变为熟食，这是最彻底的变革，所以革卦之后紧接着就是鼎卦。《杂卦传》说："革，去故也；鼎，取新也。"可见，先革后鼎，就是去旧更新。鼎卦要励精图治，开创新局，这是大吉大利之事，前景必然亨通畅达，所以说"元吉，亨"。

  鼎卦的《象传》对卦辞的内在机理作了脉脉相通的分析。鼎卦的卦形与真实的鼎是极其相像的，初六为鼎足，九二、九三、九四为鼎腹，六五为鼎耳，上九为鼎铉，所以说"鼎，象也"。鼎卦下巽上离，巽为木，为入，离为火，把木材放进火里燃烧，由此可以烹饪食物，所以说"以木巽火，亨饪也"。圣王用鼎烹饪，以祭祀天地，表达崇拜与感恩之情；大量烹饪食物来供养圣人、贤人，让天下人才为民谋福，就是"圣人亨以享上帝，而大亨以养圣贤"。鼎卦的内卦巽为顺，外卦离为明，为目，六五相当于鼎的耳目，是内心顺从，耳目聪明，亦即"巽而耳目聪明"，这样既能礼贤下士，又能知人善任，充分发挥人才的作用。鼎卦来自于巽卦，是巽卦的六四与九五换位而成的，柔爻上升到五位，是"柔进而上行"，又有下卦的九二与之正应，是"得中而应乎刚"，象征贤士会被君王赏识重用，大有亨通，所以说"是以元亨"。

  君子观"木上有火"的卦象，就能感悟出鼎的象征意义和人事道理，端正自己的职位，尽忠职守，用伦理规范实行教化，以振民育德，形成强大的精神凝聚力，把创新这一天赋的伟大事业进行到底，这就是《大象》所强调的"君子以正位凝命"。

  初六爻辞是"鼎颠趾，利出否。得妾以其子，无咎。"初六阴居阳位，失正不中，初六是鼎卦的初始，要鼎新必须先革故，正如用鼎烹饪食物前，必须要清除里面的残浊物一样，从爻象上看，初六为鼎足，足趾朝上，使鼎身倾倒颠覆，所以说"鼎颠趾"。这种行为看起来有悖于常理，但初六上应九四，以阴从阳，有助于九四涤垢纳新，所以"颠趾"是为了"利出否"做准备工作，有利于清除陈旧腐败之物，以便接纳新鲜事物，所以《小象》说"未悖也"。就如同娶妾生子，扶为正室，表面上有悖于尊卑之序，实际上是母以子贵，正当合理，并无咎害，所以说"得妾以其子，无咎"。从卦象上看，顺利地倒出了鼎中陈积的污秽之物"，是便于接受新的更贵重的事物，所以《小象》又说："以从贵也"。

此爻在人道层面上的智慧是：除旧布新就要颠覆传统的观念和做法。创新是人类社会前进最积极、最具生命力的因素。按照唯物辩证法的否定之否定规律，新的东西是在旧事物的机体里诞生出来的。因此，所有的创新都必然会遇到传统的阻力。清除陈旧、腐败，必须突破旧观念的桎梏，打破旧的秩序，不遵循常人的惯性思维方式，不跟随别人踩烂了的成功路走，走别人没有走过的路，才能开创崭新的天地。有些新的事物从表面上看来似乎违背常理，但实质上却是好事。去除了旧恶，才有新的、好的东西到来。这就是"颠趾"是为了"利出否"的智慧。除旧布新，虽然会遭到一些非议（这是一些人天生的、原始的劣根性），但它是合乎社会发展规律的，理直气壮地去做，吉祥的事便会接踵而来。在这个日新月异的年代，人与人之间和组织与组织之间的距离已经消失或已经变得很小，创新者生，保守者死，别的结果都是异想天开。

九二爻辞是"鼎有实，我仇有疾，不我能即，吉。"九二阳爻居中位。九二为鼎腹，阳刚为实，所以"鼎有实"。九二与六五正应，居于下卦巽体之中位，巽为顺，作为刚中之臣，能够顺应六五柔中之君，刚柔相济，对于开创新的局面是十分有利的。但是，九二上顺六五的过程却遇到九四仇敌的阻拦，九四是一个近君的大臣，又比附于六五，依仗位势与九二争夺六五的宠信，可是九四本身阳居阴位，不中不正，素质有毛病，所以说"我仇有疾"。如此，九四不可能对九二造成任何损害，所以"不我能即"。在此情况下，只要九二坚守刚中之德，前进中"慎所之"，就能与六五之君和衷共济，创建新的辉煌事业，所以前景吉而无咎，"终无尤也"。

此爻在人道层面上的智慧是：失意不失心就能使人生光芒四射。现实生活中，人经常会遭遇失去位置、失去金钱、失去爱人或者为病魔所侵袭等失意的处境。在失意的情况下，再心灰意冷，就更是雪上加霜。徒然诅咒自己的厄运，只能在失意的漩涡里打转转，走不出大海的磅礴之势。相反，保持乐观平和的心态，失意不失心，以一种积极的心态从好的方面思考问题，从积极的方面进行努力，一切都会向好的方面转化，"终无尤也"。德国哲学家叔本华说得好："事物的本身并不影响人，人们是受到对事物看法的影响。"所以，摆正心态，失意不失心，才能在不幸与坎坷的艰难境遇中，理性地面对，促进境遇向好的方面转化，弹出生命的琴弦，炫出人生有价值的光环。

九三爻辞是"鼎耳革，其行塞。雉膏不食。方雨，亏悔，终吉。"九三阳居阳位，从初六到六五形成了一个大坎卦，九三在大坎中间，为耳象，鼎耳发生了变异，故变革变到了鼎耳，所以说"鼎耳革"；坎又为陷，所以说九三"其行塞"。九三又在上离卦之下，离为雉，鼎里盛满了雉膏，即野鸡肉的美食，但是鼎耳"失其义也"，打不开鼎盖，所以"雉膏不食"。九三在互兑（九三、九四、六五）中，兑为泽，即为雨，所以说"方雨"；兑又为毁折，为亏损，所以九三有"亏悔"。但是鼎卦四个阳爻中，只有九三当位得正，又居巽卦之中，巽为顺，有顺从的美德。九三阳刚又柔顺，是个贤才，六五又是一位柔而得中的明君，会使九三得到重用，这就会使悔恨消失，终获吉祥，所以说"终吉"。

此爻在人道层面上的智慧是：放弃过激的心理。过激一般是指思想、意见、主张等过火或过急。一个有过激行为的人，看问题、办事情、做决策只从自己的情绪和主观愿望出发，不顾客观事实和别人的情绪。过激的人不适应社会，过激的人没有朋友，过激容易让本来宽松的事情变成死结，过激还会变成可怕的精神暴力。放弃过激的心理，才能凡事看得透、想得开，不钻牛角尖。放下了过激的心理，就放下了不安和折磨；放弃了过激的心理，就会沉淀出成就伟业的不凡气度，人就能活得精彩而有价值。

九四爻辞是"鼎折足，履公悚，其形渥，凶。"九四以阳居阴，不中不正，又在互兑（六三、九四、九五）中位，兑为毁折，九四虽上承六五之君，但作为近君大臣，地位尊贵而才能薄弱，下应于初六，依赖于本质柔弱的初六来承担重任。初六位卑而力小，德行又浅薄，以致"鼎折足"，把王公的美食倾覆了，所以说"履公悚"。把鼎器沾濡的"其形渥"，象征着改革成果付之东流，所以"凶""。总结这种用人不当而导致失败的惨痛教训，《小象》提针见浓："信如何也"。

此爻在人道层面上的智慧是：不能让品德浅薄和才智不高者担当重任。合理地使用人才，就要让人才位当其德，谋量其智，任称其力。若任人唯亲，让品德低下或才学疏浅者担当重任，必然力不能支，结果不仅害了他本人，耽误了事业发展，也会连累自己。《系辞传》对九四因用人不当造成的失败总结得很深刻："德薄而位尊，知小而谋大，力小而任重，鲜不及也。"意思是，德薄而思高位，智小而用大谋，力微而当重任，很少有不及祸的。

六五爻辞是"鼎黄耳金铉，利贞。"六五是阴爻居阳位，而且得中，具有虚中怀柔之美德，下有九二作刚应，又与九四、上九亲比，君臣相得，刚柔相

济，犹如黄鼎耳接纳了金铉，能够托举重鼎，使之烹饪成新一样，"黄耳金铉"为贵重之象，所以"利贞"。九二与六五的阴阳协调，符合中道原则，能够产生实力，创建新的秩序，所以《小象》说"'鼎黄耳'，中以为实也"。

此爻在人道层面上的智慧是：革故鼎新要重贤人、远小人。革故鼎新是开创性的伟业，但是小人是"面带三分笑，背后刀出鞘"那种丑类，一到革故鼎新的事业发展到被非议的关键时刻，就会对革故鼎新的事业和领导者反戈一击，以求自保。贤人和小人不是同一类鸟，不能在改革的天空里比翼齐飞。王安石变法时，最信赖的朋友和助手就是吕惠卿。吕惠卿表面上做出拥护变法的样子，对王安石百依百顺，但私底下却是一个见风使舵的小人。朋友都劝王安石对吕惠卿多加提防，但王安石不但不听，还几次提拔吕惠卿。过了一段时间后，新法推行受阻，王安石也渐渐失势，这时吕惠卿摇身一变，开始抨击新法，并对王安石落井下石，鼓动皇帝将王安石流放。王安石这时才看清吕惠卿的真面目，但是革故鼎新的变法伟业则已功败垂成。

上九爻辞是"鼎玉铉，大吉，无不利。" 上九处于鼎卦的终结阶段，呈现一派太平鼎盛的景象。上九以一阳横于鼎耳之上，有"铉"象；上九又以阳居阴，体刚履柔，有温润玉鼎之象，所以是"鼎玉铉"，这符合《周易》阴阳协调、刚柔相济的基本原则，足以担当起重任，就像质刚而德柔的玉铉居于鼎上，能够把整个鼎器托举起来一样，上九能够把太平鼎盛的景象继续发扬光大，所以"大吉，无不利"。从爻象上看，上九虽刚阳，居无位之地，但在上为铉，可以用之，而且上九居阴履柔，不极刚而能温润，与六五刚柔适宜，故《小象》曰："刚柔节也"。

此爻在人道层面上的智慧是：革新之举要刚柔兼备。就像坚硬而温润的玉石，刚毅不失温情，这样的改革形势既势不可挡，又让人如沐春风。刚能胜柔，柔也能胜刚。过刚之物，形可淬而不可变，坚而不韧，强而易折；柔软之物，随势变形，柔而耐长久，软而有韧性。但是过柔就太弱，刚柔相济才是一种最为理想的行为模式。刚柔并济也是鬼谷子在《捭阖》中的重要谋略，鬼谷子说："故圣人之在天下也，自古及今，其道一也。变化无穷，各有所归，或阴或阳，或柔或刚，或开或闭，或弛或张。"意思是，圣人在世界上的作用始终是一样的。事物的变化是无穷无尽的，然而都各有自己的归宿：或者属阴，或者归阳；或者柔弱，或者刚强；或者开放，或者封闭；或者松弛，或者紧张。为人处事若能做到刚柔相济，各种关系会至为亨通的。所以，行事要刚柔兼备。

震第五十一

【卦辞】

震：亨。震来虩（xì，恐惧的样子）虩，笑言哑（è，欢笑的声音）哑，震惊百里，不丧匕鬯（chàng，祭酒名）。

【白话】

震卦象征震动：亨通。雷动令人恐惧，人们依旧谈笑自若；雷声惊动百里，主祭者却没有被惊吓而洒落一滴匕中用来祭祀的香酒。

【象传】

《彖》曰：震，亨。"震来虩虩"，恐致福也。"笑言哑哑"，后有则也。"震惊百里"，惊远而惧迩也。出，可以守宗庙社稷，以为祭主也。

【白话】

《彖传》说：震卦象征震动，可以致亨通。"雷动令人慌恐畏惧"，说明恐惧能给人带来福泽。"人们谈笑自若"，说明恐惧后行为能符合规则而不失常态。"雷声惊动百里"，说明无论远近都因雷震感到惊惧。国君外出，作为人君继承人的长子可以出来守护宗庙社稷，担任祭祀典礼的主祭人。

【大象传】

《大象》曰：洊（jiàn，又一次）雷，震。君子以恐惧修省。

【白话】

《大象传》说：震卦下震上震，雷接续而至，象征震动。君子因此而心存惶恐惊惧，重视修己省过。

【爻辞】

初九 震来虩虩，后笑言哑哑，吉。

六二 震来厉，亿丧贝，跻于九陵，勿逐，七日得。

六三 震苏苏，震行无眚。

九四 震遂泥。

六五 震往来，厉，亿无丧，有事。

上六 震索索，视矍（jué，双目旁顾，不安的样子）矍，征凶。震不于其躬，于其邻，无咎。婚媾有言。

【白话】

初九 雷动令人恐惧，雷声过后人们依旧谈笑自若，吉祥。

六二 雷声震动，十分危险，丢失了财帛，登上高陵，不要去追寻，七天之内会失而复得。

六三 雷声震动，令人恐惧不安，因雷动而前行，没有灾祸。

九四 雷声震动，因恐惧而陷入泥泞之中。

六五 雷声来回不停震动，有危险，但不会影响祭祀活动。

上六 雷声震动，令人恐惧发抖，眼中露出不安的神色，出征会有凶险。震动还没有涉及自己，而只是涉及了附近邻居时，没有灾殃。婚姻之事会发生口角。

【小象传】

[初九]"震来虩虩"，恐致福也。"笑言哑哑"，后有则也。

[六二]"震来厉"，乘刚也。

[六三]"震苏苏"，位不当也。

[九四]"震遂泥"，未光也。

[六五]"震往来，厉"，危行也。其事在中，大无丧也。

[上六]"震索索"，中未得也。虽凶无咎，畏邻戒也。

【白话】

[初九]"雷动令人恐惧"，说明恐惧能给人带来福泽。"人们谈笑自若"，说明恐惧后能使其行为符合准则。

[六二]"雷声震动，十分危险"，是因为六二阴爻位居初九阳爻之上，阴柔者凌越阳刚者。

[六三]"雷声震动，令人恐惧不安"是因为六三阴爻居阳位，人所处的位置不适当。

[九四]"雷声震动，因恐惧陷入泥泞之中"，说明阳刚之德未能发扬光大。

[六五]"雷声来回不停震动，有危险"，说明谋事在中正之位，不会有太大损失。

[上六]"雷声震动,令人恐惧发抖",说明上六未能修得行中正之德。虽然有凶险但是"没有灾殃",是因为畏惧邻居所遭的灾难而心存戒备之故。

【推天道,明人事】

震卦的卦辞是"震,亨。震来虩虩,笑言哑哑,震惊百里,不丧匕鬯。"震是雷电、震动的意思。震卦下震上震,震为雷,两震相重,是一雷刚去,一雷又来,两雷相继而来,接连不断,故谓之"震"。《序卦传》说:"主器者莫若长子,故受之以震。震者,动也。"鼎是代表君王权威的宝物,也是祭器,主持祭祀礼仪者没有比长子更合适的,所以鼎卦之后紧接着就是代表长子的震卦。震为雷,为动,雷声一响,万物惊醒而复生,所以是"亨"。当雷声突起时,难免让人惊慌,随后则恢复常态,谈笑自若,所以说"震来虩虩,笑言哑哑"。尽管雷鸣之际使百里之内震惊恐慌,但"震惊百里"的雷声中,虔诚祭祀的长子却能从容镇定,没有洒落一滴匙中用来祭祀的香酒,亦即"不丧匕鬯"。这是因为平时心怀诚敬,戒慎恐惧,到了关键时刻才能处变不惊,泰然处之。

震卦的《象传》对卦辞的含义作了豁然贯通的阐释。雷声震动使事物通达,所以说"震,亨"。震卦肯定了长子将会继承君位,掌管国家政权,在治理天下的过程中,常常会遇到一些突发事变,如同震惊百里的雷声,令人恐惧,因此长子必须培养出头脑冷静、处变不惊的心理素质,这样才能够在突然的事变面前应对有方、指挥若定。听到雷声感到惊慌的同时,能够知所警惕,谨言慎行,以周密的方案妥善地处理事变,就会因恐惧而得福,所以说"'震来虩虩',恐致福也"。克服了恐惧的心理,处巨变后能谈笑自若,从容应对,是因为举措符合规则,所以说"'笑言哑哑',后有则也"。国家的长治久安不能光靠"震惊百里"中长子所具有的处变不惊与临危不乱的定力,天下的人都要有忧患意识,所以说"惊远而惧迩也"。这样当国君外出或发生别的事情不能理政时,长子就可以出头主持祭祀,担当维护国家安定的重任,亦即"出,可以守宗庙社稷,以为祭主也"。

君子观"雷接续而至"的卦象,应该对临危处惧有所感悟,对于突然的事变,要以忧患之心思忧患之故,属于主观因素造成的,就要以戒惧的态度,反躬自省,致力于进修德业,这样就可以化祸为福,转惧为喜,这就是《大象》

所强调的"君子以恐惧修省"。

初九爻辞是"震来虩虩，后笑言哑哑，吉。" 初九的爻辞内容与卦辞、彖辞基本上相同，在六十四卦中唯有这一卦如此特殊。初九为阳居阳位，震动力极大，比较震卦的另一个阳爻九四，则是阳居阴位，不够阳刚，震动力就小。初九为震卦之主，震卦的主要意思就在初九里，所以它的爻辞内容与卦辞、彖辞基本上相同。初九为震之初始，若能临事而惧，就是"虩虩"，并因自我戒惧而言语谨慎，收敛笑容，才能获得吉祥，所以说"后笑言哑哑，吉"。《小象》也强调"'震来虩虩'，恐致福也"。

此爻在人道层面上的智慧是：为了避免是非和不幸，必须管住自己的嘴巴。赠人以言，重于珠玉；伤人以言，甚于刀剑。莎士比亚说："舌头往往是败事的祸根"。不会烧香得罪神，不会讲话得罪人。口舌伤人，语言关乎一个人的荣辱，甚至关系一个人的生命，因此，嘴上要备一把"锁"，言语必须谨慎。口祸不侵慎者之身。一句话说出来与人无益，就不要说；一句话说出来与己无益，就保持沉默。胶多了不黏，话多了不甜。能住嘴处，一定要像木头菩萨不开口，而决不能像闷热夏天里的知了烦躁地叫个不停。《系辞传》上说："言行，君子之枢机，枢机之发，荣辱之主也。言行，君子之所动天地也，可不慎乎。"《诗经·大雅·抑》中有"白圭之玷，尚可磨也。斯言之玷，不可为也。"意思是说：白圭上的污点，还可以磨掉；语言上的污点，就难以磨掉。正是因为语言具有如此重大的意义和特点，所以古代圣贤都特别强调言语要谨慎，如老子认为"多言数穷"，故主张"行不言之教"。庄子也特别倡导"至言不言""知者不言""大辩不言""不言而信"的精神。希腊也有一句谚语："聪明的人借助经验说话，而更聪明的人根据经验不说话。"上述古今中外的名人名言，都与这句爻辞"震来虩虩，后笑言哑哑，吉"所包含的智慧具有异曲同工之妙。

六二爻辞是"震来厉，亿丧贝，跻于九陵，勿逐，七日得。" 六二阴居阴位，又是得中正之位，但是六二在初九之上，乘刚而不顺，突然遭遇惊雷般的震动，所以说"震来厉"，《小象》解释说"'震来厉'，乘刚也"。结果丧失了大量的财帛金钱，就是"亿丧贝"。六二处于互艮（六二、六三、九四）之中，艮为山，于是登上高山，暂时躲避观察，所以说"跻于九陵"。六二与九四各自在下震与上震中，震为足，为行，两者都行是追赶不上的，所以说"勿逐"。

六二居中履正，坚持自守，不要去追求钱财，七天后失去的财物即可复得，这就是"七日得"。

此爻在人道层面上的智慧是：人生的攻略当以保身为前提。遇到危险要保证自己的生存。按照常情常理，要敢于同邪恶势力做斗争，不能在暴力与威胁面前，表现出丝毫的怯懦，但是由于实力相差悬殊，忍辱退让、保存实力也是人生的攻略。遇到危险，如果不能保全自己，又如何能拯救危难。所以，在危险的境地，保全自己的生命，保持自己的体力和精力，静待否极泰来的时机，再展宏图，这是一种达观的处世姿态，也是一种行走于人生、行走于社会的赢家智慧。

六三爻辞是"震苏苏，震行无眚。" 六三阴居阳位，不中不正，而且处于上下两震卦体之交，惊雷接二连三，令人恐惧不安，所以说"震苏苏"。六三的恐惧不安是因为其所处的爻位不当，如《小象》所说"'震苏苏'，位不当也"。面对接连而至的惊雷，恐惧不安也是正常反应，但是陷入恐惧而不思对策，就违背了处震之道。六三上承九四阳爻，九四阳气上升，不会对六三造成危害，如果六三能够质柔而用刚，采取果断的行为，离开这个爻位，避难远祸，就是危而能安的正确选择，就不会有灾难，所以说"震行无眚"。

此爻在人道层面上的智慧是：寻找出路而不是自设绝路。人生布满了绝路，我们想的唯一办法是从那些绝路上找到出路。古诗说"出穷水尽疑无路，柳暗花明又一村"，虽然你看到的是一条绝路，但是只要努力向前走，自然就有路能通达。鲁迅说的精辟："什么是路？就是说从没路的地方践踏出来的，从只有荆棘的地方开辟出来的。"败莫败于自设绝路。人生有无限的可能。对于不屈不挠的人来说，没有绝路这回事。只要你不自我设限，人生就没有冲不破的藩篱。遭遇"震苏苏"的接二连三的震动之时，若能因惊慌而做出换位的理智选择，改变自己的处境，远离险地，这就是"震行无眚"转危为安的出路。反之，遇到险情惊恐不安，心智先乱，这样的心理"壁障"就会自设出绝路，让你在危境中越陷越深。

九四爻辞是"震遂泥。" 震卦由临卦变来，临卦上体为坤，坤为土，九四又在互坎（六三、九四、六五）中，坎为水，土遇水为泥，九四又在互艮（六二、六三、九四）的上爻，艮为山，爻变就为坤，坤为土，山被震后蹦倒到泥地里，所以说"震遂泥"。九四以阳爻居阴位，不中不正，失刚健之道，志气

不能遂，本性得不到施展，所以《小象》说"未光也"。

此爻在人道层面上的智慧是：遇险惊慌失措会导致更大的灾祸。突发性的危机事件突然降临，倘若像"震遂泥"那样的惊慌失措，处置不当，就会雪上加霜，而且惊慌是带有传染性的，能扩大负面的影响范围，进而导致更大的祸患。遇险不惊，也能够看出一个人是否有发展潜质。宋代刘炎说过："遭变不迫，其人未可量也；处常失措，其余不足观也已。"意思是，遭遇突变，镇静不慌忙，这人不可估量；处境平常，竟举止失去常态，其他的也就可想而知了。要遇险不惊，沉着冷静，积极地去面对，才能从主观和客观上寻求到化险为夷的思路与方法，不仅能顺利地渡过险难，把损失降低到最低程度，还可能出现"山重水复疑无路，柳暗花明又一村"的奇迹。

六五爻辞是"**震往来，厉，亿无丧，有事**。"六五居于重震之上，从卦象上看，六二在内卦，与六三无比，与六五不应，不得上行，只能处于内卦，故曰"来"。而六五处在外卦，此为"往"；与上六无比，而与九四阴阳亲和，故乘刚向下为"来"，象征六五面临着双重危险，所以说"震往来，厉"。六五阴居阳位，虽然没有阳刚之质，却有柔中之德，能够以中正之道来调整自己的心态和处理各种事务，能够根据事理度量时势，因此，面对往来皆厉的危难局面，六五能够沉着镇定，履险不惊，做到了《象传》所说的闻惊雷"不丧匕鬯"，在双重危险中能够"其事在中，大无丧也"，可以继续去做应该做的事，谓之"亿无丧，有事"。正因为六五具有"震往来，厉"的履险不惊的优秀素质，才可以出为君主，能够托起国家的重任。

此爻在人道层面上的智慧是：履险不惊是一种最可取的中正定力。"震往来，厉"的履险不惊是成功者的一种心态和精神，也是成功者的优秀素质。遇到危险的事情，要守持中正之道，要胸有惊雷、面如平镜般的淡定，这样胆气如虹才能处变而不惊，遇险而不乱，就能够从容镇定，冷静地思考出应对之策，找到新的机遇和脱险的措施，就不会有大的损失。苏东坡说过"遇繁而若一，履险而若夷。"意思是，遇到繁多的事情，好像只在处理一件事；处于危险的境地，好像是走在平地上。这两句话的要义就是讲遇乱履险而能心神静定，从容自若。

上六爻辞是"**震索索，视矍矍，征凶。震不于其躬，于其邻，无咎。婚媾有言**。"上六处于震之上极，阴居阴位，当位失中，遭遇突然的事变，身体惊惧颤抖，目光闪烁不定，内心六神无主，就是"震索索，视矍矍"，此时若贸然征进，必有凶险，所以说"征凶"。但是震动之灾还没有累及自身，只是降临到邻居身上，并无咎害，所以说"震不于其躬，于其邻，无咎"。上六与六五逆比，此时谈婚论嫁，不合时宜，会听到亲戚的一些言语责难，谓之"婚媾有言"。如果上六能够从邻居身上汲取教训，知所警戒，就能防止危害在自己身上发生，所以《小象》云："虽凶无咎，畏邻戒也。"

  此爻在人道层面上的智慧是：平时知所警戒，一生都会平安。意外的使人震惊的变故，常常发于微小的因素或事件，故因其微小而常常被人忽视，结果形成了灾难链，最终酿成了不可收拾的灾难后果。匈牙利有句谚语："鱼臭始于头"。中国人也早就有这样的老话："一念不慎，坏败身家有余"。所以我们平时要吸取教训，从苗头上和别人的灾难中知所警戒，一旦发现意外变故的因素滋生，就及时予以消解，使其成不了作害的气候，这就能避免危害伤及自身，保一生平平安安。古代圣贤修身，就是从一件件的"小事"做起的，强调"勿以善小而不为，勿以恶小而为之"；强调慎微，是因为"小洞不补，大洞吃苦"，是因为"道自微而生，祸自微而成""不虑于微，始成大患""创业百年，败家一天"。所以，"畏邻戒"才能"虽凶无咎"。

䷳ 艮第五十二

【卦辞】

艮：艮其背，不获其身，行其庭，不见其人，无咎。

【白话】

艮卦象征抑止：抑止其背部的活动，不得使身体面向所止的地方，就像行走在庭院中眼睛和背是相背的，不曾感觉有人的存在、进入这一境界，没有灾祸。

【彖传】

《彖》曰：艮，止也。时止则止，时行则行，动静不失其时，其道光明。"艮其止"，失其所也。上下敌应，不相与也。是以"不获其身，行其庭，不见其人，无咎"也。

【白话】

《彖传》说：艮，是抑止的意思。该为止的时候为止，该当行的时候就行，动和静都不失时机，如此抑制的道理就会光明。该止则止，是指在该止的地方止息。艮卦的全卦六爻之间属于阴爻与阴爻敌应，阳爻与阳爻相敌应，不能一刚一柔地相助，所以说"不得使身体面向所止的地方，就像行走在庭院中眼睛和背是相背的，不曾感觉有人的存在，进入这一境界，没有灾祸"。

【大象传】

《大象》曰：兼山，艮。君子以思不出其位。

【白话】

《大象传》说：艮卦上艮下艮，高山重叠，象征抑止。君子因此而不超越自己的本位去思考问题。

【爻辞】

初六 艮其趾，无咎。利永贞。

六二 艮其腓（féi，腿肚），不拯其随，其心不快。

九三 艮其限，列其夤（yín，连接上下体的结合部），厉，熏心。

六四 艮其身，无咎。

六五　艮其辅，言有序，悔亡。

上九　敦艮，吉。

【白话】

初六　脚趾止而不动，没有灾殃。利于永久坚守正道。

六二　腿肚子止而不动，无法举步向上承应追随，心中不痛快。

九三　腰部止而不动，造成夹脊肉撕裂，对危险的担忧像火一样烧灼其心。

六四　上身止而不动，没有灾殃。

六五　控制自己的面颊，说话中肯而条理分明，悔恨消亡。

上九　敦厚而知足知止，吉祥。

【小象传】

［初六］"艮其趾"，未失正也。

［六二］"不拯其随"，未退听也。

［九三］"艮其限"，危熏心也。

［六四］"艮其身"，止诸躬也。

［六五］"艮其辅"，以中正也。

［上九］"敦艮"之"吉"，以厚终也。

【白话】

［初六］"脚趾止而不动"，说明没有背离正道。

［六二］"无法举步向上承应追随"，说明没有听从其劝导而退回。

［九三］"腰部止而不动"，说明对危险的担忧像火一样熏烤其心。

［六四］"上身止而不动"，说明能让自己静止下来。

［六五］"控制自己的面颊"，说明六五阴爻居上卦之中位，能行中正之道。

［上九］"敦厚而知足知止"的"吉祥"，是因为上九为人敦厚，所以能获得善终。

【推天道，明人事】

　　艮卦的卦辞是"艮，艮其背，不获其身，行其庭，不见其人，无咎。"艮是止的意思。艮卦是艮下艮上，上下皆山，一山已能镇止，两山对峙，象征"止"

意更大，故谓之"艮"。《序卦传》说："物不可以终动，动必止之，故受之以艮。艮者，止也。"震动过久，必然停止，所以紧接着震卦之后的是艮卦。艮为坚多节木，有人的脊背之象，所以是"艮其背"。背部静止，身体其他部位就是想动也动不起来，艮卦是由观卦的九五与六三换位而来，观卦下坤为母，可有身孕，坤又引申为"身"，变成艮卦以后，坤就消失了，所以是"不获其身"，这一句话所表达的意思是：内心保持宁静，不为外物所动，就可以达到忘我的境地。有了这种安宁的境界，即使是走过有人的庭院，也不会觉得有人存在，就是"行其庭，不见其人"。能够像这样对外界的一切刺激理智冷静，适可而止，定然不会有灾害，所以是"无咎"。

艮卦的《象传》对卦辞的含义作了清清楚楚的梳理。艮为山，古人讲遇山则止，两山相重，更具止意，可见艮卦的主旨就是止，所以说"艮，止也"。但是艮卦中也有互震卦（九三、六四、六五），震为行，艮卦之时也是止行互动，要"时止则止，时行则行"。人生和事业的发展所面临的最大挑战就是对"时"这一重要因素的认知和把握，如果能够"动静不失其时"，人生和事业的道路就会坦荡光明，所以说"其道光明"。艮卦所讲的止，不仅是在该止之时停止，还要在该止的地方停止，所以说"'艮其止'，失其所也"。艮卦上下卦形相同，阴爻与阴爻、阳爻与阳爻都相互敌对，不能相应，亦即"上下敌应，不相与也"。这就好像人的前身与后背彼此隔绝，停止于后背，始终看不见前身，所以是"不获其身"。艮为门阙，艮卦为二艮相重，二门之间为庭院，当"行其庭"而又"不见其人"时，这种物我两忘的境界，就是止得其所，也就不会有什么咎害了，所以"无咎"。

君子观"高山重叠，止于其位"的卦象，应该参悟出艮止之道：谨守本分，安于所止，所思所虑不能超越自己的身份、角色与职位，这也就是《大象》所强调的"君子以思不出其位"。

初六爻辞是"艮其趾，无咎。利永贞。" 艮卦取象于人，六爻从下往上，初六是脚拇趾，六二是小腿肚，九三是腰部，六四是脊背，六五是面颊，上九是肩膀。初六阴居阳位，处在艮止之时，不可躁动，该止不止，就要生祸端。在咎害没有发生以前，初六首先控制自己的脚拇指，停止前进，所以称"艮其趾"。初六这种当静则静、当止则止的行为模式，即是《小象》所说的"未失正也"。没有违反正道，就可以免除咎害，所以"无咎"。但是，坚守正道不可有始无终，半途而废，必须一以贯之，才能吉祥如意，就是"利永贞"。

此爻在人道层面上的智慧是：找出和堵塞可能造成溃堤的蚁穴。蚁穴作为致灾的征兆最重要。蚁穴不堵，大堤倾覆。韩非子说："千丈之堤，以蝼蚁之穴溃；百丈之室，以突隙之烟焚。"唐文学家·柳宗元《敌戒》中说："惩病克寿，矜壮暴死。"意思是：时时警惕疾病的发生而早作预防，这样的人能够长寿；自以为身体强壮，不会生病，有时却会突然病死。《菜根谭》中也说："盛满之功，常败于细微之事。"在坏事出现端倪或者错误的行为还没有开始之前就应该体察出来，并采取措施予以停止，然后始终以中正之道行事，就不会发生祸害，就能以充分的把握赢得最后的胜局，这就是，"'艮其趾，无咎'和"止于至善"的非凡意义。

六二爻辞是"艮其腓，不拯其随，其心不快。" 六二处在小腿的部位，本来六二阴爻居阴位，又得中，可以居中守正，但是九三为腰，当九三违反艮止之道，而浮躁妄动，六二虽然"艮其腓"，不抬起小腿，但小腿也必须随着腰动而进退，就是"不拯其随"。六二这样做是非其所愿的无奈跟随，内心里闷闷不乐，所以说"其心不快"。造成这种局面的根本原因就是九三刚愎自用，不能退而听从六二的忠告，所以《小象》说"'不拯其随'，未退听也"。

此爻在人道层面上的智慧是：人生要行止得当。人知进而不知退，知欲而不知足，必受困窘、屈辱之累。因此，要想塑造成功的人生，就要明白动静相宜、行止有度的道理。在人生发展过程中，一切物欲都有终极，能够谨守本分，做到时行则行、时止则止的人，则标志着他的仁德修善达到了高级阶段。禅宗六祖慧能偈曰："心地无非自性戒，心地无痴自性慧，心地无乱自性定，不增不减自金刚，身去身来本三昧。"可见，在人生和事业发展的过程中，能够做到行止得当，不是自然而然的事，是精神的搏斗，是灵魂的跋涉。

九三爻辞是"艮其限，列其夤，厉，熏心。" 九三阳居阳位，当位得正，九三位处腰部，居上下艮之间，本是非止不可的位置，但是九三刚而不中，又与上九敌而不应，却动向极强，这种"艮其限"的违反正道的妄动，产生了撕裂脊背之苦，所以说"列其夤"，这种危厉像烈火一样熏灼自己的心，所以说"厉，熏心"。从卦象上看，九三在互坎（六二、九三、六四）中，坎为险，对人则是加忧和心病，所以《小象》也说："危熏心也"。

此爻在人道层面上的智慧是：要动静不失其时。计谋的一个重要特征，就是要有能力节制计谋的实施时机，在这个阶段上哪些计谋的哪些内容能够运

作，哪些计谋的哪些内容不能运作，要到后一个阶段才能运作。不宜运作时，要静隐，秘而不宣，可以运作时，要果断行动。不要让计谋在形成阶段被人知晓，自然之母有一种智慧在胎儿可以见人之后，才能让其出生。春秋时代，郑国的国君郑庄公是一个很有作为的君主，他的弟弟共叔段却十分桀骜不驯，既不听从兄长的号令，也不把君主放在眼里，并且时常有谋逆之心。庄公的臣僚们都劝说郑庄公及早除掉共叔段，免得将来成为祸患。庄公非但不听，反而更加优抚自己的弟弟，更加纵容共叔段的恣意妄为。直到后来共叔段以为有机可乘，终于起兵谋反，庄公才名正言顺地兴师问罪，在"鄢"这个地方，一举荡平了共叔段的势力。其实，庄公不是不想除掉共叔段，而是心中藏着一个密谋，也就是等待时机成熟。共叔段虽然怙恶不悛，但他的作为并没有坏到该死的地步，如果当时就杀他，难免师出无名。因此不妨先纵容他一下，等他更多的恶行暴露出来以后，再收拾不迟，那时他也就无话可说了。如果庄公把这种想法告诉了别人，此计也就不成了。

六四爻辞是"艮其身，无咎。" 六四以阴居阴位，当位得正。此爻已上升至艮卦之上体，居近君大臣之位。以人体做比喻，"身"在这里是指腰以上的脊背，人的脊背停止了运动，也对身体的其他部位的运动起到了控制作用。六四之止是止于自身，就是"艮其身"，是自我控制，是时止则止，止得其所，止于正道，不会有咎害，所以说是"无咎"。从爻象上看，六四已经临近君主六五，这个位置有如人体的胸腹部，保护着五脏六腑，制约四肢。六四以阴爻居柔位，听从六五的命令，并且既能抑止急进发狂的九三，又能自我审视，管住自己，也就是《小象》所说的："止诸躬也"，正是六四的这种格外谨慎使他"无咎"。

此爻在人道层面上的智慧是：要控制好自己发狂的心态和行为。冲动之时决不行动，一瞬间的情绪失控会带来终生的悔恨。发狂的心态和行为，是与欲求的目标背道而驰的，是不会有好结果的，相反会画虎不成反类犬，狂到一半最寒酸。一个人经常处于一种极其兴奋的失控状态，并受这种歇斯底里发狂心态的驱使，作出情绪性、冲动性的行动，征服不了别人，只会让自己在疯狂中失去理智，让事情无可挽回，甚至一败涂地。难怪此爻提醒人们："艮其身，无咎。"在能够自控状态下的行为才能代表自己。自控是一个人理性的重要参数之一，是成大事所不可缺少的素质。善于自控的人，能够把自己的心态和行为纳入理性之中，理智地对待周围发生的事件，有意识地控制自己的思想感情，正确地选择活动动机，排除干扰，抑制那些不必要的活动，这样才能使自己的行为不越轨，才能不断进取。

六五爻辞是"艮其辅，言有序，悔亡。" 六五到了艮卦上体的中位，以人比喻就是"脸辅"，故谓之"艮其辅"。六五又居于至尊的君位，具有发号施令的最高权力，一言可以兴邦，一言也可以丧邦，因此，必须管住自己的舌头，谨慎言语。六五以柔履中，秉持了中正之德，懂得"艮其辅"的道理，能够抑止于口不随便妄说，使语言合规中矩，说话有条有理，这就使得悔恨消亡了，所以说"言有序，悔亡"。从爻位上看，六五顺承上九，动则不能守其止，按一般道理不当位不应言正。孔颖达《正义》曰："'以中正'者，位虽不正，以居得其中，故不失其正"。六五守中，不失其正，能守其止，故《小象》云："艮其辅"，以中正也。

此爻在人道层面上的智慧是：与人交往一定要把好口风。祸从口出，补充一句话总是有机会的，但要收回一句话却是不可能的。俗话说得好："守心不出错，守嘴不惹祸""独处守住心，群处守住嘴"。古人曾云："喜时说尽知心，到失欢须防发泄"。说话一定不要胡言乱语，尤其是在官场上说话，什么话能说，什么话不能说，一定要多在脑子里转几个弯，而且一定要经过舌头碰牙齿、舌头碰嘴唇的多次碰撞和掂量，并且要说得条理分明，这样才能避免"口出"的灾祸，特别是机密的事情，言语尤其要谨慎。这样才能"言有序，悔亡"。遗憾的是，好多人在这个问题上却有一个很坏的天性：越是大的机密，越想一吐为快。鬼谷子说："即欲捭之，贵周；即欲阖之，贵密。"意思是，想要开放，最重要的是考虑周详；想要封闭，最重要的是严守机密。不管什么人，都应该谨记：事以密成，语以泄败。千万不要长一张无事不说的嘴。

上九爻辞是"敦艮，吉。" 上九居艮卦终极，在两山之上，高耸厚重，可以充分代表止的稳固意义，所以说"敦艮"；能够以至厚之德将止道贯彻到底，结束止卦，是理想的结束，所以说"吉"。《小象》强调"'敦艮'之'吉'，以厚终也"。

此爻在人道层面上的智慧是：厚道仁爱是止于至善的最高境界。我为人厚，人亦厚我，这就是人们常说的"投之以李，报之以桃"。人只要增加了厚道，活动的空间就大了，有时候，只要表现出一点厚道，陌生的敌意就会化得无影无踪，这就是"敦艮，吉"的智慧。厚道，就要心地单纯，化奸诈复杂的人生

为诚实简单的处世；厚道就是心胸宽广，宽待每一个人，化恩怨干戈为玉帛；厚道就是心存善良，恭敬别人，不争面子，得理要饶人，理直要气和；厚道，就是不尖酸，不锋利，少栽刺，多栽花。《系辞传》也讲："安土敦乎仁，故能爱。"春秋时，齐国有一对很要好的朋友，一个叫管仲，一个叫鲍叔牙。管仲年轻的时候，家里很穷，又要奉养母亲，鲍叔牙知道了，就找管仲一起投资做生意。做生意的时候，因为管仲没有钱，所以本钱几乎都是鲍叔牙拿出来的。可是，当赚了钱以后，管仲却拿得比鲍叔牙还多。鲍叔牙的仆人看了就说："这个管仲真奇怪，本钱拿得比我们主人少，分钱的时候却拿得比我们主人还多！"鲍叔牙却对仆人说："不可以这么说！管仲家里穷，又要奉养母亲，多拿一点没有关系的。"有一次，管仲和鲍叔牙一起去打仗，每次进攻的时候，管仲都躲在最后面，大家就骂管仲说："管仲是一个贪生怕死的人！"鲍叔牙马上替管仲说话："你们误会管仲了，他不是怕死，他得留着他的命去照顾老母亲呀！"管仲听到之后说："生我的是父母，了解我的人是鲍叔牙呀！"这个故事中，包含了这样一个道理：多从别人的角度想问题，就是一种厚道仁爱，才会赢得别人的认可和尊重。鲍叔牙正是处处从管仲的角度体谅他，最终才赢得了管仲的肯定。

䷴ 渐第五十三

【卦辞】
渐：女归吉。利贞。
【白话】
渐卦象征渐进：女子当大出嫁，吉祥。利于坚守正道。

【彖传】
《彖》曰：渐之进也，女归吉也。进得位，往有功也。进以正，可以正邦也。其位刚得中也。止而巽，动不穷也。
【白话】
《彖传》说：渐，是渐进的意思。"女子当大出嫁，吉祥"，是因为初六阴爻上升至六二阴爻和六四阴爻，皆以阴爻居阴位，象征人前进后当位得正，所以前往必可大获成功。遵循正道而渐进，可以端正邦国。九五阳爻居上卦之中位，象征阳刚者坚守中道。渐卦下艮上巽，知道适可而止又谦逊和顺，其行动就不会陷于困穷。

【大象传】
《大象》曰：山上有木，渐。君子以居贤德善俗。
【白话】
《大象传》说：渐卦上艮下巽，山上有树木生长，象征渐进。君子因此而逐渐地积累自己的贤德，并改善社会落后的风俗。

【爻辞】
初六　鸿渐于干。小子厉，有言，无咎。
六二　鸿渐于磐，饮食衎（kàn，和乐的样子）衎，吉。
九三　鸿渐于陆。夫征不复，妇孕不育，凶。利御寇。
六四　鸿渐于木，或得其桷（jué，方形的椽子），无咎。
九五　鸿渐于陵。妇三岁不孕，终莫之胜，吉。
上九　鸿渐于陆，其羽可用为仪，吉。

【白话】

初六 大雁渐渐飞落在河边，小孩靠近会有危险，遭人指责，没有灾殃。

六二 大雁渐渐飞落在磐石上，快乐地进食，吉祥。

九三 大雁渐渐飞落在高平之地上。丈夫出征一去不回，妇女失贞怀孕生子而无法养育，有凶险。有利于抵御敌寇。

六四 大雁渐渐飞落在树上，栖息在平直如方形椽子的树枝上，没有灾殃。

九五 大雁渐渐飞落在丘陵上。妻子三年不怀孕，但最终没有什么能胜过她，吉祥。

上九 大雁渐渐飞落在陆地上，它的羽毛可以用作典礼中的装饰，吉祥。

【小象传】

[初六]"小子"之"厉"，义无咎也。

[六二]"饮食衎衎"，不素饱也。

[九三]"夫征不复"，离群丑也。"妇孕不育"，失其道也。"利"用"御寇"，顺相保也。

[六四]"或得其桷"，顺以巽也。

[九五]"终莫之胜，吉"，得所愿也。

[上九]"其羽可用为仪，吉"，不可乱也。

【白话】

[初六]"小孩靠近会有危险"，从渐进的道理上看应"没有灾殃"。

[六二]"快乐地进食"，说明不光是把肚子吃饱而已，而是有所为的。

[九三]"丈夫出征一去不回"，说明他离开了家乡的生活群体。"妇女失贞怀孕生子而无法养育"，是因为她的行为违背了妇道。"有利于抵御敌寇"，说明大家能够同心协力地保卫家园。

[六四]"栖息在平直如方形椽子的树枝上"，说明六四阴爻居九五阳爻之下，柔顺谦和。

[九五]"最终没有什么能胜过她，吉祥"，说明她能得其心愿。

[上九]"它的羽毛可以用作典礼中的装饰，吉祥"，说明礼仪是有一定顺序的，不能乱来。

【推天道，明人事】

渐卦的卦辞是"渐，女归吉。利贞。"渐是循序渐进、渗透、静入的意思。渐卦艮下巽上，艮为山，巽为木，有山上有木之象。山上之木为高大之木，木之高大是缓缓成长的，故谓之"渐"。《序卦传》说："物不可以终止，故受之以渐。渐者，进也。"事物止到尽头，又必须开始进，所以，紧接着艮止之后就是渐卦。渐卦从六二到九五，各爻都得正，象征出嫁的女子品德纯正，当然吉祥，故谓之"女归吉"。古代女子若要出嫁，必须等待男方行聘，才能依序进展，女子必须坚持这一贞正之道，才会有利，所以说"利贞"。

渐卦的《象传》对卦辞的意象和象征作了深层次的释义。事物从静止状态过渡到运动状态，必然要经历一个循序渐进的过程，所以说"渐之进也"；本卦下艮为少男，上巽为长女，对女子出嫁有利，所以是"女归吉也"。渐卦是由否卦的六三与九四换位变来的，变成渐卦后，六四以阴爻居柔位，正是"进得位"，如此形成了阴阳交错、男女交往感应的局面，象征前进就会成功，所以说"往有功也"。正因为六三进到九四的位置，从而使得渐卦二、三、四、五爻皆得正位，亦即"进以正"。这种男女的正当关系，可以开创功业，产生导正国家的政治效应，所以说"可以正邦也"。九五以刚居中，得天下之正位，并与六二阴阳正应，所以说"其位刚得中也"。渐卦内艮为止，不妄进；外巽为顺，不骤进，是为"止而巽"。内心静止，外表随顺，有步骤、有次序地前进，自然"动不穷也"。

君子观"山上有木"的卦象，由此得到的感悟是：个人道德修养的增进和社会风俗的改善，都不是一朝一夕之功，必须以序而进，渐渐地积累自己的贤德，渐渐地移风易俗，不可拔苗助长，急于求成，这就是《大象》所强调的"君子以居贤德善俗"。

初六爻辞是"鸿渐于干。小子厉，有言，无咎。"初六居下体艮卦之初，艮为山，初爻处在山脚下是为河岸，"鸿渐于干"，就是鸿雁离开水面，来到水岸，这是危厉之地，步履艰难，不能展翅高飞，但却是不可逾越的必经阶段。初六阴居阳位，不当位，地位卑下，像一个初出茅庐的小子处在危厉之地，就是"小子厉",虽然受到了一些闲言碎语的讥讽,但是初六把这些危厉看成是历练自己必经的循序渐进的过程,量力而进,就会"义无咎也",所以说"有言,无咎"。

此爻在人道层面上的智慧是:凡事既不可勉强,不要太心急,不用太焦虑,更不可冒进。一笔画不出龙,一锹掘不出井。所有事物的运动,都自有它的顺序,循序渐进是事物发展的规律。虽然在渐进中也会遇到危险,遇到嘲笑和攻击,但只要坚守正道,便可转危为安。我们做事情虽然有个速度问题,但并非越快越好,天下的任何事情都是在渐进中取得成功的,"积土成山,风雨兴焉;积水成渊,蛟龙生焉;积善成德,而神明自知,圣心备焉",大目标的实现,最怕的是不屑于小事件的积累和心的浮躁,不能走好每一小步。所谓水滴石穿、集腋成裘讲的也正是"有言,无咎"这样的人生智慧。

六二爻辞是"鸿渐于磐,饮食衎衎,吉。"六二当位得正,由初六之"小子"上升为大臣,与九五阳刚之君结成正应,合乎《象传》"进得位""进以正"之意。又居下体艮卦之中,六二居山之中,为石如盘,因而安稳舒泰,就如同鸿雁由水岸进入磐石之上,快乐饮食,安稳栖息,吉祥如意,所以说"鸿渐于磐,饮食衎衎,吉"。六二以中正之道辅佐君主,对于安邦治国立下了汗马功劳。可见,六二并不是无功受禄,更不是尸味素餐,所以《小象》云:"'饮食衎衎',不素饱也。"

此爻在人道层面上的智慧是:丰盛的饮食和安稳舒泰的精神快乐是追求成功带来的。山中无草难养羊,墙上画马不能骑。但是能养羊的草和能骑的马,不会自动地跑到你身边,人们主动展开行动,扎实努力奋斗后才能得到它,坐享其成只能是成功的幻想,充其量享受到一种泡影。有了"鸿渐于磐"的追求,才有了"饮食衎衎"的快乐。叔本华说:"人的本质就在于他的意志有所追求,一个追求满足了又重新追求,如此永远不息。" 英国作家卡莱尔说:"没有追求的人很快就会消沉。哪怕只有不足挂齿的追求也总比没有要好。"人类从茹毛饮血到生火煮食,从住洞穴到建房子,从步行到坐车,每一个转变都充满着对成功的追求精神。

九三爻辞是"鸿渐于陆。夫征不复,妇孕不育,凶。利御寇。"九三在下卦艮中,艮为山,有高之象,九三又在互坎(六二、九三、六四)中,坎为水,有"陆"象,所以说"鸿渐于陆"。九三以阳居阳,刚而不中,躁动激进,如同丈夫出征有去无回，所以说"夫征不复"。九三与上九又是敌应，只能与凌驾于自己之上的六四去亲比，这是以柔乘刚，不是正配，这种邪配的行为是"失其道也"，即便怀孕也生不出子女，如此结果必凶险，所以说"妇孕不育，凶"。但是九三是阳居阳位，当位得正，只要安于其位，不冒进，做到上下"顺相保也"，就有利于防御敌寇的侵袭，所以说"利御寇"。

此爻在人道层面上的智慧是：在险境中做事不能太过阳刚冒进。人世间是一个复杂多变的世界，如同鸿雁离开水岸飞到陆地，入于险境一样，光凭一腔热血地硬拼是办不成大事的，相反，只能自取其辱。杨柳，表面柔弱而实质坚韧，狂风吹不断；树干，看似刚强，却在狂风中折枝。"利御寇"的智慧是：在遇到艰险，力量不足以济险时，要去刚用柔，勿去冒进，而是要静下心来，了解情况，把握方向，寻找有利的因素和突破的机会，当时机来临时，再前进解围。

六四爻辞是"鸿渐于木，或得其桷，无咎。"六四阴居阴位，虽当位得正，但六四本质阴柔，又介于两阳之间，下乘九三，上承九五，处境危厉。但是六四作为近君大臣，保住了自己的位置，谦逊顺承，竭力辅佐，这种"顺以巽也"的智慧，处于险境也没有咎害。这就如同鸿雁，本是水居之鸟，足趾相连，不能握枝，但是它离开陆地飞到树上，找到了一个可以安稳栖息的宽大平直的树杈，免除了咎害，这就是"鸿渐于木，或得其桷，无咎"。

此爻在人道层面上的智慧是：能够找准自己的成功位置，才算得上是心智的高度健全和成熟。此爻用飞鸿做例，说明办事要像鸟儿一样认清自己，努力找到一个最适合自己发展的"其桷"的位置，这也就是"无咎"的位置，是离成功最近的位置。在这个世界上，无论你怎样看待这个世界，怎样工作和生活着，总要为自己选择一个位置。不同的人选择了不同的定位，结果也是千差万别的。定位的好坏虽然是一念之差，但却是自我认知水平的集中反映。苏格拉底有句名言："认识自己。"认识自己，是找准位置的前提。爱因斯坦曾经收到一封来自以色列的信，信中邀请他去当以色列总统。这对别人来说是天大的好事，但爱因斯坦却拒绝了。他说："我整个一生都在同客观物质打交道，因而既缺乏天生的才智，也缺乏经验来处理行政事务以及公正地对待别人。"爱因斯坦正确地认识了自己，找准了自己发展的位置，取得了辉煌的科学成就。人生成功的诀窍就在于找准自己的位置，经营自己的长处。古人特别注重人的找准发展位置的问题，如我们耳熟能详的"良禽择木而栖，良臣择主而侍"，讲

的就是要找准自己的位置，找到能让自己发挥作用的人，这样成功就成了附属品了。

九五爻辞是"鸿渐于陵。妇三岁不孕，终莫之胜，吉。"九五居于下卦艮之上，艮为山，就是在山陵之上，九五又在互离（九三、六四、九五）之中，离为附丽依附，所以说"鸿渐于陵"。渐卦上卦为巽，巽为长女，引申为妇，又引申为不果，九五与六二正应，但九五须经过三爻才能到六二，所以说"妇三岁不孕"。由于九五和六二都居中守正，忠于爱情，海枯石烂不变心，这是九四和六三所不可阻挡的，最后九五与六二实现了阴阳结合的心愿，所以《小象》说："'终莫之胜，吉'，得所愿也。"

<u>此爻在人道层面上的智慧是：</u>选择了目标，就应以人一己百的坚持精神奋进。人生必须选择正确的目标作为导向。列夫·托尔斯泰说："要有生活目标，一辈子的目标，一段时期的目标，一个阶段的目标，一年的目标，一个月的目标，一个星期的目标，一天的目标，一个小时的目标，一分钟的目标。"世界会给选择了正确的目标和富有远见的人让路。查士德斐尔爵士说："目标的坚定是性格中最必要的力量泉源之一，也是成功的利器之一。没有它，天才也会在矛盾无定的迷径中，徒劳无功"。但是通往目标的前进道路上总会遇到别人否定的目光，只有那些不言放弃的人才能走向成功。成功者与失败者的根本区别就在于不放弃的坚持。比凡人多坚持一下，伟大的成功就在你的脚下。为什么成功的路上并不拥挤，就是因为坚持的人太少。一个有志向、有抱负的人，总是以超越常人的坚持精神朝着选定的目标阔步前进。俗话说："功到自然成"，"火大无湿柴"。坚持下去就会达到："终莫之胜"的目标。居里夫人也说过："人要有毅力，否则一事无成。"中国古代医药学家李时珍为了写《本草纲目》，经历了30年的跋山涉水；德国文学家歌德创作《浮士德》，用了50年的时间；中国著名气象学家竺可桢坚持每天记录天气情况，记录了38年零37天，在此期间，一天也没有间断，直到去世前的那一天。只要我们选择了目标，就是爬也要爬到。

上九爻辞是"鸿渐于陆，其羽可用为仪，吉。"上九阳爻居阴位，越中不正，但上九又居渐卦终位，有阳实之象，所在的上体又为巽卦，巽为进退，有可进可退之意。鸿雁由下往上的几个进升阶段，又退回到了九三所处的位置，所以说"鸿渐于陆"。它的羽毛可以用来作为仪饰，是很吉祥的，所以说"其

羽可用为仪，吉"。礼仪要遵循一定秩序，不能乱来，故《小象》曰："不可乱也"。

　　此爻在人道层面上的智慧是：顺其自然才能吃到甜李子。李子有一个自然的成熟期，在成熟期到来之前，强行摘吃，苦涩无比；顺其自然，到了成熟期摘吃，可口甜蜜。事物的发展都要顺其自然，一方面要遵循循序渐进的自然性和规律性，依凭客观条件和情势办事；另一方面，发展到一定程度后，又要遵守退的秩序，退到适当的位置，就像《小象》所说："不可乱也。"之所以要顺其自然，就是因为事物遵循其自然性和规律性发展的过程并不依人的意志为转移。一镢头刨出一个金娃娃，那是神话里的事，若在现实生活中总是抱着这样的幻想，只会更多地品味失望和痛苦。"滚雪球"式的发展才是顺其自然的"升阶而进"，才能吃到好果子。

归妹第五十四

【卦辞】
归妹：征凶，无攸利。

【白话】
归妹卦象征嫁出少女：出征有凶险，得不到什么利益。

【象传】
《象》曰：归妹，天地之大义也。天地不交而万物不兴。归妹，人之终始也。说以动，所归妹也。"征凶"，位不当也。"无攸利"，柔乘刚也。

【白话】
《象传》说：嫁出妹妹，让男女婚配，这是符合天地间阴阳相结合的大义法则的。天地阴阳不相交感，则万物不能生长。婚嫁，是人类得以生生不息、不断繁衍的基础。归妹卦下兑上震，象征心中喜悦而动了真感情，从而实行男女婚配。"出征有凶险"，是因为九二阳爻、九四阴爻居阴位，六三阴爻、六五阴爻居阳位，象征人所居的位置不适当。"得不到什么利益"，是因为六三阴爻位于初九、九二阳爻之上，六五阴爻位于九四阳爻之上，说明阴柔者乘凌于阳刚之上。

【大象传】
《大象》曰：泽上有雷，归妹，君子以永终知敝。

【白话】
《大象传》说：归妹卦下兑上震，大泽上有雷声震动，象征婚嫁。君子因此而在婚姻生活中追求夫妻和睦、白头偕老，并深知婚姻关系被破坏的弊病。

【爻辞】
初九　归妹以娣（dì，古代陪姊一起同嫁一夫的妹妹），跛能履，征吉。
九二　眇能视，利幽人之贞。
六三　归妹以须，反归以娣。
九四　归妹愆（qiān，错过，拖延）期，迟归有时。
六五　帝乙归妹，其君之袂（mèi，衣袖），不如其娣之袂良。月几望，吉。

上六　女承筐无实，士刲（kuī，宰杀）羊无血，无攸利。

【白话】

初九　嫁出女子而以妹妹陪嫁作侧室，就像脚跛努力行走，出征可获吉祥。

九二　瞎了一只眼却去视物，有利于妇人坚持妇道。

六三　出嫁女子等待扶为正室，不如反过来成为侧室。

九四　嫁女子超过了婚期，耐心等待还会有更好的机会。

六五　帝乙嫁出妹妹，嫁作正夫人的妹妹的服饰反而不如陪嫁的妹妹服饰好。月亮接近满月，吉祥。

上六　女子捧着竹筐，筐里没有东西；青年男子杀羊，放不出血来。办事不能顺利。

【小象传】

[初九]　"归妹以娣"，以恒也。"跛能履，征吉"，相承也。

[九二]　"利幽人之贞"，未变常也。

[六三]　"归妹以须"，未当也。

[九四]　"愆期"之志，有待而行也。

[六五]　"帝乙归妹，其君之袂，不如其娣之袂良"也，其位在中，以贵行也。

[上六]　上六"无实"，"承"虚"筐"也。

【白话】

[初九]　"嫁出女子而以妹妹陪嫁作侧室"，这是通常的做法。"就像脚跛努力行走"，"吉祥"，是因为得到了别人的帮助。

[九二]　"有利于妇人坚持妇道"，是因为九二阳爻居阴位，所处的位置虽不适当，但没有改变守正之道。

[六三]　"出嫁女子等待扶为正室"，说明这种行为不妥当。

[九四]　"嫁女子超过了婚期"的目的，是想等待更好的机会再行动。

[六五]　"帝乙嫁出妹妹"，"嫁作正夫人的妹妹的服饰反而不如陪嫁的妹妹的服饰好"，但是六五阴爻居上卦之中位，象征嫁作正夫人的妹妹地位、品德均在正中之位，以尊贵的身份下嫁。

[上六]　上六爻辞中说的"筐里没有东西"，是因为手中拿的是个空竹筐。

【推天道，明人事】

归妹卦的卦辞是"归妹，征凶，无攸利。"归妹是嫁女的意思。归妹卦兑下震上，兑为泽，为阴，性悦；震为动，为阳，性动。泽上有雷，泽中的水随着雷震动，象征少女受喜悦之情的驱动急于从男出嫁，故谓之"归妹"。《序卦传》说："进必有所归，故受之以归妹。"事物进展到一定程度，总要有个归宿，所以接着渐卦之后的就是归妹卦。从爻位的结构看，归妹卦除了初与上之外，二、三、四、五都不在正位，二、四位是阳爻居阴位，三、五位是阴爻居阳位，而且六五与六三都有乘刚不顺的情况，这表示出征必有凶险，所以说"征凶"，既然是"征凶"，当然也就得不到什么利益，所以说"无攸利"。

归妹卦的《彖传》对卦辞的奥妙和深意作了其所以然的揭示。归妹卦下兑为少女，上震为长男，少女与长男结合就是"归妹"，男女婚配才能生子以繁衍后代，使人道不绝，这是天地的法则，所以"归妹"这种婚姻关系是"天地之大义也"。犹如天地各有阴气与阳气，两者交错才会化育万物，如果阴阳不交感，万物就不能发育生长，这就是"天地不交而万物不兴"。所以，男女结婚生子，人类才能终而复始，亦即"归妹，人之终始也"。归妹卦下兑为少女，上震为长男，兑为悦，震为动，是"说以动"，这种下悦而上动，象征少女、长男两情相投而结同心永好，所以说"所归妹也"。归妹卦中间四爻全不当位，是"位不当也"，而且六五凌驾于九四之上，六三凌驾于九二之上，又是"柔乘刚也"，违反了"天地之大义"，所以"征凶，无攸利"。

君子观"泽上有雷"的卦象，应该明白：做包括男女婚姻在内的各种事情时，应慎始而谋终，就是目光放远，看破结果，知道弊害，不仅使事物有个好的开端，而且发展的全过程也不出弊漏，这就是《大象》所强调的"君子以永终知敝"。

初九爻辞是"归妹以娣，跛能履，征吉。"初九在归妹卦的最下爻，阳居阳位，具有贤贞之德，但是不能与在上之九四结为正相应，象征只能以娣的身份出嫁，而不能以正室出嫁，所以是"归妹以娣"。就归妹的整体形势来看，是"征凶，无攸利"，可是，初九居于下体兑卦的初位，兑为悦，初九认识到自己地位卑下，难以找到自己心仪的丈夫，主动随姊出嫁，虽然嫁作侧室，名位不当，但能够坚守正道，安于偏房，并以贤贞之德顺以相承，知足而乐，因而不受归妹总体形势的影响，初九"跛能履"，就像脚跛能踩地行走一样，得到了"相承也"的帮助，故获得了"征吉"的结果。

　　此爻在人道层面上的智慧是：世上所有的荣华富贵都左右不了知足常乐的人。人生最重要的价值是心灵的幸福，而不是任何身外之物。莎士比亚说："出身贫贱但活得知足常乐，倒比穿金戴银却愁眉苦脸度日，好的多得多"。所以，人生富在能知足，贵在能脱俗。知足者人心常乐。人类对功名利禄等各种欲望，如果任其放纵而不加约束，那就会陷入无止境的堕落中。"知份心自足，委顺常自安"，这一"天地之大义"是一条普遍规律，适用于万事万物。如果把自己的身心放在"归妹以娣，跛能履"的知足常乐的环境中，勿贪意外之财，世间所有的名利得失和荣华富贵就都奈何不了我。在通往荣华富贵的路上，一定要带上知足的心。

　　九二爻辞是"眇能视，利幽人之贞。"九二阳居阴位，中而不正。九二在互离（九二、六三、九四）中，离为目，为明，九二所居的下卦为兑，兑为毁折，二者合起来就是眼有疾而尚能明，所以说"眇能视"。九二在下兑卦的中位，兑为泽，是为泽中之人，犹如躲在深闺中幽雅文静的淑女。九二居中，守其幽静贞正，这是十分有利的，所以说"利幽人之贞"。九二与六五正应，能安于其位，顺以相承，永远不改变这种恒常之道，亦即《小象》所说："'利幽人之贞'，未变常也。"

　　此爻在人道层面上的智慧是：遇到不良之人的挑衅要坚守中正之德。对于那些在自己组织内部妒火中烧的人对自己的攻击或诽谤，既不要正面迎击，也不要低三下四，而是要坚守：'利幽人之贞'这种中正恒常之道，以纯正忍让自守，克非礼刁蛮挑衅。廉颇和蔺相如同是战国时代的赵国大臣。廉颇是赵国杰出的将领，蔺相如由于完璧归赵和在渑池大会上立了功，被赵王封做上卿，职在廉颇之上。廉颇很不服气，他说："我身为将军，有攻城野战的大功，而蔺相如只不过是口舌之功，竟位居我上，况且他出身卑贱，我感到羞耻，不甘心在他的下边。"并且他还扬言说："我见到蔺相如，一定要羞辱他。"有一天，蔺相如坐车出去，远远看见廉颇骑着高头大马过来，他赶紧叫车夫往回赶，蔺相如手下的人看不过去，他们说蔺相如怕廉颇。蔺相如对他们说："秦王我都不怕，我会怕廉颇将军吗？大家知道，秦国不敢进攻我们赵国，

就是因为赵国武有廉颇，文有蔺相如，如果我们闹不和，就会削弱赵国的力量，秦国就会乘虚而入。我避着廉将军，为的是赵国的利益。"后来蔺相如的手下把他的话告诉给廉颇，廉颇便脱衣露体，赤膊背着荆条，由宾客介绍陪伴来到蔺相如府上请罪。他说："我是个粗鄙浅陋的人，不料你宽容我、忍让我竟到了这等地步。"从此，赵国出现将相和睦的大好局面。更高境界的制胜之道，也不是不战而屈人之兵，而是通过包容化敌为友。

六三爻辞是"归妹以须，反归以娣。"六三心高眼低，希望等待时机找到合适的丈夫出嫁成为正室元配，就是"归妹以须"。可是六三以阴居阳，处位不正，又以柔乘刚，本身的处境和行为方式都违反了正道，又与上六没有正应关系，这就决定了六三所等待的做正室元配的希望只能落空，如《小象》所云："'归妹以须'，未当也。"如果六三能够从现实出发，放弃满脑子的非分之想，重新为自己做出合理定位，不以正室元配而屈身为娣，陪嫁作妾，就是"反归以娣"，就可能把希望变成现实。

此爻在人道层面上的智慧是：要清楚自己智力和能力的边界，不去扮演自己永远也扮演不了的角色。不要用放大镜看待自己的智力和能力，而要正视自己智力和能力的边际，安于其位，错位了，就要进行方向层次上的调整，也就是"归妹以须，反归以娣。"凭自己的真本事吃饭，才是合乎情理的。谁也不会与出人头地、受到敬仰、得到尊贵有仇，但是没有实力去博取的非分之想，只能是"鸡蛋碰石头——自不量力"，自取其咎。春秋时期，郑国和息国睦邻相处。一年，息国为了一件小事，和郑国闹翻。息国国王要讨伐郑国，就召集大臣来商议。有的大臣说："陛下和郑国国王同姓，不要轻易动武。"有的大臣说："我们的威望不比郑国高。"还有的大臣说："我们的力量不比郑国强。"息国国王对这些大臣劝说一点也听不进，一意孤行，下令袭击郑国。郑国立刻出兵迎战。最后，息国兵被打得丢盔弃甲，狼狈不堪。

九四爻辞是"归妹愆期，迟归有时。"九四阳爻居阴位，失正，九四与初九是敌应，找不到配偶。九四在互离（九二、六三、九四）中，离为日；又在互坎（六三、九四、六五）中，坎为月，合起来为日月，少女只能推迟了出嫁的日期，推迟的时间要以日月来计算，不会很短，所以说"归妹愆期"。但是，九四已经到了上震卦，震为行，为春季，九四又临近六五君爻，与六五亲比，是一位高贵的少女，出嫁的成熟时机终会到来，所以说"迟归有时"。九四推迟婚期，完全是出于自己的自愿，想等待时机，而不急于草率成事，所以《小象》说："'愆期'之志，有待而行也。"

此爻在人道层面上的智慧是：顺时与错时把人生和事业注解成了成功与失败。顺时是自然界的生存法则，如树木遇春暖发芽，遇夏炎开花，遇秋爽结果，遇冬寒休眠，才有了树木年复一年的四季循环生长。顺时也是人生和事业成功的法则，成功地做好一件事情是需要机会的，机会不到，强行去做，会破坏形成机会的条件；机会到了，抓不住机会，不能从正面迎击，最终也会一切成空。顺时才能成功，错时必然失败。美国有句谚语："通往失败的路上，处处是错失的机会。""迟归有时"的"识时""适时""待时""顺时"，让自己的"行动密码"与"机会密码"对上号，成功大门的铁锁就打开了。

六五爻辞是"帝乙归妹，其君之袂，不如其娣之袂良。月几望，吉。" 六五阴居阳位，又居中位，具有柔中的美德和高贵的气质，在此指帝乙待嫁的妹妹，所以说"帝乙归妹"，帝乙的妹妹下嫁时穿戴的服饰很简朴，反而比不上随从陪嫁之娣的衣着，就是"其君之袂，不如其娣之袂良"。说明身居正位，十分尊贵，却能不以高贵自居，保持节俭和谦虚而不过分追求盈满的美德，所以有"月几望，吉"之象。从卦象上看，归妹卦上震下兑，阴历十四、十五黄昏的时候，自兑西望震东天，月几近于望日之圆，而不至于盈满，这正是人的谦卑中正的高贵品行，故《小象》云："其位在中，以贵行也。"

此爻在人道层面上的智慧是：奢侈是败家亡国的祸首，而勤俭则是发家致富的根本。勤俭兴家，犹如针挑土；奢侈败家，好似浪淘沙。中国和西方古人对此早就有了深刻的认知：唐朝的魏徵说："不念居安思危，戒奢以俭；斯以伐根而求木茂，塞源而欲流长也。"唐代诗人白居易也有这样的诗句："奢者狼藉俭者安，一凶一吉在眼前。"李商隐也写过这样的诗："历览前贤家与国，成由勤俭败由奢。"宋朝的司马光说："侈则多欲。君子多欲则念慕富贵，枉道速祸。"西方的萨迪也曾经说："谁在平日节衣缩食，在穷困时就容易渡过难关；谁在富足时豪华奢侈，在穷困时就会死于饥寒。"希腊有这样的言语："知足是天然的财富，奢侈是人为的贫困。"古巴也有谚语："奢侈是民族衰弱的起点"。一个人要注重内在的修为，保持节俭和谦虚的治生之道，而不是看重虚华的外表，追求奢侈的生活。奢为大耻，俭为大德。内在的美德气质远比外在的服饰更绚丽。这就是"帝乙归妹，其君之袂，不如其娣之袂良。月几望，吉"这句爻辞所蕴含的哲理。

上六爻辞是"女承筐无实，士刲羊无血，无攸利。"上六居归妹卦的终位，归妹卦上震下兑，震有虚筐之象，兑有羊象，上六与下卦的六三都是阳气不足，二者又是敌应。一切都是空的，即使成婚也难以生育，女子的筐内空无一物，男子宰羊没有出血，这就是"女承筐无实，士刲羊无血"。这就犹如祭祀之礼无法进行、婚姻关系不合法一样，进退失据，处境是很不吉利的，所以说"无攸利"。之所以如此，就如《小象》所说："上六'无实'，'承'虚'筐'也。"

此爻在人道层面上的智慧是：做人行事不可太阴。人生在世，阴险狡诈，总动些花花肠子，玩阴招整人，是最不道德的。这种太阴的人一旦暴露在阳光下，必然为众人所不齿。在公元692年5月，武则天（后文简称"武皇"）下诏禁止天下屠杀牲畜及捕捞鱼虾。为此，即使王公大臣宴请宾客也都是素席，不敢用荤。左拾遗张德颇有才气，又很忠诚，很受武皇信任。有一天是他生儿子过三朝，亲友、同僚前来祝贺。张德见席上都是素菜，过意不去，生怕怠慢了客人，便偷偷地花高价购杀了一头羊，做一些带肉的菜，包一些羊肉包子让大家吃。就在大家酒足饭饱各自要回去时，有个叫杜肃的同僚，悄悄拿了两个肉包子揣在怀中，散席后便速去武皇那里告了黑状。次日早朝，武皇在处理完政事之后，突然对张德说："听说你生了儿子，恭喜恭喜呀！"张德叩头称谢。武则天又说："你那席上的肉是从哪里来的？"张德一听，顿时吓得直打哆嗦，他知道这是违诏杀生，故连连否认道："为臣不敢！为臣不敢！"武皇则微微笑道："你说不敢，这肉包子该不会假吧？"说着，便命人将杜肃写的告状奏章和两个肉包子递给了张德。张德见后，顿时面如蜡纸，连连叩头认罪："臣下该死！臣下该死！"此时告状的杜肃，站在一旁洋洋得意，心想：你张德这下可不再会受皇上信任了吧？一边想着，一边等着武皇给他封奖。他哪里知道，武则天对这一切早已看在眼中，便对张德说："左拾遗听旨，朕下诏禁止屠杀牲畜，无论何事皆不准腥荤。可你却擅自违背，万万不该！而朕念你在朝中一直忠心耿耿，又是初犯，这次就不对你治罪了。"张德一听，忙又惊又喜道："谢皇上隆恩！谢皇上隆恩！"此时杜肃却惊呆了，更没想到的是武皇接着说："不过，张德你要接受教训，今后如再请客交友，可要选择好对象，像杜肃这种好告黑状的人就不要再交往了。"张德听后，顿时感激得哭出声来。诸大臣见武皇如此忠奸分明，便一起跪倒在地高呼："吾皇万岁！万万岁！"而那阴险的杜肃，在众目睽睽下，羞愧得无地自容。

丰第五十五

【卦辞】

丰：亨，王假之。勿忧，宜日中。

【白话】

丰卦象征丰大：亨通，君王亲自前来，不用担忧，活动宜在正午太阳当头时举行。

【彖传】

《彖》曰：丰，大也。明以动，故丰。"王假之"，尚大也。"勿忧，宜日中"，宜照天下也。日中则昃（zè），月盈则食。天地盈虚，与时消息，而况于人乎，况于鬼神乎？

【白话】

《彖传》说：丰，是盛大的意思。丰卦下离上震，象征明智地采取行动，一定能取得丰硕的成果，所以称为丰卦。"君王亲自前来"，这是对大的活动表示重视。"不用担忧，活动宜在正午太阳当头时举行"，因为正午阳光普照天下，恰如君主的德行惠及天下。太阳过了中天，接下来就会向西偏斜；月亮圆满了，接下来就会亏蚀。天地间的盈满和亏虚，都是随着时间变化而消亡生息的，更何况人呢，何况鬼神呢？

【象传】

《大象》曰：雷电皆至，丰。君子以折狱致刑。

【白话】

《大象传》说：丰卦下离上震，象征雷电相加，这就是丰卦的卦象。君子观此卦象，从而效法雷震惊电，明察一切，雷厉风行地审理案件，实施刑罚。

【爻辞】

初九 遇其配主，虽旬无咎，往有尚。

六二 丰其蔀（bù，掩盖，蒙蔽），日中见斗，往得疑疾，有孚发若，吉。

九三 丰其沛，日中见沫，折其右肱（gōng，臂），无咎。

九四 丰其蔀，日中见斗，遇其夷主，吉。

周易下经 丰

六五　来章，有庆誉，吉。

上六　丰其屋，蔀其家，窥其户，阒（qù，寂静）其无人，三岁不觌（dí，相见），凶。

【白话】

初九　遇到与自己相匹配的人，虽然力量均等，但没有灾殃，前往会得到奖赏。

六二　云层丰积厚，重遮住了太阳，以致正午时出现了北斗星，此时前往则会被猜忌和妒恨，表明自己的诚信，则吉祥。

九三　丰大幡幔，遮住了太阳，以致正午出现了小星星，折断了自己的右臂，没有灾殃。

九四　丰大席状的遮蔽物遮住了太阳的光辉，以致正午时出现了北斗星，遇到性格平和的明智主人，吉祥。

六五　招纳天下贤才，有福庆和美誉，吉祥。

上六　丰大完善自己的房屋，遮蔽居室，通过门窗窥视，发现里面静悄悄的，一个人也没有，三年不出来见人，有凶险。

【小象传】

[初九]"虽旬无咎"，过旬灾也。

[六二]"有孚发若"，信以发志也。

[九三]"丰其沛"，不可大事也。"折其右肱"，终不可用也。

[九四]"丰其蔀"，位不当也。"日中见斗"，幽不明也。"遇其夷主"，吉行也。

[六五]六五之"吉"，有庆也。

[上六]"丰其屋"，天际翔也。"窥其户，阒其无人"，自藏也。

【白话】

[初九]"虽然力量均等，但没有灾殃"，说明如若打破均势，便会有灾殃。

[六二]"表明自己的诚信"，说明用诚信来开拓丰大光明的志向。

[九三]"丰大幡幔"，说明不可采取大的行动。"折断自己的右臂"，说明终究不可以施展才用。

[九四]"丰大席状的遮蔽物"，说明九四阳爻居阴位，所处的位置不适当。"正午时出现了北斗星"，是因为天色幽暗不明。"遇到性格平和的明智

主人",说明往前进发可以获得吉祥。

[六五] 六五爻辞中说的"吉祥",是指修养丰德,因此有值得庆贺之事。

[上六] "丰大完善自己的房屋",说明此人身居极位,如在天空中飞翔一样。"通过门窗窥视,发现里面静悄悄的,一个人也没有",说明此人为躲祸而自蔽深藏。

【推天道,明人事】

丰卦的卦辞是"丰,亨,王假之。勿忧,宜日中。"丰是丰大、丰硕的意思。丰卦离下震上,离为电,为明;震为雷,为动。雷电皆至,闪电的光明和雷声的震动互相助势,有丰大之象,故谓之"丰"。《序卦传》说:"得其所归者必大,故受之以丰。丰者,大也。"女子归嫁,添人进口,家业兴旺,这也象征众人来归,民聚国富,所以紧接着归妹卦的就是代表盛大的丰卦。盛大自然通达,所以"亨"。丰卦是由泰卦的九二与六四换位而成,九二由下乾移往上坤,乾为君王,坤为民众,所以说"王假之"。六二来到下乾中位,变为离卦六二,离为日,犹如日在中天,所以"宜日中",象征君王像中午的太阳一样散发光辉,普照民众,天下就会丰大,所以"勿忧"。

丰卦的《象传》对卦辞的含义作了意境宏阔的深解。丰就是盛大的意思,所以说"丰,大也"。丰卦下离为明,上震为动,光明而且活跃,必然丰盛可观,所以说"明以动,故丰"。君王治理天下,应当重视和崇尚大局,所以说"'王假之',尚大也"。君王责任重大,但是"勿忧",只要把握了"'宜日中',宜照天下也"的原则,如同太阳正居中天,以其盛大丰满的光芒普照天下,忧虑必然消除。但是,日不能永远居中,因为"日中则昃";月也不能常保圆满,因为"月盈则食"。天地的盈亏都是随着时间而消长的,更何况是人?何况是鬼神呢?亦即"天地盈虚,与时消息,而况于人乎,况于鬼神乎?"丰卦的卦义正是告诫君王丰大事业时要守持中道,要了解时势的意义,根据时势的变化而知所进退。

君子观"雷电皆至"的卦象,断决狱讼就应该像雷电那样,明察秋毫,公正断狱;执行刑罚,就要像震雷那样,让恶人伏法,遭到报应,这就是《大象》所强调的"君子以折狱致刑"。

初九爻辞是"遇其配主,虽旬无咎,往有尚。"初九与九四都是阳爻,是同性相斥的敌应关系,初九处于下卦离的下位,离为明,九四所居的上卦是震,震为动,所以初九与九四互为宾主,形成双阳并进、配合默契的态势,没有灾难,即"遇其配主,虽旬无咎"。初九爻能以大局为重,主动前往顺从九四,符合丰卦上下合作的主旨,故"往有尚"。初九和九四两个阳爻都为阴爻所乘,彼此均等,这是"无咎"的主要原因,所以《小象》说:"'虽旬无咎',过旬灾也。"

此爻在人道层面上的智慧是:为人处世可以有傲骨但不可以有傲心来傲世。骏马骨架大了值钱,为人架子大了招嫌。西方有句哲言:"只有父亲不嫉妒自己孩子的才华。"不管一个人的才华多么出众,业绩多么耀眼,如果他经常在众人面前乱摆架子,骄傲自大,哗众取宠,就会引起别人的失落感,造成心理上的失衡,这就必然招致别人的反感和妒忌。一个人必须保持谦虚的态度,无论有多大的成就,对任何人都应该平等相待,这样才能"虽旬无咎"。莎士比亚说得好:"傲慢是最大的无知。"这应该成为傲心傲世者的自警恒言。

六二爻辞是"丰其蔀,日中见斗。往得疑疾,有孚发若,吉。"六二居丰卦下体离卦的中位,离为目,离为日,六二就是"日中",丰卦的上体震卦,震仰盂,行状像斗,引申为星斗,所以说"日中见斗",中午见到星斗,光明受到遮蔽,所以说"丰其蔀"。六二与六五敌应,六五是一个有猜疑之疾的昏君,六二前往去与六五会合,必然遭到六五的猜疑,所以说"往得疑疾"。但是,六二虚中"有孚",胸怀诚心,倾其智力辅佐六五之君,六五又虚中"发若",能以诚相感,君臣之间消除了遮蔽,重见光明,所以"有孚发若,吉"。《小象》解释此爻时也说:"'有孚发若',信以发志也。"

此爻在人道层面上的智慧是:没有比欺骗被识破更丢脸、更自毁的事了。契诃夫说:"蚜虫吃青草,锈吃铁,虚伪吃灵魂。"做事为人必须诚心为之。宋代学者杨时在《河南程式粹言论学篇》中说:"自谋不诚则欺心而弃己,与人不诚则丧德而增怨。"意思是,为自己做打算时,如果不诚实,既欺骗了自己又坑害了自己;和别人打交道时,如果不诚实,就丧尽了良心并增加了别人的怨恨。就像是钻石还是玻璃锤子下去立见分晓一样,虚假骗人的东西很容易被戳穿。没有什么比欺骗被揭露更丢脸更自取其辱的。孟子讲:"人必自侮,然后人侮之;家必自毁,然后人毁之;国必自伐,然后人伐之。"朱熹说:"自敬,则大敬之;自慢,则人慢之。"这两个人的言外之意是,人一旦欺辱了自己,再受到他人的欺辱便纯粹是自作自受了。

九三爻辞是"丰其沛，日中见沫，折其右肱，无咎。"九三阳刚得正，居于下卦离体之上，具有离明之德，本应发挥其光明的作用，但九三资质柔弱，不思振作，与之相应的上六居于震体之终位，处震之终极，已经没有了震动的功能，而且上六还是至阴至暗之主，就像丰大的幡幔遮住了太阳，亦即"丰其沛"，九三无法与其结成明动相资的关系，体现不出《象传》"明以动故丰"的形势需要，只能"日中见沫"。所以，九三向上应于上六是以明趋暗，不仅"不可大事也"，还会给自己带来"折其右肱"的伤害。因此，作为明德见废之臣的九三，只得明哲保身，以免于过咎，故为"无咎"。

此爻在人道层面上的智慧是：狼虎丛中明哲保身也是一种生存智慧。处于光明被昏暗遮蔽的狼虎丛中，若轻举妄动，则不可避免地会受到"折其右肱"的伤害，只能让自己后悔莫及；但若能忍住急于求成的心理，内心秉持正道而在行为上明哲保身，虽才能暂时未得以发挥，但最终免于灾祸，为日后的发挥才能、取得成功保存了实力，这是从失败的落脚点转变到成功的起飞点的最基本的生存智慧。

九四爻辞是"丰其蔀，日中见斗，遇其夷主，吉。"九四爻辞的前两句与六二的前两句相同，因为从泰卦变为丰卦后，九四与六二产生了换位，所以有"丰其蔀，日中见斗"的与六二相似的遭遇。九四阳刚得正，又居于上卦震体之下位，震为行，但九四行而不明，为了弥补"幽不明"这种缺憾，九四主动向下离卦中去寻求居有离明之德的"夷主"，就是初九。丰大之时，九四与初九同德相辅，形成了互补性的良性关系，实现了二者的心愿，这是一个吉行的过程，所以说"遇其夷主，吉"，《小象》也强调"'遇其夷主'，吉行也"。

此爻在人道层面上的智慧是：一个善于团结的人才是能干大事业的人。独木不成林，一燕不成春。一个人踩不倒地上草，众人就能踩出阳关道。一个人无论他多么聪明，多么努力，只要他不能或不愿意团结众人一起干，日后绝不会获得超过自己能力的成就。明代吴承恩也说："单丝不线，孤掌难鸣。"意思是，单独的一根丝，成不了线；只有一只手掌，无法鼓掌。只有团结起来，相互帮持才有力量，才能够创造出众人能力集合成的伟大成就。丛林法则蕴含着这样的真理："狼群的力量来自于每一头狼，而狼的力量又来自于狼群。"俗话也说："团结一条心，石头变成金"。有聪明智慧的"夷主"，都是以团结作为

事业成功之基，善于团结一切可以利用的力量，以联盟的方式完成重大的事业。

六五爻辞是"来章，有庆誉，吉。"六五阴居阳位，处震动之中，有动而无明，六二阴居阴位，当位得中，处离体之中，有明而无动。六五与六二都是阴爻，结不成正应，但是六二和六五都是居中之爻，中道可以成为他们的结合点。六二起初误认为六五是昏君，犯了过分猜疑的错误，违背了中道。六五居至尊的君位，为了寻求互补以创造一种盛大丰满的政治局面，不仅不计较六二的误解，而且把六二看作是章美之臣，屈而下往，主动"来章"，共治天下，这种宽宏大量之举获得了吉庆美誉，故谓之"有庆誉，吉"。六五的吉祥是来自于修养丰德，这是值得庆贺之事，故《小象》曰"有庆也"。

此爻在人道层面上的智慧是：有朗朗性情和宽宽度量的领导者才为人追慕。朗朗性情者心如泉水，澄清剔透；心如太阳，光彩照人。宽宽度量者才学宽广，待人宽厚，脾气宽和。朗朗性情和宽宽度量，能催生侠义的行为，吸引更多的追随者。为了营造和保持盛大的政治局面，领导者要具备肝胆相照的性情、宽大的胸怀和雅量，礼贤下士，诚心寻求贤德的人才，这样就能获得美誉，有才德的章美之臣就会主动来辅佐自己，就能保持吉祥，这就是"来章，有庆誉，吉。"

上六爻辞是"丰其屋，蔀其家，窥其户，阒其无人，三岁不觌，凶。"上六处于震体之上极，前进无路，《小象》说："天际翔也。"上六以阴居阴，远离下卦的离体，既无震动之性，又无离明之德，以其昏暗柔弱的才资居守丰大之高位，上六与六五逆比，居高自傲，不恭顺君王，深居简出，拒人于千里之外，有"丰其屋，蔀其家"之象。上六把自己封锁在一间不见阳光的黑暗屋子里，自绝于人，谓之"窥其户，阒其无人"。而且这种自蔽孤立长年累月，三年之久仍不见人，定有凶险，所以说"三岁不觌，凶"。

此爻在人道层面上的智慧是：孤立无援是什么事情也干不成的。人是社会的一个成员，人不能脱离社会、脱离特定的社会历史时期而存在。《淮南子》中说："用众人之力，则无不胜也。" 能用众力，则无敌于天下；能用众智，则无畏于圣人。尤其是今天多元化的社会，是一个张扬的社会，展示个性的社会，更是一个团队建设的社会，任何人都没有理由闭目塞听、与世隔绝。如果"丰其屋，蔀其家，窥其户，阒其无人"，最后就没有落脚处，没有依靠。人能够主动走向社会，扩大社交范围，丰富群体生活经验，在孟子所说的"人和"状态上，充分利用社会资源，如是，成功也就在眼前。

旅第五十六

【卦辞】
旅：小亨，旅贞吉。

【白话】
旅卦象征行旅：小有亨通，出门旅行能坚守正道，吉祥。

【彖传】
《彖》曰："旅小亨"，柔得中乎外，而顺乎刚，止而丽乎明，是以"小亨，旅贞吉"也。旅之时义大矣哉！

【白话】
《彖传》说："行旅，可以小有亨通"，六五阴爻居外卦之中位，又位于上九阳爻之下，象征谦柔者守持中道，顺从刚强者的意愿；旅卦下艮上离，象征着安静地依附于明德之人，所以说"小有亨通，出门旅行能坚守正道，吉祥"。行旅选择适宜的时机意义是多么大啊！

【大象传】
《大象》曰：山上有火，旅。君子以明慎用刑而不留狱。

【白话】
《大象传》说：旅卦下艮上离，山上有火在燃烧，象征旅行。君子因此而在施用刑罚时明察慎重，而不稽留狱案。

【爻辞】
初六　旅琐琐，斯其所取灾。
六二　旅即次，怀其资，得童仆，贞。
九三　旅焚其次，丧其童仆，贞厉。
九四　旅于处，得其资斧，我心不快。
六五　射雉，一矢亡，终以誉命。
上九　鸟焚其巢，旅人先笑后号咷。丧牛于易，凶。

【白话】
初六　旅行之初事务烦琐导致言行猥琐卑贱，这是自取灾祸。

六二　旅途中住进客栈，身上带着钱财，找到童仆，这是正确的。

九三　旅途中所住的客栈被烧毁，失去了童仆，坚守正道以防危险。

九四　旅途中找到住所住下，得到了钱财，但心中仍然不甚痛快。

六五　用箭射野鸡，丢失了一支箭，最终仍然得到荣誉和爵命。

上九　鸟巢被烧毁，出门旅行的人开始欣喜欢笑，后来号啕大哭。牛被狄人抢走，有凶险。

【小象传】

[初六]　"旅琐琐"，志穷灾也。

[六二]　"得童仆，贞"，终无尤也。

[九三]　"旅焚其次"，亦以伤矣。以旅与下，其义丧也。

[九四]　"旅于处"，未得位也。"得其资斧"，心未快也。

[六五]　"终以誉命"，上逮也。

[上九]　以旅在上，其义焚也。"丧牛于易"，终莫之闻也。

【白话】

[初六]　"旅行之初事务烦琐导致言行猥琐卑贱"，说明旅行者是没有志气的，所以会招来灾祸。

[六二]　"找到童仆，这是正确的"，说明六二最终不会有什么过失。

[九三]　"旅途中所住的客栈被烧毁"，这也是令人悲伤的事。与童仆一起旅行而失去童仆，这是用傲慢的态度对待下人的必然结果。

[九四]　"旅途中找到住所住下"，说明九四阳爻居阴位，所处的位置不适当，没能真正地安身立命。"得到了钱财"，但心中还是感到不畅快。

[六五]　"最终仍然得到荣誉和爵命"，说明得到了上层的赏识。

[上九]　鸟巢被烧毁，作为出门旅行的人却高高在上、目中无人，当然导致被焚烧的灾殃。"牛被狄人抢走"，说明上九旅途遭灾，最终也没有人来过问此事。

【推天道，明人事】

旅卦的卦辞是"旅，小亨。旅贞吉。"旅是旅居、旅行的意思。旅卦艮下离上，艮是山，离是火，山上有火，火在山上延烧，随着草木而移动，草木一烧尽，火即他迁，有旅象，故谓之"旅"。《序卦传》说："穷大者必失其居，故受之以旅。"丰盛到了极点，就会丧失居所，所以丰卦之后紧接着就是旅卦。旅行需要经常变化场所，不安定，旅行在外，又很少亲友，缺少照应，所以不会大有亨通，只能是"小亨"。旅卦由否卦的六三与九五换位而成，旅卦中六五居中位而行，表示在旅行中必须坚守正道，才会吉祥，所以说"旅贞吉"。

旅卦的《象传》对卦辞的含义作了进一步的导读。六五阴爻在外卦得中，与内卦的六二同是阴爻，相互排斥，阴爻又为小，所以是"旅小亨"。旅卦的六五是柔爻而居外卦中位，并且顺应上九刚爻，是"柔得中乎外，而顺乎刚"，寄旅他乡，人地生疏，不可逞强用刚滋事。旅卦下艮为止，上离为明，为丽，内静止而外光明，恬静安止又能附丽光明就是"止而丽乎明"，这样即使在羁旅之时，也可以取得"小亨"，无论是行旅之旅还是人生之旅，只要能坚守正道，就会吉祥，所以说"旅贞吉"。把行旅之旅上升到人生之旅，升华了旅行的时间意义，所以说"旅之时义大矣哉！"

君子观"山上有火"的卦象，应该懂得在治国用刑时，要烛明幽隐，慎之又慎，也要像山上着火一样，迅速裁判诉讼，不滞留拖延狱讼，这就是《大象》所强调的"君子以明慎用刑而不留狱"。

初六爻辞是"旅琐琐，斯其所取灾。" 初六阴居阳位，失正不当位，本来与九四是正相应的关系，有助于摆脱羁旅之世的艰难，但是从卦象上看，艮止下，离炎上，两相背离，难于相应。初六又居于互巽（六二、九三、九四）之下，质弱卑下，身穷志短，面对挫折畏畏缩缩、庸俗鄙陋，只会关心一些蝇营狗苟的细小之事和斤斤计较眼前利益，所以说"旅琐琐"。这种"志穷"是不正当的处旅之道，必然给自己带来灾祸，并且这种灾祸是咎由自取，所以说"斯其所取灾"，外人爱莫能助。

此爻在人道层面上的智慧是：不言放弃和顾全大局是拥有成功所必须具备的韧性与精神。睡着的狐狸抓不到鸡。做出了百分之九十九的努力以后，放弃了即将成功的百分之一，也就是差一点你就赢了，结果你输了，这是最悲哀的事。不言放弃者，脚下都是路。一个崇高的目标，哪怕四周都为困难所包围，只要你不言放弃，矢志不渝地追求，也会把层层障碍打破，找到通向成功的大道。人生之旅困难重重，但越是在艰难的情况下，越不要"旅琐琐"，自暴自弃和斤斤计较眼前利益，而是越要振作精神，守正待时，从大处着想，识大体，顾大局，于屈中求伸，自我保护，才能保证旅途顺利亨通。

六二爻辞是"旅即次，怀其资，得童仆，贞。" 六二阴居阴位，居中得正，有柔顺中正之德，柔而履中就不过柔，柔而得正则处不失当。因此，六二会获得亲和力。在旅途的险境中，找一个临时住处，身上带点路费钱，亦即"旅即次，怀其资"，这些事情都是容易办到的，难的是能够得到仆童的忠诚照顾，"得童仆，贞"是"患难见真情"，这种人间可遇不可求的真情，才是消灾解祸的最重要因素，所以《小象》说："'得童仆，贞'，终无尤也。"

此爻在人道层面上的智慧是：在行旅中要用柔顺中正的品德魅力提高你的亲和力水平。柔顺是人类共处的金钥匙，是博爱的花朵。真正的柔顺就是克己，即使是对粗鲁者也能保持耐心，为周围的每一个人带来文明、温暖和愉快，不会失去什么，却能得到一切。柔顺的人，能走遍天下。行旅在外，举目无亲，要时时处处保持柔顺中正的品德，这比钱物都重要，以此待人接物，才能与环境亲和，与人亲和，化敌意为亲密，才能"得童仆"，让更多的人喜欢你，旅途中处处都会顺利。

九三爻辞是"旅焚其次，丧其童仆，贞厉。" 旅卦上体为离，离为火，九三体艮，故为次，次为客舍，九三又在互巽（六二、九三、九四）中，巽为木，木助火势，"旅焚其次"。行旅之人应当尚柔、守持中正，九三以阳居阳，既不柔且不中，处于艮卦的上爻，艮为童仆；艮为山，有自我高大之象，以高傲的态度对童仆，颐指气使，把本来相亲相辅的关系变成了统治与服从的关系，造成了离心离德，"丧其童仆"，这种"以旅与下，其义丧"从根本上违反了处旅之道。这一爻用旅居的客栈失火焚烧，随从的童仆逃亡离走的情景来说明这样做的危险后果，让人恪守贞正之德以防危厉，所以说"贞厉"。

此爻在人道层面上的智慧是：刚愎自用的人是在给自己作离心离德的局。刚愎自用的人，是一个没有理由而过分自信，对任何人的建议和忠告都听不进去的任性人。愚蠢顽固的人喜欢刚愎自用，心灵境界低的人好自以为是。在旅途中处在不安定的环境中，刚直任性、倨傲待人，就会造成别人与自己的离心离德，这种"丧其童仆"自设"隔离带"的愚蠢之举，使危机四伏。春秋时期，晋楚因宋国发生战争，楚军打得宋国要投降了就撤军。晋军将领先縠不听统帅荀林父的命令擅自进攻楚军。楚国大夫伍参对楚庄王说晋军将领先縠刚愎自用，内部不团结，可以消灭晋军而出兵。结果，楚国大获全胜。在旅途中，倘若以谦虚的态度，争取到周围人的帮助和支持，就能够在危机四伏的情况下生存和发展，这就是"贞厉"的智慧。

九四爻辞是"旅于处，得其资斧，我心不快。"九四以阳爻居阴位，是"未得位也"，不能得其所安，所以说"旅于处"。九四在互巽（六二、九三、九四）中，巽有近利市三倍之意，这就能"得其资斧"。九四虽然与初六阴阳正应，但是九四下临的却是一个艮卦，艮为止，意味着九四与初六的正应是有所阻的。九四羁旅他乡，漂泊不定，本来就心情很不安，再加之与初六会合又为艮卦所阻，就更加烦恼不畅快，所以说"我心不快"。《小象》的解释是，九四已离开艮卦，艮为客舍，九四处上体之下，不同九三之自尊，是"未得位也"；九四还需要亲自用利斧斫除荆棘以安其居处，所以"心未快也"。

此爻在人道层面上的智慧是：不要迷乱于眼前微小的收获。眼高手低的人，往往为小小的成就而陶醉不已。战胜了困难，取得了成就是值得庆幸的，但绝不能因"得其资斧"的小利而停滞不前，不能光忙于摘取脚下的蔷薇，而忽视了对远方玫瑰的追求。在事业的进程中，达到了第一个目标，那仅仅是第二个目标的起点，达到终极目标才是真正的成功。目标高远的人，总是为获得远方更大的利益而奔跑。

六五爻辞是"射雉，一矢亡，终以誉命。"六五阴爻居阳位，不正但得中，符合《象传》"柔得中乎外，而顺乎刚"的总体要求。六五在上卦离中，离为雉，又为兵戈，弓箭和矢是古代最主要的兵器之一，所以说"射雉"。六五又在互兑（九三、九四、六五）中，兑为毁折，所以"一矢亡"。六五在上卦离体中位，离为文明，六五作为明君，遵循中道原则，顺从亲比于九四、九三，又主动与居于臣位的六二配合，六五这种亲和性赢得了下面各爻的拥戴，最终让远近闻其美名，并得到上方赐予的禄命，所以说"终以誉命"。《小象》也解释说："'终以誉命'，上逮也。"

此爻在人道层面上的智慧是：以长远利益为重才是通达了生命的根本之道。不能只闻芝麻香，忘记西瓜甜。美国有句名言："愚者赚今朝，智者赚明天。"不要因眼前的一点损失而气馁，只要抓住了长远的利益，就会"失之东隅，收之桑榆"。正因为人类有一种对未来的向往，有了对长远利益的追求，可以发挥人的最大的潜能，所以人类才能经受住各种苦难和黑暗的煎熬，最终到达"终以誉命"的光明与希望的彼岸。

上九爻辞是"鸟焚其巢，旅人先笑后号咷。丧牛于易，凶。"上九位居旅卦最上位，阳刚，不正不中，上卦为离，为雉，为火；下临互巽（六二、九三、九四），巽为木，有鸟巢被焚之象，所以说"鸟焚其巢"。上九下又临互兑（九三、九四、六五），兑为悦，处于高位而自以为乐，就是"先笑"；等鸟巢被焚，居所被毁，又转笑为涕，号啕大哭，所以说"旅人先笑后号咷"。牛具有柔顺之德，上九居于上卦之极，下又与九三敌应，态度傲慢，暴躁倔强，丧失了柔顺的品格，结果必然会有凶险，所以说"丧牛于易，凶"。上九的这种命运，是自取其祸，没有人会过问的，所以《小象》说"终莫之闻也"。

此爻在人道层面上的智慧是：暴躁是出于一种无知傻气。暴躁的恶果堪比投向马蜂窝的一块石头。暴躁的人驾驭的是一匹没有头脑的疯马，是无能者备加的软弱表现。人一暴躁，情绪就会激动，说话就不免有失偏颇，因为他说话用的是激情而非理性，就可能恶语伤人或轻泄隐秘。人一暴躁，血气沸腾，则必然心浮，心浮就会手忙脚乱，就无法深入到事物的内部中去仔细研究和探讨事物发展的规律，无法认清事物的本质，办起事来具有盲目性，差错自然就多，甚至是一败涂地。当暴躁坠落时，破碎的将是暴躁者一切的一切。达尔文说："脾气暴躁是人类较为卑劣的天性之一，人要是发脾气就等于在人类进步的阶梯上倒退了一步。"所以，暴躁是一种病态心理，暴躁者必须改弦更张，无论办什么事情，无论在怎样的处境下，都要保持冷静，从容镇定。作为主帅的领导者，更不要心浮气躁，不要心慌意乱，因为掌舵的不心慌，乘船的才稳当。

巽第五十七

【卦辞】
巽：小亨，利有攸往，利见大人。

【白话】
巽卦象征逊顺：小有亨通，利于有所前往，利于去见德高望重的人。

【彖传】
《彖》曰：重巽以申命。刚巽乎中正而志行。柔皆顺乎刚，是以"小亨，利有攸往，利见大人"。

【白话】
《彖传》说：巽卦下巽上巽，两巽相叠，象征上下顺从，宜于尊者顺利地发布命令。九五阳爻居上卦之中位，象征阳刚者服从中正之道，从而得以遂行其志向。初六阴爻和六四阳爻之上皆为阳爻，象征阴柔者都逊顺于阳刚者，所以巽卦卦辞说"小有亨通，利于有所前往，利于去见德高望重的人"。

【大象传】
《大象》曰：随风，巽。君子以申命行事。

【白话】
《大象传》说：巽卦下巽上巽，风与风相随而动，象征逊顺。君子因此而申谕命令，果断地推行政事。

【爻辞】
初六　进退，利武人之贞。
九二　巽在床下，用史巫纷若，吉，无咎。
九三　频巽，吝。
六四　悔亡，田获三品。
九五　贞吉，悔亡，无不利，无初有终。先庚三日，后庚三日，吉。
上九　巽在床下，丧其资斧，贞凶。

【白话】
初六　进退皆可，利于勇武之人坚守正道。

九二 谦逊地伏卧在床下，史巫们纷纷前来祷祝，吉祥没有灾祸。

九三 频频表示顺从，将有遗憾。

六四 悔恨消亡，打猎时获得祭祀、饮宴和家用三种禽兽。

九五 坚守正道吉祥，悔恨消亡，没有任何不利，起初不顺利，但有好的结局。在象征变更的庚日前的三天即丁日发布命令和庚日后的三天即癸日实行，吉祥。

上九 伏卧在床下，就像失去了钱财，会有凶险。

【小象传】

[初六]"进退"，志疑也。"利武人之贞"，志治也。

[九二]"纷若"之"吉"，得中也。

[九三]"频巽"之"吝"，志穷也。

[六四]"田获三品"，有功也。

[九五] 九五之"吉"，位正中也。

[上九]"巽在床下"，上穷也。"丧其资斧"，正乎"凶"也。

【白话】

[初六]"进退皆可"，说明心中疑惑。"利于勇武之人坚守正道"，说明要修炼武人般的意志。

[九二]"谦逊地伏卧在床下，史巫们纷纷前来祷祝"，而"吉祥没有灾祸"，是因为九二阳爻居下卦之中位，德行居中不偏。

[九三]"频频表示顺从"将有"遗憾"，是因为失去了自己的坚定志向。

[六四]"打猎时获得祭祀、饮宴和家用三种禽兽"，说明自己立下卓著的功绩。

[九五] 九五爻辞中的"吉祥"，是因为九五阳爻居中位，能持中守正。

[上九]"伏卧在床下"，说明居上位者已经陷于极端困境。"就像失去了钱财"，当然会带来"凶险"。

【推天道，明人事】

巽卦的卦辞是"巽，小亨，利有攸往，利见大人。"巽是风的意思，这里指社会风尚。巽卦是巽下巽上，巽为风，为顺，性入，风之入物，无所不入，无所不顺。两风相随，更为顺从，故谓之"巽"。《序卦传》说："旅而无所容，故受之以巽。巽者，入也。"行旅之人无处安顿，巽卦则表示有谦逊的态度就可以进入人们的心中，被接纳，从而找到安定的场所，所以紧接着旅卦的就是巽卦。巽卦是一阴爻伏在两阳爻的下面，伏象征和顺。巽卦是阴卦，内性阴柔，阴爻的上行活动使阴阳交流，由此所形成的通达不会大亨，只能是"小亨"。巽卦一阴爻顺从二阳爻，阴顺从阳，是天地之正道，也是永恒不变的人事法则，前进有利，所以是"利有攸往"。但是，顺从并不意味着盲从，必须选择好顺从的对象，只有顺从九二、九五这种伟大的人物才有利，所以说"利见大人"。

巽卦的《象传》对卦辞的含义作了穷究事理的解读。这一卦以两个巽卦上下重叠，而巽是风，古人认为风是传递上天命令的一种消息，重巽意味着风反复地吹，就像三令五申，反复叮咛，使百姓顺从，使命令贯彻，所以是"重巽以申命"。发布命令的是九五之君，九五阳爻居刚位，又得中，刚毅又能秉持中正之道，治理天下的志向就可以实现，这就是"刚巽乎中正而志行"。巽卦的初六和六四都是阴爻，伏在两阳爻之下，以柔顺伏于刚，所以说"柔皆顺乎刚"。但表现的过度柔顺，就会变成趋炎附势、谄媚逢迎，或者随波逐流，心无定主，这种通达充其量只能是"小亨"。巽卦的总体形势是刚柔互动、上下皆顺，所以"利有攸往"；但前进中必须选择和伟大的人为伍才大为有利，所以说"利见大人"。

君子观"随风"的卦象，应该懂得，发号施令时要像和煦的春风一样，不厌其烦，反复宣告，使其贯彻到民众的行为中，如此才能成功地推行政事，这就是《大象》所强调的"君子以申命行事"。

初六爻辞是"进退，利武人之贞。" 初六以阴爻居重巽之始，地位卑下，失位不正，性格柔弱，失位多疑，过柔善惧，巽又为进退，有进退不决之象，故《小象》曰："'进退'，志疑也。""进退"就是进退维谷，优柔寡断的样子。初六爻辞不仅指出了"进退"的不可为，难能可贵的是还指出了破解不可为的可为妙策，即求助于"武人之贞"来矫治自己的志气，弥补刚性的不足，如此"志治"就能适应形势的要求，转化为刚毅果决的行动，才有利于摆脱困境，化险为夷，成就事业，所以说"利武人之贞"。

<u>此爻在人道层面上的智慧是：犹豫不决与患得患失的人是永远也成不了气</u>

候的。德国伟大诗人歌德说过:"长久地迟疑不决的人,常常找不到最好的答案",只能目送本来可以成功的事业灰飞烟灭。因此,有志于干一番大事业的人,必须要有自主意思,有主体性精神,不仅要知道"进退"的不可为,宜退则退,更要知道"进退"的可为,宜进则进。《左传》中有句名言:"见可而进,知难而退,军之善政也。"

九二爻辞是"巽在床下,用史巫纷若,吉,无咎。"九二阳居阴位,又与九五敌应,实力有所不足,又居下卦巽中,这就过于卑顺了,就像屈服于床下一样,所以说"巽在床下"。九二在互兑(九二、九三、六四)中,兑为口,引申为祷祝,用这种卑顺的方式来向神祷祝则可以获吉而无咎,所以说"用史巫纷若,吉,无咎"。但是九二在这种处境下能获"吉"的根本原因,是九二居于下卦的中位,尚不失于中道,所以《小象》说:"'纷若'之'吉',得中也。"

此爻在人道层面上的智慧是:为人要至诚谦恭。至诚谦恭的人,才能够回归人的本性,释放真实的自我,忘却尘世的烦恼,找回那种久违了的宁静和欢乐。实实在在做人,扎扎实实做事,像史巫对待神灵一样对待所有的人和事,诚能如此,不用史官祈福福自来,不用巫婆祛灾灾自灭。祸与福的舵就掌握在自己的手里,至诚谦恭,就是通向幸福的航程。松下幸之助说:"谦和的态度,常会使别人难以拒绝你的要求,这也是一个人无往不胜的要诀。"

九三爻辞是"频巽,吝。""频巽"是指皱着眉头表示顺从。九三是阳居阳位,当位得正,那么为什么还要"频巽"呢?关键在于它正而不中。《周易》认为,中道比正道更重要。中道是与至诚之心相联系的。九三虽正不中,过于刚偪,九三之"频巽"是迫于形势的顺从,骨子里却不情愿去以刚顺柔,反复顺从又时而违逆。所以,既非至诚,也不合乎中道,这种作伪的道德问题,必然会发生与客观形势的矛盾与冲突,动则生咎害,所以是"吝"。九三与九五没有直接关系,故需间接通过六四听命。《周易》以比应喻志,九三自恃阳刚,难忍六四乘比,又不得不勉强听命,故《小象》云:"志穷也"。

此爻在人道层面上的智慧是:人不可以过分地隐忍逊顺。识量过人的君子能忍别人难忍之事,也就能够达到别人不能达到的精神境界。在人生的旅程中,往往都要经历忍辱负重的历练,但是隐忍也要有个度和范围,不能过越。过越了,就是无原则的妥协,就是无理智的忍让,就是无条件的迁就,甚至会给人一种懦弱，无能，胆小怕事的感觉，会让人们作为看不起的另类处理，更会使坏人视为缺乏斗志、软弱可欺，趁机或更加有恃无恐地欺负打压，使自己的处境更加困顿。这就是"频巽，吝"警戒之意。任何对坏人的宽容忍让，都是对好人的残忍。我们之所以强调"频巽"的不可取，道理也就在于此。

六四爻辞是"悔亡，田获三品。"六四下乘九三，上承九五，介于九三和九五两个刚爻之间，而且是居于四爻位的多惧之地，本当有悔，但是六四阴爻居阴位，当位得正，又是上卦巽体的主爻，以柔顺刚，尤其是顺乎九五阳刚中正之君；六四又在互兑（九二、九三、六四）之上位，兑为喜悦之象，所以"悔亡"。六四又在互离（九三、六四、九五）之中，在上体巽卦之后，离为兵戈，巽为禽，有田猎之象，所以说"田获三品"，像打猎获取多种品类的猎物一样，是有功的，所以《小象》说："'田获三品'，有功也。"

此爻在人道层面上的智慧是：和顺之人才能承载使命、完成使命。和顺是为了追求成功，而不是卑屈谄媚。能够和顺地与人交往，就能够增加感情的充实度，提升信任度，就能赢人之心，与周围人的关系更和睦、更融洽。这就是"田获三品'，大有所得。这也就具备了承载使命、完成使命的最重要条件——人和。《菜根谭》里说："天地之气，暖则生，寒则杀。故性气清冷者，受享亦凉薄。惟和气热心之人，其福必厚，其泽亦长。"和顺之人的作为体现了古今中外成功者最推崇的处世哲学，他所承载起的使命和事业，一定能够成功，并源远流长。

九五爻辞是"贞吉，悔亡，无不利，无初有终。先庚三日，后庚三日，吉。"九五阳爻居阳位，居至尊的君位，所以"贞吉"。九五君王执中守正，在发布命令时，虽然九二不应，但是上下都是巽卦，其他各爻是会顺从的，所以说"无初有终"，出现这种局面当然是"悔亡，无不利"。"先庚三日"，为丁、戊、己，"后庚三日"，为辛、壬、癸，这是说发布的命令被执行是要有个过程的，耐心等待是"吉"的前提条件。九五居中，能够以中道来调整自己的心态和行为，所以"吉"，《小象》解释此爻说："九五之吉，位正中也。"

此爻在人道层面上的智慧是：防范细微过失和问题是成就伟业的基本功。及时发现细微过失和问题，及早防范和纠正，就会"悔亡，无不利，无初有终"。《中庸》上说："致广大而尽精微。"意为，既要追求广阔宏大之心胸，又当具备精准细致之辨别能力。刘向《说苑》中说："患生于所忽，祸起于细微。"宋代苏洵说："圣人除患于未萌，然后能转而为福。"意思是，圣人把祸患消灭在萌芽状态，然后才能把祸患变为福音。拿破仑说："从成功到灾难，往往只有一步之差。我的经验是，在每一次危机中，一些细节和小事往往决定着全局。"日本有位企业家对此也很有见地，"在学校里，我们学的是'大可以包括小'式的教育，但踏入社会就不一样了，'小'可又通向'大'，这就是社会教给我们的道理。或者说，这个道理包含了所有的成功秘诀：日常工作和生活中的每一件小事至关重要，没有这种观念的人一辈子也干不成大事。"

上九爻辞是"巽在床下，丧其资斧，贞凶。"上九以阳居阴，邻于九五，谦卑恭顺得太过了，竟然屈于床下，故曰"巽在床下"。上九又处于上体穷极之地，居位不中不正，无应无比，偏离中道之外，不能以中道自我调整，所以有了"丧其资斧"，即丧失谋生的资本，刚硬的本性会有凶险，这就是"贞凶"。居上位的上九已经陷于柔卑恭之至的极端困境，所以《小象》云："上穷也"。

此爻在人道层面上的智慧是：待人接物既要虚怀若谷又要挺直脊梁。要修炼谦卑儒雅的人格，把自己抬得过高，别人未必仰视你，但是把自己摆得过低，别人未必尊重你。做人能低头，也要能抬头。一俯一仰之间，不仅是一个姿势，更是一种品质、一种精神。"巽在床下"这种谦卑，缺失了做人的骨气、做事的精神，是畏首畏尾，是软弱无能，是不可取的。中法战争爆发后，中国军队节节胜利，软弱无能的清政府此时不是鼓舞将士奋勇杀敌，而是"巽在床下"，选择了以胜求和，与法国签订了《中法新约》，致使法国不胜而胜、中国不败而败。从这个惨痛的历史教训中，我们再一次感悟到了"'巽在床下'不可学"的真谛，在恶人前，不必一再地忍让，不能让心怀鬼胎的人践踏你的底线；在有些事中，无须把自己摆得太低，属于自己的，要当仁不让地去争取。只有挺起脊梁做人做事，世界给你的回馈才会更多。

兑第五十八

【卦辞】
兑：亨，利贞。
【白话】
兑卦象征和悦：亨通，利于坚守正道。

【彖传】
《彖》曰：兑，说也。刚中而柔外，说以利贞，是以顺乎天而应乎人。说以先民，民忘其劳；说以犯难，民忘其死。说之大，民劝矣哉！
【白话】
《彖传》说：兑，是喜悦的意思。九二阳爻、九五阳爻居下、上卦之中位，六三阴爻、上六阴爻居下、上卦之外位，象征人内刚中外柔顺，喜悦而利于坚守正道，所以喜悦必须上顺天理、下应民心。以喜悦引导民众作为，民众会忘掉自己所受的劳苦；以喜悦引导民众为国赴难，民众就会舍生忘死。喜悦的意义是多么伟大啊！它能劝勉民众奋发有为。

【大象传】
《大象》曰：丽泽，兑。君子以朋友讲习。
【白话】
《大象传》说：兑卦下兑上兑，泽与泽相连，象征喜悦。君子因此而汇聚朋友，并相互讲解道理、切磋学习。

【爻辞】
初九　和兑，吉。
九二　孚兑，吉，悔亡。
六三　来兑，凶。
九四　商兑，未宁，介疾有喜。
九五　孚于剥，有厉。
上六　引兑。

【白话】

初九 温和喜悦待人，吉祥。

九二 诚实喜悦待人，吉祥，悔恨消亡。

六三 以讨好人的方式谋求喜悦，有凶险。

九四 商谈彼此如何达成和睦友好的关系，事情还未谈定，不能安宁，邪疾得以痊愈，必有喜庆。

九五 信任那些失信的人，有危险。

上六 沉溺于引诱而取悦于人。

【小象传】

[初九]"和兑"之"吉"，行未疑也。

[九二]"孚兑"之"吉"，信志也。

[六三]"来兑"之"凶"，位不当也。

[九四]九四之"喜"，有庆也。

[九五]"孚于剥"，位正当也。

[上六]上六"引兑"，未光也。

【白话】

[初九]"温和喜悦待人"而获"吉祥"，是因为行动时光明正大，不被人心中猜忌。

[九二]"诚实喜悦待人"而获"吉祥"，说明其志向得到了别人的信任。

[六三]"以讨好人的方式谋求喜悦"而"有凶险"，是因为六三阴爻居阳位，所处的位置不妥当。

[九四]九四爻辞中说的"喜"，是因为有值得庆贺之事。

[九五]"信任那些失信的人"，是因为九五阳爻居阳位，所处的位置正当君位。

[上六]上六爻辞中说的"沉溺于引诱而取悦于人"，说明它的喜悦之道还未能光大。

【推天道，明人事】

兑卦的卦辞是"兑，亨，利贞。"兑是指发自内心的欢悦。兑卦下兑上兑，兑为泽，为悦，水泽能滋润生物，两泽相附丽，相互浸润，使万物欣欣向荣，可以使人欣悦，故谓之"兑"。《序卦传》说："入而后悦之，故受之以兑。兑者，悦也。"兑卦是巽卦的综卦，谦逊使人喜悦，自己也喜悦，所以巽卦之后紧接着就是兑卦。兑卦是一阴爻前进到二阳爻的上方，有喜悦溢于外的象征，兑又为泽，泽中之水明净清透，可以滋润万物，使万物喜悦，所以"亨"。但是这种喜悦并不是盲目乐观，也不是得意忘形，而必须动机纯正，固守正道，这样的喜悦才会吉利，所以说"利贞"。

兑卦的《彖传》对卦辞的含义作了绝妙的解读。"兑上缺"，像是咧着嘴笑，在中国古代，兑是说的本字，是说话或笑的模样，所以说"兑，说也"。从卦形上看，兑卦的内外卦都是刚爻得中，柔爻在外，是以正当有利，使人喜悦，所以说"刚中而柔外，说以利贞"。凡事顺应天的道理，符合民众的心愿，才是喜悦的真正保证，所以君王推行政事的首要原则就是"顺乎天而应乎人"。凡事以民众的喜悦为先，民众就会忘记劳苦，所以说"说以先民，民忘其劳"；能够使民众心悦诚服地去冒险犯难，民众就会忘记死亡的危险，所以说"说以犯难，民忘其死"。发掘使人喜悦的作用，可以勉励民众奋发有为的心志，这就是"说之大，民劝矣哉！"

君子观"丽泽"之象，得到的感悟是：结交益友，相互讨论学习，交流经验，以使彼此得以增进学问和得到快乐，这就是《大象》所强调的"君子以朋友讲习"。

初九爻辞是"和兑，吉。" 初九阳居阳位，具有刚质，又下居兑卦的初位，地位卑下，上又与九四敌应，与九二不相亲比，没有很好的外援关系支撑。但是初九作为阳刚君子，品行端正，能够始终恪守一种平和的心态，待人接物既不卑躬屈膝、谄媚逢迎、同流合污，也不暴力粗浮、清高自傲、不入世俗，而是"刚中而柔外"，坚持中立而不倚的人格，不卑不亢、和而不流，与六三、上六悦主没有相互作用，不被引诱，不结党营私，故《小象》曰："行未疑也"。由此而产生的喜悦，谓之"和兑"，所以是"吉"的。

此爻在人道层面上的智慧是：与周围的人相处，不能有媚上求利之欲。人生最大的羞辱是献媚，人生最烦恼的是追求名利。与周围人相处，谦和待人，与人关系融洽，自然会融融乐乐。但是，带着求利的动机，对上奉承谄媚，就把自己打入了低三下四一类，没有堂堂正正的尊严，没有仁义道德之心，为君子所不齿。程颐说："君子未尝不欲利，但专以利为心则有害……当是之时，

天下之人唯利是图，而不复知有仁义，故孟子言仁义而不言利，所以拔本塞源而救其弊，此圣贤之心也。"意思是，君子不是不想要利，但是只把利益放在心上就有害了。现在，天下的人只求利，而不知道有仁义，所以孟子说仁义却不说利，此乃解决这种弊端的根本之举，这就是圣人的心思。无求品自高。人不求利，斯无害。秉承仁义之理性，去掉谄媚求利之俗性，与周围人和谐相处，就会"和兑"吉祥。

九二爻辞是"孚兑，吉，悔亡。"九二阳爻居阴位，履位不正，与九五敌应，又亲比于不中不正的六三，六三在九二之上，九二有追随阴险昏庸的六三上司之嫌，故而有"悔"。但是九二居中，能够以柔中之德规范自己的行为，以诚信处理主客内外关系，由此产生了喜悦，所以说"孚兑"，最终仍然得"吉"而"悔亡"。《小象》解释此爻也强调："'孚兑'之'吉'，信志也。"

此爻在人道层面上的智慧是：以诚信获得的喜悦让人健康长寿。诚信是做人的根本，在中华上下五千年的文化中，"诚信"二字的分量最重。不管时代怎么变，为人处世讲求诚信的基本准则不会变，也不能变。诚信不仅使自己有了良好的人脉，而且也使自己有了健康的基石。人活一口气，气憋在心里就难受，说出来就轻松。程颢说得好："人之气，忧则结聚，说则疏散。"诚信是真情的流露，问心无愧，脸上始终荡漾着发自内心的微笑，使人的气散而不结，他的身体将因此而受益无穷。这就是"孚兑，吉"所包含的人生智慧。能够以诚心来俯仰天地，才是对生命的朝圣。

六三爻辞是"来兑，凶。"六三以阴爻居阳位，以柔居刚，不中不正，处两兑卦之间、四刚之际，位不正当，故《小象》曰："位不当也"。六三行为乖张，有柔外之态而无刚中之德，又与上六不应，背主忘义。为了取悦于人，六三如同水性杨花的女人，左右逢源，四面讨好，露骨谄媚，这种心术不正、缺乏诚信的"来兑"，一方面受人鄙弃，引不起人们的喜悦；另一方面，由于没有人格尊严，自己内心也常常不安，患得患失，也没有喜悦可言，所以"来兑"而致"凶"。

此爻在人道层面上的智慧是：没有人格尊严的人内心必然是常常不安。人若怀着不当的用心，摧眉折腰地讨别人的欢悦，不仅别人高兴不起来，自己也得不到欢乐，有害无益，是不足取的。不卑不亢、坦然人世又何尝不是一种福分、一种境界呢？反过来说，遇到摧眉折腰来谋求你喜悦的人，你也要倍加警惕，不要轻易被别人的花言巧语所迷惑，因为"来兑，凶"。古语讲得好："敌卑而益备者，进也……无约而请和者，谋也。"意思是，敌人对你卑躬屈膝，一定是暗中在加紧备战，也可能是向我发起进攻的假象……没有具体条约文字而来媾和的，一定是另有阴谋。所以，一定要当心别人对你无故的卑躬屈膝和花言巧语，谨防其中隐藏的杀机。

九四爻辞是"商兑，未宁，介疾有喜。"九四刚而居柔，上承九五刚中之君，下比六三奸佞小人，究竟是往上与九五相悦，还是往下与六三相悦，必须分析考量，再三斟酌，这就是"商悦，未宁"阶段。当九四做出理性的选择，准备顺承和辅佐九五时，却受到了六三感情的缠绕，这就是"介疾"阶段。不过九四毕竟是刚爻，本质上能坚守阳刚正道，最后九四用理性战胜了情感，断然拒绝了六三的干扰，顺承了九五，取得了"有喜"的美好结局，所以《小象》云："有庆也"。

此爻在人道层面上的智慧是：与志同道合的君子谋和悦之道。"物以类聚，人以群分"，同门为朋，志同为友。要把同道的人当作朋友，而不能把同利的人当作朋友。交君子之友，若入芝兰之室，虽久而不闻其香；交小人之友，犹入鲍鱼之肆，虽久而不闻其臭。"商悦"之道，必须排除掉小人的阻挠，当发现悦非其人时，便应断然分离，用心去另觅同道的君子相悦，这才会有喜庆的事情发生。

九五爻辞是"孚于剥，有厉。"九五阳刚居中，是至尊的君位，但是九五与九二是敌应的关系，于是，九五不去与九二阳刚大臣结成相悦的关系，而是去亲比上六，宠信奸佞小人。九五这种对上六"孚于剥"的行为有失正道，所以"有厉"。但九五毕竟是居中守正，是"位正当也"，尽管"有厉"，但也不会出现灾难，因此，这里的"有厉"只是警戒之语。

此爻在人道层面上的智慧是：耽于安乐的人会在纸醉金迷的堕落中走向灭亡。欢娱是人之常情，但是染上容易、戒除很难。沉迷于声乐欢悦之中，结果一定会凶险，"孚于剥，有厉"说的就是这个道理。清代李塨说："英雄摧折者少，败于消磨者多。"意思是，那些杰出人物很少是在激烈的斗争中遭到挫折而失败的，而往往是在无所作为之中消磨了一生。单纯追求精神刺激，拿时间和生命当儿戏耍，这种堕落的行为注定要把自己推向坟墓。

上六爻辞是"引兑。"上六阴爻居阴位，虽然当位得正，但是动力已经不足,又居兑卦的上位,喜悦已经到了尽头,要靠九五的牵引才能得到喜悦,所以说"引兑"。上六是一个迷惑君子、搬弄是非的小人,这种"引兑"的行为,并不是光明正大的,所以《小象》说:"上六'引兑',未光也。"

此爻在人道层面上的智慧是:君子在有成就时要防止糖衣炮弹的袭击。俗话说得好:"马在松软的土地上易失蹄,人在甜言蜜语中易摔跤。"活在别人的掌声中的人,是经不起考验的。莫让"口香糖"式的人黏住你。那些巧言令色、曲意奉承的人,并不是光明正大的人,往往包藏着祸心,对这种"引兑"的人及其行为,应该引起高度警惕。所以,那些口蜜腹剑的小人,是事业棋盘上的搅局者。《尚书·皋陶谟》载,舜帝也畏惧巧言令色和察言观色的奸佞小人。因为处在帝位,前来讨好取悦者必众,如何分辨忠奸的确是一件很困难的事情。能够分清忠奸,抵御住糖衣炮弹袭击的人,已经打倒了最大的敌人。

涣第五十九

【卦辞】
涣：亨。王假有庙。利涉大川，利贞。

【白话】
涣卦象征涣散：亨通。君王前去宗庙祭祀。利于涉越大河，利于坚守正道。

【彖传】
《彖》曰："涣，亨"，刚来而不穷，柔得位乎外而上同。"王假有庙"，王乃在中也。"利涉大川"，乘木有功也。

【白话】
《彖传》说："涣散，亨通"，涣卦的九二阳爻、九五阳爻分别居下、上卦之中位，象征阳刚者前来行使权力而不会陷于困境；六四阴爻居阴位，又在外卦的最下位，处于九五阳爻之下，象征阴柔者安守本分而与阳刚者同心同德。"君王前去宗庙祭祀"，是因为九五阳爻居上卦之中位，象征君王居守正中位置而能聚集人心。"利于涉越大河"，是因为涣卦下坎上巽，木行水上，说明乘船而得风助，涉越大河必获成功。

【大象传】
《大象》曰：风行水上，涣。先王以享于帝，立庙。

【白话】
《大象传》说：涣卦下坎上巽，风在水面上吹拂，象征涣散。先王观此卦象，从而祭享天帝，建立宗庙，以凝聚人心。

【爻辞】
初六　用拯马壮，吉。
九二　涣奔其机，悔亡。
六三　涣其躬，无悔。
六四　涣其群，元吉。涣有丘，匪夷所思。
九五　涣汗其大号，涣王居，无咎。
上九　涣其血，去逖（tì，远）出，无咎。

【白话】

初六 用来拯济危难的兵马很强壮,吉祥。

九二 涣散之时直奔安全之地,悔恨消亡。

六三 涣散宁愿自身受损,没有悔恨。

六四 涣散朋党,至为吉祥。涣散小团体而结成山丘般的大团体,这是常人所不能想象的。

九五 像发汗一样发布君王的命令,散发君王积聚的财富,没有灾殃。

上九 散流体内的瘀血,提高警惕以防危险,没有灾殃。

【小象传】

[初六] 初六之"吉",顺也。

[九二] "涣奔其机",得愿也。

[六三] "涣其躬",志在外也。

[六四] "涣其群,元吉",光大也。

[九五] "王居,无咎",正位也。

[上九] "涣其血",远害也。

【白话】

[初六] 初六爻辞中说的"吉祥",是因为初六阴爻位于九二阳爻之下,阴柔者顺从阳刚者的缘故。

[九二] "涣散之时直奔安全之地",说明阴阳聚合的愿望得到了实现。

[六三] "涣散宁愿自身受损",说明其志向是向外发展。

[六四] "涣散朋党,至为吉祥",说明君主推行的德治之道得到了光大。

[九五] "散发君王积聚的财富,没有灾殃",是因为九五阳爻居上卦之中位,所处的君王位置正当而坚固。

[上九] "散流体内的瘀血",是说当考虑如何彻底远离灾害。

【推天道,明人事】

涣卦的卦辞是"涣,亨。王假有庙。利涉大川,利贞。"涣是涣散、瓦解、崩溃、分裂的意思。涣卦下坎上巽,坎为水,巽为风,风吹拂于水面上,水波离散,故谓之"涣"。《序卦传》说:"说而后散之,故受之以涣。涣者,离也。"

人在经历了一定程度的喜悦之后，心情就会涣散，所以紧接着兑卦的就是涣卦。九二阳爻居下卦中位，下有初六相承，九五阳爻居上卦中位，下有六三、六四相承，所以说"亨"。当天下离散之时，"王假有庙"，祭祀祖先，以至诚之心祈祷神灵的保佑，就会让民众看到君王的诚意，并被感化而重新聚集起凝聚力和向心力，这就有利于渡过大河般的险难，成就一番伟大的事业，所以说"利涉大川"。但是从事伟大的事业，像涉大河一样是冒险犯难，所以必须守持正道，改革弊制，故"利贞"。

涣卦的《彖传》对卦辞的含义做了更容易理解的导读。涣卦是由否卦的九四与六二换位而成，否卦是天地隔绝，到了涣卦则是阴阳交错，所以说"涣，亨"。否卦九四与六二换位时，是九四下来成为涣卦九二，形成阴阳交往流动，全卦再现生机，所以说"刚来而不穷"；否卦六二前往外卦成为涣卦的六四，阴爻居柔位，又上承九五之君，是"柔得位乎外而上同"。"王假有庙"是说涣卦九五是君王，在中位，刚毅中正，所以说"王乃在中也"。涣卦下坎为水，上巽为木，有舟楫之象，木舟在水上行，才能发挥渡河的功效，所以说"'利涉大川'，乘木有功也"。

君王观"风行水上"的卦象，对挽救涣散之势的感悟是：祭礼天帝，建立宗庙，通过文化的认同来聚集整合民心，这就是《大象》所强调的"先王以享于帝，立庙"。

初六爻辞是"用拯马壮，吉。" 初六居涣卦之始，初六所居的下卦为坎，坎为陷，为险，象征初六的处境，坎又为美脊马，指九二，所以称壮马。初六阴居阳位，本质阴柔，遇到险境时，单凭自己的力量是脱离不了的，与六四又敌而不应，似乎也没有直接的外援，但是初六却亲比于九二，九二在互震（九二、六三、六四）的下位，具有以阳消阴的才德。初六顺承亲比，借助于九二健壮的马来拯救，最终脱离险难而获吉，所以说"用拯马壮，吉"。《小象》解释此爻时说："初六之'吉'，顺也。"

此爻在人道层面上的智慧是：遇到险难奋力自救的同时还要努力寻求外力救援的机会。有人能替你开车，但没人能替你走路；人生的路要靠自己行走，遇到险难要靠自己去救。强者自救，天助自助者。但是，杠杆借力原理让你在彻底的自我奋斗的同时，还要更有效地动用别人的资源。一个人的力量终究是有限的，仅靠一个人的力量是不足以支起整个天空的，找到可以依恃的外援才能变被动为主动。命运负责洗牌，但玩牌的除了自己，还要有同伴。风大就凉，人多就强。百根柳条能扎笤帚，五个指头能握拳头。即使是天下最险难的事，只要能够赢得人心，用尽能人，形成砖连砖成墙，瓦连瓦成房的集合力量也能够脱离险难而获得吉祥。险难中，自救是根本，外救是条件，二者的叠加，就是"用拯马壮，吉"的曼妙智慧。

九二爻辞是"涣奔其机，悔亡。"九二虽居中位，但是以阳居阴位，履位不正，又在坎险之中，处境堪忧，会有悔恨。然而九二与九五敌而不应，初六与六四也是敌应，故初六可以和九二比邻相亲。初六象征几案的案板，初六以九二为壮马，九二以初六为依靠的几案，组合成了机缘，悔恨消除，所以说"涣奔其机，悔亡"。九二稳坐几案，满足了自己的心愿，所以《小象》说"得愿也"。

此爻在人道层面上的智慧是：在危局中保全自己免遭迫害也是一种聪慧。自己无法挽救涣散危局，就要先保全自己，保住自己的精力和体力，再去实现聚合的目的。在危局中，保全自己虽然可能遭白眼或冷嘲热讽，但它却是一种聪慧与警醒，是一种超凡的特质。汉朝的丞相陈平，深谙"涣奔其机，悔亡"的智慧。在刘邦死后，看不惯吕后专权，在家饮酒打发时光，不理政事，先保全自己，保住了自己的精力和体力。待吕后死后，他聚合周勃等杀了吕产、吕禄，废惠帝，迎文帝，为文景之治的盛世奠定了人事和政权的基础。

六三爻辞是"涣其躬，无悔。"六三本质阴柔，不中不正，而又居于下体坎险之极，处于涣散不利的环境，本当有悔，但六三又处于互艮（六三、六四、九五）之初位，艮为静止，表征涣散时六三能够独善其身，不附和于涣散，清除私欲如同洗掉自己身上的污垢一样，这就是"涣其躬"；六三又与上九刚柔相应，六三位在内而"志在外"，主动追求，附从上九，就能够得到上九的援助，使险难涣然冰释，所以"无悔"。

此爻在人道层面上的智慧是：领导者独善其身，是拯救涣散最强大的轴心力量。领导者的真正权势不在于他的领导地位这种外在的东西，而在于他自身内在的人格魅力。领导者的任何领导能力都没有比独善其身更受下属认同、敬佩、爱戴和信赖的。领导者独善其身这种光明无瑕的模范品格，蕴含着巨大的能量，能有效地影响或改变他人的心理和行为，即使在涣散的情势下，也能够产生众志成城的凝聚力。所以，领导者要拯救涣散的局面，必须剔除自己的私欲，从独善其身做起，就是人们常说的"救人先救己"，中正而行，就能达到化涣散为聚合、迅速扭转涣散局面，这就是"涣其躬，无悔"所揭示的智慧。如果领导者私欲很重，拥戴和援助他的人就少，不但涣散的局面得不到整治，而且私欲像海水，喝得越多，口越渴，让你一生都会在迷失中疲于奔命，不仅不能拯救涣散，更不能到"达"的高度，来"兼济天下"了。

六四爻辞是"涣其群，元吉。涣有丘，匪夷所思。"六四阴居阴位，当位得正，又入于巽顺之体，与九五相互比辅，是辅佐君主、拯救涣散的大臣，为社会群体散其险难，所以说"涣其群"，其效果广大，所以"元吉"。六四在互艮（六三、六四、九五）中，艮为山，所以说"涣有丘"；涣散掉小团体而结成山丘般的大团体，这是非六三等一般人所能想到的，所以说"匪夷所思"。六四之所以如此，得益于自己的品德才智，君主推行的德治之道得到了光大。《小象》的解释是："光大也"。

此爻在人道层面上的智慧是：挽救涣散必须消除派系，促成大团结。拉帮结派、搞小圈子，既是涣散的表象，又是涣散的根源。有句话叫"结党营私"，凡是拉帮结"朋党"的，其出发点都是为了"营私"，他们以自己的帮派体系划线，搞亲亲疏疏、团团伙伙，党同伐异，在帮派体系内互相利用，彼此勾结，甚至沆瀣一气。因此，领导者要治理和挽救涣散的局面，必须践行"涣其群，元吉。涣有丘，匪夷所思"的智慧，消除派系的纷争，凌驾于各种帮派之上，而不能一屁股坐在某一帮派的板凳上，对各种帮派都起到领导、协调、引导、监督和制约的作用，巧妙灵活地按动每一个"琴键"，促成一个大团结的局面。

九五爻辞是"涣汗其大号，涣王居，无咎。"九五刚居阳位，履正得中又处尊，能够发布号令、行使权力，来涤荡险恶，使涣散复归于凝聚，所以说"涣汗其大号"。九五之所以能够承担起扭转局势的重任，就是因为九五居于至尊的正位，是天下的中心所在，其所发布的命令具有最高的权威性，令人信服，这就没有不利，也就是"涣王居，无咎"。处于涣散之际，君王安居王位，就不会出乱子，如《小象》所说："'王居，无咎'，正位也。"

此爻在人道层面上的智慧是：主帅必须承担起扭转局势的重任。危难来临，主帅没有担当就是失职，就失去了引领者的本色和责任，中国自古就有"为官避事平生耻"的格言。在危难之际，内部混乱、人心涣散之时，最要紧的是主帅必须要有"见难而无苟免之心"的精气神，站在核心的领导岗位，"涣汗其大号"，指引方向和维系人心，避免各行其是，慌乱不堪。对于那些借人心骚动之机而浑水摸鱼、投机钻营的人，只要撞到刀刃上，必须以狠招处理，以威震蠢蠢欲动者，全面恢复和稳定局势。

上九爻辞是"涣其血，去逖出，无咎。"上九阳居阴位，处于涣卦卦体的上极，上九与六三又是正相应的关系，涣散发展到这个阶段，将要终结。上九与下体之坎险相距甚远，能识大体，又能谦下，远祸而求安，所以是"涣其血，去逖出"。能够"远害"当然"无咎"，所以《小象》说："'涣其血'，远害也。"

此爻在人道层面上的智慧是：远离有可能伤害自己的地方。"远害"是一个避祸之道。人世社会充满竞争，潜流暗涌，任何人在面对艰难和凶险时都有一个行为策略的选择。在艰难处境中，中国古语所说的"三十六计，走为上计"和俗语"好汉不吃眼前亏""惹不起还躲不起"都是讲面对灾害不要愚顽蛮干，不和敌人正面碰撞，远离有可能伤害自己的地方。这种"涣其血，去逖出"的远害智慧，还能何"咎"之有了。当然，这种"远害"不同于一般的逃避。逃避在心灵上是仓皇的，"远害"心灵上是从容的；逃避是对困境一种恐惧的本能反应，"远害"是在亮起红灯的十字路口而寻找新的恢复和滋生能量的空间的理性选择；逃避是放弃了责任和使命，"远害"是坚守责任和使命。家乡是最让人眷恋的地方，但是危险降临，生存受到威胁的时候，人也会选择离开。离开家乡不是逃避，是为了寻找更好的生存和发展空间。

节第六十

【卦辞】
节：亨。苦节，不可贞。

【白话】
节卦象征节制：亨通。以过度地节制为苦，应当坚守正道。

【彖传】
《彖》曰："节，亨"，刚柔分而刚得中。"苦节，不可贞"，其道穷也。说以行险，当位以节，中正以通。天地节而四时成。节以制度，不伤财，不害民。

【白话】
《彖传》说："节制就亨通"，节卦下兑上坎，坎为阳卦，兑为阴卦，象征刚柔上下相分；九二阳爻、九五阳爻居下、上卦之中位，象征人守中道。"以过度地节制为苦，应当坚守正道"，是因为节制到了极端将会面临困穷。节卦下兑上坎，象征心情愉快就能振奋精神去冒险；六四阴爻居阴位，九五阳爻居阳位，上六阴爻居阴位，象征人所处的位置适当，并能够适当约束自己；九五阳爻居上卦之中位，居中守正，畅通无阻。天地正因为有节度而形成一年四季。订立制度来实行节制，就既不会浪费钱财，也不会伤害民众。

【大象传】
《大象》曰：泽上有水，节。君子以制数度，议德行。

【白话】
《大象传》说：节卦下兑上坎，泽中有水，象征节制。君子因此而订立典章制度和礼仪法度，来规范民众的行为。

【爻辞】
初九　不出户庭，无咎。
九二　不出门庭，凶。
六三　不节若，则嗟若，无咎。
六四　安节，亨。
九五　甘节，吉，往有尚。

上六 苦节，贞凶。悔亡。

【白话】

初九 足不出户，没有灾殃。

九二 始终不出大院门庭，有凶险。

六三 不知自我节制，必然会带来悔恨叹息，没有灾殃。

六四 安于现状，自我节制，亨通。

九五 甘美欢愉地节制，吉祥，前往可获嘉奖。

上六 过度地节制是痛苦的，要坚守正道以防凶险。没有悔恨。

【小象传】

[初九] "不出户庭"，知通塞也。

[九二] "不出门庭"，失时极也。

[六三] "不节"之"嗟"，又谁咎也。

[六四] "安节"之"亨"，承上道也。

[九五] "甘节"之"吉"，居位中也。

[上六] "苦节，贞凶"，其道穷也。

【白话】

[初九] "足不出户"，是因为明白何时外出畅通，何时外出会受阻塞之理。

[九二] "始终不出大院门庭，有凶险"，说明错失了极好的时机。

[六三] "不知自我节制"而带来"悔恨叹息"，又能责怪谁呢？

[六四] "安于现状，自我节制"而"亨通"，是因为六四阴爻处于九五阳爻之下，阴柔者顺从居于上位者。

[九五] "甘美欢愉地节制"而"吉祥"，是因为九五阳爻居上卦之中位，所处的位置适中，能居中守正。

[上六] "过度地节制是痛苦的，要坚守正道以防凶险"，是因为这种节制之道必然会面临穷困。

【推天道，明人事】

节卦的卦辞是"节，亨。苦节，不可贞。"节是节制、中行有度的意思。

节卦下兑上坎，兑为泽，坎为水，水在泽上。水太少泽有干涸的危险，太过又会满溢泛滥，唯有加以节制，泽中的水才能充沛而不满溢，故谓之"节"。《序卦传》说："物不可以终离，故受之以节。"《杂卦传》说："节，止也。"事物不会一直离散下去，离散到一定程度必然会受到节制，故紧接着涣卦的是节卦。节卦下兑上坎，有水流入泽中之象，过度就会流出，所以节制才"亨"。但节制是有限度的，过度地节制，就要吃苦，亦即"苦节"。因此，切不可把过度的苦节当作守常的法则，所以说"不可贞"。

节卦的《象传》对卦辞的含义作了易于领会的解释。节卦刚、柔爻各有三个，上、下卦都是刚爻得中，所以是"刚柔分而刚得中"，这样好的卦形，象征节制必获亨通，所以说"节，亨"。但是固守苦节，就会使一切停滞下来，前无去路，所以说"'苦节，不可贞'，其道穷也"。节卦下兑为悦，上坎为险，亦即"说以行险"，但是兑卦的九五正当君位，具备中正的德性，能够节而又制，畅通无阻，这就是"当位以节，中正以通"。天地的运行有节制，四季才能井然有序、循环往复，亦即"天地节而四时成"。君王建立制度来规范和节制人的欲望，才能避免耗费金钱与伤害民众，所以说"节以制度，不伤财，不害民"。

君王观"泽上有水"的卦象，就应该懂得治理国家必须制定一套礼节制度，评论德行，以节制人的欲望，使人的行为不逾规范，这就是《大象》所强调的"君子以制数度，议德行"。

初九爻辞是"不出户庭，无咎。" 初九以阳爻居阳位，上与六四正相应，本当有所建树，但是处于节卦之时，理当有所节制。初九的上面形成了一个互艮（六三、六四、九五），艮为止，又为门阙，初九在门里，所以说"不出户庭"。九二塞于初九之前，阻挡了初九的上升之路，初九知道在这种阻塞时，应当安于节制，以待时机，所以见阻而止，做了最明智的选择，故《小象》说："'不出户庭'，知通塞也"，如此把握分寸，自然可以"无咎"。

此爻在人道层面上的智慧是：要知节能止。做人的最高层次不是释放，而是节制。物质的释放和精神的释放都很容易，不容易的则是节制。过多的欢乐会带来痛苦，过多的自由也是一种束缚。知节能止，才能避免物极必反。埃及人尤素福·西巴伊说："欲望是人遭受磨难的根源。诚然，欲望可以使人得到欢乐和幸福；但这欢乐幸福的背后却是苦难，乐极是要生悲的；一切欲望实现之后，却也免不了灾难。"美国成功学者博恩说："节制是最好的医术"。人生

如果走错了方向，停止脚步就是进步。当节不节，会有凶险。顺境中不能节制自己的得意，无异于点燃了自焚的火焰。当遇到不可逾越的障碍时，切不可知不可为而为，只知道大砍大杀不过是匹夫之勇，知道适时鸣金收兵才是良将和智者。黑格尔也说"一个志在有大成就的人，它必须如歌德所说，知道限制自己。反之，什么事都想做的人，其实什么事都不能做，而终归于失败。"人生如舞台，光亮登场和辉煌退场同样精彩，每个人若能在为人处世中把知节能止作为初衷，在当节之时，便退身下来，不仅可以"无咎"，而且也同样能焕发着生命的精彩。

九二爻辞是"不出门庭，凶。"九二居大臣之位，以刚得中，且与六三阴阳比和，正是通行之象。九二前遇互艮卦（六三、六四、九五），艮为门阙，即门庭。又九二已经进入了互震（九二、六三、六四）中，震为动，为行，依人事而言，震为长男，属于成年男子，应该积极参与社会活动，提高家庭的社会地位，若"不出门庭"，就表明自己无能，故而"凶"。九二与九五虽无正应，但是前面所遇到的是六三、六四两个柔爻，没有阻塞，应该去辅佐九五之君，经邦济世，有所作为，但是九二却"不出门庭"，初九于路途阻塞时，节制不出；九二于路途通畅时，利往则仍节制不出。故前者知几而无咎，后者违时而凶，所以《小象》评论九二是"失时极也"。

此爻在人道层面上的智慧是：当动则动。人的生命是有限的，时间让人们追求成功的机会就是有限的，决不可拖延任何时机。在人生的紧要关头，当动不动，就会错过机会，与成功失之交臂，与灾害却会不期而遇，这就是"不出门庭，凶。"司马迁在《史记·齐悼惠王世家》中引用了一句古谚："当断不断，反受其乱。"意思是：应当采取果断行动时没有果断采取，贻误了时机，反而会遭受到祸乱。在历史上，犹豫不决，多谋寡断而导致身败名裂的例子屡见不鲜。这一古谚语在许多种古籍中出现，可见古人对"失时极也"行为的高度重视。布莱克说："有欲望而无行动的人只能产生瘟疫。"智慧的人都是"见可成则就之，见不可成则避之"。所以，当动的时候，必须做生命的舞者，只要心跳还在，就要舞出精彩。即使做不了一盏明灯，也要成为点亮明灯的一滴油。

六三爻辞是"不节若，则嗟若，无咎。"六三以阴居阳，以柔乘刚，位置不中不正，又处于上下二体之交，面临坎险，处境不利。这时六三应该节制自己,但六三却反其道而行之,由"不节若"造成了"则嗟若"。但是这种带有悔恨的"嗟叹",可以促使人们接受教训,改正过失,免除咎害,所以"无咎"。既然"无咎",也就不会有人来责怪,所以《小象》说:"'不节'之'嗟',又谁咎也。"

此爻在人道层面上的智慧是:走偏了路要及时悔悟。不认错,不改错是铸成厄运的人性弱点。人生的道路不是笔直的,发现自己下道了或走偏了路,要及早回归正道。这世上没有什么歧路不能回头,只要洗心向善。走偏了路固然痛苦,可是维持原状则会痛苦加悲哀。偏路走到了一定程度,回归正道也就难了,正所谓"一针不缝九针难补"。明代王守仁在《教条示龙场诸生》中就曾经指出:"不贵于无过,而贵于能改过。"这句话看起来很简单,但实质上则是开启成功殿堂的金钥匙,是与此爻辞"不节若,则嗟若,无咎"的智慧一脉相通。时间是一维的,没有跌宕起伏。并非每个成功的人每天都比别人多几个小时,关键在于他是在正确的道路上跋涉。那些走错了路,能够及时悔悟,迅速回归,并坚定不移地向正确的方向迈着夯实步伐的人,其人生才会开出更多精彩的花。

六四爻辞是"安节,亨。" 六四阴爻居阴位,柔顺得正,上承九五,且与之亲比,有安然奉行节制之象,合乎"当位以节"之义。六四能够"承上道也",以一种顺承尊上的安然心态自我节制,正是这种"安节",才让六四通达顺利,故而能"亨"。

此爻在人道层面上的智慧是:节制是人安身立命最宝贵的品格,放纵是人之大恶。无节制的放纵和泛滥,无论是大自然或是人性都将会酿成后患。例如雨水就有利害两面。知时节的好雨,对大地"润如酥",令万物茁壮成长;但是无休止的大雨连降,就会造成山洪暴发,庄稼歉收,屋毁人亡等自然灾害。再如对美食的渴求,是人本能的欲望,在有节制的前提下享用就是一种幸福,无节制的暴饮暴食就有损健康,血压高、血脂高、胆固醇高、血糖高等许多的病就是吃出来的。节制的美德也是人性中的完美自制力和高超追求。这个世界上令人心动的诱惑实在是太多,洪应明在《菜根谭》中说:"势利繁华,不近者为洁,近之而不染者为尤洁。"贪欲膨胀就很容易导致心智迷乱,如果为满足自身的贪欲而费尽心机,不仅自己内心痛苦,而且会招来不测之祸。因此,人生要不轻浮流俗,不自轻自贱,就必须要节制,而且是自觉自愿、顺其自然地自我节制,这就是"安节"。"安节"是一种修养,一种安身立命的品格。有

了这种品格，就会摆脱烦恼和痛苦的缠绕，在社会生存中就会安顺通达，所以说"安节，亨。"

九五爻辞是"甘节，吉，往有尚。"九五以刚居阳，当位居中，乘阴又承阳，上下畅行无阻。掌握最高的权力又具备"居位中也"的正中品德，是节卦之主爻，能安于节道，甘于躬行，这种表率作用就会得到天下人的心悦诚服，也甘受其节。这种畅行天下的"甘节"必然获"吉"。九五与九二敌应，是因为九二失位不正，九五对九二加以规制，使其改邪归正，积极上进，来辅佐君王共创大业，所以是"往有尚"。

此爻在人道层面上的智慧是：节制要不偏不倚。节制是人的一种德性，是内在气质的外在表现，节制就是克制、控制之意，是克制自己的偏好，摒弃私欲，正当行事。但丁说，"测量一个人的力量大小，应看他的自制力如何。""节"本身就是一种合理的约束，使事物发展不至于"过"或"不及"，是不偏不倚的中庸美德。所以"节贵适中"。九五以"求中节"为目标，一方面自我修身，自节而顺于义，就可以避免过错；另一方面进行"节以制度"的建设，适中的制度"不伤财，不害民"，达到了"甘节之吉"。人生该节制而不节制，就会走向灾难，节制太过也会带来凶险。守持正固，以中正的德行来节制自己，就会获得甘美愉快的享受。

上六爻辞是"苦节，贞凶。悔亡。"上六柔居阴位，得正不中，是节卦的上极，发展到上六阶段，已经过越节之中道，节制过分，就会感到苦涩，称为"苦节"。上六又处于上体坎卦之上位，坎为险，上六与六三敌而不应，又乘阳于外，上六如果把这种"苦节"的制度强加于人，是人们所不能忍受的，而且这种差强人意的做法还会发生凶险，就是"贞凶"；如果能对过分节制感到懊悔，这种凶险就会消失，谓之"悔亡"。从爻象上看，上六处节卦之极，有节制过苦、人所不堪之象，故《小象》曰："其道穷也"。但是上六柔居上位，未失其正，谨守正道就可以防凶灾、免悔恨。

此爻在人道层面上的智慧是：节制过越就是苦涩。欲望是人心里的一团火。欲望太强，容易走火入魔；欲望太弱，人就没动力。节制是欲望的阀门，这个阀门开大了是放纵，开小了是禁锢。亚里士多德说："一个纵情恣乐毫无节制的人，会变成放荡的人；一个像乡下人忌避一切快乐的人，会变为麻木不仁的人。"马克·吐温也说："过度的节制有违于节制的初衷，而适度的节制则有助于战胜过度的放纵"。生活不是用来过度节制的，你节制得越多，能让你喘息的空间就越有限；日子不是用来将就的，你表现得越没有欲望，一些幸福的东西就会离你越远。在事业上人们不光要做"节能灯"，该发挥作用的时候还必须要做"闪光灯"。做人和成就事业等都要保持在"中节"的"度"上，否则，"过则苦"，就会变成"贞凶"，就无法坚持下去，最终必然导致穷途末路。

中孚第六十一

【卦辞】
中孚：豚鱼，吉。利涉大川，利贞。

【白话】
中孚卦象征内心诚信：用豚鱼为祭品进行祭祀，吉祥。利于涉越大河，利于坚守正道。

【彖传】
《彖》曰："中孚"，柔在内而刚得中，说而巽，孚乃化邦也。"豚鱼，吉"，信及豚鱼也。"利涉大川"，乘木舟虚也。中孚以利贞，乃应乎天也。

【白话】
《彖传》说：中孚卦的六三阴爻和六四阴爻居中，其上下均为阳爻，九二阳爻和九五阳爻分别居下、上卦之中位，象征阴柔者居内而阳刚者恪守中道；中孚卦下兑上巽，象征下者和悦而上者谦逊，在此基础上诚而有信，就可以使一个国家的风尚向好的方面转化。"用豚鱼为祭品进行祭祀，吉祥"，说明诚信能够把豚鱼这种顽固动物感动，因此可以获得吉祥。"利于涉越大河"，是因为中孚卦下兑上巽，就像乘坐空的木船渡河一样，畅行无阻。诚信而利于坚守正道，这才能符合上天之道。

【大象传】
《大象》曰：泽上有风，中孚。君子以议狱缓死。

【白话】
《大象传》说：中孚卦下兑上巽，大泽上有风吹拂，象征内心诚信。君子因此而以诚信之心慎重地审议狱讼，宽缓对死刑的判决或执行。

【爻辞】
初九　虞吉，有它不燕。
九二　鸣鹤在阴，其子和之。我有好爵，吾与尔靡之。
六三　得敌，或鼓或罢，或泣或歌。

六四 月几望，马匹亡，无咎。

九五 有孚挛如，无咎。

上九 翰音登于天，贞凶。

【白话】

初九 安定，吉祥，别有他求则不安定。

九二 鹤在树荫下鸣叫，小鹤在一旁声声应和着。我的酒杯中装着美酒，愿与你一起分享。

六三 遭遇敌人，或继续击鼓进攻，或罢兵不战，或者哭泣声悲，或者高歌欢唱。

六四 月亮接近满月时，丢失了马匹，没有灾殃。

九五 心存诚信并以此牵系天下，没有灾殃。

上九 鸡鸣叫之声飞到天空中，坚守正道以防凶险。

【小象传】

[初九] 初九"虞吉"，志未变也。

[九二] "其子和之"，中心愿也。

[六三] "或鼓或罢"，位不当也。

[六四] "马匹亡"，绝类上也。

[九五] "有孚挛如"，位正当也。

[上九] "翰音登于天"，何可长也？

【白话】

[初九] 初九爻辞中说的"安定，吉祥"，说明其诚信的志向没有改变。

[九二] "小鹤在一旁声声应和着"，说明它是发自内心的愿意。

[六三] "或继续击鼓进攻，或罢兵不战"，是因为六三阴爻居阳位，处的位置不适当。

[六四] "丢失了马匹"，说明要防止再发生类似的事情。

[九五] "心存诚信并以此牵系天下"，是因为九五阳爻居阳位，所处的位置中正适当。

[上九] "鸡鸣叫之声飞到天空中"，这种状况怎么能维持长久呢？

【推天道，明人事】

中孚卦的卦辞是"中孚，豚鱼，吉。利涉大川，利贞。"中孚是行中道、守诚信的意思。中孚卦，兑下巽上，风行泽上，无所不至，上下交孚，有诚信之德，故谓之"中孚"。《序卦传》说："节而信之，故受之以中孚。"有所节制，说明心中有诚信，所以紧接着节卦的就是中孚卦。《杂卦传》说："中孚，信也。"一般民众用豚及鱼作祭品，祭品虽然简单，但心中怀有诚心，也会被神嘉纳赐福，得到吉祥，所以说"豚鱼，吉"。心中有诚心，得到了神的福佑，就可以去从事艰苦而伟大的事业，所以说"利涉大川"。但是艰难而伟大的事业的成功必须以守正为先决条件，所以"利贞"。

中孚卦的《象传》对卦辞的无穷妙义作了深刻的阐发。观中孚卦象、卦内三、四爻为阴，为谦逊也；二、五两爻则为阳得中，乃中实也，所以说"'中孚'，柔在内而刚得中"；又下卦兑为喜悦，上卦巽为谦逊，所以是"说而巽"；在上者谦逊，在下者悦服，这就有利于教化国家，所以说"孚乃化邦也"。初上两爻亦为阳，所以整个卦看起来就像一条"豚鱼"。鱼之所以能在水中自由而行，获得吉祥，正是因为它腹中有鱼鳔，而鱼鳔的一"虚"一"实"控制着鱼在江海中平安畅行。这一"虚"一"实"正是诚信的象征，所以说"'豚鱼，吉'，信及豚鱼也"。中孚卦下兑为泽，有水象，上巽为木，有舟象，合起来就有乘木船渡水之象，整个中孚卦也有中间空虚的船的形象，所以说"'利涉大川'，乘木舟虚也"。这也象征着人的内心只有存在着谦虚之"虚"和诚实之"实"，才能在人生的道路上"利涉大川"。心中诚信，坚守正道，这就是合乎天的正道，所以说"中孚以利贞，乃应乎天也"。

君子观"泽上有风"的卦象，得到的感悟是：要以心中的诚心，来审判诉讼，务求辨明真相，避免冤假错案。对于判处死刑的人，也要以恻隐之诚心，尽可能找出理由使其缓死，或给予减刑，以扩大恩泽，这就是《大象》所强调的"君子以议狱缓死"。

初九爻辞是"虞吉，有它不燕。"初九以刚爻居阳位，当位而得正，近比九二，远应六四，由此结成的关系，是经过一番理性的意料和戒备所产生的相互信赖的诚信关系，可以获得吉祥，所以说"虞吉"。当然，中孚卦倡导的是诚信，但是社会复杂，"林子大了，什么鸟都有"，这就迫使人也跟着复杂起来，所以要讲究诚信又不能轻信，不然就要被人骗，受伤害了。"虞"就是琢磨一下，但是这一琢磨，本来诚信是很简单的，这下也变得复杂了。所以说这个"虞"一定要在诚信和轻信之间掌握住分寸，为了防止上当受骗，虽说"虞"让自己复杂了起来，但也是可以的，故也算"虞吉"。但是如果想用"虞"来欺骗别人，用自己的复杂来对待别人的简单，用自己的谎言来对付别人的真诚，那么这就是"虞"过了，就丧失了诚信，也就"有它不燕"了。从爻位上看，中孚六爻，皆不取外应。孚在其中，无待于外。初九安处于下，不假他求，不变其志，则得其安，故《小象》在解释此爻时说："志未变也"。

　　此爻在人道层面上的智慧是：诚信是立足于人世间的根本。诚信是促成生命鲜花绽放的养分，做人的基本要求就是诚信。诚信不花钱，却比千金都值钱。关于诚信，我国古代圣人和先贤都有精彩的论述，孔子说："人而无信，不知其可也。大车无輗，小车无軏，其何以行之哉？"意思是，人没了信誉，就像车子脱离了輗軏，怎么能够走得通呢？老子说："轻诺必寡信，多易必多难。"孟子也说："诚者，天之道也；思诚者，人之道也。"贾谊说："治天下，以信之也。"清代顾炎武也有这样的诗句："生来一诺比黄金，那肯风尘负此心。"诚信是人生的命脉，它不仅是圣人和先贤的处世态度和内在品格，也是普通人立足于人世间一切价值的根基的根基，海涅说："生命不可能从谎言中开出灿烂的鲜花"。如果没有诚信，人将难以有颜面立足于天地间。正如大仲马说："当信用消失的时候，肉体就没有生命。"

　　九二爻辞是"鸣鹤在阴，其子和之。我有好爵，吾与尔靡之。"九二以阳爻居中位，具有内在的刚中美德。九二又在互离（九二、六三、九四）中，离为飞鸟，为鹤。虽然上为六三、六四的重阴所困，处境幽阴暗昧，但是九四秉承至信，从而得到了具有同样美德的君子的感应。这就如同自然界中，白鹤在山林阴处啼鸣，亲子在远处以鸣呼应一样，所以说"鸣鹤在阴，其子和之"。九二与九五无应，无心求得他人感应，相反在与人交往中，将自己最好的美酒拿出来，愿与他人共同品尝，这就是"我有好爵，吾与尔靡之"。九二有这种中道精神，必然赢得同类朋友的心意相通，实现自己的心愿，所以《小象》说："'其子和之'，中心愿也。"

　　此爻在人道层面上的智慧是：用舍得的善意待朋友，你就会在物质财富和

精神财富双丰收中享受欢乐。人生的悲苦,与得失纠缠,快乐的真谛,多不在得时欣喜,而在舍后坦然。没有通悟的人,舍不得。智慧的人是借"舍"而"得"。舍得是一种物质和物质的交流,这种交流会产生"舍得舍得,小舍小得,大舍大得"的投入产出效应;舍得还是精神和物质的转换,施舍出去物质可以得到精神的回报。这种施舍就包含着善心,必然得到善心的回应,所谓财去人聚就是一种应验。《系辞传》说:"善则千里之外应之,不善则千里违之。"用"我有好爵,吾与尔靡之"的诚善之心交朋友,长相知、不相疑的朋友就会遍天下。对一个人来说,这是比物质财富更大的精神财富。

六三爻辞是"得敌,或鼓或罢,或泣或歌。" 六三阴爻居阳位,居位不当不正,本质阴柔,而好逞刚强。六三与六四本来不是敌对关系,可是六三硬是把六四看成是挡在自己与上九正应关系中的障碍,击鼓迎敌,六四当位得正,又是近君大臣,力量强大,六三不敌六四。六三又在互震(九二、六三、六四)之中位,震为动;又在互艮(六三、六四、九五)之初位,艮为止,六三在"或鼓或罢"的折腾中,自己内心十分混乱,时而欢歌,时而悲泣,所以说"或歌或泣"。六三还在下卦兑之口处,与上卦巽之风相敌,中孚的三四爻都是阴爻,相互敌比,故"得敌"。这说明"得敌"所造成的这些烦恼都是因为自己以阴居阳位的"位不当",所以《小象》说:"'或鼓或罢',位不当也。"

此爻在人道层面上的智慧是:要始终保持一颗宁静致远的心。把心里的浮尘扫尽,才可以澄怀观道。不能在情绪中作出情绪性、冲动性的决定和行动。不要管别人是怎么敌对你,因为那是别人的事,你控制不了,自己能做的就是凭君子之心,以诚待人,诚则简,简则静,心静则道生,道生则万事宁,那些所谓的"敌"不也就随风而去了吗?只要心能够宁静,哪怕生活颠沛流离,人生也能安如泰山。只要心透彻,即使世界浑浑噩噩,人生也能充满光明。鬼谷子对此讲得很深刻:"心欲宁静……心安静则神明荣。"就是说,人心都是要求宁静的,心如果保持宁静,不仅能尽享岁月悠悠之美,而且精神就会振奋,远大的目标就能实现。

六四爻辞是"月几望,马匹亡,无咎。" 六四处于上卦巽体之始,根据纳甲之说,农历十六日为巽,所以说"月几望"。中孚卦是由遁卦变来,遁卦上卦体为乾,乾为马,到了中孚卦,六四进入上卦取代了遁卦的九四,使乾卦消失,所以说"马匹亡"。本来"月几望,马匹亡"不是好事,但是六四阴爻居阴位，得位而正，脱离了下卦的同类，为了诚孚的大任，往上顺承九五之君，所以"无咎"。《小象》解释此爻时也强调"马匹亡，绝类上也"。

此爻在人道层面上的智慧是：诚信选择和对待自己侍奉的对象。不是自己挑杆子干事业，而是辅佐别人干事业，就要选择好自己侍奉的对象。烧香也要看菩萨。如果所遇非人，就不要把他定位为自己侍奉的对象，也不能够以诚信对待之。如果所遇是正人君子，就要以诚信来侍奉。漫漫人生路上，你需一生坚守的就是"诚信"，哪怕你做不了一个智者，你也一定要做一个诚信的人，这其中的道理很简单：人若失去了诚信，就失去了做一个人最起码的条件，也就失去了一切。

九五爻辞是"有孚挛如，无咎。" 九五以阳爻居阳位，并且处于中位，是既中且正的至尊君位，九五与六四亲比，两爻一刚一柔紧密团结在一起，象征同心同德、同心协力。全卦六爻唯九五言"孚"，因为九五为成卦之主，九五又在上卦巽中，巽为绳，也在互艮（六三、六四、九五）中，艮为手，象征九五开明君王有至诚之心，像以手牵绳那样牵系你我，自然扩展至广系天下的人心，所以说"有孚挛如"。九五虽然诚信可嘉，但是却与九二敌应，所以不是大吉，而只可以说"无咎"。此卦中，不仅九五居中得正，而且六四也正当其位，此乃《小象》所谓"位正当也"。

此爻在人道层面上的智慧是：以诚治人才能治出不必管理的自觉人。诚治是管理的第一门功课。管理在最高层次上就是管心。钥匙不能劈柴，斧头不能开锁，诚信才能打开心结。磁铁有吸引力，是它有磁性；领导者能够凝聚人，是他有诚信。没有诚信，古圣今贤，也包括《周易》所讲的做人做事道理，都不能落地。《诗经》说："进奉诚心，感通神灵。肃穆无言，没有争执。"诚之所感，触处皆通。领导者对被领导者释放出诚心，就能够"感通"被领导者，赢得被领导者"神灵"的真心，他们的激情就会自觉产生，领导活动就会"有孚挛如"，大有起色。北宋文学家苏洵在他的《心术》中说："为将之道，当先治心。"心理学家也说过："你不必管理自觉的人，他们的心投入了，任何工作都会有动力。"

上九爻辞是"翰音登于天，贞凶。" 上九在中孚卦之上极，阳居阴位，不中不正，是一个无笃实之心的欺世盗名小人，表面上"翰音登于天"，但却不会使人相信，只能是孤高绝响，引不起共鸣，最后只能走向衰竭，导致凶险的后果，所以说"贞凶"。上九居卦之上，处诚信之终，诚信终则衰，忠笃内丧，华美外扬，音飞而实不从，所以《小象》诘问："何可长也？"

　　此爻在人道层面上的智慧是：心诚则简。诚信是纯朴的，是简单的，《周易》中的"简易"的真谛就在于一个"诚"字。试想，如果人们都能以诚相见了，复杂的事情就会简单化了。相反，人人都耍鬼心眼、虚伪，甚至以"翰音登于天"的假象欺世盗名，简单的事情也复杂化了。对人以诚相待乃是做人的基本准则，应该是发自内心的。如果做人之所以要诚信是为了哗众取宠，那么这反倒与诚信背道而驰了，这不但是在欺骗别人，也是在欺骗自己。如果连自己都开始骗自己的人，他还能在人生的道路上走多远呢？古代波斯诗人萨迪说："说假话犹如刀伤人，尽管伤口可以痊愈，但伤疤却永远不能消失。"不诚信者，自己的灵魂每时每刻都在遭受拷打和煎熬。所以说，诚信不仅是对社会和他人的尊重，更是对自己的负责。古来成就事业者，都是重诚信、有法度的大智大仁者。

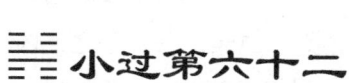 小过第六十二

【卦辞】
小过：亨，利贞。可小事，不可大事。飞鸟遗之音，不宜上，宜下，大吉。

【白话】
小过卦象征小有过越：亨通，利于坚守正道。适合做小事，不适合做大事。就像鸟飞过后留下的悲鸣叫声，不应强向上飞，而应向下安栖，大为吉祥。

【彖传】
《彖》曰：小过，小者过而亨也。过以利贞，与时偕行也。柔得中，是以小事吉也。刚失位而不中，是以"不可大事"也。有飞鸟之象焉，"飞鸟遗之音，不宜上，宜下，大吉"，上逆而下顺也。

【白话】
《彖传》说：小过，意味着在有些事情上稍有过越，所以仍然亨通。有过越必须利于守正，就是顺应合适的时机来实行小过之道。六二阴爻、六五阴爻分别居下、上卦之中位，象征阴柔者能行中道，所以小过施行于柔小、些微之事，吉祥。九四阳爻居阴位，且九三阳爻、九四阳爻都没有居下卦、上卦之中位，象征阳刚者失其正位而且不能得中，所以说小过"不适合做大事"。小过卦下艮上震，象征鸟从山上飞过，"悲鸣叫声，不宜向上强飞，而宜于向下安栖，这样会大为吉祥"，说明向上是违逆而行，会碰到阻碍，而向下是顺势而行，则会安顺。

【大象传】
《大象》曰：山上有雷，小过。君子以行过乎恭，丧过乎哀，用过乎俭。

【白话】
《大象传》说：小过卦下艮上震，山上有雷震动，象征小有过越。君子因此而举止行为比一般人略过于恭敬，居丧时比一般人略过于悲哀，消费比一般人略过于节俭。

【爻辞】
初六 飞鸟以凶。

六二　过其祖，遇其妣（bǐ，祖母）。不及其君，遇其臣。无咎。

九三　弗过防之，从或戕（qiāng，杀害）之，凶。

九四　无咎。弗过遇之，往厉必戒，勿用永贞。

六五　密云不雨，自我西郊。公弋取彼在穴。

上六　弗遇过之，飞鸟离之，凶，是谓灾眚。

【白话】

初六　鸟逆势向高空中飞，预示有危险。

六二　指出祖父的过失，遇到了祖母。没有达及君王那里，遇到了臣子。没有灾殃。

九三　虽然没有过失，也要防范于未然，放纵就会被人加害，有凶险。

九四　没有灾殃，没有过失。不过分刚强便能够遇到阴柔，前往有危险，一定要警惕自戒。不能感情用事，永远坚持中正之道。

六五　天空中乌云密布，但是没有下雨，云来自西郊。王公用系着绳的箭去射禽，从洞穴中获得了猎物。

上六　没有相遇阳刚且超过很远，就像飞鸟上天遭到射杀，有凶险，这就叫自找灾祸。

【小象传】

[初六]　"飞鸟以凶"，不可如何也。

[六二]　"不及其君"，臣不可过也。

[九三]　"从或戕之"，凶如何也。

[九四]　"弗过遇之"，位不当也。"往厉必戒"，终不可长也。

[六五]　"密云不雨"，已上也。

[上六]　"弗遇过之"，已亢也。

【白话】

[初六]　"鸟逆势向高空中飞，预示有危险"，说明其自寻凶险，别人无可奈何。

[六二]　"没有达及君王那里"，说明不可超过臣子而直达君王那里。

[九三]　"放纵就会被人加害"，说明凶险无法避免。

[九四]　"不过分刚强便能够遇到阴柔"，是因为九四阳爻居阴位，所处的位置不适当。"前往有危险，一定要警惕自戒"，说明过分行为终究不会长久。

[六五] "天空中乌云密布，但是没有下雨"，说明居处得过高。

[上六] "没有相遇阳刚且超过很远，就像飞鸟上天遭到射杀"，说明升得过高，已经到了亢极之处。

【推天道，明人事】

小过卦的卦辞是"小过，亨，利贞。可小事，不可大事。飞鸟遗之音，不宜上，宜下，大吉。"小过是指小小的过错和小有过越的意思。小过卦艮下震上，艮为山，震为雷，山顶上响着震雷，其声有过越，谓之"小过"。《序卦传》说："有其信者必行之，故受之以小过。"讲究诚信的人，就可以通行，所以紧接着中孚卦的就是小过卦。本卦阴爻过度，有致通的含意，但必须坚守正道才有利，所以说"小过，亨，利贞"。对于小事可以稍有过越，对于国家大事则不可以超越常理去处理，这就是"可小事，不可大事"。小过卦两阳在中，象征鸟的身体，四阴在外，象征鸟翼，因此小过卦也就象征着飞鸟。还能听到鸟飞过时的啼叫声音，所以是"鸟遗之音"。鸟儿在天空飞翔的时候遇到震雷，这时就应量力而行，不可贸然上升，而应下降到山林中低空飞行避雷，这就是所谓的"不宜上，宜下，大吉"。

小过卦的《象传》对卦辞的含义作了穿透底蕴的诠释。从卦的结构上看，有四个阴爻、两个阳爻，是阴过度，《周易》中阳为大，阴为小，阴多于阳，阴稍微过分了一点，所以是"小过"。小过之所以"过而亨也""过以利贞"，是因为本卦上震为行，下艮为时，行动顺应了时势，就是"与时偕行也"。本卦六二、六五阴爻分居上卦和下卦的中位，阴爻为小，所以这种"柔得中，是以小事吉也"；又因为两个刚爻，九四不正、九三不中，这种"刚失位而不中，是以不可大事也"。小过卦横看，犹如鸟之张翼飞翔，所以说"有飞鸟之象焉"。震卦又为音，飞鸟只留下飞过时的啼叫声音，不能发挥作用，更不宜往上飞，应当往下飞，所以说"飞鸟遗之音，不宜上，宜下，大吉"。因为六二阴爻居阴位是为得位，六五阴爻居阳位为不得位，故下顺上逆。又中爻在互巽（六二、九三、九四），是下顺，中爻上行遇互兑（九三、九四、六五），兑为毁折，引申为不顺，所以是"上逆而下顺也"。

君子观"山上有雷"的卦象，得到的感悟是，在行为上要稍过于恭顺，在服丧时要稍过于哀戚，在用度上要稍过于节俭，这种小有过越的做法，对于纠偏除弊，是行之有效的，这就是《大象》所强调的"君子以行过乎恭，丧过乎哀，用过乎俭"。

初六爻辞是"飞鸟以凶。" 初六以鸟取象，鸟以翼而飞，初爻与上爻象取两翼，故称"飞鸟"。初六爻居位不中不正，又在艮之初始，而艮为止，当安其处下，以求无过。但是初六以阴居阳，资质柔弱而好用刚强，一心想高飞上行，往应于九四，有违"不宜上，宜下"之旨。飞鸟以初爻之单翼而要推动身上的大山，振翅高飞，必然是困难险阻重重，所以称"飞鸟以凶"。初六自取凶咎的行为，别人无可奈何，故《小象》曰："不可如何也"。

此爻在人道层面上的智慧是：能力不足就不要逞强高飞。一小把柴火是烧不开一大锅水的。为人处事首先要清楚自己的能力，如果自己现在的能力还不是很强，翅膀还不是很硬，只能像家雀一样离地不过数仞，那么这时最好不要逞强高飞，因为在天空中等待你的不一定都是蓝天，而且还有鹰鹞之类的猛禽，如果飞到了自己所不能控制的高度，等待自己的命运不是被人猎杀就是自己力竭而亡，这就是"飞鸟以凶"的下场。

六二爻辞是"过其祖，遇其妣。不及其君，遇其臣。无咎。" 六二居中守正，是小过卦的主爻。九三在己之上，有父象，九四又在九三之上，有祖象，六五以阴居至尊之位，有妣象，当六二上行时，超过了九四，遇见了六五，所以说"过其祖，遇其妣"。六二所居的下卦为艮，艮为止，是过阳而反遇阴，六二与六五又是敌应，对六五之君是"臣不可过也"，故"不及其君"。六二只可近比于九三，三爻为三公之臣，故谓之"遇其臣"。六二又处在互巽（六二、九三、九四）中，巽为顺，六二能够合理地处理好上尊下顺的关系，所以"无咎"。

此爻在人道层面上的智慧是：上尊下顺是任重道远路上的金科玉律。要做一个平衡的人，必须处理好上尊下顺的关系。不要做触犯尊者的"离谱"事。触犯尊者会让自己遭到鼻青脸肿的打击，你的一切努力和成就都会因这种打击而毁掉，这是做人的教训。做人不能忽视下边的小人物，小人物做糖不甜做醋酸，他不能成全你却可以毁掉你，当你需要他们表态和支持的时候，他们给你打个冷枪，你就可能满盘皆输。所以，智慧的人特别注重与小人物建立和顺的关系，不让小人物成为阻碍自己前途的绊脚石。

九三爻辞是"弗过防之，从或戕之，凶。" 九三以阳居阳，虽得位而不中，一直以上行的逆动行为去与上六相应。小过之卦总的形势是"阴盛阳衰"，这种行为是不合时宜的，加之九三处下卦艮山之顶，迎上卦震雷之初，就像一个人在打雷天站在山顶一样，这是十分危险的，此时就要识天象、知己力，防范自己的行为，切不可再冒进，所以说"弗过防之"。其实有些时候人们已经飞到了自己能力所限的最高空，但是看到自己上边还有人在飞，就淡漠了防备意识，忽视了自身情况，于是就跟着往上飞了，那么这种盲从只会是"从或戕之，凶"。三本凶位，九三刚爻居刚位，有过刚必折之患。所以《小象》曰："凶如何也"。

此爻在人道层面上的智慧是：不要失败在不知己力和不合时宜上。人都是要进取的，往上飞的主观意识是好的，但是如果既忽视了是否具备高飞的时机，自身是否具备高飞的能力，又忘记了分析别人之所以高飞的原因，仅仅因为看到别人这么做，自己就跟着这么做，对即将到来的危险没有针对性的防备，在不该或没有能力亮剑的时候亮剑，锋芒就会被折断，就会造成痛苦的失败，这就是"弗过防之，从或戕之，凶"的深刻道理。世间一切失败的根源几乎都可以归结为八个字：不知己力，不合时宜。相传古代勇士夸父身材魁梧、力大无穷，认为世界上没有自己的能力做不成的事情，他拿着手杖去追赶太阳，他翻过许多座山，渡过很多条江河，累得精疲力竭也没能赶上太阳。他还是不死心，一直坚持追，直到快到大湖边时，他因劳累过度而死。

九四爻辞是"无咎。弗过遇之，往厉必戒，勿用永贞。" 在小过卦中，阴胜于阳，阳爻不可有"过"。九四以阳爻居于阴位，是"位不当也"，但九四在互巽（六二、九三、九四）的上位，巽为顺，九四刚而能柔，还是遇到了六五之君，所以说"弗过遇之"。但是在小过卦的总体态势中存在着险象，必须谨言慎行，稍有不慎，就会有咎害，必须长久保持贞固，所以说"往厉必戒，勿用永贞"。但在小过之时，是不可能长久无咎的，所以《小象》说："终不可长也。"

此爻在人道层面上的智慧是：小概率的危险事件被忽视时，危险就将不可避免地发生。一个小小的变数或事件，就会改变事物原来发展的方向和最终的结果。小概率的危险事件，看似偶然，实则存在着一种必然性，如果对其漠然置之，它就会恶性发展，最终酿成大患。中国有句古话："明者远见于未萌，智者避危于未形。"意思是，聪明的人富有远见，当危险的事情稍露端倪，就能及时察觉，智慧的人对于危险的事情在方萌未形之际，就能予以规避。"往厉必戒"，智慧的人总是不等有过失就采取预防措施，当遇到问题再采取措施，实际就迟了。

六五爻辞是"密云不雨，自我西郊。公弋取彼在穴。"六五以阴居阳，失正得中，还有上六阴极之爻加临其上，有"密云"之象。六五虽然居于至尊的君位，但是与六二有应位无应和，虽有密云却不能阴阳和合而成雨。六五又在互兑（九三、九四、六五）中，兑为泽，六五又在卦的天爻位，并且一心向上，即"已上也"，泽上天为云，兑又在西方，所以说"密云不雨，自我西郊"。六五的恩泽无法施及百姓，所以六五要越过两个阳爻而射取六二。六二在下体艮卦之中，艮为山石，有石穴山洞之象，所以六五"公弋取彼在穴"，把隐藏在洞穴中的六二争取过来，辅佐自己，共济天下。

此爻在人道层面上的智慧是：过度强求成就不了大事。"没有基础不良的好建筑。事物是在时间和空间里运行，做事情必须比照时间和空间提供的基础条件，在'密云不雨'的情况下，超越时空的限制，违反自然规律，老牛不喝水强按头"不是明智的做法，结果总是要失败的。领导对自己的部下也不能过于强求，要用人心的话触碰部属的心灵，说服总比强迫好，请求比命令更容易达到目的。还是那句俗话说得好，"强扭的瓜不甜"。所以，一个有影响力和领导力的人，他的威望不是建立在强制命令基础上的，而是建立在别人心悦诚服的基础上的。

上六爻辞是"弗遇过之，飞鸟离之，凶，是谓灾眚。"上六居全卦之顶，高而不能下，好比鸟飞得太高了，以至于都见不到一个同伴了，所以是"弗遇过之"。小过全卦的思想就是"不宜上，宜下"，但这只鸟阴极已亢，又居震体之上位，如飞鸟之离巢上天，动极而忘返，遭到了射杀的凶险，所以说"飞鸟离之，凶"。这种凶险是咎由自取的，正如《小象》曰："弗遇过之，已亢也。"因为亢龙尚且知道有悔，何况这只"亢"鸟呢？所以这只鸟面临的将是多么大的"灾眚"啊！"灾"是天灾，"眚"指人祸，逆天而上，岂能不遭天灾；肆意妄为，焉能不触人祸，故"是谓灾眚"。

此爻在人道层面上的智慧是：不要做超越自己能力和本分的事。有远大抱负的人不可忽略眼前的能力和条件，无缝的石头流不出水来。人心就像这鸟儿，而人世间也就像这天空一样，是有层次之分的，并不是所有的层次都是适合自己的，因此人要以此"亢"鸟为戒，一定要找准适合自己的天空层次，不可贪高，在你所处的位置，用你所有的资源，做你力所能及的事，不然的话，"飞鸟离之"，凶多吉少。世上有太多东西是超出个人的能力和欲求之外的。明知在人的能力之外而又要拼命追求，必然心生烦恼。对此中国的先哲圣人早就开出了解除人的烦恼的药方。孔子说："尽人事，听天命。"对于那些人力能做到的有益事情，要坦然处之，尽心尽力；至于那些人力不能做到的事情，要舍而不做，任其自然了。庄子也提出："通达生命的真实状况的，不去追求与生命无关之物；通达命运实情的，不去探讨人的理智无可奈何的东西。"这样便能远离烦恼，使心灵常常处在安时处顺的自由逍遥之中。

既济第六十三

【卦辞】

既济：亨小，利贞。初吉终乱。

【白话】

既济卦象征事已成：柔小者亦亨通，利于坚持正道。开始时吉祥，最终会有祸乱。

【彖传】

《彖》曰："既济，亨"，小者亨也。"利贞"，刚柔正而位当也。"初吉"，柔得中也。"终止则乱"，其道穷也。

【白话】

《彖传》说："事已成，亨通"，是指小事亨通。"利于坚持正道"，是因为既济卦下离上坎，象征刚上柔下，阳刚者和阴柔者均能行为端正，坚守正道；既济卦的初九、九三、九五三阳爻居阳位，六二、六四、上六三阴爻居阴位，象征人所处的位置适当。"开始时吉祥"，是因为六二阴爻居下卦之中位，象征阴柔者能持中不偏。"最终有祸乱"，是因为既济之道已经陷入绝境。

【大象传】

《大象》曰：水在火上，既济。君子以思患而预防之。

【白话】

《大象传》说：既济卦下离上坎，火上面有水，象征事业成功。君子因此而考虑有可能出现祸患，预先就加以防范。

【爻辞】

初九　曳其轮，濡其尾，无咎。

六二　妇丧其茀（fú，车幔），勿逐，七日得。

九三　高宗伐鬼方，三年克之，小人勿用。

六四　繻（xū，彩色的丝帛）有衣袽（rú，败絮），终日戒。

九五　东邻杀牛，不如西邻之禴祭，实受其福。

上六　濡其首，厉。

【白话】

初九 渡水时往后牵拉车轮，车尾虽被河水沾湿了，没有灾殃。

六二 妇人丢失了车辆的遮帘，用不着寻找，七天后将会复得。

九三 殷高宗征讨鬼方，用了三年时间的苦战才获得胜利，不要任用小人。

六四 华美的衣服变成破烂衣服，整天都要处于警惕戒备的状态。

九五 东边邻国杀牛举行祭祀，不如西边邻国举行简朴的薄祭更诚敬，更能实实在在地享受上天降下的福泽。

上六 渡河被水淹没了头部，有危险。

【小象传】

[初九]"曳其轮"，义"无咎"也。

[六二]"七日得"，以中道也。

[九三]"三年克之"，惫也。

[六四]"终日戒"，有所疑也。

[九五]"东邻杀牛"，不如西邻之时也。"实受其福"，吉大来也。

[上六]"濡其首，厉"，何可久也？

【白话】

[初九]"渡水时往后牵拉车轮"，从道理上讲应该"没有灾殃"。

[六二]"七天后将会复得"，是因为六二阴爻居下卦之中位，守中不偏的缘故。

[九三]"用了三年时间的苦战才获得胜利"，说明大家都疲惫不堪。

[六四]"整天都要处于警惕戒备的状态"，说明心中有所疑惧。

[九五]"东边邻国杀牛举行祭祀"，不如西边邻国举行的薄祭虽薄却当时。"更能实实在在地享受上天降下的福泽"，说明吉祥将会连续降临。

[上六]"渡河被水淹没了头部，有危险"，这样怎么能长久呢？

【推天道，明人事】

既济卦的卦辞是"既济，亨小，利贞。初吉终乱。"既济是事物大功告成的意思。既济卦的卦象，是异卦相叠，下离上坎，坎为水，离为火，水火相交，水在火上，似煮成食物，故谓之"既济"。《序卦传》说："有过物者必济，故

受之以既济。"有所超过,就能办成一定的事情,所以紧接着小过卦的就是既济卦。既济象征事已成功,但尽管六爻都在正位上而且都是正应,然阴爻分处阳爻之上,阴为小,所以是"亨小",此时坚守正道有利,所以说"利贞"。但是,事物的稳定是相对的,不稳定是绝对的,事物发展到极点,必定会向相反的方向转化。既济卦之所以取坎离来象征,正是因为水火乃天地之大道,人生之大用也。水得火而不寒,火得水而不燥,如果水火相互间的状态保持恰好,则二者相生,资生之利普,烹饪之功成。但水火相生的状态并非永恒不变,随着时间的流逝,二者会逐渐失去平衡,走向水决灭火或火炎水涸的相克状态,"初吉"也就走到了"终乱"。

既济卦的《象传》对卦辞的含义作了澄清剔透的注疏。既济卦下离上坎,六爻皆在正位上,而阴爻分处阳爻之上,阴为小,所以是"'既济,亨',小者亨也"。坎又为水,离又为火,水火相交,相互制约,保持平衡,若水或火任何一方弱化打破平衡,都有灭亡的危险,所以"利贞"。本卦中六爻刚柔正位,阴阳互为正应,所以说"刚柔正而位当也"。六二柔爻在下卦的中位,是"柔得中也",并与九五刚健之君配合默契,既济就是阳刚和阴柔两股势力在动态的过程中发展到了稳定中和之美,所有的事情都已成功,所以说"初吉"。但是最美满的事物中,也潜藏着最大的危机,盛极必衰,物极必反,当既济卦发展到上六阶段,"其道穷也",于是和谐转化为冲突,有序转化为危乱,所以说"终止则乱"。当然,既济也不会停止在这种转折点上,还会顺着时势进入新的循环周期。通观本卦全部爻辞,会发现无不是告诫之辞:初爻的"曳其轮"不冒进,二爻"丧其茀"不可追,三爻"小人"不可用,四爻"终日戒",五爻有"东邻"之戒,六爻"濡其首",可见此卦的用心之良苦!

君子观"水在火上"的卦象,得到的感悟是,长治久安是极不容易的,稍有疏失就会酿祸,所以必须时刻保持清醒的头脑,居安思危,未雨绸缪,采取积极的预防措施,避免灾难性的后果,这就是《大象》所强调的"君子以思患而预防之"。

初九爻辞是"曳其轮,濡其尾,无咎。" 初九居既济卦之始,阳爻居阳位,又与六四正应,好动而上往。初九上临互坎(六二、九三、六四),既济上卦的卦体也是坎,坎为轮,为曳马,所以说"曳其轮";坎又为水为濡,初九在两坎之下为尾,所以说"濡其尾",拉住车轮就能控制猛行,动物浸湿尾巴就会减缓渡河的速度,这样就会去掉躁动,稳步前进,当然"无咎"。《小象》也云:"曳其轮,义'无咎'也。"

此爻在人道层面上的智慧是：躁动猛行就要遭受挫折。躁动，绝不是真正英雄的性格，处事大忌急躁。急躁时的冲动会贸然做出不理智的傻事，做出让自己无法挽回的事情。有人曾经以为只要努力就应该收获结果，其实不是这样，无论做什么，急躁冲动不能真正达到目的。相反，哪怕是那一刹那像流星闪过的躁动，也许会造成危害一生的危机。人生最大的悲哀，就是把躁动变成习惯。躁动者血液里都渴望一种一步登天的快旅，却不知躁动不是前进的姿态。高速奔驰的马车会发生人仰马翻的惨剧。唐代范质说过："速成不坚牢，亟走多巅踬。"意思是，急于求成不坚固牢实，跑得太快往往要跌倒。做事必须要循序渐进，揠苗助长式的图快就要遭到挫折。这就是"曳其轮，濡其尾"为我们提供的智慧。

六二爻辞是"妇丧其茀，勿逐，七日得。" 六二阴爻居阴位，居中且正，是下卦的领袖。六二又居下体离卦之中，离为中女，六二与九五阴阳正应，九三阻碍了自己上与九五的正应，如同妇人丢失了车辆的遮帘，有些遗憾。六二在互坎（六二、九三、六四）中，坎为止，不利的因素会自动消除，所以"勿逐"，《周易》的原则是：一爻的运行，经过六个爻位，第七日回到原位，故为"七日得"。六二居中位，因此，能够履行中道，最终还会与九五结成正应，实现自己的志愿，所以《小象》说："'七日得'，以中道也。"

此爻在人道层面上的智慧是：在思考中等待，机遇还会再来。失去了发展机遇，要等待时机，盲目冒进必遭灾。盲动不休，止水都会生成波涛；静思等待，波涛也要化为止水。当变故来时，只宜在静思中等待机遇，不宜躁动，躁动就会心急，心急必然神昏，神昏就会不可为而为之，必致身败名裂。这就是此爻告诫的"勿逐"。你改变不了风向，但可以左右风帆。有时候，多走一步不如站在原地，多想想，想好了再走，即便这样会迟人一步，但抓住了新的机遇，一样可以获得成功。此爻辞中的"七日得"，揭示的就是这样的智慧。

九三爻辞是"高宗伐鬼方，三年克之，小人勿用。" 九三处下体离之上位，离为戈兵，有征战之象，离又为南方，这里具体是指殷商南部的鬼方部落；九三是部落之王，九五为君爻，这里指高宗武丁，九三处于多凶之地，又与九五相敌，九五兴兵伐之，就是"高宗伐鬼方"。此卦九三虽刚而不中，但阳居阳位，很有对抗力量，故"高宗讨鬼方"，甚是艰难，九三处互坎（六二、九三、六四）中爻，坎为三，故曰："三年克之"，《小象》也强调"惫也"。从卦爻结构上看，九三与上六遥应，上六乃外坎之极险之地，如果远君子而近小人，造成的后果只会是上六爻辞所云的"濡其首"般的危险，所以说"小人勿用"。

此爻在人道层面上的智慧是：在人性丛林中小人最可憎。"小人勿用"是《周易》中的戒条，在整部书中经常遇见。天下之事无不以艰难得之，因此也只有那些能为理想而长时间奋斗的君子才能承担起实现"既济"的重担，而"小人"则永远会因为自己的利益得失而不堪此重任，这也正应合了师卦上六所说的"开国承家，小人勿用"的思想。在向"既济"努力的过程中要"小人勿用"，同时"既济"之后也不意味着一切都结束，有些"小人"也可能因其才能在"既济"过程中顺势立功，所以可以重赏他们，但却不能重用他们，因为"小人"只可应急，不可倚重，尤其是开国承家这种重任，绝不能托付给"小人"，这是一条重要的领导原则。诸葛亮曾经一针见血地指出："亲贤臣，远小人，此先汉所以兴隆也；亲小人，远贤臣，此后汉所以倾颓也。"

六四爻辞是"繻有衣袽，终日戒。" 六四阴爻居柔位，当位履正，本来素质很好，但是六四在近君的人位，是多惧之地，六四已经进入既济卦的上体，处于"初吉"向"终乱"的转变，六四动，坎变兑，兑为毁折，这就如同华美的衣服变成了破烂的衣服，所以说"繻有衣袽"。在这种危机中，六四戒慎警惕，从早到晚不懈怠，所以说"终日戒"。这一切皆像《小象》解释的那样是"有所疑也"。

此爻在人道层面上的智慧是：忧患者无患。人都厌忧患而喜安乐，但忧愁患难能磨练人的意志，使人清醒，使人振奋，在奋斗中求生存和发展；而安逸享乐使人麻木怠情，丧失奋进的斗志，事起突然，毫无心理准备，则必然惊慌失措，无力抵御祸患，最终必然失败亡身。欧阳修说："忧劳可以兴国，逸豫可以亡身"。有备无患，忧患而有备，患就会降低到最低程度甚至会根本避免祸患。《系辞传》说："君子安而不忘危，存而不忘亡，治而不忘乱，是以身安而国家可保也。"孟子说："是故君子有终身之忧，无一朝之患也。"元代易学家胡炳文说："备患之具，不失于寻常，而虑患之念，又不忘于顷刻，此处既济之道。"魏徵在贞观十一年上疏中指出："隋朝乱亡之源在于安不思危，治不念乱，存不虑亡之所致也。"李世民则深嘉而纳之，居安而思危，奠定了唐朝近三百年的基业。欧阳修也曾说："人情处危则虑深，居安则意怠，而患常生于怠忽也。是以君子'既济'，则思患而预防之也。"此论与"终日戒"一样深切啊！

九五爻辞是"东邻杀牛，不如西邻之禴祭，实受其福。" 东方为阳，东邻指九五；西方为阴，西邻指六二。在既济之时，六二处于创业阶段，敬业精神和进取意识强，禴祭虽然形式简朴，心却是虔诚的，所以能"实受其福"。但是，既济发展到九五阶段，为事业鼎盛时期，既济卦自初爻至五爻成两离之象，离为光明，九五居两离之上，又处于至尊之位，容易滋生骄奢心态，志得意满。九五还居于上体坎卦中位，坎为险陷，但九五看不到自己已经处于既济的转折点，看不到潜伏的危机，盲目乐观，喜形于色，杀牛盛祭神灵，注重形式，没有虔诚之心，而六二薄祭虽薄却"之时也"，自然九五（东邻）就不如六二（西邻）那样有实实在在降临的福泽，所以爻辞说："东邻杀牛，不如西邻之禴祭。"

此爻在人道层面上的智慧是：成功之后不可喜形于色，而应该不动声色。成功之后心情喜悦，这是人之常情，但是成功中也有潜伏的危机，人逢喜事精神爽，有了快乐之事，就自我陶醉，摇头摆尾，像"东邻杀牛"那样过分追求外表形式，没内涵、没深度、没城府，就会招致别人的猜疑和嫉妒，甚至还可能遭受意外之灾。人既要把失败当作清醒剂，也不要把成功当成迷魂汤。不要把成功的喜悦情绪写在脸上，应以一颗平常心去面对成功，保持诚挚之心去面对得意，像"西邻之禴祭"，注重内容和本质，不以物喜，不以己悲，这样才能得到不断降临的福分。所以，成功之后，把心放平，生活就是那一泓平静的水；把色收住，人生就是那一朵自在的云。

上六爻辞是"濡其首，厉。" 上六居全卦的终位，是为首顶。既济卦自六二至上六成两坎之象，上六又在两坎卦上位，坎为水，为险陷，所以上六有"濡其首"的灭顶之灾，故"厉"。上六已经走到了险中之险的地步，却不知谨慎，对危厉之兆毫无察觉，失败也就是必然的了，所以《小象》解释说："'濡其首，厉'，何可久也？"

此爻在人道层面上的智慧是：被胜利冲昏头脑是最具有毁灭性的。现实生活中知道这句话的人很多，但是真正参透这句话的人并不是很多。唐代孟翱说："在宠思辱，居终虑始；昧之者所谓憸人，行之者是称君子。"意思是，在荣耀时要想到羞辱之时，结束时要考虑到开始之时，不懂得这样做的人叫小人，照着这样做的人称为君子。一旦在胜利面前找不到北，就会丧失理智，"濡其首"的大祸就会不请自来了。楚汉战争初期，刘邦兵疲马弱，与项羽正面交锋没有一次不败的，但是刘邦又屡败屡战，只图一击制敌。而楚霸王占尽了上风，却被一次次胜利冲昏了头脑，愈发骄狂，使其凶暴残忍的性格也达到了极致，破城必屠，逐渐落得众叛亲离的下场。垓下一败，这位"力拔山兮，气盖世"的常胜将军，发着"天亡我也"的慨叹，自刎于乌江。最终得天下的，竟是那个开始处处窝囊、处处吃亏的刘邦。

未济第六十四

【卦辞】
未济：亨。小狐汔（qì，接近，几乎）济，濡其尾，无攸利。

【白话】
未济卦象征未完成：亨通。小狐快要游到对岸时，尾巴被水打湿，得不到什么利益。

【彖传】
《彖》曰："未济，亨"，柔得中也。"小狐汔济"，未出中也。"濡其尾，无攸利"，不续终也。虽不当位，刚柔应也。

【白话】
《彖传》说："事未完成，亨通"，是因为六五阴爻居上卦之中位，象征阴柔者能守中道。"小狐快要游到对岸"，说明身子还在坎水中，尚未脱离危险。"尾巴被水打湿，得不到什么利益"，是因为不能继续努力以达到终点。未济卦虽然卦中的三个阴爻和三个阳爻都居位不当，但阴阳爻之间却能两两相互呼应，还是能够获得成功的。

【大象传】
《大象》曰：火在水上，未济。君子以慎辨物居方。

【白话】
《大象传》说：未济卦下坎上离，水面上有火，象征事未成功。君子因此而审慎地辨别事物，并使万事万物各居其适当的位置。

【爻辞】
初六　濡其尾，吝。
九二　曳其轮，贞吉。
六三　未济，征凶。利涉大川。
九四　贞吉，悔亡，震用伐鬼方，三年有赏于大国。
六五　贞吉，无悔。君子之光，有孚，吉。
上九　有孚于饮酒，无咎。濡其首，有孚，失是。

【白话】

初六 小狐过河时尾巴被水打湿，有遗憾。

九二 及时往后牵拉车轮，这样做正确，可获吉祥。

六三 事情未做好准备，贸然出征会有危险。利于涉越大河。

九四 坚守正道吉祥，悔恨消亡。就像振奋威武之势出兵征讨鬼方，经过三年艰苦卓绝的战斗后取得胜利，得到殷国的赏赐。

六五 坚守正道吉祥，悔恨消亡。这是君子的光辉，其心怀诚信，吉祥。

上九 在饮酒取乐之事上守信用，没有灾殃。饮酒过量后头部沾湿了，虽然心怀诚信，仍有失正道。

【小象传】

[初六] "濡其尾"，亦不知极也。

[九二] 九二"贞吉"，中以行正也。

[六三] "未济，征凶"，位不当也。

[九四] "贞吉，悔亡"，志行也。

[六五] "君子之光"，其晖吉也。

[上九] "饮酒""濡首"，亦不知节也。

【白话】

[初六] "小狐过河时尾巴被水打湿"，说明它太不知道具体的准则。

[九二] 九二爻辞中说的"这样做正确，可获吉祥"，是因为九二阳爻居下卦之中位，阳刚者得位并行正道。

[六三] "事情未做好准备，贸然出征会有危险"，是因为六三阴爻居阳位，所处的位置不适当。

[九四] "坚守正道吉祥，悔恨消亡"，说明其志向得到了实行。

[六五] "君子的光辉"，说明君子的德行光芒能带来"吉祥"。

[上九] "饮酒过量后头部沾湿了"，说明沉湎过度，太不知道节制了。

【推天道，明人事】

未济卦的卦辞是"未济，亨。小狐汔济，濡其尾，无攸利。"未济是事物未成之时。未济是《周易》中的最后一卦，从卦象上看，它与既济卦相反，坎

下离上，坎为水，离为火，火在水上，火性炎上，水性下润，火与水向背不交，没有起到相济作用，说明一切秩序都已经混乱了，需要重整乾坤，万象更新，故谓之"未济"。《序卦传》说："物不可穷也，故受之以未济。终焉。"未济是新时期开始于旧过程中，因为事物久则穷，必须重启生机，所以紧接着既济卦的就是未济卦。本卦六爻虽然都阴差阳错皆无正位，但又都是阴阳正应，所以为"亨"。未济卦面临的是一条新河，小狐快要游到对岸，几乎就要成功了，亦即"小狐汔济"，可是尾巴被水打湿，所以说"濡其尾"，小狐拼尽了最后一点力气，也举不起沉重的大尾巴，掉进河里，结果是"无攸利"。

未济卦的《象传》对卦辞的含义作了意境深远的阐释。未济卦是由否卦的六二往上成为六五变来，是"柔得中也"，六五不但得中，还是至尊的君位，所以说"未济，亨"。九二在下坎卦的中位，坎为水，为险，尚未脱离水，所以危险，这就是"'小狐汔济'，未出中也"。小狐"濡其尾"，虽然头上了对岸，但尾巴还拖在水中，"无攸利"，是因为实在没有力气继续努力了，不是小狐狸不努力，而是自身实力不足而不能到达终点，所以说"不续终也"。未济卦的总体形势是阴阳爻全部不到位，这"虽不当位"，是事业尚未成功之象，但是未济卦又是"刚柔应也"，这又内含着未济之时的可济之理，所以未济不代表不济，只是"未"而已。事物是对立的，又是统一的，既济可转为未济，未济也可转为既济。未济卦中下三爻皆在坎险之中，均为欲济而犹未济；但上三爻处离明之中，是可以"济"的，只要注意慎诚，就可"既济"。世间万事就在这否定与否定之否定的对立统一中发展，永无止境。

君子观"火在水上"的卦象，就要体悟到：必须谨慎分辨物类，使之各居其所，把无序变为有序，再最完善地发挥每个物类的作用，这就是《大象》所强调的"君子以慎辨物居方"。

初六爻辞是"濡其尾，吝。" 初六居未济卦之始，为尾，初六居于下卦坎体，又上临互坎（六三、九四、六五），坎为水，合起来就是尾巴在水中，所以是"濡其尾"而不能济渡。初六对自己的困境认识不足，质柔而用刚，盲目冒进，去追求与九四相应，而九四是"不三不四"的不中正之才，并不能给予援助，结果是"吝"。比照既济卦的初九，虽然都是"濡其尾"，但是初九的结果却是"无咎"，《小象》指出了其根本原因，就在于既济卦的初九"知极"，未济卦的初六"亦不知极也"。

此爻在人道层面上的智慧是：成功不是一蹴而就的，而是在一步步的积淀中实现的。万石谷，粒粒积累；千丈布，根根织成。不是最后一口饭吃饱人，它有个累积的过程。累积是一种毅力，是由微小到伟大的必经之路。就像踢足球不能只踢最后射门那一脚一样，成功的事业都有一个成功链，一环紧扣一环，逐环推进才能成功，如果"濡其尾"的时候躁动就会失去清醒的头脑，急于求成的行动更会事与愿违。明代易学家张振渊在说到此爻时，有一段深刻的评论："新进喜事，急于求济，而反不能济，可吝孰甚焉？"所以，任何一个有伟大抱负的人必须扼制住浮躁的心态，以一步一步登山，一橹一橹摇船的踏踏实实的行动去开创成功事业的壮丽局面。

九二爻辞是"曳其轮，贞吉。"九二居下体坎卦的中位，坎为轮，为曳。故曰"曳其轮"。与初六的无济之具相比，九二虽然有了济之具，但此济之具尚无法让"小狐"成功渡岸，因为机缘不成熟，时机不到，条件也不具备，所以"小狐"这时所作的不是跟着别人走，更不能仗着手里有了点可以用的"轮"就妄动。九二以刚居柔，其位不正，又深临坎险，环境不佳，在这种情况下，如果躁动不安，急于前进，就难以取得成功。九二审时度势，认清情况，先把这个"轮"拴住，结果没有被"濡尾"，更没有被"濡首"。九二的"曳其轮"是一种自觉的行为选择，故意减缓前进的速度，谨慎持中，静以待时，不超越自己的本分而贸然行动，这种亨通顺达，故曰"贞吉"。《小象》指出，九二的"贞吉"，缘于其"中以行正也"。

此爻在人道层面上的智慧是：在不应有作为之时去展露自己的才能是最愚蠢之举。万物都有其时，成功除了才能之外，还在于对时机的把握。不是任何时候发出来的焰火都是美丽的。最容易受冷落和遭遇打击的，是那些仅仅根据自己的想法去展露自己的人。在前进的过程中，把握更多的时机比展露更多的才能更重要。所以，要谨慎分辨事物，从中发现机遇，驾驭机遇，有所作为；在机遇不成熟时，知道"曳其轮"的节制，不盲目作为，以避免前功尽弃和引灾致祸。

六三爻辞是"未济，征凶。利涉大川。"六三"位不当也"，既居于下卦坎中，又居于互坎（六三、九四、六五）中，上下都是水，所以说"未济"。坎为险，为止，前进将有凶险，所以"征凶"。六三以阴之质，失位居险，以不正之身，力不能自济，而求征进，结果必丧其身，故《小象》也说："'未济，征凶',位不当也"。《周易》爻位爻际关系的一般规律是相应力大于亲比力,有相应力又有亲比力为最佳。六三与上九正应,下有九二刚中之大臣,上承九四刚明之近臣,六三若能以柔顺之道涉险前往,得到九二、九四两阳爻的亲比辅助,就能够险中破难,取得有利的收获,又六三动,变卦巽,巽为舟,所以说"利涉大川"。

此爻在人道层面上的智慧是:要把世事的未济看得开朗些。未济并不是永远的未济,总会转化成既济之道,未济与既济本来就是事物的辩证。"曲径通幽""寒门生贵子""白屋出公卿",还有天气,不可能总是风和日丽,而冷热交替,严寒酷暑,才属正常。这些现象就是未济与既济的相互转化规律的作用表现。有智慧的人,在"未济"时,不万念俱灰,因为他们是能够透过未济看到既济的人,能够促进未济转化成既济的人。当然,这种转化不是马拉松式的个人表现,而是若干人接力赛的结果。所以,把世事的未济看开了,就能保持积极的心态,激发出"我能故我行"的欲望,去"涉大川",未济转化成既济就会来得很容易。

九四爻辞是"贞吉,悔亡,震用伐鬼方,三年有赏于大国。"九四以阳居阴,其位不当,本来是失正而有悔,但是,九四作为近君大臣,承担着匡时济难的责任,九四在未济之时力求可济的志向,合乎以中求正的可济之理,故"贞吉"。面对外敌鬼方的侵犯,九四以大局为重,毅然决然地以震雷之势出兵征伐,这就是"震用伐鬼方"。既济之时,因为已经"过河"了,所以不可轻易动武;但未济之时,万事如麻,因此不用武不能理出头绪,此所谓一怒而安天下之民。"未济"则有悔,"济"则"悔亡"了。经过三年艰苦的努力,克敌制胜,维护了正常秩序,建立了大功,受到了封赏,故谓之"三年有赏于大国"。九四"伐鬼方"建功立业的志向实现了,所以《小象》说:"志行也"。

此爻在人道层面上的智慧是:敢冒风险的人才有最大的机会赢得成功。阻碍人们脱离险境的力量,是来自于人内心的恐惧。在命运的颠沛中,敢冒风险的人,才能享受到人在峰巅的胜利喜悦。面对危亡的时刻,在无论如何都无法脱离困难的情况下,完全可以采取非常之举,"震"一下,断然冒险也许就能脱离坎险之态,找到出路。乔治·艾略特说过:"等到事情有了确定的结果才肯做事的人,永远都不可能成就大事。"在平静的海面上,谁都能当船长,在惊涛骇浪中,只有具有敢冒风险的英雄本色者才能当好船长,掌稳舵。峰峦越险峭,酿造的景观越美妙。古往今来,没有任何一个成就伟业者未曾经过风险的考验。敢冒风险的人，都充满生命的热力与激情，无论陷入什么样的险境，他们都会以独木撑天之势，赢得人生的种种精彩。

六五爻辞是"贞吉，无悔。君子之光，有孚，吉。"六五是未济卦的主爻，阴居阳位，失正但居中，能够承载起有始乱而转为终治的使命，是为"贞吉"，可以"无悔"。六五与九二结成阴阳正应，未济下体为坎卦，坎为月，上体为离卦，离为日，这种日月辉映之象，正是君王的光辉，所以说："君子之光"。这"君子之光"，来自于君主以至诚之心对待臣下，臣下以至诚之心对待君主，君主与臣下这种至诚之心，当然会带来普天同照的吉祥，所以说"有孚，吉"。《小象》也说："'君子之光'，其晖吉也。"

此爻在人道层面上的智慧是：做人的素质是左右人生成败的诸因素中最具决定性的因素。烂铁绝然打不出宝刀。国家的第一国力就是国民素质，企业最大的资产是企业员工的素质，个人最大的命运就是素质。决定人生命运的素质，第一位的是"有孚"，即诚信。诚信不妄，即使陷入"未济"的困境，也能变"未济"为"既济"。第二是"君子之光"，即文明的盛德。个人的品行修养好坏对社会影响巨大，《系辞传》说："君子居其室，出其言善，则千里之外应之，况其迩者乎；居其室，出其言不善，则千里之外违之，况其迩者乎？"宋代易学家杨万里说："六五变未济为既济，文明之盛，又何疑焉？"做人讲诚信又具有文明的盛德，就具备了最折服人心的力量，也就奠定了人生成功的坚实素质基础。

上九爻辞是"有孚于饮酒，无咎。濡其首，有孚，失是。"上九以刚爻居未济卦之上位，又居上体离卦之上爻，离为明，下有六三正应，又有六五亲比，济世之诚信依在，是为"有孚"。上九下临互坎（六三、九四、六五），下卦的卦体又为坎，坎为水，引申为酒，所以说"有孚于饮酒"。此时诸事皆宜，心无烦忧，诚信孚众，饮酒逸乐，无所咎害，故"无咎"。但是上九下临两坎，表明上九面临"濡其首"的险境，若其饮酒逸乐无度，荒废政事，则有涉水濡首之危。喝酒喝到了浸湿头的地步，就是《小象》所说的："亦不知节也"。而耽溺于逸乐，忘乎所以，就有失正道，所以说"有孚，失是"。

此爻在人道层面上的智慧是：未济之极就会转化为既济之始。事物的发展变化有一个法则：物不可穷，周而复始。太强必折，太张必缺。自然界万物在其机体的内部同时存在着阴阳相反的两种属性，它们在一定条件下向其对立面转化。就像黑夜的尽头就是白天的起点一样，未济的尽头就是既济的开始，事物就是遵循否定之否定的规律在对立统一中循环发展的。南朝·齐·张融在《白日歌·序》中说："衰为盛之终，盛为衰之始。"这句话大意是，衰败是兴旺的终结，兴旺是衰败的开始。由于事物矛盾的双方处于不断的运动变化之中，在一定条件下，它们会向各自相反的方面转化。盛与衰相反相成，衰败是极盛的终结，极盛又是衰败的开始，往复转化，以至无穷。东汉哲学家王充也说："处颠者危，势丰者亏。"意思是：处在顶端的东西易生危险，状态丰满的东西容易亏缺。"处颠"与"势丰"是事物已经发展到了极致，无以复加，矛盾必向其相反方面转化，易生危险，易生亏损。这种矛盾转化的哲理，对世人的告诫是力戒骄傲自满和自暴自弃。人生的事业是永无止境的，今天的成功，意味着明天有新的征程要起步。人生即使是"濡其首"的霉运当头，也不要自甘现状，只要奋起抗争，就会云开月明。

系辞传上

第一章

【原文】

天尊地卑，乾坤定矣。卑高以陈，贵贱位矣。动静有常，刚柔断矣。方以类聚，物以群分，吉凶生矣。在天成象，在地成形，变化见矣。是故刚柔相摩，八卦相荡。鼓之以雷霆，润之以风雨；日月运行，一寒一暑。乾道成男，坤道成女。乾知大始，坤作成物。乾以易知，坤以简能；易则易知，简则易从；易知则有亲，易从则有功；有亲则可久，有功则可大；可久则贤人之德，可大则贤人之业。易简而天下之理得矣。天下之理得，而成位乎其中矣。

【白话】

天在上尊贵，地在下卑微，乾天坤地的位置就是由此确定的。万物以卑微和高贵之分杂然并陈，就确立了尊贵与卑贱不同的地位。天地万物的动和静有规律性，阳刚和阴柔的区别也就断然分明了。世间万物以各自的种类来聚拢结合，以各自的族群相区分，彼此间利害得失的调和冲突，就产生了吉祥与凶灾的现象。在天上，形成日月星辰、黑夜白天、四时八节等天象；在地上，形成山川河流、动物植物等各种形体，事物的变化也就由此而显现出来。所以阳刚和阴柔互相作用，八卦所象征的天、地、风、雷、电、山、泽等自然现象之间互相鼓动激荡。雷霆震动，风雨滋润，日月在天空中循环往来，造成了地上寒和暑不断更替。具有乾的特性的化成男人，具有坤的特性的化成女人。乾的作用在于创造万物，坤的作用在于配合乾的创造而生成万物。乾通过洞察易知来体现其中蕴含的智慧，坤做事简约来显示自己所具有的功能。洞察易知则容易为人所知晓变易之理，简约则容易为人所顺从追随；容易被人知晓就会有人来亲附，容易被人顺从追随就会建功立业；有人来亲附就能长久处世，建功立业就能发展壮大；处世长久是贤人的美德，发展壮大是贤人的功业。能够做到易知简约，也就是领悟了天下一切事物的道理。领悟了天下一切事物的道理，那成就伟业的地位也就确定了。

第二章

【原文】

圣人设卦观象,系辞焉而明吉凶,刚柔相推而生变化。是故吉凶者,失得之象也;悔吝者,忧虞之象也;变化者,进退之象也;刚柔者,昼夜之象也。六爻之动,三极之道也。是故,君子所居而安者,《易》之序也;所乐而玩者,爻之辞也。是故,君子居则观其象而玩其辞,动则观其变而玩其占,是以"自天祐之,吉无不利。"

【白话】

伏羲、周文王观察宇宙间万事万物而创设八卦和六十四卦,周文王又在每卦和每爻的下面配上文辞,以使人辨别其中所蕴含的吉凶。卦中的阳刚和阴柔互相推动而产生各种变化。所以卦爻辞中的"吉凶",是成败得失的象征;卦爻辞中的"悔吝",是忧患和顾虑的象征;卦爻反映的变化,是进取和退守的象征;阳刚和阴柔,是昼夜交替的象征。六爻的变动,体现了天、地、人三才的运动规律。因此,君子所欣然接受的是《周易》中卦的秩序;所乐于玩味的是卦爻的文辞。所以,君子平时居家时细心观察《易》的卦象,玩味卦辞和爻辞,行动时就观察卦爻的变化并品味占筮时所显示的吉凶,因而能够"得到来自上天的保佑,吉祥而无往不利。"

第三章

【原文】

彖者,言乎象者也;爻者,言乎变者也。吉凶者,言乎其失得也;悔吝者,言乎其小疵也。无咎者,善补过也。是故列贵贱者存乎位,齐小大者存乎卦,辩吉凶者存乎辞,忧悔吝者存乎介,震无咎者存乎悔。是故卦有小大,辞有险易。辞也者,各指其所之。

【白话】

彖辞,是用来总说全卦的象征意义的;爻辞,是用来说明每一爻变化的断

言。"吉凶"，是成败得失的判断；"悔吝"，是说明人们的行为存在小的偏私。"无咎"，说明善于补救过错。所以排列地位贵贱的根据在于六爻的爻"位"，排列事物大小的根据在于"卦"，辨别"吉凶"的根据在于卦爻辞，担忧有"悔吝"之事就要注意预防纤介小事，因"无咎"而心有触动是因为知道及时悔悟而改过。所以卦体有阴阳小大之别，卦爻辞有危险和平易之分。每一则卦爻辞，都指出了"吉凶"的变化趋向。

第四章

【原文】

《易》与天地准，故能弥纶天地之道。仰以观于天文，俯以察于地理，是故知幽明之故；原始反终，故知死生之说；精气为物，游魂为变，是故知鬼神之情状。与天地相似，故不违；知周乎万物，而道济天下，故不过；旁行而不流，乐天知命，故不忧；安土敦乎仁，故能爱。范围天地之化而不过，曲成万物而不遗，通乎昼夜之道而知，故神无方而《易》无体。

【白话】

《周易》以天地之间的大道作为标准，所以能包容天地间的一切道理。抬头观察天上的日月星辰等天象，可以知道天文；低头察看大地的地貌和结构，可以明白地理，所以，能够知晓光明与黑暗的奥妙。考察事物的开始，推求事物的终结，从而明白万物死灭新生的规律。精气可凝聚而成有灵之物，游魂散而变为虚无，从中就可以明白"鬼神"的变化情形。《易》所包含的道理与天地的真实情况相吻合，所以行为便不会违背天地之道，也就不会有过错；能周知万物的情态，而其道德又足以匡济天下，因此没有什么过错；采取变通的手段处理问题而不会陷于放纵，预知命运的安排并能泰然处之，所以没有什么忧愁；安于所居住的环境，而敦行仁义，所以能广爱天下。《易》包括天地万物的一切变化而又不过分，精细微曲以成全万物而没有遗漏，能通白昼黑夜变化之道而尽知其中的智慧，所以说阴阳神奇没有固定的形体，而易卦奥妙也没有固定僵化的形式。

第五章

【原文】

　　一阴一阳之谓道，继之者善也，成之者性也。仁者见之谓之仁，知者见之谓之知，百姓日用而不知，故君子之道鲜矣。显诸仁，藏诸用，鼓万物而不与圣人同忧，盛德大业至矣哉！富有之谓大业，日新之谓盛德。生生之谓易，成象之谓乾，效法之谓坤，极数知来之谓占，通变之谓事，阴阳不测之谓神。

【白话】

　　一阴和一阳既互相对立，又互相依存和转化，这称为"天道"。承继这种天道行事的是善德，使这种天道得以充分实现的是"天性"。仁义者见到了它就称之为"仁"德；智慧者认识了它就称之为"知识"；寻常百姓们每天都在应用这种天道，却意识不到它的原理和重要，所以能像君子那样全面认识这种天道的全部意义的人是很少的。这种天道通过仁爱显现出来，隐藏在日用之中而不被察觉，鼓动化育万物使之生长而不像圣人那样怀有忧患之心。它的盛大之德和宏大功业真是达到至美至善了啊！拥有巨大的物质财富，这称为宏大的功业；日日自新和不断增善的精神财富，这称为盛大之德。天地阴阳化合生生不息地生长变化，这称为变易；画卦仿效日月星辰等天象叫作"乾"；画卦仿效地的特性叫作"坤"；穷尽数术的推演以预知未来叫作"占筮"；通晓事物变易的道理叫作"事功"，阴阳变化难以测定的叫作"神"。

第六章

【原文】

　　夫《易》广矣大矣，以言乎远则不御，以言乎迩则静而正，以言乎天地之间则备矣。夫乾，其静也专，其动也直，是以大生焉。夫坤，其静也翕（xī，收敛），其动也辟，是以广生焉。广大配天地，变通配四时，阴阳之义配日月，易简之善配至德。

【白话】

《周易》之道是极其广大的，从远的方面来说，它没有止境；从近的方面来说，它具有文静而正确的特性；从天地之间这么宏大的范围来看，它蕴含的道理则是完备无比的。乾，静止时十分专一合养，运动时刚直不曲，从而促生壮大了无数生命；坤，娴静时闭合收敛伏藏，运动时开辟扩张，从而深广化生了天下万物。乾坤广和大的特性可与天地相配，易卦的变化通达可与四季的更替相配，爻辞的阴和阳的交替之意可与日月的情态相配，平易简单的善德可与天地最高的德行相配。

第七章

【原文】

子曰："《易》，其至矣乎！夫《易》，圣人所以崇德而广业也。知崇礼卑，崇效天，卑法地。天地设位，而《易》行乎其中矣。成性存存，道义之门。"

【白话】

孔子说："《周易》的道理真是达到了极致！《周易》，那是圣人用来提高自己的德行并扩大自己事业的。提高德行必须增进智慧，扩大事业贵在从谦卑的礼仪入手，崇高的智慧仿效天，尊卑的礼仪效法地。天尊地卑的位置确立了，《周易》的道理就可以在其中运行了。成就崇高广大的美德天性，并蕴存涵养，这是通向天道地义的大门"。

第八章

【原文】

圣人有以见天下之赜（zé，奥秘），而拟诸其形容，象其物宜，是故谓之象。圣人有以见天下之动，而观其会通，以行其典礼，系辞焉以断其吉凶，是故谓之爻。言天下之至赜而不可恶也，言天下之至动而不可乱也。拟之而后言，议之而后动，拟议以成其变化。"鸣鹤在阴，其子和之。我有好爵，吾与尔靡之。"子曰："君子居其室，出其言善，则千里之外应之，况其迩者乎？居其室，出其言不善，则千里之外违之，况其迩者乎？言出乎身，加乎民；行发乎迩，见乎远。言行，君子之枢机。枢机之发，荣辱之主也。言行，君子之所以动天地也，可不慎乎！"同人："先号啕而后笑。"子曰："君子之道，或出或处，或默或语。二人同心，其利断金。同心之言，其臭（xiù，气味）如兰。"

【白话】

圣人因为看到天下万物所蕴藏的奥秘，从而以易卦来模仿它们的形状，象征万物的象，所以称之为"卦象"；圣人看到天下万物变动不止，从而观察其中的会合变通的道理，以推行治理社会的各种典法礼仪，并在卦爻之后配上文辞来推断吉凶，所以称之为"爻辞"。易象谈论天下最深奥的道理，而不可以厌烦它；爻谈论天下最复杂的变动内含规律，而不可扰乱它。用卦象模拟天道的变化再予以言说，对事物进行讨论后再采取行动，这就是通过用《易》模拟和谈论来确定万物以促进其发展变化。中孚卦九二爻辞中说："白鹤在树荫下鸣叫，小鹤在一旁声声应和。我的酒杯中装着美酒，愿与你一起分享。"对此，孔子说："君子在家居住，口出善意的言论，那么远在千里之外也会有人闻声响应他，何况那些近在身边的人呢？小人居住在家中，口出不善意的言论，那么远在千里之外也会有人违抗他，更何况那些近在身边的人呢？言论是从自己的口里发出的，影响到广大民众；行动是在自己身边做出的，却能影响到远处的人。言论和行为对君子来说，如同门户的枢纽机关。门户枢纽机关的发动就像是君子获得荣辱的主宰。言论和行动，君子可用其来影响天地万物，怎么能不慎重呢？"同人卦九五爻辞中说："与他人一起共处，先号啕大哭，后欢笑欣喜。"对此，孔子说："君子的处世之道，是根据客观的情况，有时入世而服务天下，有时在家安居而修善自身；有时沉默寡言，有时广发议论。两个人能够同心同德，其作用就像利刃能割断黄金。心意相同的话语，气味就像兰花一样芳香袭人。"

【原文】

"初六，藉用白茅，无咎。"子曰："苟错诸地而可矣，藉之用茅，何咎之有？慎之至也。夫茅之为物薄，而用可重也。慎斯术也以往，其无所失矣。""劳谦，君子有终，吉。"子曰："劳而不伐，有功而不德，厚之至也。语以其功，

下人者也。德言盛，礼言恭；谦也者，致恭以存其位者也。""亢龙有悔。"子曰："贵而无位，高而无民，贤人在下位而无辅，是以动而有悔也。""不出户庭，无咎。"子曰："乱之所生也，则言语以为阶。君不密则失臣，臣不密则失身，几事不密则害成。是以君子慎密而不出也。"子曰："作《易》者，其知盗乎？《易》曰'负且乘，致寇至。'负也者，小人之事也。乘也者，君子之器也。小人而乘君子之器，盗思夺之矣；上慢下暴，盗思伐之矣。慢藏诲盗，冶容诲淫。《易》曰：'负且乘，致寇至。'盗之招也。"

【白话】

大过卦初六爻辞中说："用洁白的茅草来衬垫祭品，没有灾殃。"对此，孔子说："如果直接把祭品放在地上也是可以的，现在再用洁白的茅草来衬垫，会有什么灾殃呢？这是谨慎之极的行为。茅草作为祭物是一种很微薄、不贵重的东西，却可以发挥重大的作用。慎重地按照这种方式去行事，就不会有什么过失了吧。"谦卦九三爻辞中说："有功劳而又保持谦虚，君子有好的结局，吉祥。"对此，孔子说："有功劳而不自我夸口，建立了功业而不自居其德，真是敦厚之极啊。用言语夸耀自己功劳的人，是卑下的人。德行讲究隆盛，礼节讲究恭敬。谦虚，就是要求人们致力于恭敬以保存其既有的高位。"乾卦上九爻辞中说："龙腾飞过高，超过极限，将会发生令人悔恨的灾祸。"对此，孔子说："处于尊贵的地位而没有权力，高高在上而没有民众拥戴，虽有许多贤明的人却在下位，而无法辅佐他，所以一有行动就会出现令人悔恨的事。"节卦初九爻辞说："足不出户，没有灾殃。"对此，孔子说："祸乱的产生，往往是由言论引起的。君子说话不缜密就有可能失去臣子，臣子说话不能缜密就有可能丢掉性命，机密大事不能缜密就会造成危害，所以君子谨守机密而不泄露给外界。"孔子说："创作《周易》的人，大概对盗贼是很了解的吧？《周易》的解卦六三爻辞中说'背负重物乘车，将引来强盗。'背负重东西，这是小人干的事；乘坐的车辆，这是君子的器具。小人坐着本该由君子坐的车辆，盗贼就会思谋夺走它了；居于上位的人轻慢懈怠，处于下位的人横暴无礼，盗贼当然会设法来攻打了。收藏财物不隐秘就是引人为盗贼，女人把容貌打扮得过于妖冶就是引人淫乱。《周易》所说的'背负重物乘车，将引来强盗'，原来盗贼正是自己招引来的。"

第九章

【原文】

大衍之数五十,其用四十有九。分而为二以象两,挂一以象三,揲之以四以象四时,归奇于扐以象闰;五岁再闰,故再扐而后挂。天数五,地数五。五位相得而各有合,天数二十有五,地数三十,凡天地之数五十有五,此所以成变化而行鬼神也。乾之策二百一十有六,坤之策百四十有四,凡三百六十,当期之日。二篇之策,万有一千五百二十,当万物之数也。是故四营而成《易》,十有八变而成卦,八卦而小成。引而伸之,触类而长之,天下之能事毕矣。显道神德行,是故可与酬酢,可与祐神矣。

【白话】

占筮时用五十根蓍草,演算时取出一根放到一边,有用的是四十九根。把这四十九根蓍草随意而分为两堆,以象征天地或阴阳两仪;从两堆中任意抽取一根,夹在左手小指之间,以象征天、地、人三才;以四根为单位点数两堆中的蓍草,每堆分别余数或为一、或为二、或为三、或为四,而不超过四,以象征春夏秋冬四季;将第三营两堆分别所余的蓍草数放在别处,以象征历法中将每年的余数归聚而闰。五年成一闰,因此将两堆余数合起来再分为两堆,并从中任意抽取一根放在两堆之间。象征天的数字有一、三、五、七、九这五个奇数,象征地的数字有二、四、六、八、十这五个偶数。五个天数和五个地数分别相加各有其和数,天数的和数是二十五,地数的和数是三十,天数和地数的总和为五十五,正是依靠这些数字,《周易》之象数所以成变化并且能够推断鬼神不测之妙。乾卦六个阳爻包括二百一十六根蓍草,坤卦六个阴爻包括一百四十四根蓍草,两者相加为三百六十,相当于一年的日数。《周易》上下经六十四卦包括的蓍草,共为一万一千五百二十根,以此来代表万物的数字。所以经过四营(分二、挂一、揲四、归奇)四个步骤,就可以得出《周易》的一卦。经过十八次变数即筮成一卦,乾、坤、震、巽、坎、离、艮、兑八经卦可以在小范围内象征各种事物。以八卦为基础加以引申,顺类推求出六十四重卦,天下所能够取法阐明的事物之理就全部包罗在易理卦象中了。《周易》能彰显幽深的道理,使德行趋于神妙之境,所以掌握了《周易》之道,就可以从容地与

天酬酢交往，可以与天一样获得神灵的保佑。

第十章

【原文】

子曰："知变化之道者，其知神之所为乎。"《易》有圣人之道四焉：以言者尚其辞，以动者尚其变，以制器者尚其象，以卜筮者尚其占。是以君子将有为也，将有行也，问焉而以言，其受命也如响。无有远近幽深，遂知来物。非天下之至精，其孰能与于此。参伍以变，错综其数。通其变，遂成天下之文；极其数，遂定天下之象。非天下之至变，其孰能与于此。《易》无思也，无为也，寂然不动，感而遂通天下之故。非天下之至神，其孰能与于此。夫《易》，圣人之所以极深而研几也。唯深也，故能通天下之志；唯几也，故能成天下之务；唯神也，故不疾而速，不行而至。子曰："《易》有圣人之道四焉"者，此之谓也。

【白话】

孔子感慨地说："知晓《周易》变化道理的人，岂不就是知道了神灵的所作所为吗！"《周易》中包含了四个方面的圣人之道：用《周易》来指导言论的崇尚它的卦爻辞，用《周易》来指导行动的崇尚其中蕴含的变化，用《周易》来指导制造器皿的崇尚它的卦象，用《周易》来卜筮的崇尚它的占卦。所以当君子将有所作为，采取某种行动时，就会用《周易》进行占问并据以行事，《周易》受人命以报告吉凶，就像回音应声一样。无论问的多么遥远、多么切近、多么隐微、多么深奥，都能推知将要发生什么事情。若不是天下最精微的道理，又怎能做到如此呢！三番五次地考察卦象的变化，错综往复地计算筮草数目。通观卦变易理，弄通了卦变的规律，就可以确定天地万物变化的文辞；穷尽了爻数的数量，就可以判定天地变化的物象。如果不是天下最高的易理卦变，又怎么能达到如此程度呢！《周易》本身没有思虑，自然无为，寂静不动，但是根据阴阳交感相动的原理就能感应而通达天下的一切变化。若不是天下最神妙的道理，又怎么能达到如此之程度呢！《周易》是圣人用来穷极深奥的事理、研判事机的微妙之书。唯因为《周易》有穷极深奥的事理，所以能贯通天下的心志；唯因为《周易》有研判微妙的事机，才能成就天下的事务；唯因为《周易》有神奇的贯通之道，所以用不着急疾而万事速成，不用行走而能到达目的地。孔子赞叹说："《周易》包含了辞、变、象、占四项圣人应用的方法"，说的就是这个道理。

第十一章

【原文】

天一，地二；天三，地四；天五，地六；天七，地八；天九，地十。子曰："夫《易》何为者也？夫《易》开物成务，冒天下之道，如斯而已者也。"是故，圣人以通天下之志，以定天下之业，以断天下之疑。是故，蓍之德，圆而神；卦之德，方以知；六爻之义，易以贡。圣人以此洗心，退藏于密，吉凶与民同患。神以知来，知以藏往，其孰能与此哉！古之聪明睿知神武而不杀者夫！是以明于天之道，而察于民之故，是兴神物以前民用。圣人以此斋戒，以神明其德夫！是故，阖户谓之坤，辟户谓之乾，一阖一辟谓之变，往来不穷谓之通，见乃谓之象，形乃谓之器，制而用之谓之法，利用出入，民咸用之，谓之神。

【白话】

一为天数，二为地数；三为天数，四为地数；五为天数，六为地数；七为天数，八为地数；九为天数，十为地数。孔子说："《周易》用天地之数是来做什么的呢？《周易》开辟万物成就各项事业，包藏天下一切的道理，如此而已。"因此，圣人通过《周易》来沟通天下人的心志，决策天下的事业，决断天下的疑惑。所以，蓍草圆通而具有神奇，卦体方正而充满智慧，六爻的意义是在变易中告人以吉凶。圣人通过《周易》解卦的方法来洗涤其心，把卜问的结果退而藏于密室内，与民众一起忧患吉凶的预兆。具有预知未来的神通，充满智慧地把以往之事记录下来并加以保存，又有谁能做到这样呢？只有古代的充满聪明智慧，神勇英武而又不残忍杀戮的伟人吧！这是因为圣人明了天道变化的规律，察知百姓的事务，从而创设用蓍草来占问的方法，在民众做事情即能预知事物的结局，以引导民众趋吉避凶。圣人以《周易》来斋戒身心，以使

易德得到神妙地彰显。所以，关上门户幽静阴暗称为坤，打开门户通畅光明称为乾，一开一关称为变化，来来往往没有穷尽称为亨通。事物变化的结果显现出来称为"象"，变化成为有形状的称为"器"。根据实际制定出供人们使用的规章称为"法"。反复利用易卦变化出入做出的吉凶顺逆的预测，让民众在日常生活中都使用它而又全然不知，这称为"神"。

【原文】

是故，《易》有太极，是生两仪，两仪生四象，四象生八卦，八卦定吉凶，吉凶生大业。是故，法象莫大乎天地；变通莫大乎四时；悬象著明莫大乎日月；崇高莫大乎富贵；备物致用，立成器以为天下利，莫大乎圣人；探赜索隐，钩深致远，以定天下之吉凶，成天下之亹亹（wěi，勤勉不倦，或指美）者，莫大乎蓍龟。是故，天生神物，圣人则之。天地变化，圣人效之。天垂象，见吉凶，圣人象之。河出图，洛出书，圣人则之。《易》有四象，所以示也。系辞焉，所以告也。定之以吉凶，所以断也。

【白话】

所以，《周易》之道先包孕着太极，太极变化而产生天地阴阳，即两仪；两仪变化而生出老阴、老阳、少阴、少阳，即四象；四象变化生出乾、坤、坎、离、巽、震、艮、兑八卦，通过八卦变化的推衍可以断定事物的吉凶，趋吉避凶就可以建立伟大的事业。所以，能够取法的现象没有比天地更大的了；显示变化通达的没有比四季更大的了；能够高悬物象显示光明的没有比日月更大的了；尊崇高贵没有比富贵更大的了；创造各种物品，让它们发挥不同的作用，制成各种器具，以利于天下之人，没有比圣人更伟大的了；探究万物隐秘，追索难见之理，钩沉深邃之事，推致遥远事物的情状，以确定天下事物的吉凶发展趋势，并成就天下之人为之勤勉的事业的，没有能比蓍草和龟甲所显示的易理更博大的了。所以，天创造了蓍龟这样的神异之物，圣人仿效它们来建立卜筮的法则。天上显示日、月、星、辰、风、霜、雨、雪等表象，现出吉凶等预兆，圣人取法其象，定出吉凶悔吝之辞。黄河出现龙马图，洛水出现了背后有文书的灵龟，圣人效法创制了八卦，制定了九畴。《周易》有阴、阳、老、少四象，是用来显示事物的变动吉凶征兆的；在卦爻后面加上卦爻辞，是用来告诉人卦爻的意义；在卦爻辞中确定出何为吉、何为凶，所以能判断行事的成败得失。

第十二章

【原文】

《易》曰:"自天佑之,吉无不利。"子曰:"佑者,助也,天之所助者,顺也。人之所助者,信也。履信思乎顺,又以尚贤也。是以'自天佑之,吉无不利'也。"

子曰:"书不尽言,言不尽意。"然则圣人之意其不可见乎?子曰:"圣人立象以尽意,设卦以尽情伪,系辞焉以尽其言。变而通之以尽利,鼓之舞之以尽神。"乾坤其《易》之缊(yūn,形容烟或云气盛大)邪?乾坤成列,而《易》立乎其中矣。乾坤毁,则无以见《易》。《易》不可见,则乾坤或几乎息矣。是故形而上者谓之道,形而下者谓之器。化而裁之谓之变,推而行之谓之通,举而措之天下之民谓之事业。是故夫象,圣人有以见天下之赜,而拟诸其形容,象其物宜,是故谓之象。圣人有以见天下之动,而观其会通,以行其典礼,系辞焉以断其吉凶,是故谓之爻。极天下之赜者存乎卦,鼓天下之动者存乎辞,化而裁之存乎变,推而行之存乎通,神而明之存乎其人。默而成之,不言而信,存乎德行。

【白话】

《周易》中说:"有上天保佑,吉祥,无所不利。"这是大有卦的上九爻辞。孔子说:"保佑,就是天助的意思。上天帮助顺从正道的人;人帮助有信义之人。履行诚信并处处顺从正道,又尊重贤人,所以就能'有上天保佑,吉祥,无所不利'。"

孔子说:"文字写的书不能彻底表达作者要说的话,语言也不能完全表达作者心中所想的意思。"那么,圣人的思想就真的无法让人见到了吗?孔子说:"圣人设立卦象,以象征的方式来充分说尽原意,设置六十四卦以竭尽自然万物的真伪,在卦爻后面加上文辞来充分表述易理名言。变化、贯通各卦以充分获得其中的利益,击鼓歌舞反复摆弄蓍草以充分挖掘它的神奇灵验。"乾坤两卦中应当蕴藏着《周易》之道的精华吧?乾坤两卦的上下排列一确立,《周易》之道就包含在其中了。乾卦两卦毁灭了,《周易》阴阳变化之道就无从体现;《周易》之道得不到体现,乾坤的运动就几乎完全息止了。所以超越具体形象

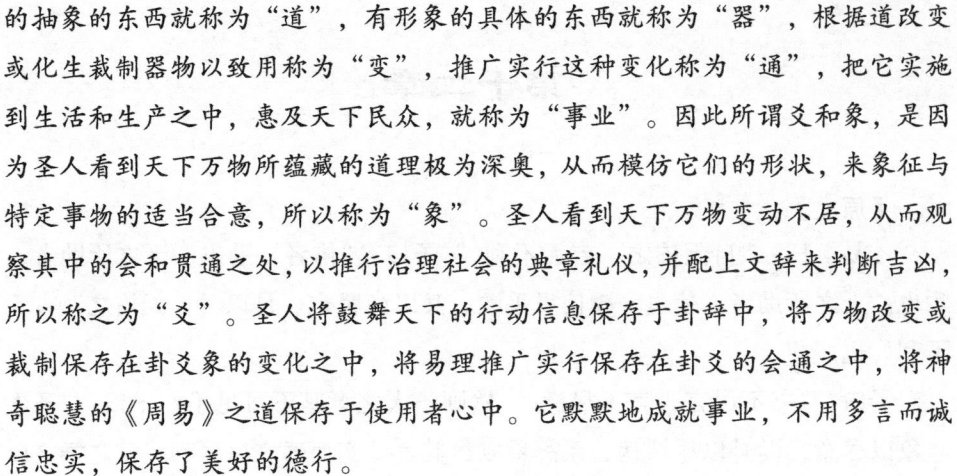

的抽象的东西就称为"道",有形象的具体的东西就称为"器",根据道改变或化生裁制器物以致用称为"变",推广实行这种变化称为"通",把它实施到生活和生产之中,惠及天下民众,就称为"事业"。因此所谓爻和象,是因为圣人看到天下万物所蕴藏的道理极为深奥,从而模仿它们的形状,来象征与特定事物的适当合意,所以称为"象"。圣人看到天下万物变动不居,从而观察其中的会和贯通之处,以推行治理社会的典章礼仪,并配上文辞来判断吉凶,所以称之为"爻"。圣人将鼓舞天下的行动信息保存于卦辞中,将万物改变或裁制保存在卦爻象的变化之中,将易理推广实行保存在卦爻的会通之中,将神奇聪慧的《周易》之道保存于使用者心中。它默默地成就事业,不用多言而诚信忠实,保存了美好的德行。

系辞传下

第一章

【原文】

八卦成列,象在其中矣;因而重之,爻在其中矣;刚柔相推,变在其中矣;系辞焉而命之,动在其中矣。吉凶悔吝者,生乎动者也。刚柔者,立本者也;变通者,趣时者也。吉凶者,贞胜者也;天地之道,贞观者也;日月之道,贞明者也;天下之动,贞夫一者也。夫乾,确然,示人易矣;夫坤隤(tuí,指柔顺倾倒状)然,示人简矣。爻也者,效此者也;象也者,像此者也。爻象动乎内,吉凶见乎外。功业见乎变,圣人之情见乎辞。天地之大德曰生,圣人之大宝曰位。何以守位?曰仁。何以聚人?曰财。理财正辞、禁民为非,曰义。

【白话】

八卦创立并排成阵列,天地间的各种物象就在其中了;把八卦重叠成六十四卦,三百八十六爻便尽在其中了;刚爻和柔爻递相推演,易理变化也尽在其中了;给各卦各爻后面加上文辞并告诉吉凶,人的适时行动的道理也就包含在其中了。吉、凶、悔、吝,这些都是人的行动变化产生的结果。阳刚阴柔,是确立《周易》各卦的根本;阴阳的变化和会通,是为了趋向具体行动的时宜。人事的吉凶规律,说明守持正道就能取得胜利;天地自然的规律,表明守正就能受人仰观;日照月明的规律,说明守正方能光明普照;天下万物的变动,说明了一切归于端正专一之道。乾道示人以刚健、平易;坤道示人以柔顺、简约。爻,效法的是乾坤易变易简之道;卦象是模仿天地的情态而设置的。爻和象在易卦内部变动,吉和凶就在卦外的事物中显现出来。建功立业的关键在于能否顺应卦爻象的变化,圣人的思想真情体现在卦爻辞上。天地伟大的美德是使万物生生不息的"化生",圣人重大的宝物在于享有崇高的"地位"。让圣人能守住地位的是博爱的"仁德"。能把人聚集起来的是"财物"。管理好财物,端正言词法令,禁止民众为非作歹,那就是"道义"。

第二章

【原文】

古者包牺氏之王天下也,仰则观象于天,俯则观法于地,观鸟兽之文与地之宜，近取诸身，远取诸物，于是始作八卦，以通神明之德，以类万物之情。作结绳而为网罟（gǔ，鱼网），以佃以渔，盖取诸离。包牺氏没，神农氏作，斫（zhuó，砍、削）木为耜（sì，古代的农具，似锹或铧），揉木为耒，耒耨之利，以教天下，盖取诸益。日中为市，致天下之民，聚天下之货，交易而退，各得其所，盖取诸噬嗑。神农氏没，黄帝、尧、舜氏作，通其变，使民不倦，神而化之，使民宜之。《易》穷则变，变则通，通则久。是以"自天祐之，吉无不利"。黄帝、尧、舜垂衣裳而天下治，盖取诸乾、坤。刳（kū，刨开，挖空）木为舟，剡（yǎn，削尖，使尖锐或扁平）木为楫，舟楫之利，以济不通，致远以利天下，盖取诸涣。服牛乘马，引重致远，以利天下，盖取诸随。重门击柝（tuò，打更用的梆子），以待暴客，盖取诸豫。断木为杵，掘地为臼，杵臼之利，万民以济，盖取诸小过。弦木为弧，剡木为矢，弧矢之利，以威天下，盖取诸睽。上古穴居而野处，后世圣人易之以宫室，上栋下宇，以待风雨，盖取诸大壮。古之葬者，厚衣之以薪，葬之中野，不封不树，丧期无数。后世圣人易之以棺椁，盖取诸大过。上古结绳而治，后世圣人易之以书契，百官以治，万民以察，盖取诸夬。

【白话】

太古时期伏羲氏统治天下，他仰观天上的日月星辰等天象，俯首观察地形地貌，四周再看鸟兽身上的斑纹以及适宜在大地上生长的各种植物，近取人体形象，远取万物之貌，从而用这些素材创作出了八卦，用来会通神妙明智的易德，以比类万物的种种情状。伏羲氏搓绳把它纺织成罗网，用来狩猎捕鱼，这大概就是取法离卦的卦象吧。伏羲氏去世后，神农氏继起，他把树木砍削成耕地用的犁头，弯曲木头制成犁柄，并把这种耕地除草工具的便利教给天下的民众，这大概是取法益的卦象吧。他规定正午的时候为集市交易时间，招致天下的民众，聚集天下的财货，互相交换货物，完成交易后散去，各自都得到所需要的物品，这大概是取法噬嗑的卦象吧。神农氏去世后，黄帝、尧、舜相继而起，会通变化前人的发明，使百姓使用起来不会厌倦疲乏，对国家制度做神奇的改造，使民众更适合它。《周易》之道反映了事物发展到尽头就会发生变化，变化就能通达，通达就能够保持长久。所以遵循这一变通原理，就会"有上天的保佑，吉祥，无所不利"。黄帝、尧、舜区分等级尊卑而使天下得到很好的治理，这大概是取法乾坤两卦的卦象吧。把木头从中间挖空后制成舟船，削平木板制成楫桨，舟船和楫桨的便利帮助人渡过无法徒涉的江河，到达远方，使天下民众得到利益，这大概是取法《涣》卦的卦象吧。驾着牛马拉的车，驮载着重物到很远的地方以便利天下的人们，这大概是取法随卦的卦象吧。设置多重的大门，敲击木梆报警，以防盗贼、刺客的侵入，这大概是取法豫卦的卦象吧。断木制成舂米用的杵，在石地上挖掘洞穴作为舂米的臼，杵臼给万民的生活带来了便利，这大概是取法小过卦的卦象吧。将弦绳装在弯曲的木条上制成弧形弯弓，把木棍削尖成箭，用弓箭这一利器来威慑统一天下，这大概是取法睽卦的卦象吧。远古时期的人居住在洞穴中和野外，后世的圣人则教人们盖房屋住，房屋的上面是栋梁，下面是墙壁，能够防御风雨吹打，这大概是取法《大壮》卦的卦象吧。古代丧葬时，是用柴草把尸体厚厚地包裹起来，埋在荒野里，既不在上面堆土为坟墓，也不竖碑作为标记，守丧也没有确定的日期，后世圣人则改成用棺椁装殓和埋葬死者，这大概是取法大过卦的卦象吧。远古时期，没有文字，人们结绳记事，来处理事务，后世圣人则发明文书契据而改变了过去的结绳记事方式，百官用它来施行统治，万民用它得以明察事理，这大概是取法夬卦的卦象吧。

第三章

【原文】

是故《周易》者，象也；象也者，像也。彖者，材也；爻也者，效天下之动者也。是故吉凶生而悔吝著也。

【白话】

所以《周易》的实质就是卦象；所谓卦象，就是模拟宇宙的物象以喻义。所谓彖传，就像房屋的栋梁之材，是说明全易卦的主旨和结构的；所谓爻，是效法天下事物错综复杂的微妙变动。变动必有得失，于是就会产生出来吉、凶，也能使悔恨、羞吝随之显现出来。

第四章

【原文】

阳卦多阴，阴卦多阳，其故何也？阳卦奇，阴卦耦。其德行何也？阳一君而二民，君子之道也；阴二君而一民，小人之道也。

【白话】

阳卦中阴爻多，阴卦中阳爻多，这是为什么呢？因为阳卦中的阳爻是奇数，阴卦中的阴爻是偶数。阳卦和阴卦各代表什么样的易德呢？阳卦由一阳爻两阴爻组成，代表一君王治理两个百姓，统治者少而民众多，这是君子之道；阴卦由两个阳爻和一个阴爻组成，代表两个君王治理一个百姓，统治者多而民众少，这是小人之道。

第五章

【原文】

《易》曰："憧憧往来，朋从尔思。"子曰："天下何思何虑？天下同归而殊途，一致而百虑。天下何思何虑？日往则月来，月往则日来，日月相推而明生焉。寒往则暑来，暑往则寒来，寒暑相推而岁成焉。往者屈也，来者信也，屈信相感而利生焉。尺蠖（huò，行动时如用拇指与中指量距离的一种虫子）之屈，以求信也；龙蛇之蛰，以存身也。精义入神，以致用也；利用安身，以崇德也。过此以往，未之或知也；穷神知化，德之盛也。"

《易》曰："困于石，据于蒺藜，入于其宫，不见其妻，凶。"子曰："非所困而困焉，名必辱。非所据而据焉，身必危。既辱且危，死期将至，妻其可得见耶？"

【白话】

《周易》的咸卦九四爻辞说："相互之间往来不定，朋友会顺从你的心愿。"对此，孔子说："天下之人何必多费思虑呢？天下之人所走的路各不相同，但最后都同归一个目标；百般考虑，最后都趋于一致。天下之人又何必多费思虑呢？太阳落山则月亮升起，月亮西沉则太阳升起，太阳和月亮互相推进，天地间就产生了光明；寒冬过去则酷暑到来，酷暑过去则寒冬到来，寒冬和酷暑交替推移，就形成了岁月的流逝。往只是暂时的屈伏，来即是一时的伸展，屈伏和伸展交互感应而产生利益。尺蠖毛虫弯曲自己的身体，目的是为了更好地伸展身体前进；龙蛇蛰伏，是为了保全自己的身体和生命。精研事物的义理，达到神而化之的境界，是为了学以致用；利用所学这些道理来安身立命，是为了提高自己的道德修养。在此之前的以往时日，以及未来将发生的事情，也都或许能知道它。穷究事物的神妙之处和通晓变化之道，美德就可以隆盛了。"

《周易》的困卦六三爻辞说："被石头绊倒，手按在蒺藜上被刺伤，回到

家中，见不到自己的妻子，有凶险。"对此，孔子说："在不应该被困的地方被困，必会使名誉大大受到羞辱；在不应该据有时据为己有，身必然会遭遇危害。一个人陷入这种名誉受到损害、自身面临危险的状况，死期也就将来临了，自己的妻子又怎么能见得到呢？"

【原文】

《易》曰："公用射隼于高墉之上，获之，无不利。"子曰："隼者，禽也；弓矢者，器也；射之者，人也。君子藏器于身，待时而动，何不利之有？动而不括，是以出而有获，语成器而动者也。"

子曰："小人不耻不仁，不畏不义，不见利不劝，不威不惩。小惩而大诫，此小人之福也。《易》曰：'履校灭趾，无咎。'此之谓也。""善不积不足以成名，恶不积不足以灭身。小人以小善为无益而弗为也，以小恶为无伤而弗去也，故恶积而不可掩，罪大而不可解。《易》曰：'何校灭耳，凶。'"

子曰："危者，安其位者也；亡者，保其存者也；乱者，有其治者也。是故君子安而不忘危，存而不忘亡，治而不忘乱，是以身安而国家可保也。《易》曰：'其亡其亡，系于苞桑。'"

【白话】

《周易》的解卦上六爻辞说："王公射杀高城上的恶隼，射中后把它捕获，没有什么不利。"对此，孔子说："恶隼是食肉的猛禽，弓矢是器械，用弓矢射恶隼的是人。君子把利器藏在身上，等待有利时机而行动，这会有什么不利呢？果断行动毫不迟疑，所以一出手就有收获，这一爻说的是如何掌握完备的武器适时采取行动的易德。"

孔子说："小人不知羞耻，不明仁德，不畏正理，不行道义，见不到利益的事，就劝不动他去努力，不采取刑罚措施，就起不到惩戒的作用。小的过失给予惩罚就能起到大的劝诫作用，使他不敢再犯罪，这是小人的一种福分。《周易》的噬嗑卦初九爻辞中说：'脚上套上了刑具，盖住了脚趾，没有别的灾殃'，说的就是这个道理。""善行不积累就不足以成就美名，恶行不积累就不足以自灭其身。小人认为小的善行不会带来什么收益而不屑于去做，认为小的恶行没有伤害而去做，以致最后恶行积累满盈而无法掩盖，罪行太大就不可解救了。所以《周易》的噬嗑卦上九爻辞说：'肩扛刑具，遮灭了耳朵，有凶险。'"

孔子说："危险，是因为安享其既得的地位而不知防范所造成的；灭亡，是因为力图长久保持已有的一切利益所造成的；祸乱，是因为在局面稳定时不知道保持警惕所造成的。所以君子居安而不忘危险，生存而不忘灭亡，治理时而不忘动乱，这样自身才能安全，国家才能保全。因此《周易》的否卦九五爻辞中说：'时时提醒自己：将要灭亡，将要灭亡，就会像系在长得很茂盛的桑树丛上一样牢固。'"

【原文】

子曰："德薄而位尊，知小而谋大，力少而任重，鲜不及矣。《易》曰：'鼎折足，覆公𫗧，其形渥，凶。'言不胜其任也。"

子曰："知几其神乎！君子上交不谄，下交不渎，其知几乎？几者动之微，吉之先见者也。君子见几而作，不俟终日。《易》曰：'介于石，不终日，贞吉。'介如石焉，宁用终日？断可识矣。君子知微知彰，知柔知刚，万夫之望。"

子曰："颜氏之子，其殆庶几乎？有不善未尝不知，知之未尝复行也。《易》曰：'不远复，无祇悔，元吉。'""天地絪缊（yīn yūn，云烟貌），万物化醇；男女构精，万物化生。《易》曰：'三人行则损一人，一人行则得其友。'言致一也。"

子曰："君子安其身而后动，易其心而后语，定其交而后求。君子修此三者，故全也。危以动，则民不与也；惧以语，则民不应也；无交而求，则民不与也；莫之与，则伤之者至矣。《易》曰：'莫益之，或击之，立心勿恒，凶。'"

【白话】

孔子说："德行浅薄却高居尊位，智能低下却去谋划大事，力量很小却去担负重任，很少有不遭受祸患的。《周易》的鼎卦九四爻辞中说：'鼎的足折断，把王公的美食都倒了出来，鼎身上油腻龌龊，有凶险。'说的就是其才智不能胜任的情况。"

孔子说："能够知道事机的微妙征兆，这应该算是很神奇了吧！君子对上层交往不谄媚，对下层交往不轻慢，这算是知道事物的细微征兆了吧。'几'是变动极其微小时的状态，是吉凶结局的预先端倪和早期细微征兆。君子看到事物的细微征兆就能果断行动，连一天都不迟疑等待。《周易》的豫卦六二爻辞中说：'耿介如石，这种状况不到一天就改变了，坚守正道可获吉祥。'既然耿介正直犹如石的品德，这种状况岂能维持一天，他的判断力是当时就可以知道其结局。君子看到细微的征兆就能知道彰显时的状况，看到阴柔就能推知阳刚，这正是千万民众所希望的人物。"

孔子说:"颜回这个人已经接近完美了,他对自己言行中稍有过失很快就能知道,一经察觉就不会再犯。《周易》的复卦初九爻辞中说:'走得不远就返回正道,没有大的悔恨,大吉。'""天地间阴阳二气之交感,万物感应化育醇厚完美;男女阴阳交合,万物化育生长。《周易》的损卦六三爻辞中说:'三个人同行,则将会减损一个人;一个人独行,则会得到朋友',这是说君子的言行要一致。"

孔子说:"君子必须先使自身安全后再采取行动,先使自己心平气和后再说话,建立了稳定的情感关系后再有所求助别人,君子能做到这三个方面,才能安全。本身危险的情况下还要急于采取行动,民众不会来随从你;在内心恐惧的情况下说话,民众不会响应你;没有交情向人求助,民众不会给你支持的。得不到支持,那么伤害你的人就会到来。这正如《周易》的益卦上九爻辞中所说:'没有人增益他,有人攻击他,做事没有恒心,有凶险。'"

第六章

【原文】

子曰:"乾坤其《易》之门邪?"乾,阳物也;坤,阴物也。阴阳合德,而刚柔有体。以体天地之撰,以通神明之德。其称名也,杂而不越。于稽其类,其衰世之意邪?夫《易》,彰往而察来,而微显阐幽,开而当名辨物,正言断辞,则备矣。其称名也小,其取类也大。其旨远,其辞文,其言曲而中,其事肆而隐。因贰以济民行,以明失得之报。

【白话】

孔子说:"乾坤两卦,不正是《周易》的入门总纲吗?"乾,代表阳性的事物;坤,代表阴性的事物。阴阳两物合德的互相配合,从而有了各卦刚和柔交错的物象。以此来体察天地生化万物之功,来会通神奇而光明的德行。《周易》涉及的概念名称很多,但是一点也不超越物象。考察卦爻辞中所记载的事情,反映的大概是商(殷)末衰世的状况吧?《周易》能够彰显已经过去的事情,查知将会发生的事情,显露事物的细微迹象,阐释幽深难明的道理。《周易》所用的概念名称具体而微,但所涉及的范围却很大。《周易》各卦的旨意深远,卦辞很文雅,爻辞语言委婉而中肯,陈述事情直截了当却隐藏着深意。靠乾坤二德来普济民众的修养行为,并使人们明了积善行恶所得所失的报应道理。

第七章

【原文】

《易》之兴也，其于中古乎？作《易》者，其有忧患乎？是故履，德之基也；谦，德之柄也；复，德之本也；恒，德之固也；损，德之修也；益，德之裕也；困，德之辨也；井，德之地也；巽，德之制也；履，和而至；谦，尊而光；复，小而辨于物；恒，杂而不厌；损，先难而后易；益，长裕而不设；困，穷而通；井，居其所而迁；巽，称而隐。履以和行；谦以制礼；复以自知；恒以一德；损以远害；益以兴利；困以寡怨；井以辨义；巽以行权。

【白话】

《周易》的成书，大概在中古时期吧？创作《周易》的人，也许是经历过忧虑患难的人吧？所以，履卦讲的是道德修养的基础；谦卦讲的是道德修养的关键；复卦讲的是道德修养的根本；恒卦讲的是道德的固守；损卦讲的是道德的修养；益卦讲的是道德的裕养；困卦讲的是道德的辨别；井卦讲的是道德地位境界；巽卦讲的是道德的制定和规范。履卦通过和悦的方式达到极致，谦卦通过自我贬抑从而使德业增光；复卦是教人要从细小之处辨明善恶的道理；恒卦教人面对纷繁复杂的环境，要恒守正固，不要有厌烦之心；损卦教人凡事先难后易的道理；益卦教人增长德行而不虚假造作；困卦教人在困境中磨炼身心求得通达；井卦教人要安居其所而迁播其德行；巽卦教人要巽顺入理，做事隐蔽而不张扬；履卦教人和悦行事的道理；谦卦教人自我克制、以礼待人的道理；复卦教人自我反省、复归本性的道理；恒卦教人一心一意的美德；损卦教人克制减损欲望，远离祸害；益卦教人益人益己；困卦教人减少怨恨，艰苦奋斗；井卦教人辨明义理；巽卦教人用变通的方法处理问题。

第八章

【原文】

《易》之为书也，不可远，为道也屡迁，变动不居，周流六虚，上下无常，刚柔相易，不可为典要，唯变所适。其出入以度外内，使知惧。又明于忧患与故。

无有师保，如临父母。初率其辞而揆其方，既有典常。苟非其人，道不虚行。

【白话】

《周易》这本书中包含与人类密切相关的深奥道理，而其中的道理又处在屡屡变迁中。这种变动不拘的形式，在卦中的六个爻位之间普遍流动无常，使阳刚和阴柔互相变易，或上或下，没有恒定的模式，不可把它看作僵化的典常纲要，唯有因时变化才能适应实际变化需要。六爻按照某种规则出入变化，使人们知道有所惊惧，又能使人明察忧患的事实和原因，虽然没有师长保护，但犹如父母在身边教诲一样。开始时遵循卦爻辞推断《周易》的道理，仔细揣度它的方法原则，慢慢地就会掌握事物发展变化的典要法则。但是，如果不是合适的人，《周易》之道就不会因他而虚行一场的。

第九章

【原文】

《易》之为书也，原始要终，以为质也。六爻相杂，唯其时物也。其初难知，其上易知，本末也。初辞拟之，卒成之终。若夫杂物撰德，辨是与非，则非其中爻不备。噫亦要存亡吉凶，则居可知矣。知者观其彖辞，则思过半矣。

二与四同功而异位，其善不同；二多誉，四多惧，近也。柔之为道，不利远者；其要无咎，其用柔中也。三与五同功而异位，三多凶，五多功，贵贱之等也。其柔危，其刚胜邪。

【白话】

《周易》这本书，是以追溯事物的原始终结，探求矛盾运动本质为主体的。六爻错综交杂，只不过是某一事物在某一时间的象征而已。根据初爻难以确知事物的全貌，根据上爻则容易确知事物的全貌，因为初爻和上爻是事物本末的关系，只有本末齐备，才是事物的全貌。初爻爻辞模拟事物的开始，上爻爻辞则代表一卦的终结。至于要错综事物，说明其性能，辨明是非，必须把二、三、四、五这四个中爻加在一起综合判断才能理解整体的意思。噫！如果利用《周易》之道来探求事物发展的存亡吉凶，只要安居家中由六爻去推求就可以知道了。有智慧的人只要细细分析各卦的象传词句，就能领悟一卦的多半含义了。

二爻和四爻功能相同，但因为居于不同的爻位，它们所代表的善德行为也就有所不同，二爻多赞誉，四爻多惊惧，是因为四爻靠近卦主九五和六五的缘故。阴柔之道，不利于远离阳刚者，所以阴柔想要没有灾殃，就应当柔和适中为好。三爻和五爻功能相同，但因为所居的爻位不同而有不同，三爻多遭凶险，五爻多得事功，这是由分处上下两卦的三、五爻的贵贱等级不同而决定的。一般而言，阴爻居三和五位大都有危险，而阳爻居三和五位则可胜出吧。

第十章

【原文】

《易》之为书也，广大悉备。有天道焉，有地道焉，有人道焉。兼三才而两之，故六。六者非它也，三才之道也。道有变动，故曰爻；爻有等，故曰物；物相杂，故曰文；文不当，故吉凶生焉。

【白话】

《周易》这本书包括的内容广博宏大，无所不备。其中有天道规律，有地道法则，也有人道准则。每卦中有天、地、人三才并两卦重叠，所以才有六爻。这六爻不是别的，而是代表天、地、人三才的规律。三才的规律在不断地变化，所以把象征这种变化的称为"爻"；爻有位置、功能等方面的差别，所以爻也叫"物象"；物象之间互相错综，所以叫作"易德文理"；易德文理的位置当不当位，故此就产生了吉和凶。

第十一章

【原文】

《易》之兴也，其当殷之末世，周之盛德邪，当文王与纣之事邪，是故其辞危。危者使平，易者使倾。其道甚大，百物不废。惧以终始，其要无咎，此之谓《易》之道也。

【白话】

《周易》的兴起，大概在商朝末年，周的德业开始兴盛而崛起的时候吧，反映的是当时周文王和商纣王所发生的事端吧，所以它的卦爻辞中隐含着危惧意识。常怀危惧心理才能转危为安，自以为平安的反而要倾覆。《周易》的道

理非常宏大，所有的事物都不能违背它。自始至终抱着警惧忧患心态，才能没有灾殃，这就是所谓的《周易》的道理。

第十二章

【原文】

夫乾，天下之至健也，德行恒易以知险。夫坤，天下之至顺也，德行恒简以知阻。能说诸心，能研诸侯之虑，定天下之吉凶，成天下之亹亹者。是故变化云为，吉事有祥，象事知器，占事知来。天地设位，圣人成能；人谋鬼谋，百姓与能。八卦以象告，爻彖以情言，刚柔杂居，而吉凶可见矣。变动以利言，吉凶以情迁。是故爱恶相攻而吉凶生，远近相取而悔吝生，情伪相感而利害生。凡《易》之情，近而不相得则凶，或害之，悔且吝。将叛者其辞惭，中心疑者其辞枝，吉人之辞寡，躁人之辞多，诬善之人其辞游，失其守者其辞屈。

【白话】

乾是天下最为刚健的象征，其德行是恒久而变易，知道险难之所在。坤是天下最为柔顺的象征，其德行是恒久而简约，知道阻碍之所在。《周易》的道理能使人内心愉悦，能研判出诸侯的思虑何在，能断定天下的吉凶成败，成就天下勤勉奋发的人。所以天地万物的变化作为，吉利之事有祥和的征兆，通过观察万事万物的现象而知道如何制作器物，通过占卦问事就能预知未来的结果。天地尊卑的位置设立后，圣人就能在其中施展自己的才能；圣人不光与人谋划，还通过卜筮与鬼神谋划，连寻常民众也参与其中了。八卦通过卦象来告诉人们其中的易理，爻辞彖辞是拟取事物的具体情态，陈述卦义，阴爻和阳爻相互交错，就可以反映出吉凶征兆。刚柔的变动得当与否以是否有利来论定，是吉是凶则依据事物的情态而变化，所以爱和恶互相攻守就产生了吉凶，远近爻位之间的感应不得其道就产生了悔吝，真实和虚伪互相感应而产生出利益和危害。《周易》拟取的事物情态是：凡两爻相接近却又不协调相得则有凶险，或遭受外来的伤害，从而产生悔和吝。通常来说，将要背叛的人说话时一定有愧色；心中有疑虑者说的话支离散乱；吉祥有德的人说话言词少；浮躁的人说话多而繁杂；诬陷善良的人说话言词虚浮游离；失去操守的人说话理屈词穷。

说卦传

第一章

【原文】

昔者圣人之作《易》也，幽赞于神明而生蓍。参天两地而倚数，观变于阴阳而立卦，发挥于刚柔而生爻。和顺于道德而理于义，穷理尽性以至于命。

昔者圣人之作《易》也，将以顺性命之理。是以立天之道曰阴与阳，立地之道曰柔与刚，立人之道曰仁与义。兼三才而两之，故《易》六画而成卦。分阴分阳，迭用柔刚，故《易》六位而成章。

【白话】

过去圣人创作《周易》的时候，暗中受到神妙的启示而发明了用蓍草来卜卦的方法。此法是通过考察天地的奇偶之数而确立天地的总数，观察天地之间阴阳的变化而创立八卦，通过对事物刚柔特性的发挥而创造出各种爻义。这个过程和谐地顺从于乾坤大道的美德，也适合事物的道理，穷究事物的内在之理和固有特性，所以体现了天地、万物和人发展变化的根本规律。

过去圣人创作《周易》，是为了顺应天地和人性的规律。所以确立天道为阴和阳，确立地道为柔和刚，确立人道为仁和义。把兼备了天、地、人三才的三画卦相重叠，就产生了六画的卦形，所以《周易》以六爻组成一卦。六爻又分为阴爻和阳爻，它们分处于柔位和刚位并交替地变动，所以《周易》的每卦都有六爻位而各自成章。

第二章

【原文】

天地定位，山泽通气，雷风相薄，水火不相射。八卦相错。数往者顺，知来者逆，是故《易》逆数也。

雷以动之，风以散之，雨以润之，日以烜（xuǎn，晒干）之，艮以止之，兑以说之，乾以君之，坤以藏之。

【白话】

天尊地卑确定了乾、坤两卦的位置，山高和泽平使艮、兑两卦的气息互相融通，雷动风随让震、巽两卦互相搏击震荡，水花和火焰令坎、离两卦不互相溅射。八卦之间这样交错关联，就生成六十四卦。历数往事总是顺着时间的顺序由远而近的；预见未来则是逆着时间的顺序由近而远的。《周易》是用来预测未来的，所以《易经》卦中的六爻由下而上逆向确定顺序。

震雷可以震动萌发万物，巽风可以松懈、吹散万物，坎雨可以滋润万物，离日可以晒干万物，艮山可以阻止万物，兑泽可以欢悦万物，乾天可以统治万物，坤地可以包藏万物。

第三章

【原文】

帝出乎震，齐乎巽，相见乎离，致役乎坤，说言乎兑，战乎乾，劳乎坎，成言乎艮。

万物出乎震，震，东方也。齐乎巽，巽，东南也；齐也者，言万物之絜齐也。离也者，明也，万物皆相见，南方之卦也。圣人南面而听天下，向明而治，盖取诸此也。坤也者，地也，万物皆致养焉，故曰：致役乎坤。兑，正秋也，万物之所说也，故曰：说言乎兑。战乎乾，乾，西北之卦也，言阴阳相薄也。坎者，水也，正北方之卦也，劳卦也，万物之所归也，故曰：劳乎坎。艮，东北之卦也，万物之所成终而所成始也，故曰：成言乎艮。

神也者，妙万物而为言者也。动万物者莫疾乎雷，桡（náo，吹拂）万物者莫疾乎风，燥万物者莫熯（hàn，烘干）乎火，说万物者莫说乎泽，润万物者莫润乎水，终万物始万物者莫盛乎艮。故水火相逮，雷风不相悖，山泽通气，然后能变化，既成万物也。

【白话】

造物者使万物产生于震位，整齐地生长于巽位，呈现于离位，养育于坤位，和悦于兑位，生死相战于乾位，疲劳于坎位，完成于艮位。

万物产生于震位，是由于震卦象征东方。整齐地生长于巽位，是由于巽卦象征南方；所谓"齐"，指的是万物整齐地生长。所谓"离"就是光明，万物都依靠光明而得以呈现，"离"在方位上是指南方的卦。圣人面向南而坐，聆听天下的政务，迎着光明而治理天下，它的含义大概就取法于这一卦。所谓"坤"，就是地，万物都得到它的供养，所以说坤役养万物。兑卦象征秋天，因万物都在此时成熟而喜悦，所以说和悦于兑位。所谓"生死相战于乾"，是什么意思？乾是象征西北方的卦，表明阴阳冷暖气候在此相互搏战。坎卦象征水，在方位上是正北方的卦，有劳作困苦的意义，万物在此时都归藏休息了，所以说辛劳于坎位。艮是象征东北方位的卦，万物在这里走到了终点，又在这里重新开始，所以说万物完成并起步于艮位。

所谓"神"，是指万物神妙地化育而说的。使万物鼓动，没有比雷更奋疾的；使万物摇动，没有比风更迅疾的；使万物变干燥，没有比火更燥热的；使万物和悦，没有超过湖泽的力量的；使万物受到滋润，没有比水更湿润的；使万物终了又始生万物，没有比艮的作用更盛大的。所以水和火相济，雷和风不悖逆，山和泽互相通气，然后阴阳变化，就能生成天地万物。

第四章

【原文】

乾，健也；坤，顺也；震，动也；巽，入也；坎，陷也；离，丽也；艮，止也；兑，说也。

乾为马，坤为牛，震为龙，巽为鸡，坎为豕，离为雉，艮为狗，兑为羊。

乾为首，坤为腹，震为足，巽为股，坎为耳，离为目，艮为手，兑为口。

乾，天也，故称乎父；坤，地也，故称乎母。震一索而得男，故谓之长男；巽一索而得女，故谓之长女。坎再索而得男，故谓之中男；离再索而得女，故谓之中女。艮三索而得男，故谓之少男；兑三索而得女，故谓之少女。

【白话】

乾表示生生不息的刚健；坤表示服从天道的柔顺；震表示鼓动；巽表示进入；坎表示陷入；离表示附丽；艮表示停止；兑表示喜悦。

八卦的特性与某些动物存在相似之处，如乾象征健行的马，坤象征驯服的牛，震象征飞腾的猛龙，巽象征司晨的鸡，坎象征泥潭的猪，离象征有美丽羽毛的野鸡，艮象征守门的山狗，兑象征温顺的绵羊。

八卦的特性也可以与人身上的某些部位相比附，如乾象征头部，坤象征腹部，震象征脚，巽象征大腿，坎象征耳朵，离象征眼睛，艮象征手，兑象征口。

乾象征天，所以称其为父；坤象征地，所以称其为母。震卦是坤母首次向乾父求得一个阳爻，放在"初"位上，所以称其为长男；巽卦是乾父向坤母求得的一个阴爻，放在"初"位上，所以称其为长女。坎卦是坤母第二次向乾父求得的一个阳爻，放在"二"位上，所以称其为中男；离卦是乾父第二次向坤母求得一个阴爻，放在"二"位上，所以称其为中女。艮卦是坤母第三次向乾父求得的一个阳爻，放在"三"位上，所以称其为少男；兑卦是乾父第三次向坤母求得的一个阴爻，放在"三"位上，所以称其为少女。

第五章

【原文】

乾为天，为圜，为君，为父，为玉，为金，为寒，为冰，为大赤，为良马，为老马，为瘠马，为驳马，为木果。

坤为地，为母，为布，为釜，为吝啬，为均，为子母牛，为大舆，为文，为众，为柄。其于地也，为黑。

震为雷，为龙，为玄黄，为旉，为大涂，为长子，为决躁，为苍筤竹，为萑（huán，幼小的芦苇）苇。其于马也，为善鸣，为馵（zhū，左足白色的马）足，为作足，为的颡。其于稼也，为反生。其究为健，为蕃鲜。

巽为木，为风，为长女，为绳直，为工，为白，为长，为高，为进退，为不果，为臭。其于人也，为寡发，为广颡，为多白眼，为近利市三倍，其究为躁卦。

坎为水，为沟渎，为隐伏，为矫輮，为弓轮。其于人也，为加忧，为心病，为耳痛，为血卦，为赤。其于马也，为美脊，为亟心，为下首，为薄蹄，为曳。其于舆也，为多眚，为通，为月，为盗。其于木也，为坚，多心。

离为火，为日，为电，为中女，为甲胄，为戈兵。其于人也，为大腹。为乾卦，为鳖，为蟹，为蠃（luǒ，一种寄生蜂），为蚌，为龟。其于木也，为科上槁。

艮为山，为径路，为小石，为门阙，为果蓏（luǒ，瓜类植物的果实），为

阍（hūn，看门者）寺，为指，为狗，为鼠，为黔喙之属。其于木也，为坚，多节。

兑为泽，为少女，为巫，为口舌，为毁折，为附决。其于地也，为刚卤。为妾，为羊。

【白话】

乾卦是天，象征圆形、君主、父亲、玉石、金子、寒冷、冰雪、大红色彩，它可作为良马、老马、瘦马、杂毛的驳马、树上果实的象征。

坤卦是地，象征母亲、柔软的布、大铁锅、吝啬、平均、母牛、大车、文采、如万物一样多的大众、操纵万物的权柄。它作为地的象征又代表黑色。

震卦是雷，象征的事物有：龙、天地之色相交而成的玄黄色、花、大道、长子、溃决、暴躁、青色的幼竹、拔节的芦苇；象征擅长鸣叫、左足白色、爱举起前蹄、额头为白色的马；象征果实长在地下的倒生庄稼。总之，它是具有刚健、茂盛而鲜活性质的卦。

巽卦是风，象征的事物有：树木、长女、取直的准绳、工匠、白色、长、高、进退、不果断、气味；对于人来说，则象征头发稀少、宽额头、眼白多；又象征在市场交易中可获近三倍之利。总之，巽还是具有急躁性质的卦象。

坎卦是水，象征的事物有：小河沟、隐伏、屈伸、弓和轮子；对于人来说，则象征增加忧愁、有心病、耳痛、血、红色；对于马来说，则象征脊背美丽、性子急躁、爱低头、薄蹄、牵引重物的马；对于车来说，则象征多灾难；又象征通畅、月亮、盗贼；对于树木来说，则是坚硬而多尖刺的象征。

离卦是火，象征的事物有：太阳、闪电、中女、盔甲、戈矛兵器；对于人来说，则象征腹部大；作为乾刚之代表又象征干燥、鳖、蟹、蠃、蚌、龟；对树木来说，则象征树木里头空心而树梢枯槁。

艮卦是山，象征的事物有：山、小路、小石头、门楼、瓜果、守门人、手指、山狗、老鼠、嘴部为黑色的鸟兽之类的动物；对于树木来说，则是坚硬而多节的象征。

兑卦是泽，象征的事物有：湖泽、少女、巫师、口舌、毁坏、摧折、附和决断；对于地来说，则是硬结的盐碱地的象征；又象征温顺的妾、羊。

序卦传

第一章

【原文】

有天地，然后万物生焉。盈天地之间者，唯万物，故受之以屯。屯者，盈也，屯者物之始生也。物生必蒙，故受之以蒙。蒙者，蒙也，物之稚也。物稚不可不养也，故受之以需。需者，饮食之道也。饮食必有讼，故受之以讼。讼必有众起，故受之以师。师者，众也。众必有所比，故受之以比。比者，比也。比必有所畜，故受之以小畜。物畜然后有礼，故受之以履。履者，礼也。履而泰，然后安，故受之以泰。泰者，通也。物不可以终通，故受之以否。物不可以终否，故受之以同人。与人同者，物必归焉，故受之以大有。有大者不可以盈，故受之以谦。有大而能谦必豫，故受之以豫。豫必有随，故受之以随。以喜随人者必有事，故受之以蛊。蛊者，事也。有事而后可大，故受之以临。临者，大也。物大然后可观，故受之以观。可观而后有所合，故受之以噬嗑。嗑者，合也。物不可以苟合而已，故受之以贲。贲者，饰也。至饰，然后亨则尽矣，故受之以剥。剥者，剥也。物不可以终尽，剥穷上反下，故受之以复。复则不妄矣，故受之以无妄。有无妄然后可畜，故受之以大畜。物畜然后可养，故受之以颐。颐者，养也。不养则不可动，故受之以大过。物不可以终过，故受之以坎。坎者，陷也。陷必有所丽，故受之以离。离者，丽也。

【白话】

有了天地（即乾、坤两卦），然后才有万物的生殖繁衍。充盈于天地之间的只有万物，所以继乾、坤两卦之后的是屯卦，屯象征着充盈，是万物开始生长。事物初生时必定是蒙昧未开，所以继屯卦之后是蒙卦，蒙是蒙昧，指事物还处于幼稚的状态。幼稚的事物必须养育，所以继蒙卦之后是需卦，需反映的是饮食的道理。抢夺饮食必然有争讼，所以继需卦之后是讼卦。争讼必然有众多的人起来参与，所以继讼卦之后是师卦，师就是聚众的意思。众多的人在一起必然会有亲附，所以继师卦之后是比卦，比是亲密比辅的意思。人们的互助亲附必然会带来财物的积聚，所以继比卦之后是小畜卦。财物积聚后便会讲究礼仪，所以继小畜卦之后是履卦，履就是礼仪的意思。人们都讲礼节社会就安泰，所以继履卦之后是泰卦，泰就是通泰的意思。事物不可能永远通泰，所以继泰卦之后是否卦。事物也不可能永远闭塞，所以继否卦之后是同人卦。能与别人同心同德相处，物质财富必然会随之而来，所以继同人卦之后是大有卦。有了大量财富的人不应该自满，所以继大有卦之后是谦卦。有了大量物资财富又能谦虚的人，必然能得到快乐，所以继谦卦之后是豫卦。快乐的人必定有人来追随，所以继豫卦之后是随卦。自己以喜悦的心情随从别人，总要发生某种事端的，所以继随卦之后是蛊卦，蛊就是败乱之事，所以需要整治。经过整治后，事业就能发展壮大，所以继蛊卦之后是临卦，临就是盛大的意思。功业盛大然后就会受到人们的观仰，所以继临卦之后是观卦。受到人们的观仰就能上下沟通融合，所以继观卦之后是噬嗑卦，嗑就是相合的意思。事物之间不能随便相合，所以继噬嗑卦之后是贲卦，贲就是文饰的意思。文饰可以亨通，但文饰太过分就会失去真性，则亨通也就到了尽头，所以继贲卦之后是剥卦，剥就是剥落的意思。事物不可能永远剥落下去，剥落到了极点就会从上向下回返而重新开始，所以继剥卦之后是复卦。能够回复到正道就不会妄乱行动，所以继复卦之后是无妄卦。行动不虚妄就会积累财富和力量，所以继无妄卦之后是大畜卦。财物积聚多了就可用于养育万物，所以继大畜卦之后是颐卦，颐就是颐养的意思。不经过颐养就不可采取行动，但也不应养育过了头，所以继颐卦之后是大过卦。事情不可能永远过失，过失继续就会陷入险境，所以继大过卦之后是坎卦，坎就是陷落的意思。陷落一定要找到可以攀附的地方才能脱险，所以继坎卦之后是离卦，离就是附丽、依靠的意思。

第二章

【原文】

　　有天地然后有万物，有万物然后有男女，有男女然后有夫妇，有夫妇然后有父子，有父子然后有君臣，有君臣然后有上下，有上下然后礼仪有所错。夫妇之道不可以不久也，故受之以恒。恒者，久也。物不可以久居其所，故受之以遁。遁者，退也。物不可终遁，故受之以大壮。物不可以终壮，故受之以晋。晋者，进也。进必有所伤，故受之以明夷。夷者，伤也。伤于外者必反其家，故受之以家人。家道穷必乖，故受之以睽。睽者，乖也。乖必有难，故受之以蹇。蹇者，难也。物不可终难，故受之以解。解者，缓也。缓必有所失，故受

之以损。损而不已必益，故受之以益。益而不已必决，故受之以夬。夬者，决也。决必有所遇，故受之以姤。姤者，遇也。物相遇而后聚，故受之以萃。萃者，聚也。聚而上者，谓之升，故受之以升。升而不已必困。故受之以困。困乎上者必反下，故受之以井。井道不可不革，故受之以革。革物者莫若鼎，故受之以鼎。主器者莫若长子，故受之以震。震者，动也。物不可以终动，止之，故受之以艮。艮者，止也。物不可以终止，故受之以渐。渐者，进也。进必有所归，故受之以归妹。得其所归者必大，故受之以丰。丰者，大也。穷大者必失其居，故受之以旅。旅而无所容，故受之以巽。巽者，入也。入而后说之，故受之以兑。兑者，说也。说而后散之，故受之以涣。涣者，离也。物不可以终离，故受之以节。节而信之，故受之以中孚。有其信者必行之，故受之以小过。有过物者必济，故受之既济。物不可穷也，故受之以未济终焉。

【白话】

有了天地以后才有万物，有了万物以后才有男女，有了男女以后才有夫妻，有了夫妻产生后代以后才有父子，有了父子以后才有君臣关系，有了君臣关系以后才有上下尊卑之分，有了上下尊卑之分以后才能施行礼仪。夫妻关系不可以不长久保持，所以在表征夫妻感应的咸卦之后继之以恒卦，恒是长久的意思。事物不可能永久不变，所以继恒卦之后是遁卦，遁就是退避的意思。事物不能永远退避，必须振作强大，所以继遁卦之后是大壮卦。事物不能始终守着强健壮大而不进取，所以继大壮卦之后是晋卦，晋是前进的意思。前进过程中难免有损伤，所以继晋卦之后是明夷卦，夷就是损伤的意思。在外面受到损伤必然会返回家里，所以继明夷卦之后是家人卦。家道衰落贫穷，家人就相背离，所以继家人卦之后是睽卦，睽就是背离的意思。发生背离之事必然有艰难，所以继睽卦之后是蹇卦，蹇就是行动艰难的意思。事情不可能总是处于艰难之中，所以继蹇卦之后是解卦，解就是松缓的意思。过于松缓容易造成损失，所以继解卦之后是损卦。事物不断地减损到了不能再减损的程度就会因此而增益，所以继损卦之后是益卦。增益不止会因满溢而溃决，所以继益卦之后是夬卦，夬就是溃决的意思。溃决之后必然会有某种遇合，所以继夬卦之后是姤卦，姤就是遇合的意思。事物相遇后就能聚合，所以继姤卦之后是萃卦。萃就是聚合的意思。聚集多了就能升高，所以继萃卦之后是升卦，上升不止就会导致困境，所以继升卦之后是困卦。上升遇到困难就必然会返回下面，最下面就是水井，所以继困卦之后是井卦。水井的特点是用久了要不时地加以淘清，修补，这就是革新，所以继井卦之后是革卦。改变事物最有效的是鼎，所以继革卦之后是鼎卦。鼎也是祭器，主持祭祀，长子是最合适的，所以继鼎卦之后是震卦，震就是震动的意思。事物不能始终震动不止，需要让它止息下来，所以继震卦之后是艮卦，艮就是静止的意思。事物又不可能始终停止不动，所以继艮卦之后是渐卦，渐就是渐进的意思。前进必然会有归宿，所以继渐卦之后是归妹卦。得到好的归宿，事业就会发展壮大，所以继归妹卦之后是丰卦，丰就是盛大的意思。过于盛大就会不安于原有的居所，所以继丰卦之后是旅卦。外出旅行找不到客身之地，就要寻找一个旅馆进去住，所以继旅卦之后是巽卦，巽是进入的意思。进入到可以栖身的地方之后就会喜悦，所以继巽卦之后是兑卦，兑就是喜悦的意思。喜悦总会散去，所以继兑卦之后是涣卦，涣就是离散的意思。事物不可能始终离散，所以继涣卦之后是节卦。因节制其言行就会受到信任，所以继节卦之后是中孚卦。有诚信的人一定会履行承诺，履行承诺的过程中难免有些过分，所以继中孚卦之后是小过卦。因超越常规而小有过失而能矫正者必能获得成功，所以继小过卦之后是既济卦。事物的发展运动是不可能有尽头的，所以继既济卦之后是未济卦，易经六十四卦在这里终结，同时又意味着重新开始。

杂卦传

【原文】

乾刚坤柔。比乐师忧。临、观之义，或与或求。屯见而不失其居，蒙杂而著。震，起也；艮，止也。损、益，盛衰之始也。大畜，时也；无妄，灾也。萃聚而升不来也。谦轻，而豫怠也。噬嗑，食也；贲，无色也。兑见而巽伏也；随，无故也；蛊则饬也。剥，烂也；复，反也。晋，昼也；明夷，诛也。井通，而困相遇也。咸，速也；恒，久也。涣，离也；节，止也。解，缓也；蹇，难也。睽，外也；家人，内也。否、泰，反其类也。大壮则止，遁则退也。大有，众也。同人，亲也。革，去故也；鼎，取新也。小过，过也；中孚，信也。丰，多故也；亲寡，旅也。离上而坎下也。小畜，寡也。履，不处也。需，不进也；讼，不亲也。大过，颠也。姤，遇也，柔遇刚也。渐，女归待男行也。颐，养正也。既济，定也。归妹，女之终也。未济，男之穷也。夬，决也，刚决柔也。君子道长，小人道忧也。

【白话】

乾卦表示阳刚，坤卦表示阴柔。比卦表示亲近欢乐，师卦表示心头忧愁。临卦和观卦的意义，表示或者施予，或者恳求。屯卦表示万物端倪初见而不失其本来居所，蒙卦表示万物错杂生长而形态显著。震卦表示万物起动，艮卦表示一切停止。损卦和益卦分别表示万物盛衰的开始。大畜卦讲的是积蓄待时，无妄卦讲的是防止无端灾变而不妄为。萃卦讲的是聚合，升卦讲的是上升而不落下来。谦卦讲是轻己尊人，豫卦讲的是警戒怠惰。噬嗑卦讲的是借咀嚼食物而喻争，贲卦讲的是不要过多的润色。兑卦喜悦露现，而巽卦内敛隐伏。随卦表示无故追随，蛊卦则表示整饬治理。剥卦表示烂熟而剥落，复卦表示反复回归。晋卦表示光明如昼，明夷卦则表示光明泯灭。井卦表示通畅，困卦表示阻遏。咸卦表示感应迅速，恒卦表示永久保持。涣卦表示离散，节卦表示适度制止。解卦表示缓解开脱，蹇卦表示步步险难。睽卦表示因背离而被外拒，家人卦表示内部和睦。否卦和泰卦的意义正好相反，一个否定一个肯定。大壮卦表示事物过壮则止，遁卦表示退避。大有卦表示收获众多。同人卦表示与人亲和。革卦表示除去旧蔽，鼎卦表示取纳新法。小过卦指小有过失，中孚卦表示诚信中直。丰卦表示多故旧朋友，旅卦表示远离亲人而寡居。离卦表示火焰上炎，坎卦则表示水流向下。小畜卦表示积累的较少。履卦表示谨慎不处。需卦表示不冒进，讼卦表示争讼而不亲近。大过卦下巽上兑，是颠倒正反。姤卦表示媾和，即阴柔者相遇阳刚者。渐卦表示女子出嫁时等待男子迎亲而同行。颐卦表示以颐养正气。既济卦表示大事已定。归妹卦表示女子得到了好的归宿。未济卦表示男子穷困莫展。夬卦表示决断，即阳刚者与阴柔者的决裂。因此大易之德表明：君子之道增长，小人之道忧愁、消退。

附录 A　蓍草法

蓍草相传能活百年，一枝能生百茎，所以有通神显灵的作用。古代卜问占断时，大多以蓍草为工具。用蓍草法进行预测的具体步骤如下。

第一步：准备 50 根蓍草（或可用竹签、筷子等来代替）代表天地之数，拿走其中一根放在一旁不用，以象征太极，此即《系辞传》所说的"大衍之数五十，其用四十有九"，如图 A-1 所示。

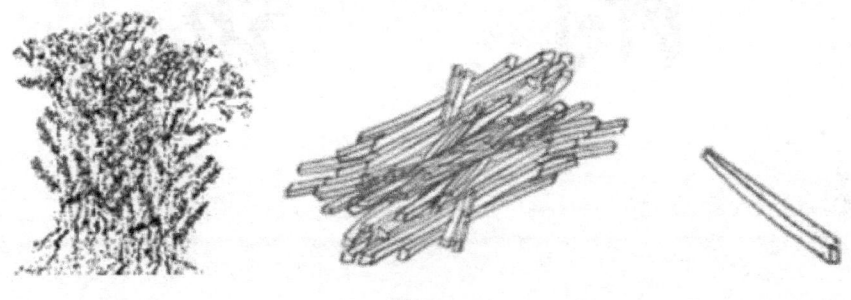

图 A-1

第二步：把余下的 49 根蓍草任意分为左右两堆，左边的一堆象征天，右边的一堆象征地，此即《系辞传》所说的"分而为二以象两"，就是象征两仪，如图 A-2 所示。

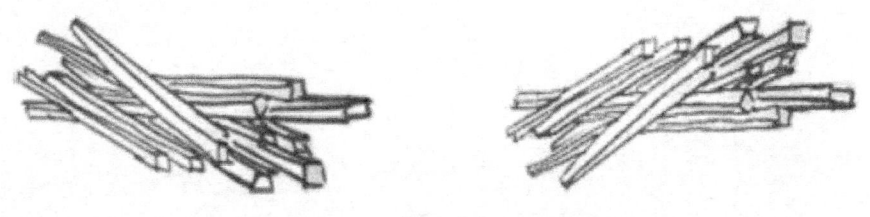

图 A-2

第三步：从右边一堆蓍草中任意取出一根，夹在左手的小指与无名指之间，以象征人，此即《系辞传》所说的"挂一以象三"，如图 A-3 所示。

第四步：以 4 根蓍草为一组，先用右手数左边一堆蓍草，一直数到剩下 4 根蓍草或少于 4 根蓍草为止，把此剩下的蓍草夹于左手无名指和中指之间，以象征闰月；再用同样的方法数右边一堆蓍草，把剩下的蓍草夹于左手中指与食指之间，此即《系辞传》所说的"揲之以四以象四时，归奇于扐以象闰"，如图 A-4 所示。

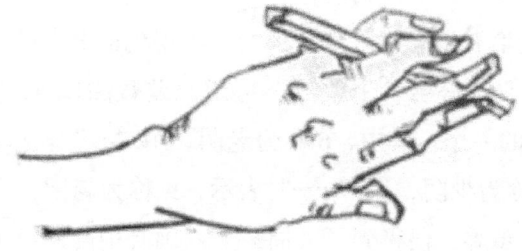

图 A-3

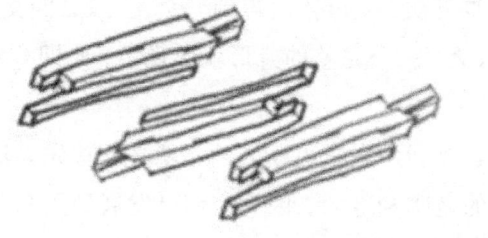 

图 A-4

上述的"分二""挂一""揲之以四""归奇"四个动作在《系辞传》中称为"四营",即四次经营。一个四营则称为"一变"。

第五步:把夹于左手手指间的蓍草从手上取下,合在一起,置于一旁,如图 A-5 所示。

图 A-5

第六步:把除第一步和第五步中取出放在一旁外的所有蓍草合在一起,再重复第二步至第五步的动作,如图 A-6 所示。

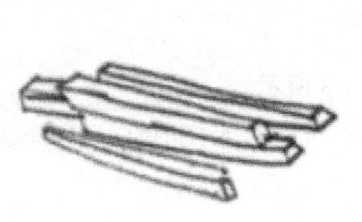 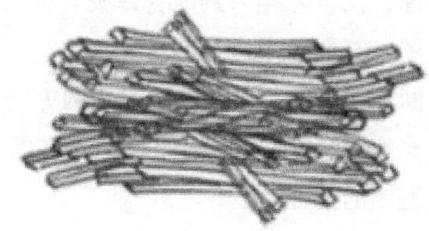

图 A-6

第七步：把除第一步、第五步、第六步中取出放在一旁外的所有蓍草合在一起，再重复第二步至第五步的动作。

第八步：清点第五步、第六步、第七步中得到的蓍草数，把它们加起来，用 49 减去这个和数，得出一个差数，再用此差数除以 4，得出的数必为 6、7、8、9 四个数中的一个。其中，6 称为老阴，用"×"表示；7 称为少阳，用"——"表示；8 称为少阴，用"— —"表示；9 称为老阳，用"□"表示。这样，经过上述八个步骤，便得到了《周易》六画卦中的第一个爻，即初爻，此即《系辞传》所说的"四营而成《易》"。

将上述第二步至第八步的动作重复五次，便可依次得到二爻、三爻、四爻、五爻、上爻。这样，经过十八变而定六爻，一个完整的卦形就出现了，此即《系辞传》所说的"十有八变而成卦"。

那么，得到一个完整的卦形以后，要利用它来占断吉凶，就必须首先弄清变爻和不变爻的概念。变爻就是上述的老阴和老阳，因为它们已发展到阴和阳的极点，老阳须变少阴，老阴须变少阳，即将发生向阳或阴的对立转化；不变爻就是上述的少阴和少阳，因为它们的阴气或阳气尚未充盈，暂时不会发生向阳或阴的对立转化。这就是"老变少不变"。占筮的原则是占变爻、不占不变爻，也就是根据一卦中变爻的爻辞来判断吉凶。

举例来说，假如筮得这样一个卦形：☰，说明它是泰卦，但是六五阴爻属于变爻，就用泰卦六五爻辞来判断："帝乙归妹，以祉，元吉"，即"帝乙嫁妹，因而得福，大吉"，即占得此爻预示大吉。不过，既然六五爻为变爻，其卦形也就会变成☰，即六五阴爻变为九五阳爻，从而成为需卦，这样，就要同时参阅需卦九五爻的爻辞："需于酒食，贞吉"，即"在有酒和食品的地方停留等待，守持正固可获得吉兆。"在这里，泰卦称为本卦，需卦称为之卦，形势上就表示为"泰之需"。

上面是一卦中有一个变爻的情况，如果同时出现两个、三个甚至六个变爻的情况，又该怎样来判断吉凶呢？根据朱熹和蔡元定合撰的《易学启蒙》，可按照图 A-7 所示来进行断易。

断易的时间判断，通常采用的方法如图 A-8 所示。

当然，解卦的主要任务，并不在断定吉凶，而是在特定的时空中提供如何趋吉避凶的途径。

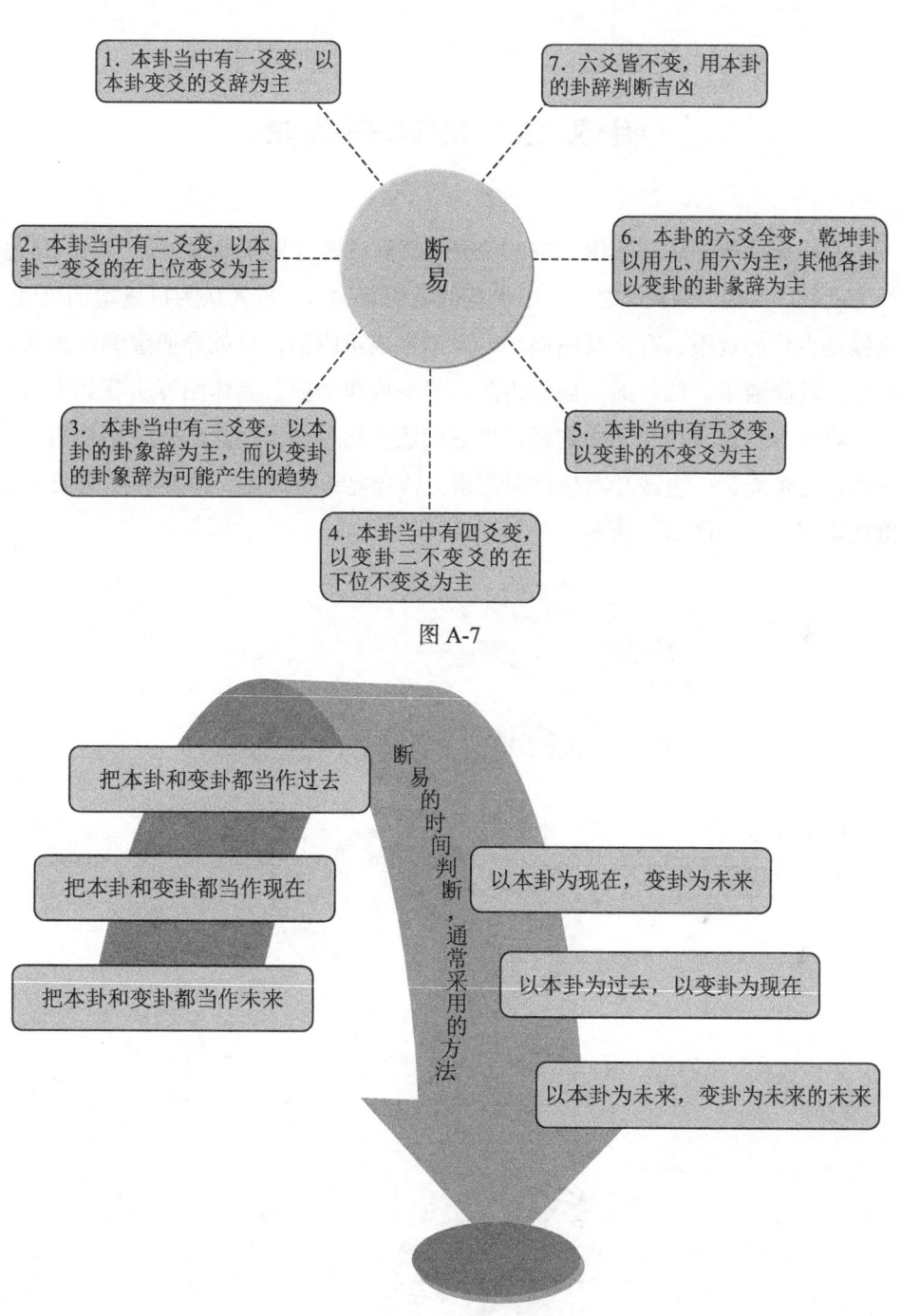

图 A-7

图 A-8

附录 B 古代铜钱法

古代铜钱测卦法一般用中空的龟壳、竹筒或圆柱形木筒做装钱工具。龟是长寿动物，古代"四灵"之一，用中空的龟壳装铜钱，古人认为可以增加灵气。铜钱是古代的货币，有正反两面，可以用来表示阴阳，以乾隆通宝铜钱为例，将有"乾隆通宝"四字的一面作为阴，另一面作为阳。具体测算步骤如下。

第一步：选三枚相同的铜钱，把它们放入乌龟壳里，然后双手捂住出口，一边摇晃龟壳，一边诚心默想欲问之事。待摇晃十余次后，再顺势把铜钱一起倒在桌案上，如图 B-1 所示。

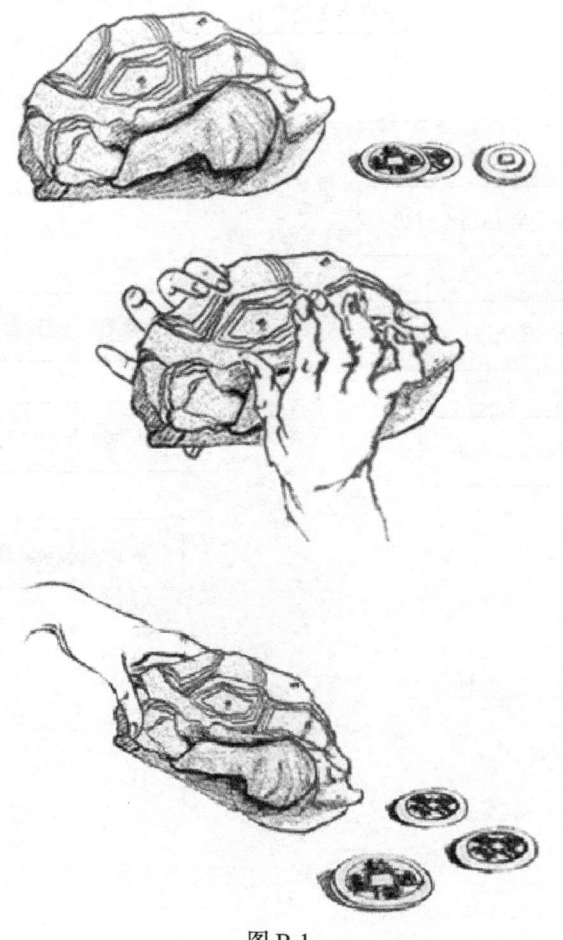

图 B-1

第二步：待铜钱停稳后，三枚铜钱会出现以下四种情况之一，如图 B-2 所示。

（1）两阴一阳，记录为阳，即为阳爻。

（2）两阳一阴，记录为阴，即为阴爻。

（3）三面为阳，记录为老阳，即为阳爻（可变为阴的阳爻）。

（4）三面为阴，记录为老阴，即为阴爻（可变为阳的阴爻）。

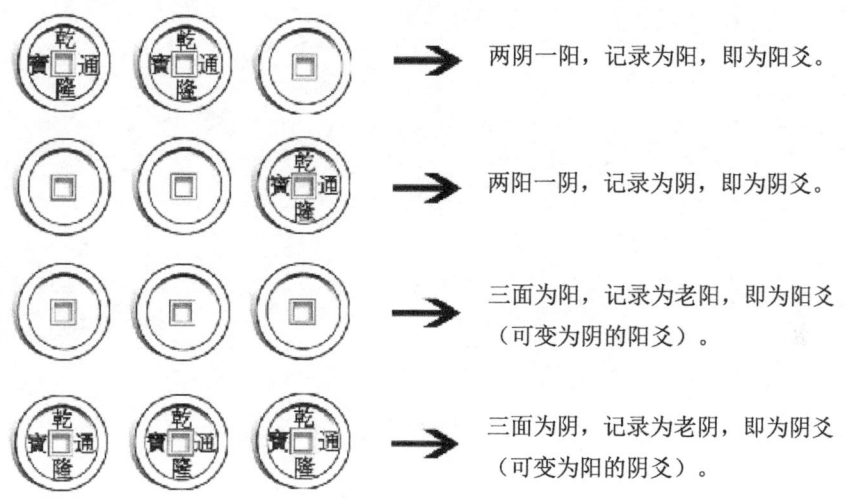

图 B-2

把第一次得到的结果记录下来，作为测得的第一爻，即初爻。

第三步：用同样的方法连续做五次，再与第一次的结果合起来，将所得的六爻从下而上，依次排列就得出了本卦。再查对《周易》，如测得的结果是"阴阳阴阳阴阳"，则为未济卦。

第四步：以爻变实现变卦。本卦记好后，如卦中有老阳或老阴这类的变爻，可将老阳变为阴，老阴变为阳，然后可得一新卦，这就是变卦，其变出的新卦叫之卦。如未济卦中的第二爻原来是老阳的话，将它由阳爻变成阴爻，则未济卦就变成了"阴阴阴阳阴阳"的晋卦了。

第五步：以之卦求动爻，然后解卦。出现变卦的情况就要将本卦与之卦对比，注意变卦之变爻，再参照有关占断法，就可以研究该卦的卦辞与爻辞，参考《彖传》和《象传》，结合卦象的提示，就能明白全卦的意义了。

使用这一占卜法时，特有的复杂的动爻占断法，就是图 A-7 和图 A-8 中介绍过的本卦与之卦的占断法。

　　现代人为了方便起见，又用三枚硬币取代铜钱，用双手合握形成中空代替龟壳，把三枚硬币放在手掌心里反复摇动数次，并把心中想求之事，通过意念的方式传递到硬币上，然后让硬币自由落地，观察硬币的阴阳面，再按照古代铜钱法的方法依次进行记录，使用附录A中介绍过的本卦与之卦的占断法，占断即可。

附录 C　数字占卜法

数字起卦，可分为单位数和多位数两种起卦法。单位数起卦，要加时辰作内卦；多位数一般分两段各除以八，并分别取余数作上下卦，逢奇位数时数位少的一组作为外卦，位数多的一组作内卦，以应对天清地浊、天轻地重、阳少阴多的自然法则。

具体方法如下。

（1）单位数：单位数为外卦，也就是上卦，加当时的时辰为内卦，也就是下卦，两数相加除以六为动爻。

（2）两位数：十位数为上卦，个位数为下卦，十位数与个位数之和除以六求动爻。

（3）三位数：百位数为上卦，十位数为下卦，个位数除以六求动爻。

（4）多位数：位数为奇数时，少一位的前段各数之和求上卦，多一位的后位各数之和求下卦，总数之和除以六求动爻。位数为偶数时，前后段均分，前段各数之和求上卦，后段各数之和求下卦，总数之和求动爻。

（5）特殊数的处理：如910，把910变成9+10，用9求上卦，用10求下卦，用9+10=19求动爻。如103，用10得上卦和下卦（为上下重卦），用3求动爻。

人们在日常生活中的扑克牌、电话号码、车牌号、书页号码等都可以用来起卦，其起卦方法类似于数字起卦法。

如扑克牌，可任意先取一张牌为上卦，以其数除以八，除尽者取本数，有余数者按余数起卦；然后取一张牌为下卦，方法同前；两数相加除以六的余数为动爻。

再如电话号码：84748216，八位数，取前四位相加为上卦，取后四位相加为下卦，上卦为23，除以8余7，为艮卦；下卦为17，除以8余1，为乾卦，即得山天大畜卦。

起卦时，凡得单数以上少下多，凡得双数为均分，均除以8取余数为卦；两数相加除以6的余数即为动爻。

附录 D 六十四卦简表

象爻卦 上象爻卦▶ 下象爻卦▼	乾 天	坎 水	艮 山	震 雷	巽 风	离 火	坤 地	兑 泽
乾 天	1 乾为天	5 水天需	26 山天大畜	34 雷天大壮	9 风天小畜	14 火天大有	11 地天泰	43 泽天夬
坎 水	6 天水讼	29 坎为水	4 山水蒙	40 雷水解	59 风水涣	64 火水未济	7 地水师	47 泽水困
艮 山	33 天山遁	39 水山蹇	52 艮为山	62 雷山小过	53 风山渐	56 火山旅	15 地山谦	31 泽山咸
震 雷	25 天雷无妄	3 水雷屯	27 山雷颐	51 震为雷	42 风雷益	21 火雷噬嗑	24 地雷复	17 泽雷随
巽 风	44 天风姤	48 水风井	18 山风蛊	32 雷风恒	57 巽为风	50 火风鼎	46 地风升	28 泽风大过
离 火	13 天火同人	63 水火既济	22 山火贲	55 雷火丰	37 风火家人	30 离为火	36 地火明夷	49 泽火革
坤 地	12 天地否	8 水地比	23 山地剥	16 雷地豫	20 风地观	35 火地晋	2 坤为地	45 泽地萃
兑 泽	10 天泽履	60 水泽节	41 山泽损	54 雷泽归妹	61 风泽中孚	38 火泽睽	19 地泽临	58 兑为泽

参 考 文 献

1. 黄寿祺，张善文. 周易译注（上、下）. 上海：上海古籍出版社，2007
2. 金景芳. 周易通解. 长春：长春出版社，2007
3. 南怀瑾，徐芹庭等. 周易今注今译. 重庆：重庆出版社，2009
4. ［宋］朱熹. 周易本义. 北京：中华书局，2009
5. ［唐］孔颖达. 周易正义（上、下）. 北京：九州出版社，2010
6. ［明］米知德. 周易集注. 北京：九州出版社，2010
7. ［清］焦循. 易学三书（上、下）. 北京：九州出版社，2010
8. ［清］王夫之. 周易内传——船山易学集成. 北京：九州出版社，2010